2024年版全国一级建造师执业资格考试用书

港口与航道工程管理与实务

全国一级建造师执业资格考试用书编写委员会　编写

中国建筑工业出版社

图书在版编目（CIP）数据

港口与航道工程管理与实务/全国一级建造师执业
资格考试用书编写委员会编写. —北京：中国建筑工业
出版社，2024.1（2024.3 重印）
2024年版全国一级建造师执业资格考试用书
ISBN 978-7-112-29442-8

Ⅰ. ①港… Ⅱ. ①全… Ⅲ. ①港口工程—工程管理—
资格考试—自学参考资料②航道工程—工程管理—资格考
试—自学参考资料 Ⅳ. ①U65②U61

中国国家版本馆CIP数据核字（2023）第238091号

责任编辑：李 璇
责任校对：姜小莲

2024年版全国一级建造师执业资格考试用书

港口与航道工程管理与实务

全国一级建造师执业资格考试用书编写委员会 编写

*

中国建筑工业出版社出版、发行（北京海淀三里河路9号）
各地新华书店、建筑书店经销
北京圣夫亚美印刷有限公司印刷

*

开本：787毫米×1092毫米 1/16 印张：$27\frac{1}{2}$ 字数：667千字
2024年1月第一版 2024年3月第三次印刷
定价：**88.00**元（含增值服务）
ISBN 978-7-112-29442-8
（42053）

如有内容及印装质量问题，请联系本社读者服务中心退换
电话：（010）58337283 QQ：2885381756
（地址：北京海淀三里河路9号中国建筑工业出版社604室 邮政编码：100037）

序

为了加强建设工程项目管理，提高工程项目总承包及施工管理专业技术人员素质，规范施工管理行为，保证工程质量和施工安全，根据《中华人民共和国建筑法》《建设工程质量管理条例》《建设工程安全生产管理条例》和国家有关执业资格考试制度的规定，2002年，人事部和建设部联合颁布了《建造师执业资格制度暂行规定》（人发〔2002〕111号），对从事建设工程项目总承包及施工管理的专业技术人员实行建造师执业资格制度。

注册建造师是以专业工程技术为依托、以工程项目管理为主的注册执业人士。注册建造师可以担任建设工程总承包或施工管理的项目负责人，从事法律、行政法规或标准规范规定的相关业务。实行建造师执业资格制度后，我国大中型工程施工项目负责人由取得注册建造师资格的人士担任。建造师执业资格制度的建立，将为我国拓展国际建筑市场开辟广阔的道路。

按照《建造师执业资格制度暂行规定》（人发〔2002〕111号）、《建造师执业资格考试实施办法》（国人部发〔2004〕16号）和《关于建造师资格考试相关科目专业类别调整有关问题的通知》（国人厅发〔2006〕213号）的规定，本编委会组织全国具有较高理论水平和丰富实践经验的专家、学者，依据"一级建造师执业资格考试大纲（2024年版）"，编写了"2024年版全国一级建造师执业资格考试用书"（以下简称"考试用书"）。在编撰过程中，遵循"以素质测试为基础、以工程实践内容为主导"的指导思想，坚持"模块化与系统性相结合，理论性与实操性相结合，指导性与实用性相结合，一致性与特色化相结合"的修订原则，旨在引导执业人员提升理论水平和施工现场实际管理能力，切实达到加强工程项目管理、提高工程项目总承包及施工管理专业技术人员素质、规范施工管理行为、保证工程质量和施工安全的目的。

本套考试用书共14册，书名分别为《建设工程经济》《建设工程项目管理》《建设工程法规及相关知识》《建筑工程管理与实务》《公路工程管理与实务》《铁路工程管理与实务》《民航机场工程管理与实务》《港口与航道工程管理与实务》《水利水电工程管理与实务》《矿业工程管理与实务》《机电工程管理与实务》《市政公用工程管理与实务》《通信与广电工程管理与实务》《建设工程法律法规选编》。本套考试用书既可作为全国一级建造师执业资格考试学习用书，也可供从事工程管理的其他人员学习使用和高等学校相关专业师生教学参考。

考试用书编撰者为高等学校、行业协会和施工企业等方面的专家和学者。在此，谨向他们表示衷心感谢。

在考试用书编写过程中，虽经反复推敲核证，仍难免有不妥甚至疏漏之处，恳请广大读者提出宝贵意见。

全国一级建造师执业资格考试用书编写委员会

前　言

　　《建造师执业资格制度暂行规定》（人发〔2002〕111号）确立了对从事建设工程项目总承包及施工管理的专业技术人员实行建造师执业资格制度。这项制度的实施，对提高我国工程项目管理水平和项目管理人员的素质，规范建设工程项目管理行为，确保工程质量和施工安全，促进工程项目管理与国际接轨和参与国际竞争，起到了积极的推动作用。

　　为帮助参加港口航道工程一级建造师管理与实务科目考试的人员系统了解考试重点，掌握考试方法，根据2024年版"一级建造师执业资格考试大纲"，在2023年版考试用书的基础上，完成了本考试用书的增补和修订。

　　本考试用书的增补和修订，严格按照现行考试大纲的规定进行。保持了考试用书与考试大纲的一致性；更新了有关的现行法律、法规和规范等相关内容。在增补和修订过程中，总结了历次修订的经验，吸纳了有关企业人力资源管理部门和参加考试人员对本书的意见和建议。

　　限于时间和水平，书中难免存在不妥和疏漏之处，恳请读者提出宝贵意见。

网上免费增值服务说明

为了给一级建造师考试人员提供更优质、持续的服务，我社为购买正版考试图书的读者免费提供网上增值服务，增值服务分为文档增值服务和全程精讲课程，具体内容如下：

☞ **文档增值服务：**主要包括各科目的备考指导、学习规划、考试复习方法、重点难点内容解析、应试技巧、在线答疑，每本图书都会提供相应内容的增值服务。

☞ **全程精讲课程：**由权威老师进行网络在线授课，对考试用书重点难点内容进行全面讲解，旨在帮助考生掌握重点内容，提高应试水平。精讲课程涵盖全部考试科目。

更多免费增值服务内容敬请关注"建工社微课程"微信服务号，网上免费增值服务使用方法如下：

1. 计算机用户

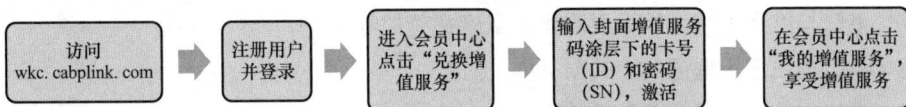

2. 移动端用户

注：增值服务从本书发行之日起开始提供，至次年新版图书上市时结束，提供形式为在线阅读、观看。如果输入卡号和密码或扫码后无法通过验证，请及时与我社联系。

客服电话：010-68865457，4008-188-688（周一至周五9：00—17：00）

Email：jzs@cabp.com.cn

防盗版举报电话：010-58337026，举报查实重奖。

网上增值服务如有不完善之处，敬请广大读者谅解。欢迎提出宝贵意见和建议，谢谢！

读者如果对图书中的内容有疑问或问题，可关注微信公众号【建造师应试与执业】，与图书编辑团队直接交流。

建造师应试与执业

目 录

第2篇　港口与航道工程相关法规与标准

第3篇　港口与航道工程项目管理实务

第1篇　港口与航道工程技术

本篇内容是港口与航道工程专业一级建造师在工程项目管理中经常遇到和必须掌握的专业工程技术。重点要掌握港口与航道工程所处的特殊自然环境条件及其对工程的影响。在港口与航道工程专业技术中，重点要掌握各种结构型式的码头及航道整治工程的施工技术。

第1章　港口与航道工程专业技术

1.1　港口与航道工程的水文和气象及其对施工的影响

1.1.1　水文及其对施工的影响

第1章
看本章精讲课
配套章节自测

1. 波浪要素和常用波浪的统计特征值

波浪是在外力作用下，具有自由面的液体质点偏离其平衡位置的有规律的振动。如图 1.1-1 所示。

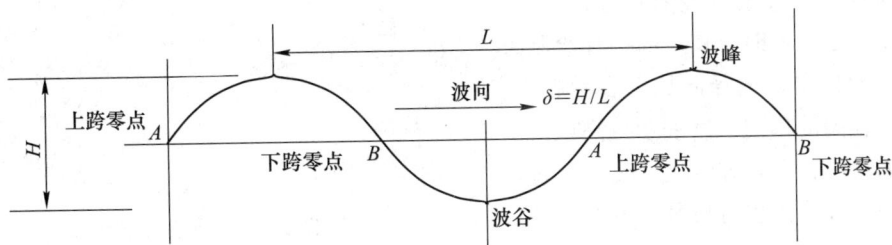

图 1.1-1　波浪要素示意图

1）波浪要素

反映波浪外形的几何特征和特征的量，如波高、波长、波陡、波浪周期、波速及波向等，称为波浪要素。

各波浪要素的定义如下：

波高——相邻的波峰与波谷的高度差，常用符号 H 表示。

波长——相邻的两个上跨零点（指从波谷到波峰的波形线与静水面的交点）或下跨零点（指从波峰到波谷的波形线与静水面的交点）之间的水平距离。对于规则波而言，就是相邻两个波峰（或波谷）之间的水平距离，常用符号 L 表示。

波陡——波高与波长之比，$\delta = H/L$。

波浪周期——波形传播一个波长所需要的时间，常用符号 T 表示。波浪观测中常采用相邻两个波峰先后通过同一地点的时间间隔作为周期。

波速——单位时间内波形传播的距离，常用符号 C 表示。波速、波长（L）和波浪

周期（T）之间的关系式为：$C = L/T$。

波向——波浪传来的方向。

2）不规则波与规则波

波浪是由一系列波列组成。从时间上或空间上来看，在构成波浪的波列中波形不同、波要素呈随机分布，这种波浪称为不规则波。但为了研究波浪运动，通常将此不规则的波浪系列用一个理想的波浪要素相同的波浪系列来代替，这种波列中波形和波要素都相同的波浪称为规则波。

3）波浪玫瑰图

表示某地各个不同方向各级波浪出现频率的统计图称为波浪玫瑰图。为了绘制波浪玫瑰图，应对当地多年的观测资料进行统计整理。先将波高或周期按需要分级，一般波高可每间隔0.5m为一级，周期每间隔1s为一级，然后从月报表中统计各向各级波浪的出现次数，除以统计期间的总观测次数即为相应方向不同级别波浪的统计频率。同样，因观测数据较多，可选择有代表性的典型连续年份进行统计，一般需要1～3年的资料才比较可靠。有了月报表，就可绘制波浪玫瑰图。波浪玫瑰图有各种形式，如图1.1-2所示即为其中的一种绘制方法，即用极坐标的径向长度表示频率，垂直于径向的横向长度表示波高或波浪周期的大小，所在方位表示波浪方向。

波浪玫瑰图也可按月或按季绘制。

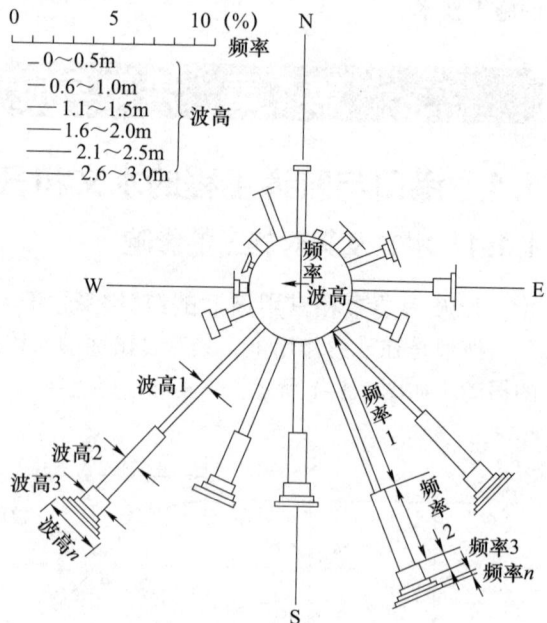

图1.1-2　波浪玫瑰图

4）常用波高统计特征值

由于波浪形成的复杂性，同一海区同一时间出现的波浪，其大小参差不齐。但如果把不规则波的波浪按波高大小排列，可发现波高特别大和特别小的波浪出现的频率很小，波高接近于平均值的波浪个数所占的百分比最大，具有一定的统计规律。因此，对于不规则波浪的波高，可用其统计特征值表示。

常用波高特征值有：

（1）平均波高——海面上所有的波浪波高的平均值，记为$\overline{H}$。

（2）最大波高——某次观测中实际出现的最大的一个波，有时根据统计规律推算出在某种条件下出现的最大波高，记为$H_{\max}$。

（3）累积频率为$F(\%)$的波高（H_F）——统计波列中超过此波高的累积频率为$F(\%)$。

（4）$1/p$大波波高（$H_{1/p}$）——海浪连续记录中波高总个数的$1/p$个大波的波高平均值；其对应周期的平均值为$1/p$大波周期（$T_{1/p}$）。

（5）有效波高（H_S）——海浪连续记录中波高总个数的$1/3$个大波的波高平均值；其对应周期的平均值为有效波周期（T_S）。习惯上，可把H_S记写为$H_{1/3}$。H_S的波高，其大小和海面上定期出现的显著大波的平均波高相近，因而也称其为显著波高。

各种累积频率波高间的换算关系可按《港口与航道水文规范（2022 版）》JTS 145—2015 中的公式计算或由图表确定。

对于深水波，各种累积频率及 $1/p$ 的波高可按下列公式计算：

$$H_{1\%} = 2.42 \overline{H} \qquad (1.1\text{-}1)$$
$$H_{5\%} = 1.95 \overline{H} \qquad (1.1\text{-}2)$$
$$H_{13\%} = 1.61 \overline{H} \qquad (1.1\text{-}3)$$
$$H_{1/100} = 2.66 \overline{H} \qquad (1.1\text{-}4)$$
$$H_{1/10} = 2.03 \overline{H} \qquad (1.1\text{-}5)$$
$$H_{1/3} = 1.60 \overline{H} \qquad (1.1\text{-}6)$$

部分波浪特性值可按 $H_{1/100} \approx H_{0.4\%}$，$H_{1/10} \approx H_{4\%}$，$H_{1/3} \approx H_{13\%}$ 换算。

5）施工期应注意的有关波浪问题

（1）波浪对工程施工质量和安全的影响

对于港口工程的海上施工，波浪直接作用于其能接触的任何物体，对工程施工质量、施工人员、施工船舶和设备、工程结构的安全构成威胁和破坏。例如，波浪可能摧毁正在施工来不及防护的防波堤抛石段，淘空围堰的大充砂袋；可能致使沉桩完成但没有充分夹桩的孤立桩和排桩倾斜、位移，甚至折断；可能致使刚刚安放完毕的沉箱位移，甚至倾覆；可能将施工人员冲入海中等。对 12s 以上周期的波浪，即便波高不大，也会使水上施工船舶的姿态难以控制，影响其定位和吊装等作业。施工船舶、机械为安全起见，不得不在大风浪（台风和热带风暴）来临前中止作业、封舱加固，到避风区避风避浪。对于施工作业而言，受波浪影响最大的应是施工船只。大风浪中，当船长与波长接近、波速与船速接近时顺浪航行危险最大，从艉淹和打横的角度考虑，当波长超过 2 倍船长、波速与船速接近时顺浪航行危险最大；从横摇的角度考虑，横浪或者斜顺浪航行较顶浪或者斜顶浪航行更容易发生横谐摇。因此在实际施工过程中，必须充分重视波浪对施工船舶安全的影响。例如，在长江口深水航道整治施工中，"青平 1 号""长建 1 号"抛石整平船在波高≤1.5m 的情况下可以抛石整平作业，在波高为 4.0～4.5m 时，必须就地坐底抗风、抗浪，当波高＞4.5m 时，则需要移船避风锚地。

海港建设的港址选择、岸滩防淤防冲设计等均要考虑到波浪因素的影响。了解波浪在浅水中的变化对港口、海岸建筑物和近岸航道等的影响是重要的。同时波浪与近岸泥沙运动有着密切的关系，在多数情况下，波浪是构成近岸泥沙运动的主要原因，近岸泥沙运动影响着航道和港区的淤积，造成岸滩的侵蚀变形。

（2）波浪对工程施工进度的影响

对于港口与航道工程海上施工的工期安排，尽管波浪的发生有一定的统计规律，但对于大风浪发生的时间和大小都难以及时、准确地预报，只能提前采取预防措施，降低和消除大浪对施工进度的影响。在工期的自然天数中必须充分考虑波浪的影响，要根据施工期的构筑物和设备不同的抗浪能力，计算有效的施工天数；在施工工序的安排中，也必须考虑波浪的影响，合理地安排流水作业段，形成有效的抗风浪条件。

（3）风浪对疏浚挖泥的影响

对于航道疏浚要考虑波浪作用对挖泥精度的影响；强风及其风向引起水面状况，

使操作困难；在风浪较大时，绞吸挖泥船宜采取三缆定位横挖法施工或采用锚缆横挖法施工；对耙吸挖泥船，要根据底质和波浪的情况适时调整波浪补偿器压力。当波高超过挖泥船的安全作业波高时，应停止作业。

2. 潮汐与设计潮位

地球上的海水，受月球和太阳作用所产生的一种规律性升、降运动，称之为潮汐。

1）潮汐类型

潮汐可分三类：

（1）半日潮

周期为半个太阴日（每个太阴日为24h50min）的潮汐叫半日潮。半日潮的特征：两次高潮（或低潮）的潮高相差不大，两次相邻的潮差几乎相等，两次相邻高潮（或低潮）之间的时间间隔也几乎相等，都是12h25min左右。我国的大多数港口都属于半日潮港，例如，厦门港、青岛港、天津港等。

（2）日潮

周期为一个太阴日的潮汐叫日潮。日潮港湾在半个月中有多数天数在一个太阴日中只有一次高潮和低潮，其余天数为不正规半日潮混合潮，如北海港、八所港。

（3）混合潮

混合潮又可分为两种类型：

① 不正规半日潮混合潮，其实质是不正规半日潮，在一个太阴日中也是两次高潮和两次低潮，但两次相邻的高潮或低潮的潮高不相等。不正规半日潮混合潮港，如香港。

② 不正规日潮混合潮，这类潮汐特征是：在半个月中出现日潮天数不到一半，其余的天数为不正规半日潮混合潮。不正规日潮混合潮港，如榆林港。

2）潮位（高）基准面

平均海平面是多年潮位观测资料中，取每小时潮位记录的平均值，也称平均潮位。平均海平面是作为计算陆地海拔高度的起算面，我国规定以黄海（青岛验潮站）平均海平面作为计算中国陆地海拔高度的起算面。

海图深度基准面就是计算海图水深的起算面，一般也是潮汐表的潮高起算面，通常也称为潮高基准面。在水深测量或编制海图时，通常采用低于平均海平面的一个面作为海图深度基准面，此面在绝大部分时间内都应在水面下，但它不是最低的深度面，在某些很低的低潮时还会露出来。我国1956年以后基本统一采用理论深度基准面作为海图深度基准面。目前，我国规定以"理论最低潮位"为海图深度基准面，亦为潮位基准面。

3）设计潮位

（1）海港工程的设计潮位应包括：设计高水位、设计低水位；极端高水位、极端低水位。

在海港工程的总体设计和水工建筑物结构设计中，可用相同的设计高水位、设计低水位和极端高水位、极端低水位。

各种特征潮位关系，如图1.1-3所示。

（2）位于海岸和感潮河段常年潮流段的港口，设计高水位应采用高潮累积频率10%的潮位，简称高潮10%；设计低水位应采用低潮累积频率90%的潮位，简称低潮90%。

（3）位于海岸和感潮河段常年潮流段的港口，如已有历时累积频率统计资料，其设计高水位和设计低水位也可分别采用历时累积频率1%和98%的潮位。

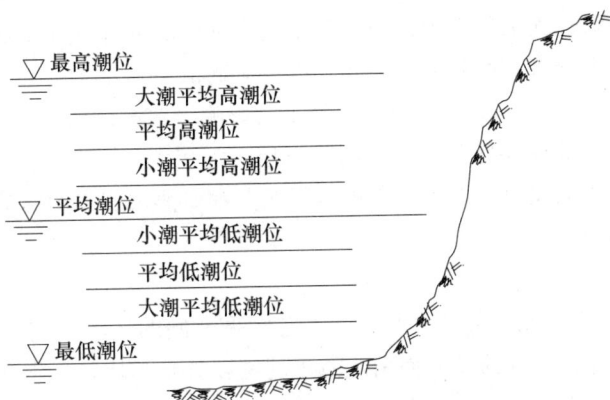

图 1.1-3　各种特征潮位关系示意图

（4）海港工程的极端高水位应采用重现期为 50 年的年极值高水位；极端低水位应采用重现期为 50 年的年极值低水位。

累积频率是针对大于等于或小于等于一定量级的水文要素出现的可能性的量度；重现期是指大于等于或小于等于一定量级的水文要素出现一次的平均间隔年数；综合历时曲线是某一水文要素在其多年资料按序排列后大于等于不同定值的累积时间曲线。累积频率法所选取的统计样本是各次高潮或低潮值，或各整点潮位；综合历时曲线法所选取的统计样本是各日平均水位。

4）施工期应注意的有关潮汐问题

在海岸和港口工程施工中，应正确掌握施工地点潮汐的运动规律，应根据高低潮位的水深、涨潮和落潮的历时以及潮流的流向、流速合理选择施工设备，安排施工流程和工艺。

例如，在水深不足的条件下，防波堤堤头大型沉箱的浮运和安装，可以考虑在波浪允许的条件下，利用潮汐表预报的高潮潮位水深和历时拖运沉箱至安放地点，就位进行安放，并经过 1~2 个低潮后复测定位，填充填料保证沉箱的稳定。

在斜坡堤堤身抛石施工时要考虑水深和抛石船的吃水条件，充分利用平潮历时或潮流流速较小时进行，并应将抛石船驻位于相对堤身潮流的上游进行抛石，以减少抛石的流失。

潮汐对海上钻孔灌注桩施工中施工平台的搭设、护筒的打设、成孔工艺、混凝土的灌注都有很大的影响。潮水的升降、往复流向和大小流速对施工平台的稳定性有很大影响，平台的搭设加固和锚碇必须予以重视；护筒打设顶标高的确定、筒底的埋深必须考虑到施工期高、低潮位的影响和潮流冲刷筒底泥面的可能性（护筒顶标高一般要高出最高潮位 1.5~2.0m），以免出现高潮时海水内灌、内渗，低潮时筒内泥浆外泄的问题。施工中应随时观测筒外的海底泥面变化，一旦发生冲刷，要采取应对的措施（如抛填砂袋或碎石等）。

某些标高较低淹没在水下结构的非水密模板混凝土现场浇筑，除要选择低潮施工外，还要保证有足够的混凝土供应强度和施工能力，保证混凝土始终在潮水位以上振捣，且底层混凝土在初凝前不被水淹没。

由于历史的原因，在港口与航道工程中形成了一些地方的标高和水深计量标准，如天津附近的大沽零点、上海一带的吴淞零点等，它们与现行国家规定的统一的理论深度基准面都不相一致，施工中必须弄清楚各不同图纸中所标各种标高和水深起算面之间的相互关系，并应事先将其换算为统一起算面对应的值。

在疏浚和吹填工程中，要考虑潮汐对施工的影响，在高潮时挖上层（浅层），有时挖泥船可能因挖深不够而要候潮；低潮时挖下层（深层），有时又因会使挖泥船搁浅而不得不候潮。在吹填工程中，要考虑潮汐对围堰泄水口泄水能力的影响。

3. 近岸海流特征

1）近岸海流及其分类

海流是流向和流速相对稳定的大股海水在水平方向的运动，它是海水的运动形式之一。因海水的温度、盐度的差异而引起海水的密度分布不均匀，由此产生的水平压强梯度力是产生海流的内因之一。海上风云和气压层的变化、江河径流等，是海流发生的外因。近岸海流由于外海潮波、大洋水团的迁移、风和气压影响以及河川泄流、波浪破碎、地理因素等原因而造成流动，称之为近岸海流。近岸海流主要是受外海海水流动的影响，但部分则是近岸水体所特有的，如波浪破碎后造成的沿岸流和离岸流、河川泄流造成的沿岸流等影响。

外海海水流动的形式很多，按其生成原因可分为：风海流、密度梯度流、气压梯度流、补偿流、潮流等；按海流与海岸的相对关系，分为沿岸流、向岸流、裂流（即离岸流）。

在港口与航道工程中，通常所指的近岸海流主要有三种：一是潮流；二是河口水流；三是沿岸流和裂流。

在港口与航道工程中，有关港址选择、水工建筑物和航道的布置、抛泥地选择、作用于水工建筑物上的水流力和船舶系靠力以及泥沙的淤积和冲刷等问题，均应考虑当地的海流状况。

2）近岸海流的特征

近岸海流一般以潮流和风海流为主。在某些情况下，其他的海流也相当显著，如由于波浪破碎产生的沿岸流和离岸流等。

河口区的水流一般以潮流和径流为主。在某些情况下，其他类型的水流，如盐水楔异重流等也相当显著。

近岸海区的潮流和风海流、河口区域的潮流和径流，不但量值较大，与港口建设有密切的关系，而且研究方法较为成熟，有普遍公认的、可供实际应用的一些结论。

在河口区，从上游来的淡水通过河口区泄入海中，而含有一定盐分的海水则随潮上溯，于是便发生了盐水与淡水的混合和盐水入侵问题。当河道中径流来势较强而潮汐势力较弱时，淡水因重力密度较小居于上层而向海中泄出，重力密度较大的盐水位于底层并随潮上溯而形成盐水楔。

3）感潮河段内的水流特性

感潮河段内的水流具有下列特性：

（1）在潮流界和潮区界之间，仅有水位升降的现象，而不存在指向上游的涨潮流。

（2）在潮流界以下，涨落潮流呈往复形式，因有径流加入，落潮流量大于涨潮流量。

（3）涨潮历时小于落潮历时，涨潮历时越向上游越短。

在河口区，潮流可以溯河而上，流向河流的上游，潮流所能达到的河流上游最远处称为"潮流界"。潮流界以下河段内的水流，由于潮流作用，经常发生顺、逆流向的周期性变化。在潮流界以上河段内的水流，流向虽总是顺流而下的，由于还受到潮流的顶托作用，水位还有周期性升降变化，这种水位变化越向上游越不显著，到完全不受潮流影响处称为"潮区界"。

4）近岸海流特征值的确定

近岸海流特征值应根据现场实测资料经分析后确定。这是因为近岸海区由于水深、地形的影响，在不同位置上海流的流速、流向均发生变化。有关潮流的一些计算方法及公式，都必须根据实测资料进行分析计算。当用水工模型试验、数值计算等方法预测港区的海流状况时，也必须建立在实测资料的基础上。

在实测资料不足的情况下，风海流分量可按有关公式计算。对于建造建筑物以后的海流状况，根据工程需要可用数值模拟或物理模型试验等方法预测。

4. 海岸带泥沙运动规律

1）海岸带分类

海岸带分为沙质海岸带、粉沙质海岸带和淤泥质海岸带。沙质海岸带、粉沙质海岸带和淤泥质海岸带的基本特征如下：

（1）沙质海岸带

沙质海岸一般指泥沙颗粒的中值粒径大于 0.1mm，颗粒间无粘结力；在高潮线附近，泥沙颗粒较粗，海岸剖面较陡，通常大于 1/100；从高潮线到低潮线，泥沙颗粒逐渐变细，坡面变缓；在波浪破碎带附近常出现一条或几条平行于海岸的水下沙堤。沙质海岸在我国主要分布在海南和广西沿海及台湾西海岸，如北海港、汕尾港等。

（2）粉沙质海岸带

粉沙质海岸一般指泥沙颗粒的中值粒径小于等于 0.1mm、大于等于 0.03mm，在水中颗粒间有一定粘结力，干燥后粘结力消失、呈分散状态；海底坡度较平缓，通常小于 1/400，水下地形无明显起伏现象。粉沙质海岸在我国主要分布在渤海湾，如黄骅港、东营港等。

（3）淤泥质海岸带

淤泥质海岸一般指泥沙颗粒的中值粒径小于 0.03mm，其中的淤泥颗粒之间有粘结力，在海水中呈絮凝状态；滩面宽广，坡度平缓，通常小于 1/1000，水下地形无明显起伏现象。我国淤泥质海岸长达 4000km 以上，主要分布在辽东湾、渤海湾、莱州湾和苏北沿海以及长江口、杭州湾、珠江口等大江、大河河口三角洲地带。

2）海岸带的泥沙来源

海岸带的泥沙来源有河流来沙、邻近岸滩来沙、当地崖岸侵蚀来沙和海底来沙。一般以邻近岸滩搬运来的泥沙为主；在河口附近，泥沙可能主要来自河流；当海岸发生较快的侵蚀时，也能供应较多的泥沙。

3）海岸带泥沙运动的一般规律

（1）沙质海岸的泥沙运移形态有推移和悬移两种。

（2）粉沙质海岸的泥沙运移形态有悬移、底部高浓度含沙层和推移三种。

（3）淤泥质海岸的泥沙运移形态以悬移为主，对较细颗粒的海岸底部可能有浮泥运动，对较粗颗粒的海岸底部有推移质运动。

（4）海岸带泥沙运动方式可分为与海岸线垂直的横向运动和与海岸线平行的纵向运动。

4）波浪和海流对泥沙的作用

海岸带的淤积是泥沙在波浪和海流等动力因素综合作用下的结果，波浪和海流的作用如下：

（1）波浪的作用

在沙质海岸，波浪是造成泥沙运动的主要动力。大部分泥沙运动发生在波浪破碎区以内，当波浪的传播方向与海岸线斜交时，波浪破碎后所产生的沿岸流将带动泥沙顺岸移动，沿岸泥沙流若遇到突堤等水工建筑物，则将从其根部开始淤积，逐渐改变该处海岸线的走向。如沿岸输沙量不大，新海岸线可不致延伸到堤头，即达到新的动力平衡；如沿岸输沙量很大，则新海岸线不断向海方增长终将达到堤头，形成浅滩。对于岛式防波堤，因堤后波浪掩护区内沿岸输沙动力减弱，泥沙将在堤后港域内从岸边向海方淤积，严重时可形成连岛坝。

在粉沙质海岸上，波浪仍是造成泥沙运动的主要动力，在同样风浪作用下，粉沙质海岸港口与航道的淤积要比淤泥质海岸和沙质海岸港口与航道的淤积严重，这是由粉沙质海岸泥沙易扬易沉特性所决定。

在淤泥质海岸，波浪主要起掀沙作用，掀起的泥沙除随潮输移外，风后波浪削弱又常形成浮泥。此种浮泥除自身可能流动外，又易为潮流掀扬，转化为悬移质，增加了随潮进入港区和航道的泥沙数量。

（2）海流的作用

在淤泥质海岸，潮流是输沙的主要动力，涨潮流强于落潮流的地区，涨潮流方向指向输沙方向，在波浪较弱的海岸区，潮流可能是掀沙的主要因素，潮流挟带泥沙进入港区和航道后，由于动力因素减弱，降低了挟沙能力，导致落淤。

在粉沙质海岸上，潮流输沙仍是该海岸泥沙运移组成的重要方式与主要过程，其中的悬移质泥沙在水流中运移极不规则，时而上浮，时而下沉，总体上是随流运移，其运移方向和速度与水流的方向和速度一致，悬移质能在水中随流做长距离运移。

在沙质海岸的狭长海湾及海峡等地形条件下，海流流速较大，可对泥沙运动起主导作用，海流不仅起输沙作用，还起掀沙作用。

5）河口外海岸港的淤积

除受波浪和海流对浅滩泥沙作用的影响外，河流的部分下泄泥沙还可能直接进港。

6）河口区

由于径流和潮流等共同作用，常形成拦门沙碍航，盐水、淡水交汇造成淤泥颗粒的絮凝现象，促进了泥沙的淤积，淤积的部位常在盐水楔顶端的滞流点附近。

5. 内河的特征水位和泥沙运动规律

1）特征水位

常见的特征水位有下列几种：

（1）最高水位：即在研究时期内出现的最高水位。最高水位有：月最高水位、年最高水位、历年最高水位。

（2）最低水位：即在研究时期内出现的最低水位。最低水位有：月最低水位、年最低水位、历年最低水位。

（3）平均水位：在研究时期内水位的算术平均值，又可分为：月平均水位、年平均水位、历年平均水位。

（4）平均最高水位：历年最高水位的算术平均值。

（5）平均最低水位：历年最低水位的算术平均值。

（6）正常水位：多年水位平均值。

（7）中水位：在研究时期的水位累积曲线（历时曲线）上相当于历时 50% 的水位。

2）泥沙运动的一般规律

泥沙运动的基本状态，床面上的泥沙，既具有可动性，也具有对运动的抗拒性，因此，在一种水流条件下，它会保持静止状态；在另一种水流条件下，它会随水流运动，泥沙由静止状态变为运动状态的临界水流条件，即为起动流速，当流速小于起动流速时它保持静止。

由于河水在重力作用下由河源至河口不断做功，水流对地面疏松物质（泥沙或砾石）有显著的侵蚀作用，其中随河水流动的固体颗粒，即称为泥沙（或固体径流）。

泥沙在水中的运动状态，主要可分为三大类，即悬移质运动、推移质运动和河床（跃移）质运动状态。

（1）悬移质运动

天然河道水流多属紊动水流，在紊流中存在许多大小不等的紊动涡体，相互掺混着前进，在紊流层之间不断产生动量交换，从而引起水流运动要素（流速、压强等）的脉动。河床上的泥沙被水流冲起来以后，如遇到足够的紊动涡体，就会浮起来，成为悬移质。悬移质有一定的运动规律，当水流条件、泥沙条件发生变化时，悬移质运动也要按一定的规律发生变化，同时会引起河床的冲淤变化。

（2）推移质运动

河流中较大的沙砾受水流拖曳的作用在河底滚动或滑动，或连滚带滑向前移动，大体上常与河床相接触。在河流动力学中，这种运动的泥沙叫作推移质。当床面上有一定数量的推移质向前运动的时候，床表面往往形成起伏的沙波。

推移质与悬移质是互相联系的，在同一个水流状态下，推移质中颗粒较小的部分与悬移质中颗粒较大的部分构成彼此交错状态。前者主要以推移的方式运动，但也可能表现为暂时的浮游，后者主要以悬移的方式运动，但也可表现在暂时的滚动或跃进。就同一个泥沙组成来说，在较弱的水流情况下可以表现为推移质，在较强的水流情况下，也可表现为悬移质。

（3）河床（跃移）质运动

半悬移质泥沙时而浮在上面，时而沉在下面顺河底移动。固体颗粒上升和下降均取决于接近河床表面处的垂直分速的变化。

3）施工期应注意的有关水流泥沙问题

在海岸动力因子作用下的泥沙运动及其岸滩演变规律，是海洋工程建筑和海港码头设计规划、施工及维护中所考虑的重要因素。例如：海岸工程建筑物前的局部冲刷有可能造成建筑物的局部失稳破坏，而某些部位的淤积又会使建筑物的使用功能受到影响。建筑物导致的冲淤在江河的入海口处更加明显。这便要求在建筑物的设计施工过程中，对冲刷可能造成的失稳进行验算，必要时要采取一定的工程防护措施。在码头、防波堤基槽开挖施工中应注意泥沙的回淤问题，特别是在浪大、流急的海域，要妥善安排工序衔接，开挖后及时抛填基床或加以维护。在航道疏浚施工中要充分考虑泥沙的回淤量。

在航道整治工程中，水工建筑物导致周边流场的改变引起的冲、淤问题，应提前考虑到护底的措施。现代的土工织物，如土工布、软体排、砂被等，可对泥面提供有效的防冲刷保护，在工程中得到普遍应用。此外，在修建海岸建筑物时，由于作业施工所扬起的泥沙在波浪、水流的作用下进行输移，泥沙浓度的改变可能也会对周围水体环境变化产生影响。在水体交换能力不强的区域，过高的泥沙浓度会使水体变浑浊，影响水生植物的光合作用，进而影响到局部的生态平衡。

此外，淤泥质海岸主要位于一些大的入海河口附近，我国的淤泥质海岸也占有相当大的比重。这种海岸主要由黏性泥沙组成。这种黏性泥沙易被波浪、潮流等动力因素所掀动悬浮，常引起港口和航道的淤积及岸滩的冲淤变化。另外，由于污染物特别容易吸附在黏性细颗粒泥沙上，细颗粒泥沙的运动又往往和污染物的运移密切相关，因此在此类海岸施工过程中应注意尽量减少污染物的排放，防止造成生态问题。

应急或抢险的挖泥、疏浚施工时，当水流有足够的流速时，耙吸船可采取旁通（边抛）法施工，利用水流可把旁通泥沙携带至槽外；当为单向水流时，应从上游开始挖泥，利用水流或落潮流占优势的潮流。对内河施工，采用钢桩定位时，宜顺流施工，采用锚缆横挖法施工宜逆流施工。

1.1.2　气象及其对施工的影响

对港口与航道工程施工有一定影响的气象包括风、气温、降水、雾等。

1. 风

1）风的特征

风的特征是用风速和风向两个量值来表示的。风速是空气在单位时间内所流过的距离，单位一般用米／秒（m/s）表示。风向，即风之来向，一般用 16 个方位来表示，在海上多用罗盘来测定。在海上，当无风速仪时，常利用海上的物象特征观测风速和风向。

2）风级、风速对照表

目前的风速用蒲福风级来表示，见表 1.1–1。蒲福风级按风速大小不同分为 12 级。

表 1.1–1　蒲福风级表

蒲福风级	一般描述	风速约数（m/s）	浪高（m）	征状	
				海岸	内陆
0	平静	0.0～0.2	0	海面如镜	烟直上
1	软风	0.3～1.5	0.1～0.2	出现很小的波纹，但尚无飞沫状波峰	烟能显示出风向，但风向标不能转动
2	轻风	1.6～3.3	0.3～0.5	出现小的子波，但波峰平静而不破碎	人面感觉有风，树叶沙沙响，风向标转动
3	微风	3.4～5.4	0.6～1.0	出现大的子波，波峰顶开始破碎，形成散乱的白浪	树叶和细枝动摇不息，旌旗展开
4	和风	5.5～7.9	1.5	小波浪变长，形成频繁的白浪	能吹起尘土和松散的纸张，树的小枝摇动

蒲福风级	一般描述	风速约数（m/s）	浪高（m）	征状	
				海岸	内陆
5	清劲风	8.0～10.7	2.0	中等波浪，出现许多白浪，偶然出现激溅浪花	有叶小树摇摆，风过水面有小波
6	强风	10.8～13.8	3.5	大波浪出现，白色飞沫的波峰延至各处，可能出现激溅浪花	大树枝摇动，电线呼呼作响，举伞困难
7	疾风	13.9～17.1	5.0	海面起伏，碎波的白色飞沫开始被风吹成条纹；开始见到激溅浪花	全树摇动，迎风步行，感到不便
8	大风	17.2～20.7	7.5	较长的较高的波浪出现；飞沫被吹成明显条纹；波峰顶边缘破碎成浪花	细枝被折，人向前行进，阻力甚大
9	烈风	20.8～24.4	9.5	出现高波浪；浪翻卷；激溅浪花影响能见度	不结实的建筑物发生危险，烟囱管帽和房屋摇动
10	狂风	24.5～28.4	12.0	出现很高的波浪；长的悬浪和翻卷浪重重地撞击，整个海面呈白色，飞沫成片，并被吹成浓白条纹	内陆少见，树被连根拔起，很多建筑发生危险
11	暴风	28.5～32.6	15.0	出现异常高的波浪，海面已被长条状白色飞沫完全覆盖；中小尺度的船舶可能久时隐没于波浪背后	极少出现，有则必有严重损毁
12	飓风	32.7～36.9		空中充满飞沫和激溅浪花；推进着的激溅浪花使海面变成白色，能见度极低	极少出现，有则必有严重损毁

3）强风与大风

风速为 10.8～13.8m/s 或风力达 6 级的风称为强风。在港口与航道工程中，大型施工船舶的防风、防台风是指船舶防御风力在 6 级以上的季风和热带气旋。

风速为 17.2～20.7m/s 或风力达 8 级的风称为大风。一日中如有此级风出现，即视为大风日。大风对航运及海上作业都有很大危害，常造成重大事故；如与天文高潮相遇，常形成风暴潮，使海水泛滥，危害更严重。

我国沿海，东海沿岸大风最多；其次是黄海、渤海沿岸；南海沿岸大风最少。一般沿海岛屿的大风比大陆岸边的大风多。

4）风玫瑰图

在收集到气象台站的风资料后，应整理绘制成风玫瑰图（风况图）供工程规划设计用。所谓风玫瑰图是指用来表达风的时间段、风向、风速和频率四个量的变化情况图。风玫瑰图一般按 16 个方位绘制。这四个量有各种不同的组合方式，而且一幅风玫瑰图也常常不能表达出这四个量的全部情况，所以常按工程需要绘制各种形式的风玫瑰图，其最常见的有：

（1）风向频率玫瑰图：将多年观测资料分方向统计后，用百分数表示风在各个方向上的出现次数，并以一定比例在极坐标上绘制而成，如图 1.1-4 所示。图中某一方向的线段长度与图例中单位长度的比值即为该方向风的频率值。

（2）最大风速玫瑰图：从多年的观测资料中找出各向多年内的最大风速以一定比例绘于极坐标上而成，如图 1.1-5 所示。图中某一方向的线段长度与图例中单位长度的比值即为该方向的最大风速。

（3）大于某一风级的风频率玫瑰图：如需要绘制大于等于6级风的频率玫瑰图，将各向大于和等于此级以上的次数相加，并以全部观测数除之即得，如图1.1-6所示。图中某一方向的线段中阴影部分长度与图例中单位长度的比值即为该方向大于等于6级风的频率。

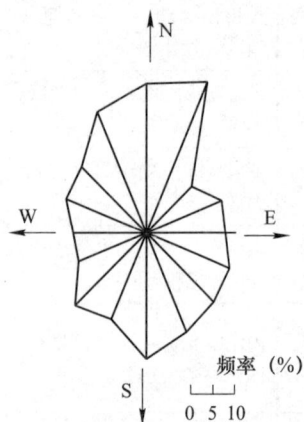

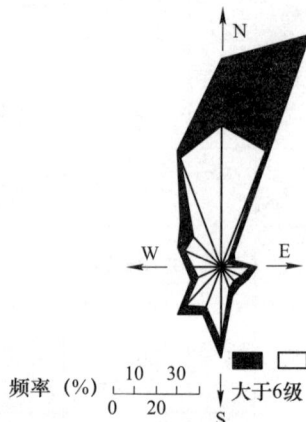

图 1.1-4　风向频率玫瑰图　　　　图 1.1-5　最大风速玫瑰图　　　　图 1.1-6　风频率玫瑰图

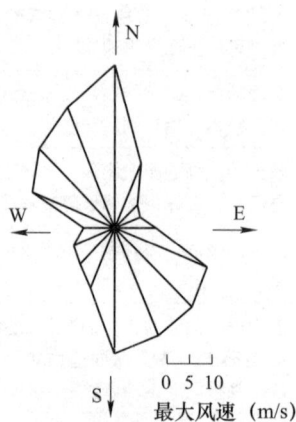

大风日：指在某一观测时段中出现超过8级风的天数，如一天的观测中出现一次或多次超过此值的风速，均称为一个大风日。

台风与热带风暴：台风是发生在东经180°以西的北太平洋和南中国海的热带低压气旋（风暴）。世界气象组织将太平洋的风暴分为三个等级：中心最大风力在12级或12级以上的风暴称为台风，10~11级风暴称为强热带风暴，8~9级风暴称为热带风暴。低于8级的称为热带低压。

2. 降水

降雨和降雪统称为降水。降水量按未经蒸发、流失的累积深度，以毫米为单位计量，降雪计量需要将降雪融化后折算成水量。降水量存在地域分布差异和季节性规律，一个地区的月和年平均降水量，作为两个降水特征值，能够反映该地区降水的基本状况。我国全国平均年降水量为650mm左右，呈自沿海向内地、自东南向西北递减的特点。我国沿海各港口多年平均降水量见表1.1-2。

表 1.1-2　我国沿海各港口多年平均降水量

站名	年降水量（mm）	站名	年降水量（mm）
丹东	1019.1	青岛	775.6
大连	658.7	日照	916.0
营口	667.4	连云港	966.0
锦州	547.7	盐城	990.2
秦皇岛	691.0	南通	1024.0
塘沽	602.9	上海	1141.9
烟台	645.9	宁波	1374.7

站名	年降水量（mm）	站名	年降水量（mm）
温州	1694.6	广州	1681.1
福州	1343.7	湛江	1567.3
厦门	1143.5	海口	1684.5
汕头	1554.9	钦州	2103.4

降水过程中某一时间段降下水量的多少，便是降水强度，降水强度能够反映一次降水过程的快慢缓急程度。计量时段常取 6h、12h 或 24h 为一个时段，有时也以 10min 或 1h 为一个时段。

按照降水强度，可将降雨划分为：微量降雨（零星小雨）、小雨、中雨、大雨、暴雨、大暴雨和特大暴雨；将降雪分为微量降雪（零星小雪）、小雪、中雪、大雪、暴雪、大暴雪和特大暴雪。降水强度等级划分见表 1.1-3。

表 1.1-3　降水强度等级划分表

等级	12h 降水量（mm）	24h 降水量（mm）
微量降雨（零星小雨）	< 0.1	< 0.1
小雨	0.1～4.9	0.1～9.9
中雨	5.0～14.9	10.0～24.9
大雨	15.0～29.9	25.0～49.9
暴雨	30.0～69.9	50.0～99.9
大暴雨	70.0～139.9	100.0～249.9
特大暴雨	≥140.0	≥250.0
等级	12h 降雪量（mm）	24h 降雪量（mm）
微量降雪（零星小雪）	< 0.1	< 0.1
小雪	0.1～0.9	0.1～2.4
中雪	1.0～2.9	2.5～4.9
大雪	3.0～5.9	5.0～9.9
暴雪	6.0～9.9	10.0～19.9
大暴雨	10.0～14.9	20.0～29.9
特大暴雨	≥15.0	≥30.0

3. 气象对工程施工的影响

1）风的影响

对于港口工程的海上施工，风不但直接作用于结构物构成风荷载，而且生成波浪和风成流，对工程施工质量、施工人员、施工船舶和设备、工程结构的安全构成威胁和破坏。

对于港口工程海上施工的工期安排，在工期的自然天数中必须充分考虑风浪的影响，计算有效的施工天数；在施工工序的安排中，必须考虑风浪的影响，合理地安排流水作业段，形成有效的防风浪保护；对于不可预见的突发大风浪和台风袭击，必须事先制定并落实有效的防风、防台风预案。

2）降水的影响

对降水量高的工地，降雨将减少有效施工天数，突然的降雨和连续的阴雨有可能打乱施工的计划安排，增大施工难度，甚至延误工期。

突然的降雨会破坏刚浇筑混凝土的面层，雨水将冲刷已支立模板的隔离剂，因而，必须预备大量防雨材料，以便遇雨进行覆盖；遇到大雨时，必须立即停止混凝土浇筑；降雨将改变露天砂石料的含水量，雨停后，搅拌站必须调整混凝土的配合比。连续地降雨有益于混凝土的潮湿养护。

下雨时不得进行钢筋焊接、对接等工作，刚焊好的钢筋接头部位应防雨水浇淋，以免接头骤冷发生脆裂。雨期会加速露天钢筋锈蚀；大雨会使基坑遭受浸泡，增大边坡塌方、滑坡的危险。

大雷雨、连续的阴雨将加大工程设备遭受雷击和漏电的危险性。

3）气温的影响

夏季高温和冬季低温施工，由于施工条件及环境不利，是工程质量事故的多发季节，尤以混凝土工程居多。我国北方海港水位变动区的混凝土，冬季处于受冻或严重受冻状态，潮水涨落，混凝土结构遭受冻融循环作用的破坏。

对于斜坡部位的混凝土构件，如栅栏板、扭工字块等，低温形成冻结覆盖其上的冰盖，随潮水的升降，冰盖产生了对混凝土表面的推拉剪力和上拔力破坏，对于尺寸较小、表面粗糙的构件，这种破坏作用更明显，常使混凝土表面出现散布的剥皮、露石等现象。

夏季的高温会提升混凝土的入模温度，进而提高大体积混凝土的温度应力和开裂的可能。较高的气温会加速混凝土强度的增长，缩短浇筑后的拆模时间，加快模板的周转，缩短工期和降低成本。

冬季过低的温度会使钢筋焊接头发生冷脆，还会减慢混凝土强度的增长速度，延长拆模时间，减慢模板的周转，有时还会大幅增加混凝土的加温和保温措施费用。

冬季低温冰冻会增加火灾等安全隐患。低温对混凝土的质量事故有隐蔽和滞后的作用。冬期施工的混凝土工程缺陷多数在之后的春夏季才开始暴露出来，这种暴露问题的滞后性还会给事故的调查处理带来难度。

气温剧烈变化（冷击）还会导致大体积混凝土的内表温差加大，过大的温差会使大体积混凝土产生裂缝。

4）雾的影响

我国沿海各港施工区内，不但雾天多，而且能见度极差，持续时间长，这不但直接影响了一些需要有良好通视条件工作的进行（例如常规仪器的测量、需要与地面配合的高空作业等），也增加了海上船舶作业的难度和安全隐患。

考虑雾对有效施工天数的影响时，一般雾的持续时间要达到 4h 以上，才能从有效作业天数中扣除。

1.2　港口与航道工程勘察与测绘成果的应用

1.2.1　港口与航道工程地质勘察及成果的应用

1. 概述

港口与航道工程地质勘察必须贯彻国家有关技术经济政策，认真调查研究，精心勘察，密切结合工程实际，具体分析和评价场地的工程地质条件，提出反映客观实际、满足工程需要的勘察成果，为港口与航道工程建设的全过程服务。

工程地质勘察阶段宜分为可行性研究阶段勘察、初步设计阶段勘察、施工图设计阶段勘察三个阶段，必要时应进行施工期勘察；场地较小，且地质条件简单的工程，可合并勘察阶段；当工程方案已经确定，可根据实际情况一次性勘察。

港口工程施工图设计阶段勘察应查明建筑场地岩土工程条件，提供相应阶段地基基础设计、施工所需的岩土参数，对建筑地基做出岩土工程评价，并提出地基类型、基础形式、陆域形成、地基处理、基坑支护、工程降水和不良地质作用的防治等设计、施工中应注意的问题和建议。

航道工程施工图设计阶段勘察应在初步设计阶段勘察的基础上进一步查明场地的工程地质、水文地质条件，对工程场地做出岩土工程评价，提供施工图设计、施工所需的岩土参数，满足施工图设计、施工及不良地质作用防治的需要。

港口与航道工程地质勘察，应满足《水运工程岩土勘察规范》JTS 133—2013 要求。实施勘察时应根据技术要求和场地岩石特性，选用钻探、井探、槽探、洞探、物探等方法。如果工程在水中，应在船上或临时搭建的平台上进行钻探作业。

2. 勘察报告的格式和内容

勘察报告是勘察工作的最终成果，由文字和图表构成，应满足相应设计阶段的技术要求。《水运工程岩土勘察规范》JTS 133—2013 对勘察报告的格式和内容规定如下：

1）拟建工程概况

拟建工程的建筑规模、结构型式、工程特征等。

2）勘察目的、任务要求和依据的技术标准

勘察的日的主要是查明工程地质条件，分析存在的地质问题，对建筑地区做出工程地质评价。

勘察的任务主要是结合工程设计、施工条件等具体要求，进行技术论证和评价，为设计、施工提供依据，服务于工程建设的全过程。

勘察依据的技术标准需根据勘察目的、任务要求，结合国家现有标准，合理选用技术标准。

3）勘察方法和勘察工作布置

（1）勘察方法、重要经过及完成情况。

（2）勘探点宜按建筑物周边线和角点布置，对无特殊要求的其他建筑物可按建筑物或建筑群的范围布置；同一建筑范围内的主要受力层或有影响的下卧层起伏较大时，应加密勘探点，查明其变化；重大设备基础应单独布置勘探点。

4）场地地形、地貌、地质构造

（1）地形、地貌

港湾或河段地形特征，各地貌单元的成因类型、特征及分布。与工程有关的微地貌单元（如岸坡区、填土区、掩埋的古冲沟分布区等）的特征与分布。

（2）地质构造

场地的地质构造稳定性和与工程有关的地质构造现象，其对工程影响的分析和防治措施的建议，地质构造对岸坡稳定性影响的分析。

5）岩土层分布、性质及其均匀性

（1）岩土层的分布、产状、性质、地质时代、成因类型、成层特征等。

（2）地基均匀性是对地基变形控制的评价，是岩土工程勘察报告中的岩土工程问题评价部分的主要内容，地层均匀性是地基均匀性评价的主要依据之一，地基均匀性评价主要是基础以下持力层的压缩层厚度变化（持力层及其下卧层水平方向上均匀性）和压缩层压缩性综合评价。

6）岩土参数的统计、分析和选用

所选用的岩土参数必须能够正确地反映岩土体在规定条件下的性状，能比较真实地估计参数真值所在的区间，从而能够满足岩土工程设计计算的精度要求。

在对岩土工程评价时应对所选参数的可靠性和适用性进行分析，岩土参数的可靠与否主要取决于两方面的因素：一是岩土结构受扰动的程度；二是试验方法和取值标准。

7）场地地下水情况

地下水类型、形成条件、水位特征、含水层的渗透系数（垂直和水平方向）；地下水活动对不良地质现象的发育和基础施工的影响。

8）水和土对建筑材料的腐蚀性

水与土中腐蚀性物质对建筑材料的腐蚀性。

9）场地地震效应的分析与评价

相同的基底地震加速度，由于覆盖层厚度和土的剪切模量不同，产生不同的地面运动；地面运动是否会造成场地和地基的失稳或失效，主要是考虑液化、震陷、滑坡等；地表断裂造成的破坏，主要是活动断裂蠕动、突然错动造成建筑物剪切破坏；局部地形、地质构造的局部变化引起的地面异常波动所造成的破坏。

10）不良地质作用和特殊性岩土的描述和评价

不良地质作用主要包括岩溶、活动断裂、地震、崩塌、滑坡、泥石流、采空区、地面沉降等。

特殊性岩土主要包括湿陷性土、红黏土、软土、混合土、填土、多年冻土、膨胀土、盐渍土、残积土等。

11）场地稳定性和适宜性评价

岩土体的变形、强度和稳定性宜在定性的基础上定量分析。场地的适宜性、区域稳定性可仅作定性分析。

12）岩土工程分析和评价

对各岩土单元体的综合分析评价及工程设计所需的岩土技术参数；对持力层的推

荐和施工中应注意的问题；天然岸坡稳定性的分析评价。

13）对工程设计和施工的建议

不良地质现象的整治方案建议；地基处理方案的建议；工程活动对地质环境的作用和影响等。

14）监控及预防措施的建议

对于不良地质上的建筑物，在施工阶段及完工后的一定时期内，应采取监控措施；根据不同的地质状况，给出对应的防范措施。

15）附图和附表

（1）勘察点平面图或工程地质平面图

以地形图为底图，标有各类勘察点、剖面线的位置和序号。

（2）勘察点成果数据表

勘察点坐标，成果数据表。

（3）钻孔柱状图

反映钻孔深度内岩土层厚度、分布、性质、取样和测试的位置、实测标准贯入击数、地下水位，有关的物理力学指标（如天然含水量、孔隙比、无侧限抗压强度等）随钻孔深度的变化曲线。

（4）工程地质剖面图

根据岸线方向、主要地貌单元、地层的分布、地质构造线、建筑物轮廓线等确定的剖面位置，绘制纵横工程地质剖面图。图上画有该剖面的岩土单元体的分布、地下水位、地质构造、标准贯入试验击数、静力触探曲线等。

（5）原位测试成果图表

反映标准贯入、静力触探等原位测试成果的图表。

（6）室内试验成果图表

土工试验成果表、固结试验数据表、颗粒级配曲线等。

（7）岩土试验特征指标综合统计表。

（8）其他图表、照片。

16）根据工程需要可提交下列专题报告

（1）岩土工程测试报告。

（2）岩土工程检验或检测报告。

（3）岩土工程事故调查与分析报告。

（4）岩土利用、整治或改造方案报告。

（5）专门岩土工程问题的技术咨询报告。

《水运工程岩土勘察规范》JTS 133—2013 对桩基专项勘察的要求：桩基工程勘察应在工程地质调查与测绘的基础上，根据地层情况采用钻探、触探、标准贯入试验以及其他原位测试相结合的方法进行，对软土、黏性土、粉土、砂土宜采用静力触探或标准贯入试验，对碎石土宜采用重型或超重型圆锥动力触探试验。对于摩擦桩，相邻两勘点所探明的持力层顶面高差大于 2m 时，在两勘探点之间加密勘探点。

3. 港口工程地质勘察成果的应用

施工图设计阶段的勘探线、勘探点应布设在最新的水深图、地形图上，勘探点的位置、数量和深度应根据工程类型、建筑物特点、基础类型、荷载情况和岩土性质，结合所需查明的问题综合确定。施工图设计阶段勘探线、勘探点布置和勘探点深度见表 1.2-1 和表 1.2-2。

表 1.2-1　港口工程施工图设计阶段勘探线、勘探点布置表

工程类别		勘探线（点）布置方法	勘探线距或条数		勘探点距或点数		备注
			岩土层简单	岩土层复杂	岩土层简单	岩土层复杂	
码头	斜坡式	按垂直岸线方向布置	50~100m	30~50m	20~30m	≤20m	—
	高桩式	沿桩基长轴方向	1~2 条	2~3 条	30~50m	15~25m	后方承台相同
	栈桥 桩基	沿栈桥中心线	1 条	1 条	30~50m	15~25m	—
	栈桥 墩基	每墩至少 1 个勘探点	—	—	至少 1 个点	至少 3 个点	—
	墩式	每墩至少 1 个勘探点	—	—	至少 1 个点	至少 3 个点	—
	板桩式	按垂直码头长轴方向	50~75m	30~50m	10~20m	10~20m	一般板桩码头前沿线点距 10m，其余点距为 20m
	重力式	沿基础长轴方向布置纵断面	1 条	2 条	20~30m	≤20m	—
	重力式	垂直于基础长轴方向布置横断面	40~75m	≤40m	10~30m	10~20m	—
	单点或多点系泊式	按沉块和桩的分布范围布点	—	—	4 个点	不少于 6 个点	—
施工围堰		每一区段布置 1 个垂直于围堰长轴方向的横断面	—	—	每一横断面布置 2~3 个点		"区段"按岩土层特点及围堰轴向变化划分
防波堤		沿长轴方向	1~3 条	1~3 条	75~150m	≤50m	—
道路、堆场		沿道路中心线、料堆长轴方向	75~100m	50~75m	75~100m	50~75m	—
陆域建筑物	条形基础	按建筑物轮廓线	30~50m	20~30m	30~50m	15~30m	—
	柱基	按柱列线方向	25~50m	15~25m	30~50m	15~30m	—
	单独建筑物	每一建筑物不少于 2 个勘探点					如灯塔、油罐、系船设备及重大设备的基础等

注：1. 相邻勘探点间岩土层急剧变化而不能满足设计、施工要求时，应增补勘探点。
　　2. "岩土层简单"及"岩土层复杂"主要根据基础影响深度内或勘探深度内岩、土层分布规律性及岩土性质的均匀程度判定。
　　3. 确定勘探线距及勘探点距除应考虑具体地质条件外，还应综合考虑建筑物重要性等级、结构特点及其轮廓尺寸、形状等。
　　4. 对沉井基础如基岩面起伏显著时，应沿沉井周界加密勘探点。
　　5. 本阶段港池、进港航道区勘探点的布置应在初步设计阶段勘察的基础上适当加密。
　　6. 护岸工程勘探点的布置根据工程情况可参照码头、防波堤执行。

表 1.2-2　港口工程施工图设计阶段勘探点深度表

地基基础类别	建筑物类型		勘探至基础底面（或桩尖）以下深度				
			一般黏性土	老黏性土	中密、密实砂土	中密、密实碎石土	基岩
天然地基	水工建筑物	重力式码头	≥1.5B	≥B	3～5m	2～3m	N＞50 的风化岩大于等于 1m
		斜坡码头	坡顶及坡身≥15m，坡底 3～5m	3～5m	2～3m	1～2m	
		防波堤	10～20m	5～10m	2～3m	1～2m	
		施工围堰	根据具体技术要求确定				
	道路、堆场		压缩层底面以下 1～3m				
	陆域建筑	条形基础	6～12m	3～5m	3～5m	1～2m	N＞50 的风化岩大于等于 1m
		矩形基础	3～9m	2～3m	3～5m	1～2m	
桩基	水工建筑物、陆域建筑物		（3～5）d 且不小于 3m，对于大直径桩不小于 5m				N＞50 的风化岩（2～3）d
板桩	水工建筑物、陆域建筑物		3～5m	1～2m	—	—	

注：1. B 为基础底面的宽度（m）。
　　2. d 为桩的直径（m）。
　　3. 本勘察阶段中港池、进港航道的勘探点深度应与初步设计勘察阶段相同。
　　4. 护岸工程勘探点深度根据工程情况可参照相关地基基础类别执行。

施工图设计阶段取原状孔的数量应不少于勘探点总数的 1/3，其余应为原位测试孔。控制性勘探点的数量应不少于勘探点总数的 1/6。

施工图设计阶段的勘探线和勘探点宜布置在比例尺不小于 1∶1000 的地形图上。

部分岩土物理力学指标的定义及作用如下：

含水率 w（%）——土中水重 / 土颗粒重。用于确定淤泥性土的分类。

孔隙比 e——孔隙体积/土粒体积。用于确定淤泥性土的分类和确定单桩极限承载力。

孔隙率 n（%）——土中孔隙体积 / 土体总体积。

液限 w_L——由流动状态变成可塑状态的界限含水率。用于计算塑性指数 I_P 和液性指数 I_L。

塑限 w_P——土从可塑状态转为半固体状态的界限含水率。用于计算塑性指数 I_P 和液性指数 I_L。

塑性指数 I_P——土颗粒保持结合水的数量，说明可塑性的大小。用于确定黏性土的名称和单桩极限承载力。

液性指数 I_L——说明土的软硬程度。用于确定黏性土的状态和单桩极限承载力。

黏聚力 c——用于土坡和地基稳定验算。

内摩擦角 φ——用于土坡和地基稳定验算。

岩石饱和单轴抗压强度 f_r——是指岩石试件在饱和含水状态下单向受压至破坏时，单位面积上所承受的荷载。用于确定岩石的坚硬程度。

原位测试的方法有以下七种：

标准贯入试验——标准贯入试验击数 N 值系指质量为 63.5kg 的锤，从 76cm 的高度自由落下，将标准贯入器击入土中 30cm 时的锤击数。其具体的规定是：贯入器打入土中 15cm 后，开始记录每打入 10cm 的锤击数。以累计打入 30cm 的锤击数为标准贯入试验击数 N。当锤击数已达 50 击，而贯入深度未达 30cm 时，可记录 50 击的实际贯入深度，按式（1.2-1）换算成相当于 30cm 时的标准贯入试验击数 N。

$$N = 30 \times 50 / \Delta S \tag{1.2-1}$$

式中　N——标准贯入试验击数；

　　　ΔS——50 击的实际贯入深度（cm）。

可根据标准贯入试验击数，结合当地经验确定砂土的密实度、砂土的内摩擦角和一般黏性土的无侧限抗压强度，评价地基强度、土层液化可能性、单桩极限承载力、沉桩可能性和地基加固效果等。

十字板剪切试验——系指用十字板剪切仪在原位直接测定饱和软黏土的不排水抗剪强度和灵敏度的试验。十字板剪切强度值，可用于地基土的稳定分析、检验软基加固效果、测定软弱地基破坏后滑动面位置和残余强度值以及地基土的灵敏度。

静力触探试验——静力触探试验适用于黏性土、粉土和砂土。可根据静力触探资料结合当地经验和钻孔资料划分土层，确定土的承载力、压缩模量、单桩承载力，判断沉桩的可能性、饱和粉土和砂土的液化趋势。

浅层平板荷载试验——可用于测定浅层地基各类岩土承压板下 1.5~2.0 倍承压板的宽度或直径深度的承载力和变形模量。

圆锥动力触探试验——分为轻型、重型和超重型三种，可用于黏性土、沙类土、碎石类土、极软岩、软岩等。根据圆锥动力触探试验成果，可进行力学分层，评定岩土的均匀性和物理性质、土的强度、变形参数、地基承载力、单桩承载力，查明土洞、软硬土层界面、检测地基处理效果等。

旁压试验——可分为预钻式和自钻式两类：预钻式旁压试验可用于黏性土、粉土、砂土、碎石土、残积土、极软岩、软岩；自钻式旁压试验可用于黏性土、粉土和砂土等。通过旁压试验，可确定岩土的初始压力、临塑压力、极限压力、旁压模量和地基允许承载力等参数。

波速测试——可用于测定各类岩土体的压缩波、剪切波或瑞利波的波速。波速测试成果可应用于计算岩土动力参数、评价岩体风化程度及完整性和刚度、划分土的类型和建筑场地类别以及探测地质分层和地质异常体等。

港口工程地质勘察成果的应用见表 1.2-3～表 1.2-14。

表 1.2-3　岩石坚硬程度分类

岩石坚硬程度	极软岩	软岩	较软岩	较硬岩	坚硬岩
岩石饱和单轴抗压强度 f_r（MPa）	$f_r \leq 5$	$5 < f_r \leq 15$	$15 < f_r \leq 30$	$30 < f_r \leq 60$	$f_r > 60$

表 1.2-4　岩石软化类别分类

岩石软化类别	软化岩石	不软化岩石
软化系数 K_R	$K_R \leq 0.75$	$K_R > 0.75$

注：软化系数 K_R 为饱和与干燥状态的岩石单轴抗压强度之比。

表 1.2-5 岩体按岩石质量指标 *RQD* 分类

岩体 *RQD* 分类	极差	差	较差	较好	好
RQD（%）	$RQD \leqslant 25$	$25 < RQD \leqslant 50$	$50 < RQD \leqslant 75$	$75 < RQD \leqslant 90$	$RQD > 90$

注：*RQD* 指用直径 75mm 金刚石钻头和双层岩芯管在岩石中连续钻进取芯，回次钻进所取岩芯中，长度大于 10cm 岩芯段长度之和与该回次进尺的比值，以百分数表示。

表 1.2-6 砂土按颗粒级配分类

土的分类	颗粒级配
砾砂	粒径大于 2mm 的颗粒质量占总质量的 25%～50%
粗砂	粒径大于 0.5mm 的颗粒质量超过总质量的 50%
中砂	粒径大于 0.25mm 的颗粒质量超过总质量的 50%
细砂	粒径大于 0.075mm 的颗粒质量超过总质量的 85%
粉砂	粒径大于 0.075mm 的颗粒质量超过总质量的 50%

注：定名时根据颗粒级配由大到小以最先符合者确定。

表 1.2-7 砂土按密实度分类

标准贯入击数 N	密实度	标准贯入击数 N	密实度
$N \leqslant 10$	松散	$30 < N \leqslant 50$	密实
$10 < N \leqslant 15$	稍密	$N > 50$	极密实
$15 < N \leqslant 30$	中密		

表 1.2-8 粉土密实度按孔隙比分类

密实度	密实	中密	稍密
孔隙比 e	$e < 0.75$	$0.75 \leqslant e \leqslant 0.90$	$e > 0.90$

注：当有经验时，也可用原位测试或其他方法划分粉土的密实度。

表 1.2-9 淤泥和砂的混合土

名称	淤泥含量 M_s（%）
淤泥混砂	$30 < M_s$
砂混淤泥	$10 < M_s \leqslant 30$

表 1.2-10 黏性土的分类

塑性指数 I_P	土的名称
$I_P > 17$	黏土
$10 < I_P \leqslant 17$	粉质黏土

表 1.2-11 黏性土的状态

状态	坚硬	硬塑	可塑	软塑	流塑
液性指数 I_L	$I_L \leqslant 0$	$0 < I_L \leqslant 0.25$	$0.25 < I_L \leqslant 0.75$	$0.75 < I_L \leqslant 1$	$I_L > 1$

表 1.2-12 黏性土的天然状态

黏性土状态	坚硬	硬	中等	软	很软
标准贯入击数 N	$15 \leqslant N$	$8 \leqslant N < 15$	$4 \leqslant N < 8$	$2 \leqslant N < 4$	$N < 2$

表 1.2-13   淤泥性土的分类

土的名称	指标	
	孔隙比 e	含水率 w（%）
淤泥质土	$1.0 < e \leqslant 1.5$	$36 < w \leqslant 55$
淤泥	$1.5 < e \leqslant 2.4$	$55 < w \leqslant 85$
流泥	$e > 2.4$	$w > 85$

表 1.2-14   港口与航道工程常见的几种成因类型的土及其工程地质特征

成因	分布地区	砂土	粉土和黏性土	碎石土
残积	分布于基岩起伏和平缓地区	未经分选，具母岩矿物成分，表面粗糙，有棱角，常与碎石及黏性土混在一起，其厚度不均	产状复杂，厚度不均，土质不均，深埋者常为硬塑或坚硬状态；裸露地表者，孔隙比常较大	碎石成分与母岩相同，未经搬运、分选，大小混杂、颗粒呈棱角形
坡积	分布于坡脚和坡底	颗粒磨圆度差，分选性差、成分不均，常混有碎石或黏性土；其密实度常处于松散或稍密状态	无层理，未经分选，粒度成分有急剧变化，一般处于不稳定状态中，且具有较高的孔隙比，潮湿时有较大的压缩性，常处于欠固结状态	分选性差，颗粒有棱角，但不尖锐，混有砂或黏性土，常处于不稳定状态中
冲积	砂土、黏性土多分布于河流中下游的河床、三角洲及河漫滩等处；老黏性土多分布于河海岸阶地上；碎石、卵石土分布于河流中、上游	砂粒呈浑圆状，具有分选性；含有少量黏土颗粒和粉土颗粒；且常有黏土夹层及透镜体；在平原地区砂层厚度较稳定	具有层理构造和透镜体产状，层理构造的土具有渗透性、膨胀性、压缩性、力学强度的各向异性	磨圆度较好，有分选性
海积	碎石、卵石土、砂土分布于岩岸滨海地带；黏性土在沿海河口，岸滩和泥质海岸深水、浅水区域广泛分布	砂颗粒多呈圆形或次圆形，砂粒纯洁，但含有碎贝壳	其近期沉积的淤泥性土有微生物作用，颜色较暗，具有含水量高、压缩性高、承载力低等特性；常处于欠固结状态，为软塑或流塑状态的土，泥质海岸的淤泥质土常呈"千层饼"状层间层构造	磨圆度好，光滑纯洁
海陆复合型	河流下游三角洲地带陆域有丘陵分布时，由两种以上成因的土相混形成	常见者为砂混淤泥质土，以砂为主，呈松散状态	常见者为淤泥质土混砂，以淤泥质土为主；其力学强度指标，应以淤泥质土为准	—

4. 航道工程与疏浚工程地质勘察成果的应用

在航道工程设计与施工进行前，必须充分调查现场的地质条件，对岩土进行分析试验，并就其对于疏浚吹填的特性做出评价。

疏浚工程在勘察工作中要求查明疏浚区、吹填区内岩土的类型、岩土的工程特性及具体分布的详细资料。

1）勘察要求

（1）勘探线、点的布置要求

航道工程勘探点的位置、数量和深度应根据工程类型、建筑物特点、荷载情况和岩土性质综合确定；疏浚工程勘探点的位置、数量和深度应根据不同勘察阶段的要求和疏浚区的地形、地貌和岩土层的复杂程度确定。

勘探线、勘探点应布设在最新的水深地形图上，航道与疏浚工程的勘探线、勘探点间距和勘探点深度可按表 1.2-15～表 1.2-17 确定。

表 1.2-15　航道工程初设阶段勘探线、勘探点布置

工程类别		勘探线、勘探点布置方法	勘探线距或条数		勘探点距或点数	
			地质条件简单	地质条件复杂	地质条件简单	地质条件复杂
炸礁	陆上炸礁	平行礁石长轴线方向布置	50～100m		50～100m	
	水下炸礁	根据礁石具体分布状况布置	根据礁石具体分布状况确定，地形起伏大者线距不大于 50m		根据礁石顶面形状和有无覆盖层确定，复杂者间距 25～50m	
整治筑坝和护滩、护底、航道浅区	丁坝、顺坝、护滩、护底、锁坝	平行长轴线方向的纵向布置及垂直长轴线方向的横向布置	每道 1 条纵向勘探线和若干条横向勘探线		纵向 100～300m 且不少于 2 个，横向每条不少于 2 个	
	导堤		每道 1 条纵向勘探线和若干条横向勘探线		纵向 100～300m，横向每条不少于 3 个	
	航道浅区	—	1 条纵向勘探线及适当的横向勘探线		纵向不大于 500m，当地质条件复杂时，横向 1～2 个	
运河开挖		平行岸线的纵向布置及垂直岸线的横向布置	纵向 1～2 条勘探线，横向若干条		纵向点距 200～500m，横向每条 3 个	
护岸	斜坡式	平行岸线的纵向布置及垂直岸线的横向布置	纵向 1 条勘探线，横向若干条		纵向点距 200～500m，横向每条 2 个，坡顶坡脚各 1 个	
	直立式和混合式	沿护岸纵向布置	1 条	2 条	100～300m	50～100m
		垂直岸线方向布置	200～1000m	100～200m	20～50m	不大于 20m
大型航道标志	塔型标	塔基处呈等边三角形	—		3 个，遇基岩时 1～2 个	
	大型标牌	在两只牌脚处布置	—		各 1 个	

注：1. 勘察对象中的丁坝、顺坝、护滩、护底，坝体长度大于 500m 取大值或适当增加。

2. 锁坝坝体高大者取大值。

3. 四级及以下航道工程和小窄沟上的锁坝工程勘探线、勘探点间距可适当放宽。

4. 斜坡式护岸，在岩土层地质结构复杂和近岸有凼沟地段，适当增加勘探点。

表 1.2-16　航道工程初设阶段勘探点深度要求

工程类别	一般性勘探点勘探深度	控制性勘探点勘探深度
炸礁	炸礁底面以下 2～3m	—

续表

工程类别		一般性勘探点勘探深度	控制性勘探点勘探深度
整治筑坝	丁坝、顺坝、护滩、护底、锁坝、导堤	筑坝区的孔深应满足地基承载力和建筑物沉降量的要求，且低于极限冲刷面2～3m	应考虑坝体规模、岩土条件等综合因素以满足抗滑稳定性验算需要，且孔深低于潜在滑面3～5m
	航道浅区	设计航槽底面以下2～3m	—
	运河开挖	设计开挖河底面以下1～3m	—
护岸	斜坡式	危险滑动面以下2～3m	危险滑动面以下3～5m
	直立式和混合式　重力式	基础底面以下（1.5～2.0）H	基础底面以下不小于$2H$且不大于30m
	直立式和混合式　板桩式	桩尖以下3～5m	桩尖以下8m
大型航道标志	塔型标	10～15m，遇基岩钻透强风化层	遇不良地层时需适当加深
	大型标牌	10m，遇基岩钻透强风化层	

注：1. H为拟建护岸的高度（m）。
  2. 岸坡地面高差较大时，位于高处勘探点的深度应达到与其相邻的低处勘探点地面下适当深度，使地质剖面图上地层能相互衔接。
  3. 运河开挖工程遇岩溶地层时，其控制性孔深应穿过表层岩溶发育带。

表1.2-17　疏浚工程疏浚区勘探线、勘探点间距

设计阶段	工程地区	地质条件	定义	勘探线间距（m）或条数	勘探点间距（m）
施工图设计	内河	复杂	地形起伏大，岩土性质变化大，地貌单元多	20～50	20～50
		一般	地形有起伏，岩土性质变化较大	50～75	50～75
		简单	地形平坦，岩土性质单一，地貌单一	75～100	75～150
	沿海	复杂	地形起伏大，岩土性质变化大，地貌单元多	20～50	20～50
		一般	地形有起伏，岩土性质变化较大	50～100	50～100
		简单	地形平坦，岩土性质单一，地貌单一	港池100～300 航道1～3条	100～300

注：1. 在地质条件十分复杂的地区应根据工程需要加密钻孔，如设计疏浚深度内基岩起伏多变或出现孤石、礁盘等情况。
  2. 孤立勘探区域的钻孔不得少于3个。
  3. 地质情况单一时，间距可适当放宽。

航道工程初步设计阶段勘探线和勘探点宜在比例尺为1∶1000或1∶2000的地形图上布置。取原状土孔的数量不少于勘探点总数的1/2，控制性勘探点的数量不少于勘探点总数的1/3。

（2）疏浚工程钻孔分类与要求

① 钻孔应分为技术孔和鉴别孔。技术孔应分控制性钻孔和一般性钻孔，技术孔数量不得少于总钻孔数的30%。

② 疏浚区的钻孔深度应达到设计疏浚底高程以下2～3m。当钻孔深度未达到设计疏浚底高程并遇到中风化、微风化、未风化岩石类时，采取岩芯后即可终止钻孔。

③ 吹填区内的钻孔深度应根据吹填厚度、现场地质状况、岩土特性、围堰的作用

和结构等因素确定。控制性钻孔深度不宜超过 30m，一般性钻孔深度不宜超过 20m。

2）工程勘察成果在疏浚工程上的应用

疏浚岩土分为岩石类和土类。疏浚岩石按强度进行分类，并考虑其风化程度、成因、软化系数等因素；疏浚土类根据颗粒组成及其特征、天然含水量、塑性指数及有机物含量分为有机质土及泥炭、淤泥土类、黏性土类、粉土类、砂土类和碎石土类。疏浚岩土根据疏浚机具对其挖掘、提升、输送等的难易程度进行分级，共分为 13 级土。疏浚岩土分类见表 1.2–18。

表 1.2–18　疏浚岩土分类

岩土类别	岩土名称		分类标准
有机质土及泥炭	有机质土及泥炭		$Q \geqslant 5\%$
淤泥类	浮泥		$w > 150\%$
	流泥		$85\% < w \leqslant 150\%$
	淤泥		$55\% < w \leqslant 85\%$，$1.5 < e \leqslant 2.4$
淤泥质土类	淤泥质黏土		$36\% < w \leqslant 55\%$，$1.0 < e \leqslant 1.5$，$I_P > 17$
	淤泥质粉质黏土		$36\% < w \leqslant 55\%$，$1.0 < e \leqslant 1.5$，$10 < I_P \leqslant 17$
黏性土类	黏土		$I_P > 17$
	粉质黏土		$10 < I_P \leqslant 17$
粉土类	黏质粉土		$d > 0.075$mm 的颗粒含量小于总质量 50% $I_P \leqslant 10$，$10\% \leqslant M_C < 15\%$
	砂质粉土		$d > 0.075$mm 的颗粒含量小于总质量 50% $I_P \leqslant 10$，$3\% \leqslant M_C < 10\%$
砂土类	粉砂		$d > 0.075$mm 的颗粒含量大于总质量 50%
	细砂		$d > 0.075$mm 的颗粒含量大于总质量 85%
	中砂		$d > 0.25$mm 的颗粒含量大于总质量 50%
	粗砂		$d > 0.5$mm 的颗粒含量大于总质量 50%
	砾砂		$d > 2.0$mm 的颗粒含量占总质量 25%～50%
碎石土类	角砾、圆砾		$d > 2.0$mm 的颗粒含量大于总质量 50%
	碎石、卵石		$d > 20$mm 的颗粒含量大于总质量 50%
	块石、漂石		$d > 200$mm 的颗粒含量大于总质量 50%
岩石类	软质岩石	极软岩	$R_C \leqslant 5$
		软岩	$5 < R_C \leqslant 15$
		较软岩	$15 < R_C \leqslant 30$
	硬质岩石	较坚硬岩	$30 < R_C \leqslant 60$
		坚硬岩	$R_C > 60$

注：Q—有机质含量（%）；w—天然含水率（%）；e—孔隙比；I_P—塑性指数；d—粒径（mm）；M_C—黏粒含量（$d < 0.005$mm）；R_C—单轴饱和抗压强度（MPa）。

5. 施工中应注意的主要工程地质问题

尽可能全面、准确地探知、掌握施工区的工程地质条件，对工程的顺利施工（保证工程质量和工期、安全施工、实现环保）和建筑物的正常使用具有重大的意义。

施工中与地质条件密切相关的项目主要有：

（1）地基基础处理方法和设备的选择：根据地质条件的特点选择排水固结法、强夯法、水泥深层搅拌法、振动水冲法、爆炸排淤填石法等适用的加固方法、设备和工艺参数。

（2）沉桩施工极限承载力的控制，针对不同的地质条件选择桩的种类、沉桩设备和沉桩工艺参数。

（3）沉桩桩尖标高和贯入度标准的控制。

（4）基槽开挖设备的选择，标高和土质的控制标准，分层开挖高度和方法的选择。

（5）保证挖槽、岸坡、基坑边坡稳定性施工工序的合理安排和必要的防护措施的选择。

（6）灌注桩、地连墙成孔（槽）设备和工艺的确定。

（7）施工中为了保证建筑物的稳定性和安全性，必要的检测、监测项目的安排。

（8）施工中必要的环保措施的安排。

（9）疏浚工程中，土质对施工工艺、设备、施工方法有重要影响。

① 对不同的土质采用不同的挖泥、吹填设备和工艺。

② 根据泥沙沉淀的特性，可以考虑是否采取装舱溢流工艺及其对环保的影响。

③ 根据土质特性选择合适的耙头或绞刀。

④ 根据土质情况选择耙吸船合适的对地航速，调节波浪补偿器。

⑤ 根据土质情况选择分层挖泥的厚度。

⑥ 根据底质的性质考虑环保施工方法和施工中的环保措施。

1.2.2　港口与航道工程地形图和水深图的应用

1. 地形图

地形指的是山脉、丘陵、盆地、平原等地面的起伏形状。地面上还有河流、森林及道路、桥梁、房屋等各种建筑物，统称为地物。利用经纬仪等各种测量仪器将地球表面各点的位置、高度以及各种地物的位置和形状测出，并按一定比例尺和规定的符号，绘在图纸上，形成地形图。地形图在国民经济中是各种规划与设计的依据。地形图的比例尺，又称缩尺，是图上直线长度与地面上相应直线水平投影长度之比。如 1∶500 即地面上直线水平投影长度 500m 相当于图上 1m。一般说，比例尺越大，反映测区的地形越详细、精确。

水运工程测图比例尺应根据测量类别、工程类别或阶段按表 1.2-19 选用。

表 1.2-19　测图比例尺

测量类别	工程类别或阶段	测图比例尺
规划和设计测量	规划和可行性研究	1∶2000～1∶20000
	初步设计	1∶1000～1∶5000
	施工图设计	1∶200～1∶2000

续表

测量类别	工程类别或阶段		测图比例尺
施工测量	水工建筑物及附属设施		1∶200～1∶2000
	航道		1∶1000～1∶5000
	港池		1∶1000～1∶2000
	泊位		1∶500～1∶1000
	吹填区		1∶500～1∶2000
航道基本测量和航道检查测量	沿海	运营	1∶2000～1∶50000
	内河		1∶1000～1∶25000

注：1. 不分设计阶段的小型工程，其面积小于 0.3km² 时，比例尺可采用 1∶500～1∶1000。
　　2. 疏浚抛泥区测图比例尺可按航道基本测量比例尺要求进行。
　　3. 竣工测量测图比例尺应按施工测量要求进行。

海中的水位有涨有落，但多年的水位观测值的算术平均值却是（接近）一个常数，高度变化不大，可将其看作地面点高度的起算面。从 1957 年起，我国采用青岛验潮站所测的黄海平均海平面作为全国地面高程的起算面。某地面点到该平均海平面的竖直距离称为该地面点的高程（对于高山也称为海拔高度）。地面上点的高程在地形图上用等高线表示。等高线即地面上高程相等的地点所连成的平滑曲线，它是一系列的闭合曲线，能表示出地面高低起伏的形态。两相邻等高线间的高程差称为等高线的间隔，简称等高距。等高线的密度越大，表示地面坡度越大。

2. 水深图

在大地测量中，对于平均海平面即基准面以下的地面点，其高程则用从平均海平面向下量的负高程表示，如水面下某点距平均海平面的竖直距离为 12m，则标为 −12m。水下地形用连接相同水深点的等深线表示，形成水下地形图。

沿海和感潮河段港口与航道工程及航运上常用的水深图（海图或航道图），其计量水深用比平均海平面低的较低水位或最低水位作为水深的起算面，称为理论深度基准面。这是因为一年内约有　半左右的时间海水位低于平均水位，为了保证船舶航行的安全，使图上标注的水深有较大的保证率。我国海港采用的理论深度基准面，即各港口或海域理论上可能达到的最低潮位。理论深度基准面是通过潮汐的调查分析和保证率计算，然后通过与实际观测资料对照调整后，由国家颁布。内河港口则采用某一保证率的低水位作为深度基准面。

对于理论深度基准面以上，随天文、气象变化的那部分水深，则用潮汐表进行预报。所以，某一水域某时刻的实际水深由两部分组成：一部分是基准面以下的有保证的水深，即海图中所标注的水深，需再加上另一部分基准面以上的受天文、气象影响的那部分水深，即潮汐表中给出的潮高（或潮升）值。地形、水深与基准面关系如图 1.2-1 和图 1.2-2 所示。

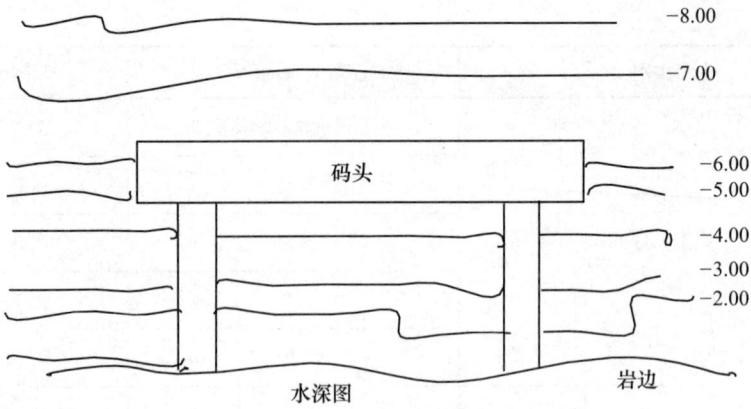

图 1.2-1　水深图（以理论深度基准面为起算面）

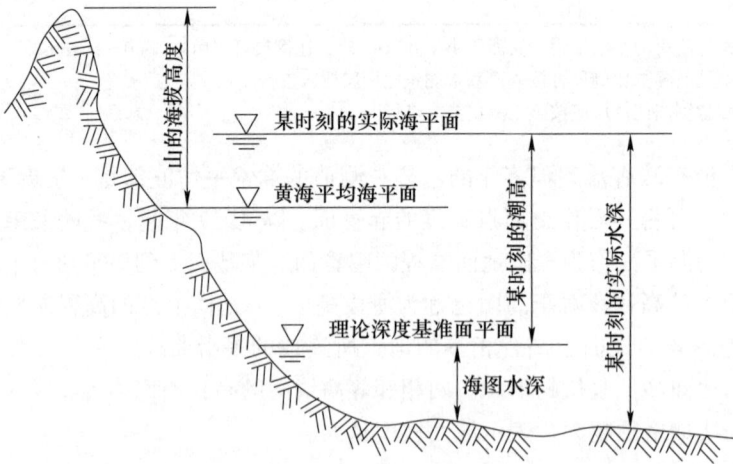

图 1.2-2　地形海拔高度、水深与理论深度基准面关系示意图

3.地形图、水深图的应用

有了地形图、水深图，就可以进行工程的规划布置、设计和计算。在应用这些图时，应注意到，由于历史上的各种原因，不同时期不同地区或水域的测图（地形图、水深图、海图或航道图），它们所使用的基准面可能不同，故应对其高程差进行换算。在工程设计图纸中，一般都注明该工程所使用的基准面，以及该基准面与工程所在地区其他常用或习惯使用的基准面之间的关系。

对有通航要求的疏浚工程，宜采用 2000 国家大地坐标系，对有特殊精度要求的工程，可采用独立的坐标系统。在一个测区内应采用同一坐标系。

1.3　港口与航道工程常用混凝土原材料

1.3.1　水泥

港口与航道工程大量采用混凝土及钢筋混凝土结构，配制混凝土的水泥通常采用通用硅酸盐水泥，特殊情况下还会选用特种水泥。通用硅酸盐水泥是以硅酸盐水泥熟料和适量的石膏及规定的混合材料制成的水硬性胶凝材料，按其混合材料的品种和掺量分为硅酸盐水泥、普通硅酸盐水泥、矿渣硅酸盐水泥、火山灰质硅酸盐水泥、粉煤灰硅酸盐水泥和复合硅酸盐水泥。

不同品种的水泥，其性能不同。根据港口与航道工程所处的特殊环境及混凝土的使用要求，选用水泥时必须考虑以下几项技术条件：

（1）水泥的品种、强度等级。

（2）水泥的凝结时间，在所使用的环境条件下，早期、后期强度的发展规律。

（3）在所使用的环境条件下，所制备混凝土的稳定性及耐久性。

（4）相关的其他特殊性能，如抗渗性、水化热等。

1. 港口与航道工程常用的水泥

港口与航道工程常用的水泥为按照国家标准《通用硅酸盐水泥》GB 175—2007 生产的水泥，通用硅酸盐水泥代号和组分见表 1.3-1。其品种及强度等级是：

（1）硅酸盐水泥（代号：P·Ⅰ、P·Ⅱ）；其强度等级分为：42.5、42.5R；52.5、52.5R；62.5、62.5R 级。

（2）普通硅酸盐水泥（代号：P·O）；其强度等级分为：42.5、42.5R；52.5、52.5R 级。

（3）矿渣硅酸盐水泥（代号：P·S·A、P·S·B）；其强度等级分为：32.5、32.5R；42.5、42.5R；52.5、52.5R 级。

（4）火山灰质硅酸盐水泥（代号：P·P）；其强度等级分为：32.5、32.5R；42.5、42.5R；52.5、52.5R 级。

（5）粉煤灰硅酸盐水泥（代号：P·F）；其强度等级分为：32.5、32.5R；42.5、42.5R；52.5、52.5R 级。

（6）复合硅酸盐水泥（代号：P·C）；其强度等级分为 32.5R；42.5、42.5R、52.5、52.5R 级。

表 1.3-1　通用硅酸盐水泥代号及组分

品种	代号	组分（质量分数）（%）				
		熟料＋石膏	粒化高炉矿渣	火山灰质混合料	粉煤灰	石灰石
硅酸盐水泥	P·Ⅰ	100	—	—	—	—
	P·Ⅱ	≥95	≤5	—	—	—
		≥95	—	—	—	≤5
普通硅酸盐水泥	P·O	≥80 且＜95	＞5 且≤20			—
矿渣硅酸盐水泥	P·S·A	≥50 且＜80	＞20 且≤50	—	—	—
	P·S·B	≥30 且＜50	＞50 且≤70	—	—	—
火山灰质酸盐水泥	P·P	≥60 且＜80	—	＞20 且≤40	—	—
粉煤灰硅酸盐水泥	P·F	≥60 且＜80	—	—	＞20 且≤40	—
复合硅酸盐水泥	P·C	≥50 且＜80	＞20 且≤50			—

2. 不同品种水泥在港口与航道工程中的应用范围

（1）配制港口与航道工程混凝土可采用硅酸盐水泥、普通硅酸盐水泥、矿渣硅酸盐水泥、火山灰质硅酸盐水泥、粉煤灰硅酸盐水泥。必要时也可采用其他品种水泥，这些水泥均应符合有关现行国家标准。普通硅酸盐水泥和硅酸盐水泥熟料中的铝酸三钙含量宜在 6%～12% 范围内。

（2）立窑水泥在符合有关标准的情况下，可用于不冻地区的素混凝土和一般建筑物的钢筋混凝土工程；当有充分论证时，方可用于不冻地区海水环境中的钢筋混凝土和受冻地区的素混凝土工程。在使用中均应加强质量检验。

（3）在混凝土中，应根据不同地区、不同部位及不同特性选用适当的水泥品种：

① 有抗冻要求的混凝土，宜采用普通硅酸盐水泥和硅酸盐水泥，不宜采用火山灰质硅酸盐水泥。

② 不受冻地区海水环境浪溅区部位混凝土，宜采用矿渣硅酸盐水泥，特别是大掺量矿渣硅酸盐水泥。

③ 大体积混凝土宜采用矿渣硅酸盐水泥、火山灰质硅酸盐水泥、粉煤灰硅酸盐水泥、复合硅酸盐水泥和普通硅酸盐水泥。采用普通硅酸盐水泥时，宜掺入粉煤灰、粒化高炉矿渣粉等活性掺合料。

④ 高性能混凝土宜选用标准稠度用水量低的硅酸盐水泥、普通硅酸盐水泥，不宜采用矿渣硅酸盐水泥、火山灰质硅酸盐水泥、粉煤灰硅酸盐水泥和复合硅酸盐水泥。

⑤ 烧黏土质的火山灰质硅酸盐水泥，在各种环境中的港口与航道工程均严禁使用。

（4）与其他侵蚀性水接触的混凝土所用水泥，应按有关规定选用。

（5）采用矿渣硅酸盐水泥、粉煤灰硅酸盐水泥、火山灰硅酸盐水泥时，宜同时掺加减水剂或高效减水剂。

1.3.2 骨料

混凝土的骨料是构成其结构骨架和形体的主要材料之一，其与胶凝材料一起形成混凝土的实体架构，起到承受、传递外荷载和实现使用功能的作用。混凝土的骨料分为粗骨料和细骨料。

1. 粗骨料

应采用质地坚硬、颗粒密度不低于 2300kg/m³ 的碎石、卵石或二者混合作为混凝土的粗骨料。

对混凝土粗骨料的质量要求主要包括以下 5 项：

1）岩石强度或碎石压碎指标

岩石强度或碎石压碎指标应符合表 1.3-2 的规定。

表 1.3-2 岩石强度或碎石压碎指标

岩石品种	混凝土强度等级	岩石立方体抗压强度（MPa）	碎石压碎指标（%）
沉积岩	C60～C40	≥80	≤10
	C35～C10	≥60	≤16
变质岩或深层的火成岩	C60～C40	≥100	≤12
	C35～C10	≥60	≤20

续表

岩石品种	混凝土强度等级	岩石立方体抗压强度（MPa）	碎石压碎指标（%）
喷出的火成岩	C60～C40	≥ 120	≤ 13
	C35～C10	≥ 80	≤ 30

注：1. 沉积岩包括：石灰岩、砂岩等。
　　2. 变质岩包括：片麻岩、石英岩等。
　　3. 深层的火成岩包括：花岗岩、正长石、橄榄岩等。
　　4. 喷出的火成岩包括：玄武岩、辉绿岩等。

2）对粗骨料所含杂质的限值

粗骨料所含杂质的限值应符合表 1.3-3 的规定。

表 1.3-3　粗骨料杂质含量的限值

项次	杂质名称	有抗冻要求		无抗冻要求		
1	总含泥量（按质量计，%）	> C40	≤ C40	≥ C60	C55～C30	< C30
		≤ 0.5	≤ 0.7	≤ 0.5	≤ 1.0	≤ 2.0
2	泥块含量（按质量计，%）	≤ 0.2	≤ 0.2	≤ 0.5		≤ 0.7
3	水溶性硫酸盐及硫化物（按质量计，%）	≤ 0.5		≤ 1.0		
4	有机物含量（比色法）	颜色不应深于标准色。当深于标准色时，应进行混凝土对比试验，相对抗压强度不应低于95%				

3）对骨料有缺陷颗粒含量的限值

骨料有缺陷颗粒主要指针片状颗粒、山皮水锈颗粒及软弱颗粒。对其含量的限值见表 1.3-4。

表 1.3-4　对骨料中针片状、山皮水锈和软弱颗粒含量的限值

缺陷颗粒名称	有抗冻要求		无抗冻要求	
	≥ C30	< C30	≥ C30	< C30
针片状颗粒含量（按质量计，%）	≤ 15	≤ 25	≤ 15	≤ 25
山皮水锈颗粒含量（按质量计，%）	≤ 25		≤ 30	
软弱颗粒含量（按质量计，%）	≤ 5		≤ 10	

4）对骨料最大粒径的要求

（1）不大于 80mm。

（2）不大于构件截面最小尺寸的 1/4。

（3）不大于钢筋最小净距的 3/4，最大粒径可不大于 1/2 板厚。

（4）不大于混凝土保护层厚度的 4/5，对南方浪溅区不大于混凝土保护层厚度的 2/3。

（5）对厚度不大于 100mm 的混凝土板，最大粒径可不大于 1/2 板厚。

5）海水环境中严禁使用碱活性骨料

2. 细骨料

1）细骨料杂质含量的限值

一般宜用质地坚固、粒径在 5mm 以下的砂作为混凝土的细骨料。其杂质含量的限

值应符合表 1.3-5 的规定。

表 1.3-5　混凝土用砂的杂质含量限值

项次	项目	有抗冻要求		无抗冻要求		
		＞C40	≤C40	≥C60	C55～C30	＜C30
1	总含泥量（按质量计，%）	≤2.0	≤3.0	≤2.0	≤3.0	≤5.0
	其中泥块含量（按质量计，%）	＜0.5		≤0.5	≤1.0	＜2.0
2	云母含量（按质量计，%）	＜1.0		≤2.0		
3	轻物质含量（按质量计，%）	≤1.0		≤1.0		
4	硫化物及硫酸盐含量（按SO₃质量计，%）	≤1.0		≤1.0		
5	有机物含量（比色法）	颜色不深于标准色。当深于标准色时，应采用水泥胶砂法进行砂浆强度对比试验，相对抗压强度不低于95%				

注：1. 有抗冻要求和强度等级大于等于 C30 的混凝土，对砂的坚固性有怀疑时，应用硫酸盐法进行检验，经 5 次浸烘循环后的失重率不应大于 8%。
　　2. 对惯用砂源可免除表中第 2、4、5 项检验。
　　3. 表中轻物质指表观密度低于 2000kg/m³ 的杂质。

2）砂按粗细度的分类

砂的粗细程度按细度模数划分为粗砂、中砂、细砂、特细砂。划分范围见表 1.3-6。

表 1.3-6　砂的粗细程度按细度模数的划分

粗细分类	粗砂	中砂	细砂	特细砂
细度模数 μ_f	3.7～3.1	3.0～2.3	2.2～1.6	1.5～0.7

3）砂的颗粒级配分区及应用

（1）按砂的颗粒级配分为 Ⅰ、Ⅱ、Ⅲ 区砂。分区的指标范围见表 1.3-7。

表 1.3-7　砂的颗粒级配分区

公称粒径（mm）	方孔筛筛孔边长（mm）	级配分区		
		Ⅰ	Ⅱ	Ⅲ
		累计筛余（%）		
5.00	4.75	10～0	10～0	10～0
2.50	2.36	35～5	25～0	15～0
1.25	1.18	65～35	50～10	25～0
0.63	0.60	85～71	70～41	40～16
0.315	0.30	95～80	92～70	85～55
0.16	0.15	100～90	100～90	100～90

（2）砂的颗粒级配分区的应用

① Ⅰ 区砂宜于配制低流动性混凝土，特别是当级配趋近分区上限时，宜适当提高混凝土的砂率，确保混凝土不离析。

②Ⅱ区砂级配理想，宜于配制各种强度的混凝土。

③Ⅲ区砂配制混凝土时应适当降低砂率，或掺用减水剂，以提高混凝土拌合物的和易性，使其易于振捣密实。

4）海砂的应用

（1）海砂作为混凝土的细骨料，对浪溅区、水位变动区的钢筋混凝土，海砂中的氯离子的含量不宜超过胶凝材料质量的 0.07%。超过时，宜以淡水淋洗，使之降至限值以下；淋洗确有困难的，可在混凝土中掺入适量的亚硝酸钙或其他经过论证有效的钢筋阻锈剂。

（2）在碳素钢丝、钢绞线及钢筋有效应力大于 400MPa 的预应力混凝土中不宜采用海砂。不得不采用时，海砂中的氯离子的含量不宜超过胶凝材料质量的 0.03%。

（3）应用海砂时，应能保证包括胶凝材料、拌合水、粗细骨料、外加剂、其他掺合料在内的混凝土拌合物的氯离子总含量不超过表 1.3-8 所列限值。

表 1.3-8　混凝土拌合物氯离子的最高限量（%）

环境条件	预应力混凝土	钢筋混凝土	素混凝土
海水环境	0.06	0.10	1.30
淡水环境	0.06	0.30	1.30

1.3.3　掺合料

在制备混凝土拌合物时，为节省水泥、改善混凝土性能等而加入的天然或人工的细粉矿物材料，其遇水本身无（或有轻微）硬化，但与水泥混合加水拌合后，不但能在空气中硬化，而且能在水中继续硬化者，称为活性矿物掺合料。

混凝土用活性矿物掺合料与硅酸盐水泥混合加水搅拌后，会通过水化作用、火山灰效应或两者共同作用对混凝土的性能起到改善和优化作用。

掺用活性矿物掺合料与高效减水剂制备高性能混凝土，目前广泛应用。

混凝土用活性矿物掺合料，多为其他工业过程的弃品或副产品，它们的广泛应用，对环保、节约能源和改善混凝土性能都具有十分重大的意义。

1. 粉煤灰

粉煤灰曾是火力发电厂磨细煤粉燃烧后的废弃物，是混凝土中应用最广泛的掺合料。粉煤灰的化学组成和基本物理特性见表 1.3-9、表 1.3-10。

表 1.3-9　我国电厂粉煤灰的化学组成

成分	SiO_2	Al_2O_3	Fe_2O_3	CaO	MgO	Na_2O	K_2O	SO_3	烧失量
范围（%）	33.9~59.7	16.5~35.1	1.5~19.7	0.8~10.4	0.7~1.9	0.2~1.1	0.6~2.9	0~1.1	1.2~23.6
均值（%）	50.6	27.1	7.1	2.8	1.2	0.5	1.3	0.3	8.2

表 1.3-10　粉煤灰的基本物理特性

项目	密度（g/cm^3）	堆积密度（g/cm^3）	比表面积（cm^2/g）	原灰标准稠度（%）	需水量比（%）
范围	1.77~2.43	1.04~1.43	3000~5000	27.3~66.7	89~130

粉煤灰对混凝土性能的影响：

1）工作性

粉煤灰可改善混凝土拌合物的工作性能。延长混凝土的可操作时间；掺入粉煤灰可减少混凝土的用水量、减少泌水和离析。

2）节省水泥

同时掺入粉煤灰和高效减水剂，可使得拌合物的浆体数量增大，等量取代10%～15%水泥。

3）强度

掺入粉煤灰可明显提高混凝土的强度。掺入一定量粉煤灰对于强度的提高与增加等量水泥的效果相比较，以前者更加明显。

掺入粉煤灰的混凝土的早期强度略低，但以后各龄期的强度均对比混凝土有明显提高。

4）水化热

用粉煤灰取代等量或超量的水泥，可有效降低混凝土的水化热，粉煤灰的缓凝作用也可降低混凝土的水化热温升。

5）耐久性

粉煤灰细度高、比表面积大，掺入混凝土中可减少其空隙，可提高其抗渗性和抗化学腐蚀的能力，降低干缩变形。

2. 粒化高炉矿渣磨细粉

在冶炼生铁的过程中，高炉中的氧化铁矿石被焦炭还原成金属铁，而一些硅、铝组分与石灰、氧化镁等形成炉渣，经水和空气急冷而成细小颗粒状的粒化矿渣。将粒化矿渣干燥、磨细达到相应细度并具有符合要求活性的粉状材料即为粒化高炉矿渣粉。

粒化高炉矿渣粉的主要化学成分和技术指标见表1.3-11、表1.3-12。

表1.3-11　粒化高炉矿渣粉的主要化学成分

成分	Al_2O_3	CaO	SiO_2	MgO	MnS	TiO_2
范围（%）	7～20	30～50	30～40	1～18	＜2	＜10

表1.3-12　粒化高炉矿渣粉的技术指标

密度（g/cm³）≥	比表面积（m²/kg）≥	活性指数28d（%）≥	流动度比（%）≥	含水率（%）≤	氯离子（%）≤	烧失量（%）≤
2.8	300～500	75～105	95	1.0	0.06	3.0

注：1. 粒化高炉矿渣粉的磨细度不小于4000cm²/g。

　　2. 用硅酸盐水泥拌制混凝土，掺量不小于胶凝材料质量的50%；用普通硅酸盐水泥拌制混凝土，掺量不小于胶凝材料质量的40%。

粒化高炉矿渣粉对混凝土性能的影响：

1）改善混凝土的流动性

粒化高炉矿渣粉对混凝土有显著的流化增强效应。掺入混凝土中的磨细矿渣粉，其极微细的磨细颗粒对水泥颗粒间和水泥的絮凝体间的填充置换作用，释放出了其间的水分，增大浆体的流动性；当磨细矿渣粉与高效减水剂共同作用时，磨细矿渣粉微粒及吸附在颗粒上的高效减水剂粒子呈现强烈的分散作用，打散水泥絮凝体，释放出被吸附和包裹的水，增大流动性。

2）提高混凝土的强度

一方面由于磨细工艺提高了混凝土胶凝材料的水化反应活性，另一方面由于微观充填置换的致密效应和减水降低水灰比，提高混凝土的强度。

3）改善混凝土的耐久性

磨细矿渣粉的微细颗粒改善了混凝土的微观结构，使其更加致密，提高了混凝土包括抗渗性、抗蚀性、抗冻融循环破坏作用等在内的耐久性以及抑制碱-骨料反应的性能。

3. 硅灰

硅灰是钢厂和铁合金厂生产硅钢和硅铁时产生的一种烟尘的灰色沉积物。其主要成分是 SiO_2，含量在 90% 以上。颗粒呈极微细的玻璃球体状，粒径为 $0.1 \sim 0.3\mu m$，是水泥颗粒粒径的 $1/100 \sim 1/50$。

硅灰的主要化学成分及技术指标见表 1.3-13、表 1.3-14。

表 1.3-13　我国铁合金硅灰的主要化学成分

项目 成分	范围（%）	上海	唐山
SiO_2	87.10～96.78	91.04	90.34
Al_2O_3	0.12～0.76	0.51	0.36
Fe_2O_3	0.20～0.97	0.60	0.60
MgO	0.20～0.70	1.26	1.10
CaO	0.13～0.67	0.47	0.98
SO_3	0.22～0.46	1.37	0.77
烧失量	0.71～9.64	2.38	3.03

表 1.3-14　硅灰的技术指标

项目	SiO_2（%）	含水率（%）	烧失量（%）	火山灰活性指数（%）
指标	≥85	≤3	≤6	≥90

细度：$45\mu m$ 筛余量 ≤10%；比表面积 ≥$15m^2/g$；
均匀性：密度指标与其均值的偏差 ≤5%；细度筛余量与其均值的偏差 ≤5%

硅灰对混凝土性能的影响：

1）显著提高混凝土的强度

掺入 5%～10% 的硅灰或取代部分水泥，都能显著提高混凝土的强度，尤其是同时复合使用高效减水剂时强度提高更多。28d 和 91d 的强度可提高 60% 以上。

2）提高耐久性

掺加适量的硅灰提高了水泥的水化度，特别是硅灰与 Ca（OH）$_2$ 的二次水化，增加了混凝土的凝胶体数量，改善了胶凝材料与骨料界面的结合性能。掺加硅灰后水泥浆体的毛细孔数量减少，直径大于 0.1μm 的大孔在 28d 龄期时接近于 0，而不掺硅灰的水泥浆体中大孔的体积相应为 0.225mL/g，从而使混凝土的抗冻性、抗渗性等耐久性得到提高，例如掺入硅灰和高效减水剂的引气混凝土的耐冻融循环次数可以从 300～400 次提高到 1000 次以上。

活性矿物掺合料是配制高性能混凝土的关键条件之一。

配制高性能混凝土的活性矿物掺合料适宜的掺量见表 1.3–15。

表 1.3–15　活性矿物掺合料适宜的掺量

单掺时的品种	粒化高炉磨细矿渣粉	粉煤灰	硅灰
适宜的掺量（占胶凝材料的％）	50～80	25～50	5～10

注：配制高性能混凝土时，掺粒化高炉磨细矿渣粉或粉煤灰时可同时掺用 2%～4% 的硅灰。

1.3.4　外加剂

混凝土外加剂是在其搅拌过程中加入的用以改善新拌混凝土和（或）硬化混凝土性能的材料。因其掺量很少，一般在混凝土的配合比设计中，不计算其体积。

混凝土外加剂按其主要功能分为四类：

（1）改善混凝土拌合物流变性能的外加剂，包括各种减水剂、硫化剂和泵送剂等。

（2）调节混凝土凝结时间、硬化过程和性能的外加剂，包括缓凝剂、促凝剂、速凝剂等。

（3）改善混凝土耐久性的外加剂，包括引气剂、防水剂、阻锈剂等。

（4）改善混凝土其他性能的外加剂，包括膨胀剂、防冻剂等。

1. 引气剂

引气剂是在混凝土搅拌过程中能大量引入均匀分布稳定而封闭的微细气泡且能保留在硬化混凝土中的外加剂，如松香热聚合物。

松香热聚合物引气剂是配制高抗冻性能混凝土的关键条件之一。

引气剂（松香热聚合物）对混凝土性能的影响：

（1）引入大量的微细气泡（在含气量为 5% 的 1m³ 混凝土中，含有直径 50～100μm 的气泡约 $400×10^8$ 个）均匀分布于混凝土中，因其润隔、滚动效应，降低了骨料间的磨阻，改善了混凝土的和易性，增大了流动性和坍落度。含气量每增加 1%，坍落度可增大约 8mm。

（2）微细气泡阻滞了骨料与拌合水分离、下沉的趋势，显著降低了混凝土的泌水率。含气量每增加 1%，泌水率降低 6%～8%。

（3）大量互不连通的微细气泡阻断了毛细孔道的渗水性，提高混凝土的抗渗性、抗蚀性；气泡阻断了海水的渗入和冻结，缓冲了结冰体膨胀的挤压应力，提高了混凝土抗冻融循环破坏的耐久性。

（4）随含气量的增加，混凝土的抗压强度略有降低。含气量每增加 1%，抗压强度降低 2%～4%。

2. 高效减水剂

高效减水剂是在保持混凝土相同配合比和稠度（坍落度、流动性）不变的条件下，具有大幅度减少混凝土拌合用水（≥ 25%）和增强作用的外加剂。

高效减水剂是配制高性能混凝土的关键条件之一。

目前，应用较广泛的高效减水剂有以下三大类：

（1）萘系：是以萘及其同系物经磺化、缩合而成的萘磺酸甲醛浓缩物。

（2）树脂系：由三聚氰胺、甲醛和亚硫酸钠经缩合而成的水溶性聚合物。

（3）氨基磺酸盐系：以氨基苯磺酸、苯酚、甲醛为主要原料缩合而成。

高效减水剂对混凝土性能的影响：

1）对新拌混凝土的影响

（1）改善混凝土的和易性，提高流动性，增大坍落度，降低泌水性。

（2）相同流动性下可显著减少混凝土的拌合水，降低水灰比。

2）对混凝土凝结硬化过程的影响

正常情况下，高效减水剂对混凝土的凝结时间和水化热温升没有明显影响。

3）对硬化混凝土性能的影响

（1）显著提高混凝土的抗压强度，增大混凝土的弹性模量。

（2）显著改善混凝土的抗渗性。

（3）提高混凝土抗冻性。

（4）提高混凝土耐蚀性、抗碳化和抗钢筋锈蚀的能力。

3. 膨胀剂及其应用

膨胀剂是在混凝土硬化过程中因化学作用而使其体积产生一定膨胀的外加剂。硫铝酸钙系的 U 形膨胀剂在港口工程中应用较为广泛。

膨胀剂的应用：

（1）制备补偿收缩混凝土：应用于地下、水下、海水中的构筑物，船坞、船闸、泵房、廊道；港口工程大体积混凝土的防渗补漏。

（2）制备填充膨胀砂浆、混凝土：用于结构后浇带、闭合块；框架、梁柱结构接头无收缩填充。

（3）制备灌浆膨胀砂浆：应用于后张预应力混凝土预应力钢筋孔道灌浆，岩基、结构裂缝灌浆补强。

4. 防冻剂及其应用

防冻剂是能使混凝土在一定负温下凝结硬化，并在一定养护条件下达到预期性能的外加剂。

港口工程中常用的防冻剂有硫酸钠、亚硝酸钠、三乙醇胺等。防冻剂能保证混凝土的液相冰点降低到一定程度，在确定的温度下不被冻结或仅部分冻结，为低温下水泥的水化提供液化水这一必要条件。掺防冻剂混凝土的一般性能见表 1.3-16。

表 1.3-16　掺防冻剂混凝土的一般性能

	规定温度（℃）	-5	-10	-15
抗压强度比（%）≥	负温 7d	20	12	10
	标准温度 28d	100		95
	负温 7d + 标准温度 28d	95	90	85

抗压强度比（%）≥	负温 7d ＋标准温度 56d	100
28d 收缩率比（%）≤		135
抗渗试验渗透高度比（%）≤		100
50 次冻融循环强度损失比（%）≤		100

5. 缓凝剂及其应用

缓凝剂是用以延长混凝土凝结时间的外加剂。常用的缓凝剂有木质素磺酸盐及其衍生物——木质素磺酸钙、木质素磺酸钠、木质素磺酸镁等。

缓凝剂的应用：

（1）应用于需要延长混凝土凝结时间的工程，例如大面积铺筑混凝土分层施工、流水作业时，为保证上下层混凝土的充分整体结合，可适当延长下层混凝土的凝结时间。

（2）应用于大体积混凝土，应用缓凝剂延长混凝土的凝结时间即延长了混凝土水化热的释放延时，降低水化热温升的峰值，降低混凝土内外温差，即降低混凝土的温度应力，消除或减少结构的温度裂缝。

6. 钢筋阻锈剂

钢筋阻锈剂是能抑制或减轻混凝土中钢筋或其他金属预埋件锈蚀的外加剂。典型的钢筋阻锈剂有：亚硝酸钠、亚硝酸钙等。

7. 絮凝剂

絮凝剂是在灌注水下混凝土时，能增加混凝土的黏稠性，抵抗水泥和骨料在水中分离的外加剂。工程中常用的絮凝剂有聚丙烯系，如聚丙烯酰胺、聚丙烯酸钠；纤维素系，如甲基纤维素、羧甲基纤维素；其他如聚乙烯醇等。

絮凝剂应用于港口航道工程水下混凝土的浇筑、结构填充、沉井封底，水下连续墙、混凝土基础、承台的浇筑，水下大面积混凝土的铺筑，大口径水下灌注桩混凝土的灌注等工程等。

1.4 港口与航道工程钢材的性能及其应用

1.4.1 港口与航道工程钢材的物理力学性能及其应用

1. 港口与航道工程钢结构常用的钢材品种

（1）碳素结构钢。

（2）低合金高强度结构钢。

2. 港口与航道工程常用钢材的主要物理力学性能

（1）港口与航道工程钢结构常用钢材的主要物理性能见表 1.4-1。

表 1.4-1 港口与航道工程钢结构常用钢材的主要物理性能

弹性模量 （MPa）	剪切模量 （MPa）	线膨胀系数 （以每摄氏度计）	质量密度 （kg/m³）
2.06×10^5	7.9×10^4	1.2×10^{-5}	7.85×10^3

（2）港口与航道工程钢结构常用钢材的主要力学性能。

① Q235 碳素结构钢的主要力学性能见表 1.4-2。

② 热轧 Q355 低合金高强度结构钢的主要力学性能分别见表 1.4-3、表 1.4-4。

表 1.4-2　Q235 碳素结构钢的主要力学性能

质量等级	屈服强度 R_{eH}（MPa），不小于				抗拉强度 R_m（MPa）	断后伸长率 A（%），不小于		
	公称厚度或直径（mm）					公称厚度或直径（mm）		
	≤ 16	> 16~40	> 40~60	> 60~100		≤ 40	> 40~60	> 60~100
A								
B	235	225	215	215	370~500	26	25	24
C								
D								

表 1.4-3　热轧 Q355 低合金高强度结构钢的拉伸性能

质量等级	屈服强度 R_{eH}（MPa）不小于					抗拉强度 R_m（MPa）
	公称厚度或直径（mm）					≤ 100
	≤ 16	> 16~40	> 40~63	> 63~80	> 80~100	
B、C	355	345	335	325	315	470~630
D						

表 1.4-4　热轧 Q355 低合金高强度结构钢的伸长率

质量等级	断后伸长率 A（%），不小于			
	公称厚度或直径（mm）			
	试样方向	≤ 40	> 40~63	> 63~100
B、C、D	纵向	22	21	20
	横向	20	19	18

3. 钢材在港口与航道工程中应用的范围

钢材广泛应用于港口与航道工程钢结构的主体及主要钢构件，例如，钢管桩、钢板桩及拉杆、钢引桥、箱形轨道梁、趸船钢撑杆；各种大型钢结构工具如钢模板等。

港口与航道工程钢结构宜采用普通碳素结构钢、普通低合金结构钢。钢结构主体及主要钢构件应优先选用 Q235 或 Q355 号钢。承重结构的钢材，应根据结构重要性、荷载特征、连接方法及其环境特点等不同情况选择钢号和材质，并应具有抗拉强度、伸长率、屈服强度和碳、硫、磷含量的合格保证，必要时应具有冷弯试验的合格保证。

选用进口钢材时，材质应符合有关规定，且应具有海关商检报告。

1.4.2　港口与航道工程钢筋的品种及其应用

1. 港口与航道工程常用钢筋、钢丝、钢绞线的品种

1）钢筋

（1）低碳钢热轧圆盘条，钢牌号为 Q215、Q235。

（2）热轧光圆钢筋，钢筋牌号为 HPB300。

（3）热轧带肋钢筋，钢筋牌号为 HRB400、HRB500、HRB600。

（4）余热处理钢筋，钢筋牌号为 RRB400、RRB500、RRB400W。

（5）冷轧带肋钢筋，普通钢筋混凝土用冷轧带肋钢筋的钢筋牌号为CRB550、CRB600H、CRB680H。

2）钢丝、钢绞线

（1）冷拉钢丝。

（2）消除应力的光圆及螺旋肋钢丝。

（3）消除应力的刻痕钢丝。

（4）钢绞线。

2. 港口与航道工程常用钢筋、钢丝、钢绞线的物理力学性能

1）各类钢筋、钢绞线的弹性模量

各类钢筋、钢绞线的弹性模量见表 1.4-5。

表1.4-5   各类钢筋、钢绞线的弹性模量

牌号或种类	弹性模量 E（$\times 10^5$MPa）
HPB300 钢筋	2.1
HRB400、HRB500、HRB600 钢筋，RRB400、RRB500、RRB400W 钢筋	2.0
消除应力钢丝、中强度预应力钢丝	2.05
钢绞线	1.95

2）钢筋的主要力学性能

（1）低碳钢热轧圆盘条的主要力学性能

低碳钢热轧圆盘条的屈服强度为 195～275MPa；抗拉强度 R_m 不大于 435～540MPa；断后伸长率不小于 21.0%～30.0%。

（2）热轧光圆钢筋的主要力学性能

热轧光圆钢筋的屈服强度 R_{eL} 为 300MPa；抗拉强度 R_m 为 420MPa；最大力总延伸率不小于 10.0%。

（3）热轧带肋钢筋的主要力学性能

热轧带肋钢筋的屈服强度 R_{eL} 不小于 400～600MPa；抗拉强度 R_m 不小于 540～730MPa；最大力总延伸率不小于 7.5%。

（4）余热处理钢筋的主要力学性能

余热处理钢筋的屈服强度 R_{eL} 不小于 400～500MPa；抗拉强度 R_m 不小于 540～630MPa；最大力总延伸率不小于 5.0% 或 7.5%。

（5）冷轧带肋钢筋的主要力学性能

普通钢筋混凝土用冷轧带肋钢筋的规定塑性延伸强度 $R_{p0.2}$ 不小于 500～600MPa；抗拉强度 R_m 不小于 550～680MPa；最大力总延伸率不小于 2.5% 或 5.0%。

3）钢丝、钢绞线的主要力学性能

（1）冷拉钢丝的主要力学性能

压力管道用冷拉钢丝的 0.2% 屈服力 $F_{p0.2}$ 不小于 13.86～62.95kN；公称抗拉强度 R_m

为 1470～1770MPa；断面收缩率不小于 30.0% 或 35.0%。

（2）消除应力的光圆及螺旋肋钢丝的主要力学性能

消除应力的光圆及螺旋肋钢丝的 0.2% 屈服力 $F_{p0.2}$ 不小于 16.22～156.26kN；公称抗拉强度 R_m 为 1470～1860MPa；最大力总延伸率不小于 3.5%。

（3）消除应力的刻痕钢丝的主要力学性能

消除应力的刻痕钢丝的 0.2% 屈服力 $F_{p0.2}$ 不小于 16.22～156.26kN；公称抗拉强度 R_m 为 1470～1860MPa；最大力总延伸率不小于 3.5%。

（4）钢绞线的主要力学性能

1×2 结构钢绞线的 0.2% 屈服力 $F_{p0.2}$ 不小于 13.60～92.50kN；公称抗拉强度 R_m 为 1470～1960MPa；最大力总延伸率不小于 3.5%。

3. 钢筋在港口与航道工程中应用的范围

前述的各种钢筋、钢丝、钢绞线广泛地应用于港口与航道工程的水工建筑物及各种钢筋混凝土与预应力混凝土构件中。

（1）钢筋混凝土结构中的钢筋和预应力混凝土结构中的非预应力钢筋，宜采用热轧光圆钢筋、热轧带肋钢筋和 CRB550 冷轧带肋钢筋。

（2）预应力混凝土结构中的预应力筋，宜采用碳素钢丝、钢绞线和余热处理钢筋以及 CRB650 或 CRB800 冷轧带肋钢筋。

（3）港口与航道工程中常用钢筋、钢丝、钢绞线的应用范围见表 1.4-6。

表 1.4-6　港口与航道工程中常用钢筋、钢丝、钢绞线的应用范围

名称		应用范围
钢筋混凝土结构用钢筋	低碳钢热轧圆盘条	钢筋混凝土箍筋、焊接网等
	热轧光圆钢筋	中小构件主筋、箍筋、环氧涂层钢筋的材料
	热轧带肋钢筋	钢筋混凝土结构主筋、箍筋、环氧涂层钢筋的材料
	余热处理钢筋	钢筋混凝土结构用配筋
	冷轧带肋钢筋	钢筋混凝土结构用配筋
预应力混凝土结构用钢筋	热轧带肋钢筋	预应力混凝土构件的主筋
	余热处理钢筋	预应力混凝土构件的主筋
	冷轧带肋钢筋	预应力混凝土构件的主筋
	冷拉钢丝	预应力压力管道的主筋
	消除应力的光圆及螺旋肋钢丝	预应力混凝土构件的主筋
	消除应力的刻痕钢丝	预应力混凝土构件的主筋
	钢绞线	预应力混凝土构件的主筋

1.4.3　港口与航道工程钢筋的加工和装设

1. 钢筋的加工

（1）钢筋调直宜采用机械方法，也可以采用冷拉方法，并应符合下列规定：

① 当采用冷拉法调直钢筋时，HPB300 牌号钢筋的冷拉率不宜大于 4%，HRB400 牌

号钢筋和 RRB400 牌号钢筋的冷拉率不宜大于 1%。

② 经机械调直的钢筋，表面不得有明显擦伤，不应有局部弯曲。

（2）钢筋的弯钩或弯折应符合下列规定：

① HPB300 牌号钢筋末端需制作 180° 弯钩时，其弯弧内径不应小于钢筋直径的 2.5 倍。HRB400 牌号钢筋末端需制作 90° 或 135° 弯折或弯钩时，弯弧内径不应小于钢筋直径的 5 倍。冷轧带肋 CRB550 牌号钢筋末端可不制作弯钩，当钢筋末端需制作 90° 或 135° 弯折或弯钩时，其弯弧内径不应小于钢筋直径的 5 倍。

② 钢筋弯后平直部分长度，HPB300 牌号钢筋不应小于钢筋直径的 3 倍；HRB400 牌号钢筋应满足设计要求，若设计无要求时，制作 135° 的弯钩时不宜小于钢筋直径的 5 倍，制作 90° 的弯折时不宜小于钢筋直径的 10 倍。

（3）弯起钢筋弯折点处弯曲直径，HPB300 牌号的钢筋不宜小于钢筋直径的 10 倍，HRB400 牌号的钢筋不宜小于钢筋直径的 12 倍。

（4）非焊箍筋末端应有弯钩，弯钩的形式应满足设计要求。当设计无具体要求时，应符合下列规定：

① 箍筋弯钩的弯弧内径除应符合《水运工程混凝土施工规范》JTS 202—2011 的相关规定外，尚不得小于受力钢筋直径。

② 箍筋弯钩的弯折角度，对一般结构，不应小于 90°；对有抗震要求的结构，应为 135°。

③ 箍筋弯后平直部分长度，对一般结构，不宜小于箍筋直径的 5 倍；对有抗震要求的结构，不应小于箍筋直径的 10 倍。

2. 钢筋的接头

（1）受力钢筋的接头形式应按设计要求采用，若设计无要求时钢筋宜采用焊接接头和机械连接接头，也可采用绑扎接头，但绑扎接头的钢筋直径不宜大于 25mm，且不得用于轴心受拉和小偏心受拉构件中。冷轧带肋 CRB550 牌号钢筋的连接不得采用焊接接头。

（2）钢筋接头末端与钢筋弯起点的距离不应小于钢筋直径的 10 倍，也不应位于构件的最大弯矩处。受弯构件的受力钢筋接头应设置在 1/2 最大弯矩处。

（3）钢筋焊接接头应符合下列规定：

① 钢筋焊接接头的材料、焊接方法，外观检查及力学性能检验等应符合现行行业标准《钢筋焊接及验收规程》JGJ 18—2012 的有关规定。

② 设置在同一构件内的焊接接头应相互错开布置。在任一焊接接头中心至受力钢筋的最大直径的 35 倍且不小于 500mm 的区段内同一根钢筋不应有一处以上接头；在该区段内有接头的受力钢筋截面面积之和占受力钢筋总截面面积的百分率应满足设计要求，设计无具体要求时，应满足下列要求：

a. 非预应力筋在受拉区不大于 50%。

b. 预应力筋不超过 25%，当焊接质量有可靠保证时，不超过 50%。

c. 受压区和后张法的螺丝端杆不限制。

（4）钢筋机械连接接头应用时应符合下列规定：

① 钢筋机械连接接头可用于 HRB400 牌号钢筋和 RRB400 牌号钢筋的连接。

② 接头性能包括单向拉伸、高应力反复拉压、大变形反复拉压和疲劳性能。对直接承受重复荷载的结构构件，设计应根据钢筋应力幅提出接头的抗疲劳性能要求。接头根据极限抗拉强度、最大力下总伸长率以及高应力和大变形条件下反复拉压性能，分为Ⅰ级、Ⅱ级、Ⅲ级三个等级。

③ 结构构件中纵向受力钢筋的接头宜相互错开，钢筋机械连接的连接区段长度应按 $35d$（d 为钢筋直径）计算，当直径不同的钢筋连接时，按直径较小的钢筋计算。位于同一区段内的钢筋机械连接接头的面积百分率应符合规范要求。

④ 套筒冷挤压连接

把两根待连接钢筋的端头先插入一个专用优质钢套筒，然后用挤压机在侧向加压数道，套筒塑性变形后即与带肋钢筋紧密咬合而达到连接的目的。该法适用于直径为 20~40mm 的变形钢筋的连接。套筒挤压连接的优点是钢筋接头部分断面不受损，接头强度高，质量稳定、可靠；安全，无明火，不受气候影响；接头工效比一般焊接方法快数倍至 10 倍。可用于垂直、水平、倾斜、高空、水下等各方位的钢筋连接，还特别适用于不可焊钢筋的连接。挤压连接的主要缺点是设备移动不便，连接速度较慢，而且冷挤压连接造价高，施工难度大。

⑤ 锥螺纹连接

用锥螺纹套筒将两根钢筋端头对接在一起，利用螺纹的机械咬合力传递拉力或压力，如图 1.4-1 所示。

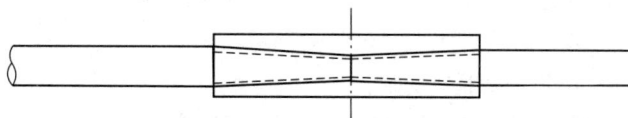

图 1.4-1　锥螺纹连接示意图

锥螺纹套筒一般在工厂内加工。通常在现场安放套丝机，对钢筋端头进行套丝。连接钢筋时，利用测力扳手拧紧套筒至规定的力矩值，即完成钢筋的对接。锥螺纹钢筋连接是一种能承受拉压两种作用力的机械式钢筋连接，它可以连接同径或异径的竖向、水平或斜向钢筋，不受有无花纹及含碳量的限制，具有连接速度快、对中性好、工艺简捷、安全可靠、无明火作业、不污染环境、节约钢材和能源、可全天候施工的特点。但锥螺纹接头破坏都发生在接头处，这可能与钢筋在加工锥螺纹的过程中，断面有所减少有关。现场加工的锥螺纹套筒，如果漏拧或扭紧力矩不准，丝扣松动等对接头强度和变形也有很大影响。

⑥ 镦粗直螺纹连接

这是近年来开发的一种新的螺纹连接方式。它利用冷镦机先将钢筋端部镦粗，然后再利用专用机床对镦粗段进行套丝，利用带内螺纹的连接套筒将两根钢筋连接起来。由于镦粗段钢筋切削后的净截面仍大于钢筋原截面，螺纹不削弱钢筋截面，从而确保接头强度大于母材强度，如图 1.4-2 所示。

镦粗直螺纹连接不破坏母材，接头强度高、延性好，能充分发挥钢筋母材的强度和延性，检测直观，无需测力，实用性强，镦粗直螺纹不存在扭紧力矩对接头性能的影响，从而提高了连接的可靠性，也加快了施工速度。镦粗直螺纹接头比套筒挤压接头省钢材 70% 左右，比锥螺纹接头省钢材 35% 左右，技术经济效益显著。

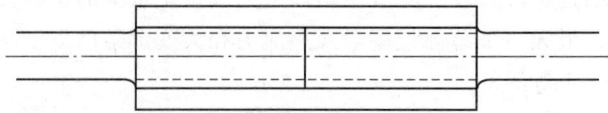

图 1.4-2 镦粗直螺纹连接示意图

⑦ 滚轧直螺纹连接

滚轧直螺纹连接是采用滚轧机将钢筋两端直接滚轧出螺纹，再用直螺纹套筒使钢筋连起来的机械连接技术。将两根端头经过冷滚轧的钢筋，旋入直螺纹连接套筒内，依靠螺纹使两根钢筋连接成一体，如图 1.4-3 所示。

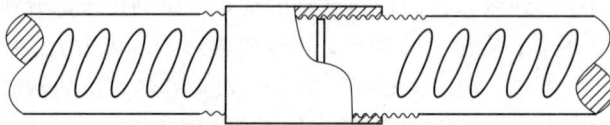

图 1.4-3 滚轧直螺纹钢筋连接示意图

由于螺纹底部钢筋原材没有被切削掉，而是被滚轧挤密，钢筋产生加工硬化，提高了原材强度，从而实现了钢筋等强度连接的目的。滚轧螺纹自动一次成型，生产效率高，螺纹牙型好，精度高，不存在虚假螺纹，连接质量可靠稳定。可靠性优于锥螺纹和镦粗直螺纹接头。螺纹通过冷滚轧成型，不存在对母材的切削，强度优于锥螺纹接头，而且不受扭紧力矩的影响，只需两端等长拧紧即可。

（5）钢筋绑扎接头应符合下列规定：

① 钢筋绑扎搭接最小搭接长度应符合《水运工程混凝土施工规范》JTS 202—2011 的相关规定。

② 受拉区段内，HPB300 牌号钢筋的末端应做成弯钩，HRB400 牌号钢筋的末端可不做成弯钩。

③ 钢筋搭接处中心及两端应用铁丝扎紧。

④ 绑扎接头处钢筋的横向净距不应小于钢筋直径，且不得小于 30mm。

⑤ 设置在同一构件中纵向受力钢筋的绑扎搭接应相互错开布置，钢筋搭接接头中点位于其他任一搭接钢筋接头连接区段应按同一连接区段计，钢筋接头连接区段的长度应为13倍搭接长度，同一连接区段，受力钢筋的接头面积占受力钢筋总面积的百分数应满足设计要求，设计无具体要求时，受压区不得大于50%，受拉区不得超过25%。

⑥ 当钢筋成束布置时，成束筋中单根钢筋的接头应错开，间距不宜小于 40 倍钢筋直径，搭接的接头长度应加长 20%。

3. 钢筋的装设

（1）钢筋与模板之间应设置垫块，垫块的间距和支垫方法应能确保钢筋在混凝土浇筑过程中不发生位移。当采用水泥砂浆垫块或混凝土垫块时，垫块的强度与密实性不应低于构件本体混凝土。垫块的外观颜色宜与构件本体混凝土一致，垫块与模板的接触面宜尽量小。垫块厚度的允许偏差为 0～＋2mm。

（2）绑扎及装设钢筋骨架应符合下列规定：

① 钢筋骨架有足够的稳定性，受力钢筋不应产生位置偏移。钢筋的交叉点宜用铁丝扎牢。预制吊装的钢筋骨架或钢筋网还应具有足够的刚度。

② 板和墙的钢筋网，除靠近外围的两行钢筋的交叉点全部扎牢外，中间部分交叉点可间隔交错绑扎且受力钢筋不产生位置偏移；双向受力的钢筋应全部扎牢。

③ 桩、柱和梁中骨架的箍筋除设计有特殊规定外，应保持与主筋垂直。

④ 箍筋弯钩的搭接点沿构件轴线方向应交错布置。

⑤ 绑扎骨架中，在绑扎接头长度范围内，应按设计要求配置箍筋，若设计无要求时，应满足下列要求：

a. 当搭接钢筋受拉时，其箍筋间距不大于 5 倍搭接钢筋直径，且不大于 100mm。

b. 当搭接钢筋受压时，其箍筋间距不大于 10 倍搭接钢筋直径，且不大于 200mm。

⑥ 绑扎钢筋的铁丝头不得伸入混凝土保护层内，缺扣、松扣的数量不应超过绑扎数的 10%，且不应集中。

⑦ 多层非焊接钢筋骨架的各层钢筋之间，应保持层距准确，宜采用短钢筋支垫。

1.5　港口与航道工程土工合成材料的性能及其应用

1.5.1　港口与航道工程常用土工合成材料的种类及其性能

土工合成材料包括土工织物、土工膜、土工复合材料和特种土工合成材料等高分子聚合物材料。土工织物是土木工程应用的土工合成材料中的一种，是用合成纤维纺织或经胶结、热压针刺的无纺工艺制成的具有透水性的材料，按制造方法分为有纺土工织物和无纺土工织物。

1. 港口与航道工程常用土工合成材料的种类

（1）有纺土工织物。

（2）无纺土工织物。

（3）土工膜。

（4）土工带。

（5）土工网。

（6）土工模袋。

（7）复合土工膜。

（8）塑料排水板。

（9）土工网垫。

（10）土工格栅。

2. 港口与航道工程常用土工合成材料的主要功能

1）过滤功能

把土工织物置于土体表面或相邻土层之间，在允许土中的水、气通过的同时，可以有效地阻止土颗粒通过，从而可防止因土颗粒流失而导致的土体破坏。

2）排水功能

利用土工织物可以在土体中形成排水通道，把土中的水分汇集起来，沿竖向或水平向排出土体外。

3）隔离功能

一些土工织物能够把两种不同粒径的土、砂、石料或把土、砂、石料与地基或与其他建筑物隔离开来，以免相互混杂。

4）加筋功能

把一些土工织物埋在土体之中，可以扩散土体的应力，增加土的模量，传递拉应力，限制土体的侧向位移；能增大土体与织物下材料之间的摩阻力，提高土体及建筑物的稳定性。

5）防渗功能

土工膜及复合型土工合成材料，可防止液体渗漏、气体挥发（密封状态），有利于建筑物的安全和环保。

6）防护功能

土工织物对土体可以起到保护作用。

（1）编织土工布：具有加筋、隔离和防护的功能。

（2）机织土工布：具有加筋、隔离、反滤和防护的功能。

（3）非织造（无纺、针刺）土工布：具有反滤、隔离、排水的功能。

（4）土工模袋：具有柔性模板功能，在压力下充填流动性混凝土（砂浆），硬化后形成混凝土（砂浆）板块。

（5）土工带：具有加筋功能。

（6）土工网：具有加筋、防护功能。

3. 港口与航道工程常用土工织物的主要性能指标

（1）产品形态指标：材质、幅度、每卷的长度等。

（2）物理性能指标：织物厚度、有效孔径（或开孔尺寸）、单位面积（或单位长度）质量、耐热性（软化点）等。

（3）力学性能指标：断裂抗拉强度、断裂伸长率、撕裂强度、顶破强度、耐磨性、与岩土间的摩擦系数等。

（4）水力学性能指标：渗透系数等。

（5）耐久性能指标（耐酸、耐碱、抗微生物）、抗老化（耐紫外线）要求。

1.5.2　土工合成材料在港口与航道工程中的应用

土工织物在港口与航道工程中的码头、防波堤、堆场与道路、海岸防护、围海造陆等项目中广泛地应用了其过滤、排水、隔离、加筋、防渗、防护等功能。

1. 在码头工程中的应用

土工织物在码头工程中主要是应用其反滤功能。

1）重力式码头

在重力式码头工程中，采用土工织物作为反滤层，代替传统的粒状反滤材料具有许多优点：首先，土工织物是连续的，不必担心因滤层的不连续致使反滤失效；其次，复杂形状断面的滤层施工也很方便；最后，施工中不存在粒状材料滚滑的问题。

对岸壁缝隙多而分散的方块码头，可在背后棱体的顶面和后坡面设置土工织物反滤层，反滤层的形状依棱体的形状而变化。

对分缝少而集中的沉箱码头和扶壁式码头，可在接缝处设置土工织物反滤腔（在接缝空腔内设置土工织物反滤层）。

2）高桩码头和板桩码头

用土工织物代替高桩码头后方抛石棱体上的反滤层，以防止抛石棱体后方回填土因潮位变化而流失，反滤作用良好，施工也很方便。

在板桩码头的板桩墙面设有排水孔，以减少水位变化时所形成的墙前后水头差，排水孔一般孔径为 5～10cm，间距为 3～5m，采用土工织物代替结构比较复杂、施工比较烦琐的传统反滤体，简单而有效。

由于涨、落潮使作为反滤层的土工织物承受正、反双向渗流的作用，因此，应按双向渗流设计土工织物反滤层；施工中织物下棱体表面要做整平处理，防止织物被顶破；铺设织物时，应留有褶皱，以免因棱体的不均匀沉降拉坏织物。

2. 在防波堤工程中的应用

将土工织物铺设于软基上所建斜坡堤的堤基表面，将起到以下作用：

加筋作用：可减少堤基的差异沉降和侧向位移，提高堤基的整体稳定性。

排水作用：在土工织物层以上堤身荷载的预压作用下，织物层下软基中的水沿织物层排出，加速软基的固结。

隔离作用：隔离开堤身抛填料（抛石、人工块体等）与堤基软土，避免两种材料的互混，既节省抛填料，又防止软土挤入抛填料中而降低其抗剪强度，提高堤身的整体稳定性。

防护作用：土工织物软体排对铺设范围内的水下基底起到防冲刷的防护作用。

在长江口深水航道治理工程中，大量应用土工织物软体排（砂肋软体排、混凝土连锁块软体排、混合结构软体排）作为导流堤的护底结构，显示了独到的技术、经济优势。

（1）软体排有柔性、强度高、整体性好，对地形的适应性强，发挥护底作用中，对周围水势变化影响小。

（2）土工织物虽孔径小，但透水性好，具有良好的透水保土效果。

（3）软体排整体稳定性好，土工织物强度高，与砂肋、混凝土连锁块接合紧密、牢固。

（4）工厂化生产，质量均有保证。

（5）施工简便、效率高，工程造价低。

3. 在堆场与道路工程中的应用

1）堆场工程

土工织物广泛应用于港区堆场软基加固中的塑料排水板（带）、袋装砂井的包覆过滤材料，还被用作排水盲沟中的包裹透水材料。

2）道路工程

土工织物在港区道路中的应用有：

（1）由于土工织物的隔离、过滤、加筋、排水作用，所以将土工织物铺设于路基与基土之间，可减少路基厚度，并可提高道路的使用年限。

（2）可防治和消除道路的翻浆、冒泥问题。

（3）在软基上筑路时，可作为表面地基加固处理的材料。

4. 在海岸防护工程中的应用

1）护坡

块石护坡，是海岸防护工程中应用得最广泛的结构型式之一，将土工织物铺设在块石护面层与坡内土料之间作反滤层，因织物的整体性好，所以反滤的效果突出，施工容易，质量容易保证。

2）护岸墙

护岸墙多用于防护陡岸，可以用土工织物替代墙后传统的排水结构，将土工织物沿墙竖向设置，与排水砾石层组合成排水结构。

3）模袋混凝土护岸

用大型土工织物模袋充灌混凝土作护岸，施工快、美观、耐久。

5. 在围海造陆工程中的应用

围海造陆工程的关键是建造海堤、围堰，采用土工织物具有很多优点，甚至过去许多难以解决的问题，使用包括土工织物在内的土工合成材料后可以迎刃而解了，而且造价低廉、施工简单、可靠性高。

大型土工织物充砂袋、大型土工织物固化土填充袋已经广泛应用于大面积围海造陆的围堰建造中。

大型土工织物模袋混凝土已应用于造陆、围堰顶、内外坡护面结构，围堰的整体稳定性好。

1.6　港口与航道工程混凝土的特点及其配制要求

1.6.1　港口与航道工程混凝土的特点

由于港口与航道工程多处于海水（淡水）的环境中，遭受着波浪、海（水）流、潮汐等物理化学作用，因此，港口与航道工程混凝土在材料、配合比设计、施工及性能要求等方面都有别于一般工程的混凝土。

1. 港口与航道工程混凝土的主要特点

（1）港口与航道工程混凝土建筑物按不同的标高划分为不同的区域，分别要求其混凝土性能。

（2）对混凝土的组成材料有相应的要求和限制。

（3）混凝土的配合比设计、性能、结构构造均突出耐久性的要求。

（4）海上的混凝土浇筑要有适应环境特点的施工措施。

2. 港口与航道工程混凝土特点的具体内容

1）港口与航道工程混凝土建筑物环境类别与结构部位的划分

港口与航道工程混凝土建筑物按不同的环境类别以及标高划分为不同的区域，不同区域的混凝土技术条件、耐久性指标、混凝土的钢筋保护层厚度等均有不同的规定。

对于海水环境，混凝土结构物的腐蚀特征是氯盐作用下引起混凝土中钢筋锈蚀；对于淡水环境，混凝土结构物的腐蚀特征一般是淡水水流冲刷、溶蚀混凝土及大气环境下混凝土碳化引起钢筋锈蚀；对于冻融环境，混凝土结构物的腐蚀特征是冰冻地区冻融循环导致混凝土损伤；对于化学腐蚀环境，混凝土结构物的腐蚀特征是硫酸盐等化学物质对混凝土的腐蚀。

（1）海水环境港口与航道工程混凝土区域的划分见表 1.6-1。

表 1.6-1　海水环境港口与航道工程混凝土区域的划分

掩护条件	划分类别	大气区	浪溅区	水位变动区	水下区
有掩护	按港工设计水位	设计高水位加 1.5m 以上	大气区下界至设计高水位减 1.0m 之间	浪溅区下界至设计低水位减 1.0m 之间	水位变动区下界至泥面
无掩护	按港工设计水位	设计高水位加（η_0+1.0m）以上	大气区下界至设计高水位减 η_0 之间	浪溅区下界至设计低水位减 1.0m 之间	水位变动区下界至泥面
	按天文潮位	最高天文潮位加 0.7 倍百年一遇有效波高 $H_{1/3}$ 以上	大气区下界至最高天文潮位减百年一遇有效波高 $H_{1/3}$ 之间	浪溅区下界至最低天文潮位减 0.2 倍百年一遇有效波高 $H_{1/3}$ 之间	水位变动区下界至泥面

注：1. η_0 为设计高水位时的重现期 50 年 $H_{1\%}$（波列累积频率为 1% 的波高）波峰面的高度（m）。
　　2. 当浪溅区上界计算值低于码头面高程时，应取码头面高程为浪溅区上界。
　　3. 无掩护条件的海港工程混凝土结构无法按港口工程有关规范计算设计水位时，可按天文潮位确定混凝土结构的部位划分。

（2）淡水环境港口与航道工程混凝土部位的划分见表 1.6-2。

表 1.6-2　淡水环境港口与航道工程混凝土部位的划分

水上区	水下区	水位变动区
设计高水位以上的区域	设计低水位以下的区域	水上区与水下区之间的区域

注：水上区也可按历年平均最高水位以上划分。

（3）冻融环境下混凝土结构按腐蚀条件可划分为微冻、受冻和严重受冻地区，各地区划分见表 1.6-3。

表 1.6-3　冻融环境混凝土所在地区划分

微冻地区	受冻地区	严重受冻地区
最冷月月平均气温 0～−4℃	最冷月月平均气温 −4～−8℃	最冷月月平均气温低于 −8℃

（4）混凝土结构在化学腐蚀环境下，水、土中硫酸盐和酸类物质环境作用等级根据作用因素分为中等、严重、非常严重，作用因素包含水的酸碱度以及水、土中的硫酸根离子、镁离子、侵蚀性二氧化碳的浓度。

2）港口与航道工程对混凝土材料的要求和限制

（1）在港口与航道工程的混凝土中，应根据不同地区、不同部位选用适当的水泥品种，详见"第 1 章 1.3.1 水泥"。

（2）港口与航道工程混凝土用细骨料中杂质含量的限值见表 1.6-4。

表 1.6-4　港口与航道工程混凝土用细骨料中杂质含量限值

项次	项目	有抗冻要求		无抗冻要求		
		> C40	≤ C40	≥ C60	C55～C30	< C30
1	总含泥量（按质量计，%）	≤ 2.0	≤ 3.0	≤ 2.0	≤ 3.0	≤ 5.0
	其中泥块含量（按质量计，%）	< 0.5	≤ 0.5	≤ 1.0		< 2.0

项次	项目	有抗冻要求		无抗冻要求		
		> C40	≤ C40	≥ C60	C55～C30	< C30
2	云母含量（按质量计，%）	< 1.0		≤ 2.0		
3	轻物质（按质量计，%）	≤ 1.0		≤ 1.0		
4	硫化物及硫酸盐含量（按 SO₃ 质量计，%）	≤ 1.0		≤ 1.0		
5	有机物含量（比色法）	颜色不应深于标准色，当深于标准色时，应采用水泥胶砂法进行砂浆确定对比试验，相对抗压强度不应低于 95%				

注：1. 有抗冻要求和强度等级不低于 C30 的混凝土，对砂的坚固性有怀疑时，应用磷酸钠法进行检验，经浸烘 5 次循环的失重率不应大于 8%。
　　2. 对于惯用的砂源，可不进行表中第 2、4、5 项试验。
　　3. 轻物质是指表观密度小于 2000kg/m³ 的物质。

（3）港口与航道工程混凝土粗骨料杂质含量的限制见表 1.6-5。

表 1.6-5　港口与航道工程混凝土粗骨料杂质含量的限制

项次	杂质名称项目	有抗冻要求		无抗冻要求		
		> C40	≤ C40	≥ C60	C55～C30	< C30
1	总含泥量（按质量计，%）	≤ 0.5	≤ 0.7	≤ 0.5	≤ 1.0	≤ 2.0
2	泥块含量（按质量计，%）	≤ 0.2		≤ 0.2	≤ 0.5	≤ 0.7
3	水溶性硫酸盐及硫化物（按质量计，%）	≤ 0.5		≤ 1.0		
4	有机物含量（比色法）	颜色不应深于标准色，当深于标准色时，应进行混凝土对比试验，相对抗压强度不应低于 95%				

（4）海水环境中港口与航道工程混凝土严禁采用活性粗、细骨料。

3）混凝土的配合比设计、性能、结构构造均突出耐久性的要求

（1）港口与航道工程混凝土，按耐久性要求，有最大水胶比的限值。按强度要求得出的水灰比与按耐久性要求规定的水胶比限值相比较，取其较小值作为配制混凝土的依据。

（2）港口与航道工程在海水环境下，对有耐久性要求的混凝土有最低胶凝材料用量的限值。根据强度确定的胶凝材料用量与最低胶凝材料用量限值相比较要取其大者作为配制混凝土的依据。

（3）港口与航道工程混凝土应根据建筑物的具体使用条件，具备所需要的耐海水冻融循环作用的性能，耐海水腐蚀、防止钢筋锈蚀的性能。

处于北方寒冷地区海水环境下的港口与航道工程混凝土建筑物，当低潮时，水位变动区的混凝土暴露于寒冷的大气中，混凝土表面向内的一定深度，毛细孔中饱水结冰膨胀和存在着过冷的水，使混凝土产生微细的裂缝。当高潮时，混凝土微细裂缝中的冰晶又因淹没在海水中而被融化，这将导致海水更多或更深入地渗进和进一步地膨胀破坏。如此冻融交替作用和恶性循环，致使混凝土脱皮、露石、开裂、露筋等。冻融循环对混凝土保护层的破坏，还将进一步加剧钢筋的锈蚀。因此，港口与航道工程混凝土必

须具有足够的抗冻融破坏的能力。

港口与航道工程水位变动区有抗冻要求的混凝土，抗冻融等级的选定标准见表 1.6-6。浪溅区范围内下 1m 的区域，与水位变动区的抗冻融等级相同。码头面层混凝土的抗冻等级较同一地区低 2～3 级。

表 1.6-6　港口与航道工程混凝土抗冻融等级的选定标准

建筑物所在地区	海水环境		淡水环境	
	钢筋混凝土预应力混凝土	素混凝土	钢筋混凝土预应力混凝土	素混凝土
严重受冻地区（最冷月月平均气温低于 -8℃）	F350	F300	F250	F200
受冻地区（最冷月月平均气温在 -8～-4℃之间）	F300	F250	F200	F150
微冻地区（最冷月月平均气温在 0～-4℃之间）	F250	F200	F150	F100

注：1. 开敞式码头和防波堤等建筑物混凝土宜选用高一级的抗冻等级或采取其他措施。
2. 表中抗冻等级，例如 F300 是指在标准条件下制作的混凝土标准试件（100mm×100mm×400mm），经过 300 次冻融循环试验，其失重率≤5%；动弹性模量下降率≤25%。
3. 一次冻融循环的定义是：在规定的时间内（105±15min），将混凝土标准试件的中心温度从 +8±2℃冻结至 -17～-15℃和在规定的时间内（75±15min），将该标准混凝土试件的中心温度从 -15℃ -2℃融化至 +8±2℃的整个过程。
4. 试验过程中，试件所接触的介质应与建筑物实际接触的介质相同。

混凝土的冻融试验过程控制，是由计算机控制下自动进行的。

（4）有抗冻性要求的混凝土，必须掺入引气剂，混凝土拌合物的含气量应控制在表 1.6-7 所列范围内。

表 1.6-7　混凝土含气量选择范围

骨料最大粒径（mm）	含气量（%）	骨料最大粒径（mm）	含气量（%）
10.0	5.0～8.0	31.5	3.5～6.5
20.0	4.0～7.0	40.0	3.0～6.0
25.0	3.5～7.0	63.0	3.0～5.0

（5）港口与航道工程混凝土拌合物中氯离子含量的最高限值应符合表 1.6-8 的规定。

表 1.6-8　港口与航道工程混凝土拌合物中氯离子含量最高限值（按水泥重量 % 计）

环境条件	预应力混凝土	钢筋混凝土	素混凝土
海水条件	0.06	0.10	1.30
淡水条件	0.06	0.30	1.30

注：混凝土拌合物中氯离子含量的最高限值以胶凝材料质量的百分比计。

（6）港口与航道工程钢筋混凝土及预应力混凝土钢筋保护层最小厚度的规定。
① 海水环境港口与航道工程钢筋的混凝土保护层最小厚度应符合表 1.6-9 的规定。
② 海水环境港口与航道工程预应力钢筋的混凝土保护层最小厚度应符合表 1.6-10 的规定。

表 1.6-9　海水环境港口与航道工程钢筋的混凝土保护层最小厚度（mm）

建筑物所在地区	构件所在部位			
	大气区	浪溅区	水位变动区	水下区
北方	50	60	50	40
南方		65		

注：1. 混凝土保护层厚度系指主筋表面与混凝土表面的最小距离。
　　2. 表中数值系箍筋直径为 6mm 时主筋的保护层厚度，当箍筋直径超过 6mm 时，保护层厚度应按表中规定增加 5mm。
　　3. 南方指最冷月月平均气温高于 0℃的地区。
　　4. 位于浪溅区的码头面板、桩等细薄构件的混凝土保护层，南、北方一律采用 50mm。

表 1.6-10　海水环境港口与航道工程预应力钢筋的混凝土保护层最小厚度（mm）

构件厚度	构件所在部位			
	大气区	浪溅区	水位变动区	水下区
≥ 0.5m	65	80	65	65
＜ 0.5m	2.5× 预应力筋直径（mm）且不小于 50			

注：1. 构件厚度系指规定保护层最小厚度方向上的构件尺寸。
　　2. 后张法的预应力筋保护层厚度系指预留孔道壁至构件表面的最小距离。
　　3. 有效预应力＜ 400MPa 的预应力筋的保护层厚度，按表 1.6-9 执行，但不宜小于 1.5 倍主筋直径。
　　4. 制作构件时，如采用特殊施工工艺或专门防腐措施，应经充分技术论证，对钢筋的防腐作用确有保证时，保护层厚度可不受上述规定限制。

③ 淡水环境港口与航道工程钢筋混凝土保护层的最小厚度应符合表 1.6-11 的规定。

表 1.6-11　淡水环境港口与航道工程钢筋混凝土保护层的最小厚度（mm）

构件所在部位			
水上区		水位变动区	水下区
水汽积聚	不受水汽积聚		
40	35	40	35

注：1. 箍筋直径超过 6mm 时，保护层厚度应按表中规定增加 5mm。
　　2. 碳素钢丝、钢绞线的保护层厚度应按表中规定增加 20mm，如对混凝土质量有特殊措施保证时，可不增加保护层厚度。
　　3. 预应力钢筋的保护层厚度不宜小于 1.5 倍主筋直径。
　　4. 对无箍筋的构件（如板等）其保护层厚度应按表中规定减少 5mm。

4）海上混凝土浇筑的施工措施

（1）港口与航道工程混凝土施工中，乘低潮位浇筑混凝土时，应采取措施保证浇筑速度高于潮水上涨的速度，并保持混凝土在水位以上进行振捣。底层混凝土初凝以前不宜受水淹，浇筑完成后，应及时封顶，并宜推迟拆模时间。

（2）有附着性海生物（如牡蛎）滋长的海域，对水下混凝土接槎部位，应缩短浇筑间隔时间或避开附着性海生物的生长旺季施工。

（3）无掩护海域现场浇筑面层混凝土时，应有防浪溅设施。

1.6.2　港口与航道工程混凝土配制要求

1. 港口与航道工程混凝土配制的基本要求

（1）所配制混凝土的强度、耐久性符合设计要求。

（2）所配制的混凝土应满足施工操作的要求。

（3）所配制的混凝土应经济、合理。

2. 有关基本要求的具体内容

1）关于混凝土的强度

（1）混凝土施工配制强度 $f_{cu,0}$ 应按式（1.6-1）计算：

$$f_{cu,0} = f_{cu,k} + 1.645\sigma \tag{1.6-1}$$

式中　$f_{cu,0}$——混凝土施工配制强度（MPa）；

　　　$f_{cu,k}$——设计要求的混凝土立方体抗压强度标准值（MPa）；

　　　σ——工地实际统计的混凝土立方体抗压强度标准差（MPa）。

σ 的取值应符合下列规定：

① 施工单位或施工工地如有近期足够数量的混凝土立方体抗压强度数据时，σ 值可按式（1.6-2）计算：

$$\sigma = \sqrt{\frac{\sum_{i=1}^{N} f_{cu,i}^2 - Nm_{fcu}^2}{N-1}} \tag{1.6-2}$$

式中　$f_{cu,i}$——第 i 组混凝土立方体抗压强度（MPa）；

　　　m_{fcu}——N 组混凝土立方体抗压强度的平均值（MPa）；

　　　N——统计批内的试件组数，$N \geqslant 25$。

当混凝土强度等级为 C20 或 C25，计算的强度标准差小于 2.5MPa 时，计算配制强度用的混凝土立方体抗压强度标准差应为 2.5MPa；当混凝土强度等级大于或等于 C30，计算的强度标准差小于 3.0MPa 时，计算配制强度用的混凝土立方体抗压强度标准差应为 3.0MPa。

② 施工单位或施工工地没有近期足够数量的混凝土立方体抗压强度数据时，可暂按表 1.6-12 中港口与航道工程混凝土立方体抗压强度标准差的平均水平（σ_0），结合本单位的生产管理水平，酌情选取 σ 值。

表 1.6-12　港口与航道工程混凝土立方体抗压强度标准差的平均水平（σ_0）

强度等级	< C20	C20~C40	> C40
σ_0（MPa）	3.5	4.5	5.5

注：采用压蒸工艺生产的高强混凝土管桩，可取 $\sigma_0 = 0.1f_{cu,k}$。

开工后则应尽快积累统计资料，对 σ 值进行修正。

按 $f_{cu,0} = f_{cu,k} + 1.645\sigma$ 配制混凝土，则混凝土施工生产留置试件的抗压强度满足设计要求的保证率为 95%，如图 1.6-1 所示。

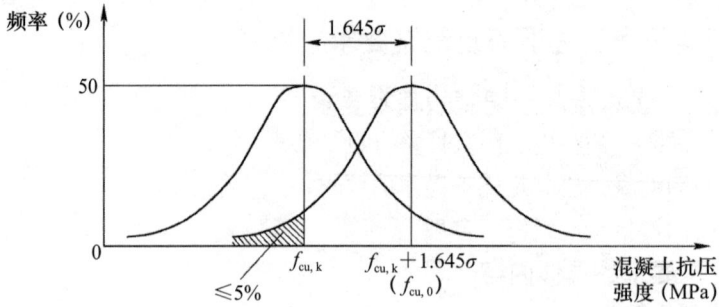

图 1.6-1　混凝土的配制强度

（2）水胶比的选择、胶凝材料用量的确定应同时满足混凝土强度和耐久性的要求。
水胶比的选择：

① 根据混凝土强度－水胶比关系曲线，选择水胶比。

用实际施工应用的材料，按指定的坍落度拌制数种不同水胶比的混凝土拌合物，并根据 28d 龄期混凝土立方体试件的极限抗压强度，建立强度与水胶比的关系曲线，可以从曲线上查得与混凝土施工配制强度相应的水胶比。

② 上述按强度要求得出的水胶比应与表 1.6-13、表 1.6-14 所列港口与航道工程海水或淡水环境按耐久性要求规定的水胶比最大允许值相比较，取其较小值作为配制港口与航道工程混凝土的依据。

表 1.6-13　港口与航道工程海水环境混凝土按耐久性要求的水胶比最大允许值

环境条件			钢筋混凝土、预应力混凝土		素混凝土	
			北方	南方	北方	南方
大气区			0.55	0.50	0.65	0.65
浪溅区			0.40	0.40	0.65	0.65
水位变动区	严重受冻		0.45	—	0.45	—
	受冻		0.50	—	0.50	—
	微冻		0.55	—	0.55	—
	偶冻、不冻		—	0.50	—	0.65
水下区	不受水头作用		0.55	0.55	0.65	0.65
	受水头作用	最大作用水头与混凝土壁厚之比＜5	0.55			
		最大作用水头与混凝土壁厚之比 5～10	0.50			
		最大作用水头与混凝土壁厚之比＞10	0.45			

表 1.6-14　港口与航道工程淡水环境混凝土按耐久性要求的水胶比最大允许值

环境条件		钢筋混凝土、预应力混凝土	素混凝土
水上区	受水汽积聚或通风不良	0.60	0.65
	不受水汽积聚或通风良好	0.65	
水位变动区	严重受冻	0.55	0.55
	受冻	0.60	0.60

环境条件		钢筋混凝土、预应力混凝土	素混凝土
水位变动区	微冻	0.65	0.65
	不冻	0.65	0.65
水下区	不受水头作用	0.65	0.65
	受水头作用 最大作用水头与混凝土壁厚之比 < 5	0.60	
	受水头作用 最大作用水头与混凝土壁厚之比 5～10	0.55	
	受水头作用 最大作用水头与混凝土壁厚之比 > 10	0.50	

胶凝材料用量的确定：

① 根据坍落度－胶凝材料用量关系曲线查得胶凝材料用量

按选定的水胶比，选择用水量，通过试验确定最佳砂率。以选定的水胶比和最佳砂率拌制数种胶凝材料用量不同的混凝土拌合物，测定其坍落度，并绘制坍落度与胶凝材料用量的关系曲线，从曲线上查出与施工要求坍落度相应的胶凝材料用量。

② 该胶凝材料用量应与表 1.6-15 所列港口与航道工程海水环境按耐久性要求的最低胶凝材料用量相比较，取其较大值作为配制港口与航道工程混凝土胶凝材料用量的依据。

表 1.6-15　港口与航道工程海水环境按耐久性要求的最低胶凝材料用量（kg/m³）

环境条件		钢筋混凝土、预应力混凝土		素混凝土	
		北方	南方	北方	南方
大气区		320	360	280	280
浪溅区		400	400	280	280
水位变动区	F350	400	360	400	280
	F300	360		360	
	F250	330		330	
	F200	300		300	
水下区		320	320	280	280

注：1. 有耐久性要求的大体积混凝土，胶凝材料用量应按混凝土的耐久性和降低胶凝材料水化热综合考虑。
　　2. 当采用硅酸盐水泥、普通硅酸盐水泥拌制混凝土时，宜适当掺加优质掺合料。

（3）港口与航道工程混凝土拌合物中氯离子的最高限量应符合表 1.6-8 的规定。

（4）对于设计使用年限 50 年的工程，处于浪溅区、水位变动区和大气区的钢筋混凝土和预应力混凝土结构，混凝土抗氯离子渗透性应符合表 1.6-16 的规定。

表 1.6-16　海水环境混凝土抗氯离子渗透最高限值

氯离子渗透性指标	普通混凝土	高性能混凝土	
		钢筋混凝土	预应力混凝土
电通量法（C）	2000	1000	800

注：1. 试验用的混凝土试件，对掺入粉煤灰或粒化高炉矿渣粉的混凝土，应按标准养护条件下 56d 龄期的试验结果评定；其他混凝土应按标准养护条件下 28d 龄期的结果评定。
　　2. 当构件为蒸汽养护或采用离心成型等工艺时，可按同条件养护下留置样品或构件取芯样品 28d 龄期的结果评定。

（5）配制港口与航道工程混凝土宜掺用优质减水剂和优质掺合料。

2）关于施工可操作性的要求

所配制混凝土的施工可操作性，又称为混凝土的和易性或工作性，是一项很综合的性能。其含义应包括混凝土的流动性、可塑性、保水性、黏聚性、稳定性和易于密实的性能。至今，人们仍然普遍采用古老的坍落度值来表征混凝土的可操作性，所配制混凝土的坍落度以及坍落度损失限制应满足施工操作的要求。

影响和易性的因素主要有：水泥用量及品种、水胶比（用水量）、砂率、骨料性质、外加剂、施工时间、环境温度等。

混凝土坍落度应根据以下诸因素选定：混凝土结构物的断面、含筋量、运输方式与距离、浇筑方法、振捣能力、环境气候条件等。

在满足施工操作的条件下宜选用较小的坍落度。

在流动性混凝土、自密实混凝土（自流平混凝土）及水下不分散混凝土中，坍落度大于220mm时，用混凝土的坍落扩展度（坍扩度）表征其和易性。

3）关于所配制混凝土的经济、合理性

确定混凝土的配合比及坍落度，经试拌校正后，可在确定的配合比上下试拌两个与之接近、可供比选的配合比，根据指定的要求制作试件，进行相应的物理力学性能和耐久性试验校核，在满足前两项基本要求的前提下，选定更为经济的配合比。

1.7　港口与航道工程大体积混凝土的温度裂缝控制

1.7.1　港口与航道工程大体积混凝土开裂机理

港口与航道工程大体积混凝土的开裂，从根本上说是由于混凝土结构与结构之间、结构与基础之间或结构的不同部位之间的温度应力超过混凝土的抗裂能力而产生的。

由于约束的存在，混凝土中水泥水化热温升引起结构的温度变形受到约束而产生温度应力，当此温度应力超过混凝土的抗裂能力（抗拉强度及极限拉伸值）时便产生了开裂。

混凝土结构因水泥水化热引起温度变化而产生的变形受到约束时所产生的应力称为温度应力。

混凝土的极限拉伸是指混凝土构件受拉最终断裂时的拉伸变形值与构件原始长度值之比的相对拉伸变形性能。混凝土的极限拉伸约为 1×10^{-4}。

混凝土的干缩变形与温度应力的叠加助长了开裂的产生和发展。

1. 港口与航道工程大体积混凝土的定义

在港口与航道工程中，一般现浇的连续式结构（如码头胸墙、船坞坞墙、泵房结构）和长、宽、高尺寸相近的大型实体预制构件（如大型混凝土方块）等容易因胶凝材料水化热等因素引起混凝土温度变化导致裂缝，或结构断面最小尺寸 ≥ 1m 的混凝土，统称为港口与航道工程大体积混凝土。

2. "约束"的概念

当结构产生变形时，不同结构之间或同一结构的不同部位之间，因变形的不同，可能产生相互间的影响、牵制、制约，称之为结构间的约束。

这种约束大致可分为外约束和内约束两大类。

1）外约束

不同结构之间的约束称为外约束，如图 1.7-1 所示坞底板与后浇的坞墙混凝土结构之间的约束；沉箱封顶混凝土与其上的胸墙混凝土之间的约束。

2）内约束

内约束又称自约束，结构本身内不同部位乃至各质点之间的约束称为内约束，如大型混凝土方块表层与相邻内层之间的约束，如图 1.7-2 所示。

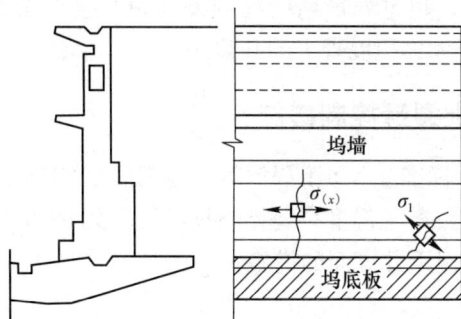

图 1.7-1 混凝土结构外约束示意图

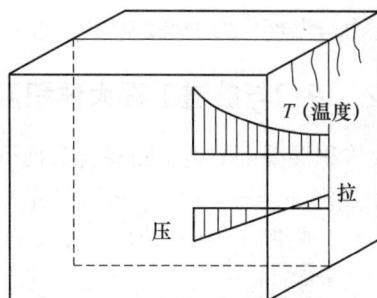

图 1.7-2 混凝土内约束示意图

3. 水泥水化热与混凝土的温升

混凝土中的水泥在水化反应过程中放出的热量称为水泥的水化热。1g 水泥的水化热可用下式估算：

$$Q(卡) = 136(C_3S) + 62(C_2S) + 200(C_3A) + 30(C_4AF) \qquad (1.7-1)$$

式中，C_3S、C_2S、C_3A、C_4AF 为水泥中各矿物成分含量的百分率。

假定混凝土处于上下、左右、前后都不能散发热量的绝热状态，那么，由于水泥水化热的释放，混凝土内的温度将持续上升，称之为混凝土的绝热温升。

但是，实际上混凝土结构都不是绝热的，在水化热温升的同时，就有热量散发的发生。水化热温升至峰值后，继续的散热便引起温度下降，水化热温升随时间衰减可延续数十天，直至与环境温度平衡。大体积混凝土的水化热温升曲线如图 1.7-3 所示。

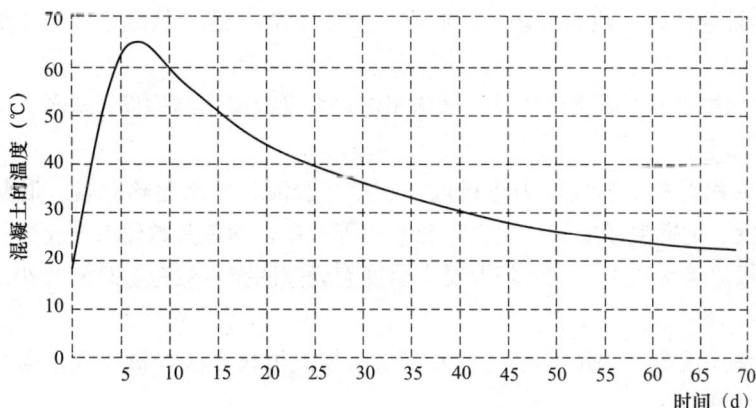

图 1.7-3 大体积混凝土的水化热温升曲线

4. 混凝土在温度应力作用下的开裂

对于受到约束的混凝土，例如，浇筑在岩基上或者老混凝土基础上的大体积混凝土，在混凝土的升温阶段，新浇筑混凝土的体积膨胀，因受到基础的约束产生受压的温度应力，但由于此时混凝土的龄期短，其弹性模量低，因此，其压应力值很低；而在混凝土的降温阶段，新浇混凝土的体积产生收缩，因受到基础的约束产生的温度应力为拉应力，当此拉应力值超过混凝土的抗拉强度时，或者受拉变形超过其极限拉伸能力时，便会产生开裂。

通常，大体积混凝土的降温历时较长，超过养护期的混凝土开始产生干燥收缩，收缩应力与温度应力的叠加，进一步加剧了大体积混凝土的开裂。

1.7.2　港口与航道工程大体积混凝土裂缝控制措施

大体积混凝土的施工除要符合现行行业标准《水运工程混凝土施工规范》JTS 202—2011的规定外，还应符合《水运工程大体积混凝土温度裂缝控制技术规范》JTS/T 202—1—2022的要求。大体积混凝土防裂要采取以下几方面的措施：

1. 温控设计

大体积混凝土应根据结构的设计使用年限、使用环境和结构特点等因素进行温控设计。

（1）温控设计应包括下列内容：

① 混凝土原材料选择、配合比设计和性能指标确定。

② 大体积混凝土温度计温度应力计算。

③ 温控标准。

④ 温控措施。

⑤ 温控检测方案等。

（2）大体积混凝土宜分层、分块浇筑。施工缝应根据混凝土结构的特点、耐久性的要求和施工方便等因素设置，并满足设计要求。

① 底板上连续浇筑墙体结构时，水平施工缝宜设置在距离墙底不小于1m的位置。

② 分块浇筑施工时，块体平面最大尺寸不宜大于30m；相邻块高差不宜超过12m，相邻块浇筑时间间隔宜小于30d。

③ 采用跳仓法时，跳仓间隔施工时间不宜小于7d，跳仓接缝应按施工缝的要求设置和处理。

④ 采用后浇带时，后浇带的设置和施工应符合《混凝土结构设计规范》GB 50010—2010的有关规定。

（3）大体积混凝土温度应力分析前，宜进行胶凝材料水化热总量、混凝土绝热温升、抗压强度、抗劈裂强度、弹性模量和收缩等试验，确定其数值及变化规律。无试验资料时，可根据《水运工程大体积混凝土温度裂缝控制技术规范》JTS/T 202—1—2022进行计算。

（4）大体积混凝土温度及温度应力宜采用数值仿真方法分析计算，也可按上述规范的附录C估算。

（5）大体积混凝土温控设计应进行温控抗裂安全性评定，以表层和内部温控抗裂安

全系数 K、K' 表示，对无筋或少筋的混凝土结构应不小于 1.2；对普通钢筋混凝土结构应不小于 1.4；对预应力混凝土结构和严酷侵蚀环境下的钢筋混凝土结构应不小于 1.6。

（6）大体积混凝土结构温控标准应根据温度应力仿真计算结果确定，并满足下列要求：

① 混凝土浇筑温度不高于 30℃ 且不低于 5℃。

② 混凝土内表温差不大于 25℃。

③ 混凝土内部最高温度不高于 70℃。

④ 混凝土断面降温速率 7d 龄期内不大于 3℃/d，7d 龄期后不大于 2℃/d。

浇筑温度为混凝土平仓振捣后，上层混凝土未覆盖前距上表面 100mm 处的混凝土温度。内表温差为混凝土内部最高温度与同一时间距表面 50mm 处的混凝土最低温度之差。断面降温速率是指散热条件下，混凝土内部温度达到温升峰值后，单位时间内断面加权平均温度下降的幅度。

2. 选择合适的原材料

大体积混凝土材料的选用，应符合以下要求：

1）水泥

大体积混凝土宜采用矿渣硅酸盐水泥、粉煤灰硅酸盐水泥、复合硅酸盐水泥或中热硅酸盐水泥、低热硅酸盐水泥、低热矿渣硅酸盐水泥，不宜采用早强水泥。水泥的铝酸三钙含量不宜大于 8%。硅酸盐水泥 45μm 方孔筛筛余不应小于 5%，比表面积不应大于 380m²/kg。

选用 52.5 强度等级以下的通用硅酸盐水泥时，其 3d 水化热不宜大于 250kJ/kg，7d 水化热不宜大于 280kJ/kg；当选用 52.5 强度等级水泥时，7d 水化热不宜大于 300kJ/kg。

2）矿物掺合料

大体积混凝土宜掺加粉煤灰、粒化高炉矿渣粉、硅灰和石灰石粉等矿物掺合料。掺加粉煤灰时，应选用 Ⅰ 级或 Ⅱ 级粉煤灰；粒化高炉矿渣粉宜采用 S75 级或 S95 级，比表面积不宜大于 450m²/kg；石灰石粉的流动度比比应小于 100%。

3）集料

大体积混凝土应采用洁净、坚固、级配良好的集料。海水环境工程中不得采用碱活性集料；淡水环境工程中采用的集料具有潜在碱活性时，应采用抑制碱集料反应的相应措施。

大体积混凝土宜选用粒径较大、线胀系数较小的粗集料，素混凝土集料粒径不应大于构件截面最小尺寸的 1/4；钢筋混凝土集料最大粒径应满足下列要求：

（1）不大于 80mm。

（2）不大于钢筋最小净距的 3/4。

（3）不大于保护层厚度的 4/5；在南方地区浪溅区不大于混凝土保护层厚度的 2/3。

细集料采用天然砂时，细度模数宜控制在 2.3～3.0。细集料采用机制砂时，应选择质地坚固、粒型级配合理和质量稳定的机制砂。

4）纤维

大体积混凝土所用纤维宜采用钢纤维、合成纤维和玄武岩纤维，纤维的性能应符合相关规范规定。

5）外加剂

大体积混凝土采用的外加剂品种宜包含减水剂、缓凝剂、引气剂、膨胀剂和水化热抑制剂。掺水化热抑制剂的混凝土强度应满足设计要求，1d 水化热温升降低率不宜小于 15%。大体积混凝土宜选用缓凝型聚羧酸减水剂。

外加剂使用前应进行相容性检验，掺量应通过试验确定。

6）拌合水

拌合用水应符合行业标准，水中不应含有影响水泥正常凝结与硬化的有害物质，pH 值不应小于 5。

3. 混凝土配合比设计

大体积混凝土配合比设计，应满足下列要求：

（1）大体积混凝土配合比应满足设计与施工要求，并应按照绝热温升低、抗裂性能良好的原则通过优化确定。

（2）有抗冻性要求的大体积混凝土宜选用引气剂或引气减水剂，含气量宜为 4%～6%。

（3）大体积混凝土宜限制早期强度的发展，12h 抗压强度不宜大于 8MPa 或 24h 不宜大于 12MPa。

（4）大体积混凝土配合比设计宜进行混凝土拌合物绝热温升和混凝土静力受压弹性模量等试验，并宜开展开裂敏感性评价。有条件时宜基于温度匹配养护试验进行混凝土配合比优化。

（5）配合比设计中，在满足工艺要求的条件下，选择较小的坍落度和较小的砂率。

（6）大体积混凝土掺加石灰石粉时宜与其他掺合料复合使用。

（7）大体积混凝土掺加硅灰时宜与其他掺合料复合使用，硅灰掺量不宜大于 5%。

（8）采用硅酸盐水泥或普通硅酸盐水泥时，矿物掺合料掺量符合表 1.7-1 的规定。

表 1.7-1 大体积混凝土中矿物掺合料掺量

矿物掺合料种类	水胶比	掺量（%）
粉煤灰	≤ 0.40	30～50
	> 0.40	20～40
粒化高炉矿渣粉	≤ 0.40	30～70
	> 0.40	30～60
粉煤灰与粒化高炉矿渣粉复合	≤ 0.40	≤ 70
	> 0.40	≤ 60
石灰石粉	≤ 0.40	≤ 20
	> 0.40	≤ 15

注：掺量是指掺合料占胶凝材料总量的质量比。

大体积混凝土采用常规温控措施不满足抗裂要求时，可采用纤维混凝土、补偿收缩混凝土或设置防裂钢筋网片。纤维掺量应根据混凝土性能要求，按有关规定通过试验确定，海洋环境下不宜采用普通钢纤维。

4. 温控措施

温控措施应根据工程环境条件、材料特性、结构特点和施工工艺等因素，按照有效、经济、便于操作的原则制定；大体积混凝土施工应采取减小结构所受外部约束的措施，优化施工方案；施工设备和原材料等应满足大体积混凝土连续浇筑的要求；大体积混凝土宜具有较低坍落度，并应采取保障混凝土匀质性的措施；应根据混凝土升温历程采取温控措施，将内表温差和断面降温速率控制在规定范围内。

1）原材料的温度控制

大体积混凝土施工应控制拌合机出口的混凝土温度，保证浇筑温度满足温控标准要求。宜采取下列温控措施：

（1）利用温度较低时段施工。

（2）水泥使用温度不高于 60℃，粉煤灰使用温度不高于 40℃，矿粉、石灰石粉使用温度不高于 60℃。

（3）集料堆场采用封闭料仓、遮阳或喷雾等降温措施。

（4）使用地下水、制冷水或冰水等低温水拌合混凝土。

（5）必要时采用片冰拌合、风冷集料和液氮冷却混凝土拌合物等措施。

混凝土浇筑温度低于 5℃时，宜采用拌合水加热、集料升温等提高混凝土原材料温度的措施。

2）混凝土搅拌和运输的温度控制

大体积混凝土拌合物应搅拌均匀，搅拌时间应根据试验确定，且不宜小于 90s。对加片冰、纤维的混凝土，搅拌时间应适当延长。

混凝土运输过程中，应缩短运输时间，减少转运次数；混凝土运输设备在必要时应设置遮阳、隔热等降温设施。

3）混凝土浇筑和振捣的温度控制

大体积混凝土浇筑前，除应进行常规的检查验收外，尚应检查冷却水管、测温元件的位置和可靠性，并应掌握水文气象预报资料。

热天浇筑混凝土时，宜对混凝土进行仓面喷雾，降低浇筑仓面温度。采用吊罐浇筑混凝土时，吊罐应便于卸料，不得漏浆。大体积混凝土浇筑时，宜提高浇筑能力，缩短仓面暴露时间。

大体积混凝土应分层摊铺，泵送混凝土的摊铺厚度不宜大于 500mm，非泵送混凝土的摊铺厚度不宜大于 300mm。混凝土布料应均匀，不得采用振捣棒赶料。大体积混凝土振捣宜采用高频振捣棒，振捣应密实，避免过振、欠振和漏振。上层混凝土应在下层混凝土初凝前浇筑完毕；顶层混凝土浇筑完毕，初凝前宜进行二次振捣和抹面，并及时覆盖、保湿养护。

浇筑过程中突遇大雨或大雪天气时，应中止混凝土浇筑，对已浇筑未硬化的混凝土应立即覆盖，严禁雨水直接冲刷新浇筑的混凝土。当终凝前无法覆盖上层混凝土时，结合面应按照施工缝处理。

大体积混凝土施工缝应满足下列要求：

（1）凿毛，清除表面的浮浆软弱混凝土层及松动的石子，均匀露出粗集料。

（2）在上层混凝土浇筑前，清除混凝土表面污物，并充分湿润，无积水。

（3）低流动度混凝土浇筑前，采用接浆措施。

（4）设计对施工缝有特殊要求的，按设计要求处理。

垂直施工缝宜采用收口网模板。后浇带宜采用微膨胀混凝土并蓄水养护，养护时间不应少于14d。

4）混凝土内部降温

大体积混凝土内部降温宜采取的措施有：掺入缓凝剂延长混凝土凝结时间、控制分层浇筑厚度和埋设水管通水冷却。大体积混凝土分层厚度不大于3.0m，其中基础强约束区不大于1.5m，分层浇筑间隔期不大于7d。

冷却水管布设宜满足下列要求：

（1）采用内径30~50mm的金属水管并用螺纹套筒连接。

（2）水管间距0.5~1.5m。

（3）水管距混凝土表面不小于500mm。

（4）单根水管长度不大于200m。

（5）水管进出口集中布置。

混凝土浇筑前应进行压水试验，管道系统不得漏水。

混凝土覆盖冷却水管后应开始通水冷却，通水冷却宜满足下列要求：

（1）冷却水流速不小于0.6m/s。

（2）冷却水温度与混凝土内部温度之差不大于25℃。

（3）通水时间根据断面降温速率确定。

（4）定期改变通水方向。

（5）通水过程中，采用智能温控装置调控通水流量和水温。

通水结束后，应及时对冷却水管压浆封堵，压浆材料应采用不低于混凝土强度等级的微膨胀砂浆或净浆。

5）混凝土保温和养护

大体积混凝土施工的模板设计和验算应考虑保温和养护措施的要求。

混凝土浇筑完毕应及时养护，养护宜采取覆盖、蓄水、喷雾或涂养护剂等措施，不得采用海水养护。保湿养护时，养护时间不少于14d，养护水温和混凝土表面温度之差不宜大于15℃；蓄水养护时，混凝土蓄水深度不宜小于100mm。

日平均气温低于5℃时，裸露的混凝土表面不得直接洒水养护，应采用保温材料保温、保湿养护。

低温季节拆模应选择气温较高的时段并立即采取保温措施。混凝土表面温度与环境温度之差大于15℃时应推迟拆模时间。

保温覆盖层拆除应分层逐步进行，混凝土表面温度与环境温度最大温差小于20℃时，可全部拆除。气温骤降时，龄期低于28d的混凝土应进行表面保温。

混凝土保温应操作简便、安全环保。保温保湿材料可采用塑料薄膜、土工布、节水保湿养护膜等，并应覆盖严密，接缝处重叠覆盖不少于300mm，边角处应加强保温。必要时应搭设养护棚，宜采用蒸汽、喷雾调控棚内温度和湿度。

保温养护时，应现场监测混凝土的内表温差、断面降温速率，当实测结果不满足温控指标要求时，及时调整保温掩护措施。

低温季节应封堵竖井、廊道等孔洞，基础部位大体积混凝土浇筑完成后应及时回填。大风天气浇筑混凝土时，在作业面应采取挡风措施，并应增加混凝土表面的抹压次数，及时覆盖保温保湿材料。

5. 施工期温控检测

大体积混凝土施工过程中应监测混凝土浇筑温度、内部温度、冷却水温度、内表温差和断面降温速率、环境温湿度和风速等参数，并根据监测结果及时调整和优化温控措施，重要的结构应进行混凝土应变监测。

测温和应变测试元件的参数应满足规范要求。

大体积混凝土温度测点布置应能反映混凝土浇筑体内最高温升、内表温差、断面降温速率、温度梯度和环境温度。大体积混凝土温度监测、应变监测宜采用具有自动采集、无线传输等功能的设备。温度监测持续时间不宜少于 14d，应变监测不宜少于 60d。

温度测点的布置应符合下列规定：

（1）温度测点的布置范围应以所选混凝土浇筑块体平面图对称轴的一侧为测试区。

（2）温度测点位置与数量应根据混凝土浇筑块内温度场分布和温度控制要求确定。

（3）每条温度测试轴线上应根据结构的平面尺寸布置监测点，监测点位不宜少于 4 处。

（4）温度监测点宜沿混凝土浇筑体厚度方向按平面分层布置，应至少布置表层、底层和中心层温度测点，测点间距不宜大于 500mm。混凝土浇筑体表层测点宜布置在其表面以内 50mm 处，混凝土浇筑体底层测点宜布置在其底面以上 50mm 处。

（5）环境温度监测点数量应根据设计要求确定。

应变测点的布置应符合下列规定：

（1）应变测点应能测出混凝土内部最大应变。

（2）应变测试应设置零应力测点。

（3）应变测试宜布置表层、底层和中心层应变测点，表层应变测点宜布置在混凝土浇筑体表层钢筋以内。

1.8　港口与航道工程混凝土的耐久性

1.8.1　提高港口与航道工程混凝土耐久性的措施

结构的耐久性是指在设计规定的环境作用和维修、使用条件下，结构及构件在设计使用年限内保持其适用性和安全性的能力。设计使用年限是指设计规定的结构或结构构件不需进行大修即可按预定目的使用的年限。我国现行《港口工程结构可靠性设计统一标准》GB 50158—2010 规定，永久性港口建筑物的结构设计使用年限为 50 年。

港口与航道工程混凝土的耐久性主要包括：混凝土的抗冻性；混凝土防止钢筋锈蚀的性能；混凝土的抗渗性和抗海水侵蚀的性能。

1. 选用优质的原材料

1）水泥

港口与航道工程结构混凝土所用水泥的强度等级不得低于 42.5 级，其他要求详见表 1.3-1。

2）骨料

（1）拌制港口与航道工程混凝土的粗、细骨料，其杂质的含量限值、细骨料中氯离子的含量限值，应满足《水运工程混凝土施工规范》JTS 202—2011 的规定。

（2）海水环境工程中严禁使用碱活性粗、细骨料。

（3）港口与航道工程混凝土所用粗骨料的粒径、压碎指标等应满足《水运工程混凝土施工规范》JTS 202—2011 的规定。

（4）港口与航道工程有抗冻性要求的混凝土，必须采用引气剂，并保证有足够的含气量。

3）掺合料

混凝土掺合料一般选用粉煤灰、粒化高炉矿渣粉、硅灰等，掺合料的品质要求符合现行国家标准和规范的规定，这些标准和规范是《用于水泥和混凝土中的粉煤灰》GB/T 1596—2017、《水运工程混凝土施工规范》JTS 202—2011、《用于水泥、砂浆和混凝土中的粒化高炉矿渣粉》GB/T 18046—2017 和《海港工程高性能混凝土质量控制标准》JTS 257—2—2012。

（1）混凝土中掺加粉煤灰时，应对粉煤灰的质量：细度、烧失量、需水量比和 SO_3 含量进行检验；粉煤灰中 CaO 含量大于 5% 时应验证其安定性；使用干排法的粉煤灰含水率不大于 1%。

（2）混凝土中掺加粒化高炉矿渣粉时，应对粒化高炉矿渣粉的质量：密度、比表面积、活性指数、流动度比、三氧化硫、氯离子等指标进行检验。

（3）混凝土中掺加硅灰时，硅灰的掺量不宜大于水泥质量的 10%；应对硅灰的化学指标：二氧化硅含量、含水率、烧失量和物理指标：火山灰活性指数、细度、均匀性进行检验。

2. 优化混凝土的配合比设计

（1）按混凝土所处工作环境、建筑物的部位及使用年限要求等，确定其抗冻等级、抗渗等级及抗氯离子渗透标准（电通量值）。

（2）混凝土按耐久性要求的水胶比最大允许值、最低胶凝材料用量，混凝土的含气量值，混凝土拌合物中氯离子的最高限值，钢筋和预应力筋的混凝土保护层最小厚度，均应满足《水运工程混凝土施工规范》JTS 202—2011 的规定。

3. 精心施工

（1）混凝土的搅拌、运输、浇筑、振捣、养护均应满足《水运工程混凝土施工规范》JTS 202—2011 的规定。

（2）海上（水上）混凝土结构的施工，应优先采取陆上预制代替水上现场浇筑。

（3）准确控制混凝土中钢筋的保护层厚度。

（4）采用优质混凝土涂料进行混凝土涂层保护。

4. 防止混凝土结构开裂

（1）根据结构的受力特点及温度应力计算，对易开裂的部位在设计中采取相应的措施。

（2）混凝土结构适宜地分段，合理地设置施工缝。

（3）采取综合性的有效措施减小大体积混凝土的温度应力。

（4）应用纤维混凝土增强混凝土的抗裂能力。

（5）施加预应力，增强结构的抗裂能力。

5. 应用高性能混凝土

详见本书"1.8.2 高性能混凝土的特性"内容。

6. 应用环氧涂层钢筋

这是近年来发展起来的新技术和新材料，预先用环氧树脂通过特殊的工艺涂敷钢筋，极大地提高了钢筋的耐锈性能。

采用环氧涂层钢筋的混凝土，可以同时掺加钢筋阻锈剂，但是，不能和外加电流阴极保护联合使用。由于环氧涂层钢筋与混凝土之间的粘结强度为无涂层钢筋粘结强度的 80%，所以，涂层钢筋的锚固长度为无涂层钢筋锚固长度的 1.25 倍。

环氧涂层钢筋在搬运、加工、焊接、架立过程中造成涂层损伤时，应按有关技术规范的规定进行修补。

7. 采用表面涂层

表面涂层是海洋环境下提高混凝土耐久性的有效措施之一，常用的表面涂层有硅烷浸渍等。涂装施工通常属于混凝土工程的最后一道工序，实施涂装的混凝土龄期不宜少于 28d，并应验收合格。涂装前应对混凝土进行表面处理，并按设计涂层体系进行小区试验。

8. 采用钢筋阻锈剂

阻锈剂在混凝土内对钢筋有钝化作用或抑制锈蚀过程的发生与发展，一般用于海水环境浪溅区和水位变动区混凝土结构。

9. 采用外加电流阴极保护

混凝土中实施阴极保护的钢筋应进行电连接，连接电阻不应大于 1.0Ω。根据混凝土结构的现场条件，将需要外加电流阴极保护的混凝土结构划分为若干单元，保护单元内的辅助阳极应满足电连续性，不同保护单元的辅助阳极之间、辅助阳极和阴极保护的钢筋之间应满足电绝缘性。

1.8.2 高性能混凝土的特性

高性能混凝土（HPC）是伴随着混凝土的技术进步，在 20 世纪 80 年代中期问世的一种新型高技术混凝土，HPC 技术的发展与应用以北欧与北美为先导，很快在全球范围内展开，目前已在大量工程中应用，包括许多桥梁，如丹麦的大贝尔特海峡大桥、丹麦与瑞典之间的海峡大桥、加拿大联盟大桥、我国的东海大桥、我国的香港青马大桥等，这些跨海桥梁的设计使用寿命均在 100 年以上。

高性能混凝土的主要特征是在大幅度全面提高和改善普通混凝土性能的基础上，能针对不同的用途要求，对高耐久性、高抗氯离子渗透性、高工作性、高强度、高体积稳定性和合理的经济性等予以组合性或者选择性的保证。

对于海港工程钢筋混凝土和预应力混凝土结构，浪溅区应采用高性能混凝土，水位变动区和大气区根据需要可采用高性能混凝土。

1. 高性能混凝土的组成及其对性能的影响

（1）大量掺用特定的矿物性掺合料、应用高效减水剂、采用低水胶比是高性能混凝土组成和配合比的特点。

特定的活性矿物掺合料：高性能混凝土所采用的矿物性掺合料为硅灰、优质粉煤灰、磨细矿渣。粉煤灰、磨细矿渣在高性能混凝土中掺用量大，例如单掺优质粉煤灰，其掺量可达到胶凝材料总量的 25%～50%；单掺磨细矿渣可达到胶凝材料总量的 50%～80%；单掺硅灰可达到水泥用量的 5%～10%。活性矿物掺合料既可以单独掺用，也可以复合掺用。

（2）必须应用与水泥相匹配的高效减水剂：其减水率应达到 20% 以上。

（3）低水胶比：通常水胶比均在 0.35 以内。

（4）高性能混凝土一般应用最大粒径≤25mm 质地坚硬的粗骨料。

2.高性能混凝土的性能

1）高耐久性

（1）混凝土具有低吸水率。

（2）具有高抗氯离子渗透的性能，高性能混凝土可以将普通混凝土的电通量降低到 1000C 以下，从而极大地降低海水环境对混凝土中钢筋的锈蚀，提高建筑物的使用年限。

（3）具有高抗冻融破坏的性能，掺用引气剂的高性能混凝土，其抗冻等级显著提高，可以将规范所规定的耐冻混凝土的抗冻等级 F300～F400 提高到 F1000 甚至更高。

2）高强度

高性能混凝土 28d 的抗压强度可以达到 80～100MPa，但在港口与航道工程中通常应用的高性能混凝土强度等级为 C45～C60。

3）高工作性能

（1）大流动度：在达到上述强度和耐久性指标的同时，混凝土的坍落度值为 180～200mm；且混凝土坍落度的经时损失小。

（2）混凝土的和易性好，易浇筑，不离析，不泌水。

4）高体积稳定性

3.高性能混凝土的技术指标

根据《海港工程高性能混凝土质量控制标准》JTS 257—2—2012，高性能混凝土的技术指标包含混凝土的拌合物性状、强度等级和耐久性三方面，对于海港浪溅区部位的高性能混凝土，其技术指标的规定见表 1.8-1。

表 1.8-1   高性能混凝土的技术指标

混凝土拌合物			硬化混凝土	
水胶比	胶凝物质总量（kg/m³）	坍落度（mm）	强度等级	抗氯离子渗透（C）
≤0.35	≥400	≥120	≥C45	≤1000

表 1.8-1 所列的技术指标，综合反映了港航工程高性能混凝土组成、技术条件的特点和对耐久性、强度、工作性能的基本要求。

对于北方有抗冻要求的混凝土，尚应满足耐用年限内的抗冻性要求。

表 1.8-1 中硬化混凝土抗氯离子渗透性的指标（C），是用快速试验法（电通量法）测得的高性能混凝土（或传统混凝土）通过电量的指标（库仑）。

港航工程高性能混凝土技术指标中规定海港非浪溅区部位混凝土的强度等级不低于 C40，是由于在港航工程中，与耐久性相比，强度已不是主要问题了。对于大多数的工程，并不需要过高的强度，况且超高强（例如超过 C70）可能使混凝土明显变脆。

4. 高性能混凝土的施工要点

高性能混凝土的配制，应选用质量稳定的优质水泥和活性掺合料、级配良好的优质骨料、与水泥匹配的高效减水剂。骨料堆场应有防雨、防尘的大棚或封闭设施，应严格控制原材料质量及均匀性并确保称量准确。高性能混凝土拌合物宜采用先以掺合料和细骨料干拌，再加水泥和部分拌合用水，最后加粗骨料、减水剂溶液和余下的拌合用水的加料顺序。高性能混凝土的拌合物比较黏稠，为保证搅拌均匀，必须采用性能良好、搅拌效率高的非立轴强制式搅拌机，并适当延长搅拌时间。混凝土拌合物运送到浇筑地点时，应不离析、不分层，并应保证施工要求的稠度，混凝土的振捣应细致，确保成型密实。振捣引气混凝土时，应使用振动频率不大于 6000 次 /min 的中低频振捣棒，并应控制振捣时间，避免过振。

高性能混凝土的养护对其性能和质量有极为重要的影响，养护不佳对高性能混凝土的影响远甚于非高性能混凝土。整个养护期间，尤其是从终凝到拆模的养护初期，应确保混凝土处于有利于硬化及强度增长的温度和湿度环境中。在常温下应至少养护14d，预应力混凝土构件和位于大气区、浪溅区、水位变动区的钢筋混凝土构件不得使用海水养护。

1.9　港口与航道工程预应力混凝土

1. 预应力混凝土

钢筋混凝土构件的基本工作原理是当构件受力时，由于混凝土对钢筋的握裹力，使混凝土与钢筋共同承受荷载，产生相同的变形、共同工作。但是，由于钢筋与混凝土的性能有很大的差异，钢筋的抗拉强度很高、受拉变形能力很强；而混凝土则相反，抗拉强度及抗拉变形能力都很差，相比之下其抗压强度则较高。当构件受拉时（或构件的受拉区），常常由于混凝土很快开裂而不能继续工作，而此时的钢筋与其抗拉强度和变形的工作限值还相差甚远。于是，人们利用其特性，先对钢筋在其弹性变形范围内进行张拉，施加一定的预加拉应力，在这种应力状态下浇筑混凝土（或灌注孔道砂浆），待混凝土（或砂浆）达到一定强度后，再放松钢筋，由于钢筋的弹性回缩给混凝土施加了一定量值与分布的预压应力，这样，当构件承受荷载受拉时，产生的拉应力值在没有完全抵消其业已存在的预压应力值前是不产生变形的，从而，将显著提高构件的受荷抗裂能力。

预应力混凝土结构的优点是：

（1）采用高强度钢材与高强度混凝土，构件截面小、重量减轻，跨越能力增大，可以加大排架间距和梁板等构件的跨距。

（2）预应力构件（如梁）不易产生裂缝，耐久性高、耐用年限长；（如桩）抵抗打桩拉应力能力强，可加大桩长，适应深水港建设，提高承载力。

（3）与普通的钢筋混凝土结构比，可节省钢材近 30%，经济合理。

2. 港口与航道工程预应力混凝土的具体要求

1）预应力筋的制作

（1）预应力混凝土使用的钢筋，主要有低松弛的高强度碳素钢丝、钢绞线和高强度钢筋三大类。

预应力筋的下料长度，除考虑构件的长度、台座的长度外，尚应考虑冷拉拉长值、张拉伸长值、锚夹具的厚度、弹性回缩值、焊接接头和镦头的压缩量、连接杆的长度等。

（2）预应力筋下料长度的允许偏差：

① 采用钢丝束镦头锚具时，同一束中各根钢丝间的长度相对差值不大于钢丝束长度的 1/5000，且不大于 5mm。

② 采用钢筋时，冷拉后同一构件内各钢筋的长度相对差值不大于构件配筋长度的 1/2000，且不大于 20mm。

（3）钢丝、钢绞线、热处理钢筋及冷拉Ⅳ级钢筋，宜用砂轮锯或切断机切断下料，不得采用电弧切割。

（4）成束预应力筋应逐根理顺，捆扎成束，并宜用穿束网套穿束。

2）预应力张拉设备

（1）张拉预应力筋所用的张拉梁，应按预应力筋的布置、根数、张拉荷载的大小、张拉条件等经计算选定。

（2）预应力筋锚具（夹具、连接器），主要分为粘着锚固、承压锚固和摩擦锚固三种。

3）施加预应力

（1）张拉力的控制是正确建立预应力的前提，无论是先张或后张，对张拉力均应采取应力及伸长值双控的方法。

（2）在应力控制张拉时，应尽量减少张拉设备的摩阻力，并力求稳定。预应力筋如需超张拉时，可比设计要求提高 5%，其最大张拉控制应力，不得超过表 1.9-1 的规定。

（3）预应力筋张拉锚固后，实际预应力值与工程设计规定检验值的相对允许偏差为 ±5%。

表 1.9-1　最大张拉控制应力允许值

钢种	张拉方法	
	先张法	后张法
钢丝、钢绞线	$0.80f_{ptk}$	$0.75f_{ptk}$
钢棒	$0.75f_{ptk}$	$0.70f_{ptk}$

注：f_{ptk} 为预应力筋极限抗拉强度标准值。

（4）为减少预应力筋的松弛影响，可采用以下超张拉方法之一进行张拉：

① 从零应力开始，张拉至 1.05 倍预应力筋的张拉控制应力 σ_{con}，持荷 2min 后，卸荷至预应力的张拉控制应力。

② 从零应力开始，张拉至 1.03 倍预应力筋的张拉控制应力 σ_{con}。

（5）用应力控制法张拉时，应校核预应力筋的伸长值。如实际伸长值与设计计算理论伸长值的相对偏差超过 6%，应暂停张拉，查明原因并采取措施予以调整后，方可继续张拉。

预应力筋的实际伸长值，宜在初应力为 10% σ_{con} 时开始量测，但应加上量测前张拉力的推算伸长值；对后张法，尚应扣除混凝土构件在张拉过程中的弹性压缩值。

预应力筋张拉时的计算伸长值 ΔL（mm），可按式（1.9-1）计算：

$$\Delta L = \frac{F_P \cdot L}{A_P \cdot E_S}$$ （1.9-1）

式中 F_P——预应力筋的平均张拉力（kN）。直线筋取张拉端的拉力；两端张拉的曲线筋，取张拉端的拉力与跨中扣除孔道摩阻损失后的拉力平均值；

L——预应力筋的长度（mm）；

A_P——预应力筋的截面面积（mm²）；

E_S——预应力筋的弹性模量（MPa）。

预应力混凝土广泛应用于港口工程高桩码头及引桥的桩、梁、板等结构中。

根据钢筋张拉与构件混凝土浇筑的先后，分为先张法预应力和后张法预应力。

1.9.1 先张法预应力混凝土

1. 先张法预应力的基本概念

在构件混凝土浇筑之前，先对预应力钢筋进行张拉、锚固于台座上，然后浇筑混凝土，待混凝土达到规定的强度值后，解除锚固，放松钢筋，使预应力施加于混凝土上，称为先张法预应力。先张法生产工艺简单、工序少、效率高、质量易保证。

2. 先张法预应力的具体要求

（1）张拉台座必须具有足够的强度和刚度，其抗倾稳定系数不得小于 1.5；抗滑稳定系数不得小于 1.3。并应采取措施，预防台座区的差异沉降。

张拉台座采用墩板式时，可用钢底模板或钢筋混凝土、素混凝土底模板。底模板的构造应保证放松预应力筋时的水平滑移稳定，并采取措施预防底模板拱起变形或出现裂纹。

（2）张拉台座的长度，应根据桩、梁、板等构件通用长度和厂（场）区的地形，每次的张拉件数（生产能力）综合考虑。

（3）张拉梁、锚固梁可采用两梁式、三梁式。

（4）张拉梁、锚固梁的安装，应使该梁的受力中心线与底板中心线一致，其偏差不得大于 3mm。先张法多根直线筋同时张拉，其张拉力的合力作用线应在底模板中线为边的垂直面内；多根直线筋逐根张拉时，张拉作用线应与该钢筋的轴线一致。

（5）多根预应力筋同时张拉时，应预先调整初应力，使各根钢筋的应力基本一致。

初应力的调整方法：可用反复整体张拉法、油压千斤顶法、测力扳手法等。对长线台座多根预应力筋的初应力调整，宜预先采用反复张拉法，反复张拉法的张拉力，可取控制应力的 40%～50%，反复张拉次数为 2～3 次。

反复张拉法的张拉程序为：拧紧螺母→开始张拉至 0.4～0.6 倍张拉控制应力→将应力返回至零→重新拧紧螺母→再按前述方法张拉、放松。如此反复 2～3 次。

（6）当构件的侧模板是在施加预应力之后安设时，宜先施加 70% 的控制应力，待模板安设完毕后，再施加至设计要求的荷载。

（7）先张法预应力所用的镦杆、盒式连接器、螺母等接触面应精加工，使接触面受力均匀。螺杆宜采用梯形螺纹。并对夹具、连接器、螺杆在进场时进行验收。

（8）先张法放松预应力筋的放松器，其设计与制作应符合下列规定：

① 放松器宜用通用性强的结构型式，多根预应力筋能一次放松。

② 放松器的结构设计，应构造简单、操作方便、易于维修，计算中应以刚度控制、应力校核。

③ 当采用楔形放松器时，楔块的宽度、高度应根据张拉台座的布置、放松预应力筋最大回缩量选定；楔块的倾斜度应根据楔形的正压力、放松器的扭矩和楔块的润滑条件，经计算选定。

④ 当采用砂箱千斤顶时，砂箱千斤顶的直径、高度应根据承受的正压力、砂质的容许应力和放松预应力筋时的最大回缩量选定。

⑤ 当采用平面推力轴承时，轴承的选型应根据预应力筋的布置、单根预应力筋的张拉力、端头螺杆的直径综合选定。

（9）先张法结构中钢绞线断裂或滑脱的数量严禁超过结构同一截面钢丝总根数的5%，且严禁相邻两根预应力筋断裂或滑脱。

（10）放松预应力筋时，混凝土强度必须符合设计要求。设计无要求时，一般预应力构件不得低于设计混凝土强度标准值的75%。

3. 先张法预应力在PHC桩生产中的应用

作为先张法预应力应用的典型是高强混凝土管桩（PHC桩）的生产制造。

20世纪80年代我国引进PHC桩（Pretensioned High Concrete）的生产线，经过多年的消化、改造和开发，现已能生产ϕ600mm、ϕ800mm、ϕ1000mm、ϕ1200mm、ϕ1400mm最长管节长度可达55m的PHC桩。

1）PHC桩的生产制作

PHC桩采用先张法预应力高强混凝土（C80），高速离心成型，经过常压和高压蒸汽养护而制成。1d即可获得自然养护28d龄期的强度。其生产工艺流程如图1.9-1所示。

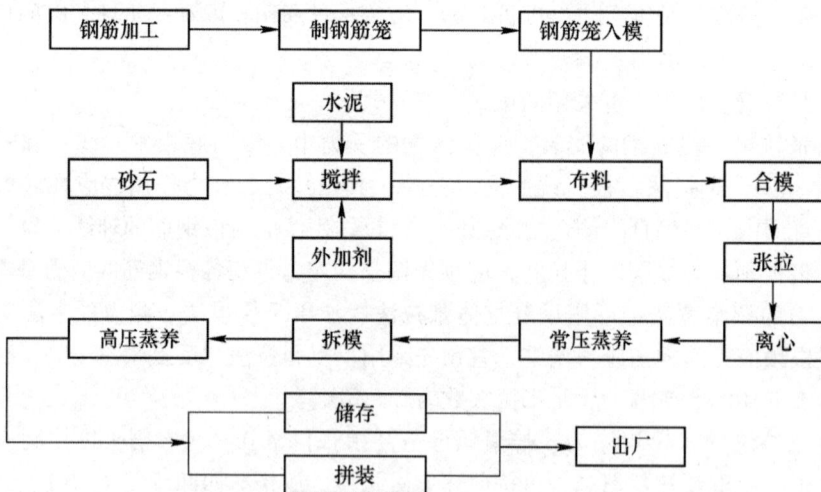

图1.9-1　PHC桩生产工艺流程图

（1）材料：

水泥：52.5级硅酸盐水泥或普通硅酸盐水泥；

骨料：中砂，且含泥量不应大于 1%；碎石，5～25mm，且最大粒径不超过钢筋间距的 3/4，强度≥ 150MPa，压碎指标＜ 5%；

外加剂：高效减水剂，掺量为水泥重的 1%；

钢筋：（预应力筋）为符合 YB/T 111 要求的抗拉强度为 1420MPa 的高强度、低松弛预应力混凝土钢筋；

（2）混凝土：

① 强度等级不小于 C80；

② 胶凝材料用量 480～520kg/m³；

③ 混凝土拌合物水胶比不大于 0.35；

④ 混凝土拌合物坍落度 80～120mm；

⑤ 混凝土表观密度不小于 2500kg/m³；

⑥ 混凝土中总氯离子含量不超过胶凝材料重的 0.06%。

（3）钢筋张拉：以应力控制为主，应变控制为辅，张拉的控制应力值取 0.9 的冷拉钢筋屈服强度；

（4）成型：离心成型，高速离心加速度不小于 35g；PHC 管桩放张、拆模时混凝土强度不得低于 45MPa；

（5）养护：宜采用常压蒸养，常压蒸养应分为静停、升温、恒温和降温四个阶段，从升温至降温的时间不得少于 6h；当采用常压蒸养和高压蒸养结合养护时，高压蒸养应分为升温、恒温和降温三个阶段，且三阶段总时间不少于 9h。

2）PHC 桩的技术性能特点

（1）桩的强度高：

制作 2d 即可进施工现场进行打桩，桩身混凝土强度可达 80MPa；耐锤击性能好，可打入较深硬层，充分利用地基土的强度，提高桩的承载力。

（2）桩的抗裂能力强：

桩身混凝土的有效预压应力可达 7～9MPa，极限抗裂弯矩达 1400～1900kN·m，破坏弯矩达 2300～3000kN·m。

（3）节省混凝土：

与同规格 PC 方桩比，PHC 桩混凝土用量节省 30%，钢筋用量节省 50% 以上。

（4）PHC 桩的耐久性高。

3）PHC 桩的应用

自 20 世纪 80 年代初以来，特别是近年来，已先后在中国宝武钢铁集团马迹山矿石码头工程、437 厂船坞工程、上海外高桥造船基地舾装码头工程、外高桥电厂二期、上海洋山深水港码头工程、广州南沙港区水工码头工程、江苏大丰港码头工程、东海大桥桩基工程、新加坡大士南船厂工程、马来西亚槟城二桥工程等诸多港口工程中得到了广泛应用。

1.9.2　后张法预应力混凝土

1. 后张法预应力的基本概念

先浇筑构件混凝土，在混凝土中配置预应力钢筋的位置处预留孔道。预留孔道分为抽拔法和埋置法两大类。前者多以抽拔钢管，用于直线形孔道；后者以金属波纹管或薄钢板管埋于混凝土中，形成预应力钢筋孔道。然后将预应力钢筋沿预留的孔道穿入，待构件混凝土达到规定的强度后，对预应力钢筋进行张拉，并以混凝土构件本身为支点进行锚固，然后，用高强度水泥浆（或水泥砂浆）对预留孔道进行压力灌浆封堵，称为后张法预应力。后张法不需要预应力张拉台座，适用于结构断面大的长大型预应力构件的现场预制。

2. 后张法预应力的具体要求

（1）预留孔道的尺寸与位置应正确，孔道应平顺。端部的预埋垫板应垂直于孔道中心线，并采取措施固定于模板上，防止浇筑混凝土时发生移动。

（2）预留孔道可采用预埋波纹管、薄钢板管、钢管、抽芯胶管等方法。钢管应平直光滑，胶管宜充压力水或其他措施防止变形。波纹管应密封良好并有一定的轴向刚度，其接头严密，不得漏浆。

对两端抽管的管芯埋设，应对接头处采取特殊措施（如套薄钢板管或塑料管）防止漏浆，当采用内部振捣器振实混凝土时，应采取措施防止预埋管变位和变形。

当铺设已穿预应力筋的波纹管（或其他金属管道）时要严防火花损坏管道内的钢丝或钢绞线，严禁在孔道附近进行电焊作业。

预埋管道宜用钢筋井字架固定，其间距为：波纹管及钢管不宜大于1m，胶管不宜大于0.5m，曲线孔道宜适当加密。

灌浆孔间距：预埋波纹管不宜大于30m，抽芯形成孔道不宜大于12m，曲线孔道的曲线波峰部位，宜设排气孔。

（3）预埋管的抽芯时间，应根据气温和所用的水泥性能通过试验确定。抽芯的顺序应先上后下。用钢管作孔道芯管时，宜在浇筑混凝土后每隔5～15min将芯管转动一次，抽管的速度应均匀，边抽边转，抽管的拉力线与孔道中心线一致。

（4）后张法采用的锚具、夹具、连接器，应经验收合格。

（5）预应力筋张拉时，结构的混凝土强度必须符合设计要求。

（6）后张法锚固阶段张拉端预应力筋的内缩量，不得大于表1.9-2的规定。

（7）对后张法，张拉时结构中钢丝（束）、钢绞线断裂或滑脱的数量，严禁超过结构同一截面钢丝总根数的3%，且一束钢丝只允许发生一根。

表1.9-2　后张法锚固阶段张拉端预应力筋的内缩量限值

序号	锚具类别	允许值（mm）
1	支承式锚具（墩头锚、带有螺钉端杆的锚具等）	1
2	锥塞式锚具	5
3	夹片式锚具	5
4	每块后加的锚具垫板	1

（8）孔道灌浆应采用普通硅酸盐水泥或经试验证明符合要求的矿渣硅酸盐水泥配制的水泥浆；对空隙大的孔道，可采用水泥砂浆灌浆。水泥浆及水泥砂浆的强度，均不得低于20MPa。

灌浆用水泥浆的水灰比不大于0.45，搅拌后3h泌水率宜在2%以内，最大不超过3%。

（9）灌浆应缓慢、均匀地进行，不得中断，并应设置排气通道。

（10）孔道内的水泥浆或水泥砂浆强度未达到设计要求时，不得移动构件、切割主筋、拆卸锚具。

（11）压浆的过程中及压浆后 48h，结构温度不得低于 5℃。否则应采取保温措施。

预应力混凝土大直径管桩（大管桩）的生产制作是成功应用后张法预应力的典型。

3. 后张法预应力混凝土在大管桩生产中的应用

预应力混凝土大直径管桩采用离心、振动、辊压相结合的复合法工艺生产高强混凝土管节，然后对管节施加后张预应力进行拼装成长桩。这种管桩的混凝土强度高、密实性好、耐锤击，使用在港口工程中具有独到的优越性。

1）管节的制作

管节成型的主要工艺流程如图 1.9-2 所示。

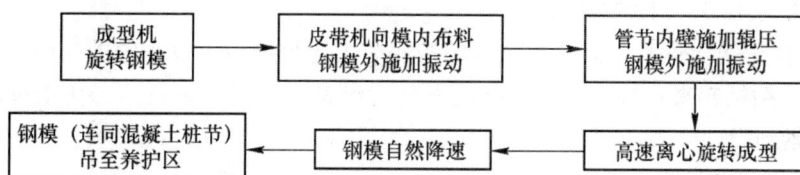

图 1.9-2　管节成型的主要工艺流程图

（1）主要材料

水泥：采用不低于 42.5 级硅酸盐水泥或普通硅酸盐水泥，水泥的铝酸三钙不应大于 10%；

骨料：细骨料，采用细度模量 2.6～3.0 的中砂；

粗骨料，采用质地坚硬的碎石，最大粒径 20mm；

外加剂：采用高性能减水剂。

混凝土：

① 强度等级不小于 C60；

② 胶凝材料用量 400～500kg/m³；

③ 混凝土拌合物水胶比不大于 0.35；

④ 混凝土拌合物维勃稠度 25～35s；

⑤ 混凝土表观密度不小于 2500kg/m³；

⑥ 混凝土耐久性指标符合现行行业标准《水运工程结构耐久性设计标准》JTS 153—2015 和《海港工程高性能混凝土质量控制标准》JTS 275—2—2012 的有关规定。

（2）管节成型工艺

① 钢筋笼制作

采用 $\phi 8$ 盘条圆钢筋经冷拉后编制成钢筋笼。

② 预留张拉孔道

采用钢管芯棒外套橡胶管，在混凝土强度达到设计强度的 70% 时抽出，形成预留张拉孔道，每桩节断面上均布 16～20 个预留孔。

③ 混凝土布料应连续、均匀、一次完成。管节成型应采用复合工艺。混凝土脱模时的强度不应小于设计强度标准值的 70%。

④ 管节先采用蒸汽养护，脱模后还应进行养护，采用水养时，不少于 7d；采用潮湿养护时，不少于 10d。水养应采用淡水，水池水面应高于管节顶面不小于 20mm。

2）管桩的拼接

（1）根据桩长确定拼接的桩节数量（基本节长 4000mm），桩节之间涂刷粘结剂胶体粘结，胶体粘结剂抗压强度不小于 70MPa，抗拉强度不小于 30MPa。

（2）穿预应力钢绞线。

根据桩型号的不同，桩身预留孔道分别为 16、18、20 孔，每个预留孔中穿 $7\phi5$ 的高强度、低松弛预应力钢绞线 1 根、2 根，最多可达 3 根。断面上均匀地穿入 $7\phi5$ 的预应力钢绞线 20～48 根，将若干粘结在一起的桩节穿起来，作为桩的后张预应力筋。

（3）张拉预应力筋。

① 张拉的控制应力设计值为预应力钢绞线强度标准值的 70%，所建立的管桩混凝土预压应力为 10.93～13.78MPa。

② 张拉分两次进行，第一次张拉的控制应力为控制应力设计值的 30%～50%，目的是把桩节粘结起来；待胶粘剂的抗压强度达到 30MPa 后，进行第二次张拉，张拉的控制应力达到设计值。

3）大管桩的技术性能

（1）混凝土的有效预压应力：10.93～13.78MPa。

（2）含混凝土抗拉强度的抗裂弯矩设计值：1640～2892kN·m。

（3）抗弯强度设计值：1770～3020kN·m。

4）大管桩的质量要求

对大管桩的外观质量检验包括长度、桩顶面倾斜、拼缝处错台、拼缝处弯曲矢高等，外壁面不得出现裂缝，内壁面裂缝宽度不得超过 0.2mm，深度不得大于 10mm，长度不得超过大管桩外径的 0.5 倍。大管桩顶端应平整，不得有突出物。

预应力混凝土大直径管桩预留孔灌浆应密实，灌浆材料强度不得低于 40MPa，还要满足握裹力要求。

预应力混凝土管桩应进行受弯试验，测出抗裂弯矩，对桩身质量进行检验；每1000 根管桩或每年随机抽样试验桩数量为 1 根；对重要工程，试验桩数可按需要确定。

5）大管桩的应用

大管桩已在连云港庙岭二期工程的 5 个泊位、北仑港电厂煤码头、北仑港 20 万吨级矿石码头、镇海石化总厂 10 万吨级油码头、乍浦港码头、舟山石油运转码头、深圳赤湾港 7～13 号泊位码头等工程中大量应用。

1.10　港口与航道工程软土地基处理

1.10.1　软土地基处理方法的种类和适用范围

地基加固处理方法应考虑土质条件及加载方式、建筑物类型及适应变形能力、施工条件、材料来源、地下水条件和处理费用等因素，经多方案比较选定，必要时可联合应用多种地基处理方法。水运工程中常用的地基处理方法及适用范围见表 1.10-1。

表 1.10-1　水运工程中常用的地基处理方法及适用范围

处理方法		适用范围
换填法		换填厚度一般不大于 4m 的软土
爆破法	爆破排淤填石	有下卧持力层的厚度一般为 4m~25m 的淤泥、淤泥质土
	水下爆破夯实	水下地基或基础为块石或砾石的地基
加筋垫层法（包括土工织物、格栅、土工网等）		软土地基
排水固结法	堆载预压法	淤泥、淤泥质土、冲填土等饱和黏土地基，但不适用于泥炭土
	真空预压法	以黏性土为主的软土地基，必要时可以联合堆载
强夯法和强夯置换法		松软的碎石土、砂土、低饱和度的粉土与黏性土、素填土和杂填土
降水强夯法		深度不超过 7m 的砂土、粉土、粉质黏土等地基
振冲法	振冲挤密法	砂土及各类散粒材料的填土
	振冲置换法	砂土、粉土、粉质黏土、素填土和杂填土。对于不排水抗剪强度小于 20kPa 的饱和黏性土应通过试验确定其适用性
砂桩法和挤密砂桩法		饱和黏性土、砂性土、非饱和黏性土、杂填土、松散素填土等
碎石桩法		松散砂性土、软弱黏性土以及液化地基等
水泥搅拌桩法		淤泥、淤泥质土和含水率较高且地基承载力不大于 120kPa 的黏性土地基
高压喷射注浆法		淤泥、淤泥质土、黏性土、粉土、砂土、素填土和碎石土等地基

1.10.2　软土地基的处理

1. 排水固结法

1）基本原理

排水固结法的实质为在建筑物或构筑物建造前，先在拟建场地上施加或分级施加与其相当的荷载，使土体中孔隙水排出，孔隙体积变小，土体密实，以增长土体的抗剪强度，提高软基的承载力和稳定性，同时可消除沉降量，减小土体的压缩性，以使工程安全顺利地进行，在使用期内不致产生有害的沉降和沉降差。

排水固结法分为堆载预压法和真空预压法两类。堆载预压法适用于淤泥质土、淤泥和冲填土等软土地基，特别是堆载料可就近取得的大面积软基处理；真空预压法适用于在加固区能形成（包括采取措施后形成）稳定负压边界条件的软土地基，特别适用于超软基及临近危险边坡地带的软基处理。由于真空预压法在加固区形成负压，与堆载法的挤出效应相反，有利于邻近加固区岸坡的稳定。

2）堆载预压法

（1）堆载预压设计

堆载预压设计应包括下列主要内容：

① 选择竖向排水体的形式，确定其断面尺寸、间距、排列方式和深度。

② 确定施加荷载的大小、范围、分级、加荷速率、预压或分级预压时间和卸载标准。

③ 计算地基固结度、强度增长、整体稳定性和沉降等。

④ 提出质量监测、检验要求。

当软土厚度不大或含有较多薄粉砂夹层，在设计荷载作用下其固结速率能满足工期要求时，可只设置排水砂垫层，进行堆载预压。排水砂垫层的厚度，陆上不小于0.4m；水上不小于1.0m，采用土工织物袋内充砂时可适当减小。

排水砂垫层的砂宜采用含泥量不大于5%且渗透系数不小于$5×10^{-3}$cm/s的中砂、粗砂，在干施工情况下，砂垫层可用砂沟代替。经充分论证并试验后，砂垫层的砂料可用其他材料代替。

软土厚度较大时，应增设塑料排水板或袋装砂井、普通砂井等竖向排水体，塑料排水板型号及性能指标宜满足表1.10-2的要求。

表1.10-2　常用塑料排水板型号及性能指标表

项目		型号			条件
	A 型	B 型	C 型	D 型	
打设深度（m）	≤ 15	≤ 25	≤ 35	≤ 50	
纵向通水量（cm³/s）	≥ 15	≥ 25	≥ 40	≥ 55	侧压力 350kPa
滤膜渗透系数（cm/s）	≥$5×10^{-4}$				试件在水中浸泡 24h
滤膜等效孔径（mm）	0.05～0.12				以 Q_{95} 计
塑料排水板抗拉强度（kN/10cm）	≥ 1.0	≥ 1.3	≥ 1.5	≥ 1.8	当延伸率在 4%～10% 时，取断裂时的峰值强度；当延伸率大于 10% 时，取延伸率为 10% 时所对应的强度；当延伸率小于 4% 时，判定强度不合格
滤膜抗拉强度（N/cm） 干态	≥ 15	≥ 25	≥ 30	≥ 37	试件在水中浸泡 24h。当延伸率在 4%～15% 时，取断裂时的峰值强度；当延伸率大于 15% 时，取延伸率为 15% 时所对应的强度；当延伸率小于 4% 时，判定强度不合格
滤膜抗拉强度（N/cm） 湿态	≥ 10	≥ 20	≥ 25	≥ 32	

注：Q_{95} 指土工布标准颗粒料过筛率为 5% 时的等效孔径（mm）。

在预压区边缘应设置排水沟，预压区内宜设置与砂垫层相连的排水盲沟，盲沟交叉位置宜设置集水井，集水井中的积水超过一定水位应及时排到预压区外排水沟中。

预压荷载应根据使用要求确定，可取建筑物或堆场的基底压力作为预压荷载。实际施加的荷载应包括预压荷载和由于高程不足而回填或补填的土重。加载坡肩线范围不应小于建筑物基础外缘所包围的范围，加载速率应与地基土的强度增长相适应，加载各阶段应进行地基稳定验算。当在设计预压荷载下，规定时间内不能满足加固要求时，可采用超载预压。

竖向排水体的设计应符合下列规定：

① 竖向排水体长度应根据地基处理的目的和土层情况等确定，软土厚度不大时，竖向排水体可贯穿软土层；软土厚度较大时，应根据稳定或沉降的要求确定；对以地基稳定性控制的工程，竖向排水体深度至少应超过危险滑动面以下3m；软土层中如分布有砂夹层或砂透镜体时，设计中应考虑利用。

② 竖向排水体间距应根据所要求的固结时间等确定，普通砂井宜采用2～3m，袋装砂井宜采用1～1.5m，塑料排水板宜采用0.7～1.5m。

③ 竖向排水体的最大间距可用井径比（n）控制。普通砂井的井径比不宜大于10，

袋装砂井的井径比不宜大于 25，塑料排水板的井径比不宜大于 20。

井径比（n）是竖向排水体的径向排水范围的等效直径（d_e）与竖向排水体等效换算直径（d_w）之比。

④ 对于竖向排水体直径，普通砂井水下宜采用 30～40cm，陆上宜小于 30cm；袋装砂井宜采用 7～10cm。塑料排水板宽度宜为 10cm，厚度宜为 3.5～5mm。

⑤ 竖向排水体的平面布置可采用等边三角形或正方形。

堆载预压三级加荷的各级加荷固结过程示意图如图 1.10-1 所示。

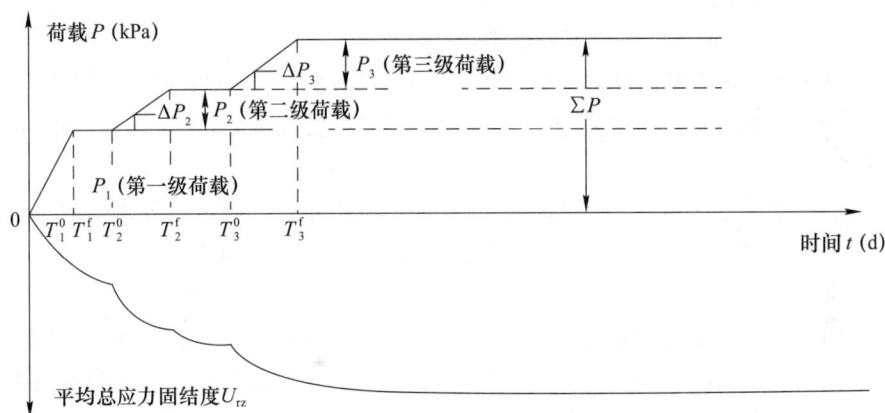

图 1.10-1　分级加荷固结过程示意图

图中，T_1^0、T_2^0、T_3^0——各级荷载的加荷起始时间（d）；T_1^f、T_2^f、T_3^f——各级荷载的加荷终了时间（d）；ΔP_2、ΔP_3——计算加荷期间的应力固结度时，对应级荷载 t 时刻的荷载增量（kPa）。

地基稳定为控制因素的工程，必要时应在加载不同阶段进行十字板剪切强度试验和钻取土样进行室内土工试验，验算地基的稳定性。

卸载时加固深度范围内地基平均固结度不宜小于 80%。

（2）堆载预压施工

堆载预压过程中应根据设计要求进行地基沉降、侧向位移、孔隙水压力和地下水位等监测，并应进行加固前后原位十字板剪切试验和取土样及室内土工试验。

排水竖井打设前宜先铺设水平排水砂垫层，所采用砂料性能指标应满足设计要求。水平排水砂垫层施工应满足下列规定：

① 陆上排水砂垫层施工可采用人工或机械一次铺设。

② 水下施工的砂垫层抛填要均匀，要在基槽开挖后及时回填，回填时槽内回淤厚度应控制在设计允许范围内；对回淤严重地区，应控制抛填的间隔时间，不得出现淤泥夹层；对抛填砂易流失的，可采用土工织物袋装砂抛填。

③ 砂垫层顶高程和厚度的偏差应满足相关要求。

袋装砂井施工应符合下列规定：

① 袋装砂井袋体和砂料性能指标应满足设计要求。

② 袋装砂井的灌砂量应按井孔的体积和砂料在中密状态时的干密度计算，其实际灌砂量不得小于计算值的 95%。

③ 水下袋装砂井井距偏差不应大于 200mm，陆上袋装砂井井距偏差不应大于 100mm，套管垂直度偏差不应大于 1.5%。

④ 打设前袋内砂料应达到密实状态。打设时砂袋不得出现扭结、缩颈或断裂现象。

⑤ 袋装砂井埋入排水砂垫层中的长度不应小于 500mm。

⑥ 当袋装砂井中充满的砂柱出现中断时，应在临近的孔位处补打砂井。

塑料排水板进场时，应查验出厂合格证、试验检验报告等出厂质量证明文件，并按照设计要求和相关标准的规定进行抽样检验。塑料排水板在现场应妥善保护，防止阳光照射、破损或污染。

塑料排水板打设设备应符合下列规定：

① 塑料排水板打设设备应根据施工条件选择，振动敏感区段不宜采用振动式打设。

② 打设导架高度、套管长度和打设能力应满足打设深度要求。水上打设时应考虑水深的影响。

③ 塑料排水板陆上打设设备的行走方式可采用步履式、履带式和轨道式，设备的接地压力适应软弱地基承载力的要求，设备要移动灵活、安全可靠、操作平稳、定位迅速准确。

④ 塑料排水板水上打设船的性能，要满足在允许的风、浪、流条件下能够保证施工质量；要有完善的定位功能来保证打设板位的误差在允许范围内；要配置水深测量装置；具有打设检测和控制回带功能。

⑤ 塑料排水板宜采用套管式打设法，套管的断面尺寸、强度和刚度应满足打设垂直度、深度等要求，并应减少对地基的扰动。

⑥ 管靴的形式和结构应有利于塑料排水板打设和留置板头。

⑦ 塑料排水板打设设备宜配置能检测排水板打设深度的装置。

塑料板施工过程中，严禁出现塑料排水板扭结、断裂和滤膜破损等。

打入地基的塑料排水板宜为整板，需要接长时每根塑料排水板不得多于 1 个接头，且有接头的塑料排水板根数不应超过总打设根数的 10%，相邻的塑料排水板不得同时出现接头。

塑料排水板接长时，芯板搭接长度不宜小于 200mm，且连接牢固，滤膜应包裹好并做好检查记录。

塑料排水板打设时回带长度不得超过 500mm，且回带的根数不应超过总根数的 5%。塑料排水板在水平排水砂垫层表面的外露长度不应小于 200mm。

陆上塑料排水板打设施工应符合的规定：

① 当遇到浅层硬土层或杂填土较厚情况时，可先行引孔，再打设排水板。

② 塑料排水板平面偏差不应大于 80mm。

③ 套管垂直度偏差不应大于 1.5%。

④ 打设过程中应逐根自检，打设不合格的塑料排水板应在临近板位处补打。

⑤ 一个作业区段的塑料排水板打设完毕后，应清除打设塑料排水板时在砂垫层中形成孔洞内的淤泥，用砂料填埋孔洞，塑料排水板埋入砂垫层中的长度不应小于 200mm。

⑥ 塑料排水板打设过程中应按规范要求的记录表做好施工记录。

水上塑料排水板打设施工应符合的规定：

① 当采用卫星定位系统定位时，在塑料排水板打设前应对所用卫星定位系统进行比对测量并校准。

② 塑料排水板打设过程中应保持船位稳定。

③ 塑料排水板可采用定尺打设或卷材连续打设。当采用定尺打设时，每根塑料排水板的长度应有一定的富余量；当采用卷材连续打设时，可采用水下自动剪板装置剪断。

④ 塑料排水板平面偏差不应大于 100mm。

⑤ 套管垂直度偏差不应大于 1.5%。

⑥ 斜坡上打设塑料排水板时宜偏向坡顶方向定位套管。

⑦ 塑料排水板打设过程中应按规范要求的记录表做好施工记录。

堆载施工应符合的规定：

① 堆载料材质和技术指标应满足设计要求。陆上每级堆载完成后应进行堆载体重度检测，每级堆载体检测点数不应少于 3 点，布点应均匀；水下堆载预压工程，水平排水砂垫层以上一定厚度范围内的堆载材料宜采用透水材料。

② 堆载施工应根据施工监测情况严格控制加载速率。对有过程检测要求的堆载施工，应按设计要求的节点进行检测，并应按设计要求进行后期堆载。

③ 堆载施工过程中应及时排水。

④ 堆载施工过程中应采取措施对监测点和检测点进行保护。

堆载预压施工过程中的地表沉降和边桩水平位移控制应符合的规定：

① 设置排水竖井的地基，基地中心的地表沉降量每昼夜不宜大于 15mm，不设置排水竖井的地基，基地中心的地表沉降量每昼夜不宜大于 10mm；边桩水平位移每昼夜不宜大于 5mm。

② 当加固地基土强度较低且深厚时，地表沉降量和边桩位移速率可适当放宽。

③ 以变形控制的工程，卸载时经预压所完成的变形量和平均固结度应满足设计要求；以地基承载力或抗滑稳定性控制的工程，卸载时地基土经预压而达到的强度应满足设计要求。

（3）堆载预压施工质量监控

① 排水砂垫层和袋装砂井所用砂料应在现场随机抽样，性能指标应满足设计要求。

② 排水竖井打设深度应满足设计要求。

③ 施工进场、铺设砂垫层、打设塑料排水板前后应对地面高程进行测量，测量方格网宜采用 10m×10m，各级加载后均应对堆载高程进行测量。

④ 各级堆载高度的偏差不应大于本级荷载折算高度的 5%，最终堆载高度不应小于设计总荷载的折算高度。

3）真空预压法设计和施工要求

真空预压法设计应包括下列主要内容：

① 确定塑料排水板的断面尺寸、间距、排列方式和深度。

② 确定施加荷载的大小、范围、分级、加荷速率、预压或分级预压时间和卸载标准。

③ 计算地基固结度、强度增长、整体稳定及沉降等。

④ 提出质量监测、检验要求。

真空预压的加固范围应大于拟建建筑物基础外缘所包围的范围，真空预压加固范围较大时应分区加固，分区面积宜为 20000～30000m²。

加固区边线与周边建筑物和地下管线等的距离，应根据土质情况和建筑物重要性确定，不宜小于 20m。当距离较近时，应根据实际情况采取相应保护措施。

对于以沉降控制的工程，卸载标准应根据地基沉降量、残余沉降量、平均应变固结度和沉降速率确定。对以地基承载力或稳定性控制的工程，卸载标准应根据地基土强度、平均应变固结度和沉降速率确定，卸载时加固深度范围内地基平均应变固结度不宜小于 80%。

真空预压荷载设计应符合下列规定：

对于边界密封条件良好的淤泥、淤泥质土或黏土地基，真空预压荷载设计值不宜小于 85kPa；当加固区土层条件复杂时，真空预压荷载设计值不宜小于 80kPa。

当真空预压荷载小于预压荷载设计值时，可采用真空联合堆载预压，当残余沉降量或加固时间不满足工程要求时，可采用超载预压。

真空联合堆载预压时，堆载体的坡肩线宜与真空预压边线重合，且膜上堆载应在真空预压满载 10d 后进行。

真空联合堆载预压应提出分级加载要求，加载过程中地基向加固区外的侧向位移速率不应大于 5mm/d。

排水系统设计应符合下列规定：

水平排水垫层应具有良好的透水性和连续性，水平排水垫层宜采用含泥量不大于 5% 的中砂或粗砂，厚度不宜小于 0.4m，砂料的渗透系数不宜小于 $5×10^{-3}$cm/s。经充分论证并试验后，中砂、粗砂紧缺地区可采用其他材料。

水平排水垫层中应设置排水滤管，滤管横向间距宜为 6～7m，纵向间距宜为 30～40m。滤管应埋入水平排水层中间；滤管连接件与滤管应连接牢固，连接长度不小于 100mm；滤管及其连接件在预压过程中应能适应地基变形。

垂直排水系统宜穿透软土层，但不应进入下卧透水层。软土层深厚时，对以地基承载力或稳定性控制的工程，打设深度应超过危险滑动面下 3m；对以沉降控制的工程，打设深度应满足工程对地基残余沉降的要求。

垂直排水系统宜采用塑料排水板，间距宜为 0.7～1.3m，对高灵敏度黏性土取大值。

密封系统设计应符合下列规定：

密封膜宜采用 2～3 层聚乙烯或聚氯乙烯薄膜，单层密封膜的技术要求应符合表 1.10-3 的规定。

表 1.10-3　密封膜的技术要求

最小抗拉强度（MPa）		最小断裂伸长率	最小直角撕裂强度	厚度
纵向	横向	（%）	（kN/m）	（mm）
18.5	16.5	220	40	0.12～0.16

采用真空联合堆载预压时，密封膜上下均应设置保护层，保护层可采用土工织物。

密封膜铺设应满足下列要求：

① 密封膜加工后的边长要大于加固区相应边长 4m，当加固区地质复杂时，要适当加长密封膜并松弛铺设。

② 密封膜应采用热合法拼接，两块膜的搭接宽度不小于 15mm，无热合不紧和热穿现象，有孔洞时及时修补。

③ 铺膜时风力不应大于 5 级，并从上风侧开始。

④ 压膜沟内的密封膜要紧贴内侧坡面铺平。

⑤ 采用真空联合堆载预压时，按设计要求在膜下铺设保护层。

加固区四周应开挖压膜沟，压膜沟深度至少应挖至不透水、不透气层顶面以下 0.5m。

压膜沟区域存在浅层透水层或透气层时，应挖穿透水层或透气层，压膜沟延伸至黏土层顶面以下应不小于 0.5m。

压模沟内的塑料排水板沿边坡伸入加固区内的水平排水层中的长度应不小于 200mm。

压模沟内回填的黏土不应含有杂质并应分层压实。对于季节性冻土地区，压膜沟的开挖和回填应在上冻前完成。

当加固区边界透水透气层较深厚时，密封措施宜采用黏土密封墙，拌合后墙体的黏粒含量应大于 15%，黏土密封墙的厚度不宜小于 1.2m。

黏土密封墙宜采用双排搅拌桩施工法，其施工工艺及施工参数应根据试搅拌施工确定，搅拌桩直径不宜小于 0.7m，搭接宽度不宜小于 0.2m，墙体的宽度、深度和黏粒含量应满足设计要求，渗透系数应小于 1×10^{-5}cm/s。

抽真空设备宜采用射流泵，其单机功率不宜低于 7.5kW，在进气孔封闭状态下，其真空压力应不小于 96kPa，有经验时可采用新型设备。抽真空设备宜均匀布置在加固区四周，必要时也可适量布置在加固区中部，每台抽真空设备的控制面积宜为 900～1100m²，真空压力达到设计要求稳定后，抽真空设备开启数量应超过总数的 80%。

冬季施工应在地表水上冻前开始真空预压抽气。

抽真空施工应满足下列要求：

① 抽真空设备的位置应满足设计要求。

② 试抽气时间为 4～10d。

③ 正式抽气阶段膜下真空压力应满足设计要求。

④ 抽真空设备应连续运行。

⑤ 密封膜上应有一定深度的覆水。

⑥ 施工后期抽真空设备开启数量应超过总数的 80%。

砂资源缺乏地区，可将塑料排水板和滤管直接连接后铺膜进行真空预压处理。

当加固区表层为较厚的新吹填超软土层时，可考虑采用二次处理的方法：先打设塑料排水板至新吹填超软土层底部，将塑料排水板和滤管直接连接后铺膜抽真空，待新吹填超软土层强度有一定程度提高后再进行常规的真空预压处理。

当采取一定措施后，可利用表层 0.5～0.8m 厚的软土作为密封层，将塑料排水板和滤管连接后直接进行真空预压加固，但在进行固结度计算时应只考虑径向固结，且加固后应对表层的软土进行进一步处理。

缺乏经验的地区必要时应选择有代表性的场地进行试验，并根据试验结果优化设计。

真空预压卸载时应满足预压荷载、满载时间、固结度、沉降速率等设计要求的卸载条件。

加固前的地基检测应在打设塑料排水板前进行，加固后的检测应在卸载后3～5d进行。

真空预压卸载后，应进行压膜沟的换填处理，并应符合下列规定：

① 换填深度、宽度不应小于压膜沟开挖尺寸。

② 换填宜采用干施工方式。

③ 换填材料宜采用粗粒料。

④ 换填宜采用分层填筑和分层密实的方式，换填土的密实度应符合设计要求。

4）排水固结法施工期监控

监控仪器的数量及布设应满足设计要求，监控仪器应在打设塑料排水板后、铺设密封膜前布设。

排水固结法监控测点布置应符合下列规定：

（1）测点应根据工程特点、工程地质条件，选取最不利断面和有代表性断面布置。

（2）地表竖向位移监测点宜在加固区内均匀布置，间距宜为20～30m，每个加固区不应少于1组。

（3）深层位移监测点应沿加固区边界均匀布置，对于侧向位移较大、地质条件较差的部位应重点布置，测斜管进入相对稳定层不应少于2m。

（4）孔隙水压力监测点应布置在压缩变形和剪切变形较大部位，每个加固区不应少于1组，当布置多组时应在加固区内均匀布置，垂直向测点应沿深度在每个土层内布置，间距为2～3m。

（5）土体分层沉降监测点应布置在加固区中心处，宜与孔隙水压力监测点相邻近，垂直向监测点宜布置在土层的分层面上，每个土层不宜少于1个点。

（6）地下水位监测点应布置在孔隙水压力监测点2m范围内，每个加固区不应少于1个点。

（7）膜下真空压力监测点宜布置在加固区的角点和中心处，当加固区面积较大时，可适当增加测点数量。

监控项目的监测频率应满足下列要求：

（1）膜下真空压力2～4h观测1次。

（2）孔隙水压力和地表沉降，在加载初期每天观测1次，中后期2～4d观测1次。

（3）周边建筑物位移和沉降，在加载初期1～2d观测1次，中后期3～5d观测1次。

（4）其余监控项目在加载初期1～2d观测1次，中后期3～5d观测1次。

（5）潮间带真空预压施工时，退潮期间应加密观测。

（6）出现异常情况时加密观测。

2. 振动水冲法

1）振动水冲法

振动水冲法是利用振冲器的振动和水冲作用加固地基的一种方法，分为振冲挤密法和振冲置换法。

振动水冲法对砂基来说，其实质为借助振动和水冲在砂基中成孔，然后依靠振冲器的强力振动，使饱和砂层发生液化，砂颗粒重新排列，孔隙减少，同时依靠振冲器的水平振动力，在加回填料或不加回填料的情况下，使砂层挤压加密，称为振冲挤密法。

振动水冲法对黏性土地基来说，其实质是振冲器在高压水流下边振边冲，在软弱黏性土地基中成孔，再在孔内分批填入碎石等坚硬材料制成一根根桩体，和原来的黏性土构成复合地基，与原地基相比，其承载力高、压缩性小，这种加固技术称为振冲置换法。

2）振冲挤密法和振冲置换法设计

（1）振冲挤密法设计应符合下列规定：

① 振冲挤密法设计应包括振冲处理的深度、振冲点的范围、布置方式和间距，以及质量检测、检验要求。

② 处理范围应大于建筑物基础范围，在建筑物基础外缘每边放宽不得少于 5m。

③ 处理的土层较薄时，振冲深度应穿过需处理土层至相对硬层；处理的土层深厚时，应按建筑物地基的变形允许值和满足地基稳定性确定振冲深度；对可液化的地基，处理深度应满足地基强度、变形及抗震要求。

④ 振冲点宜按等边三角形或正方形布置，其间距应根据土的颗粒组成、要求达到的密实程度、地下水位和振冲器功率等在 2.0～4.0m 范围内选取，必要时通过现场试验验证后确定。

⑤ 当需填料时，每一振冲点所需的填料量应根据地基土要求达到的密实程度和振冲点间距，通过现场试验确定。填料宜用质地坚硬的碎石、卵石、角砾、圆砾、砾砂、粗砂等材料，粒径宜小于 50mm。

⑥ 地基承载力标准值和变形计算可按规范的有关规定执行。不加填料地基承载力特征值宜通过现场载荷试验确定。挤密深度内土层的压缩模量应通过原位测试确定。

（2）振冲置换法设计应符合下列规定：

① 振冲置换法设计的内容应包括：振冲置换处理的深度、振冲点的范围、布置方式和间距；振冲置换材料要求；质量监测、检验要求。

② 处理范围应根据建筑物基础结构型式、受力特点及建筑物的重要性和场地条件确定，宜在基础外缘扩大 2～3 排桩，对可液化地基，应在基础外缘扩大 3～4 排桩。

③ 桩位布置形式应根据处理面积和基础形式确定。处理面积较大时，宜用等边三角形布置；对独立长条形基础及其他基础，宜用正方形、矩形或等腰三角形布置。

④ 桩间距应根据荷载大小、原土的抗剪强度和桩径确定，可选用 1.5～2.5m。荷载大、桩径小或原土强度低时，宜取较小间距，反之宜取较大间距。对桩端未达相对硬层的短桩。应取小间距。

⑤ 桩长不宜小于 4m。软弱土层较薄时，桩应穿过软弱土层至相对硬层。软弱土层深厚时，应按建筑物地基的变形允许值确定。可液化地基的桩长应满足抗震要求。

⑥ 桩体材料应采用含泥量不大于 5% 的碎石，结合当地材料来源也可用卵石、角砾、圆砾等硬质材料。粒料直径应根据成孔设备的功率及相关性能参数和地基土的性质确定，最大粒径不宜大于 80mm，碎石粒径宜为 20～50mm。

⑦ 桩的直径应根据设计所需的面积置换率和桩间距确定，宜采用 0.8～1.2m。

⑧ 在桩顶和基础之间宜铺设一层 300～500mm 厚的碎石垫层。

⑨ 地基承载力特征值宜通过复合地基载荷试验确定，也可根据单桩和桩间土的载荷试验结果按《水运工程地基设计规范》JTS 147—2017 给出的公式计算。无现场载荷试验成果时，可根据面积置换率、桩土应力比和加固后的桩间土承载力特征值按规范给出的公式计算。面积置换率是指复合地基中桩体的横截面面积与其分担的处理面积之比，桩土应力比是指复合地基加固区桩顶的竖向应力与桩间土表面的竖向应力的比值。

⑩ 按《水运工程地基设计规范》JTS 147—2017 进行加固后的地基变形计算和地基抗滑稳定分析。

⑪ 载荷试验和桩间土检验应在施工完成并间隔一定时间后进行。黏性土地基的间隔时间可取 21～28d，粉土地基可取 14d，砂土地基可取 7d。

3）振冲挤密法和振冲置换法施工

振冲挤密法施工可采用功率为 30～180kW 的振冲器。在建筑物附近施工宜采用功率较小的振冲器，水上施工宜采用功率较大的振冲器。施工前应严格检查振冲器的绝缘性能，并通过现场试验确定供水系统水压及流量、振密电流和留振时间等参数。

砂土和粉土地基处理宜采用围打法，黏土地基处理宜采用放射法或跳打法，土坡工程地基处理宜采用自下而上的排打法。施工时应按背离已有建筑物的方向推进。成孔贯入时水压宜为 200～600kPa，水量宜为 200～400L/min，振冲器下沉速率宜为 1.0～2.0m/min。

施工现场应事先设置泥水排放系统和沉淀池，沉淀池内上部清水可重复使用，泥水的排放应符合相关的环保要求。成孔后孔内每次填料厚度不宜大于 500mm，每层填料最终振密电流和留振时间应满足设计要求。

在中粗砂层中施工振冲器不能贯入时，可增设辅助水管冲水。对不符合规定要求的振冲点，应重新振冲密实或采取其他有效的补救措施。

每层填料量、最终振密电流和留振时间应进行记录。成桩后顶部松散桩体应按设计要求进行处理。

施工过程中应对场地地面高程变化、裂缝等进行监测，监测断面宜为 50～100m，必要时应对施工过程的深层水平位移、孔隙水压力和水位进行观测。

3. 强夯法

1）强夯法

强夯法在国际上又称动力固结法或动力压实法，其实质是反复将很重的锤提到一定高度使其自由落下，给地基以冲击和振动能量，将其压密，从而提高地基的强度并降低其压缩性，改善地基性能。目前使用的夯锤重一般为 100～400kN，提升高度在 10～40m。

对于饱和软黏土地基，通过强夯将级配良好的块石、碎石、矿渣及建筑垃圾等坚硬粗颗粒材料，夯入其中，从而形成块（碎）石墩，这种方法称强夯置换法，因其具有较高强度，由此形成复合地基。

强夯法适用于处理碎石、砂土、低饱和度的粉土与黏性土、湿陷性黄土、素填土和杂填土等地基，上述以外的土应通过试验确定其处理效果。强夯置换法适用于高饱和度的粉土与软塑－流塑状的黏性土等地基上对变形控制要求不严的工程。

强夯施工的地下水位宜在地面以下 2～3m。当地下水位较高、影响施工或加固效果时，可采取人工降低地下水位、铺垫砂石垫层等措施。

2）强夯法和强夯置换法设计

强夯法和强夯置换法设计应包括下列主要内容：

（1）确定强夯处理的深度、夯点的范围、布置方式和间距。

（2）确定单击夯击能、单点夯击击数、夯击遍数以及每遍夯击之间的时间间隔。

（3）确定强夯置换材料。

（4）预估强夯置换的地面抬高值，并在试夯时校正。

（5）提出质量监测、检验要求。

强夯法和强夯置换法处理范围应大于建筑物基础范围，每边超出基础外缘的宽度宜为设计处理深度的 1/2～2/3，且不宜小于 3m。夯前勘察除应进行常规勘察试验项目外，尚应根据土质特点和工程要求，安排适于检验强夯效果的原位观测或其他试验项目。

单击夯击能应根据要求的加固深度经现场试夯或当地经验确定，缺少试验资料或经验时可按式（1.10-1）计算：

$$H \approx \alpha \sqrt{\frac{Mh}{10}} \tag{1.10-1}$$

式中　H——强夯的有效加固深度（m）；

　　　α——经验系数，一般采用 0.4～0.7；

　　　M——锤重（kN）；

　　　h——落距（m）。

也可按表 1.10-4 预估。

表 1.10-4　强夯法的有效加固深度

单击夯击能（kN·m）	碎石土、砂土等粗颗粒土（m）	粉土、黏性土、湿陷性黄土等细颗粒土（m）
1000	5.0～6.0	4.0～5.0
2000	6.0～7.0	5.0～6.0
3000	7.0～8.0	6.0～7.0
4000	8.0～9.0	7.0～8.0
5000	9.0～9.5	8.0～8.5
6000	9.5～10.0	8.5～9.0
8000	10.0～10.5	9.0～9.5
10000	10.5～11.0	—
12000	11.0～11.5	—

细粒土强夯前宜设置 0.5～1.0m 厚的碎石垫层。夯点宜采用正方形或梅花形布置，间距宜为 5～10m，处理深度较深或单击夯能较大的工程取较大值。单点夯击遍数应根据地基土的性质确定，宜采用 2～3 遍，对渗透性弱的细粒土夯击遍数可适当增加。后一遍夯点应选在前一遍夯点间隙位置。两遍之间的间歇时间应根据土中超静孔隙水压力的消散时间确定，缺少实测资料时，可根据地基土的渗透性确定。对渗透性差的黏性土地基，两遍之间的间歇时间不宜少于 3～4 周，粉土地基的间歇时间不宜少于 2 周，对

碎石土和砂土等渗透性好的土可连续夯击。

单点夯击完成后宜用低能量满夯 2 遍。

强夯时单点夯击击数应根据现场试验中得到的最佳夯击能确定。单点夯击能小于 4000kN·m 时最后两击的平均夯沉量不应大于 50mm；单点夯击能为 4000～6000kN·m 时最后两击的平均夯沉量不应大于 100mm；单点夯击能大于 6000kN·m 时最后两击的平均夯沉量不应大于 200mm。

强夯置换时单点夯击击数和处理深度应根据现场试验确定，并应满足下列条件：

（1）强夯置换形成的墩底部穿透软弱土层，且达到设计墩长。

（2）累计夯沉量为设计墩长的 1.5～2 倍。

（3）最后两击平均夯沉量满足上述的相关要求。

强夯置换墩的深度应根据土质条件决定，除厚层饱和粉土外应穿透软土层到达较硬土层上，深度不宜超过 9m。

当强夯区附近有建筑物、设备及地下管线时，应采取防振或隔振措施，并设置监测点。

3）强夯法施工

强夯施工的地下水位宜为地面以下 2～3m。当地下水位较高、影响施工或加固效果时，可采取人工降低地下水位、铺垫砂石垫层等措施。

夯锤质量、夯锤底面尺寸应符合设计要求。强夯锤体应均匀设置若干个上下贯通的排气孔，孔径宜为 300～400mm；强夯置换夯锤的排气槽可在夯锤周边均匀布置。

当强夯施工产生的振动和侧向挤压对邻近构筑物、地下结构物、挡土墙、地下管线和管沟等产生不利影响时，应设置监测点，并应在施工前采取挖隔振沟、打设减压孔等防振减压措施。

强夯正式施工前应进行试夯。强夯施工应符合下列规定：

（1）夯点应有明显标记，其定位偏差不宜大于 50mm。

（2）强夯过程中应测量每一击夯沉量。

（3）当出现夯锤倾斜时，应进行夯坑填料找平。

（4）每夯完一遍应将夯坑填平，并测量场地的平均高程。

（5）夯击遍数、各遍夯之间的间歇时间、各夯点夯击次数及最后两击的平均夯沉量应满足设计要求。

强夯置换的夯锤宜选用细长的柱状夯锤。强夯置换材料可用级配良好的块石、碎石、矿渣、建筑垃圾等坚硬粗颗粒材料，粒径大于 300mm 的颗粒含量不宜超过全重的 30%，最大粒径不宜大于 600mm。强夯置换处理区表面应铺设一层厚度不小于 500mm 的压实垫层，垫层材料可与墩体相同，粒径不宜大于 100mm。

强夯置换作业宜采用由内而外、隔行跳打的方式进行施工。

单点夯击的夯击能宜采用先小后大逐渐加大夯击能的施工方法。

当夯坑过深发生提锤困难时，应向坑内填料至与坑顶齐平，并记录填料数量。

施工过程中，当门架支腿处的地基承载力不能满足夯锤起吊要求时，应对门架支腿位置的地基进行加固处理。

强夯置换法施工的终锤标准：

（1）累积夯沉量为设计墩长的 1.5 倍以上。

（2）夯击次数应满足设计要求。

（3）最后两击平均夯沉量满足设计要求。

强夯和强夯置换的点夯结束后，应按设计要求进行满夯。

雨期强夯的施工场地应设置良好的排水系统，防止场地被雨水浸泡。夯完的夯坑应当天及时回填，并整平压实。当夯坑积水时，应在排水清淤和晾干或填入干土后继续夯击施工。

强夯和强夯置换施工过程中，每台强夯设备应设专人进行每击夯沉量测量及填料计量等，并按《水运工程地基设计规范》JTS 147—2017 要求填写施工记录表。

强夯法施工监控应符合下列规定：

（1）孔隙水压力监测点应在加固区内均匀布置，每个加固区不应少于 1 组，垂直间距宜为 2~3m。

（2）地下水位监测点应在加固区内均匀布置，且不应少于 1 个点。

（3）夯沉量、夯坑周边隆起等监控项目应与强夯施工同步进行。

（4）周边环境影响监控项目应根据加固区周边环境条件合理选取，平面影响范围不宜小于 1.5 倍的设计加固深度。

4. 深层搅拌法

1）深层搅拌法

深层搅拌法是加固饱和黏性土地基的一种新方法，其实质是利用水泥材料作为固化剂，通过特制的搅拌机械，在地基深处就地将软土和固化剂（浆液）强制搅拌，由固化剂和软土间所产生的一系列物理－化学反应，使软土硬结成具有整体性、水稳定性和一定强度的水泥加固土，从而提高地基强度和增大变形模量。水下深层水泥搅拌法（简称 CDM 工法）加固软土地基具有快速、高强、无公害等优点，已在我国数项大型码头工程中得以应用。

2）水泥搅拌桩法设计

用水泥搅拌桩法处理偏酸性软土、泥炭土和腐殖土或有机质含量较高的软土、地下水具有侵蚀性的软基时，应通过现场试验确定其适用性。水泥搅拌桩的置换率和桩长应根据建筑物对地基承载力、变形和稳定性的要求来确定。

设计前应按规范规定进行室内配合比试验。固化剂宜选用强度等级 32.5 及以上的硅酸盐水泥，特殊情况下可根据被加固土体性质及地下水腐蚀情况选用不同种类的水泥。设计时应根据被加固土中最软弱土层或透水土层的性质选择合适的配合比参数。水泥掺入比为被加固土质量的 7%~20%，特殊情况下可通过试验提高掺入比，可根据需要选择早强、缓凝、减水以及适合当地土质的外加剂。

陆上水泥搅拌桩设计应符合下列规定：

（1）搅拌桩平面布置可根据地基土性质、地基处理的目的、上部结构形式及对地基作用的荷载条件等综合分析后采用柱式、壁式、格栅式或块式等加固形式。

（2）搅拌桩直径宜为 0.5~0.7m，当需要搭接时，搭接宽度不小于 200mm。

（3）单桩承载力应通过现场载荷试验确定。

（4）水泥土搅拌桩复合地基的承载力特征值应通过现场单桩或多桩复合地基载荷

试验确定。

（5）加固设计时可根据地基承载力要求，按规范给出的公式估算搅拌桩的面积置换率。

（6）搅拌桩可在上部结构物基础范围内布桩，柱状加固可采用正方形、等边三角形等形式。桩数可按式（1.10-2）计算，独立基础下的桩数不宜少于3根。

$$N = mA/A_{\mathrm{p}} \qquad (1.10-2)$$

式中　N——布桩总数（根）；

　　　m——搅拌桩的面积置换率（%）；

　　　A——上部结构物基础底面积（m^2）；

　　　A_{p}——搅拌桩的截面积（m^2）。

（7）在搅拌桩处理范围以下存在软弱下卧层，当搅拌桩面积置换率大于20%且为多排布桩时，应将搅拌桩群体和桩间土视为一个复合土体进行下卧层地基强度的验算。

（8）搅拌桩复合地基应在基础和桩之间设置垫层，垫层厚度可取200~300mm，其材料可选用中砂、粗砂、级配碎石等，最大粒径不宜大于20mm。对基础有防渗要求的建筑物，应采用低强度等级的素混凝土垫层或有一定强度的水泥土垫层。采用水泥土垫层时土料宜使用黏性土，水泥掺量不应小于20%。

（9）搅拌桩复合地基的稳定性和沉降可按规范进行计算。

水上水泥搅拌桩设计应符合下列规定：

（1）搅拌桩平面布置应根据地基土性质、地基处理的目的、上部结构型式及对地基作用的荷载条件等综合分析后采用柱式、块式或壁式，具体应通过技术经济比较确定。

（2）搅拌桩的直径不得小于1.0m，相邻桩的搭接宽度不应小于桩径的1/6，且不得小于200mm。

（3）当拌合体作为重力式结构基础时，拌合体顶部应设有抛石基床，拌合体顶部隆起土的未清除部分应满足设计强度要求，抛石基床的厚度不应小于0.5m，且不应大于1.5m。当抛石基床大于1.0m时，宜采用重锤低落距拍夯，拍夯能宜取80~100kJ/m^2。

（4）拌合体应设置结构缝，结构缝的位置宜与上部结构分缝的位置相对应，结构缝的间距不宜小于8m。

（5）拌合土的抗压强度标准值应根据施工工期长短，取室内配合比试验拌合土90d或120d龄期的无侧限抗压强度。施工期各阶段计算情况应取相应龄期拌合土的强度。

（6）拌合体的抗压强度标准值和抗剪强度标准值可按规范计算。

（7）拌合体的宽度和深度应根据强度、稳定性和地基承载力的要求计算确定，并应满足构造要求。

（8）壁式拌合体的壁间宽度应根据稳定性和地基承载力的要求确定。其短壁深度应根据其抗剪强度要求确定，且不宜小于3m。

（9）块式拌合体的体积应按拌合体四周拌合土桩搭接交点的连线所包围的面积乘以拌合体的深度计算。

（10）壁式拌合体体积计算方法：长壁和短壁的宽度以拌合土桩搭接交点的连线计算；拌合体的宽度以最外侧拌合土桩搭接交点的连线间的宽度计算；拌合体的体积以长壁和短壁四周拌合土桩搭接交点连线所包围的面积分别乘以长壁和短壁深度之和计算。

（11）拌合体工程量可根据工程的具体情况计算确定，也可取拌合体的体积乘以系数 1.10 的计算值。

（12）拌合体的稳定性验算和强度验算可按规范规定进行。

（13）块式拌合体基础的正常使用极限状态设计应进行持久状况作用效应长期组合的地基沉降计算。

（14）当拌合体着底土层以下存在可压缩土层时，应按照规范规定计算可压缩土层的沉降量，计算时拌合体的沉降可忽略不计。

（15）拌合体的抗震设计应按相关规范执行。

3）水泥搅拌桩法施工

水泥搅拌桩法可用于陆上和水下地基基础处理。

施工前应进行水泥与加固土的室内搅拌试验，验证水泥、外加剂及拌合用水与工程土质的匹配性。

陆上水泥搅拌桩法施工应符合下列规定：

（1）确定施工方案前应搜集处理区域内的岩土工程资料，主要应包括：填土层的厚度和组成；软土层的分布范围、分层情况；地下水的水位及 pH 值；土的含水率、塑性指数和有机质含量等参数。

（2）单轴水泥搅拌桩的加固深度不宜大于 20m，双轴水泥搅拌桩的加固深度不宜大于 18m。当桩身范围内的土层以砂土为主时，宜采用三轴水泥搅拌桩。

（3）搅拌头翼片的枚数和宽度、翼片与水平面的夹角、搅拌头的回转数、提升速度应相互匹配。搅拌桩直径和加固深度范围内土体的任一点均应经过 20 次以上的搅拌。

（4）施工前，施工现场应整平，必须清除地上和地下的障碍物。当遇有明沟、池塘和洼地时，应排水并清淤回填，回填土料应压实，回填土料应满足水泥搅拌桩法施工要求。

（5）施工前应通过工艺性试桩确定施工参数。单轴搅拌桩每种工艺参数试桩数量不少于 3 根；双轴或三轴搅拌桩试桩数量不少于 2 根。

（6）施工中搅拌桩机底盘应保持水平，导向架应保持竖直。搅拌桩垂直度偏差不得超过 1.5%，桩位偏差不大于 50mm，成桩直径和桩长不得小于设计值。

（7）当搅拌头到达设计桩底时应持续喷浆搅拌 30s 以上，再提升搅拌头。

（8）搅拌机预拌下沉时不宜冲水，当遇到硬土层下沉太慢时，方可适量冲水，但应考虑冲水对桩身强度的影响。

（9）承压搅拌桩停浆面应高于桩顶设计高程 300～500mm。

（10）搅拌桩的搭接施工时间间隔不宜超过 12h，搭接困难时应采取局部补桩或注浆等补强措施。

（11）施工过程中地面隆起较多时应及时清理隆起土。

（12）当提升喷浆过程中因故停浆时，应将搅拌头下沉至停浆点以下 500mm 处，待恢复供浆时再喷浆搅拌提升施工；当下沉喷浆过程中因故停浆时，应将搅拌头提升至停浆点以上 500mm 处，待恢复供浆时再喷浆搅拌下沉施工。当停浆超过 3h 时，宜拆卸输浆管路，进行清洗。

（13）搅拌桩施工结束后，地面的隆起土宜进行清除。

（14）冬季施工时，宜采取技术措施消除低温对成桩质量的影响。

陆上水泥搅拌桩施工过程的质量控制应符合下列规定：

（1）水泥应现场取样送检。制备好的浆液不得离析，超过2h未使用的浆液应弃用。

（2）搅拌头翼片应定期检查，径向磨损量不得大于10mm。

（3）搅拌设备喷浆提升或下沉的速度和次数、拌制水泥浆液的数量、水泥和外加剂用量、泵送浆液的时间等应进行现场记录。

（4）施工计量应使用检定合格的计量设备。

陆上水泥搅拌桩的施工质量检测应符合下列规定：

（1）成桩7d后，可采用开挖桩头深度超过停浆面下500mm的浅部开挖方式，目测检查搅拌桩的均匀性，量测成桩直径和垂直度。检测数量不宜少于总桩数的10%。

（2）对相邻桩搭接要求严格的工程，应根据设计要求检查搭接情况。

（3）水泥搅拌桩的施工允许偏差应满足表1.10-5的要求。

表1.10-5　水泥搅拌桩施工允许偏差

项目	允许偏差（mm）	说明
桩位	50	取纵横两方向的最大值
桩底高程	±200	测量搅拌头深度
桩顶高程	+100 −50	水准仪测量
桩径	±0.04D	钢尺测量
垂直度（每米）	15	吊线测量

注：1. D为水泥搅拌桩的直径（mm）；
　　2. 表中桩顶高程不包括浮浆厚度。

（4）水泥搅拌桩钻孔取芯宜在成桩90d后进行，钻芯取样及试验方法应符合相关规范规定。钻孔取芯率不应低于85%，芯样试样的无侧限抗压强度平均值应满足设计要求。

水下水泥搅拌桩法施工水泥浆的制备与储存应符合下列规定：

（1）制拌水泥浆所采用的水、水泥和外加剂的计量装置应按要求率定，其计量允许误差为±2%。

（2）水泥浆在储罐内的储存时间不得超过2h，在水泥浆中掺加了缓凝剂并在储罐内缓慢搅拌的情况下，储存时间不得超过3h。

水下水泥搅拌桩平面定位的允许偏差应小于50mm，倾斜度偏差不应大于1%。

水下水泥搅拌桩法施工应采用专用成套设备，专用成套设备应由专用船组、制浆输浆系统、水泥供应保障系统、测量定位系统、平衡调控系统、搅拌机及操作控制系统和质量控制系统等组成，其适应作业工况、加固深度和加固能力应满足施工要求。

搅拌机的搅拌轴数量应为偶数，搅拌叶片应设置2层以上，叶片直径不应小于1.0m。搅拌叶片数量和搅拌头转速、提升及贯入速度应相互匹配，沿加固深度每米土体的搅拌切土次数不应少于400次。叶片应定期进行检查，径向磨损量不应超过20mm。

水下水泥搅拌桩施工应符合下列规定：

（1）施工前应清除施工障碍物。

（2）水下水泥搅拌桩法加固软土地基应按设计要求在拌合体设计顶高程以上留有覆盖层。

（3）对有搭接要求的搅拌桩，搭接宽度不应小于桩径的 1/6，且不得小于 200mm。

（4）搅拌桩桩顶、桩底高程偏差不应大于 200mm。

（5）搅拌桩施工结束后，宜对拌合体顶面的隆起土进行清除。当拌合体作为重力式结构基础时，拌合体顶部隆起土的未清除部分应满足设计强度要求。

（6）在北方地区进行水下水泥搅拌桩法加固软土地基施工时，宜避开冬季施工，当必须在冬季施工时，应采取相应的防冻措施。

（7）搅拌桩施工贯入作业困难时，可采取喷浆或降低贯入速度等措施。

（8）搅拌桩施工过程中主要施工参数应逐桩进行记录。

水下水泥搅拌桩钻孔取芯宜在成桩 90d 后进行，钻芯取样及试验方法应符合相关规范规定。钻孔取芯率不应低于 80%，芯样试样的无侧限抗压强度平均值应满足设计要求，变异系数不得大于 0.5 且宜小于 0.35。

5. 爆炸排淤填石法

1）概述

爆炸法处理水下地基和基础是一项新的施工技术。它利用炸药爆破释放的能量达到改良地基和基础的目的。主要有爆炸排淤填石法（简称爆填法）和爆炸夯实法（简称爆夯法）两种工艺。爆炸排淤填石法是采用爆炸方法排除淤泥质软土换填块石的置换法；爆炸夯实是用爆炸使块石或砾石地基基础振动密实的方法。

2）施工原理

爆炸排淤填石法是在抛石体外缘一定距离和深度的淤泥质软基中埋放药包群，起爆瞬间在淤泥中形成空腔，抛石体随即坍塌充填空腔形成"石舌"，达到置换淤泥目的。经多次推进爆炸，即可达最终置换要求。一次推进的爆炸排淤填石工作原理如图 1.10-2 所示。

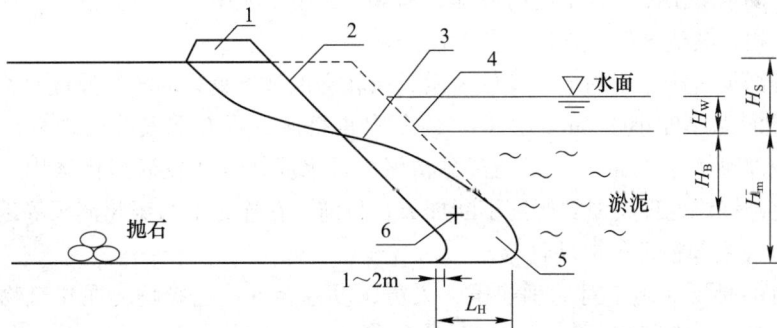

图 1.10-2　一次推进的爆炸排淤填石工作原理

1—超高填石；2—爆前断面；3—爆后断面；4—下一循环抛填断面；5—石舌；6—药包；L_H—爆炸排淤填石一次推进水平距离；H_W—淤泥面以上覆盖水深；H_m—置换淤泥厚度；H_B—药包在泥面下埋入深度；H_S—泥面以上填石厚度

3）爆炸排淤填石法典型成堤过程

爆炸排淤填石法形成抛石堤一般要经过端部推进排淤、侧坡拓宽排淤落底、爆破形成平台及堤心断面等三个过程：

（1）堤头端部排淤推进（端部爆填）：在抛石堤前端一定宽度范围内一定深度内布置

药包爆炸形成石舌,使抛石堤向前推进,并使堤身中部坐落在硬土层上,如图1.10-3(a)所示。

(2)侧坡拓宽排淤(边坡爆填):按体积平衡要求把抛石堤向两侧抛填加宽,并沿抛石体边坡外缘一定距离和深度布置药包,爆炸形成侧向石舌,使堤身两侧抛石体落底,增强堤身稳定性,如图1.10-3(b)所示。

(3)边坡爆夯:在抛石体内外侧边坡泥石面交界处放置药包,爆炸夯实边坡,形成平台与设计要求的坡度,如图1.10-3(c)所示。

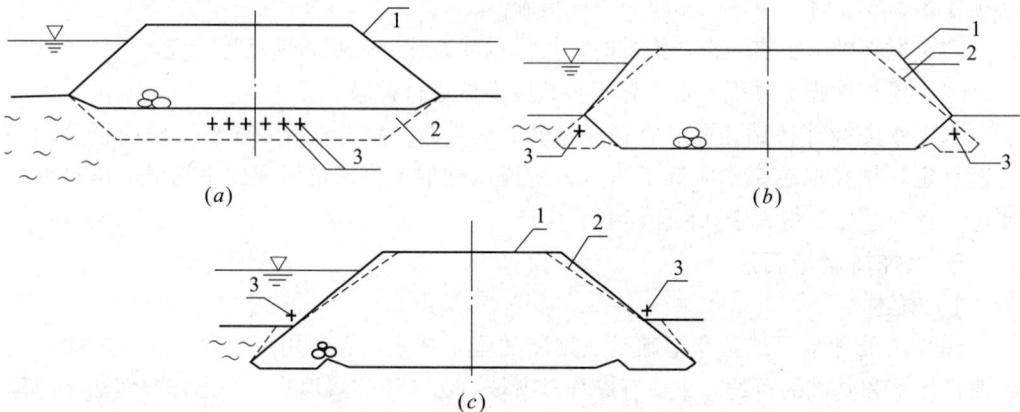

图 1.10-3 爆炸排淤填石法典型成堤过程
(a)端部爆填;(b)边坡爆填;(c)边坡爆夯形成平台及堤心断面
1—爆前;2—爆后;3—药包

4)适用范围

爆炸排淤填石法施工速度快,块石落底效果好,堤身经过反复爆炸振动后密度高,稳定性好,后期沉降量小,不需要等待淤泥固结即可施工上部结构,施工费用少。它适用于抛石置换水下淤泥质软基的防波堤、围堰、护岸、驳岸、滑道、围堤、码头后方陆域形成等工程,其他类似工程也可参考使用。

爆炸排淤填石法适用的地质条件为淤泥质软土地基,置换的软基厚度宜为4~25m。

对表层淤泥厚度小于4m的工程,应与自重挤淤、强夯挤淤等处理方法比较后选用,当淤泥厚度大于12m时,可与部分清淤、排水固结等比较后择优选用。随着施工技术的发展,爆炸处理淤泥的厚度不断加大,目前,在连云港与温州洞头等地区都有爆炸处理24m左右厚淤泥的成功经验。

需注意的是爆炸施工对周围建筑、人员、设备会有一定影响,在建筑物与人口密集地区使用受到一定限制。

5)爆炸排淤设计与施工

(1)爆炸排淤设计

爆炸排淤设计要根据堤身设计断面要求确定合适的堤身抛填施工参数,如堤石抛填宽度、标高,一次推进距离及堤头超抛高度等。另一方面要设计合理的爆炸参数,包括线药量、单孔药量、一次爆炸药量、布药孔数、药包间距、布药位置、药包在泥面下埋设深度、爆炸施工水位等。爆炸设计时应充分考虑当地的地形、水文、地质、气象及周围环境条件。

爆破排淤填石法置换体材料宜选用含泥量小于 10% 的 10～200kg 自然级配开山石。置换体宜落底在下卧持力层上，混合层厚度不宜大于 1m。当置换体宽度较宽时，置换体两侧宜落底在下卧持力层上。置换体坡度宜为 1∶0.8～1∶1.25，外侧取较小值，当置换体较厚时可采用变坡，下部坡度取较大值，需要时可设置一定宽度的平台。

爆破排淤填石的装药量和布药线位置应符合下列规定：

① 线药量按下列公式计算：

$$q'_L = q_0 L_H H_{mw} \tag{1.10-3}$$

$$H_{mw} = H_m + \left(\frac{\gamma_w}{\gamma_m} \right) H_w \tag{1.10-4}$$

式中　q'_L——线布药量（kg/m），即单位布药长度上分布的药量，炸药品种与 q_0 所选取的一致；

　　　q_0——炸药单耗值（kg/m³），即爆除单位体积淤泥所需的药量。采用 2 号岩石硝铵炸药时，可按表 1.10-6 选取，采用其他炸药须按《水运工程地基基础施工规范》JTS 206—2017 附录表换算；

　　　L_H——爆破排淤填石一次推进的水平距离（m），按表 1.10-7 选取；

　　　H_{mw}——计入覆盖层水深的折算淤泥厚度（m）；

　　　H_m——置换淤泥厚度（m），包含淤泥隆起高度；

　　　γ_w——水重力密度（kN/m³）；

　　　γ_m——淤泥重力密度（kN/m³）；

　　　H_w——覆盖水深（m），即泥面以上的水深。

表 1.10-6　2 号岩石硝铵单耗值（kg/m³）

H_s/H_m（m/m）	≤1.0	>1.0
q_0	0.3～0.4	0.4～0.5

注：1. 表中 H_s 为泥面以上的填石厚度（m）；

　　2. 必要时通过超高填石加大 H_s。

表 1.10-7　爆破排淤填石一次推进的水平距离

H_m（m）	4～10	10～15	15～25
L_H（m）	5～6	6～7	4～5

② 一次爆破排淤填石药量按式（1.10-5）计算：

$$Q_b = q'_L L_L \tag{1.10-5}$$

式中　Q_b——一次爆破排淤填石药量（kg）；

　　　q'_L——线布药量（kg/m），即单位布药长度上分布的药量；

　　　L_L——爆破排淤填石的一次布药线长度（m）。

③ 单孔药量按下列公式计算：

$$Q_1 = \frac{Q_b}{m} \tag{1.10-6}$$

$$m = \frac{L_L}{a_1} + 1 \tag{1.10-7}$$

式中 Q_1——单孔药量（kg）；

$\quad\quad Q_b$——一次爆破排淤填石药量（kg）；

$\quad\quad m$——一次布药孔数；

$\quad\quad L_L$——爆破排淤填石的一次布药线长度（m）；

$\quad\quad a_1$——药包间距（m）。

布药线平面位置应满足下列要求：

① 布药线平行于抛石前缘，位于前缘外 1～2m；

② 堤端推进爆破，布药线长度根据堤身断面稳定验算确定；堤侧拓宽爆破，布药线长度根据安全距离控制的一次最大起爆药量和施工能力确定。

药包在泥面下的埋入深度 H_B（m）可按表 1.10-8 选取。

表 1.10-8 药包埋入深度 H_B（m）

覆盖水深 H_w（m）	< 2	2～4	> 4
埋入深度 H_B（m）	$0.50H_m$	$0.45H_m$	$0.55H_{mw}$

注：1. 表中药包埋入深度的取值，泥面上水深小于或等于 4m 时，不计入水深的折算淤泥厚度，仅以置换的淤泥厚度为准；泥面上水深大于 4m 时，以折算的淤泥厚度为准，药包埋深起算点为折算淤泥顶面；

2. 当计算药包埋深位置位于水中时，药包置于淤泥顶面。

（2）爆破排淤填石施工

水下爆破钻孔船必须经过测量定位锚定，并应经常校核。钻孔位置的偏差内河不应大于 200mm，沿海不应大于 400mm。

钻孔爆破宜由深水到浅水顺序进行。钻孔爆破宜一次钻至炮孔设计底高程。钻孔船移位时，船体不得越过已装药的炮孔。水下炮孔装药前，应将孔内泥沙、石屑清除到设计孔深，清除后应立即装药。爆破排淤填石可采用水上布药船或陆上布药机布药，可选用压力式或振动式装药器装药，装药时不应使药包自由坠落。水下深孔采用间隔装药时，各段均应装起爆药包，各起爆药包的导线应标记清晰，不得错接。水下钻孔爆破的堵塞物，宜采用砂和粒径小于 10mm 的砾石，堵塞物长度应确保药包不致浮起。

爆破作业处于水位变动区时，药包埋深应采用实测水位控制。

（3）质量检查与检验

① 爆破排淤填石着底高程、断面尺寸应符合设计要求。

② 爆破排淤填石置换淤泥质地基的空间范围应以设计为准。置换淤泥质地基的允许偏差应满足表 1.10-9 的要求。

表 1.10-9 置换淤泥质地基的允许偏差

项目	允许偏差（m）
填石底面高程	-1.0 0
填石底面范围	0 2.0

注：在填石置换层底面和下卧地基层设计顶面之间的混合层平均厚度不应大于 1m。

③ 单药包药量允许偏差为 ±5%；药包平面位置和埋深允许偏差均为 ±0.3m。

④ 相邻两炮抛填进尺与设计进尺之差不应大于 0.5m。

⑤ 每炮准爆率低于 90% 时，应补爆一次或减小下一炮的进尺量。

⑥ 施工前安排沉降位移观测，分析施工期的沉降位移规律。在分段工程完工后及时设置长期沉降位移观测点，并按规定观测。

6）爆炸安全

爆破排淤施工前的安全工作应包括下列内容：

（1）检查爆破作业船和设备的技术性能；

（2）制定爆破危险区内船舶、设备、管线和建筑物的安全防护措施；

（3）设立爆破危险区边界警戒标志和禁航信号；

（4）调查爆破区附近建筑物、水生物、不良地质现象和水下遗留爆炸物，检查杂散电流等。

爆破排淤施工前应发布爆破通告，其内容应包括爆破地点、每次爆破起爆时间、安全警戒范围、警戒标志和起爆信号。

爆炸安全设计时，应分别按地震波、冲击波、飞散物三种爆炸效应核算爆炸源与被保护对象的安全距离，并取较大值。

爆炸地震安全距离应按式（1.10-8）计算：

$$R = (K/V)^{1/\alpha} \cdot Q^{1/3} \qquad (1.10-8)$$

式中　　R——爆炸地震安全距离（m）；

　　　　V——安全振动速度（cm/s）；

　　　　Q——一次起爆药量（kg）；

　　　　K、α——与爆炸地震安全距离有关的系数、指数，与爆区地质、地形条件和爆炸方式等有关。

具体参数以及水下冲击波对人员与船只的安全距离可参照《水运工程爆破技术规范》JTS 204—2008 选取。

爆炸时个别飞散物对人员、设备、建筑物的安全距离可参照国家现行标准规范执行。爆炸作业与火工品管理应严格执行国家标准《爆破安全规程》GB 6722—2014 的规定。

连云港西大堤工程是应用爆填和爆夯形成平台的典型成功实例。

全长 6782m。抛石斜坡堤结构，顶宽 10m，淤泥厚 6～8m，采用爆炸排淤填石法施工，堤端部爆填线药量为 62kg/m，药包间距 1.5m，药包埋深 4.2m 左右，爆填一次推进 6m 左右。内外侧边坡各采用一次爆填使两坡脚落底，外坡增加一次爆夯形成平台。爆炸后，后期沉降量很小。钢筋混凝土挡浪墙在爆炸影响区以外（200m 左右）即可开始施工。挡浪与四角空心方墙块施工后沉降量都很小，大堤建成投产十几年来一直完好无损。

1.11　管涌和流沙的防治方法

1.11.1　影响土渗透性的因素

1. 概述

土是一种多孔介质，由固体颗粒骨架和充填骨架间孔隙的流体（水和空气）所组成，骨架间的孔隙是连通的。孔隙中的流体（通常是地下水）可以在本身重力和其他外力作用下发生流动，这就是水的渗透或渗流。

土的渗透性指的就是地下水在土体孔隙中渗透流动的难易程度，它是土的重要物理性质之一。

土的渗透性及渗流与土体强度、变形问题一样是土力学中主要的基本课题之一，渗流、强度、变形三者互相关联、相互影响。

土力学中反映土的透水性的指标是渗透系数 k（cm/s 或 m/d）。

2. 土的渗透规律

法国工程师达西（Darcy）在垂直圆筒中对均匀沙进行了大量的渗透试验，得出了层流条件下，土中水的渗透速度与水力梯度（或称水力坡降）成正比的渗透规律，引入了决定于沙土透水性质的比例常数 k，即渗透系数，渗透系数由室内土工试验和现场测定。达西定律可以表示为式（1.11-1）：

$$u = k \cdot i \tag{1.11-1}$$

式中　u——渗透速度；

　　　k——渗透系数；

　　　i——水力坡降。

3. 影响土的渗透性的因素

土的渗透性受很多因素影响，不同类型的土，其影响因素及影响程度各不相同。影响土的渗透性的主要因素有如下几方面：

1）土颗粒的粒径、形状与级配

颗粒级配对土的渗透性影响最大，尤其在粗粒土中表现更为明显。一般情况下，土颗粒越粗、越浑圆、越均匀，土的渗透性越强；相反颗粒越细，级配越好，细颗粒填充粗颗粒孔隙间，土体孔隙减小，渗透性就越弱。不同土类的渗透系数参考值见表1.11-1。

表1.11-1　不同土类的渗透系数参考值

土的类别	渗透系数		土的类别	渗透系数	
	m/d	cm/s		m/d	cm/s
黏土	< 0.005	$< 6 \times 10^{-6}$	细砂	$1.0 \sim 5.0$	$1 \times 10^{-3} \sim 6 \times 10^{-3}$
粉质黏土	$0.005 \sim 0.1$	$6 \times 10^{-6} \sim 1 \times 10^{-4}$	中砂	$5.0 \sim 20$	$6 \times 10^{-3} \sim 2 \times 10^{-2}$
匀质中砂	$35 \sim 50$	$4 \times 10^{-2} \sim 6 \times 10^{-2}$	圆砾	$50 \sim 100$	$6 \times 10^{-2} \sim 1 \times 10^{-1}$
粗砂	$20 \sim 50$	$2 \times 10^{-2} \sim 6 \times 10^{-2}$	卵石	$100 \sim 500$	$1 \times 10^{-1} \sim 6 \times 10^{-1}$
粉土	$0.1 \sim 0.5$	$1 \times 10^{-4} \sim 6 \times 10^{-4}$	稍有裂隙的岩石	$20 \sim 60$	$2 \times 10^{-2} \sim 7 \times 10^{-2}$
粉砂	$0.5 \sim 1.0$	$6 \times 10^{-4} \sim 1 \times 10^{-3}$	裂隙多的岩石	> 60	$> 7 \times 10^{-2}$

2）矿物成分

不同类型的矿物对土的渗透性的影响是不同的。原生矿物成分的不同，决定土中孔隙的形态，致使透水性有明显差异。常见几种原生矿物组成的土的透水性规律是：浑圆石英＞尖角石英＞长石＞云母。黏土矿物的成分不同，形成的结合水膜的厚度不同，所以由不同黏土矿物组成的土，其渗透性也是不同的。一般情况下，土中亲水性强的黏土矿物或有机质越多，渗透性越低。含有大量有机质的淤泥几乎是不透水的。

3）土的密度

对同一种土来说，土越密实，土中孔隙越小，土的渗透性越低。故土的渗透性随土的密实程度增加而降低。

4）土的结构构造

土体通常是各向异性的，土的渗透性也常表现出各向异性的特征。海相沉积物经常是层状土且水平微细夹层较发育，因而水平方向的渗透性要比铅垂方向强。具有网状裂隙的黏土，可能接近于砂土的渗透性。

5）水溶液成分与浓度

一般情况下，黏性土的渗透性随着溶液中阳离子数量和水溶液浓度的增加而增大。

6）土体的饱和度

土中封闭气泡不仅减小了土体断面上的过水通道面积，而且堵塞某些通道，使土体渗透性减小。

7）水的黏滞性

水的黏滞性越大，渗透系数越小。它反映的是流体性质对渗透系数的影响。水的黏滞性随水温升高而减小。

1.11.2 管涌和流沙的防治方法

流沙（土）与管涌是由动水力引起的两种主要的渗透破坏形式。许多工程事故与之有关，常见的如板桩码头前方漏沙、后方塌陷；船坞及深基坑开挖时坑底隆起，粉细砂土翻浆上涌，下挖困难；堤防与岸坡坡脚沼泽化、细颗粒出流直至突发性的局部滑坡与塌方。其防治主要是从土质改良、渗流场改变及渗流出逸边界改善几个方面着手。

1. 管涌与流沙（土）产生的原因

水在土粒骨架的孔隙中流动时，受到土粒骨架对孔隙水流的摩阻力，这个作用力的方向与水流方向相反，它使动水能量逐渐减小，水头逐渐损失。根据作用力与反作用力相等的原理，水流也必然有一个相等的力作用在土颗粒上，这个力在土力学上称之为动水力或者渗流力。单位体积土体受到的渗透力与水力坡降 i 成正比。

当水力坡降超过一定界限后，土中的渗透水流会把部分土体或颗粒带走，导致土体发生位移，位移达到一定程度，土体将发生失稳破坏，这种现象称为渗透变形。渗透变形有两种主要形式，即管涌与流沙（土）。

2. 管涌与流沙（土）的概念与现象

管涌与流沙（土）在概念与现象上有所不同。

流沙（土）：在一定渗透力作用下，土体中颗粒同时起动而流失的现象。

管涌：在一定渗透力作用下，土体中的细颗粒沿着骨架颗粒所形成的孔隙通道移动或被渗流带走的现象。

管涌主要发生在沙性土中。在黏性土中流土常表现为土体的隆胀、浮动、断裂等现象，如深基坑开挖时的坑底隆起；在非黏性土中流沙表现为砂沸、泉眼群、土体翻滚，最终被渗流托起等现象。

管涌和流沙（土）经常发生在闸坝、堤防与岸坡、板桩岸壁的渗流出逸处。管涌也可以发生在土体内部。

流沙（土）一旦发生，会很快波及地基内部，发展过程快，往往抢救不及，相对而言，其危害性较管涌严重。

3. 管涌与流沙（土）防治的基本方法

治理管涌与流沙（土）的原则是以防为主，大范围的流沙（土）险情出现时，除了回土压顶没有什么有效措施。管涌与流沙（土）防治的方法与措施应与工程结构及其他岩土工程措施结合在一起综合考虑。宗旨是防渗及减弱渗透力。

1）土质改良

土质改良的目的是改善土体结构，提高土的抗剪强度与模量及其整体性，减小其透水性，增强其抗渗透变形能力。常用的办法有注浆法、高压喷射法、搅拌法及冻结法。

2）截水防渗

截水防渗措施的目的是隔断渗透途径或延长渗径、减小水力梯度。水平方向铺设防渗铺盖，可采用黏土及壤土铺盖、沥青铺盖、混凝土铺盖以及土工膜铺盖。垂直方向防渗的结构型式很多。大坝工程的混凝土、黏土芯墙、高压喷射、劈裂灌浆形成的止水帷幕；基坑及其他开挖工程中广泛使用的地下连续墙、板桩、MSW工法插筋水泥土墙以及水泥搅拌墙。这些竖向的隔水结构主要是打设在透水层内，其深度根据渗流计算确定。打设在强透水层中时应尽可能深入不透水层，否则隔渗效果有限。

3）人工降低地下水位

该方法是最常见的临时防渗措施，在施工期处理管涌、流沙（土）时也常采取这一最简单易行的办法。该法可以降低水头，或使地下水位降至渗透变形土层以下。人工降低地下水位可以采用明排井（坑）、轻型井点、电渗井点、喷射井点、管井井点、深井井点等方法，应根据土层的渗透系数、要求降低地下水位的深度及工程特点选择适宜的降水方法和所需设备。

人工降水须注意环境影响，在城市环境里，它常与止水帷幕结合应用。

4）出逸边界措施

在下游加盖重，以防止土体被渗透力所悬浮，防止流沙（土）。在浸润线出逸段，设置反滤层是防止管涌破坏的有效措施。

5）其他施工考虑

施工选择枯水期施工；采取水下挖掘及浇筑封底混凝土等施工方法。

1.12   港口与航道工程钢结构的防腐蚀

1.12.1   港口与航道工程钢结构防腐蚀的主要方法及其效果

港口与航道工程的钢结构除设置必要的腐蚀裕量外，宜联合采用防腐蚀措施。防腐措施主要有以下几类：

1. 外壁涂覆防腐蚀涂层或施加防腐蚀包覆层

这种防腐蚀方法主要适用于海用钢结构的大气区、浪溅区和水位变动区，也可用于水下区。常用的防腐涂层有环氧沥青、富锌环氧、聚氨酯类涂层，环氧玻璃钢、热喷涂金属层等包覆层材料。其有效的防护年限为 10～20 年，其保护率为 80%～95%。有报道，最新的研究成果——新型重防腐蚀涂层其防护年限可达 20 年以上，甚至可达 50 年。

2. 采用电化学的阴极防护

这种防腐蚀方法分为外加电流的阴极保护和牺牲阳极的阴极保护，前者主要应用的是高硅铸铁阳极材料，后者主要应用的是铝基阳极材料。通常，电化学防护应与涂层防护联合进行，在平均潮位以下其保护效率可达 85%～95%。主要应用于水下区、泥下区，也可用于水位变动区。

3. 预留钢结构的腐蚀富裕厚度

在海港工程中碳素钢的单面年平均腐蚀速度以浪溅区为最高，达 0.20～0.50mm/a，可以根据要求的使用年限预留富裕腐蚀厚度。

4. 选用耐腐蚀的钢材品种

在普通钢材的冶炼中加入一定量的锰、铬、磷、矾等稀有金属或元素，可以提高其耐海水腐蚀的性能，但因其技术复杂、造价昂贵，在港口与航道工程中很少应用。

1.12.2 海水环境中钢结构腐蚀区域的划分和防腐蚀措施

（1）在海港工程中，钢结构应按不同环境类别和作用程度进行腐蚀部位或腐蚀条件划分。海水环境中的钢结构按设计水位或天文潮位划分为大气区、浪溅区、水位变动区、水下区和泥下区等五个部位。对有掩护的海港，上述五个区域划分为：

① 大气区：设计高水位向上 1.5m 以上的区域。

② 浪溅区：设计高水位向上 1.5m 与设计高水位向下 1.0m 之间的区域。

③ 水位变动区：设计高水位向下 1.0m 与设计低水位向下 1.0m 之间的区域。

④ 水下区：设计低水位向下 1.0m 至泥面之间的区域。

⑤ 泥下区：泥面以下的区域。

对无掩护条件的海水环境钢结构，无法按有关规范计算设计水位时，按天文潮位确定钢结构的部位划分。

在河港工程中，淡水环境钢结构部位按设计水位划分为水上区、水下区和泥下区，这三个区域划分为：

① 水上区：设计高水位以上区域。

② 水下区：设计高水位以下到泥面之间区域。

③ 泥下区：泥面以下区域。

（2）防腐蚀措施的选择，应根据建筑物使用年限的要求、腐蚀环境、结构部位、施工的可行性等，经技术经济比较确定。对海港工程可按表 1.12-1 所列综合选用。

表 1.12-1 海洋环境钢结构防腐蚀措施

结构所处部位	保护年限 20 年及以下	保护年限 20 年以上
大气区	涂层保护、金属热喷涂保护	包覆有机复合层保护
浪溅区	涂层保护、金属热喷涂保护	包覆有机复合层保护

结构所处部位	保护年限 20 年及以下	保护年限 20 年以上
水位变动区	涂层保护、金属热喷涂保护	包覆有机复合层保护
水下区	牺牲阳极阴极保护、外加电流阴极保护、牺牲阳极阴极保护与涂层联合保护、外加电流阴极保护与涂层联合保护	牺牲阳极阴极保护、外加电流阴极保护、牺牲阳极阴极保护与涂层联合保护、外加电流阴极保护与涂层联合保护
泥下区	牺牲阳极阴极保护、外加电流阴极保护	牺牲阳极阴极保护、外加电流阴极保护

（3）管桩的内壁与外界空间密闭隔绝时，可不考虑内壁的腐蚀。

（4）钢管桩的预留腐蚀厚度可按式（1.12-1）计算：

$$\Delta\delta = v\left[(1-P_t)t_1 + (t-t_1)\right] \tag{1.12-1}$$

式中　$\Delta\delta$——在结构的设计使用年限 t 年内，钢管桩所需预留腐蚀厚度（mm）；

　　　　v——钢材单面年平均腐蚀速度（mm/a）；

　　　　P_t——采用涂层保护或阴极保护，或采用阴极保护与涂层联合防腐时的保护效率（%）；

　　　　t_1——采用涂层保护或阴极保护，或采用阴极保护与涂层联合防腐时的有效使用年限（a）；

　　　　t——结构的设计使用年限（a）。

海港工程碳素钢单面年平均腐蚀速度可按表 1.12-2 取值。

表 1.12-2　海港工程碳素钢单面年平均腐蚀速度

部位	v（mm/a）	部位	v（mm/a）
大气区	0.05～0.10	水位变动区、水下区	0.12～0.20
浪溅区	0.20～0.50	泥下区	0.05

采用涂层保护：在有效保护年限内，保护效率可取 50%～95%。

采用阴极保护：在有效保护年限内，阴极保护的保护效率可按表 1.12-3 所列取值。

表 1.12-3　阴极保护的保护效率

部位	保护效率 P（%）	部位	保护效率 P（%）
平均潮位以上	$0 \leqslant P < 20$	设计低水位以下	$P \geqslant 90$
平均潮位至设计低水位	$20 \leqslant P < 90$		

采用阴极保护和涂层联合保护：在有效保护年限内，保护效率可取 85%～95%。

（5）涂层施工的有关要求：

① 钢结构表面的预处理：要清除钢结构表面的焊渣、毛刺、飞溅物和松散的氧化皮；钢结构表面的油污或污垢要用专用清洁剂清洗并用清洁淡水洗净；被酸、碱、盐浸染的钢结构表面要用清洁淡水洗净。

② 钢结构表面处理环境：相对湿度不大于 85%；钢结构基体金属表面温度不低于露点以上 3℃。

③ 表面处理完成的钢结构应采取有效保护措施防止二次污染，并及时进行隐蔽工

程验收和涂装底层涂料防止返锈；作业环境湿度不大于 85% 时，表面处理与第一层涂料涂装的间隔时间不应超过 4h，作业环境湿度不大于 60% 时，间隔时间不应超过 6h。

④ 涂装结束后 4h 内应避免雨淋或潮水冲刷，涂层自然养护时间不宜少于 7d，气温高时可缩短。

⑤ 损坏的涂层应按设计涂层配套体系分层修补，修补后的涂层应完整、色泽均匀一致。

（6）牺牲阳极阴极保护施工的要求：

① 钢结构的电连接可采用直接电焊连接、钢筋电连接或电缆连接，所用材料和施工方式应满足设计要求，连接电阻值应小于 0.01Ω。

② 牺牲阳极的安装位置应满足设计要求，高程偏差不宜超过 0.2m；牺牲阳极的安装顶高程要低于设计低水位 1.2m 以下；牺牲阳极的安装底高程要高于海泥面 1.0m 以上。

③ 牺牲阳极安装前，阳极铁脚与钢结构接触表面应清洁干净，无油漆、海生物等影响电连接的附着物。

1.13　港口与航道工程施工测量

1.13.1　港口与航道工程施工平面控制与高程控制测量

1. 一般规定

（1）施工测量前，应收集与工程有关的测量资料，并应对原有控制点进行复核。

（2）利用原有工程控制网进行施工测量时，其精度应满足该工程对施工控制网的要求。

（3）水工建筑物施工前及施工过程中，应按工程需要测设一定数量的永久变形测量基准点或工作基点和变形观测点，并应在施工过程中定期进行观测。

（4）采用 DGPS 定位系统进行施工定位及放样时，应转换为施工坐标系。

（5）水工建筑物施工可采用 RTK 进行施工定位。

（6）施工放样应有多余观测，细部放样应减少误差的积累。

（7）施工平面坐标系宜与工程设计坐标系一致，施工高程基准和深度基准应与工程设计的高程基准和深度基准一致。

2. 施工平面控制测量方法

（1）施工平面控制网的布设应符合下列规定：

① 施工平面控制网最弱边相邻点的相对点位中误差不应大于 50mm。

② 施工控制网应充分利用测区内原有的平面控制网点。施工平面控制网可采用三角形网、导线、导线网或 GNSS 网等形式进行布设。

（2）施工平面控制网的等级应符合规范规定。

（3）二级平面控制及以上等级点均应埋设永久标石，或在固定地物上凿设标志和点号。对兼作水准点用的平面控制点，应按水准标石规格埋设。对平面和高程控制点，均应绘点之记。施工期超过 1 年时，陆上宜建测量墩，水域宜建测量平台。

（4）建立矩形施工控制网应符合下列规定：

① 矩形施工控制网边应根据建筑物的规模而定，宜为 100～200m。

② 矩形施工控制网的轴线方向宜与施工坐标系的坐标轴方向一致，矩形施工控制网的原点及轴线方位应与整个平面坐标系联测，其轴线点点位中误差不应大于 50mm。

③ 矩形施工控制网角度闭合差不应大于测角中误差的 4 倍。

（5）施工基线的设置应符合下列规定：

① 基线应与建筑物主轴线、前沿线平行或垂直，其长度不应小于放样视线长度的 0.7 倍。

② 基线应设在通视良好、不易发生沉降及位移的平整地段，并应与测区基本控制网进行联测。

③ 港口陆域施工宜采用建筑物轴线代替施工基线。

④ 基线上设置的放样控制点的点位精度不应低于施工基线测设精度。

（6）施工控制网测定后，在施工过程中应定期复测，复测间隔不应超过半年。

（7）疏浚、吹填和航道整治工程可采用图根及以上等级控制网作为施工控制网。

3. 施工高程控制测量方法

（1）原有高程点数量及分布不能满足施工放样要求时，应在原有高级水准点基础上加密施工水准点。

（2）施工水准点应布设在受施工影响小、不易发生沉降和位移的地点，数量不应少于 2 个。

（3）施工高程控制点引测精度不应低于四等水准精度要求，其中码头、船坞、船闸和滑道施工高程控制应按三等水准测量进行。

（4）施工过程中，应定期对施工水准点进行校核。

（5）在常规水准测量较困难的测区，可采用 GPS 高程测量或电磁波测距三角高程测量建立四等级图根高程控制网。

（6）当原有水准点无法继续保存时，应按原水准点的等级要求引测至地基稳定处。

（7）四等高程控制及以上等级点均应埋设永久标石，或在固定地物上凿设标志和点号。对高程控制点，均应绘点之记。施工期超过 1 年时，陆上宜建测量墩，水域宜建测量平台。

1.13.2　港口与航道工程水深测量

1. 测深线布设

（1）测线方向应符合下列规定：

① 单波束测深主测深线宜垂直于等深线总方向、挖槽轴线、河道走向、炸礁区较长边、船闸轴线、船坞轴线或岸线，可布设成平行线、螺旋线或 45°斜线。

② 多波束扫测、侧扫声纳扫海和软式拖底扫海主测深线方向宜平行于测区较长边、挖槽轴线和河道走向。

（2）测深线间距应符合《水运工程测量规范》JTS 131—2012 的规定。

（3）疏浚施工单波束测深应布设垂直于主测深线的纵向测深线，其间距不宜大于主测深线间距的 4 倍；在航道内应至少布设 2 条纵向测深线，主测深线的图上长度应超出挖槽边坡坡顶 30mm。

（4）测深检查线宜垂直于主测深线，单波束检查线长度不宜小于主测深线总长度的5%，多波束测深检查线长度不得少于总测线长度的 1%。疏浚施工前，检查线可用纵向测深线代替；施工检测和交工测量的检查线应布设在挖槽边坡坡顶以外。

（5）对于多波束测量，采用多波束进行检查线测量时，应使用中央波束。

（6）单波束测深不同作业组的相邻测段应布设一条重合测深线；同一作业组不同时期测深的相邻测深段应布设两条重合测深线。

2. 定位

（1）测深定位点间距应符合《水运工程测量规范》JTS 131—2012 的规定。

（2）测深前应估算测区定位精度。

（3）定位中心应与测深中心一致，其偏差不宜大于图上 0.3mm，超出时应进行归心改正。

（4）使用全站仪、经纬仪和平板仪进行交会定位时，仪器对中误差不应大于图上0.05mm。定位过程中，每隔 1～2h 及测深结束后宜对起始方向进行校核，其允许偏差，经纬仪宜为 1′，平板仪宜为图上 0.3mm，超限时应改正。

（5）测定浮标和系船浮等应有多余观测。对渔栅、固定渔网和海上养殖场等应测定其位置和范围。

（6）采用断面索量距定位时，索长允许误差应为索长的 1/200。

（7）采用 GNSS 定位应符合下列规定：

① 自设基准站时，其位置选择及架设应符合《水运工程测量规范》JTS 131—2012的有关规定。

② 流动站的设置应满足下列要求：

a. 流动站天线牢固可靠，并安置在船上较高处且与金属物体绝缘。

b. 大比例尺测图，在流动站天线下适当位置设置必要的反射信号屏蔽装置。

③ 定位所用卫星的高度角应大于 10°。

④ 水深测量项目开始前应在测区附近的控制点上对差分 GNSS 接收机进行检验和比对。

3. 测深

（1）测深仪、具检验应符合下列规定：

① 测深仪应定期进行检验。测深仪出现故障进行大修或更换测深仪的主要部件时应重新检验，水砣及测杆应在外业工作前进行校准。

② 每次测深前、后应在测区对测深仪进行现场比对。水深小于 20m 时，可用声速仪、水听器或检查板对测深仪进行校正，直接求取测深仪的总改正数；水深为 20～200m 时，可采用水文资料计算深度改正数，并应测定因换档引起的误差。

③ 检查板深度绳应使用伸缩性小的材料制成，并应用钢卷尺校准。用检查板校准测深仪时，测深仪应处于正常工作状态，水面平静，流速较小，检验深度宜接近当日测量的最大水深，船舶应处于稳定状态。

④ 对既有模拟记录又兼有数字记录的测深仪进行检验时，应同时校对模拟信号和数字信号，检验结果应以模拟信号为准。

（2）测深仪的转速偏差不应大于 1%，工作电压与额定电压之差，直流电源不应大于 10%，交流电源不应大于 5%。

（3）测深仪换能器宜安装在距测量船船艏 1/3～1/2 船长处。

（4）使用机动船测深时，应根据需要测定测深仪换能器动吃水改正数。改正数小于 0.05m 时可不改正。

（5）测深仪记录纸的走纸速度应与测量船的航速相匹配，记录纸上的回波信号应能清晰反映水底地貌。对疏浚和炸礁测量，记录纸走纸长度与实地长度之比宜大于 1/4000。

（6）测深检查线与主测深线相交处、单波束测深不同作业组相邻测段或同一作业组不同时期相邻测深段的重复测深线的重合点处，图上 1mm 范围内水深点的深度比对互差均应符合《水运工程测量规范》JTS 131—2012 的规定。

（7）水深测量的补测和重测应符合下列规定：

① 出现下列情况时应进行补测：

a. 测深线间距大于《水运工程测量规范》JTS 131—2012 规定的测深线间距的 1.5 倍。

b. 测深仪记录纸上的回波信号中断或模糊不清，在纸上超过 3mm，且水下地形复杂。

c. 测深仪零信号不正常或无法量取水深。

d. 对于非自动化水深测量，连续漏测 2 个及以上定位点，断面的起点、终点或转折点未定位。

e. DGNSS 定位，卫星数少于 3 颗，连续发生信号异常。

f. GNSS 精度自评不合格的时段。

g. 测深点号与定位点号不符，且无法纠正。

h. RTK 三维水深测量时，RTK 水位异常。

② 出现下列情况时应进行重测：

a. 深度比对超限点数超过参加比对总点数的 20%。

b. 确认有系统误差，但又无法消除或改正。

（8）单波束测深，利用姿态传感器进行波浪改正时应符合下列规定：

① 姿态传感器安装位置应靠近测深仪换能器，其 Y 轴正向应与测船艏向一致。

② 测深仪或数据采集软件应同时记录原始测深数据、测船姿态数据和水深改正数据。

③ 测量过程中不得搬动姿态传感器。

④ 姿态传感器数据输出速率不应小于 20Hz。

⑤ 采用 GNSS 三维姿态控制系统进行波浪改正时，应有比对成果。

（9）采用多波束测深系统测深应符合下列规定：

① 多波束测深系统工作环境应符合系统中所有设备的技术要求。

② 设备安装及系统校准应符合《水运工程测量规范》JTS 131—2012 的有关规定，系统中设备安装位置变动或更换设备后应重新进行校准。多波束测深应保证测量时换能器的姿态与校准时的姿态相同。

③ 每次作业前应在测区内有代表性的水域测定声速剖面，单个声速剖面的控制范围不宜大于 5km，声速剖面测量时间间隔应小于 6h，声速变化大于 2m/s 时应重新测定声速剖面。

④ 水深测量项目开始前应在不浅于测区水深的平坦水域进行多波束测深正交比对

和用单波束进行校核。

⑤ 作业时，应实时监测各个传感器回波信号质量，不符合要求时应停止作业。

1.13.3　港口与航道工程施工放样

1. 水工建筑物施工放样

（1）水上沉桩放样应满足下列要求：

① 桩位放样精度及仪器等级见表 1.13-1。

表 1.13-1　桩位放样精度及仪器等级

项目	D（m）			
	$D \leqslant 200$	$200 < D \leqslant 500$	$500 < D \leqslant 900$	$900 < D \leqslant 1000$
角度允许测设误差（″）	26.0	10.0	6.5	5.0
光电测距允许相对误差	1/9000	1/20000	1/32000	1/40000
测角仪器	6″级	6″级	2″级	2″级

注：D 为测量仪器至桩的距离（m）。

② 放样前，根据测量控制点和桩位平面图计算放样参数，并绘制定位图及数据表。

③ 前方交会时，相邻两台仪器的视线的夹角控制在 30°～150°。

④ 采用三台仪器作角度或方向交会时，所产生的误差从三角形的重心到三角形各边的距离不大于 50mm。

⑤ 在前、后视距相等的条件下，采用水准仪测设定位标高和停锤标高。

（2）水下基槽和水下抛石施工放样时，对离岸较远的开阔水域宜采用全站仪或 RTK-DGPS 进行施工定位，边坡测设允许偏差为 ±0.5m。

（3）水下基床整平的标高宜采用水准仪配合金属管尺测设，细平导轨标高的放样允许偏差为 ±30mm，极细平导轨标高的放样允许偏差为 ±10mm，细平导轨标高放样可采用 RTK-DGNSS 配合金属管尺测设。

（4）对基床留有倒坡的方块码头，底层以上的各层方块应按预留坡度和下层方块的偏差情况依次后移，卸荷板的前沿线宜用视准线法进行测设。

2. 疏浚和航道整治施工放样

（1）疏浚施工、炸礁施工和航道整治施工等宜采用 DGNSS 定位系统进行施工定位，也可采用放样导标、样桩点和轴线样桩点进行施工定位。

（2）采用 GNSS 定位系统进行施工定位时应符合下列规定：

① 疏浚施工平面定位点点位中误差应符合《水运工程测量规范》JTS 131—2012 的规定。

② 航道整治和炸礁施工放样样桩点的精度应满足《水运工程测量规范》JTS 131—2012 的要求。

（3）疏浚施工采用导标放样的测站点应满足下列要求：

① 仪器对中允许误差为 ±5mm。

② 选择目标清晰的较远已知点作为零方向，并有一个检查方向。

③ 采用极坐标法和前方交会法放样时，采用正倒镜测设。

④ 距离测量相对误差不大于 1/5000。

⑤ 测站点相对于控制点的允许点位中误差为 ±50mm。

（4）疏浚施工导标放样精度应满足下列要求：

① 陆地导标相对其设计轴线的横向偏差不大于 0.1m。

② 浅滩上的导标相对其设计轴线的横向偏差不大于 0.3m。

③ 导标放样的方向校核误差不大于 12″。

（5）航道整治与炸礁施工样桩点的放样精度应符合规范的规定。

（6）航道整治与炸礁施工样样桩点放样应满足下列要求：

① 初步标定样桩点后，再按平面位置、高程和工程尺度的要求进行校核和调整。

② 标定后，联测样桩点及与水尺零点的关系。

③ 测设固定导向桩及校核水准点，并定期检查样桩点的高程和平面位置。

④ 记录样桩点放样和校核数据。

（7）航道整治工程的轴线样桩点密度应满足施工要求。

（8）航道整治与炸礁施工采用交会法、极坐标法放样样桩点的主要技术要求应符合规范的规定。

（9）炸礁施工放样应符合下列规定：

① 炸礁施工定位应采用纵向和横向导标控制、全站仪定位、RTK-DGNSS 定位或星站差分 DGNSS 定位。

② 炮孔位置或裸炸位置的全部钻孔排位均应布置在施工图上。

③ 水下爆破钻孔船的测量定位应经常进行校核。

④ 对钻孔位置定位偏差，内河不得大于 0.2m，沿海不得大于 0.4m。

1.13.4　港口与航道工程变形观测

港口与航道工程垂直和水平位移观测使用的监控网宜采用独立坐标和假定高程系统。每次应固定观测人员和仪器设备，采用相同的观测线路和观测方法，选择最佳时段，并在规定的环境条件下进行观测。观测的周期应根据工程阶段和工程设计要求确定，且每期观测前，应按相应等级的观测精度对所需的工作基点或基准点进行检查。

1. 监测网布设

（1）变形监测网布设前，应充分收集测区已有基础资料，并根据测区的地形、地质条件和现有的仪器设备及变形观测的性质、内容和要求，进行全面计划和设计。施工控制网应与监测网联测。一个测区的监测网应一次布设。原施工控制网相邻点间的相对精度满足变形观测要求时，可直接作为基准点或工作基点。

（2）变形监测网的布设应符合下列规定：

① 平面控制可采用边角网、三角网和 GNSS 网等形式，受地形条件限制时，可布设成导线网形式。

② 导线网中相邻结点间的导线点数不得多于 2 个。

③ 高程控制应采用闭合水准网形式。

（3）基准点及工作基点的布设应符合下列规定：

① 基准点应选在地基稳固、便于监测和不受影响的地点。一个测区的基准点不应少于 3 个。

② 基准点远离变形体或不便直接观测变形观测点时，可布设工作基点，其点位应稳固，便于监测。

③ 采用视准线法进行水平位移观测时，两端应布设基准点或工作基点，视准线偏离变形点的距离不应大于 20mm。并应在视准线上至少布设 2 个检查点。

（4）变形观测点应选择在能反映变形体变形特征又便于监测的位置。

（5）采用 GNSS 进行变形测量时，GNSS 基准点应埋设在变形区域外；对远离岸边的水上建筑物进行变形观测时，GNSS 网点应设置在水工建筑物顶部。

2. 垂直位移观测

（1）垂直位移观测可分为表层垂直位移观测和内部垂直位移观测。垂直位移观测所用仪器应根据观测等级、观测方法和观测要求选用。

（2）建筑物表层垂直位移观测点应结合工程特点布设在下列位置：

① 沉降或伸缩缝两侧。

② 不同结构分界处。

③ 不同基础或地基交界处。

④ 码头的前后沿。

⑤ 墩式结构的四角。

（3）内部垂直位移观测点的位置和数量应按观测的目的和要求确定，每个观测断面不得少于 2 个观测点。其观测点的设置应沿铅垂线方向，每一土层不得少于 1 点。最浅的观测点应设在基础底面下不小于 0.5m 处，最深的观测点应设在岩石层或超过压缩层理论深度处，经论证也可设在适当深度处。

（4）水工建筑物的表层垂直位移观测宜采用几何水准、液体静力水准或电磁波测距三角高程测量等测量方法。内部垂直位移观测宜采用电磁式沉降仪观测法、干簧管式沉降仪观测法或水管式沉降仪观测法。

（5）地基堆载或卸载的表层垂直位移观测，观测标志需升高或降低时，应在升高或降低前、后各观测一次。

（6）表层垂直位移观测方法及精度应符合规范规定。

（7）垂直位移观测的各项记录应注明观测时的水文、气象情况和荷载变化。

（8）场地地基处理的垂直位移观测点的布设应满足设计要求。

（9）内部垂直位移观测应每个观测点平行测定 2 次，读数差不大于 ±2mm。

（10）静力水准测量应满足下列要求：

① 观测前，应对观测头的零点差进行检验。

② 应保持连通管路无压折，管内液体无气泡。

③ 观测头的气泡应居中。

④ 两端测站的环境温度不宜相差过大。

⑤ 仪器对中误差不应大于 2mm，倾斜度不应大于 $10'$。

⑥ 宜采用两台仪器对向观测，也可采用一台仪器往返观测。液面稳定后，方能开始测量；每观测一次，应读数 3 次，取其平均值作为观测值。

（11）电磁波测距三角高程测量，垂直角宜采用1″级仪器中丝法对向观测各6测回，测回间垂直角互差不应大于6″；测距长度宜小于500m，测距中误差不应超过3mm；觇标高和仪器高应精确量至0.1mm；测站观测前后各测量一次气温和气压，计算时加入相应改正。

3. 水平位移观测

（1）当采用交会法进行水平位移观测时，交会方向不宜少于3个。测角交会法的交会角，应在60°～120°之间，测边交会法的交会角，宜在30°～150°之间。

（2）当采用极坐标法时，宜采用双测站极坐标法，其边长应采用钢尺丈量或电磁波测距仪测定。当采用钢尺丈量时，不宜超过一尺段，并进行尺长、温度和高差等项改正。

（3）当采用经纬仪投点法或小角法时，应检验经纬仪的垂直轴倾斜误差，当垂直度超出3°时，应进行垂直轴倾斜改正。

（4）当采用视准线法时应符合下列规定：

① 视准线的两个基点应选择在较稳定的区域，并具有高一级的基准点经常检核的条件，且便于安置仪器和观测。

② 视准线距各种障碍物应有1m以上的距离。

③ 变形观测点偏离视准线的距离不应大于20mm。

④ 采用活动觇牌法观测时，观测前应测定其零位差，其量距精度不应低于1/2000。

⑤ 基点和观测点宜浇筑带强制对中装置的观测台或观测墩，墩面离地表1.2m以上，各观测台面或观测墩面力求基本位于同一高程面内。

⑥ 视准线的长度一般不应超过300m，视线超过300m时应分段观测。

1.13.5　GNSS测量在港口与航道工程施工测量中的应用

1. GNSS全球导航卫星系统
1）GNSS 全球导航卫星系统

GNSS 是全球导航卫星系统（Global Navigation Satellite System）的缩写，包括中国北斗卫星导航系统（Bei Dou Navigation Satellite System，BDS）、美国全球定位系统（GPS）、俄罗斯格洛纳斯卫星导航系统（GLONASS）等卫星导航系统。该系统是以卫星为基础的无线电导航定位系统，具有全能性、全球性、全天候、连续性和实时性的导航、定位和定时的功能。能为各类用户提供精密的三维坐标、速度和时间。整个系统分为卫星星座、地面控制和监测站、用户设备三大部分。GPS 卫星星座的基本参数是：卫星颗数为 21＋3，卫星轨道面个数为 6，卫星高度为 20200km，轨道倾角为 55°，卫星运行周期为 11 小时 58 分（恒星时 12 小时），载波频率为 1575.42MHz 和 1227.60MHz。

GPS 卫星发射的无线电信号含有两种精度不同测距码，即所谓 P 码（精码）和 C/A 码（粗码）。相应两种测距码 GPS 将提供两种定位服务方式，即精密定位服务（PPS）和标准定位服务（SPS）。标准定位服务的主要对象是广大的民间用户。利用 SPS 所得到的观测量精度较低，且只采用调制在一种频率上的 C/A 码进行测距，无法利用双频技术消除电离层折射的影响。其单点定位的精度为 20～30m。

针对 C/A 码进行测距时无法利用双频技术消除电离层折射的影响，其具有单点定位的精度较差的特点，人们利用了差分技术，即将一台 GPS 接收机安置在基准站上进行观测。根据基准站已知精密坐标，计算出基准站到卫星的距离改正数，并由基准站实时地将这一改正数发出去。用户接收机在进行 GPS 观测的同时，也接收到基准站的改正数，并对定位结果进行改正，从而提高定位精度。

目前，GNSS 测量方法主要分为：事后差分处理和实时差分处理。事后差分处理包括静态和快速静态，其精度根据不同的测量等级要求来确定测量方法，其精度可达到毫米级，广泛应用于建立各等级的测量控制网及各类建筑的测试和监测。实时差分处理包括位置差分和伪距差分、载波相位差分。其中位置差分和伪距差分能满足米级定位精度，已广泛应用于导航、水下测量等。载波相位差分技术又称 RTK 技术，可使实时三维定位精度达到厘米级，已广泛应用于港口与航道工程及其他工程的施工放样及定位系统。

2）GNSS 测量控制网布设规定

（1）GNSS 控制网中作为起算点的高级控制点不得少于 2 个，宜用第 3 个已知点作校核，并应均匀分布，与待定点构成闭合环。

（2）GNSS 控制网宜在测区内布设成由独立基线构成的多边网或附合路线。GNSS 基线构成的最简独立闭合环或附合路线的边数，一级网不应多于 8 条，其余等级网不应多于 10 条。没有包括在最简闭合环或附合路线中的观测基线应进行重复观测。

（3）规模较大的工作项目应编制作业计划。

3）GNSS 点位置的选择规定

（1）GNSS 点位的选取应方便使用和保存，在地平仰角 15° 以上的视野内不宜有障碍物，并宜避开电磁辐射源和可能产生多路径效应误差的地点、光滑反射物体、大面积水面、大体积金属物和高温散热源等。

（2）GNSS 点间需要通视时，应在附近设方位点，两者之间的距离不宜小于 300m，其观测精度应与 GNSS 点相同。

（3）GNSS 点周围地平仰角 15° 以上视野内有障碍物或周围有大面积水域时，应绘制环视图。

4）GNSS 测量的外业观测规定

（1）GNSS 外业观测记录和观测前对接收机的检验应符合相应的规定。

（2）GNSS 接收机天线的对中误差，一、二级点不得超过 2mm，图根点不得超过 3mm；天线不能在标石中心安置时，可采用偏心观测，测定归心元素，将成果归算到标石中心。

（3）测量前、后应量取天线高度。天线高度应取三次读数的平均值，精确到 1mm，测量前后量高之差不应大于 3mm，取其平均值作为最后天线高。

（4）测站观测应满足下列要求：

① 卫星高度角不小于 15°。

② 每个时段观测时间不少于 30min。

③ 采样时间间隔为 5～30s。

④ 有效观测卫星不少于 4 颗。

⑤ 点位几何图形强度因子（PDOP）不大于 8。

（5）观测期间应注意观察仪器的工作状态，应避免电源中断和人、畜、汽车等在天线附近走动。雷雨时应关机停测，并通知其他同步观测台站。

（6）一个观测时段内不得重新启动接收机、重新选择工作模式、终止记录数据、改变参数设置或移动天线。

（7）一个时段观测结束时，应检查天线对中是否有变动，核实输入的各种参数，检查有效观测时间和记录数据量。每日观测结束后，应及时将观测数据转存备份。

5）RTK 平面控制测量基准站架设规定

（1）基准站应架设于控制点上，且该点应具有相当于四等水准及以上精度的高程。

（2）基准站周边环境应满足相应的要求。

（3）数据链天线架设高度应满足基准站与流动站间差分数据传输的要求，有条件时，应架高。

6）RTK 平面控制测量流动站观测规定

（1）观测开始前应对仪器进行初始化，并得到固定解，长时间不能获得固定解时，宜关机重新启动仪器，进行初始化操作。

（2）每次观测之间，流动站应重新初始化。作业过程中出现卫星信号失锁，应重新初始化，并经重合点测量检测合格后，方能继续作业。

（3）每次作业开始或结束前，均应进行至少一个同等级或高等级已知点的检核，平面坐标互差不应大于相应等级点位中误差的 $\sqrt{2}$ 倍。

（4）RTK 平面控制测量平面坐标转换允许残差应为 ±20mm。

（5）观测时应采用三脚架架设天线，天线高度应取两次读数的平均值；每次观测历元数应大于 20 个，历元间隔应为 2～5s，取均值作为每次观测结果。各次测量的平面坐标互差不应大于 40mm，取各次测量的平均值作为最终结果。

（6）进行后处理动态测量时，流动站应先在静止状态下观测 10～15min，在不丢失初始化状态的前提下进行动态测量。

7）GNSS 测量数据处理规定

（1）数据处理应采用随机配备的商用软件或经批准使用的软件；数据处理宜采用自动处理方式，采用人工干预处理时，应注明干预的原因、内容和效果。

（2）外业数据质量检核应按规范中的相应规定执行。

（3）外业测量数据不能满足要求时，应进行重测或补测。重测或补测的分析结果应写入数据处理报告。

（4）GNSS 网的无约束平差宜在 WGS-84 坐标系中进行；GNSS 网的约束平差可在 WGS-84 坐标系、国家坐标系或地方独立坐标系中进行。必要时可利用局部拟合的转换参数，进行 WGS-84 坐标系与国家坐标系之间的坐标转换，坐标转换参数应进行校核，平差结果应符合规范规定。

（5）对 RTK 平面控制成果应进行 100% 的内业检查和不少于总点数 10% 的外业检测，外业检测可采用相应等级的卫星定位静态或快速静态技术测定坐标，全站仪测量边长和角度等方法，检测点应均匀分布测区，检测结果应满足规范的要求。

（6）GNSS 网平差的输出信息应包括观测点在相应坐标系中的二维或三维坐标、基线向量的改正数、基线长度、基线方位角和相关的精度信息等。必要时，还应输出坐标转换参数及其精度信息。

2. GNSS测量定位系统在港口与航道工程中的应用

随着GNSS定位技术的发展与完善，这一技术已普遍用于各种用途的控制测量、工程放样等，并在这些领域中已经或正在逐步取代常规的测量手段。在大型和特大型工程项目中，GNSS技术更以其特有的优势发挥着重要的作用。

1）GNSS技术的优势

（1）高精度。GNSS测量的精度要明显高于常规工程测量，GNSS基线向量的相对精度一般在（$10^{-9} \sim 10^{-5}$）$\times D$之间，这是普通测量方法很难达到的。国外有试验结果表明，在长度为50～450km的基线上，三次试验结果的短期精度统计为：南北分量1.9mm$\pm 1.6 \times 10^{-8} \times D$（$D$为距离，以毫米计），东西分量2.1mm$\pm 1.3 \times 10^{-8} \times D$，垂直分量的精度平均为17mm。

（2）选点灵活、费用低。由于GNSS测量不要求测站间相互通视，不需要建造觇标，布网费用可以大大降低。

（3）不受天气条件影响。GNSS测量几乎可以在任何时间、任何气候条件下，均可以进行GNSS观测，大大方便了测量作业，有利于按时、高效地完成控制网的布设。

（4）测量时间短。采用GNSS布设一般等级的控制网时，在每个测站上的观测时间一般在1～2h，采用快速静态定位的方法，观测时间更短。

（5）数据处理高度自动化。采用GNSS技术，可使数据采集和处理过程均能实现高度自动化，减少人为误差和粗差发生的可能性。

（6）其他特点。此外，还有诸如数学模型简单、可同时测定点的三维坐标、易于实现无人值守观测等特点。

2）GNSS在国内外工程项目的应用

全球卫星定位系统，经过二十多年的发展，其应用范围和应用前景已远远超出了设计者当初的设想。在大型特别是特大型工程项目中，GNSS定位技术由于很好地克服了天气、通视、作用距离等诸多外界不利因素的限制，使其已成为主要的测量定位手段。随着载波相位差分技术又称RTK（Real Time Kinematic）技术的发展，使实时三维定位精度达到厘米级，据此许多单位研制开发了GNSS测量定位系统，以满足港口与航道工程的实际需要，改变了传统的施工工艺，提高了施工效率，取得显著经济效益。

（1）1987年开始施工的横跨英吉利海峡的欧洲海底隧道工程，全长50km，隧道深入海底40m。后期采用GNSS控制测量得到的隧道纵向误差，仅为前期采用经典大地测量方法纵向隧道误差的1/4，提高了工程质量。

（2）20世纪90年代，随着GNSS迅速发展，我国大中型挖泥船施工和水深测量使用了DGNSS系统及计算机图形处理技术，把DGNSS定位信息与电子海图背景有机地结合起来，可以实时显示船位、航迹和周围的地理情况，达到全天候定位和导航作业，定位精度可达到米级或亚米级，提高了挖泥效率和时间的利用率。我国交通运输部还在沿海地区无线电指向标站上，建立了DGNSS系统差分台，供导航使用，挖泥船只需装设一台接收机即可实现DGNSS定位，精度可达到1～5m。

（3）"远程 GNSS 打桩定位系统"，该系统利用三台精密的 DGNSS 和测距仪及其他辅助设备，应用 RTK 技术，开发了"远程 GNSS 打桩定位系统"软件，实行人机对话，自动记录锤击数，自动计算平均贯入度，自动生成沉桩记录表，实现了全天候打桩船导航定位和沉桩施工定位。克服了以往采用常规光学仪器定位受雨天、雾天、夜晚、视距等因素的影响，大大提高了生产率，而且沉桩定位精度达到厘米级，满足各类港口与航道工程的设计精度要求。"远程 GNSS 打桩定位系统"在建设中的长达 28～36km 的东海大桥和杭州湾跨海大桥各个施工区段中得到广泛应用，在外海和内河港口工程施工中均得到广泛应用，保证了工程质量和工期。

（4）"长江口 GNSS 铺排定位系统"，利用两台精密的 DGNSS 及其他辅助设备，应用 RTK 技术，实行人机对话，在电脑显示屏上实时监控铺排船体位置、铺排位置，实现了全天候铺排施工，且能自动生成铺排竣工记录表，克服了以往采用常规光学仪器定位受雨天、雾天、夜晚、视距等因素的影响，大大提高了生产率，铺排定位精度达到亚米级。

（5）"水下整平机系统"，利用两台精密的 DGNSS 及其他辅助设备，应用 RTK 技术，实行人机对话，在电脑显示屏上实时监控水下整平机的姿态、水下抛石基床的顶面高程、整平状况等，实现了全天候水下抛石基床的整平施工，克服了人工整平受水深、流速、潜水员的情绪和身体状况等因素的影响，大大提高了生产率，铺排定位精度达到厘米级。

（6）"无验潮测深系统"，利用一台精密的 DGNSS 及其他辅助设备安装在测深船上，应用 RTK 技术，实行人机对话，在电脑显示屏上实时监控测深船的航迹线、水下泥面高程，外业采集测深数据后，可直接在测深船上绘制水下地形图，精度可达到厘米级。克服了以往验潮测深方法出图前必须先取得验潮数据的限制，提高了出图速度和测图精度。

1.14　港口与航道工程混凝土的质量检查和试验检测

1.14.1　港口与航道工程混凝土质量检查

1. 混凝土原材料质量检查

（1）水泥在正常保管情况下，每 3 个月至少检查 1 次；对于库存超过 3 个月、快硬硅酸盐水泥超过 1 个月、有潮结现象的水泥，使用前应进行复验；对水泥质量有怀疑时，及时检查。

（2）拌合用水使用非饮用水拌制混凝土时，开工前检查其质量，水源有改变或对水质有怀疑时，及时检查。

（3）外加剂在正常保管情况下，每 2 个月至少检查 1 次；引气剂水溶液的泡沫度每月至少检查 1 次。

（4）掺合料在正常保管情况下，每 1 个月至少检查 1 次含水率。

（5）材料检验的抽样组批原则如下：

① 水泥的抽样批以同一厂家、同一等级的同一出厂编号水泥为一批，袋装水泥不超过 200t，散装水泥不超过 500t。

② 粉煤灰与磨细矿渣以连续供应相同等级的数量不大于 200t 为一批。

③ 硅灰以连续供应相同等级的数量不大于 20t 为一批。

④ 粗、细骨料以同一产地、同一规格，最多 400m³ 或 600t 为一批。

⑤ 减水剂、早强剂与缓凝剂以同一厂家、同一品种的同一批号，掺量大于 1% 的，最多 100t 为一批，掺量小于 1% 的，最多 50t 为一批。

2. 混凝土施工中的质量检查

（1）混凝土拌制、运输、浇筑和养护情况，每工作班应至少检查 2 次。

（2）施工过程中对骨料含水率的检查，每一工作班至少测定 2 次，当遇雨天或含水率显著变化时，应及时测定并调整配料单。

（3）混凝土拌合物的坍落度和含气量应在浇筑地点取样检测，每一工作班对坍落度至少检测 2 次，引气混凝土的含气量至少测定 1 次，当混凝土拌合物从搅拌机出料至浇筑入模时间不超过 15min 时，可在拌制地点取样检测。

（4）配置混凝土拌合料的各种衡器应定期校验，每一工作班正式称量前，应对称量设备进行零点校核，期间对原材料称量示值检查的次数应满足下列要求：

① 使用散装水泥时，检查 4 次；使用袋装水泥时，对袋的重量抽查 2 次。

② 掺合料检查 4 次。

③ 拌合用水检查 4 次。

④ 粗、细骨料检查 2 次。

⑤ 外加剂检查 4 次。

（5）混凝土拌合物运送至浇筑地点如出现离析、分层或稠度不满足要求等现象，应对混凝土拌合物进行二次搅拌。二次搅拌时不得任意加水。稠度不足时可同时加入水和胶凝材料，保持其水胶比不变。采用泵送混凝土时，供应的混凝土量应能保证混凝土泵的连续工作。如因故间歇，间歇时间不应超过 45min。

（6）混凝土拌合物运至浇筑地点的温度，最高不宜高于 35℃；最低不宜低于 5℃。

3. 混凝土强度的评定

（1）评定混凝土强度试件的制作、养护和试验应按现行水运行业试验标准进行。检验评定混凝土抗压强度采用立方体试件，其最小边长应根据骨料最大粒径来进行。当采用不同边长尺寸的试件时，应将其测得抗压强度乘以折算系数，换算成标准尺寸试件的抗压强度值。最大粒径骨料对应的试件最小边长与强度折算系数见表 1.14-1。

表 1.14-1　允许试件最小边长与强度折算系数

骨料最大粒径（mm）	试件最小边长（mm）	强度折算系数
31.5	100	0.95
40.0	150	1.00
50.0	200	1.05

（2）用于检查结构混凝土质量的试件应在混凝土的浇筑地点随机取样制作。混凝土抗压强度标准试件的留置应满足下列要求：

① 连续浇筑超过 1000m³ 时，同一配合比的混凝土每 200m³ 取样不少于 1 组，余下的不足 200m³ 取 1 组。

② 连续浇筑不超过 1000m³ 时，同一配合比的混凝土每 100m³ 取样不少于 1 组，余下的不足 100m³ 取 1 组。

③ 当混凝土配合比有变化时，每一配合比均留置试件。

（3）留置的每组抗压强度试件应由 3 个立方体试块组成，试样应取自同一罐混凝土，并以这 3 个试件的强度平均值作为该组试件的强度代表值。当这 3 个试件中的最大值或最小值之一，与中间值之差超过中间值的 15% 时，代表值应取中间值；当这 3 个试件中的最大值和最小值，与中间值之差均超过中间值的 15% 时，该组试件不应作为强度评定的依据。

（4）混凝土强度的评定验收应分批进行。同一验收批的混凝土应由强度等级相同、配合比和生产工艺基本相同的混凝土组成。对现浇混凝土结构构件，宜按分项工程划分验收批；对预制混凝土构件，宜按月划分验收批。对同一验收批的混凝土强度，应以该批内按规定留置的所有标准试件组数强度代表值，作为统计数据进行评定，除非查明系试验失误，不得抛弃任一强度代表值。

对于混凝土强度验收批的基于统计数据评定，依据《水运工程混凝土施工规范》JTS 202—2011 进行。

当验收批内的混凝土试件组数大于等于 5 组时，混凝土强度的统计数据应同时满足下式：

$$m_{f_{cu}} - S_{f_{cu}} \geq f_{cu,\ k} \qquad\qquad (1.14\text{-}1)$$

$$f_{cu,\ min} \geq f_{cu,\ k} - C\sigma_0 \qquad\qquad (1.14\text{-}2)$$

式中　$m_{f_{cu}}$——n 组混凝土立方体抗压强度的平均值（MPa）；

$\quad\ \ S_{f_{cu}}$——n 组混凝土立方体抗压强度的标准差（MPa），其取值不得低于 $\sigma_0 - 2$（MPa）；

$\quad\ \ f_{cu,\ k}$——该验收批混凝土立方体抗压强度标准值（MPa）；

$\quad\ \ f_{cu,\ min}$——n 组混凝土立方体抗压强度的最小值（MPa）；

$\quad\ \ C$——系数，$n = 5\sim9$ 取 0.7；$n = 10\sim19$ 取 0.9；$n \geq 20$ 取 1.0；

$\quad\ \ \sigma_0$——混凝土立方体抗压强度标准差的平均水平，按表 1.6-12 选取。

1.14.2　港口与航道工程混凝土试验检测

1. 常用的几种试验检测

港口与航道混凝土施工中，需要对混凝土性能进行多种试验检测，检测的项目和内容要根据设计对有关结构的混凝土特性要求决定。

1）混凝土拌合物稠度试验（坍落度法）

目的是测定混凝土坍落度以判断混凝土拌合物流动性。坍落度法主要适用于坍落度不小于 10mm 的塑性混凝土拌合物，骨料粒径不大于 40mm。试验设备主要包括坍落度筒、铁板、钢捣棒、钢直尺、钢尺、小铁铲、抹刀等。

试验步骤：

（1）湿润坍落度筒、铁板、钢捣棒后，将坍落度筒放置在不吸水的刚性底板上，双脚踏紧脚踏板，坍落度筒在装料时保持位置稳定。

（2）在拌合均匀的混凝土拌合物中取出试样，分成三层尽快地装入坍落度筒内，使捣实后的每层高度约为筒高的 1/3。每装一层，用钢捣棒在混凝土截面积上均匀插捣

（不得猛力冲击）25 次，插捣应沿螺旋线由边缘逐渐向中心进行，插捣近边缘混凝土时钢捣棒可稍稍倾斜。插捣底层时，钢捣棒应贯穿到底部。插捣二层和顶层时，钢捣棒应插透本层至下层表面为止。

（3）浇灌顶层时，混凝土应灌到高出筒口，插捣过程中如混凝土沉到低于筒口，则应随时添加。

（4）三层捣完后，用抹刀刮去多余的混凝土拌合物，抹平表面，刮净筒周围铁板上的混凝土拌合物。

（5）在 3~7s 内，将坍落度筒垂直平稳地提起。将坍落度筒放在已坍落的混凝土试样一旁，当试样不再继续坍落或坍落时间达到 30s 时，用钢尺量测筒高与已坍落混凝土最高点之间的高度差，即为该混凝土拌合物的坍落度。从开始装料到提起坍落度筒应不间断进行，并应在 150s 内完成。

坍落度筒提离后，混凝土拌合物若发生崩坍或一边剪坏现象，则应重新取样另行测定。

混凝土拌合物坍落度精确至 1mm，结果修约至 5mm。

黏聚性评定方法：用钢捣棒在已坍落的混凝土锥体一侧轻轻敲打。如果敲打后锥体逐渐下沉，表示黏聚性良好。如果锥体突然倒坍，部分崩裂或发生离析现象，则表示黏聚性不好。

保水性以混凝土拌合物中稀浆析出的程度来评定。坍落度筒提起后，若有较多稀浆从底部析出，锥体部分的混凝土也因失浆而让骨料外露，则表明此混凝土拌合物保水性不好。如坍落度筒提起后无稀浆或是有少量稀浆析出，则表示此混凝土拌合物保水性良好。

2）扩展度试验

扩展度试验可用于骨料最大公称粒径不大于 40mm，坍落度不小于 160mm 混凝土扩展度的测定。试验设备除钢尺量程要求为 1000mm 外，其余的同坍落度法一致。

试验步骤：

（1）按照坍落度法的步骤（1）~（4）项进行试验仪器准备、拌合物的装料和插捣；

（2）清除筒周围铁板上的混凝土后，在 3~7s 内将坍落度筒垂直平稳提起，当混凝土拌合物不再扩散或扩散持续时间已达 50s 时，用钢尺量拌合物展开扩展面的最大直径以及与最大直径垂直方向的直径；

（3）当两直径之差小于 50mm 时，取其算术平均值作为试验结果，当两直径之差不小于 50mm 时，重新取样试验；

（4）粗骨料在中央集堆或边缘有水泥浆析出时，混凝土拌合物抗离析性不好，予以记录；

（5）扩展度试验从开始装料到测得混凝土扩展度值的整个过程应连续进行，并在 4min 内完成。

混凝土拌合物扩展度值测量精确至 1mm，结果修约至 5mm。

3）维勃稠度试验

维勃稠度试验可用于骨料最大公称粒径不大于 40mm，维勃稠度在 5~30s 的混凝土拌合物的维勃稠度值的测定。试验设备包括维勃稠度仪和精度不低于 0.1s 的秒表。

试验步骤：

（1）将维勃稠度仪放置在坚实水平的地面上，用湿布将容器、坍落度筒、喂料斗内壁及其他用具湿润；

（2）将喂料斗提升到坍落度筒上方扣紧，校正容器位置，使其中心与喂料斗中心重合，然后拧紧固定螺钉；

（3）将混凝土试样分 3 层经喂料斗均匀地装入筒内，按照坍落度法的步骤（1）～（4）项进行拌合物的装料和插捣；

（4）把喂料斗转离，垂直提起坍落度筒，混凝土试体不应产生横向扭动；

（5）把透明圆盘转到混凝土圆台体顶面，完全放松测杆螺钉、降下圆盘，使其轻轻接触到混凝土顶面；

（6）拧紧定位螺钉，开启振动台的同时用秒表计时，当振动到透明圆盘的底面被水泥浆布满的瞬间停表计时，并关闭振动台。

秒表记录的时间即为混凝土拌合物的维勃稠度值，精确到 1s。

4）混凝土拌合物含气量测定（气压法）

目的是测定混凝土拌合物中的含气量，以控制引气剂掺量和控制混凝土含气量。适用于骨料粒径不大于 40mm 的塑性混凝土。试验设备主要有气压式含气量测定仪、振捣设备、打气筒、玻璃板、吸液管、水桶、木锤、抹刀等。

试验步骤：

（1）在进行混凝土拌合物含气量测定之前，应先测出骨料中的含气量。

（2）擦净校正好的含气量测定仪量钵，将混凝土均匀的装入量钵中，并稍有富余。按规定进行振实，振实完毕后应立即用刮尺刮平，表面如有凹陷应予填平，然后用抹刀抹平，使表面光滑。在正对操作阀孔的混凝土表面贴一小片塑料薄膜，擦净法兰盘，放好密封圈，加盖关紧螺栓。

（3）关闭操作阀，打开进气阀，用打气筒打气，使其室内压力略大于 0.1MPa，然后关紧所有阀门。打开操作阀，使其室内的压缩空气进入量钵，待压力表指针稳定后，测读表值。打开排气阀，测读压力表读数。

（4）按含气量与压力表读数关系曲线查出相应的含气量值，再减去骨料含气量，即为混凝土拌合物的含气量。

5）混凝土试件成型和养护

目的是制作供性能试验用的混凝土试件。试验设备主要有试模、捣实设备、混凝土标准养护室／混凝土养护池、抹刀等。

混凝土拌合物试验用料应从同一盘或同一车运送的混凝土中取出，或在试验室内拌制。用以检验工程质量或构件质量用的试件分组和混凝土取样，应按现行行业标准《水运工程混凝土施工规范》JTS 202—2011 的有关规定执行。

所有试件应在取样后立即制作，试件成型方法应视设备条件、现场施工方法和混凝土的稠度而定，可采用振动台、振动棒或人工捣实。检验工程和构件质量的混凝土试件成型方法，宜与实际施工采用的方法相同。采用振动棒成型时，可将混凝土拌合物一次装入试模，装料稍有富余。振动棒应从试模中心插入，深度应超过试模高度的 1/2，但不应插到模底，并应快插慢拔，上下抽动，以利均匀捣实。振动时间视混凝土坍落度而定，至少应达到表面出浆。振动完毕后刮除试模顶部多余混凝土，但应使其稍高出试模顶面，待混凝土适当凝结后，用抹刀抹平。

根据试验目的，试件可采用标准养护或与构件同条件养护。

标准养护的试件应在温度为 20±2℃ 和相对湿度为 95% 以上的潮湿空气中养护。采用标准养护的试件，在成型后应覆盖表面，防止水分蒸发，并在温度为 20±5℃、相对湿度为 50% 以上的环境下至少放置一昼夜（但不得超过两昼夜），然后编号拆模，并立即移入标准养护室中养护。在标准养护室内，试件应放在架上，彼此间隔为 10～20mm，并避免用水直接淋刷试件。在缺乏标准养护室时，混凝土试件可在温度为 20±2℃ 的不流动水中养护。抗冻试件应在水中养护。水的 pH 值不应小于 7。

采用与建筑物或构件同条件养护的试件，成形后应覆盖表面，并随即放置在建筑物或构件旁边，使它们保持相同的养护条件（包括环境温度和湿度）。试件拆模时间可与实际构件的拆模时间相同。拆模后，试件仍需保持同条件养护。

试验需要进行自然放置并晾干的试件应放置于干燥通风的室内，每块试件间至少留有 10～20mm 的间隙。

6）混凝土立方体抗压强度试验

目的是测定混凝土抗压强度，以检验材料质量，确定、校核混凝土配合比，并为控制施工质量提供依据。试验设备有压力机、试模、钢尺等。

试验步骤：

（1）试件自养护地点取出后应及时进行试验，避免试件的温度和湿度发生显著变化。

（2）试件在试压前应先擦拭干净，测量尺寸并检查外观。

（3）把试件放在试验机下压板中心，试件承压面应与试件成型时的顶面垂直。

（4）开动试验机，当上下压板与试件接触时，调整球座，使接触均匀。

（5）以 0.3～0.5MPa/s 的速度连续而均匀地加荷。当试件接近破损而迅速变形时，应停止调整试验机油门，直至试件破坏，然后记录破坏荷载。

混凝土立方体试件抗压强度计算精确至 0.1MPa。

7）混凝土抗冻性试验

目的是检验混凝土的抗冻性能，评定混凝土抗冻等级。试验设备主要有试模、冷冻设备、测温设备、动弹模量测定仪、台秤、试件桶、橡皮衬垫等。

混凝土试件的尺寸为 100mm×100mm×400mm，三个试件为一组。试件的成型按混凝土试件成型标准进行，宜采用振动台振实，并应在水中养护。

一次冻融循环的指标应符合下列要求：

（1）试件中心的冻结温度 -15℃（允许偏差 -2℃）。

（2）试件每次循环的降温历时 1.5～2.5h。

（3）试件中心的最高溶解温度 8±2℃。

（4）试件每次循环的升温历时 1.0～1.5h。

（5）一次冻融循环历时 2.5～4.0h。

（6）试件中心与表面的温度差小于 28℃。

试验步骤：

（1）试件达到规定的养护龄期后，自养护池中取出。如冻融介质为海水，应将试件风干两昼夜后再浸泡海水两昼夜。如冻融介质为淡水，则不必进行风干。

（2）对已泡水完毕的试件，擦去表面水分，称量初始重，并测量初始动弹性模量。必要时可对试件进行外观描述或照相。

（3）上述工作进行完毕后，即将试件装入桶底和桶壁均衬有橡皮垫的试验桶内，按冻融介质注入海（淡）水，水面应浸没试件顶面20mm。

（4）每经历50次或25次（视混凝土试件抗冻性能高低而定）冻融循环后，对试件分别进行动弹模量和重量检查，并进行外观评级。必要时可对试件进行外观描述或照相。每次检查完毕装桶时应将试件掉头。当有一部分试件停冻取出后，应另用试件填充空位。

（5）冻融循环试验应连续进行，如因故中断，且不能确保中断时间不超过两天时，则试件应在温度为−2±2℃条件下保存至恢复冻融试验为止。当采用氯化钙溶液为冷冻液时，应定期检查其密度，若密度小于1.27kg/L时应及时调整。

对于相对动弹模量试验结果：以3个试件试验结果的平均值为测定值，但当最大值或最小值之一与中间值之差超过中间值的20%时，剔除此值，取其他两值的平均值作为测定值；当最大值或最小值之一与中间值之差均超过中间值的20%时，则取中间值作为测定值。

对于重量损失率试验结果：以3个试件试验结果的平均值为测定值。但当3个值均为负值时，平均值取0；当其中2个为负值时，则正值除以3作为平均值；其中1个为负值时，则2个正值相加除以3作为平均值；当3个值均为正值时，当最大值或最小值与中间值的差大于1%时，剔除，取剩下的2个值的平均值；当最大值和最小值与中间值的差均大于1%时，取中间值为测定值。

试验结果评定：以相对动弹模量下降至75%或重量损失率达5%时，即可认为试件已达到破坏，并以相应的冻融循环次数作为该混凝土的抗冻融等级。如相对动弹模量和重量损失率均未达到上述指标，但冻融循环次数已满足设计要求，亦可停止试验。

2. 实体验证性检测

混凝土实体结构验证性检测应在施工单位自检合格的基础上进行。检测的部位应根据工程结构特点，由质量监督机构会同建设单位和设计单位选定。承担检测的单位或机构应具有水运工程试验检测相应的能力等级，并经质量监督机构认可或授权。承担检测项目的负责人应具有水运工程试验检测工程师资格。

1）混凝土强度检测

（1）混凝土结构主要构件实体混凝土强度验证性检测的抽查数量可按以下确定：

桩、梁、板按1%～2%且不少于5件；

沉箱、扶壁、圆筒按5%～10%且不少于5件；

闸墙、坞墙、挡墙按5%～10%且不少于5件。

（2）混凝土强度检测宜采用超声回弹综合法或取芯法，其检测条件、检测方法和合格判定标准应符合《水运工程混凝土结构实体检测技术规程》JTS 239—2015的有关规定。

2）钢筋保护层厚度检测

（1）对位于水位变动区和浪溅区的混凝土结构主要构件，其实体钢筋混凝土保护层厚度验证性检测的抽查数量可按以下确定：

　　桩、梁、板按 1%～2% 且不少于 3 件；

　　沉箱、扶壁、圆筒按 10% 且不少于 3 件；

　　闸墙、坞墙、挡墙按 5% 且不少于 3 件。

　　（2）对桩和梁类构件应对全部主筋进行检测；对板类构件应抽取不少于 6 根受力筋进行检测；对沉箱、扶壁、圆筒、闸墙、坞墙和挡墙等，应至少抽取 6 根受力筋进行检测。每根钢筋应在有代表性的部位检测 2～3 个点。

　　（3）钢筋保护层厚的检测可采用非破损或局部破损的方法，也可以采用非破损方法并用局部破损的方法进行校准。桩、梁、板、沉箱、扶壁、圆筒等构件的钢筋保护层的实际厚度的正偏差不应超过 12mm，负偏差不应超过 5mm；现浇闸墙、坞墙和挡墙等构件钢筋保护层的实际厚度的正偏差不应超过 15mm，负偏差不应超过 5mm。

　　（4）主要构件实体钢筋保护层厚度检测合格的判定标准为：全部检测点的合格率达 80% 及以上，且其中不合格点的最大负偏差均不大于规定偏差值的 1.5 倍。

　　当全部检测点的合格率小于 80% 但不低于 70% 时，应再抽取相同数量的构件进行检测，当两次抽样数量总和计算的合格点率达 80% 及以上时，则钢筋保护层厚度的检测合格率仍应判定为合格。

　　3）抗氯离子渗透性检测

　　（1）对处于浪溅区和水位变动区的梁、板、沉箱、扶壁和挡浪墙等有抗氯离子渗透性能要求的构件，应进行抗氯离子渗透性能验证性检测。

　　（2）抗氯离子渗透性能验证性检测的试件应在构件上钻芯制取。预制构件宜按同类构件且混凝土数量不大于 20000m³ 抽检一次，每一次抽检钻取芯样试件数量不宜少于 3 个；现浇构件的同类构件的芯样试件数量不宜少于 3 个。

　　（3）当采用电通量法检测时，抗氯离子渗透性能验证性检测合格判定标准为：芯样试件的电通量平均值应满足设计要求，且单块芯样试件的电通量值不得大于设计值的 115%。

　　4）混凝土面层厚度检测

　　（1）道路宜按长度不大于 1000m 检测一处，且应不少于 3 处；堆场宜按面积不大于 5000m² 检测一处，且不应少于 3 处。

　　（2）混凝土面层厚度检测应采用钻芯取样并用钢尺测量的方法。

　　（3）混凝土面层厚度检测合格的判定标准为：检测的平均厚度应不小于设计厚度，且检测的厚度最小值不得比设计厚度小 15mm 及其以上。

第2章　港口与航道工程施工技术

2.1　重力式码头施工技术

重力式码头是依靠自身重量维持稳定,要求地基有较高的承载能力。重力式码头一般由基础、墙身、墙后回填和码头设备等组成。重力式码头施工顺序包括基础开挖、基床抛石、夯实、整平、墙身制安、棱体抛填、上部结构和附属设施安装等,其典型断面如图 2.1-1 所示。

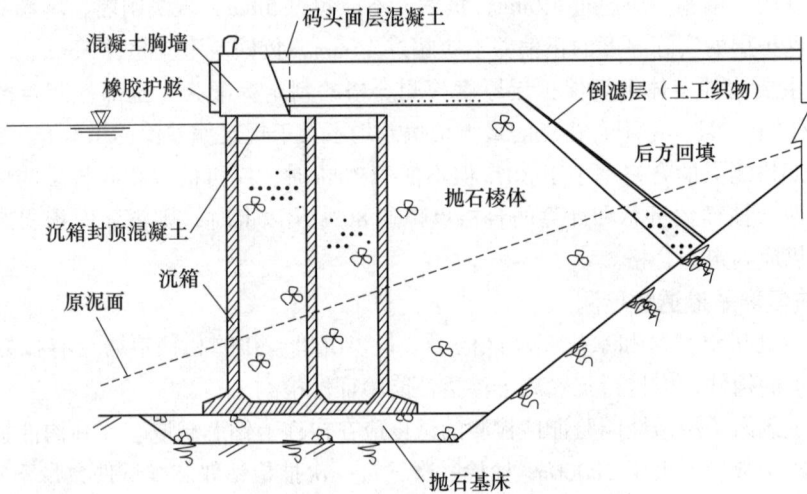

图 2.1-1　沉箱重力式码头断面示意图

2.1.1　基础施工

1. 基槽开挖

1)开挖施工工艺及选择

基槽开挖应根据地质条件采用相应的开挖方式。

(1)地基为岩基且不危及邻近建筑物的安全时,视岩石风化程度,可采用水下爆破,然后用抓斗式或铲斗式挖泥船清渣挖除;地基为非岩基时,多采用挖泥船直接开挖。

(2)在选择挖泥船时,要对自然环境条件、工程规模、开挖精度和挖泥船技术性能等因素作综合分析,选择可作业的、能满足工程要求的且挖泥效率高的挖泥船。砂质及淤泥质土壤宜采用绞吸式船开挖;黏性土或松散岩石宜采用链斗式、抓扬式或铲斗式挖泥船。此外,在外海进行基槽开挖作业时,应选择抗风浪能力强的挖泥船;在已有建筑物附近进行基槽开挖时,应选择小型抓扬式挖泥船。

2)基槽开挖施工要点与质量控制

(1)开工前要复测水深,核实挖泥量,如遇有回淤情况,应将在挖泥期间的回淤量计入挖泥量内,作为编制基槽开挖施工计划的依据。

(2)基槽开挖深度较大时宜分层开挖,每层开挖高度应根据土质条件和开挖方法确定。

（3）为保证断面尺寸的精度和边坡稳定，对靠近岸边的基槽，需分层开挖，每层厚度根据边坡精度要求、土质和挖泥船类型确定。

（4）挖泥时，要勤对标，勤测水深，以保证基槽平面位置准确，防止欠挖，控制超挖。挖至设计标高时，要核对土质，发现地质情况与设计要求不符时，应及时研究解决。对有标高和土质"双控"要求的基槽，如土质与设计要求不符，应继续下挖，直至相应土层出现为止。

（5）采用干地施工时，必须做好基坑的防水、排水和基土保护。

（6）爆破开挖水下岩石基槽，浅点处整平层的厚度不应小于 0.3m。

2. 基床抛石

1）基床块石的质量要求

基床块石宜用 10～100kg 的块石，对不大于 1m 的薄基床宜采用较小的块石。石料的质量应符合下列要求：

（1）饱水抗压强度：夯实基床不低于 50MPa；不夯实基床不低于 30MPa。

（2）未风化、不成片状，无严重裂纹。

2）抛石施工工艺及组织

每段基槽开挖后应及时抛石或铺设垫层。

基床抛石，可以用水上或陆上机具进行。在离岸较远且与岸不相连的基床抛石，用水上机具几乎是唯一的方法。

水上基床抛石有驳船人力抛填、驳船反铲抛填以及开体驳抛填三种方法。驳船人力抛填是用驳船运输石料，通过人工或简易的起重设备将石块抛填到指定位置。

为保证基床抛石的精度，抛石开始前应做好导标设立和抛石船驻位工作。基床抛石一般纵向设置基床的中心导标和顶面的坡肩边导标，横向设分段标，根据安排的分段施工顺序，抛石船依导标定位。

当基床抛石需作密实处理且基床较厚时，基床需分层抛填分层密实。

3）基床抛石施工要点及质量控制

（1）抛石前应检查基槽尺寸有无变动，有显著变动时应进行处理。当基槽底含水率小于 150% 或重力密度大于 12.6kN/m³ 的回淤沉积物厚度大于 0.3m 时，应清淤。有换填抛石并有夯实措施时，基槽底面回淤沉积物的厚度限值可适当放宽。

（2）抛石基床应预留沉降量。对于夯实的基床，可仅按地基沉降量预留；对于不夯实的基床，还应考虑基床本身的沉降量。基床顶面预留的向墙后倾斜的坡度，应根据地基土性质、基床厚度、基床应力分布、墙身结构型式、荷载和施工方法等因素确定，其坡度可采用 0～1.5%。

（3）抛石前应进行试抛，通过试抛，掌握块石漂流与水深、流速的关系，当用开底驳和倾卸驳抛时，掌握块石堆扩散情况，以选定始点位置和移船距离；为避免漏抛或抛高，应勤测水深。

（4）导标标位要准确，勤对标，对准标，以确保基床平面位置和尺度。

（5）粗抛和细抛相结合，顶层面以下 0.5～0.8m 范围内应细抛；抛填控制高差，粗抛一般为 ±300mm，细抛一般为 0～300mm，细抛应趁平潮时进行。

（6）夯实处理的基床应预留夯沉量，其数值应按当地经验或试夯资料确定，无实测资料时，可取抛石层厚的10%～12%。对于不夯实的基床，还应预留基床本身的沉降量。

（7）基床抛石顶面不得超过施工组织设计确定的高程，且不宜低于0.5m；应按照宁低勿高的原则施工。

3.基床夯实

1）重锤夯实法

（1）重锤夯实法施工工艺及组织

① 重锤夯实法一般用抓斗挖泥船或在方驳上安设起重机（或卷扬机）吊重锤的方法进行夯实作业。

② 基床应分层分段夯实，每层厚度大致相等，夯实后厚度不宜大于2m。若夯击能量较大时，分层厚度可适当加大。分段夯实的搭接长度不应小于2m。

③ 夯锤底面积不宜小于0.8m^2，锤底面压强可采用40～60kPa，落距为2～3.5m。不计浮力、阻力等影响时，每夯的冲击能不宜小于120kJ/m^2；对无掩护水域的深水码头，冲击能宜采用150～200kJ/m^2，且夯锤宜具有竖向泄水通道。

④ 基床夯实一般采用纵横向相邻接压半夯每点一锤，并分初、复夯各一遍，一遍夯四次。可采用两遍或多遍夯实的方法，以防止基床局部隆起或漏夯。夯击遍数由试夯确定，不进行试夯时，不宜少于八夯次，并分两遍夯打。

（2）重锤夯实施工要点与质量控制

① 基床夯实范围应按设计规定采用。如设计未规定，可按墙身底面各边加宽1m，若分层夯实时，可根据分层处的应力扩散线各边加宽1m。

② 为避免发生"倒锤"或偏夯而影响夯实效果，每层夯实前应对抛石面层作适当整平，其局部高差不宜大于300mm。

③ 基床夯实后，应进行夯实检验。检验时，每个夯实施工段（按土质和基床厚度划分）抽查不少于5m一段基床。用原夯锤、原夯击能复打一夯次（夯锤相邻排列，不压半夯），复打一夯次的平均沉降量应不大于30mm，无掩护水域的重力墩不应大于50mm。

2）爆炸夯实法

爆炸夯实是在水下块石或砾石地基和基础表面布置裸露或悬浮药包，利用水下爆炸产生的地基和基础振动，使地基和基础得到密实的方法。

（1）施工工艺及组织

爆夯的工艺流程如图2.1-2所示。

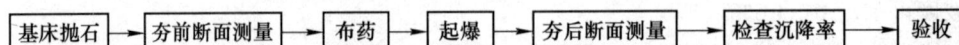

基床抛石 → 夯前断面测量 → 布药 → 起爆 → 夯后断面测量 → 检查沉降率 → 验收

图2.1-2　爆夯工艺流程

采用爆夯法密实基床时，基床的分层厚度、药包的悬吊高度及重量、布药方式、爆夯遍数、一次爆夯的总药量等参数应经设计和试验确定。其夯沉量一般控制在抛石厚度的10%～15%。应考虑爆夯对周围环境的影响，并控制爆夯点与需保护对象间的安全距离。

（2）爆炸夯实的适用条件

① 地基与基础应为块石或砾石。

② 分层夯实厚度不宜大于12m。当起爆时药包在水面下的深度大于计算值20%时，分层夯实厚度可适当增加，但不得超过15m；当石层过厚或水深（h_i）小于式（2.1-1）的计算值时，应分层抛填、分层爆夯。

$$h_i \geqslant 2.32 q_2^{1/3} \tag{2.1-1}$$

式中　h_i——药包中心至水面的垂直距离（m）；

　　　q_2——单药包药量（kg）。

③ 布药施工可采用水上布药船或陆上布药机，在低潮石面露出时也可人工陆上布药。

④ 布药方式可分别选用点布、线布、面布。

⑤ 局部补抛石层平均厚度大于50cm时，应按原设计药量一半补爆一次，补爆范围内的药包应按原设计位置布放。

（3）爆炸夯实施工要点与质量控制

① 水上布药时应取逆风或逆流向布药顺序。

② 夯实率检查可分别选用水砣、测杆、测深仪等方法。采用水砣或测杆测深时，每5~10m设一个断面且不少于3个断面，1~2m设1个测点且不少于3个测点；测深仪测深，断面间距可取5m且不少于3个断面。

③ 爆夯的基床，夯实质量应满足夯沉量要求。

（4）补夯处理

爆炸夯实后，基床顶面补抛块石的厚度超过0.5m，补抛块石的面积大于构件底面积1/3且连续面积大于30m²，补抛后应补爆或用重锤补夯。

4. 基床整平

为使基床能够均匀地承受上部荷载的压力，必须进行基床顶面和边坡表面的整平工作。水下基床整平工作，根据不同建筑物有不同的精度要求，一般分为：

粗平：表面标高允许偏差为 ±150mm；

细平：表面标高允许偏差为 ±50mm；

极细平：表面标高允许偏差为 ±30mm。

1）施工工艺及组织

（1）基床粗平

基床粗平一般采用水下整平船，整平船可由方驳改装，其主要工作装置是刮尺。方法是在方驳的船边伸出两根工字钢（或钢轨）作为刮尺支架，支架外端安装滑轮，用重轨做成的刮尺通过滑轮悬吊在水中，在刮刀两端系以测深绳尺，以此来控制刮尺高程，施工时，整平船就位，按整平标高用滑车控制刮尺下放深度，并根据水位变化随时调整，潜水员以刮尺底为准，"去高填洼"进行整平，边整平、边移船，压茬向前进行。如去填量比较大，石料可通过整平船用绞车吊篮进行上、下或左、右的运输。

（2）基床细平或极细平

基床的细平和极细平仍采用水下整平船，但由于精度要求很高，需在基床面设导轨（一般用钢轨）控制整平精度。导轨在基床两侧各埋入一根，搁置在事先已安设好的混凝土小型方块上，小型方块的间距为5~10m，方块与导轨之间垫厚薄不一的钢板，将导轨顶标高调整到基床的整平标高。

2）施工要点与质量控制

（1）抛石基床无论有无夯实要求，为使其能够均匀地承受上部荷载的压力，平稳地安装上部预制构件，基床顶面均需按设计要求进行整平。

（2）进行基床整平时，对于块石间不平整部分，宜用二片石填充，二片石间不平整部分宜用碎石填充，其碎石层厚度不应大于 50mm。

3）基床整平范围

基床整平范围为重力式码头墙身底面每边各加宽 0.5m 范围内。

4）其他

（1）大型构件底面尺寸大于或等于 30m² 时，其基床可不进行极细平。

（2）每段基床整平后应及时安装预制件。

（3）明基床外坡应进行理坡。

2.1.2　构件预制及安装

重力式码头的墙体结构型式有混凝土及钢筋混凝土方块、沉箱、扶壁和大直径圆筒等，其一般施工工程序包括：墙体构件预制、出运和安装。大型预制件吊运采用的吊具应经设计，并满足强度、刚度和稳定性要求。吊具对薄壁构件不宜产生水平挤压力；整体吊运的合力应与其荷载的重心共线。

1. 方块构件预制、吊运及安装

1）方块构件预制

（1）预制场的布置

① 预制混凝土方块属重大构件需在专设方块的预制场中预制。一般常需设置临时预制场。临时预制场的布置，基本上分为两种类型。第一种类型是将混凝土方块预制场布置在离岸边较远的区域，利用现有预制厂的起重设备（或进行改造）将方块转运至出运码头；第二种类型是布置在永久或临时的码头或岸壁，利用水上起重设备可以直接将方块运走，预制方块尺寸不受陆上起重能力限制。

② 布置预制场时除应验算地基或码头的承载能力及岸壁稳定外，尚需考虑支拆模板、浇筑混凝土和用起重船吊方块装方驳等因素的要求。

（2）预制模板

模板应具有足够的强度、刚度和稳定性，并可靠地承受新浇混凝土的自重力、侧压力和施工中产生的荷载，模板的变形应在允许范围内。

方块侧模板与支撑系统应考虑下列荷载的组合：

计算强度采用倾倒混凝土时产生的荷载和新浇混凝土对模板侧面的压力；

验算刚度采用新浇混凝土对模板侧面的压力；

新浇筑混凝土对模板侧面的压强标准值，如采用插入式振捣器，浇筑速度在 6m/h 以下时，可按式（2.1-2）计算：

$$F_{max} = 8K_s + 24K_t V^{1/2} \qquad (2.1-2)$$

式中　F_{max}——混凝土对模板的最大侧压强（kN/m²）；

　　　V——混凝土浇筑速度（m/h）；

K_s——外加剂影响系数，不掺外加剂时取 1.0；掺缓凝作用的外加剂时取 2.0；

K_t——温度校正系数。见表 2.1-1。

表 2.1-1　温度校正系数 K_t

温度（℃）	5	10	15	20	25	30	35
K_t	1.53	1.33	1.16	1.00	0.86	0.74	0.65

倾倒混凝土所产生的水平动力荷载标准值，见表 2.1-2。

表 2.1-2　倾倒混凝土所产生的水平动力荷载

序号	向模板内供料的方法	水平动力荷载（kN/m²）
1	用溜槽串筒或直接由混凝土导管	2.0
2	用容量 0.2m³ 以下的运输器具	2.0
3	用容量 0.2～0.8m³ 的运输器具	4.0
4	用容量 0.8m³ 以上的运输器具	6.0

注：作用在有效压力高度以内。

浇筑方块的底模一般采用混凝土结构，预制数量少时，也可采用木底模或用组合钢模板拼装式底模。侧模可采用木模板、整体钢模板和组合式钢模板。侧模与侧模之间通过用大号型钢或钢桁架作为水平围囹固定，侧模的安装和拆除一般采用龙门起重机或塔式起重机。

底模表面应采用妥善的脱模措施，不应采用会降低预制件底面摩擦系数的油毡或类似性质的材料作脱模层。

（3）混凝土搅拌、运输、入模一般有以下几种方式：

① 拌合机搅拌、汽车载运混凝土罐、吊机（塔式起重机）入模。

② 拌合机搅拌、自卸汽车或混凝土搅拌车运输、混凝土罐吊机（塔式起重机）入模或皮带机（挂串筒）入模。

③ 拌合机搅拌、自卸汽车或混凝土搅拌车运输、混凝土泵车入模。

（4）混凝土中掺加块石

① 体积较大的方块通常掺块石，以节约水泥，并降低混凝土的温度。

② 混凝土中埋放的块石尺寸应根据运输条件和振捣能力确定，块石形状应大致方正，最长边与最短边之比不应大于 2。凡有明显风化迹象、裂缝夹泥砂层、片状体或强度低于规定的粗骨料指标的块石，均不得使用。

③ 混凝土中所埋放的块石距混凝土结构物表面的距离应符合下列规定：有抗冻性要求的，不得小于 300mm；无抗冻性要求的，不得小于 100mm 或混凝土粗骨料最大粒径的 2 倍。

④ 块石应立放在新浇筑的混凝土层上，并被混凝土充分包裹。埋放前应冲洗干净并保持湿润。块石与块石间的净距不得小于 100mm 或混凝土粗骨料最大粒径的 2 倍。

（5）混凝土振捣

① 插入式振捣器的振捣顺序宜从近模板处开始，先外后内，移动间距不应大于振

捣器有效半径的 1.5 倍。

② 随浇筑高度的上升分层减水。混凝土浇筑至顶部时，宜采用二次振捣及二次抹面，如有泌水现象，应予排除。

③ 为了不影响上下层之间的摩擦系数，除顶层方块用铁抹子压光外，其他各层可用木抹子搓抹。

（6）混凝土养护

① 混凝土浇筑完毕后应及时加以覆盖，结硬后保湿养护。

② 养护方法应根据构件外形选定，宜采用盖草袋洒水、砂围堰蓄水、塑料管扎眼喷水。也可采用涂养护剂、覆盖塑料薄膜等方法。

③ 当日平均气温低于 +5℃时，不宜洒水养护。

④ 持续养护时间视当地气温、水泥品种、混凝土结构物体积等而定。对使用硅酸盐水泥或普通硅酸盐水泥的混凝土构件，潮湿养护时间不得少于 10d；使用矿渣硅酸盐水泥、火山灰质硅酸盐水泥或粉煤灰硅酸盐水泥的混凝土构件，潮湿养护时间不得少于 14d。对有抗冻要求的混凝土，按规定进行潮湿养护之后，宜在空气中干燥碳化 14～21d；对厚大结构的混凝土：使用硅酸盐水泥、普通硅酸盐水泥时，潮湿养护不得少于 14d；使用矿渣硅酸盐水泥、火山灰质硅酸盐水泥或粉煤灰硅酸盐水泥时，潮湿养护不得少于 21d。

⑤ 素混凝土宜淡水养护，在缺乏淡水的地区，可采用海水保持潮湿养护。

⑥ 海上大气区、浪溅区和水位变动区的钢筋混凝土预制构件和预应力混凝土不得使用海水养护。

⑦ 海上大气区、浪溅区和水位变动区采用淡水养护确有困难时，北方地区应适当降低水灰比，南方地区可掺入适量阻锈剂，并在浇筑 2d 后拆模，再喷涂蜡乳型养护剂养护。

2）方块的吊运

方块达到设计规定的强度后，即可运到存放场地存放或施工地点进行安装。方块的吊运工作通常包括陆上吊运和水上吊运。吊运采用的吊具应经设计，要满足强度、刚度和稳定性要求、定性要求。吊运计算时应考虑吊具重力和预制构件底板与预制场地面的粘结力。

水上吊运是指方块预制场布置在码头岸线或岸壁上，并位于起重船的工作半径之内时，利用起重船直接吊装，由方驳转运。

当方块预制场布置在码头后方时，方块需经过陆上吊运。小型方块的陆上吊运可直接用预制场内的移动式龙门起重机，吊起方块运至转运码头装船。大型方块则须用水垫运输等专门的运输方式将方块搬运到岸边，再用起重船吊装。

3）方块的安装

（1）安装顺序

墩式建筑物，以墩为单位，逐墩安装，每个墩由一边的一角开始，逐层安装。线型建筑物，一般由一端开始向另一端安装，当长度较大时，也可由中间附近开始向两端安装。在平面上，先安装外侧，后安装内侧。在立面上，有阶梯安装、分段分层安装和长段分层安装三种方法。

（2）安装方法

安装空心方块式建筑物墙身多采用高度方向不分层、一次出水面的形式，其安装方法与一般扶壁式结构类似。

实心方块的安装一般采用固定吊杆起重船，安装控制多采用水下拉线法。

（3）安装施工要点

① 安装前，必须对基床和预制件进行检查，不符合技术要求时，应修整和清理。

② 方块装驳前，应清除方块顶面的杂物和底面的粘底物，以免方块安装不平稳。

③ 方块装驳和从驳船上吊取方块要对称地装和取，并且后安装的先装放在驳船里面，先安装的后装放在驳船外边。当运距较远，又可能遇有风浪时，装船时要采取固定措施，以防止方块之间相互碰撞。

④ 在安装底层第一块方块时，方块的纵、横向两个方向都无依托，为达到安装要求，又避免因反复起落而扰动基床的整平层，一般在第一块方块的位置先粗安装一块，以它为依托安装第二块，然后以第二块方块为依托，重新吊安装第一块方块。

2. 沉箱构件预制、吊运及安装

1）沉箱构件的预制

（1）按沉箱的下水方式不同，预制场的类型有：

① 在场地上台座制造，利用修造船或专修的滑道下水的预制场。

② 利用修造船用的干船坞、浮船坞或专建的土坞制造和下水的沉箱预制场。

③ 在场地上台座制造，利用坐底浮坞下水的沉箱预制场。

④ 在码头岸边台座预制，用大吨位起重船吊运下水和其他特殊下水方式的沉箱预制场。

⑤ 利用半潜驳出运下水。

（2）沉箱预制

① 沉箱可整体预制或分层预制。分层预制时，施工缝不宜设在水位变动区、底板与立板的连接处、吊孔处或吊孔以下 1m 范围内。

② 沉箱预制模板可采用整体模板、滑模或翻模等形式。

③ 沉箱箱体结构的折角处宜设置加强角，设计无要求时，其尺寸采用 150～200mm。

（3）沉箱的接高

① 因受预制平台承载能力或出运设施载重量的限制而不能浇至设计高度，则需在预制一定高度后，运出场外进行接高。接高方式一般有座底接高和漂浮接高两种。座底接高需建抛石基床，所需费用高，一般适用于所需接高沉箱数量多、风浪大、地基条件好和水深适当的情况。漂浮接高需抛锚，缆绳系住沉箱占用水域面积大，受风浪影响大，工作条件差，一般适用于所需接高沉箱数量少、风浪小和水深较大的情况。

② 当沉箱浮在水上接高时，必须及时调整压载以保证沉箱的浮运稳定。

2）沉箱的运输及安装

（1）沉箱的海上运输

沉箱海上运输，可用浮运拖带法或半潜驳干运法。采用浮运拖带法时，拖带前应进行吃水、压载、浮游稳定的验算。

采用浮运拖带法时，沉箱浮运前应做好拖运的准备工作。沉箱用拖轮拖运，应在不超过1～2级浪的情况下进行。其拖运方法有跨拖法、曳拖法和混合拖运法三种。

跨拖法阻力大、行进速度慢、功率消耗大、易起浪花，在风浪情况下易发生危险，但对沉箱就位有利。该法一般在运距不远、水域面积较为狭窄的条件下采用。当运距较远，水域面积又较大时，可采用曳拖法。在运距短、水域面积又较狭窄的地点，通常采用跨、曳混合的拖运方法。

拖运沉箱时，其曳引作用点在定倾中心以下10cm左右时最为稳定（正常航速条件下）。沉箱的浮游稳定，在设计时必须进行核算。为了增加沉箱浮运过程中的稳定，常常采取临时压载措施，以降低重心。沉箱压载时宜用砂、石和混凝土等固体物，如用水压载，应精确计算自由液面对稳定的影响。在编制施工组织设计时，应根据具体情况对沉箱的浮游稳定进行验算。

沉箱的定倾高度 m 可按式（2.1-3）计算：

$$m = \rho - \alpha \tag{2.1-3}$$

式中　ρ——沉箱定倾半径（m）；

α——沉箱浮心到重心的距离（m）。

对于无压载水的沉箱，定倾半径可按式（2.1-4）计算：

$$\rho = I/V \tag{2.1-4}$$

式中　I——沉箱在水面处的断面对纵向中心轴的惯性矩（m^4）；

V——沉箱的排水量（m^3）。

远程拖带沉箱，宜采取密封舱措施；近程拖带，一般可用简易封舱。

采用半潜驳干运法，当无资料和类似条件下运输的实例时，对下潜装载、航运、下潜卸载的各个作业段应验算；半潜驳的吃水、稳性、总体强度、甲板强度和局部承载力；在风、浪、流作用下的船舶运动响应以及沉箱自身的强度、稳性等。

拖带力可按下列公式计算：

$$F = A \gamma_{\mathrm{w}} \frac{V^2}{2g} K \tag{2.1-5}$$

$$A = D(T + \delta) \tag{2.1-6}$$

式中　F——拖带力标准值（kN）；

A——沉箱受水流阻力的面积（m^2）；

γ_{w}——水的重力密度（kN/m^3）；

V——沉箱对水流的相对速度（m/s）；

K——挡水形状系数，矩形取1.0，流线形取0.75；

D——沉箱宽度（m）；

T——沉箱吃水（m）；

δ——沉箱前涌水高度（m），可取0.6倍航程中可能出现的波高。

（2）沉箱的安放

① 沉箱安放一般采用锚缆或起重船吊装就位，经纬仪陆上定位，充水下沉。

② 对顺岸式和突堤式码头，多由一排沉箱组成，一般即由一端开始向另一端安装，安装时，于陆上设经纬仪直接观察其顶部。对墩式码头，以墩为单元，逐墩安装，如一

个墩有数个沉箱，每个墩由一角开始依次逐个沉箱进行安装，安装时，由陆上设经纬仪，采用前方交会法先安一个墩的沉箱，然后在已安墩上用测距仪定线、测距，逐个安下一个墩。

3）施工要点

（1）如工程所在地波浪、水流条件复杂时，沉箱安放后，应立即将箱内灌水，待经历 1～2 个低潮后，复测位置，确认符合质量标准后，及时填充箱内填料。

（2）沉箱内抽水或回填时，同一沉箱的各舱宜同步进行，其舱面高差限值，通过验算确定。不应超过设计限值。

3. 扶壁构件的预制、吊运和安装

1）扶壁构件的预制

扶壁宜整体预制，混凝土浇筑一次完成。预制可以采用立制和卧制的方法。卧制时，混凝土浇筑容易保证质量，但运输安装时需要空中翻身，给施工带来很大困难。我国工程中大都采用立制方式。立制方式按施工工艺又可分为整体拼装的组合钢模板浇筑混凝土和滑模施工两种形式。

2）扶壁的吊运和安放

扶壁的运输同方块一样，亦采用方驳。为防止在装卸时方驳发生横倾，扶壁的肋应平行于方驳的纵轴线，且扶壁的重心应位于方驳的纵轴线上。

扶壁一般用固定吊杆起重船吊运和安放。扶壁肋板上预留吊孔，孔内镶钢套管，用吊装架吊起、安装。

2.1.3　胸墙施工

胸墙一般采用现浇混凝土结构，只有少数小型码头采用浆砌块石结构。

1. 模板

（1）模板设计除计算一般荷载外，尚应考虑波浪力和浮托力。

（2）为防止漏浆和浪、流的淘刷，模板的拼缝要严。模板与已浇混凝土的接触处和各片模板之间，均应采取止浆措施。

2. 混凝土浇筑

（1）扶壁码头的胸墙宜在底板上回填压载后施工。

（2）直接在填料上浇筑胸墙混凝土时，应在填料密实后浇筑。

（3）胸墙混凝土浇筑应在下部安装构件沉降稳定后进行。

（4）体积较大的胸墙，混凝土宜采用分层、分段浇筑，施工缝应符合下列规定：

① 施工缝的形式：

a. 应做成垂直缝或水平缝。

b. 在埋有块石的混凝土中留置水平施工缝时，应使埋入的块石外露一半，以增强新老混凝土接合。

② 在施工缝处浇筑混凝土时，应符合下列要求：

a. 已浇筑的混凝土，其抗压强度不应小于 1.2MPa。

b. 在已硬化的混凝土表面上，应清除水泥薄膜和松动石子以及软弱混凝土层。

c. 浇筑新混凝土前，先用水充分湿润老混凝土表面层，低洼处不得留有积水。垂直

缝应刷一层水泥浆，水平缝应铺一层厚度为 10～30mm 的水泥砂浆。水泥净浆和水泥砂浆的水灰比应小于混凝土的水灰比。

3. 施工要点

（1）胸墙体积较大，除按设计要求分段外，为减小混凝土的一次浇筑量，可采取分层浇筑，但要采取措施，处理好施工缝。

（2）非岩石地基，胸墙可不一次浇筑到顶，而预留一部分高度（约 20cm），待沉降稳定后浇筑至设计标高。

（3）胸墙一般处于水位变动区，为保证混凝土质量，应趁低潮浇筑混凝土。因此，无论采用混凝土拌合船还是其他方式供应混凝土，必须要有足够的供应强度，以满足混凝土在水位以上振捣，底层混凝土初凝前不宜被水淹没的要求。

（4）重力式码头必须沿长度方向设置变形缝。缝宽可采用 20～50mm，做成上下垂直通缝。变形缝用弹性材料填充。变形缝间距根据气温情况、结构形式、地基条件和基床厚度确定，宜采用 10～30m。此外，在下列位置应设置变形缝：

① 新旧建筑物衔接处。

② 码头水深或结构型式改变处。

③ 地基土质差别较大处。

④ 基床厚度突变处。

⑤ 沉箱接缝处。

2.1.4　棱体和倒滤结构施工

1. 抛填棱体施工

（1）棱体抛填前应检查基床和岸坡有无回淤或塌坡，必要时应进行清理。

（2）棱体和倒滤层宜分段、分层施工，每层应错开一定距离。

（3）方块码头棱体的抛填可在方块安装完 1～2 层后开始，并与后续方块安装配合施工。沉箱和扶壁后抛填棱体需墙身安装好后进行。

（4）棱体一般采用驳船，分段分层，水上抛填。抛填棱体断面的平均轮廓线不得小于设计断面，顶面和坡面的表层应铺 0.3～0.5m 厚度的二片石，其上再铺设倒滤层。

2. 倒滤层施工

（1）倒滤层宜分段、分层施工，每层应错开足够的距离。

（2）在有风浪影响的地区，胸墙未完成前不应抛筑棱体顶面的倒滤层，倒滤层完工后应尽快填土覆盖。级配倒滤层厚度允许偏差水上可取 +50mm，水下可取 +100mm。

（3）空心块体、沉箱、圆筒和扶壁安装缝宽度大于倒滤层材料粒径时，接缝或倒滤井应采取防漏措施，宜在临水面采用加大倒滤材料粒径或加混凝土插板，在临砂面采用透水材料临时间隔。

（4）采用土工织物倒滤材料时，其土工织物材料应符合设计要求，必要时应对材质进行抽检。土工织物滤层材料宜选用无纺土工织物和机织土工织物，不得采用编织土工织物。当采用无纺土工织物时，其单位面积质量宜为 300～500g/m²，抗拉强度不宜小于 6kN/m；对设在构件安装缝处的倒滤层，宜选用抗拉强度较高的机织土工织物。

（5）在棱体面铺设土工织物倒滤层时应满足下列要求：

① 土工织物底面的石料应进行理坡，不应有石尖外露，必要时可用二片石修整。

② 土工织物的搭接长度应满足设计要求并不小于 1.0m。

③ 铺设土工织物后应尽快覆盖。

（6）竖向接缝采用土工织物倒滤材料时，应有固定的防止填料砸破土工织物的技术措施。

2.2　高桩码头施工技术

高桩码头建筑物是一种常用的码头结构形式，它是通过桩基将码头上部荷载传递到地基深处的持力层上，适用于软土层较厚的地基。

高桩码头主要由下列几部分组成：基桩、上部结构、接岸结构、岸坡和码头设备等。高桩码头施工流程如图 2.2-1 所示，高桩码头断面示意图如图 2.2-2 所示。

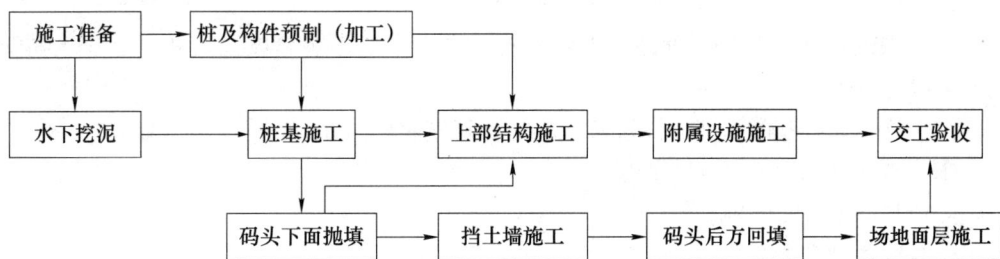

图 2.2-1　高桩码头施工流程

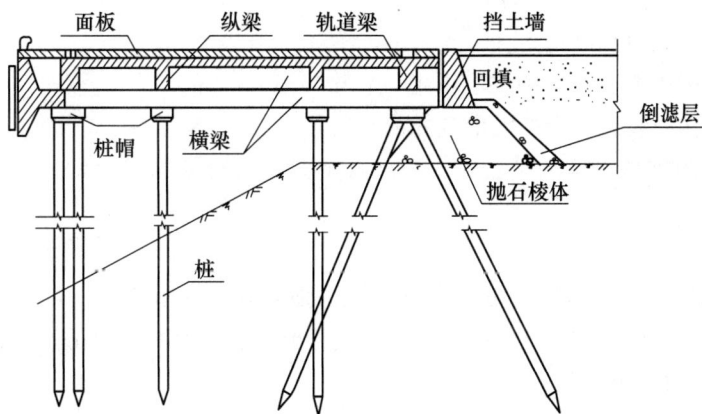

图 2.2-2　高桩码头断面示意图

2.2.1　桩基施工

1.沉桩

1）沉桩方式

沉桩有陆上沉桩、水上沉桩两种方式。对于距岸边较远的陆上桩基，采用陆上打桩；对于临近岸边的桩基工程，可以采用搭设栈桥由陆上打桩架打桩或者在水深足够时用打桩船进行水上打桩；对于远离岸边的水上沉桩作业，一般情况下采用打桩船沉桩的方式，若施工地点风浪大，打桩船有效工作时间很少，工期将会拖得很长。有条件时，可以考虑采用海上自升式施工平台上设置打桩架或起重机进行沉桩作业，完全避免气候不利影响。

预制混凝土桩沉桩前应满足下列要求：

（1）桩身混凝土强度应达到设计强度。

（2）采用自然养护的，桩的龄期不得少于28d；当采取早强措施时，经论证自然养护龄期可适当减少。

（3）混凝土管桩应在上部适当部位设置预留孔，孔径宜为50mm，数量不宜少于4个。

2）沉桩前应进行下列工作

（1）对施工区域有碍沉桩的水下管线、沉排或抛石棱体等障碍物进行处理。

（2）选用适当的施工船机设备。

（3）测量沉桩区域泥面高程，并绘制测量平面图和断面图。

（4）编制桩基施工顺序图，安排桩基生产制作运输计划。

（5）结合沉桩允许偏差，校核各桩是否相碰。

（6）根据设计要求，明确施工期针对打桩振动可能影响岸坡稳定和邻近建筑物安全所采取的措施。

（7）施工期桩基的强度应按短暂状况进行复核验算，并应符合下列规定。

① 复核验算应考虑下列工况：

a. 预制桩吊运和沉桩。

b. 悬臂单桩尚未夹桩。

c. 整体结构形成前桩基的其他工况。

② 复核验算应考虑下列作用：

a. 桩基的自重力和浮托力。

b. 施工期的水流、冰凌和波浪作用。

c. 上部结构安装过程中可能出现的偏心荷载。

d. 使用工程桩搭设施工平台时，平台自重力和钻岩机具等的重力及施工中机械产生的振动荷载。

3）选锤

锤型的选择应根据地质、桩型、桩身结构强度、桩的承载力、环保要求和锤的性能，并结合施工经验、试沉桩情况确定。缺乏经验时，可采用打桩分析软件分析桩的可打性或参照表2.2-1选用。

表2.2-1 选锤参考资料

项目	常用锤型	柴油锤					
		MB-70	MH-72B	MH-80B	D-62	D-80	D-100
锤型资料	锤芯重（t）	7.20	7.20	8.00	6.20	8.00	10.00
	锤总重（t）	21.10	19.94	20.74	13.70	16.04	19.43
	常用冲程（m）	1.8~2.3	1.8~2.3	1.8~2.3	可调	2.8~3.2	2.8~3.2
	最大锤击能量（kN·m）	180	216	220	210	272	340

续表

项目	常用锤型		柴油锤					
			MB-70	MH-72B	MH-80B	D-62	D-80	D-100
与锤相应的桩截面尺寸（mm）	混凝土方桩		500～600			600	600	—
	预应力混凝土管桩		$\phi 800 \sim \phi 1000$			$\phi 800 \sim \phi 1000$	$\phi 800 \sim \phi 1200$	$\phi 800 \sim \phi 1400$
	钢管桩		$\phi 900 \sim \phi 1200$			$\phi 900 \sim \phi 1200$	$\phi 900 \sim \phi 1200$	$\phi 900 \sim \phi 1500$
锤击沉桩能力	桩身可贯穿硬土层深度（m）	硬黏土	10～15			7～10	10～15	10～20
		中密砂土	5～8			7～10	8～15	10～15
	桩端可打入硬土层深度（m）	密度砂土砾砂	0.5～1.5			0.5～1.0	0.5～1.5	0.5～1.5
			（1.5～2.0）			（1.0～2.0）	（1.5～2.0）	（1.5～2.0）
		风化岩（$N=50$击左右）	0.5～1.5			0.5～1.0	0.5～1.5	0.5～1.5
			（1.5～3.0）			（1.0～2.0）	（1.5～3.0）	（1.5～3.0）
	所用锤可能达到的极限承载力（kN）		4000～7000			5000～7000	6000～10000	9000～17000
	最终10击的平均贯入度（mm/击）		5～10			5～10	5～10	5～10
			（3～5）			（3～5）	（3～5）	（5～10）

4）沉桩定位

（1）沉桩平面定位

① 任何一种定位方法应有多余观测。

② 直桩的平面定位通过2～3台经纬仪，用前方任意角或直角交会法进行。

③ 斜桩定位需2～3台经纬仪和一台水准仪配合。

④ 采用卫星定位时，宜同时用全站仪进行校核。

⑤ 沉桩时桩的倾斜度由打桩架来保证。

（2）沉桩高程控制

桩尖应落在设计规定的标高上，以保证基桩承载力满足设计要求，桩尖标高是通过桩顶的标高测量实现的，沉桩时，在岸上用水准仪高程测量法对桩顶标高进行控制。

5）沉桩控制

沉桩控制包括偏位控制、承载力控制和桩的裂损控制。

打入桩宜选择中密或密实砂层、硬黏性土层、碎石类土、风化岩层等良好土层作为桩端持力层，桩端进入持力层的深度宜满足下列要求：

（1）黏性土或粉土，不小于2倍桩径或边长；

（2）中等密实砂土，不小于1.5倍桩径或边长；

（3）密实砂土或碎石类土，不小于1倍桩径或边长；

（4）风化岩，根据其力学性能确定，强风化岩，不小于1.5倍桩径或边长。

桩端以下4倍桩径或边长范围内存在软弱土层，应考虑冲剪破坏的可能性。

在确定打入桩进入硬土层深度时，应根据类似工程经验考虑桩的可沉性，必要时应进行试桩，确定合理的沉桩参数。确定锤击沉桩贯入度时，应考虑桩的承载力、持力层变化情况、锤的性能和桩身结构强度等因素。

试沉桩宜选择在有代表性的区域进行，试沉桩应对能否穿过设计高程以上的土层、进入持力层的深度和最后贯入度、沉桩设备的性能、桩身结构强度是否与沉桩地质情况相适应等进行检验。试沉桩不宜少于 2 根，且附近应有钻孔资料。

沉桩过程中应按照要求对每根基桩的沉桩情况做详细记录，全部基桩沉放后，填写沉桩综合记录。

锤击记录应分阵次，阵次宜以桩身每下沉 1m 为一个单位。当桩端穿越硬夹层或进入硬土层时，宜取 0.1～0.5m 为一阵次。当桩端接近控制高程时应取 0.1m 为一阵次。打入硬土层的桩，最后贯入度可按最后 0.1m 或最后 10 击的平均每击下沉量为一阵次。

（1）偏位控制

沉桩时要保证桩偏位不超过规定，偏位过大，给上部结构预制件的安装带来困难，也会使结构受到有害的偏心力。为了减少偏位，应采取以下措施：

① 在安排工程进度时，避开在强风盛行季节沉桩，当风、浪、水流超过规定时停止沉桩作业。

② 要防止因施工活动造成定位基线走动，采用有足够定位精度的定位方法，要及时开动平衡装置和松紧锚缆，以维持打桩架坡度、防止打桩船走动。

③ 掌握斜坡上打桩和打斜桩的规律，拟定合理的打桩顺序，采取恰当的偏离桩位下沉，以保证沉桩完毕后的最终位置符合设计规定，并采取削坡和分区跳打桩的方法，防止岸坡滑动。

（2）桩的极限承载力控制

桩沉完以后，应保证满足设计承载力的要求。一般是控制桩尖标高和打桩最后贯入度（即最后连续 10 击的平均贯入度），即"双控"。另外在沉桩过程中还要仔细掌握贯入度的变化和及时掌握桩下沉的标高情况。

锤击沉桩控制应根据地质情况、设计承载力、锤型、桩型和桩长综合考虑。

在黏性土中沉桩，以标高控制为主，贯入度可作校核，桩尖在砂性土层或风化岩层时，以贯入度控制为主，标高作校核。当出现桩尖已达到并低于设计标高贯入度仍偏大，或沉桩已达到并小于规定贯入度而桩尖标高仍高出设计标高较多时，宜采用高应变检验（动测）桩的极限承载力并同设计研究解决。

（3）桩的裂损控制

锤击沉桩时，预应力混凝土桩不得出现裂缝，如出现裂缝应根据具体情况研究处理。

桩裂损的产生，除了制造和起吊运输上的原因以外，主要是由于沉桩过程打桩应力超过了桩的允许应力所造成。裂损控制就是要采取措施控制打桩应力，消除产生超允许拉应力的条件。在沉桩前，要检查所用的桩是否符合《水运工程质量检验标准》JTS 257—2008 规定的质量标准。在沉桩过程中，选用合适的桩锤、合适的冲程、合适的桩垫材料，要随时查看沉桩情况，如锤、替打、桩三者是否在同一轴线上，贯入度是否有异常变化，桩顶碎裂情况等。桩下沉结束后，要检查桩身完好情况。

控制打桩应力是避免桩身裂损的重要措施。控制打桩应力包括拉应力和压应力。

对预应力混凝土管桩，锤击沉桩拉应力验算应满足式（2.2-1）要求：

$$\gamma_s\sigma_s \leqslant f_t + \frac{\sigma_{pc}}{\gamma_{pc}} \qquad (2.2-1)$$

式中　γ_s——锤击拉应力分项系数，取 1.15；

　　　σ_s——锤击拉应力的标准值（MPa），根据锤能、锤击速度、桩垫锤垫材质、桩长、组合钢管桩长度和地质条件等综合确定，大管桩可取 8～11MPa，PHC 桩可取 6～11MPa，带有较长钢管桩的组合桩应取较大值；

　　　f_t——管桩混凝土轴心抗拉强度设计值（MPa）；

　　　σ_{pc}——管桩混凝土有效预压应力值（MPa）；

　　　γ_{pc}——混凝土预应力分项系数，取 1.0。

预应力混凝土管桩进行锤击压应力验算时，应满足式（2.2-2）要求：

$$\gamma_{sp}\sigma_p \leqslant f_c \qquad (2.2-2)$$

式中　γ_{sp}——锤击压应力分项系数，取 1.10；

　　　σ_p——管桩锤击沉桩时的总压应力标准值（MPa），包括预压应力和锤击压应力，锤击压应力标准值根据桩端支承性质、桩截面大小、桩长、选用的桩锤锤击能量和地质条件等综合确定，其上限值可取 25MPa；

　　　f_c——管桩混凝土轴心抗压强度设计值（MPa）。

此外还应控制总锤击数，总锤击数可根据桩、地质条件、桩锤能量和桩垫材料等综合确定。对 PHC 桩，每根桩的锤击次数不宜超过 2500 击，且最后 10m 锤击次数不宜大于 1500 击。

2. 夹桩

（1）沉桩结束后应及时夹桩，加强基桩之间的连接，以减少桩身位移，改善施工期受力状态。夹桩时严禁拉桩。

（2）应根据受力情况进行夹桩设计，必要时应做现场加载试验。

（3）当有台风、大浪和洪峰等预报时，必须检查夹桩设施是否牢固可靠，并采取必要的加固措施。

（4）当施工荷载较大，可采用吊挂式夹桩，桩距较大且桩顶标高距施工水位较小时，可采用钢梁或上承式桁架结构。并应根据施工荷载，对钢梁、桁架、吊筋螺栓及其部件进行设计。

3. 基桩试验检测

基桩检测方法主要有高应变法、低应变法、单桩轴向抗压静载试验、单桩轴向抗拔静载试验、单桩水平静载试验等，具体检测方法应根据检测目的、检测方法的适应性、桩基的设计条件、沉桩工艺等进行合理选择，必要时应采用两种或多种检测方法。

桩基试验检测可分为设计、施工提供依据的试验桩试验和为工程验收提供依据的工程桩检测。试验桩的试验应根据设计确定的桩基受力状态，采用相应的静载荷试验方法确定桩基极限承载力或验证桩基承载力。轴向静荷载试验桩的数量应根据地质条件、桩的材质、桩径、桩长、桩端形式和工程桩总数等确定；总桩数在 500 根以下时，试验桩数量不应少于 2 根；总桩数每增加 500 根，宜增加 1 根试验桩。根据地质条件、桩的类型和当地经验等情况可适当增减。桩基水平承载力的试验桩的数量应根据要求和工程地质条件等确定，不宜少于 2 根。

进行单桩轴向抗压静载试验的桩，宜同时进行高应变法对比试验，为后续基桩的检验提供依据。

受检桩的选择应均匀、随机，具有代表性。对施工或检测结果有疑问时，应进行验证检测或扩大检测。

当需要对单桩轴向抗压承载能力进行验证时，验证方法应采用单桩轴向抗压静载荷试验；对桩身或接头存在裂隙的预制桩可采用高应变法验证，管桩可采用管内摄像的方法验证；对低应变法检测中不能明确完整性类别的桩或Ⅲ类桩，可根据实际情况采用静载法、高应变法、开挖等适宜的方法进行验证检测。

当采用低应变法、高应变法和声波透射法检测桩身完整性发现有Ⅲ、Ⅳ类桩存在，且检测数量覆盖的范围不能为补强或设计变更方案提供可靠依据时，宜采用原检测方法在未检桩中继续扩大检测。当单桩承载力或钻芯法检测结果不能满足设计要求时，应分析原因并扩大检测。

1）高应变法

高应变法可用于检测混凝土预制桩、灌注桩、钢桩以及组合桩的单桩轴向抗压承载力和桩身完整性，也可用于监测打入桩沉桩时的桩身应力和锤击能量。检测桩的数量应根据地质条件和桩的类型确定，宜取总桩数的 2%～5%，并不得少于 5 根，对地质条件复杂、桩的种类较多或其他特殊情况，宜取上限。

当进行桩的轴向抗压极限承载力检测时，检测桩在沉桩、成桩后至检测时的间歇时间，对黏性土不应少于 14d，对砂土不应少于 3d，对水冲沉桩不应少于 28d。

高应变检测专用重锤应整体铸造、材质均匀、形状对称、锤底平整，高径比或高宽比不得小于 1，进行承载力检测时，锤的重量应大于预估单桩竖向抗压极限承载力的 1.0%。除导杆式柴油锤、振动锤外，筒式柴油锤、液压锤、蒸汽锤等具有导向装置的打桩机械均可作为锤击设备。

检测桩顶面应平整，桩顶高度应满足锤击装置的要求，桩头应能承受重锤的冲击，对已受损或其他原因不能保证锤击能量正常传递的桩头应在检测前进行处理。

2）低应变法

低应变法可用于检测混凝土预制桩、灌注桩的桩身完整性，判定桩身缺陷的程度及位置。对单节预制混凝土桩，检测桩数不得低于总桩数的 10%，且不得少于 10 根，对多节预制混凝土桩，检测桩数不得低于总桩数的 20%，且不得少于 10 根，对混凝土灌注桩，当采用低应变动力检测法检测桩身完整性时，检测桩数应为总桩数的 100%。对于沉桩中发生贯入度过大等异常情况或存在其他影响桩身结构可靠性因素的桩，应进行检测，检测数量不计入正常抽检比例内。

激振设备应包括能激发宽脉冲和窄脉冲的力锤和锤垫，力锤可装有力传感器。检测桩桩身强度应不低于设计强度的 70%，且不小于 15MPa。

高应变和低应变检测结果的桩身完整性类别评价分四类：Ⅰ类—完整桩；Ⅱ类—基本完整桩；Ⅲ类—明显缺陷桩；Ⅳ类—严重缺陷桩或断桩。

高应变法检测结果具有下列情况之一者应判定为不合格：

（1）轴向极限承载力不满足设计要求；

（2）桩身完整性类别为Ⅲ类和Ⅳ类桩。

低应变法检测结果，当桩身完整性类别为Ⅲ类桩、Ⅳ类桩应判定为不合格桩。

2.2.2　构件预制和安装

1. 构件预制

1）预制场地

（1）选择临时性预制场地时，应满足下列要求：

① 宜靠近施工现场，有贮存场地，周围道路畅通，临近水域，便于出运构件。

② 岸坡稳定，地基有足够承载力，且不宜产生有害的不均匀沉降，必要时应对地基加以处理。

③ 不宜受水位变化和风浪的影响，并利于排水。

④ 利用原有码头面作预制场地时，构件及施工机械的荷载不应超过码头的设计荷载。

⑤ 场地面积、道路、水、电、网络能满足预制构件制作、吊运、存放、出运的要求。

（2）港口与航道工程中，高桩码头的构件多为预应力构件，一般都在基地预制场中利用预应力张拉台座进行预制。对于非预应力钢筋混凝土构件，大部分在工地附近的预制场预制。

2）预制混凝土方桩的工艺要求

（1）在露天台座制作预应力混凝土方桩时，应采取措施避免由于气温升高而增加预应力损失或由于气温降低使钢筋发生冷断事故。

（2）桩身混凝土浇筑必须连续进行，不得留有施工缝。

（3）利用充气胶囊制桩，在使用前应对胶囊进行检查，漏气或质量不合格者不得使用，使用时应采取有效措施控制胶囊上浮或偏心。

（4）预应力放张时的混凝土强度和弹性模量应符合设计规定；设计未规定时，混凝土强度不应低于设计强度等级值的 80%，弹性模量不应低于混凝土 28d 弹性模量的 80%。

（5）主筋切割前预应力应先放张，主筋应对称切割。

（6）桩身混凝土采用潮湿养护时，养护时间不宜少于 14d，龄期不宜少于 28d；采用常压蒸养时，龄期不宜少于 14d。

3）预制混凝土桩的质量要求

（1）桩身表面由于干缩产生细微裂缝，其裂缝宽度不得超过 0.2mm；深度不得超过 20mm，裂缝长度不得超过 1/2 桩宽。

（2）桩身缺陷的允许值应符合下列规定：

① 在桩表面上的蜂窝、麻面和气孔的深度不超过 5mm，且在每个面上所占面积的总和不超过该面面积的 0.5%。

② 沿边缘棱角破损的深度不超过 5mm，且每 10m 长的边棱角上只有一处破损，在一根桩上边棱破损总长度不超 500mm。

4）后张法预应力混凝土管桩管节质量要求

（1）管节的外壁面不应产生裂缝。内壁面由于干缩产生的微细裂缝，其缝宽不得超过 0.2mm，深度不宜大于 10mm，长度不宜超过管桩外径的 0.5 倍。先张法 PHC 桩不得出现环向和纵向裂缝，但龟裂、水纹和内壁浮浆层中的收缩裂纹不在此限。

（2）管节混凝土表面应密实，不得出现露筋、空洞和缝隙夹渣等缺陷。

（3）管节表面的蜂窝、麻面、砂斑面积、砂线长度和构件尺寸应控制在允许偏差范围内。

2. 构件的吊运

1）构件的吊运

（1）预制构件吊运时的混凝土强度应符合设计要求。如需提前吊运，应经验算合格后方能吊运。

（2）预制构件采用绳扣吊运时，其吊点位置偏差不应超过设计规定位置 ±200mm。如用钢丝绳捆绑时，为避免钢丝绳损坏构件棱角，吊运时宜用麻袋或木块等衬垫。

（3）预制构件吊运时应使各吊点同时受力，并应注意防止构件产生扭曲。吊绳与构件水平面所成夹角不应小于 45°（沉桩吊桩时除外，吊点另行设计）。

（4）预制构件吊运时应徐徐起落，以免损坏。

（5）吊运桁架时应有足够的刚度，必要时采用夹木加固。

（6）对有特殊吊运要求的构件，应根据设计要求，结合施工情况采用必要的特制工具或其他吊运及加固措施，以保证施工质量。

（7）桩的吊运可采用二点吊、四点吊或六点吊，也可根据具体情况采用三点吊等其他布点形式进行吊运。采用四点吊时，下吊索长度可取 $0.5L\sim0.6L$，桩较长时不宜小于 $0.5L$，吊桩高度不宜小于 $0.8L$。采用 6 点吊时，下吊索长度可取 $0.45L\sim0.50L$，中吊索可取下吊索同长，吊桩高度不宜小于 $0.8L$。吊运时应将桩重力乘以动力系数，起吊和水平吊运时动力系数宜取 1.3，吊立过程中宜取 1.1。

2）构件存放

（1）预制构件存放符合下列规定：

① 存放场地宜平整。

② 按二点吊设计的预制构件，可用两点支垫存放，但应避免较长时间用两点堆置，致使构件发生挠曲变形。必要时可采用多点垫或其他方式存放。按三点以上设计的预制构件，宜采用多点支垫存放。垫木应均匀铺设，并应注意场地不均匀沉降对构件的影响。

③ 不同规格的预制构件，宜分别存放。

（2）多层堆放预制构件时，其堆放层数应根据构件强度、地基承载力、垫木强度和存放稳定性确定。各层垫木应位于同一垂直面上，其位置偏差不应超过 ±200mm。混凝土构件堆放层数应符合下列规定：

① 直径小于或等于 $\phi1200$mm 的管桩不宜超过四层，其他桩不宜超过三层。

② 叠合板不超过五层。

③ 空心板和无梁板不超过三层。

④ 桁架不超过两层。

（3）在岸坡顶部堆放预制构件时，应加强观测，必要时应采取措施，防止岸坡滑坡位移或发生有害沉降。

（4）预制构件存入储存场后，仍应按规定进行养护，以保证混凝土质量。混凝土潮湿养护不应少于 10d，高性能混凝土构件或大体积混凝土构件潮湿养护不应少于 14d。

（5）用驳船装运预制构件时，符合下列规定：

① 驳船甲板上均匀铺设垫木，并适当布置通楞。垫木顶面应保持在同一平面上，并用木楔调整垫实，预制构件宜均匀对称地摆置在垫木上，保持驳船本身平稳。

② 按支点位置布置垫木时，其位置偏差不得超过 ±200mm。

③ 装运多层预制构件时，各层垫木应在同一垂直面上。

（6）驳船装运预制构件时，应注意甲板的强度和船体的稳定性，宜采用宝塔式和对称的间隔方法装驳。吊运构件时，应使船体保持平稳。

（7）驳船装预制构件长途运输时，应采取下列措施：

① 对船体进行严格检查，采取必要的加固措施。

② 如有风浪影响，应水密封舱。

③ 预制构件装驳后应采取加撑、加焊和系绑等措施，防止因风浪影响，造成构件倾倒或坠落。

（8）在陆上运输预制构件时，各支点位置应符合设计要求，并防止过猛的振动。在斜坡上运送时，滑道应平整以保持构件的平稳。

3. 构件安装

1）预制构件安装前，应进行的工作

（1）测设预制构件的安装位置线和标高控制点。

（2）对预制构件的类型编号、外形尺寸、质量、数量、混凝土强度、预留孔、预埋件及吊点等进行复查。

（3）检查支承结构的可靠性以及周围钢筋和模板是否妨碍安装。

（4）为使安装顺利进行，应结合施工情况，选择安装船机和吊索点，编制预制构件装驳和安装顺序图，按顺序图装驳及安装。

2）预制构件安装时，应满足的要求

（1）搁置面要平整，预制构件与搁置面间应接触紧密。

（2）应逐层控制标高。

（3）当露出的钢筋影响安装时，不得随意割除，并应及时与设计单位研究解决。

（4）对安装后不易稳定及可能遭受风浪、水流和船舶碰撞等影响的构件，应在安装后及时采取夹木、加撑、加焊和系缆等加固措施，防止构件倾倒或坠落。

3）用水泥砂浆找平预制构件搁面时，应符合的规定

（1）不得在砂浆硬化后安装构件。

（2）水泥砂浆找平厚度宜取 10～20mm，超过 20mm 应采取措施。

（3）应做到坐浆饱满，安装后略有余浆挤出缝口为准，缝口处不得有空隙，并在接缝处应用砂浆嵌塞密实及勾缝。

4）构件的稳固

构件就位后，要立即采取措施予以稳固：

（1）纵梁及吊车梁，安装就位搁置在横梁上以后，立即在节点将两根相接的梁底部伸出的钢筋焊接起来。

（2）叠合板在安装就位以后，要将接缝处伸出的钢筋焊接起来。

（3）靠船构件安装时，重心向外，上部外倾，常用两根带张紧器（花篮螺栓）的临时拉条稳住，并加以调整，使之符合设计位置保持其垂直度，然后将伸出的钢筋与横梁的钢筋焊接起来。

　　5）节点、接缝和接合面混凝土浇筑

　　预制构件安装就位稳固以后，可用陆上或水上浇筑法，在节点或接缝处浇筑混凝土，将构件连接成整体。

2.2.3　上部结构现浇混凝土施工

　　1. 现浇上部结构混凝土应满足下列要求

　　（1）混凝土浇筑前对模板、钢筋、预留孔和预埋件等进行检查验收。

　　（2）避免施工用的预埋铁件外露，必须外露的铁件采取符合设计要求的防腐蚀措施。

　　（3）混凝土构件接点采用预埋铁件连接时，采用间隔焊法。

　　（4）掌握施工水位变化规律，保证现场浇筑混凝土质量。

　　（5）横梁长度大于 30m 时，上横梁宜采用分段浇筑，中间设置后浇节点。

　　（6）混凝土保护层垫块的厚度无负偏差，正偏差不大于 2mm；垫块强度、密实性和耐久性不低于构件本体混凝土。

　　2. 现浇节点、接缝、面层和大体积混凝土应满足下列要求

　　（1）浇筑前，将节点、接缝、面层和大体积混凝土的接合面按规定凿毛处理，并清除模板内的杂物和积水。

　　（2）节点、接缝、面层和大体积混凝土的模板不漏浆。

　　（3）有铺涂条件的节点、接缝、面层混凝土，浇筑前在接合面处铺设 10～20mm 厚水泥砂浆或水泥浆；水泥砂浆或水泥浆的水灰比不大于所浇筑混凝土的水灰比；水泥砂浆或水泥浆铺涂后及时浇筑混凝土。

　　（4）采取密实节点、接缝、面层和大体积混凝土的施工措施，并注意浇筑程序。

　　3. 上部结构现浇混凝土施工

　　现场浇筑大面积码头面层混凝土时，应特别注意防雨、防裂和加强养护等。装配式整体结构应先浇筑纵横梁节点及预制板缝中的混凝土，再浇筑码头面层。

　　码头大面积现浇混凝土面层可采用切缝机切缝。混凝土的切缝位置、时间应根据码头结构、施工工艺、水泥品种和气温等情况确定。切缝位置应设在构件受力较小的部位，切缝时间宜在面层混凝土强度达到 10～15MPa 时进行，切缝深度宜为 20mm。缝内宜采用柔性材料灌填。

　　码头伸缩缝和沉降缝的构造及填缝材料的品种、规格和质量应符合设计要求。分层浇筑混凝土时，各层留置伸缩缝和沉降缝的上下位置应一致，缝内不得有杂物。

　　大体积混凝土构件的侧模、底模、承重结构和支撑结构应进行强度和变形验算。

　　无掩护水域现场浇筑混凝土时，要根据水位情况考虑风浪对模板和未达到设计强度混凝土的不利影响，采取相应的保护措施，且应避免在风暴来临前浇筑。

　　浇筑的混凝土强度达到 5MPa 前，锤击沉桩处与该部分混凝土之间的距离不得小于 30m。锤击能量超过 280kN·m 时，应适当加大这一距离。

　　桩顶局部损裂和掉角的部位包不进桩帽或上部结构混凝土内时，应采取降低桩帽或局部降低上部结构底标高的措施。

　　利用刚完工的码头作施工场地时，应根据施工荷载进行核算，并采取防止码头破

损和污染的保护措施。

2.2.4　接岸结构和岸坡施工

施工工艺和施工程序应符合码头岸坡稳定的设计要求，如不符合，应进行岸坡稳定验算。

1. 码头施工区挖泥

应按下列要求进行：

（1）挖泥前，测量挖泥区水深断面。

（2）应按设计或施工的开挖要求进行阶梯形分层挖泥。

（3）挖泥完毕后，复测开挖范围的水深断面是否符合要求。

2. 岸坡施工

沉桩后进行回填或抛石前，先清除回淤浮泥和塌坡泥土。抛填过程中，宜定时施测回淤量。如遇异常情况，如大风暴、特大潮等过后，必须及时施测回淤，必要时，应再次清淤。清淤后应及时进行抛填，应做到随清随抛。

抛填时，应由水域向岸分层进行，在基桩处，沿桩周对称抛填，桩两侧高差不得大于 1m。如设计另有规定，应满足设计要求。

3. 接岸结构施工

（1）在接岸结构岸坡回填土和抛石时，不宜采用由岸向水域方向倾倒推进的施工方法。

（2）采用挡土墙时，其基础回填土或抛石均应分层夯实或碾压密实。

（3）采用板桩时：

① 回填顺序应符合设计要求。回填时首先应回填锚碇结构前的区域，待拉杆拉紧后再回填板桩墙后区域。

② 锚碇结构前回填时，应按设计要求分层夯实。

③ 板桩墙后回填前应清除回淤后的淤泥。水下回填宜从板桩墙向陆域方法进行。

（4）采用深层水泥搅拌加固地基时：

① 应逐层做标准贯入等试验，查明加固区土层分布和软土层厚度、拟加固深度范围内有无硬夹层。尽量查明妨碍搅拌施工的孤石及异物等。经上述调查后，若施工中仍遇有异常或发现异物，应由有关方面另行商定解决。

② 对现场水质进行调查。查明 pH 值、易溶盐、海水污染程度和原因以及对水泥搅拌体的侵蚀性等。

③ 对海底土特性进行调查分析，应进行逐层土的化学分析和矿物组成分析。查明拟加固土的腐殖质含量、土的 pH 值，有机质含量及活化反应特性，以判定在该地区实施深层水泥搅拌法的有效程度，供选择水泥品种和确定掺量。

4. 沉降、位移观测点的要求

施工过程中，根据设计要求，结合现场施工条件设置沉降和位移观测点，并应符合下列要求：

（1）施工期间，对正在施工部位以及附近受影响的建筑物或岸坡定期进行沉降及位移观测，并做好记录。

（2）观测项目、测点布置、观测频率应进行专门设计，规定各观测项目的最大控制值、警示值，提出观测仪器的精度要求。

（3）在浇筑码头面层时，埋置固定的沉降、位移观测点，定期进行观测，并做好记录。

（4）固定的沉降、位移观测点，应在竣工平面图上注明，交工验收时一并交付使用单位。

2.3　板桩码头施工技术

板桩码头建筑物主要是由连续的打入地基一定深度的板形桩构成的直立墙体，墙体上部一般由锚碇结构加以锚碇。一般板桩码头的断面结构型式如图 2.3-1 所示。

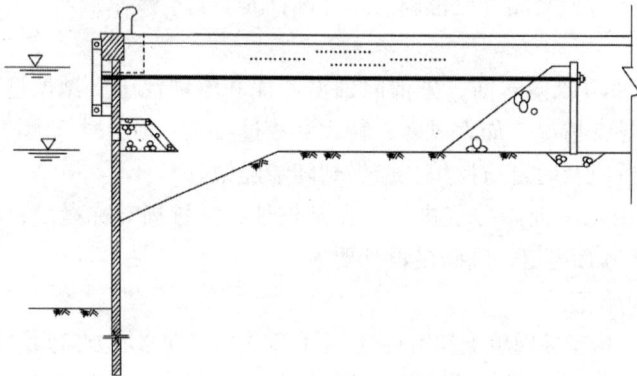

图 2.3-1　一般板桩码头的断面结构

板桩码头建筑物的优点是结构简单、用料省、工程造价低、施工方便等，而且可以先打板桩后挖墙前港池，能大量减少挖填土方量。其缺点是耐久性较差。

板桩结构对复杂的地质条件适应性强。但由于板桩是薄壁结构，抗弯能力有限，所以多只用在中小型码头。

板桩码头的结构型式应根据自然条件、使用要求、施工条件和工期等因素，通过技术经济比较选定。

当有设置锚碇结构条件时，宜采用有锚板桩结构；当墙较矮、地面荷载不大且对变形要求不高时，可采用无锚板桩结构。对于码头后方场地狭窄，设置锚碇结构有困难或施工期会遭受波浪作用的情况时，可采用斜拉桩式板桩结构。对于具有干地施工条件，需要保护邻近建筑物的安全，或缺乏打桩设备时，可采用地下连续墙式板桩结构。

板桩码头建筑物主要组成部分有：板桩墙、拉杆、锚碇结构、导梁、帽梁和码头设备等。

板桩码头建筑物的施工程序包括：预制和施工板桩；预制和安设锚碇结构；制作和安装导梁；加工和安装拉杆；现场浇筑帽梁；墙后回填土和墙前港池挖泥等。

2.3.1　板桩的制作、运输

预制钢筋混凝土板桩除应符合《水运工程混凝土施工规范》JTS 202—2011 的有关规定外，尚应符合下列规定：

（1）板桩凸榫和桩端斜角方向应考虑板桩墙起始沉桩的位置和方向。桩身抹面侧应朝向迎水面。

（2）桩身混凝土应连续浇筑，不得留有施工缝。

（3）桩身抹面应平整、密实和光滑。

（4）板桩的榫槽应完整、平顺，不得有明显破损。

（5）预制钢筋混凝土板桩的允许偏差应符合《码头结构施工规范》JTS 215—2018中的有关要求。

钢筋混凝土板桩起吊时，混凝土强度应满足设计要求。当设计无要求时，应大于设计强度的 70%。吊点位置应符合设计规定，偏差不宜超过 200mm。吊索与桩身的夹角不得小于 45°。

钢板桩接长、组合钢板桩和异形钢板桩的加工制作除应满足设计要求并符合《钢结构工程施工质量验收规范》GB 50205—2020、《钢结构焊接规范》GB 50661—2011 的有关规定外，尚应符合下列规定：

（1）沿钢板桩墙轴线方向相邻板桩接长焊缝的位置应交错配置，错开的距离不宜小于 5000mm，且每根钢板桩接头不宜多于 1 个。

（2）钢板桩接长焊接应采用对接焊，焊缝宜采用 K 形或 V 形开口形式。

（3）钢板桩焊接接长时，在钢板桩的腹板内侧和翼缘外侧应设焊接加强板。加强钢板的厚度不宜小于板桩壁厚的 2/3，长度应确保加强板超过板桩接头缝 50mm 以上，宽度不小于平整面宽度的 2/3 且不得影响到板桩间的正常连接。

（4）楔形钢板桩的斜度不宜大于 3%，当采用中间夹入梯形钢板桩制作楔形钢板桩时，梯形钢板桩的材料强度等级不应低于钢板桩母材的强度等级。

（5）加工后钢板桩的锁口应保持平直、通顺，并应采用短节钢板桩或专用检查器做套锁通过检查。

（6）钢板桩接长、组合钢板桩和异形钢板桩的加工制作的偏差应符合表2.3-1的规定。

表 2.3-1　钢板桩接长、组合钢板桩和异形钢板桩制作允许偏差

序号	项目		允许偏差（mm）
1	长度		±100
2	宽度		±1U
3	弯曲矢高	正向	$3L/1000$
		侧向	$2L/1000$
4	接头错台		$\delta/10$

注：L 为钢板桩长度，δ 为钢板桩厚度，单位均为 mm。

采用驳船或平板车运输板桩应符合下列规定：

（1）装船、装车次序应按沉桩顺序和施工现场的装运图进行。

（2）驳船甲板或平板车上应铺设垫木，垫木的顶面应保持在同一平面，上下层的垫木应在同一垂线上。

（3）板桩运输应根据运输距离、运输条件采取相应的加撑和系绑固定措施。海上驳船长距离运输时，应根据风浪条件采取封舱加固措施。

2.3.2   板桩墙和地下连续墙的施工

1. 一般规定

（1）板桩沉桩应设置导桩、导梁和导架等定位导向装置，定位导向装置应具有足够的强度和刚度。

（2）板桩沉桩在定位和打桩阶段应实时精确控制板桩沿板桩墙轴线方向和与之垂直方向的垂直度。

（3）在岸坡上采用锤击或振动下沉板桩时，应对岸坡、板桩墙和邻近建筑物进行监控，发现异常情况应及时采取措施。

（4）地下连续墙施工前宜进行试成槽。

（5）地下连续墙各施工单元之间的接头应按设计要求采用防止漏土的接头形式或按照设计要求进行防漏土施工。

（6）临近水边的地下连续墙施工，应采取防止波浪和潮水越顶对地下连续墙造成损坏的措施。

2. 板桩的沉桩

板桩沉桩宜采用捶击沉桩、振动沉桩或压入沉桩等方法。沉桩方法应根据土质条件、板桩品种、板桩断面和沉入深度等确定，并选择适宜的桩锤和设备。在密实的土层中沉桩有困难时，可采取钻孔松土或水冲等辅助沉桩措施。

1）沉桩设备

板桩的沉桩设备一般采用打桩船或打桩机，打桩船或打桩机应有足够的起重能力和起吊高度。施工水域或场地条件应满足船舶吃水深度或打桩机的接地压力的要求。根据地质条件、桩的品种和规格、打入深度选择桩锤。

2）沉桩工艺

（1）施打板桩墙时，为了控制墙的轴线位置，保证桩的垂直度，减小桩的平面扭曲和提高打桩的效率需设置导向梁或导向架。导向装置应具有足够的强度和刚度。

按导向梁和导向架移设的难易程度、夹持已打桩的所需长度和打桩效率的高低，选择适宜的设置长度。

为使导向梁和导向架具有足够的刚度，要适当选择材料和断面，以及导桩的材料、断面、间距和入土深度。

导向梁距板墙顶的距离应大于替打套入桩的长度。

（2）沉桩方法

混凝土板桩宜采用单根依次插入的方法，钢板桩宜采用拼组插入、阶梯式沉桩或间隔沉桩的方法。钢板桩拼组的根数，U形钢板桩宜为奇数，Z形钢板桩宜为偶数。组合式钢板桩沉桩应采用先沉主桩、后沉辅桩的间隔沉桩方法。

（3）对沉桩过程中出现的异常情况，应采取以下有效措施：

① 沿板桩墙纵轴线方向的垂直度偏差超过规定时，对于钢筋混凝土板桩，可采用修凿桩尖斜度的方法逐渐调整或用加楔形板桩进行调整；对于钢板桩，可用加楔形钢板桩的方法进行调整。

② 板桩偏移轴线产生平面扭转时，可在后沉的板桩中逐根纠正，使墙面平滑过渡。

③ 下沉的板桩将邻近已沉的板桩"带下"或"上浮"时可根据"带下"的情况重新确定后沉板桩的桩顶标高,对"上浮"的板桩,应复打至设计标高。

④ 发生脱榫或不连锁等现象时,应与设计单位研究处理。

3）沉桩控制

沉桩应以桩尖设计标高作为控制标准。当桩尖沉至设计标高有困难时,应会同设计单位研究处理。当有承载力要求时,要求沉桩双控。沉桩的允许偏差应符合现行行业标准的有关规定。

4）板桩的防腐

钢板桩应采取防腐蚀措施,目前工程上采用的有以下几种:对于水下部位采用阴极保护;对于水位变化部位,一般采用涂防锈漆,如环氧煤沥青等;与钢板桩接触的金属构件（如导梁、拉杆等）应采用与钢板桩相同的材质,以免产生局部电位差,引起腐蚀作用;也可采用耐腐蚀强的钢材制作钢板桩。

5）施工注意事项

（1）打桩船（架）的架高要满足插立板桩的要求。

（2）钢板桩的施工要特别注意榫口,在沉桩前通常用不短于 2m 的钢板桩作通过检查。为了减少锁口的阻力和填塞锁口缝隙,可在锁口内涂以润滑油。

（3）转角桩的加工,为避免焊接变形,最好采用铆接。如采用焊接,则必须从结构到焊接工艺等方面采取措施,以减小和避免焊接变形。

（4）打桩方法一般采用锤击法,如遇砂土地基可改用振动法。为了提高打桩效率和避免打坏桩头,宜采用大锤"重锤轻打"。

（5）打钢筋混凝土板桩用的替打,用铸钢或钢板焊成,其内、外壁:外伸长度以 10～20cm 为宜;间隙量一般为钢板壁厚的 2 倍。

（6）当钢板桩的锁口为环型、套型,或为阴阳型,而且阴榫朝着打桩前进方向时,为防止泥沙进入阴榫内口,要用塞子堵塞榫口的下端部。

（7）对板桩墙开始施打的几根桩应特别重视,施工时要严格控制。

（8）当土层变化较大,且需分区确定桩长时,为避免在现场接桩,影响施工进度,钢筋混凝土板桩"宜长勿短",即宁可截桩,不要接桩。

（9）应在已沉入的桩位处设置明显标志,夜间应挂警示灯。严禁在已沉入的桩上系缆。应防止锚缆碰桩。

3. 地下连续墙施工

（1）地下连续墙施工应设置导墙,导墙的设置应符合下列规定:

① 导墙宜采用现浇混凝土结构,也可采用钢制或预制混凝土装配式结构。导墙混凝土强度等级不宜低于 C20。

② 导墙应能为成槽机械和灌注混凝土机架导向,准确标示地下连续墙墙体平面位置和作为高程测量的基准,并可储存泥浆和稳定槽内液面。

③ 导墙顶面应高出地面 50～100mm,并应保证泥浆液面高出地下水位 500mm 以上,临水施工时,导墙顶高程应高出施工高水位 500mm 以上。

④ 导墙宜设置在密实的土层上,不得漏浆。

⑤ 导墙应有足够的强度和稳定性,其截面尺寸应根据结构型式、地基条件和施工

荷载等通过计算确定，内墙面应垂直。

⑥ 导墙内墙面的净距应根据地下连续墙墙体设计厚度确定，并留有 40～60mm 的富余量。

⑦ 导墙应设变形缝，其间距为 20～40m，两片导墙的变形缝不宜设置在同一断面。

⑧ 现浇混凝土导墙拆模后或预制导墙安装后，应在内墙面间及时加设临时支撑。

⑨ 预制导墙的安装接缝不得漏浆。

⑩ 导墙施工的允许偏差应符合表 2.3-2 的规定。

表 2.3-2　导墙施工的允许偏差

序号	项目	允许偏差（mm）
1	顶面高程	±10
2	导墙面与纵轴线距离	±10
3	两导墙面之间的净距	±10
4	导墙墙面平整度	10

（2）地下连续墙成槽应符合下列规定：

① 成槽时宜按单元槽段逐段开挖，单元槽段的长度应满足设计要求。当设计无要求时，单元槽段的划分应根据现场地质条件、地面荷载、混凝土的供应能力、起重机的起重能力、作业场地和道路交通等因素确定。单元槽段长度可为 4～8m。

② 成槽施工中应对槽体的垂直度、宽度和泥浆性能等进行检测。当发现泥浆漏浆和槽壁坍塌时，应及时采取处理措施。

③ 槽段开挖后应及时清槽和进行泥浆置换，并对相邻槽段混凝土端面进行清刷。清刷和泥浆置换应满足下列要求：

a. 槽底沉积物的厚度不大于 200mm。

b. 泥浆置换 1h 后，槽底以上 200mm 处的泥浆重力密度不大于 12kN/m³。

④ 地下连续墙成槽允许偏差应符合表 2.3-3 的规定。

表 2.3-3　地下连续墙成槽允许偏差

序号	项目	允许偏差
1	轴线位置	50mm
2	深度	＋200mm 0
3	宽度、厚度	＋50mm 0
4	相邻槽段错位	30mm
5	垂直度	1/150

（3）地下连续墙混凝土浇筑应符合下列规定：

① 混凝土的配制强度应比设计强度提高 40%～50%，坍落度宜为 200±30mm。

② 混凝土浇筑应在成槽结束后 4h 内进行，宜采用导管法浇筑。开始浇筑时，导管

底端距槽底不得大于 0.5m，首次灌注混凝土的量应保证导管埋入的深度大于 1m。在浇筑过程中，导管埋入混凝土中 2～4m，混凝土顶面的上升速度不应小于 2m/h。

③ 混凝土浇筑前应对槽底进行检查，当沉积物厚度超过规定时，应重新进行清槽。

④ 在同一槽段用 2 根导管浇筑时，导管的间距不宜大于 3m，导管与槽段两端的距离不宜大于 1.5m。在浇筑过程中，各导管处的混凝土表面高差不宜大于 0.3m。

⑤ 单元槽段混凝土必须连续浇筑。在浇筑过程中应控制混凝土的浇筑量、上升高度和导管下口埋入混凝土的深度，防止导管内进水。

⑥ 地下连续墙顶部宜预留 500～800mm 的富余浇筑高度，凿除浮浆后，墙顶高程应满足设计要求。单元槽段混凝土浇筑量不得小于计算量。

2.3.3　胸墙、帽梁和导梁施工

混凝土胸墙、帽梁和导梁的施工应符合下列规定：

（1）板桩墙嵌入胸墙和帽梁的深度和钢筋伸入长度应满足设计要求，并应对其嵌入部分的表面进行处理。

（2）胸墙和帽梁的分段长度应满足设计要求，分缝的位置不宜设置在板桩锁扣处。

（3）潮水影响施工时，混凝土应趁潮浇筑，并始终保持混凝土的浇筑面在混凝土初凝前不被潮水淹没。

（4）施工水位以下的混凝土浇筑，胸墙宜采用水密模板，且应在抽干水后浇筑混凝土；导梁宜使用水下不分散混凝土进行浇筑；或根据结构特点、水位变化和施工条件等采取其他相应措施。

（5）陆上浇筑胸墙、帽梁和导梁且施工基槽较深时，应采取保证边坡稳定的措施。当地下水位较高时，宜采取必要的降排水措施。

（6）现浇混凝土胸墙、帽梁和导梁的偏差应符合规范规定。

2.3.4　锚碇结构与拉杆施工

1. 锚碇结构型式

常用的锚碇结构有三种型式：锚碇板（墙）、锚碇桩（板桩）和锚碇叉桩。选择锚碇结构的形式，应根据码头后方的场地条件和拉杆力大小等因素综合考虑。

1）锚碇板（墙）

锚碇板一般是预制的钢筋混凝土板块。当板块为连续设置形成一堵墙体时，称为锚碇墙；当板块为间隔设置时，称为锚碇板。锚碇板的断面形状主要有平板形、双向梯形和 T 形二种。

锚碇板（墙）是靠墙前面的土抗力来平衡拉杆拉力。在施工条件允许的情况下，锚碇板（墙）的设置高程应尽量放低，以提高其承载能力。

2）锚碇桩（板桩）

锚碇桩（板桩）是依靠其在土中的弹性嵌固作用来承受拉杆的拉力。通常是一根拉杆设一锚碇桩。锚碇桩可以用单根桩，当拉力大时，可由一组桩（2～3 根）组成。

3）锚碇叉桩

锚碇叉桩是由一对叉桩和其上端现浇桩帽组成。叉桩中前面一根是压桩，后面一

根为拉桩。它是靠两根斜桩轴向力的水平分力之和来承受拉杆的拉力。

2.拉杆

1）拉杆材料的选择

拉杆要承受拉力，所以一般是采用钢拉杆。拉杆及其配件的规格和材质应符合设计要求。材料应具有出厂合格证书，并按有关规定抽样对其机械性能和化学成分进行检验。

2）拉杆的防护

（1）拉杆防护层的包敷涂料的品种和质量应符合设计要求。

（2）采用钢拉杆时应采取以下防锈措施：各组件在出厂前应按设计要求进行防腐处理。当拉杆的外敷包裹层在现场施工时，钢拉杆各组件在出厂前应除锈并涂刷两道防锈漆。拉杆体的包裹层应在安装前施工。在拉杆周围严禁使用具有腐蚀性的材料回填。

（3）拉杆在堆存和吊运过程中应避免产生永久变形和保护层及丝扣等遭受损伤。

3）拉杆的安装应符合的要求

（1）钢拉杆应在前墙后侧回填施工前进行安装。

（2）如设计对拉杆的安装支垫无具体规定时，可将拉杆搁置在垫平的垫块上，垫块的间距取3～5m。

（3）拉杆连接铰的转动轴线位于水平面上。

（4）在锚碇结构前回填完成和锚碇结构及板桩墙导梁或胸墙的现浇混凝土达到设计强度后，方可张紧拉杆。

（5）张紧拉杆时，使拉杆具有设计要求的初始拉力。

（6）拉杆的螺母全部旋进，并有不少于2～3个丝扣外露。

（7）拉杆安装后，对防护层进行检查，发现有涂料缺漏和损伤之处，加以修补。

2.4 斜坡堤施工技术

斜坡堤，堤身两侧均为斜坡面，一般用于水深浅、地质差，当地又盛产石料的地区，当用混凝土人工块体护面时，也可用于水深、波浪大的地区。

斜坡堤根据其护面主要有：块石、砌石护面和人工块体护面三种结构型式。人工块体护面斜坡堤抗浪能力较强，多用于波浪较大的情况；块石和砌石护面斜坡堤抗浪能力较差，故适用于波浪不大且石料来源丰富的情况。斜坡堤断面形式如图2.4-1所示。

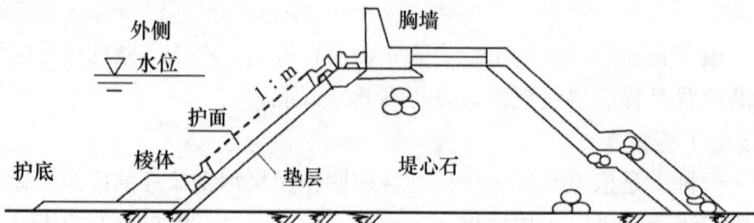

图2.4-1 斜坡堤断面示意图

斜坡堤处于无掩护的开敞水域，施工及使用均受风、浪、流、冰、雾的直接影响，常出现增大工程造价、甚至破坏的情况，因此，防波堤工程的施工应以保障施工期堤身结构安全稳定为原则。

斜坡式防波堤施工工期一般较长，在未形成设计断面以前，其抗风能力很差，施工中应根据实际情况采取相应的防护措施及防护预案，必要时，应通过模型试验确定，对未成型的斜坡堤进行施工期复核时，波高重现期采用 2～5 年。在安排施工顺序时，必须根据能够实现的施工强度进行合理的分段和分层，并做好施工期间出现灾害天气（如台风）时和施工停工期间（冰冻期）建筑物的防护工作。

斜坡防波堤施工组织的原则是：合理控制施工步距、尽快形成设计断面和全断面推进。

2.4.1 底部垫层与地基处理

1. 砂石垫层铺设应符合下列规定

（1）砂和碎石的规格及质量应满足设计要求，含泥量不宜大于 5%。

（2）水下抛填应考虑水深、水流和波浪等影响。必要时应采取防止砂石料漂移和流失的措施。

（3）垫层应分段施工和验收，验收合格后应及时进行上部抛填。

（4）砂石垫层的宽度和厚度不应小于设计要求，顶面高程的允许偏差应为 + 500mm，-300mm。用于加筋垫层的砂垫层，整平后的顶面高差不宜大于 300mm。

2. 土工织物加筋垫层铺设应符合下列规定

（1）铺设前应对铺设面进行检查，有坚硬杂物时应进行清理。

（2）铺块之间采用拼接时，拼接强度应经过测试且满足设计要求。

（3）垫层铺设应平整、松紧适度，不得出现褶皱和翻卷现象，并应及时压载稳定。

（4）土工织物加筋垫层铺设允许偏差：

轴线位置：水下 1000mm；陆上 500mm。

相邻块搭接长度：水下 ±$L/5$（L 为设计搭接长度）；陆上 ±100mm。

3. 土工织物软体排铺设应符合下列规定

（1）铺设前应清除铺设范围内对软体排铺放和使用有影响的杂物。

（2）水下软体排宜使用铺排船铺设，并宜采用全球卫星定位系统和水下监控系统测量软体排的铺设轨迹、铺设位置和相邻排体搭接长度。

（3）铺设时应考虑水深、水流、波浪等条件的影响，排体不得产生破损、褶皱和漂移。

（4）当采用砂肋或砂袋压载时，砂的黏粒含量应小于 5%，砂肋或砂袋充填的充盈率宜为 80%～85%，系结带和系结圈应连结牢固；当采用联锁块压载时，联锁块应均匀放置并与排体连结牢固。

（5）软体排铺设允许偏差：

轴线位置：1000mm；

相邻块搭接长度：+ 1.0L；-0.5L（L 为设计搭接长度）。

4. 排水砂桩施工应符合下列规定

（1）砂桩宜采用振动沉管法施工。施工所用船机、套管、沉管设备和填砂计量装置应满足砂桩的成型质量要求。

（2）正式施工前应进行工艺试桩，测试验证主要施工控制参数。试桩数量不宜少于 3 根。

（3）砂的规格和质量应满足设计要求。当设计无规定时，宜采用中粗砂，含泥量不应大于 5%。

（4）砂桩施工应按确定的施工参数对套管的底高程、贯入度、初次填砂量、分段拔管及填砂量和留振时间等进行控制。砂桩填砂不得出现中断和缩颈，灌砂率不应小于85%。砂桩底高程应满足设计要求，顶部应与砂垫层相连通。

（5）砂桩施工允许偏差应为：平面位置：水上施工 200mm，陆上施工 100mm；垂直度：1.5%。

5. 袋装砂井施工应符合下列规定

（1）砂的规格和质量应满足设计要求。当设计无规定时，宜采用中粗砂，含泥量不应大于 5%。

（2）砂袋的长度应留有足够的富余量。砂袋灌砂宜提前进行，灌砂率宜为 95%。

（3）袋装砂井打设宜采用振动沉管法施工。施工所用船机及沉管设备应满足袋装砂井的成型质量要求。

（4）砂袋入管下沉不应发生扭结和断裂。袋装砂井的底高程应满足设计要求，顶部应与砂垫层相连通。

（5）袋装砂井施工允许偏差应为：平面位置：水上施工 200mm，陆上施工 100mm；外露长度：＋150mm，0；垂直度：1.5%。

2.4.2　堤身抛填

1. 石料质量要求

斜坡堤的堤心石，可采用 10～100kg 的块石。对工程量较大，石料来源缺乏的地区，经论证可采用开山石、石渣或袋装沙土等代用材料。代用材料与垫层块石间宜有足够厚度的 10～100kg 的块石。石料的外观质量要求不成片状，无严重风化和裂纹。开山石的最大块重可采用 300kg，对深水斜坡堤可采用 800kg，开山石应有适当级配。1～10kg 的块石和 1kg 以下的颗粒含量均应小于 10%。

2. 软土地基上的抛石顺序要求

（1）当堤侧有块石压载层时，应先抛压载层，后抛堤身。

（2）当有挤淤要求时，应从断面中间逐渐向两侧抛填。

（3）当设计有控制抛石加荷速率要求时，应按设计要求设置沉降观测点，控制加荷速率和间歇时间。

（4）当在土工织物加筋垫层或软体排上抛石时，应先抛填保护层，再按照有利于拉紧土工织物的顺序进行抛填。

3. 斜坡堤堤身施工方法和施工程序

1）测量定位

施工前应进行海床测量，以准确掌握海底地形变化情况，并据此计算、复核工程数量和施工过程中控制抛填高程。斜坡堤施工导标主要有断面标和里程标。在断面的堤轴线、堤边线及断面特征变化线方向上设立定位标志，用以控制堤的平面位置。里程标用以标志施工区段。

2）排淤法处理软土地基

（1）爆破排淤填石是在抛石体外缘一定距离和深度的淤泥质软基中埋放药包群，起爆瞬间在淤泥中形成空腔，抛石体随即坍塌充填空腔形成"石舌"，达到置换淤泥的目的。经多次推进爆破，即可达到最终置换要求。

（2）爆破挤淤填石置换的软基厚度宜取 4～12m，当置换软土地基厚度小于 4m 或大于 12m 时，应与其他地基处理方法比较后择优选用。

（3）置换淤泥质软基的平面位置及深度均应进行施工期和竣工期检查。可选用以下检查方法。当采用其他方法时需进行论证。

① 体积平衡法适用于具备抛填计量条件，抛填石料流失量较小的工程。根据实抛方量及断面测量资料推算置换范围及深度。采用该方法时可适当辅以钻孔探摸。

② 钻孔探摸法适用于一般工程。按横断面布置钻孔，断面间距宜取 100～500m，不少于 3 个断面；每断面布置钻孔 1～3 个，全断面布置 3 个钻孔的断面数不少于总断面的一半。钻孔探摸应揭示抛填体厚度、混合层厚度，并深入下卧层不少于 2m 深。

③ 探地雷达法适用于一般工程，适用于检查工作量大的工程。在经验少的工程上应用该技术，应有适量的钻孔资料配合分析。按纵横断面布置测线。纵断面应分别布置在堤顶、内坡、外坡的适当位置上，横断面应布满全断面范围，间距宜取 50～100m。点测时，测点距离不应大于 2m。

④ 其他经论证可行的方法。

3）抛填堤心石

（1）水上施工方法

抛石船可根据抛填工程量大小、施工条件、石料来源等因素选择，常用的抛石船有民船、方驳、开底驳、自动翻石船和起重驳船等。其中，开底驳和自动翻石船的一次抛填量大，适用于粗抛；民船和方驳需用人力抛填，虽劳动强度较大，但抛填精度高，适用于补抛和细抛。某些部位人力无法抛到施工标高时，可通过在方驳上安设吊机，用吊机辅助补抛；用起重驳船运抛则具有装石量大、船稳定性好、抗风浪能力强等优点。

水上抛填块石，应根据水深、水流和波浪等自然条件对块石产生的漂流的影响，确定抛石船的驻位。

抛填时应定期测量抛填断面，根据测量结果，按里程或区段控制需多抛或少抛的位置和再抛量。抛填时还应勤对标，勤测水深，控制坡脚位置和边坡坡长，使其不超过允许误差。

（2）当采用陆上推进法抛填堤心石时，堤根的浅水区可一次抛填到顶，堤身和堤头视水深、地基土的强度和波浪影响程度可一次或多次抛填到顶。施工机具可视堤顶宽度和工程量大小选用拖拉机、自卸汽车及自卸汽车配装载机等。

4）抛填垫层石

堤心石坡面验收后，应按照设计要求的块石重量和厚度抛填块石垫层。

5）当采用预制方块作为堤身时，抛填方块前应先抛放压边方块。实际边线与设计边线间的偏差不应大于 300mm。

2.4.3 护面块体的预制和安装

1. 混凝土护面块体的预制

混凝土护面块体种类较多，常用的块体有栅栏板、四脚空心方块、扭工字块体、四脚锥体和扭王字块等，必须根据块体的形状特征，选择其预制成型方式和制作方式。

混凝土护面块体的外形较复杂，模板的制作和加工通常较困难。

预制人工块体的模板，宜采用钢模板或拼装式混合模板。

块体的底模可根据制作方式分别采用混凝土地坪和混凝土胎模或钢模（固定在混凝土地坪或钢支架上），侧模一般用钢模。某些块体的预制可能需设上模和芯模，上模可采用钢模或木模板，在混凝土初凝后可拆除；芯模可用充气胶囊或钢木芯模。

对采用封闭式的钢模板预制人工块体，宜在混凝土初凝前用原浆压实抹光其外露部分。

预制人工块体重量的允许偏差为 ±3%。

2. 安装护面块体

（1）安放人工块体前，应检查块石垫层厚度、块石重量、坡度和表面平整度，不符合要求时，应进行修整。

（2）人工块体应自下而上安放，底部的块体应与水下棱体接触紧密。

（3）扭工字块的安放，应满足下列要求：

① 采用定点随机安放时，可先按设计块数的 95% 计算网点的位置进行分段安放，安放完成后应进行检查和及时补充安放。当采用随机安放 2 层扭工字块体时，其外侧在波浪作用范围内的上层块体应有 60% 以上保持垂直杆件在堤坡下方，水平杆件在堤坡上方的形式如图 2.4-2 所示。

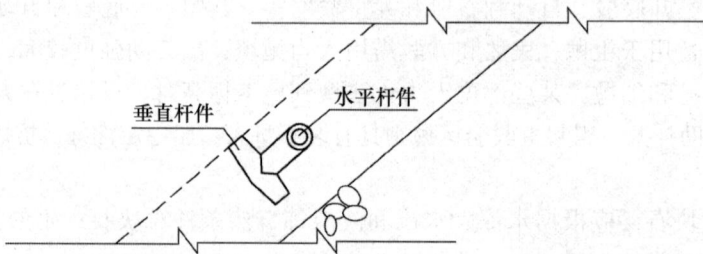

图 2.4-2　随机安放 2 层扭工字块体示意图

② 采用规则安放时，应使垂直杆件安放在坡面下面，并压在前排的横杆上，横杆置于垫层块石上，腰杆跨在相邻块的横杆上。如图 2.4-3 所示。

（4）扭王字块体宜采用随机安放。当有特殊要求时，反压平台或施工水位以上的块体也可采用规则安放。采用随机安放时，应按测量定位方法计算安放参数，由下而上、分段分层、定点定量控制安放；安放时应逐一调整块体姿态，相邻块体摆向不宜相同，相邻块体的翼缘不宜接触平行安放。安放完成后应对块体的疏密情况进行检查，发现漏放或过大空缺时应及时补充安放。采用规则安放时，应使全部块体两垂直杆件一端在堤坡下方、中间杆件一端在堤坡上方，三点着地，顺坡依次向上叠压摆放。坡肩转角部位的两块扭王字块应相互勾连。

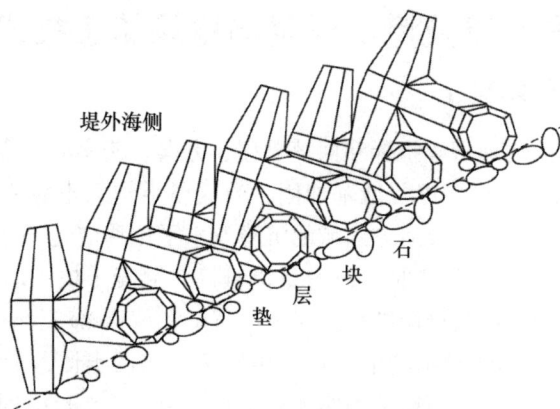

图 2.4-3　扭工字护面块的安放

（5）四脚空心方块和栅栏板的安放，块体间应互相靠紧使其稳固，当需采用二片石支垫时，支垫的数量不得超过 2 处，且不得用两块二片石叠垫。

（6）防波堤护面块体一般均为纯混凝土浇筑，但当单块扭工字块体重量大于 20t、扭王字块体和四脚锥体块重量大于 40t 时，应予配置钢筋或其他防断裂的加强措施，例如加大腰杆的直径尺寸等，以加强块体的抗断裂能力。因这种孔隙率大、消浪效果好的细长型混凝土块体，特别是扭工字块体，在设计波浪作用下，块体越大其内应力就越大，因此，大块体比小块体更易断裂。

（7）人工块体安装的允许偏差应满足下列要求：

① 扭工字块、扭王字块、四脚锥体安放数量的偏差应控制在设计数量的 5% 以内。

② 对四脚空心方块和栅栏板的安放，其相邻块体的高差不应大于 150mm，砌缝的最大宽度不应大于 100mm。

（8）安放大块石护面，块石长边尺寸不宜小于护面层的厚度；对于安放一层块石的护面，块石应互相靠紧，其最大缝宽不大于垫层块石最小粒径的 2/3，坡面上不允许有连续 2 块以上块石垂直于护面层的通缝。

2.4.4　上部结构施工

斜坡的上部结构宜在抛石堤身和地基沉降基本稳定后施工，并应根据设计要求和沉降观测成果预留后期沉降量。现浇胸墙或压顶块的模板，应考虑施工期波浪作用的影响，胸墙或压顶块与堤身结合处应采取防止混凝土漏浆的措施。

胸墙应设置变形缝，变形缝的间距应根据气温、结构型式、地基条件等因素确定，可取 5～15m，缝宽可取 20～40mm。当胸墙需分层浇筑时，施工缝宜留置在底板顶面以上 500～1000mm 的部位。施工缝处理除应符合《水运工程混凝土施工规范》JTS 202—2011 的有关规定外，尚应结合工程性质和结构特点采取加强结构整体性的措施。高程较低的胸墙趁低潮施工时，应保持混凝土的浇筑面在水面以上，并应采取防止混凝土被水淘刷的措施。

胸墙或压顶块设置的减压孔位置和数量应满足设计要求，并应保持通畅。预制压顶块安装前应对堤顶进行整平。空心方块或圆筒等空心压顶构件安装后，应及时进行腔筒内回填和两侧防护结构的施工。

2.5　码头后方回填及港口道路与堆场施工技术

2.5.1　码头后方回填施工

码头后方回填料的物理力学指标和回填顺序、方向、速率应符合设计要求。

高桩码头后方回填前宜先进行地基加固，当接岸结构挡土墙下为桩基础时不宜采用吹填方式回填。回填前岸坡及后方陆域的沉降及水平位移应趋于稳定。挡土墙后回填料应按设计要求进行密实。回填时，应避免块石等对混凝土挡土墙接岸结构的撞击破坏。后方回填时应加强对码头接岸结构及岸坡的沉降和位移观测。

板桩码头宜按先回填锚碇结构前土体，再回填前墙后土体，最后进行上部大面积回填的顺序进行施工，回填料不得采用腐蚀性材料。板桩码头后方回填时，应加强前墙变形监测。

前墙后土体的回填应符合下列规定：

（1）前墙后的回填应与拉杆的安装和张紧施工相协调。当需要在拉杆安装之前回填部分棱体时，应采取防止前墙产生过大变形和位移的措施。

（2）水下回填前，应对回填区进行检查。回填区内的回淤沉积物超过设计要求时应进行清理。

（3）前墙后的回填应按照从前墙向后方推进的原则进行，回填应均匀。

（4）前墙后的抛石棱体应进行理坡。

（5）墙后倒滤层施工应与抛石棱体及后方回填施工协调安排，宜采取分段施工、平行推进的方法。

（6）回填时不得损坏拉杆和拉杆外敷包裹层。

码头后方陆上大面积回填及压实应沿与拉杆平行的方向进行。采用碾压法密实拉杆上部回填土时，拉杆上部的覆土厚度不宜小于500mm。

衡重式码头墙后回填宜与码头墙身施工同步。墙身为空心块体、扶壁、圆筒和沉箱结构时，宜先在墙身内部充填填料，墙身结构仓内和墙后回填块石时，应保证墙体结构的安全，控制块石的重量，采取合适的抛填方法。

墙后采用陆上回填时，应防止淤泥挤向码头墙后，其回填方向应由墙后往岸方向填筑。

墙后采用吹填时，应满足下列要求：

（1）码头内外水位差不超过设计限值。

（2）排水口远离码头前沿，其口径尺寸和高程根据排水要求和沉淀效果确定。

（3）吹泥管口靠近墙背，但距倒滤层坡脚的距离不小于5m，必要时经试吹确定。

（4）在墙前水域取土吹填时，控制取土点与码头的最小距离和取土深度。

（5）围堰顶高程高出填土顶面0.3~0.5m，其断面尺寸经设计确定。

（6）吹填过程中，对码头的填土高度、内外水位、位移和沉降进行观测，码头发生较大变形等危险迹象时，立即停止吹填，并采取有效措施。

当干地施工采用黏土回填时，填料应分层压实。每层填土的虚铺厚度，对人工夯实不宜大于0.2m，对机械夯实或碾压不宜大于0.4m。填土表面应留排水坡。

道路与堆场的地基应稳定、密实、均匀和具有足够强度。陆域形成采用的填料应根据材料来源、道路与堆场使用要求等综合确定。陆域吹填或回填的顶面高程应根据陆域设计高程、铺面结构层厚度、地基处理工艺、施工期沉降、地基承载力等要求确定。

地基回弹模量应符合下列规定：

（1）流动机械荷载等级为 P_3～P_4、集装箱重箱堆场堆五层及以上时，地基顶面回弹模量值不应小于 60MPa。

（2）流动机械荷载等级为 P_5～P_6，地基顶面回弹模量应适当加大。

（3）其他荷载情况地基顶面回弹模量值不应小于 35MPa。

（4）临时性堆场地基顶面回弹模量值可适当降低。

（5）当地基顶面回弹模量值不满足要求时，可采取改变材料、增设粒料层或用低剂量无机结合料改善等措施。

采用吹填疏浚软土成陆的地基，地基顶面以下的砂、砾等粗粒土层厚度应符合下列规定：

（1）当要求地基顶面回弹模量值不小于 60MPa 时，砂、砾等粗粒土层厚度不宜小于 1.7m。

（2）当要求地基顶面回弹模量值在 35～60MPa 时，砂、砾等粗粒土层厚度不宜小于 1.2m。

（3）流动机械荷载等级为 P_5～P_6 时，砂、砾等粗粒土层厚度应适当增加，临时性堆场可适当减小。

港口道路与堆场结构层下的地基承载力特征值应满足使用要求，集装箱重箱堆场堆五层及以上时不宜小于 150kPa，其他情况时不宜小于 80kPa。

集装箱堆场和水泥混凝土铺面地基沉降不宜大于 0.3m；除散货堆场外，其他类型道路与堆场铺面地基沉降不宜大于 0.4m，临时工程或有经验时地基沉降标准可适当调整。

2.5.2　铺面基层施工

1. 铺面基层设计要求

铺面结构自上而下可由面层、基层、底基层及垫层组成。季节性冰冻地区的铺面结构总厚度不应小于其最小防冻厚度。基层和底基层应有足够的承载能力、良好的抗车辙和抗疲劳开裂性能、足够的耐久性和水稳定性。

水泥混凝土铺面设置贫混凝土、碾压混凝土基层时，基层上宜铺设沥青混合料夹层，层厚不宜小于 40mm。无机结合料稳定类基层的水泥混凝土铺面和沥青铺面，基层上宜设置封层，封层可采用单层沥青表面处治或膜层材料等；当采用单层沥青表面处治时，层厚不宜小于 6mm。

当贫混凝土 28d 弯拉强度设计值大于等于 2.5MPa，碾压混凝土 28d 弯拉强度设计值大于等于 3.0MPa 时，基层宜预设缩缝或锯切成缝，切缝深度可取层厚的 1/3～1/4，缝间距可取 5～15m，预设缩缝或切缝应用沥青等材料填封；预设缩缝或切缝的贫混凝土、碾压混凝土基层宜设置半刚性材料的底基层。水泥混凝土铺面时，基层预设缝或切缝的间距与位置应与面层板接缝相协调。

铺面结构边缘，下层结构伸出宽度应根据施工设备作业要求确定，底基层或垫层宽度宜比基层每侧宽出不少于200mm，基层宽度宜比面层每侧宽出不少于200mm。

贫混凝土集料公称最大粒径不宜大于31.5mm，水泥用量不应小于170kg/m³，28d拉弯强度设计值不宜低于2.0MPa。

碾压混凝土集料公称最大粒径不宜大于26.5mm，水泥用量不应小于280kg/m³，28d拉弯强度设计值不宜低于3.0MPa。

水泥稳定碎石或砾石的集料公称最大粒径不宜大于31.5mm，小于0.075mm的细粒含量不应大于5%，水泥用量宜为3%～6%。用作基层时，28d抗压强度不宜低于6.0MPa；用作底基层时，28d抗压强度不宜低于4.0MPa。

石灰粉煤灰稳定碎石或砾石的集料公称最大粒径不宜大于31.5mm，小于0.075mm的细粒含量不应大于7%。石灰与粉煤灰的配比宜为1∶2～1∶4；粒料与石灰粉煤灰的配比宜为85∶15～80∶20。用作基层时，28d抗压强度不宜低于4.0MPa；用作底基层时，28d抗压强度不宜低于2.0MPa。

石灰稳定材料所用的土，宜选用塑性指数为10～20的黏性土，其他稳定材料宜选用不均匀系数大于10、塑性指数小于12的土。土块应经粉碎，有机质含量不宜大于2%。土的硫酸盐含量，用水泥稳定土时不应大于0.25%，用石灰稳定土时不应大于0.8%。

级配碎石的加州承载比（CBR）用作基层时不应小于120。用作底基层时，流动机械荷载等级为P_3～P_6，集装箱重箱堆场堆三层及以上时的CBR不应小于120，其他荷载情况不应小于80。级配砾石和天然砂砾的CBR不应小于60，用于临时、简易铺面时，其CBR不应小于40。

2. 铺面基层施工要求

稳定材料应采用中心站集中拌合法施工，不得采用装载机、反铲挖掘机或人工在场地上进行集中拌合。水泥稳定材料从拌合到碾压的持续时间应控制在水泥的初凝时间内。

水泥稳定材料混合料摊铺时的含水率宜控制在最佳含水率±2%范围内；从加水拌合到碾压终了的时间不应超过胶凝材料的硬化时间。稳定材料基层可采用分层摊铺或连续摊铺的施工方式。采用分层摊铺时，应在上层结构施工前将下层养护用材料清理干净。上层施工前应封闭交通，并在施工前1～2h撒布水泥浆。当采用连续摊铺时，每层施工应配独立的摊铺和碾压设备，不得采用一套设备在上下层来回施工。

碾压应采用12t以上压路机。采用12～15t压路机碾压时，每层压实厚度不应大于150mm；采用18～20t压路机碾压时，每层压实厚度不应大于200mm；采用能量更大的压路机碾压时，每层压实厚度可根据试验结果适当增加。摊铺时宜避免纵向接缝。分幅摊铺时纵向接缝处应加强碾压，纵缝应垂直相接，不得斜接。稳定材料基层不宜在室外平均气温连续5d低于5℃的冬季施工。

碾压后的稳定材料基层养护期不宜小于7d。养护期间应封闭交通，除洒水车和小型通勤车辆外，其他车辆不得通行。

级配碎石、砾石进场后应及时取样进行筛分和击实试验。用于基层时，碎石、砾石的针片状颗粒的总含量不应大于20%；级配碎石、砾石所用石料的集料压碎值不应大于30%。

级配碎石、砾石采用12t以上三轮压路机碾压时，每层压实厚度应控制在150～

180mm 之间；采用重型轮胎压路机或振动压路机碾压时，每层压实厚度不应大于 200mm，压路机行驶速度不应大于 2km/h。

碾压混凝土采用摊铺机摊铺时，应满足下列要求：

（1）摊铺前洒水湿润底基层，摊铺作业均匀、连续，摊铺过程中不得随意变换速度或停顿。

（2）松浦系数控制在 1.15～1.25 之间，并通过试铺确定。

（3）两台摊铺机前后紧随摊铺时，两幅摊铺间隔时间控制在 1h 之内。

碾压混凝土基层采用压路机施工应满足的要求：

（1）碾压段长度控制在 30～40m 之间，压路机紧随摊铺机碾压。

（2）碾压分初压、复压和终压三个阶段；初压采用钢轮压路机或振动压路机静碾压；复压采用 10～15t 振动压路机振动碾压，终压采用 15～25t 轮胎压路机静碾压。

（3）压路机应匀速稳定、连续行进，中间不停顿、急停、急拐或快速倒车。

贫混凝土、碾压混凝土基层材料成型后，可采用预设缩缝或锯切成缝，缝间距宜为 5～15m，宜在养护的 3～5d 内切缝，切缝深度宜为基层厚度的 1/3～1/4，切缝宽度宜为 5mm，预设缩缝或切缝应及时清理缝隙并用热沥青填满。

2.5.3　铺面面层施工

1. 联锁块铺面

联锁块应采用机制，一次成型。联锁块批量生产前应进行配合比设计和试制，当试制成品的强度、尺寸、外观和吸水率等满足设计要求后方可正式生产。联锁块预制成品在搬运和储存过程中应采取保护措施。

联锁块铺面时，集装箱重箱堆场箱角区混凝土联锁块的块体抗压强度不应低于 C_c60，块体厚度不应小于 100mm，流动机械作业区和堆货区联锁块的块体抗压强度不应低 C_c50，荷载等级 P_1、P_2 时，块体厚度不应小于 80mm，荷载等级 P_3 及以上时，块体厚度不应小于 100mm，人行道混凝土联锁块的块体抗压强度不应低于 C_c40，块体厚度不应小于 60mm。

联锁块面层应分段、分区铺筑。铺筑时应拉控制线，道路分段长度和堆场分区边线宜为 5m。应从下坡向坡脊方向人字形铺筑，坡面边缘应设置边缘约束。临近各类井、路缘石等不足整块的相接处，应采用预制异形块、机械切割异形块或采用不低于 C40 的细石混凝土浇筑的方式进行补铺。

联锁块铺面砂垫层厚度宜采用 30～50mm，联锁块铺面块体间最大缝宽应小于 5mm，平均缝宽不宜大于 3mm，填缝砂为中细砂，含泥量应小于 3%，含水率宜小于 3%，级配宜符合有关规定，填缝砂中宜添加 5% 的石灰粉，搅拌均匀，块体填缝料应采用强力平板振动器或小型振动压路机振动填实。扫砂和振实应交替进行 2～3 遍至填缝砂全部充实，余砂应扫尽。距铺砌施工自由边 1m 范围内不宜碾压，待下一段块体衔接铺好后，再一道碾压。

2. 水泥混凝土铺面

水泥混凝土铺面面层以混凝土弯拉强度为强度检验标准。水泥混凝土的弯拉强度设计值，集装箱堆场和荷载等级 P_3 及以上时，不宜低于 5.0MPa；荷载等级 P_1、P_2 时不宜低于4.5MPa；辅助区不宜低于4.0MPa。

水泥混凝土集料公称最大粒径不宜大于26.5mm。砂的细度模数不宜小于2.5。非冰冻地区水泥用量不应小于300kg/m³，冰冻地区不宜小于320kg/m³，冰冻地区的混凝土中应掺加引气剂。

混凝土拌合物的摊铺，当厚度不大于250mm时可一次摊铺；当厚度大于250mm时宜分两次摊铺，下部厚度宜为总厚度的3/5，摊铺时应均匀分布。

混凝土振捣应满足下列要求：

（1）对厚度不大于250mm的混凝土面层，边角部位先用插入式振捣器顺序振捣，后用平板振捣器纵横交错全面振捣，再用振动梁振平。

（2）对厚度大于250mm的混凝土面层，分两次摊铺时，先用插入式振捣器振捣，后用平板振捣器振捣；振捣上层混凝土拌合物时，插入式振捣器插入下层混凝土拌合物50mm，上层拌合物的振捣须在下层拌合物初凝以前完成。

（3）振捣器在每一位置的振捣的持续时间，以混凝土拌合物停止下沉并泛出水泥浆为准，不过振。

（4）振捣时辅以找平。

混凝土拌合物整平时，填补面层表面应选用碎石或砾石较细的混凝土拌合物，不得用纯砂浆填补找平。经用振动梁振平后，可用铁滚筒进一步整平。

混凝土抹面应满足下列要求：

（1）当暴晒时，抹面在遮阳棚下进行。

（2）抹面前，做好清边整缝，清除黏浆，修补掉边、缺角。

（3）抹面采用滚杠、整平尺或抹面机三遍整平至面层无缺陷。

（4）抹面后沿横坡和排水方向拉毛或压槽，拉毛或压槽的深度，道路为1～2mm；堆场不小于0.4mm。

（5）不在混凝土面层抹面时洒水或撒水泥粉。

混凝土面层板可采用矩形分块。素混凝土面层板长宽不宜大于5m，长宽比不宜大于1.35，面积不宜大于25m²。钢筋混凝土面层板长宽不宜大于10m，长宽比不宜大于2.5，面积不宜大于45m²。

道路与流动机械通道横向施工缝应采用设传力杆的平缝形式。横向缩缝可采用假缝形式，铺面等级一级、荷载等级P₃及以上、邻近胀缝或自由端部的3条横向缩缝，应采用设传力杆假缝形式。道路与流动机械通道纵向接缝应采用设拉杆的平缝（施工缝）或缩缝，钢筋混凝土铺面的拉杆宜采用加长横向钢筋代替。其他情况可采用不设传力杆假缝形式。传力杆设置不应妨碍相邻混凝土板的自由伸缩，钢筋表面应作防锈处理。

拉杆应采用螺纹钢筋，设在板厚中央，并应对拉杆中部100mm范围内进行防锈处理。传力杆应采用光圆钢筋，其尺寸和间距可按有关规定确定，最外侧传力杆距纵向接缝或自由边的距离可为150～250mm。

胀缝的填缝板宜选用泡沫橡胶板、沥青纤维板，铺面等级三级时可选用木材或纤维板。缩缝、施工缝的填缝料宜选用硅酮类、聚氨酯类填缝料，铺面等级三级时可选橡胶沥青类、改性沥青类填缝材料。

2.5.4　铺面连接施工

1. 铺面间连接施工

（1）混凝土铺面与联锁块铺面、沥青铺面相接时，应先施工混凝土铺面，相接处宜设置侧缘石、护边角钢，也可设置异形块体、缝板等。

联锁块的侧缘石应根据铺筑平面设计图设定侧缘石基准点，并设置一条侧缘石基准线，沿此基准线安装侧缘石。

混凝土铺面与沥青铺面连接应符合下列规定：

① 混凝土铺面应设置不小于 3m 的过渡段。

② 过渡段应作凿毛处理，清水冲洗，自然晾干，接触面喷洒黏油层。

③ 两种铺面应呈台阶状叠合布置，沥青铺面应分层摊铺碾压，其下铺设的混凝土过渡板厚度应严格按照设计要求控制。

④ 过渡板与混凝土面层相接触的接缝拉杆施工宜采用钢筋支架法或传力杆插入装置法。

（2）联锁块铺面与沥青铺面连接时，应先施工沥青铺面，相接处宜设置混凝土支挡和侧缘石。侧缘石应在沥青铺面施工前安装完毕，施工沥青铺面时应采取防止污染的措施。

（3）道路与堆场同为混凝土铺面时，其相接处应设置接缝。

2. 铺面与其他构筑物相接施工

混凝土铺面与其他构筑物邻接施工时，应先施工构筑物，后施工铺面，并对邻接处的混凝土面层采取补强施工措施；铺面与其他构筑物相接处，铺面面层顶面高程应根据构筑物结构和基础形式预留沉降量；压路机受空间限制无法作业的范围，铺面侧回填应按设计要求进行分层回填，采用人工、小型机具夯实或水密砂法分层密实；铺面侧水稳层可采用人工、小型机具夯实，也可浇筑低强度等级混凝土。

混凝土铺面与铁路平交时，宜设置与铁路平交道口相接的过渡段，过渡段施工应先施工铁路再施工铺面；有挡墙时，应先施工挡墙，再施工铺面。铺面与铁路邻接时，铺面与挡土墙相接应紧密平顺，不应有积水；挡土墙高出铺面时，挡土墙应设置排水孔。

混凝土铺面与管沟等平行邻接时，接缝处设置的伸缩缝缝板应上下贯通，填缝料应满足设计要求。混凝土铺面与管井等平行邻接时，宜先施工混凝土铺面面层以下的管井结构，再施工混凝土铺面面层，最后施工井口混凝土。

混凝土铺面与胸墙、轨道梁等码头结构相接时，相接处设置的缝板应上下贯通，平顺；设置的护边角钢、应顺直、平整，宜采取定位装置或与模板进行固定。

联锁块铺面与管井等平行邻接时，管井等周围突出部位应予清除，并用基层材料修整至基层顶面高程。对联锁块无法铺筑整块部分，不宜使用切断块，应采用细石混凝土或异形块及时填补。

2.5.5　堆场构筑物施工

1. 轨道基础

采用天然地基或复合地基时，轨道梁施工宜在地基沉降和位移基本稳定后进行，宜根据现场试验和检测数据在基础顶面预留沉降量。轨道螺栓安装可采用预埋法或后植法，预埋螺栓施工应采用固定架控制其位置精度和垂直度，并应根据沉降情况预留外露长度，施工中应对螺牙做好包裹保护措施；螺栓后植施工应预留螺栓孔或后期钻孔，宜采用固定架控制螺栓位置精度和垂直度，并应灌注粘结材料进行固定。

采用轨枕道砟结构时，轨枕在存放和运输中应枕底向下按水平层次放置，每两层间应采用方木条或其他垫层垫好；道砟应分层填铺、振动密实，顶部应平整；轨枕应采用吊架铺放。

2. 跑道梁、集装箱箱角基础

跑道梁应根据设计要求分段进行施工，混凝土表面应进行拉毛处理；转向道板设置应满足设计要求，当采用预埋钢板时，钢板上应预留圆孔，采用小型振捣棒或辅助手段振捣密实钢板下混凝土，并对预留孔进行覆盖处理。

箱角基础采用天然地基或复合地基时，钢筋混凝土条形基础或连片式基础施工宜在地基沉降趋于稳定后进行，箱角基础间的场地或面层的顶面高程不应高于箱角基础的顶面高程。

3. 其他构筑物

车挡、顶升、防风锚碇和防风拉索基础施工时，预埋螺栓宜采用固定架或定位板进行准确定位和可靠固定，预埋件位置、螺栓间距和垂直度应符合设备安装精度要求，对螺牙应采取包裹保护措施。

管沟宜分段施工，分段长度应符合设计要求。管沟分段处或与其他构筑物相接处应按设计要求采取倒滤、防水措施。管沟与活动盖板接触的边角宜采取角钢包覆等保护措施。

混凝土井筒或井圈宜采用工厂化生产、现场安装，或者采用定型钢模板现浇。井周围的基础回填和结构层施工宜采用适宜的机具和工艺，并按设计要求自下而上分层施工。雨水井井底应采用水泥砂浆形成向雨水管线集水的泛水坡，井与管线相接的接头部位，应按设计要求紧密连接或封堵严密。

2.6　船闸施工技术

2.6.1　围堰施工

船闸施工通常要建造临时施工围堰，常见的围堰结构有土石围堰和板桩围堰。

1. 围堰构筑和拆除

土石围堰材料应满足下列要求：

均质土宜选用粉质黏土，黏粒含量宜为 15%～30%，土粒渗透系数不宜大于 1×10^{-4}cm/s，填筑土粒含水率与最优含水率的偏差不宜超过 4%；非均质土围堰应设置防渗体。滤层应选用水稳定性好的砂砾料，含泥量宜小于 6%。

钢板桩围堰内填料宜采用中砂、粗砂。

围堰施工应在基坑施工方案审批确定后实施，并和基坑施工统筹安排。围堰施工道路应连通闸室两侧，施工期围堰顶部荷载不得超过设计荷载。

根据工程环境条件，围堰施工前应做好围堰外河流、水沟等引水导流工作，并对围堰范围内的耕植土、树根、淤泥、建筑物基础等进行清除。

构筑土石围堰时，应遵守下列原则：

土石围堰施工宜结合基坑开挖进行，充分利用基坑开挖的土石方。

陆上围堰应分层填筑、分层压实，分层厚度应符合设计要求或由现场碾压试验确定，堰体密实度应满足设计要求。水中围堰填筑宜由岸边向水中推进，一次填筑出水并压实，填筑过程中应防止临水面坍塌。

围堰宜在枯水期合龙。在施工条件许可时，土石围堰合龙施工应从两端同时向龙口推进。合龙施工顺序宜为戗堤进占、龙口加固、围堰闭气、堰体培高增厚。

双排钢板桩围堰施工应满足下列要求：

施工前应清除影响施工的障碍物。

施打钢板桩前应先构筑导向定位架，确保围堰尺寸、位置和线形。锁扣宜进行防渗处理，当钢板桩需要接长时，接头不应超过 1 个。钢拉杆安装时宜施加一定的初始应力。

围堰拆除应制订专项方案，且应在围堰内土建工程、机电设备安装工程通过专项验收后进行。主围堰拆除时严禁发生水体自流通过全闸的通闸现象。

2. 围堰的观测和维护

围堰使用期应进行定期观测，观测内容包括水流冲刷情况、管涌、局部失稳、渗水量、围堰内外地表地下水位、堰顶沉降及位移等，并做好原始观测记录。洪水期间应加强对堰体的观测，过水围堰过水后应及时进行检修和加固。

围堰施工及使用期应根据观测情况对围堰进行及时维护。常见的维护内容有围堰顶高程维护、边坡维护、坡脚维护、渗水点处理、板桩围堰的拉杆等设施维护等。

2.6.2　基坑施工

1. 基坑开挖

基坑开挖前应排干明水，并将地下水位降至开挖层底面 0.5m 以下。

基坑开挖应分层进行，分层厚度根据施工设备能力和支护条件等确定。开挖形成的坡面应根据坡面土质情况，采取适当的措施及时防护，基坑支护施工应符合《建筑基坑支护技术规程》JGJ 120—2012、《建筑地基处理技术规范》JGJ 79—2012 和《型钢水泥土搅拌墙技术规程》JGJ/T 199—2010 的有关规定。基底应预留保护层，在船闸结构垫层施工前采用对基底扰动较小的方式挖除。土基坑保护层厚度宜为 0.3~0.5m，严寒地区适当加厚；岩石地基宜为 1.0~1.5m。保护层挖除后应立即进行结构垫层施工。

基坑开挖过程中，遇基底被浸泡使原状土状态改变时，应对基底作适当处理。

基坑开挖过程中必须检测边坡稳定及基坑周边建筑物情况，当出现塌方、涌水等危及基坑安全的情况时，必须立即采取适宜的基坑保护措施。

2. 基坑降水和排水

基坑降水方案应根据基坑的工程水文地质条件、基坑开挖平面尺度、降水深度、基坑边界条件、闸室施工要求等确定。基坑排水方案应根据基坑条件、基坑出水量、水文气象条件、闸室施工要求等确定。基坑可采用井点降水与明沟排水相结合的方式降水和排水，排水明沟应设置于基坑坡脚处。基坑顶部应设置截水沟，截水沟外侧水流不得流入基坑内。基底设集水坑时，坑内水位应始终低于开挖基准面0.7m。

1）集水明排降水的要求

（1）在渗流力作用下不出现流沙和管涌。

（2）地下水位高出基础底板高程不大于2.0m。

（3）集水明排排水沟沟底纵向坡度宜控制在1‰～2‰，且宜在集水沟低端设置集水坑汇水抽排。

2）轻型井点降水的要求

（1）降水深度小于6.0m时宜采用一级轻型井点降水；当降水深度为6.0～10.0m时宜采用多级轻型井点降水。

（2）轻型井点降水施工前应根据施工现场的地形情况及排水要求等，对场地进行平整，且合理布置外排水路线。

（3）轻型井点降水宜采用专用设备，设备的降水能力应满足设计降水深度、范围、进度等要求。采用真空井点降水时，真空设备空运转时的真空度应大于93kPa。

（4）单台降水设备连接的井点数量和总管长度宜根据现场抽水试验或施工经验确定。

初步确定基坑降水方案后，应进行抽水试验，根据试验结果对基坑降水方案进行调整优化。

无支护基坑径流排水量按式（2.6-1）计算：

$$Q = AR \qquad (2.6-1)$$

式中　Q——基坑径流排水量（m³/h）；

A——基坑汇水面积（m²）；

R——计算降水强度（m/h），可取当地近年5年一遇日最大降水量的1/2。

基坑径流排水设备根据基坑径流量及基坑设计施工要求确定，设备的排水能力应现场测定，其额定排水能力不宜小于基坑径流排水量的2倍。

基坑降水施工中，可采取井点降水、设置止水帷幕和设置回灌水系统等综合措施减小因降水引起的地面沉降。回灌水系统可采用井点、砂井、砂沟等。

基坑降水过程中应定期监测基坑周边建筑物的沉降和位移，并对监测结果进行分析，必要时应采取应对措施。深井降水时应跟踪检测出水的含泥量。

在闸室结构物沉降、位移满足要求且结构物施工至地下水位浸润线以上后可停止降水，但闸室放水前应保持干地施工及监测条件。

降水结束后，应填筑黏土、素混凝土等封闭降水井。

3. 基坑维护

从基坑施工开始直到闸室充水前，应对基坑进行全过程维护。

基坑开挖过程及开挖完成后，严禁在基坑周围堆放超出设计允许的荷载。基坑维护期内应根据基坑监测方案的要求，对基坑安全进行监测，及时预警。对可能发生滑坍失稳或变形较大的边坡，应采取减载、反压等有效措施进行防护。基坑边坡发生损坏时，应及时进行修复。

沉降观测基准点应设在基坑工程影响范围外，宜设置在5倍基坑开挖深度以外。边坡土体顶部和支护结构顶部的水平位移和垂直位移观测点，应沿基坑周边布置，每边的中部和端部应布置观测点。

2.6.3　地基与基础施工

1. 换填地基

换填地基施工应根据不同的换填材料选择施工机械，素填土宜采用平碾或羊角碾，砂石等宜用振动碾和振动压实机。当有效夯实深度内土的饱和度小于 0.6 时，可采用重锤夯实。

对已确定的地基处理方法，施工前应进行试验性施工，验证施工工艺的适应性。换填地基的施工方法和分层厚度、每层的压实遍数、最优含水量等参数应通过试验和试验性施工确定。

换填底面不在同一高程时，基坑底面应挖成阶梯形或斜坡搭接形，并按先深后浅的顺序进行分层施工，搭接处应夯压密实。素土或灰土垫层分段填筑施工时，上层搭接缝与下层搭接缝应错开 1000mm 以上。换填完成后，应及时进行下一道工序施工。

2. 复合地基

（1）振冲碎石桩复合地基或振动沉管碎石桩复合地基施工，应通过现场试验确定施工工艺和控制参数，还应按照环境保护要求对噪声、振动和泥浆排放等影响环境的因素进行控制。桩体材料、施工设备、施工工艺和施工控制应符合《水运工程地基基础施工规范》JTS 206—2017 的有关要求。

（2）水泥搅拌法复合地基正式施工前，应在加固区域内选择地质条件有代表性的位置进行试验性施工。水泥搅拌体的材料、施工设备、施工工艺和施工控制应符合《水运工程地基基础施工规范》JTS 206—2017 的有关要求。

（3）水泥粉煤灰碎石桩（CFG 桩）复合地基施工，应根据现场条件选用合适的施工工艺与设备，并应通过现场试验确定相应的施工控制参数。粉土、黏土和素填土地基宜选用振动沉管灌注成桩，桩体位于地下水位以上时可选用长螺旋钻孔、管内泵压混合料灌注成桩。

长螺旋钻孔、管内泵压混合料灌注成桩或振动沉管灌注成桩施工时：

① 顶施工高程应高出设计高程不小于 0.5m；对长螺旋钻孔桩，先期钻孔时应对设计深度范围内的地层情况进行复核。

② 冬季施工时混合料入孔温度不应低于 5℃，对桩头和表层土应采取保温措施。

③ 清除表层土和截桩时，不得造成桩身断裂和扰动桩间土。

④ 褥垫层铺设宜采用静力压实法，当基底面以下桩间土的含水量较小时，也可采用动力压实法，夯实后的褥垫层厚度与虚铺厚度的比值应不大于 0.9。

⑤ 水泥粉煤灰碎石桩施工质量检验主要应检验施工记录、混合料坍落度、桩数、桩身完整性、桩位偏差、褥垫层厚度、夯填度和桩体试块抗压强度等。桩身完整性检测应抽取不少于总桩数 10% 的桩进行低应变动力试验。

3. 岩石地基

岩石地基开挖应根据拟建建筑物区的岩性。采取保护基岩、岩壁的开挖方式。岩石地基开挖前后应进行声波检测，声波变幅控制在 ±3.5% 以内。

爆破开挖岩石地基时应进行爆破施工设计，并应经试验段检验。岩石地基建基面以上应预留 1.0～1.5m 保护层，保护层开挖宜采用密孔、小孔、小药量保护基岩的钻孔爆破方式。预裂爆破线以内应采用自上而下分层、梯段爆破方式开挖。

开挖完成的岩石地基应及时清理形成建基面，对于有槽、隙的建基面应清理槽、隙内填充物，其清理深度宜为沟槽宽度的 1.5～2.0 倍，清理完成的沟槽应进行加固处理。开挖完成的岩石地基还应进行地质编录，内容包括岩溶或破碎带的测量、地质素描、特殊地段处理、建基面测绘和图像资料。岩溶区岩石地基开挖完成后应探测基底以下岩溶分布情况，采取相应的加固补强措施。软质岩石地基开挖完成后应及时在建基面上浇筑结构层混凝土或混凝土保护层。

建基面位于溶隙、溶槽、溶洞、断层等不良地层时，应进行固结灌浆加固与封闭处理，固结灌浆压力视不同地段和孔深宜采用 0.1～0.4MPa。在设计规定压力下灌段吸浆量小于 0.4L/min，持续 30min 即可结束灌浆。

岩石地基建基面应布设排水沟网。

采用水平流水作业施工时，混凝土浇筑与岩石地基爆破开挖应预留安全距离。

4. 桩基础

（1）灌注桩施工应根据现场条件选择合适的成孔成桩工艺、设备及泥浆循环系统。护筒制作与埋设、泥浆性能指标、灌注桩成孔偏差、钢筋笼制作与安装、混凝土配合比与浇筑等应符合《码头结构施工规范》JTS 215—2018 的有关规定。废弃泥浆及钻渣的处理应满足环保要求。

（2）混凝土预制桩和钢管桩的施工可采用打入法或静压法，桩的制作、起吊、运输、堆存及沉桩应符合《码头结构施工规范》JTS 215—2018 的有关规定。沉桩送桩深度宜根据设计要求、设备能力和现场地质条件综合考虑后确定，送桩后遗留的桩孔应立即回填或覆盖。

大面积密集桩群沉桩时，可采取下列辅助措施：

① 开挖地面防震沟，并与其他措施结合使用。

② 限制打桩速率。

③ 沉桩结束后，普遍实施一次复打。

5. 沉井基础

沉井施工前应对当地的洪汛、通航及漂浮物等做好调查研究，根据水文、地质等外部条件和可能出现的情况编制施工方案。对附近的堤防、建筑物和施工设备采取有效的防护措施，对施工期要度汛的沉井制订必要的度汛措施，确保安全。

（1）对于在浅水区或可能被水淹没的岸滩区的沉井，宜就地筑岛制作。在软弱地基上制作沉井，应采取换填地基、打设砂桩等地基加固措施。当沉井高度大于 6m 时，宜分节制作、分次接高下沉。

（2）根据水文、地质条件、沉井周边环境的情况，沉井下沉可采用排水法或不排水法，对于多个连续沉井可采用阶梯形同步下沉的方式。沉井下沉过程中应加强控制，保持垂直下沉，沉井入土深度未超过其平面最小尺寸的 2 倍时，应加强观测，及时调整纠偏。当沉井刃脚下沉至设计高程以上 0.5m 时，应放慢下沉速度并控制井内除土量和除土位置，控制沉井平稳下沉。沉井下沉过程中应加强检测，确保下沉施工、周边建筑物和堤防的安全。

（3）沉井封底应在沉井稳定后进行，宜优先采用排水封底方法，也可采用不排水封底方法。

排水封底应符合下列要求：

① 将新老混凝土接触面冲刷干净或打毛。

② 对井底进行修整使之成为锅底形，挖放射形排水沟填以卵石形成滤水暗沟，在中部设置集水井，保持地下水位低于基底面 0.5m 以下。

③ 铺设碎石或卵石层，浇筑垫层混凝土，再施工底板钢筋混凝土。

④ 待底板混凝土强度达到设计强度的 70% 并经抗浮验算后，对集水井逐个停止抽水，逐个封堵。

不排水封底应符合下列要求：

① 当井底涌水量很大或出现流沙现象时，采取水下封底。

② 待沉井基本稳定后，将井底浮泥清除干净，新老混凝土接触面冲刷干净，铺碎石垫层。

③ 封底水下混凝土采用导管法浇筑，待水下混凝土达到所需强度后，进行抽水，再施工钢筋混凝土底板。

2.6.4　船闸主体施工

1. 现浇混凝土结构

船闸工程混凝土结构施工前应根据工程规模、工期要求和资源条件等因素制定混凝土专项施工方案。混凝土模板应根据施工要求进行专项设计。输水廊道混凝土模板应严格控制变形量。大体积混凝土结构应进行温度裂缝控制设计。

1）闸室、闸首和输水廊道等混凝土结构的浇筑要求

混凝土浇筑应以永久伸缩缝为界面划分浇筑单元。分层浇筑当有高低不同的层面时，应设斜面过渡段。分层浇筑时，每次浇筑高度不宜大于 4.0m，强约束区宜控制在 2.5m 内。覆盖闸首帷幕灌浆区的首次混凝土浇筑，其浇筑高度应控制在 1.0m 内。上下层与相邻段混凝土浇筑的时间间隔不宜超过 14d。

混凝土的浇筑强度应与每次浇筑的分层厚度相适应，连续浇筑时，上下层浇筑时间间隔应小于混凝土初凝时间；浇筑面积过大时，宜采用阶梯形分层浇筑。

当采用吊罐入仓工艺时，混凝土坍落度宜为 50～80mm，混凝土粗骨料宜用 3 级级配，最大粒径不宜大于 80mm。当采用泵送混凝土工艺时，混凝土坍落度宜为 120～180mm，粗骨料宜采用连续级配。

混凝土宜采用喷水养护并适当延长养护时间，养护期内，混凝土的暴露面宜采用土工布等蓄水材料覆盖。

施工缝凿毛可采取化学法、机械或人工凿毛，二期混凝土的施工缝宜采用人工凿毛。输水廊道混凝土结构应控制收缩裂缝，施工中宜留设后浇带。

2）后浇带混凝土施工的要求

后浇带宜采用膨胀混凝土。后浇带两侧的混凝土浇筑完成后，应对其沉降量进行连续观测，并应在沉降稳定后浇筑后浇带混凝土。后浇带混凝土浇筑时间应满足设计要

求。当设计未作规定时，应滞后于后浇带两侧混凝土的浇筑时间不少于30d。

底板施工宽缝的混凝土浇筑温度控制和临时止水施工应满足设计要求；宽缝施工前，闸墙混凝土的浇筑高度和墙后回填土的高度应满足设计要求。

2. 衬砌式闸室结构

衬砌式闸室结构混凝土应与围岩牢固连接，并按设计要求检验其粘结强度。采用锚筋连接的闸室衬砌墙，锚孔直径和锚固长度应满足设计要求；以锚杆连接的闸室衬砌墙，锚孔直径应大于锚杆直径30mm以上，锚固砂浆性能参数应通过试验确定，水灰比宜取0.38～0.42，掺合剂应选取微膨胀剂和速凝剂；接触灌浆的岩面灌浆管管口嵌岩应大于300mm，灌浆浆液性能参数和灌浆压力应满足设计要求。

衬砌墙体混凝土浇筑完成后，应在墙顶设置观测点进行变形观测，接触灌浆或固结灌浆浆体强度达到设计要求后方可施工上部结构。

3. 板桩结构

施打板桩前应根据测量放线施打导桩、安装导向架和构筑导槽，导架应有足够的刚度，导槽的宽度宜比板桩墙的厚度大10mm。板桩宜成组施打，应采取往复循环施打工艺。施打过程中，应采取措施，防止已沉桩到位的相邻桩出现"带下"和"上浮"。

采用地下连续墙结构的闸室墙，基坑开挖施工过程中应对在地下连续墙钢筋笼中所设置的与衬砌混凝土连接的锚固钢筋采取保护措施。

地下连续墙的施工宜采用铣槽机或液压抓斗和与之配套的清渣分离设备。

4. 伸缩缝、沉降缝与止水

（1）伸缩缝、沉降缝的构造、尺寸、材料、质量应满足设计要求，止水材料的品种、规格、性能、质量应满足设计要求。

（2）伸缩缝、沉降缝、止水的制作与安装应符合以下规定：

① 止水带安装前应整修平整，表面油污与浮皮等应清理干净，不得有砂眼与钉孔。

② 铜止水片搭焊长度不宜小于20mm，并应采用连续双面焊，必须保证焊缝不漏水。橡胶止水带连接宜采用硫化热粘结；PVC止水带连接应按厂家要求进行，可采用热粘结，搭接长度不小于100mm。接头应逐个检查合格。铜止水片与PVC止水带接头宜采用螺栓连接法，栓接长度不小于350mm。

③ 伸缩缝、沉降缝填料板若需接头，则其接头处应保持紧密贴靠，不留间隙。

④ 止水带安装的位置应满足设计要求。

⑤ 在浇筑止水带附近的混凝土时，应防止止水带发生破坏和圈曲，止水带与混凝土结合应严密。

⑥ 在现浇混凝土结构中，填料板安装后应保持接触面平整、垂直、紧贴，止水带与板的结合处不得留有间隙。

5. 防渗结构和排水设施

（1）黏土防渗体施工应符合下列规定：

① 土的原材料应进行粉碎加工，加工后的粒径，黏土不大于20mm，石灰不大于5mm。

② 防渗体基底应清理杂物并排干积水。

③ 防渗体与集水槽宜同步施工。

④ 分层铺筑时，上下层接缝应错开，采用人工夯实时每层虚土铺筑厚度不应大于200mm，采用机械夯实时每层虚土铺筑厚度不应大于300mm，层面间应刨毛、洒水。

⑤ 分段、分片施工时，相邻工作面搭接碾压宽度：平行轴线方向不应小于500mm，垂直轴线方向不应小于3m。

（2）水泥土防渗体施工应符合下列规定：

① 水泥土防渗体配合比应满足设计要求。当设计无要求时，应通过现场试验确定。

② 采用高压旋喷桩形成水泥土防渗体的施工应符合《建筑地基处理技术规范》JGJ 79—2012 的有关规定。

③ 采用搅拌工艺形成水泥土防渗体的施工应符合《建筑地基处理技术规范》JGJ 79—2012 的有关规定。

（3）土工膜防渗施工应符合下列规定：

① 土工膜性能指标、规格应满足设计要求。

② 大幅土工膜拼接，宜采用胶接法粘合或热元件法焊接，胶接法搭接宽度宜为50～70mm，热元件法焊接叠合宽度宜为 10～15mm。

③ 土工膜铺设前应将基面整平，铺设完成后应及时进行保护层施工。

（4）地下连续墙防渗体施工应满足设计要求，并应符合《港口工程地下连续墙结构设计与施工规程》JTJ 303—2003 的有关规定。

（5）帷幕防渗体施工前应进行试验性施工，其施工工艺、材料、设备、质量控制等除应满足设计要求外，尚应符合《建筑地基处理技术规范》JGJ 79—2012 的有关规定。

（6）排水设施施工应符合下列规定：

① 倒滤层施工应符合《码头结构施工规范》JTS 215—2018 的有关规定。

② 土工织物作倒滤层、垫层、排水层铺设应符合《水运工程土工合成材料应用技术规范》JTS/T 148—2020 的有关规定。

③ 减压排水沟应在枯水期施工。

6. 墙后回填

墙后回填材料应满足设计要求，回填施工前宜进行压实试验性施工。

在墙后回填前应对结构进行检查，对施工中产生的缺陷、施工措施遗留的孔、洞应及时修补并采取防渗措施。对伸缩缝、沉降缝应进行防渗处理。

回填土应水平分层、由内而外、层厚均匀，压实宜采用机械压实，每层压实厚度不超过 300mm。回填宜对称进行，相邻段的填土高差应满足设计要求。施工时如层面上有积水，应将其排除。对含水量较大的土层应翻松风干或挖除换土后进行压实。在回填土区设有排水管时，应先回填至排水管顶面以上，压实后再开挖铺设排水管。

墙背与岩体间采用混凝土回填时，混凝土回填应与混凝土浇筑相协调。

2.6.5　引航道施工

1. 引航道开挖

引航道的航道开挖宽度、航道中心线、河底高程和边坡应满足设计要求，开挖偏差应满足行业相关规定要求。航道边坡宜采用阶梯形开挖，水面以上的边坡有修整要求时，宜待水下开挖完成后进行。挖泥船开挖不得危及堤防和已有岸坡的安全。引航道开挖弃土应运至指定的弃土区。

2. 护岸与护底

1) 砌体护岸与护底

砌体所用石料应质地坚硬、不易风化、无裂纹。砌石形状大致方正，厚度不小于200mm，宽度宜为厚度的1.0～1.5倍，长度宜为厚度的1.5～4.0倍，石块重量不宜小于25kg。

灌砌块石所用混凝土的粗骨料粒径不宜大于20mm。混凝土掺合料和外加剂应通过试验确定，掺合料宜优先选用粉煤灰。混凝土灌砌时，块石净距应大于碎石粒径，不得先嵌填后灌缝，灌入的混凝土应插捣密实。砂浆灌砌时，应先将块石理砌平整后再灌砂浆，砂浆应灌注饱满。

浆砌块石在使用前必须浇水湿润，表面清除干净，不得有油污。所有石块均应坐于新拌砂浆上，填缝饱满并插捣密实。砌体表面砌缝宜采用平缝或凸缝勾缝，勾缝应宽窄均匀、深浅一致，不得有假缝、通缝、丢缝、断裂和粘结不牢等现象。勾缝前应清洁砌筑面，将原砌体缝隙凿进20mm左右，先勾平缝，再勾凸缝。凸缝缝宽一般30mm，厚10mm，形状为长方形，四角成圆状。勾凸缝必须及时养护。

砌筑完成后应保持砌石表面湿润，养护时间不宜少于14d，养护期不宜回填。

干砌块石护岸与护底表面应平整，砌缝应密实。砌石应自下而上错缝立砌，块石应相互镶紧，不得由坡外侧填塞。

2) 现浇混凝土结构护岸

梯形断面宜整体连续浇筑，当墙高较大需分层浇筑时，分层高度宜取1.5～3.0m。

3) 混凝土块体护面

混凝土护面块体应分段施工，自下而上安放，底部块体应与护脚紧密接触。

4) 模袋混凝土护面

模袋种类和性能应满足设计要求，模袋铺设前应对其基层表面进行整平处理，其表面平整度允许偏差，陆上不应大于100mm，水下不应大于150mm。模袋应自上而下垂直坡向铺设，随铺随压砂袋或石袋，并应及时浇灌混凝土。

5) 大块石护面

大块石护面施工时，块石的长边尺寸不宜小于护面层的设计厚度。对于安放一层块石的护面层，块石应互相靠紧，其最大缝隙宽度不大于垫层块石最小粒径的2/3。坡面上不应有连续两块石以上垂直于护面层的通缝。

6) 板桩、扶壁、沉井护岸

扶壁混凝土结构宜一次浇筑完成。大型扶壁构件也可分次浇筑，其施工缝不宜设在水位变动区、底板与立板的连接处。

板桩、沉井护岸的施工应符合现行行业标准的有关要求。

2.7　干船坞和船台滑道施工技术

干船坞的结构型式可分为排水减压式、锚拉式、重力式和浮箱式。排水减压式适用于原地基或经防渗处理后地基的渗水量较小的情况；锚拉式适用于地基具有良好锚碇条件的情况；重力式适用于采用排水减压式或锚拉式结构均有困难和地基较好的情况；浮箱式适用于干施工有困难或造价较其他结构型式低的情况。

干船坞的结构组成包含坞室、坞口、翼墙、水泵房、减压排水设施及附属设施等。干船坞主体结构宜采用钢筋混凝土结构，在当地石料丰富、地基条件良好的条件下，也可采用重力式浆砌石结构；桩基可采用钢筋混凝土预制桩、钢管桩、预应力管桩或灌注桩等；板桩墙可采用钢板桩、钢筋混凝土板桩或地下连续墙等结构。浮箱式坞口宜采用钢结构，预制和浮运条件许可时，也可采用钢筋混凝土结构。

船台滑道的主要形式可分为纵向斜船台滑道、横向机械化船台滑道和纵向机械化船台滑道。纵向斜船台滑道可分为油脂滑道和钢珠滑道；横向机械化船台滑道可分为梳式滑道、高低轨（轮）滑道、横向整体或分节斜船架滑道、横向伸缩腿滑道和横向回转式下水架滑道等；纵向机械化船台滑道可分为船排滑道、双支点滑道、斜船架滑道和纵向栈桥滑道等。

船台滑道结构型式可采用梁板实体结构、轨枕道砟结构、架空结构等。有防水闸门的斜船台和半坞式斜船台挡水闸门段结构可采用分离式或整体式。滑道侧墙挡土结构应根据地质、场地等条件，采用重力式、板桩等结构型式。滑道顶部卷扬机基础可采用重力墩式、桩基承台等结构。

2.7.1　围堰施工

围堰施工应编制专项施工方案和应急预案。围堰完工后应进行检查验收，并对围堰渗漏情况进行测试，满足使用要求后方可交付使用。当围堰作为防汛体系一部分时，应满足当地防汛的要求。围堰施工期和使用期，应对围堰进行检测、巡查和维护，发现问题应及时处理。

1. 土石围堰施工

土石围堰施工前，应对围堰施工范围的地形和水深进行踏勘和测量。陆域部分的耕植土、树根和杂物，水域部分的障碍物和有机土均应清除。

土石围堰抛填施工时，应对围堰的轴线、坡肩线、坡脚线和防渗芯墙的位置进行控制。抛填的顺序和方法应根据堰体结构特点、现场地质和水文条件等因素综合确定，并符合下列规定：

（1）陆上围堰应分层填筑、分层压实。分层厚度应满足设计要求或由现场试验确定，堰体的密实度应满足设计要求。

（2）水中围堰可采取陆上推进或水上抛填的方法。围堰出水部分应按设计要求进行密实处理。

（3）设有黏土芯墙的土石围堰，水下部分宜先抛筑芯墙两侧棱体、再抛筑芯墙部位的袋装黏土。

止水芯墙宜采用能适应有一定变位的材料。若土石围堰的地基有透水层时，止水芯墙深度应延伸至地基中的相对不透水层。

水中围堰合龙，宜选择在堰内外水头差较小和水流流速较小的时段进行。合龙施工过程中，应根据龙口水流流速的变化适时调整填料种类、填料强度和抛填方法。截流后应及时进行前后戗台加固、龙口加固、围堰闭气和堰体培高增厚。围堰的迎水面和背水面应按设计要求进行处理。

土石围堰堰顶宽度除应满足通行、构造和施工要求外，尚应满足防汛抢险要求，且不应小于 4.0m。

2. 钢板桩围堰施工

（1）钢板桩围堰施工前，应清除现场地下和水下影响钢板桩沉桩的障碍物。钢板桩的沉桩施工除应符合《码头结构施工规范》JTS 215—2018 的有关规定外，尚应符合下列规定：

① 沉桩前宜在钢板桩锁扣内抹防渗油膏。

② 钢板桩的沉桩标准应通过试沉桩确定，并应根据地质情况随时调整，避免钢板桩底端产生严重卷边变形。

（2）双排钢板桩围堰的围囹与拉杆安装和堰中回填应符合下列规定：

① 围囹与拉杆的安装，应按施工方案规定的施工步距紧跟钢板桩的沉设对称进行。

② 采用成对背靠槽钢作为围囹时，围囹分段长度不宜小于 4 倍拉杆间距。围囹应与钢板桩凸面贴合，间隙大于 10mm 应垫钢垫板。

③ 拉杆安装应施加初始应力，并根据回填情况对拉杆张力进行调整。长度大于 12m 的拉杆中部宜装设紧张器。

④ 双排钢板桩围堰堰体的回填，应在围囹与拉杆安装后分层、均匀进行，填料应选用中砂、粗砂或其他非粘性材料。

（3）单排钢板桩围堰内外两侧棱体的回填，应按施工方案规定的施工步距对称进行。回填前应对基槽进行检查，有淤泥时应予清除。

（4）格形钢板桩围堰的施工应符合下列规定：

① 格形钢板桩围堰的施工，宜按先主格体沉桩、后副格体沉桩、再格内回填的顺序进行；

② 主格体的沉桩，可采用水上拼插沉桩或陆上拼组成型、整体吊装沉桩方法。采用水上拼插沉桩方法时，钢板桩沉桩应采用圆形围囹架进行定位导向；采用陆上拼组成型、整体吊装沉桩方法时，钢围囹、围囹支架和顶部工作平台应具有足够的强度和刚度，满足格体钢板桩整体吊装、下沉就位和沉桩等工序的需要。

③ 副格体的尺度和位置，应根据主格体实际位置和偏差确定，并按先迎水面、后背水面的顺序，且至少滞后一个格体的施工步距进行施工。

钢板桩围堰的合龙施工，应选择在堰内外水头差较小和水流流速较小的时段进行。内外水位差较大的围堰，宜在已成墙体适当位置开设临时过水闸口，围堰合龙后再关闭并焊接加固。合龙钢板桩组的组拼及尺寸应根据龙口的实际尺寸确定。

钢板桩围堰形成后，应按设计要求对钢板桩与下卧岩层的交界面进行防渗处理。

3. 沉箱围堰施工

（1）沉箱围堰施工方案应重点对基床抛石、基床水下升浆、沉箱接缝和岩基止水等的施工方法、施工顺序、施工工艺和技术质量保证措施进行安排。沉箱围堰抛石基床的施工除应符合《码头结构施工规范》JTS 215—2018 的有关规定外，尚应符合下列规定：

① 基槽槽底存在的含水率小于 150% 或重力密度大于 12.6kN/m^3 的回淤沉积物厚

度不宜大于 100mm。

② 基床块石的粒径及堆积体孔隙率应满足下列要求，并宜通过现场试验确定：

a. 升浆过程中，砂浆在升浆压力作用下能够充满基床块石的孔隙。

b. 对升浆管沉设不造成过大困难。

③ 基床抛石应按施工方案所确定的水下升浆段分段进行，段与段之间应采取防止漏浆的隔离或反滤措施。

④ 采用水下升浆的抛石基床不应夯实。基床顶部应进行整平，沉箱两侧的基床表面应抛填倒滤层。对于使用后需拆除的沉箱，应在其基床顶面铺设不影响沉箱起浮的土工合成材料隔离层。

（2）沉箱预制和安装除应符合《码头结构施工规范》JTS 215—2018 的有关规定外，尚应符合下列规定：

① 预制沉箱时，应按水下升浆施工方案要求在沉箱底板中预埋压浆管套管和观测管套管。在沉箱出运、浮运和安装过程中，应对套管进行保护。

② 作为永久工程结构一部分兼围堰功能的沉箱，在预制时应按设计要求在沉箱结合腔内预埋止水带。在沉箱出运、浮运和安装过程中应对止水带进行保护。

③ 沉箱安装的前沿线、相邻沉箱错台和缝宽的允许偏差分别为：30mm、30mm 和 ±30mm。

（3）沉箱内回填应符合下列规定：

① 需拆移的临时围堰沉箱，箱内的回填材料宜采用砂砾或碎石等易挖除的材料。

② 回填时应采取防止回填料落入沉箱接缝腔的措施。

（4）抛石基床的水下升浆施工应符合下列规定：

① 水泥砂浆的配合比应经系统试验确定。砂浆的流动度、泌水率、膨胀率、初凝时间和终凝时间等指标，应满足水下升浆的要求，并应通过现场试验或典型施工确定。

② 基床水下升浆应设压浆管和观测管。压浆管宜梅花形布置，观测管宜布置在两排压浆管之间。压浆管的排距和孔距均不宜大于 3m。

③ 水泥砂浆应采用高速砂浆搅拌机进行拌制，供应能力应满足升浆施工连续进行的需要。

④ 升浆采用的灌浆泵的技术性能应与砂浆类型、砂浆流动性、升浆压力等相适应。泵的排浆量应满足最大灌入量要求并有一定余量。

⑤ 灌浆管路应保证浆液流动畅通，并应能承受 1.5 倍的最大灌浆压力。灌浆泵和灌浆孔口处均应安设压力表，压力表与管路之间应设隔浆装置。

⑥ 水下升浆宜以沉箱为单元进行施工。在同一施工段中宜采用多管平升升浆的工艺。采用按排接力升浆工艺时，压浆应从沉箱围堰外侧第一排管开始，并应遵循先低、后高的顺序进行。浆面高出沉箱底高程 200～300mm 后，再进行下一排管的压浆，直至整个沉箱底部基床压浆饱满。

⑦ 灌浆压力宜为 0.2～0.5MPa。在压力灌浆过程中，压浆管埋入砂浆的深度宜为 0.6～2.0m，并应通过观测管中的比重测锤随时观测、记录管内砂浆液面的上升情况。

⑧ 水下升浆施工，砂浆灌入量大于计算注入量且浆面上升高度超过沉箱底面以上 200～300mm 时应结束升浆；对于浆面上升高度难以达到沉箱底面以上的施工段，可利

用观测管进行补充压浆，在设计压力下，注入率不大于 1L/min 时，继续灌注 30min，可结束补充压浆。

临时围堰沉箱的接缝应做防渗止水处理。采用黏土时，沉箱接缝处外壁宜设土工合成材料进行遮挡。采用水下水泥砂浆时，宜采取防止粘连沉箱侧壁的措施。作为永久工程结构一部分兼围堰功能的沉箱，接缝的施工应按照设计要求进行。

对于沉箱与基床的接触面、基床与岩石的接触面和岩基存在裂隙，宜采用帷幕灌浆的方法进行处理。

4. 围堰维护与拆除

1）围堰在施工期和使用期间的观测和监测应符合的规定

（1）施工观测应编制观测方案并纳入施工组织设计。观测方案中应明确观测项目、观测点设置、观测方法、观测频率、观测记录及数据整理分析等要求。

（2）施工监测应编制专项监测方案。监测方案中应明确监测项目、测点布置、测试方法、围堰的稳定标准、警报数值、数据与报告传递及对施工配合的要求。

（3）施工观测和监测的项目与要求，应符合《水运工程水工建筑物原型观测技术规范》JTS 235—2016 和《水运工程地基基础试验检测技术规程》JTS 237—2017 等的有关规定。

（4）抽水过程中，围堰的位移、沉降、变形或地基变形接近警报值或堰内水位异常时，应及时发出警报，并暂停抽水施工。

2）围堰的使用维护应符合的规定

（1）施工期围堰顶部的荷载不得超过设计荷载。利用围堰作为施工道路时，应进行相应处理。

（2）使用期应对围堰的完整性和渗水情况进行巡视、定期检查和维护检修。

（3）台风、风暴潮和洪水期应加强对堰体的观测和检查。对围堰的局部损坏处、渗水点和重点部位等应及时进行检修加固。

3）围堰拆除应符合的规定

（1）围堰拆除应具备下列条件：

① 堰内干地施工的建筑物及配套设施全部完工并通过检查验收。

② 需作堰内充水检查的工程检查完毕，且不需要抽干水后进行处理。

③ 坞门或闸门的启闭试验合格。

（2）围堰拆除的范围及底高程应满足设计要求，且不得遗留碍航障碍物或对河道、航道及周边环境造成影响。

2.7.2　基坑施工

干船坞、船台与滑道工程的基坑开挖应结合围堰与支护结构特点、工程地质、水文地质、周边环境条件和工期等因素，编制专项施工方案和应急预案。基坑降水与排水应进行专门设计并编制降水与排水施工方案。

基坑开挖前，应对降水与排水系统进行检查和运转试验，正常后方可进行基坑开挖施工。基坑降水和基坑开挖过程中，应对围堰及支护结构、基坑边坡、相邻建筑物、周围地面沉降等变化进行观测和监测，发生突发情况应及时采取措施。

基坑采用排水开挖时，应分层分段依次开挖，避免土体卸荷过快导致边坡失稳。对于先成墙后开挖的基坑，应根据墙体的构造，制定合理的开挖工序。当采用井点降水法加固基坑边坡时，应考虑井点降水、开挖卸荷以及施工程序等综合因素对土体强度指标的影响。

岩石地基上进行基坑爆破开挖时，应考虑爆破对已建成的围堰止水系统的影响，并根据止水系统的构造和地质资料，严格控制爆破震动速率。爆破开挖宜采取预裂爆破等方法，控制基坑断面，超挖部位宜采用素混凝土填充。对遇水易软化的岩石，基坑开挖至预定高程时，应及时用素混凝土、砂浆等材料覆盖开挖面。

基坑开挖后，应设置排水沟、集水坑等，及时排除雨水和渗透水。

1. 基坑排水与降水

基坑施工区域排水系统的设置，应根据基坑特点、基坑排水量、施工要求和现场条件等确定，基坑外围应设置截水沟或围埝。

基坑降水应根据工程水文地质条件、基坑开挖尺度、降水深度和支护形式等并结合类似工程经验制定合理降水施工方案。基坑降水可采用井点降水与集水坑排水相结合等方式。

1）基坑排水的集水坑、排水沟和排水设施应符合的规定

（1）集水坑和排水沟设置的位置和构造应避免对基坑边坡或墙体的稳定和强度造成不利影响。

（2）集水坑和排水沟应随基坑开挖而下降。集水坑底应始终位于基底 1.0m 以下，排水沟的坡度宜为 1‰～2‰。

（3）基坑挖深较大时，应分级设置平台和排水设施。

（4）排水设备可采用潜水泵或离心泵等。排水设备的排水能力应与需要抽排的水量相适应，并有一定备用量。

（5）基坑抽排水时应控制水位下降速率。

（6）基坑外围地面和截水沟应采用可靠的防渗措施。

（7）基坑边坡出现渗透水时，应采取相应措施将水引入排水沟。

2）井点降水

井点降水分为轻型井点和深井井点两类，可按表 2.7-1 选用。

采用井点降水，应根据水文地质资料和降低地下水位的要求进行计算，确定井点的数量、位置、井深、抽水量及抽水设备等。必要时应做抽水试验，并根据抽水试验结果对基坑降水方案及参数进行调整优化。

表 2.7-1　井点降水类别与适用范围

序号	井点类别	土的渗透系数（cm/s）	降低水位深度（m）	水文地质特征
1	轻型井点	$1.0 \times 10^{-4} \sim 2.0 \times 10^{-2}$	＜6	水量不大的潜水
2	深井井管	$1.0 \times 10^{-3} \sim 2.0 \times 10^{-1}$	5～20	含水丰富的潜水、承压水、裂隙水

3）轻型井点施工应符合的规定

（1）轻型井点系统施工宜按敷设集水总管、沉放井点管、灌填倒滤材料、连接管

路、安装抽水机组的顺序进行。

（2）井点管直径宜为 30～110mm，井点管水平间距宜为 1.0～2.5m。

（3）成孔孔径不宜大于 300mm，成孔深度应大于滤管低端埋深 0.5m。

（4）倒滤材料回填应连续、密实，滤料顶面至地面之间应采用黏土封填密实。

（5）填砾过滤器周围的滤料应采用粒径均匀、含泥量小于 3% 的砂料。

（6）井点系统各部件安装应严密、不漏气。集水总管与井点管连接宜使用软管。

（7）一台机组携带的总管长度，真空泵不宜大于 100m，射流泵不宜大于 80m，隔膜泵不宜大于 60m。

4）深井井管的施工应符合的规定

（1）井管应沿降水区域外围呈环形均匀布置，井管的间距应根据降水面积、降水深度和含水层渗透系数等因素确定。

（2）井管内径不宜小于 200mm，且应大于泵体最大外径 50mm 以上，成孔直径应大于井管外径 300mm 以上。

（3）管井成孔可用钻孔法成孔。钻孔的垂直度偏差应不大于 1%，终孔后应清孔，返回的泥浆中不应含有泥块。

（4）管井安装应平稳、准确，各段连接应牢固。入孔时应避免损坏过滤材料。

（5）过滤器应刷洗干净，过滤器缝隙应均匀。井底滤料应按级配分层连续均匀铺填。

（6）抽水泵应安装稳固。连续抽水时，水泵吸口应低于井内动水位 2.0m。

（7）试抽时，应调整水泵抽水量，达到预定降水高程。

井点降水系统全部施工完成后，宜进行一次群井抽水试验或减压降水试运行。

5）井点降水运行应满足的要求

（1）井点的降水运行，应根据基坑及降水特点制定降水运行方案，明确不同开挖深度下的开启井数和开启顺序。基坑开挖工况发生变化后对周边环境有较大影响时，应及时调整。

（2）井点降水应根据设计、降水运行方案与开挖进度的要求，分层降低地下水位。

（3）对深井井管的降水，应按时对水位和流量进行观测，涉及承压水时，应设置自动检测仪表装置；对轻型井点的降水，还应按时观测其真空度。

（4）降水期间应注意查看出水变化情况，发现水质混浊应分析原因并及时处理。

停止降水后，应对降水井管采取可靠的封井措施。

2. 基坑开挖

基坑开挖前应根据地质条件、开挖方式、施工顺序、土石方挖量、土石方运距和弃土地点等，确定土石方机械的作业路线和运输车辆的行走路线。挖土机械、运输车辆通过坡道进入作业点时，应采取措施保证坡道的稳定。

基坑开挖应采取相应措施保障围堰与支护结构、工程桩、降水井点的安全，减少对周边环境的影响。基坑开挖前应排干明水，并将地下水位降至开挖层面 0.5m 以下。基坑开挖应分层进行，分层厚度应根据土质、施工设备能力和支护条件等确定，避免土体卸载过快而导致边坡失稳。基坑开挖时应对基坑坑底进行保护，并根据土质、气候和施工机具等情况预留一定厚度的原土层。原土层预留厚度，土质基底宜为 300～

500mm，严寒条件应适当加厚；岩石基底宜为 1.0～1.5m。原土层挖除后应及时进行上部结构垫层的施工。基坑基底土质受扰动或被水浸泡致使原状土性质改变时，应进行相应处理。

坞口、泵房等局部深基坑开挖宜在基坑大面积垫层完成后进行。软土地基深基坑开挖的临时支护结构应进行设计。

干船坞基坑应进行施工验槽，如基坑开挖后发现地基条件与原勘察报告不符时，应进行补充钻探。

基坑边坡的坡面应根据坡面土质、当地降雨和暴露时间等情况采取水泥砂浆、挂网砂浆、混凝土等护坡措施。永久性边坡坡面应按设计要求进行处理。

板桩结构坞墙的坞室基坑开挖除应符合上述规定外，还应符合下列规定：

（1）坞室基坑开挖应在墙体与锚碇系统可靠连接、锚碇结构具有足够强度后进行。

（2）开挖顺序、开挖方法、支撑与转换等应与设计工况一致。

（3）采用内支撑支护的深基坑开挖应按支护设计工况要求，采取先撑后挖、限时支撑、避免基坑无支撑时间过长和空间过大的施工方法和顺序进行施工。内支撑的安装位置、安装精度、预应力及施加顺序应满足设计要求。

（4）坞室基坑开挖过程应避免坞墙发生过大变位和变形，并宜按照先开挖中部、再开挖两侧的顺序进行施工。

（5）坞室基坑分段开挖后应及时进行减压排水系统施工、浇筑垫层和坞室底板，尽快形成底板对板桩墙的支撑。

3. 基坑监测与维护

基坑开挖过程中应对基坑、支护结构和围堰的安全稳定性以及相邻的建筑物、周围地面沉降等进行观测或监测，并符合下列规定：

（1）观测方案和专项监测应符合《水运工程地基基础施工规范》JTS 206—2017 的有关规定。

（2）基坑边坡的变形、支护结构的变形与内力达到预警值或基坑降水明显异常时，应及时采取有效措施进行处理。

基坑维护应符合下列规定：

（1）基坑顶部的荷载不得大于设计荷载。

（2）施工过程中应对基坑边坡及护面的完整性进行巡视，有局部损坏时应及时修复。

（3）台风、风暴潮和洪水期应加强对基坑排水系统的检查，发现问题应采取有效措施进行处理。

2.7.3　地基与基础施工

地基与基础施工应根据施工总体部署，与基坑开挖、主体结构工程的施工统筹协调安排。地质条件复杂或缺乏借鉴工程经验的地基处理工程，施工前应按《水运工程地基基础试验检测技术规程》JTS 237—2017 的有关规定，安排现场试验，确定施工工艺及主要施工参数。地基处理工程施工结束后应按设计要求对处理效果及主要指标进行检测。

1. 换填地基施工

砂石类、稳定土类的换填应符合下列规定：

（1）填料的种类、配合比、最佳含水量、最大干密度和压实指标等应经试验确定。

（2）稳定土类换填料应采用机械拌合，并选择合适的摊铺与压实机械。素土类换填，宜采用平碾或羊足碾压实；级配砂石和稳定土类换填，宜用振动碾或振动压实机压实；砂垫层可采用水撼与振动相结合的方法进行密实。

（3）换填施工应分层进行。分层厚度、每层压实遍数、填料含水率和压实度等施工参数，应满足施工方案和典型施工确定的要求。

（4）分段施工时，应采用斜坡搭接，每层错开1000mm以上，搭接处应碾压密实。

（5）基底面不在同一高程时，宜将基底面挖成阶梯形，并按先深、后浅的顺序分层换填，搭接处应夯压密实。

浆砌块石、块石混凝土换填施工前应对基底表面进行检查和清理，发现有溶洞、溶沟等不良构造时，应按设计要求进行处理。设有盲沟与盲管部位的换填，应与盲沟与盲管的施工相协调。

2. 振冲地基施工

振冲器及配套设备应根据设计要求、地基土质、处理深度和周边环境等条件选用，振冲操作台应配置有电流、电压和留振时间自动信号仪表。施工前应先在现场进行振冲试验，确定水压、水量、振密电流和留振时间等施工参数。

1）振冲置换施工应符合的规定

（1）填料宜选用含泥量不大于5%的角砾、碎石、砾砂或粗砂。

（2）振冲施工顺序宜从中间向外围或间隔跳打进行。当处理区存在既有建筑物时，应从临近建筑物一边开始，逐步向外施工。

（3）振冲施工水压可用200～600kPa，水量可用200～600L/min，造孔速度宜为0.5～2.0m/min。

（4）填料宜分层填入、分层振实。稳定电流达到密实电流值后宜留振30s。振冲器每段提升高度宜为300～500mm，每次填料厚度不宜大于500mm。

（5）施工完成后，顶部的松散桩体应按设计要求进行处理。

2）振冲挤密施工应符合的规定

（1）振冲施工顺序宜从外围向中间进行。

（2）振冲挤密宜采用大功率振冲器，下沉宜快速，造孔速度宜为8～10m/min，每段提升高度宜为500mm，每1m振密时间宜为1min。

（3）对于粉细沙地基，当采用双点共振法振冲挤密施工时，留振时间宜为10～20s，下沉和上提速度宜为1.0～2.0m/min，水压宜为100～200kPa，每段提升高度宜为500mm。

振冲施工后，应按设计要求选择有代表性的地段做地基强度检验或地基承载力试验。

3. 高压喷射注浆地基施工

高压喷射注浆可采用单管法、双管法或三管法。应根据地基土质、加固深度、加固范围和加固要求以及现场条件等选用喷射方法和机具设备。施工前应通过工艺试桩确定施工工艺和施工参数。喷射的水泥浆应具有较好的保水性和可喷性，所用水泥、外加剂、掺合料和配合比应通过试验确定。

成孔及注浆应符合下列规定：

（1）成孔的直径宜比喷射导管的直径大 30～40mm。

（2）射浆管置于钻孔底设计高程后，应立即开始高压喷射注浆，并按规定的技术参数进行喷射和提升。

（3）高压喷射注浆应自下而上进行。射浆管不能一次连续提升时，分段提升的搭接长度不得小于 0.1m。

（4）喷浆过程中出现流量不变而压力突然下降时，应检查各部位泄漏情况；不冒浆或断续冒浆时，应查明原因，若系空穴、通道引起，则应继续灌浆至冒浆为止，灌入一定浆量仍不冒浆时，可提出射浆管，待浆液凝固后重新灌浆。

（5）水泥浆液应搅拌均匀，随拌随用。余浆存放时间不宜大于 3h。

高压喷射注浆施工时，临近影响施工区域不应进行抽水作业。喷射灌浆完毕，固结体顶部出现稀浆层、凹槽、凹穴时，应进行二次灌浆。施工结束后，应按设计要求进行桩体质量及承载力检验。

4. 水泥搅拌桩复合地基施工

1）水泥搅拌桩施工应符合的规定

（1）水泥搅拌桩施工设备应选用定型产品，并配有管道压力表、计量装置及自动记录设备。

（2）水泥浆液配合比应经室内搅拌土强度试验和现场试验确定。

（3）所用浆液应采用砂浆搅拌机进行拌合。浆液的储存量不应小于 1 根桩的用量。

（4）搅拌桩的施工顺序应符合施工方案的要求，并宜按照先周边、后中间、逐渐向中央推进的原则。

（5）在施工中应对搅拌机头的钻进深度、搅拌速度、提升速度、水泥浆注入量、复搅情况以及输浆管道的工作状况进行检查和记录。

（6）每段加固区域完成 7d 后应人工挖开验桩。对于桩身强度和地基承载力的检验应按设计要求进行。

（7）水泥搅拌桩施工允许偏差应符合表 2.7-2 的规定。

表 2.7-2　水泥搅拌桩施工允许偏差

序号	项目	允许偏差（mm）
1	桩位	50
2	桩径	$\pm 0.04D$
3	桩底高程	± 200
4	桩顶高程	+100 -50
5	垂直度（每米）	15

注：D 为水泥搅拌桩的直径，单位 mm。

2）水下深层水泥搅拌加固软土地基的施工应符合的规定

（1）施工采用的船机、搅拌机具、控制系统和测量定位系统应满足搅拌体形式、加固范围、加固深度、地基土质和施工环境的要求。

（2）水泥浆液配合比应经室内搅拌土强度试验和现场试验确定。

（3）搅拌施工的顺序、搅拌孔的位置与深度、相邻搅拌孔的搭接形式与长度，应与拌合体的结构型式相适宜。

（4）施工中应自动检查记录沉孔位置、孔深、搭接长度、垂直度、搅拌头转速、贯入与提升速度、着底电流和水泥浆量等。

（5）施工后应对拌合体的强度及均匀性进行检验。拌合体的钻孔取芯完整率不宜低于80%，芯样试件的无侧限抗压强度平均值应满足设计要求，变异系数不宜小于0.35。

（6）水下深层水泥拌合体施工中，对于拌合体顶部高程和底部高程的允许偏差均为 ±200mm。

5. 桩基施工

干船坞、船台与滑道工程的混凝土方桩、混凝土管桩和钢管桩的施工，除应符合《码头结构施工规范》JTS 215—2018 的有关规定外，尚应符合下列规定：

（1）陆上群桩沉桩时，应考虑沉桩的挤土效应、对周边建筑物和已沉桩的影响。正常情况下宜按先坞室、后坞口，先长桩、后短桩，先中间、后四周、最后坞墙的顺序进行。

（2）现场接桩时桩节不宜多于 2 节。采用焊接接桩时，焊缝冷却后方可继续沉桩。

（3）地下和水下送桩，应使用专用送桩替打，替打与桩周的空隙宜为 5~10mm，并设有泄水孔。送桩时，替打的轴线应与桩的轴线相同。

（4）深层送桩后，遗留的桩孔应及时回填。

（5）沉桩的允许偏差应符合表 2.7-3 的规定。

表 2.7-3　沉桩的允许偏差

序号	项目			允许偏差（mm）
1	设计高程处桩顶平面位置	滑道梁、轨道梁基桩		100
		底板基桩	边桩	100
			中间桩	$D/2$
2	滑道水下送桩桩顶高程			0 -100
3	垂直度（每米）			10

注：D 为桩径或短边边长，单位 mm。

6. 岩石地基处理

岩石地基处理前应对岩基开挖、岩石完整性和地下溶洞等情况进行调查，并按设计要求进行超声波、雷达或钻孔检测。岩石地基开挖后应对建基面进行清理，清理可采用高压空气与高压水联合冲洗，清洗后应及时进行混凝土垫层施工。

岩石地基的处理应结合处理部位的工程地质条件、岩石特性和处理目的，采用填充、换填或灌浆等加固补强措施。

1）岩石地基填充应符合的规定

（1）对于存在沟槽或裂隙的建基面应将沟槽和裂隙内的充填物清除。清理的深度宜为沟槽宽度的 1.5~2.0 倍，清理后的沟槽应及时采用混凝土填充。

（2）对于破碎的岩石建基面应扩大开挖范围和开挖深度，并根据上部结构工程的需要，采用混凝土或块石混凝土进行换填。

2）岩石固结灌浆施工应符合的规定

（1）灌浆施工前应根据现场工程地质条件和施工条件等编制施工方案，拟定灌浆分序方法、灌浆孔的排数、排距、孔深、灌浆压力、灌浆浆液、单位注入量等施工参数，并通过现场试验确定或调整。

（2）灌浆宜在有盖重混凝土的条件下进行。必要时应安设抬动监测装置，在灌浆过程中连续进行观测、记录，抬动值不应大于设计值。

（3）灌浆孔的位置及孔深应满足设计要求。钻孔后应采用高压水进行裂隙冲洗，冲水压力宜为灌浆压力的 80%，且不大于 1MPa，应冲水至回水清洁为止。

（4）灌浆应按分序和加密的原则进行。各灌浆段的长度可采用 5～6m，特殊情况可适当缩短或加长，但不应大于 10m。

（5）浆液的水灰比应分为多个级别，灌注时应按由稀至浓逐级转换。

（6）灌浆的结束条件应根据地质条件和工程要求确定。灌浆段在最大压力下，注入量不大于 1L/min 后，宜继续灌注 30min。

（7）灌浆的质量可采用岩体波速法或岩体静弹性模量法进行检测。检测的时间、检测仪器、检测方法及岩体波速和静弹性模量的改善都应符合设计规定。

对设计要求进行钻孔压水试验的工程，压水试验宜在灌浆结束 7d 后进行。

2.7.4　干船坞主体施工

干船坞主体施工应合理安排主体结构与基坑开挖、地基处理、防渗和减压排水系统等施工的衔接。坞墙结构施工时，宜根据结构特点、墙后回填土和施工经验预留坞墙后仰量。

坞室和坞口结构型式根据坞墙、坞口门墩与底板的连接方式可分为分离式和整体式。坞墙可采用重力式、桩基承台式、板桩式、半重力式、混合式和衬砌式。坞口门墩可采用实体式、箱式、沉井式和板桩式等结构型式。实体式、箱式结构宜用于地基承载力较高或经地基加固的情况，沉井式和板桩式结构宜用于地基承载力较低的土基。

大中型船坞整体式坞室和坞口底板宜设置施工闭合块，闭合块宜对坞轴线呈对称布置，坞室施工闭合块宽度宜取 1.5m，坞口施工闭合块宽度宜取 2.0～3.0m。当整体式坞口施工条件受到限制时，可考虑坞口底板和坞口门墩分离施工。分离施工的坞口结构应采取预留插筋、预埋型钢等结构措施，使底板与坞口门墩可靠连接。坞口与坞室结构间应设置变形缝。

水泵房结构宜采用现浇钢筋混凝土箱型结构。水泵房结构构件的构造要求有：水泵房结构的变形缝、施工缝、假缝、后浇带、穿墙管、预埋件、预留通道接头、桩头等细部应设置止水防水设施。当坞室采用减压排水系统时，水泵房底板下应设置防渗帷幕，并与船坞的防渗帷幕连接。水泵房结构的防水等级宜为二级。水泵房底板、水泵层底板及侧墙混凝土的抗渗等级不得低于 P8。

1. 坞口与泵房施工

（1）坞口防渗齿墙施工前应对坞口防渗墙的顶部进行清理、凿毛和处理，墙体及外伸钢筋嵌入齿墙的长度及处理应满足设计要求。齿墙混凝土应与坞口底板混凝土连续浇筑，并先于底板混凝土。浇筑时应避免损伤防渗墙体，并保证底板混凝土与齿墙镶嵌严密。

（2）坞口底板与坞门墩施工的要求有：整体式坞口的底板与坞门墩应整体浇筑，并应按设计要求在底板的适当位置设置闭合块。受现场条件限制，底板与坞门墩分离施工时，应采用预留钢筋、预埋型钢等加强措施。分离式坞口的底板与坞门墩应按设计结构单元进行施工。

（3）坞口底板与坞门槛施工应符合下列规定：

① 坞口底板与坞门槛混凝土的闭合块应按设计和施工方案要求进行设置和处理。浇筑闭合块的间隔时间从底板混凝土浇筑完成日期起不宜少于45d，且两侧的坞门墩已完成，并宜选择在气温较低时进行施工。

② 坞门槛前沿应按设计要求预留坞口止水镶面的二期混凝土施工凹槽。

③ 坞门轴预埋件的构造应满足设计和坞门安装的要求，预埋时应采用可靠的定位措施。

④ 现浇坞口底板和门槛的允许偏差应符合《船厂水工工程施工规范》JTS/T 229—2022要求。

（4）坞门墩分层浇筑时，分层高度宜与坞墙分层高度一致。坞门墩前沿应按设计要求预留坞口止水镶面的二期混凝土施工凹槽。

（5）现浇泵房施工应符合下列规定：

① 泵房可按结构特点并兼顾进出水流道的整体性，由下至上分层施工。

② 泵房混凝土浇筑，在平面上不宜分块。根据大体积混凝土温度控制要求需分块施工时，应按设计要求在适当位置设置闭合块。

③ 泵房楼层结构分层施工时，墩、墙、柱底端的施工缝宜设在底板或基础老混凝土顶面，上端的施工缝宜设在楼板或大梁下面。泵房外墙不宜设置垂直施工缝，泵房外墙的水平施工缝宜做成凸凹榫槽形式。

④ 泵房进出水流道应按设计单元整体浇筑，流道模板应进行专门设计，流道的线形、各断面沿程变化、内表面糙率应满足设计要求。施工中应采取防止流道混凝土产生缺陷的措施。

⑤ 泵房墙体进出水管道钢套管外侧止水环或止水片的焊接应满足设计要求。

⑥ 主机组基础、进出水流道和预留安装吊孔的位置及几何尺寸应满足设计要求。

（6）沉井式坞门墩或泵房施工除应符合以上4）、5）的规定外，尚应符合下列规定：

① 沉井施工前，应根据选定的下沉方式，计算沉井各阶段的下沉系数，确定沉井的预制、下沉施工方案。

② 分节沉井的制作高度应保证沉井的稳定性和顺利下沉。第一节沉井的混凝土达到设计要求，其余各节达到设计强度的70%后，沉井方可下沉。

③ 下沉施工应采取保持沉井垂直、均匀下沉和防止拉裂沉井侧壁的措施。

④ 沉井下沉到设计高程并稳定后，应及时进行封底。

2.现浇重力式结构坞墙施工

现浇悬臂式、扶壁式、混合式等重力式坞墙的施工规定有：坞墙混凝土宜按结构段划分浇筑单元。分层施工的高度应根据坞墙结构形式、施工条件和防裂措施要求综合确定。坞墙分层浇筑的施工缝应保持水平、顺直，首层坞墙与坞墙底板的施工缝宜留置在距坞墙底板顶面以上 1.0～1.5m 位置，施工缝以下墙体和坞墙底板的混凝土应连续浇筑。坞墙分层施工时，应控制上、下层混凝土浇筑的间隔时间，在正常温度下不宜大于14d。

现浇承台的分段应与坞墙的分段对齐，带有廊道或管沟的承台可分 2 层浇筑。现浇下坞通道箱涵的施工应与坞墙的施工相协调，箱涵的混凝土浇筑可按底板、立墙和顶板进行分层施工。

3. 板桩结构坞墙施工

板桩与地连墙结构坞墙施工应编制专项施工方案。施工中应按照设计工况要求，对板桩墙、帽梁与导梁、锚碇结构和拉杆安装等的施工顺序、施工程序和施工衔接等进行控制，并应与基坑开挖及降水等相协调。

（1）板桩墙的施工除应符合《码头结构施工规范》JTS 215—2018 的有关规定外，尚应符合下列规定：

① 板桩沉桩宜采用双层导架、导梁。导架、导梁应具有足够的刚度和稳定性。

② 钢板桩沉桩宜采用屏风式先插桩、后按阶梯式或间隔跳打沉桩工艺。沉桩过程应对板桩的平面位置及转角、锁口套锁、横向垂直度和纵向扇形倾斜以及是否有带桩等情况进行控制和检查，发现异常应及时调整或纠正。

③ 钢板桩插桩前，应在锁扣内填塞油脂性防渗混合材料或设计要求的防渗材料。

④ 钢板桩坞墙转角处应设置异形桩，混凝土板桩转角处应设置转角桩。转角桩、异形桩的桩长宜加长 2～3m。

⑤ 混凝土板桩榫槽的空腔，应按设计要求进行处理。采用模袋混凝土或砂浆填塞时，混凝土或砂浆的强度不宜低于 20MPa，填塞前应将空腔中的泥土杂物清除干净。

（2）地连墙坞墙的施工除应符合《码头结构施工规范》JTS 215—2018 的有关规定外，尚应符合下列规定：

① 成槽机械宜采用铣槽机或液压抓斗，并应配备相应的制浆和渣浆分离设备。

② 成槽导墙内宽度应保证墙的设计厚度，并留有一定富余量。

③ 衬砌面预留的插筋应与地下连续墙钢筋笼焊接连接。插筋长度应满足衬砌锚固需要，插筋弯曲半径和方向应便于钢筋笼的入槽和衬砌时的剔凿。

④ 地连墙完成后宜在墙后采取压密注浆进行密实防渗处理。

⑤ 基坑开挖后应对地连墙墙面进行检查和相应处理。

（3）地下连续墙的衬砌应符合下列规定：

① 衬砌施工前，应对地下连续墙衬砌面进行清洗、凿毛、修整或修补，并将预留锚筋剔出、扳正。

② 衬砌模板可采用整体提升模板或固定式大模板。支模拉杆应另外埋设，不得利用墙体的预留锚筋。

③ 衬砌混凝土的配筋应满足设计要求。钢筋骨架或钢筋网片宜与锚筋点焊连接固定。

④ 衬砌混凝土的厚度应满足设计要求。混凝土浇筑时应采取保证混凝土密实和避免出现麻面的措施。

（4）上部结构的施工应符合下列规定：

① 上部结构应在基坑开挖至设计要求或施工方案确定的高程后进行。

② 帽梁混凝土的底模不宜采用开挖面作为底胎模。利用开挖面作为底模支撑面时，应对开挖面进行相应处理。

③ 板桩墙或地连墙钢筋嵌入帽梁的长度应满足设计要求。混凝土板桩和地连墙的嵌入部分表面应凿毛并清洗干净。

④ 设有钢导梁的板桩墙在帽梁施工前应先安装钢导梁。

⑤ 带有廊道或管沟的上部结构的混凝土可分层浇筑。

（5）锚碇结构的施工应符合下列规定：

① 锚碇桩和锚碇地连墙及帽梁的施工应符合《码头结构施工规范》JTS 215—2018的有关规定。

② 预制锚碇板与锚碇墙安装时应采取防止倾覆的措施，并及时进行锚碇棱体回填和压实。

（6）钢拉杆的施工应符合下列规定：

① 钢拉杆及组件的钢种、规格和力学性能应满足设计要求并符合《钢拉杆》GB/T 20934—2016 的有关规定。

② 钢拉杆的防腐应满足设计要求。需外敷包裹型防腐层时，应先对钢拉杆进行除锈和防腐涂层处理；钢拉杆防腐包裹层应缠绕连续、紧密、均匀，涂料应浸透；钢拉杆的紧张器等组件部分的防腐包裹层施工，应在钢拉杆张紧符合要求后进行。

③ 钢拉杆的张紧应在锚碇棱体回填完成、板桩墙帽梁和锚碇结构混凝土强度达到设计要求后进行。钢拉杆张紧应采用测力扳手施加初应力。在钢拉杆区回填高程接近钢拉杆时，应再用测力扳手对钢拉杆的拉力进行调整，使各个钢拉杆的受力均匀并达到预拉力设计值。

（7）板桩结构坞墙后的回填应符合下列规定：

① 回填的顺序和速率应满足设计要求，并宜按先回填锚碇结构区、再回填拉杆区、最后进行上部大面积回填的顺序施工。

② 回填施工应与拉杆安装及张紧相协调。需在拉杆安装前回填部分土体时，应采取防止墙体发生过大变形的措施。

③ 沿墙轴线方向的回填应均匀。分段回填相邻施工段的高差应满足设计要求。

④ 回填与密实施工不得损伤拉杆及防腐层。采用机械碾压拉杆上部回填土时，拉杆上部的覆土厚度不宜小于 500mm。

4. 衬砌式坞墙施工

衬砌施工前，应对围岩岩石的状况进行检查、清理和描述，对松动块石应予以清除，并按设计要求布设减压排水管网。

锚杆的栽埋应符合下列规定：

（1）钢筋锚杆应平直、无锈蚀和无污染。

（2）钻孔直径应大于锚杆直径 30mm 以上，钻孔深度应满足设计要求，钻孔间距的允许偏差应为 ±150mm。

（3）锚杆插入锚杆孔时应保持位置居中，插入孔内的长度不得小于设计长度的

95%。

（4）锚固砂浆配合比应经试验确定，并宜掺加微膨胀剂和速凝剂。

（5）锚杆栽埋可采用先插杆后注浆或先注浆后插杆的方法，锚杆孔内灌注的砂浆应密实饱满。

5. 沉箱结构坞墙施工

沉箱结构坞墙的水下基槽开挖、基床抛石、沉箱安装、基床水下升浆等施工，应符合 2.7.1 中的沉箱围堰施工的有关规定。

坞墙沉箱接缝的止水施工应符合下列规定：

（1）沉箱预制时，应按设计要求在沉箱两侧结合腔内预埋止水带。在沉箱预制、拖运和安装过程中应对止水带进行保护。

（2）沉箱安装与箱内回填后应及时结合腔内水下混凝土施工。在灌注混凝土时，应采取防止止水带发生卷曲和偏位的措施。

（3）坞室抽水过程中应对沉箱接缝的渗漏水情况进行检查，发现漏点时，应采取临时封堵措施，待坞室形成干地作业条件后再结合二期混凝土施工进行止水处理。

（4）沉箱接缝二期混凝土及止水的施工应按设计要求进行。施工前应对结合面进行凿毛、刷洗，并对接缝混凝土的缺陷进行处理。

6. 坞底板施工

分离式结构船坞的坞底板应按设计分块进行施工，板缝宽度应满足设计要求，板缝的分划线应纵横对齐、线条顺直；整体式结构坞底板闭合块的位置和宽度应满足设计要求。板桩结构船坞的坞底板，应以尽快形成底板对板桩墙的支撑作用为原则，合理安排中间板和边板的施工顺序和流水。坞底板钢筋应采用具有足够强度、刚度和稳定性的支架进行架设和固定。

坞底板混凝土浇筑应满足下列要求：

（1）同一板块混凝土应分层连续浇筑，不得斜层浇筑。采用台阶推进施工时，分层台阶的宽度不宜小于 2m。

（2）在斜基面上浇筑时，应从低处开始浇筑，浇筑面宜呈水平。

（3）底板顶面宜进行二次振捣和二次压面，表面拉毛应均匀。

设有抗浮锚杆的坞底板施工，应在锚杆栽埋验收合格后进行。

7. 变形缝与止水施工

干船坞结构的变形缝及止水应按设计要求统一布置，并纳入有关施工方案。变形缝及止水的构造、所用材料的品种、规格和质量应满足设计要求，并符合国家现行标准的规定。

止水材料的制作应满足下列要求：

（1）止水带安装前应整修平整，表面油污和浮皮等应清除干净，不得有砂眼和钉孔。

（2）铜止水片搭焊长度不宜小于 20mm，并采用连续双面焊。

（3）橡胶止水带连接宜采用硫化热粘结；PVC 止水带连接，应按厂家的要求进行，采用热粘结时，搭接长度不宜小于 100mm。

（4）铜止水片与 PVC 止水带接头宜采用螺栓栓接法，栓接长度不宜小于 350mm。

（5）变形缝填料板需要对接时，接头应顺直且不应留间隙。

止水带安装应采用可靠的定位和固定措施，在混凝土浇筑过程中应采取避免止水带发生卷曲和损伤止水带的措施。

8. 防渗系统施工

减压排水式干船坞的防渗系统应按照设计要求布设和施工，并与基坑开挖、地基处理和主体结构的施工相结合。防渗系统施工前，应根据工程地质、水文地质、工程特点和施工条件等编制施工方案。

帷幕灌浆施工除应符合 2.7.3 中岩石灌浆规定外，尚应符合下列规定：

（1）帷幕灌浆应具备下列条件：

① 结构底板或盖重混凝土的强度已达到设计强度的 75% 或大于 10MPa。

② 同一地段的岩石灌浆已完成。

③ 该部位底层接缝灌浆已完成。

（2）帷幕的先灌排或主帷幕孔宜布置先导孔，先导孔的间距宜为 16～24m，或按排孔数量的 10% 布置。

（3）灌浆孔的直径应根据地质条件、钻孔深度、钻孔方法和灌浆方法确定。终孔孔径不宜小于 56mm。

（4）灌浆应按分序加密的原则进行。由 3 排孔组成的帷幕，应先灌注背水侧排孔，再灌迎水侧排孔，后灌中间排孔，每排孔分为二序；由 2 排孔组成的帷幕，应先灌注背水侧排孔，再灌迎水侧排孔，每排孔分为二序或三序；单排孔帷幕应为三序。

（5）灌浆应根据地质条件和工程要求采用自上而下分段灌浆、自下而上分段灌浆或孔口封口灌浆的方法。混凝土防渗墙下基岩帷幕灌浆应自上而下分段灌浆，不宜利用墙体预埋的灌浆孔作为孔口管进行孔口封闭法灌浆。

（6）设计要求进行钻孔压水试验的工程，压水试验可在灌浆结束 14d 后进行。

9. 减压排水系统施工

减压排水系统的施工应与坞室结构的施工分段相适应，并宜按照系统划分施工区段。每段减压排水完成后应采取保护措施；坞室结构施工应防止损坏或污染减压排水系统。

排水盲沟的沟槽开挖后应验槽，并按设计要求对沟底和沟壁进行处理。盲沟材料的种类、规格和质量应满足设计要求。采用的碎石应冲洗干净，采用土工布包裹时包裹层应封闭。

减压排水盲管的滤孔应按设计要求钻眼，带孔塑料管、带孔混凝土管和无砂混凝土管的外壁应包裹土工布，软式土工合成材料滤管的接头应贴合并绑扎严密。盲管周围级配反滤层的分层和厚度应满足设计要求，所用碎石应干净。

检查井底部垫层、井壁、透水管和爬梯应满足设计要求，井壁透水孔应便于排水盲管的插入和密封。安装后，井顶应安设密封盖板。

排水垫层施工前应对铺设面进行检查、平整和处理。采用无砂混凝土时，混凝土的配合比应经室内和现场试验确定，无砂混凝土的透水性应能满足设计要求。采用砂垫层时，宜选用粗砂、砂的含泥量不应大于 3%。土工布与砂、碎石共同组成的排水垫层，土工布铺设时应预留适当松弛度，相邻土工布的搭接长度不宜小于 500mm。

单向阀的形式、通径和开启水头应满足设计要求。单向阀应在产品质量保证证书注明的保质期内使用。安装前，应对单向阀逐个进行开启水头和水密性试验。单向阀与排水管的连接应可靠，安装时应对单向阀的方向和高程进行控制，阀顶高程的允许偏差为 ±10mm。

10. 坞墙后回填

回填前应对坞墙表面质量进行检查。对存在的混凝土缺陷，应按修补方案及时进行修补；对坞墙施工缝处的上下墙面，宜采取环氧树脂玻璃布涂层等附加防水措施。

回填材料的种类、质量和含水率应满足设计要求。回填应水平分层、由内而外、层厚均匀。分层的厚度，应按压实后的厚度不大于 300mm 进行控制。回填宜对称进行，相邻段的填土高差应满足设计要求。回填层表面有积水时，应予排除，含水率较大的土层应翻松、晾晒后压实，或挖除换填。

回填压实可按回填的部位、面积和施工条件，选用机械压实或人工夯实等方法。回填土的压实度应满足设计要求。回填区域设有排水管时，应回填至排水管顶面，压实后再开挖铺设排水管。

墙背与岩体间采用混凝土回填时，混凝土回填应与墙体混凝土浇筑协调。

11. 坞口镶面止水施工

坞口镶面止水施工应采取适宜的测量方法和措施，并对坞门槛和坞门墩 U 形止水的共面度进行精确控制。

坞口镶面花岗石止水的施工应符合下列规定：

（1）花岗石应采用优质细粒花岗岩制作，岩石的强度等级不应小于 MU80，花岗石的规格及加工应满足设计要求。

（2）花岗石的锚筋应采用环氧树脂砂浆栽埋。砌筑后，花岗石的锚筋应与坞口结构的钢筋焊接连接。

（3）花岗石砌筑时，应按设计要求控制砌缝宽度并做缝。设计无要求时，砌缝宽度宜为 10mm。

（4）花岗石的砌缝应采用环氧树脂砂浆勾缝并埋设灌浆嘴，勾缝的深度不宜小于 20mm。

（5）花岗石砌缝的灌浆应在二期混凝土强度达到设计要求后进行，灌浆应密实饱满。

（6）坞口镶面花岗石止水的允许偏差应符合表 2.7-4 的要求。

表 2.7-4　坞口镶面花岗石止水的允许偏差

序号	项目	允许偏差（mm）
1	门框前沿面与准线的偏斜	2
2	门框表面平整度	1

2.7.5　船台滑道施工

船台滑道施工应合理安排主体结构与基坑开挖、地基处理施工的衔接。陆上架空段、陆上实体段和水下滑道段的施工应相互衔接。船台与滑道施工测量控制应按总体限制、分段控制、逐步减小施工偏差的原则进行，相邻端的测量放样应考虑已完工段连接部位施工误差的影响。

实体船台可由地基上的梁板和侧墙支挡结构组成，梁板可分为中板和边板。纵向分缝应根据船台宽度、滑道布置、荷载大小与分布形式、施工条件等因素合理确定；横向变形缝应根据地基条件、结构型式、工艺荷载及设施布置等因素确定，其间距宜为15～30m。对于地基条件较好、工艺荷载及结构型式较单一、采取相应的施工技术措施时，经技术论证，变形缝间距可加大为40～60m。变形缝可采用平缝或企口缝，缝宽宜为20～30mm，宜设置传力杆。

实体船台梁板与地基之间宜设置砂石垫层，厚度宜为200～300mm，砂石垫层上应设置100mm厚混凝土垫层。当地基为承载力较高的硬黏土或密实砂土时，可仅设100mm厚混凝土垫层。

轨枕道砟结构的轨枕可采用单轨轨枕或双轨轨枕；轨枕间距应根据计算确定，轨枕最小长度不宜小于1.2m，轨枕间距不宜大于700mm。

1. 架空段结构施工

（1）架空段结构基础的施工应符合的规定有：独立基础混凝土应按台阶分层连续浇筑，每一台阶浇筑后宜稍停0.5～1.0h，初步沉实后再浇筑上一台阶。条形基础混凝土宜一次连续浇筑，需分段浇筑时，施工缝应留设在结构受力较小处。筏形基础混凝土可一次连续浇筑或分块浇筑，分块浇筑时，施工缝宜留设在结构受力较小处，且不应留设在柱脚范围。桩基墩台、桩基条形基础施工前，应对桩基位置、桩顶高程、桩头完整情况等进行检查及相应处理。

现浇扩大基础的允许偏差应符合表2.7-5的规定。

表2.7-5　现浇扩大基础的允许偏差

序号	项目		允许偏差（mm）
1	轴线位置		50
2	截面尺寸	顶面和底面	±10
		高度	±10
3	顶面平整度		5
4	顶面高程		±15

（2）架空段结构立柱的施工应符合的规定有：立柱钢筋绑扎前，应对基础的外伸钢筋进行修整，不得弯折外伸钢筋。立柱的混凝土应连续浇筑，一次成型。

（3）架空段梁板结构的施工应符合的规定有：梁板结构施工应按设计结构单元进行。滑道梁的二期混凝土叠合面应按设计要求留置和处理。

2. 实体段结构施工

（1）船台板结构的施工应符合的规定有：碎石垫层应采用级配良好的碎石，垫层的厚度和压实度应满足设计要求。船台板混凝土结构的施工应按设计板块划分进行，板缝的形式、构造和宽度应满足设计要求。船台板混凝土的浇筑要求与坞室底板的浇筑要求相同。滑道梁的二期混凝土叠合面应按设计要求留置和处理。

（2）轨枕道砟结构船台滑道的施工应符合的规定有：混凝土轨枕的预制应采用专用模具和倒置振动成型工艺。道砟道床所用碎石的规格宜为 20～80mm，并有良好的级配。

3. 陆上滑道梁施工

船台陆上架空段与实体段滑道梁的施工应在船台结构沉降基本稳定后统一安排进行。滑道梁与船台板之间的连接及接合面处理应满足设计要求。止滑器坑的位置及尺寸应满足设计要求，止滑器坑及支承位置的允许偏差应为 20mm，高程的允许偏差应为 15mm。

4. 水下滑道段结构施工

（1）水下桩基结构滑道的施工应符合的规定有：水下滑道的沉桩应符合 2.7.3 中对于桩基施工的有关规定。大头桩的沉桩应采取保证水下送桩桩顶高程、防止损坏桩顶牛腿和外伸筋的措施。现浇水下桩帽采用钢套筒形成干施工条件时，钢套筒的直径、壁厚、沉设深度和支撑方式等应进行设计。井字形和日字形滑道梁水下安装应采用满足安装精度的测量仪器、方法和措施。采用倒锤法测量控制水下滑道梁或轨道梁时，应对倒锤系统的稳定性进行核算。井字形和日字形滑道梁水下安装前，应复核桩基桩顶的位置和高程，并装设滑道梁安装导向装置。永久性支点采用冲压水泥砂浆时，应通过现场试验确定充盈时间和工作压力，结合面的饱满程度和强度应满足设计要求。井字形和日字形滑道梁水下安装后，应及时进行套桩孔水下混凝土施工。

（2）水下重力墩式结构滑道施工应符合的规定有：水下抛石基床应按滑道的坡度阶梯式抛填，并应分层夯实、整平。基床整平的允许偏差应满足设计要求，设计无要求时，基床顶部的局部高差可按 0，−20mm 进行控制。滑道梁的安装应在重力墩沉降趋于稳定后进行。没顶安装的构件顶部宜设置出水钢导管，钢导管的位置应准确，并保持垂直。

2.7.6　坞门安装与试验

1）浮箱式坞门安装应符合的规定

（1）浮箱式坞门安装，应在坞口围堰拆除、清理完毕、水下挖泥或炸礁满足设计要求和护坦施工完成后方可进行。

（2）坞门出厂安装前，应按设计要求和《船舶倾斜试验》CB/T 3035—2005 的有关规定进行倾斜和沉浮试验，对坞门稳性和沉浮性能进行检验。坞门在漂浮、下沉和上浮过程中的稳性、沉浮性能、纵向倾斜和横向倾斜等指标应满足设计要求。

（3）浮箱式坞门应在漂浮状态下安装，安装时宜采用绞拖方式牵引定位。坞门就位灌水下沉着底后，应开启大功率水泵抽排坞室内的水，形成内外水头差使坞门紧贴坞口门框。

（4）坞门安装后，应对工作状态下的坞门门体的挠度和坞门止水效果进行观测和检查。坞门止水与门框止水应贴合，无明显漏水。

2）卧倒式坞门的安装应符合的规定

（1）坞门槛上的门轴下铰座，应在坞门槛施工时预埋或安装，安装的精度应符合表 2.7-6 的规定。

表 2.7-6　坞门槛上的门轴下铰座安装精度

序号	项目	允许偏差（mm）
1	门铰中心距坞门中心线距离	5
2	门铰两铰高差	2
3	门铰中心距坞门或门槛前沿距离	2
4	门铰偏扭	±1

（2）卧倒式坞门宜采用水下安装工艺。安装前，围堰内的水深应满足坞门起浮、浮运出坞、坞门安装和坞门浮转的需要。

（3）坞门水下安装应根据现场条件和安装方法确定合适的安装水位。安装过程应使坞门处于平浮状态，并宜采用缆绳牵引、调整堰内水位和坞门倾角等措施，引导坞门就位、上下铰链对中、上铰链落入下铰链。坞门上铰链就位后应立即水下安装门轴并锁定。

（4）卧倒式坞门安装后，宜进行启闭试验。坞门在卧倒打开、浮转关闭过程的姿态、时间及操作性能应满足设计要求；坞门卧倒时，坞门应完全自然卧倒在坞门坑内；坞门浮转关闭时，坞门止水与门框止水应贴合，无明显漏水。

平板式坞门吊装应采取减少吊装变形的措施。

止水与承压装置宜由承压垫和止水橡皮组成。止水橡皮宜采用"Ω"形或"P"形。止水橡皮的顶缘凸出于承压垫支承面的高度宜取 15～30mm，安装误差宜为 ±1mm。承压垫材料宜采用硬木或工程塑料。采用硬木时，需进行防虫和防腐处理。坞门承压垫支撑平面应平整，其整体不平整度不应大于 5mm，局部不平整度每延米不应大于 1mm。

2.8　航道整治工程施工技术

航道整治是利用整治建筑物调整和控制水流，稳定有利河势，以改善航道航行条件的工程措施，其中包括炸礁、疏浚和裁弯取直等工程措施。航道整治的主要任务是：稳定航槽、刷深浅滩、增加航道水深、拓宽航道宽度、增大弯曲半径、降低急流滩的流速和改善险滩的流态等。航道整治建筑物按形式可划分为丁坝、顺坝、锁坝、平顺护岸、导堤及鱼嘴等。

2.8.1　航道整治的方法

1. 各类浅滩整治方法

1）沙质浅滩整治方法

（1）整治过渡段浅滩，应固定和加高边滩，调整航道流速，集中水流冲刷航槽。

（2）整治弯道浅滩，应规顺岸线，调整过小的弯曲半径。

（3）整治汊道浅滩，应在慎重选汊的前提下，采取工程措施稳定或调整汊道间的分流比，改善通航汊道的通航条件。

（4）整治散乱浅滩，应采取固滩、筑坝和护岸等措施改善滩槽形态，集中水流，稳定中枯水流路。

（5）整治支流河口浅滩，应采取适当的措施减小汇流角，改善汇流条件，增大浅区冲刷能力。

2）卵石浅滩整治方法

（1）整治过渡段浅滩除按"1）沙质浅滩整治方法"中的相关规定执行外，当浅滩上浅下险时，可在下深槽沱口内建丁坝或潜坝，调整流速，改善流态。

（2）整治弯道浅滩，可在凹岸适当部位建顺坝或下挑丁坝，平顺近岸水流，必要时应疏浚凸岸浅区，增大弯曲半径；也可建顺坝封闭弯槽，开挖直槽。

（3）整治汊道浅滩除应符合"1）沙质浅滩整治方法"中的相关规定外，尚应符合下列规定：

① 整治汊道进口段浅滩，宜建洲头顺坝，拦截横流，调整流向，并稳定洲头。当存在碍航流态时，也可建潜坝，改善流态。

② 整治汊道出口段浅滩，宜布置洲尾顺坝，必要时应在通航汊道加建丁坝。

③ 当将枯水期分流比较小的支汊辟为枯水航道时，应经充分论证或模拟试验验证。

④ 整治分汊河段两槽交替通航的淤沙浅滩，应查明淤沙浅滩开始冲刷的水位，可采取筑坝措施，提前冲刷淤沙航槽，抬高其开航水位，也可炸除、开挖非淤沙航槽，降低其封航水位。

（4）整治支流河口浅滩应按"1）沙质浅滩整治方法"中的相关内容执行。

（5）整治峡口浅滩，宜以峡口壅水消退期淤沙开始冲刷的水位作为整治水位，布置整治建筑物，集中水流加速航道冲刷。有条件开辟新航槽作为过渡航道时，也可开挖新槽。

3）石质浅滩整治方法

（1）整治石质浅滩应根据有无泥沙冲淤变化情况，采取开槽或筑坝措施。

（2）石质浅滩开挖后，当水面降落造成不利影响时，宜在浅滩下游筑丁坝或潜坝壅水。

2. 急滩和险滩整治方法

急滩整治应优先采取清礁或疏浚措施扩大滩口过水断面、筑坝或填槽改变河床断面形态等措施，调整航线上的流速分布和比降，满足船舶自航上滩的流速、比降要求。当整治工程量过大时，也可采取构成错口滩型或延长错口长度、拓宽缓流航槽等方法进行整治。

1）基岩急滩整治方法

（1）对口型突嘴急滩，可采用切除一岸或同时切除两岸突嘴，扩大过水断面，减缓流速与比降。

（2）错口型突嘴急滩，如果为满足船舶自航上滩而切除突嘴的炸礁工程量过大时，也可根据突嘴的分布位置和形态，切除部分突嘴，延长错口长度，利于船舶交替利用两岸缓流上滩。

（3）多个突嘴相临近的急滩整治，可根据各突嘴间的相互影响，参照对口型和错口型突嘴急滩的整治方法确定各突嘴的切除方案，必要时进行模型试验。

（4）窄槽型急滩和潜埂型急滩宜采用清礁措施，扩大过水断面，枯水急滩在下游有条件筑坝时可筑坝壅水，减缓滩口流速和比降。

2）崩岩急滩和滑坡急滩整治方法

崩岩急滩和滑坡急滩的整治除应执行"1）基岩急滩整治方法"中的有关规定外，对稳定性较差的崩岩和滑坡区，必要时可采取削坡减载、抗滑桩、锚杆和支挡、在滑坡区外围设截流沟、在滑坡区布置排水系统等防治措施。

3）溪口急滩整治方法

（1）溪沟内有筑坝条件，并能容纳5年以上溪沟山洪来石量时，可采用溪沟内筑栅栏坝拦石的方案，来石量较大或库容不够时，可采用多级拦石坝。

（2）溪沟口下游有可容纳5年以上溪沟来石量的深沱区，沟口有适宜筑坝实施溪口改道的条件时，可在溪沟口建导流坝，将溪沟内来石导向滩下深沱。导流坝应建在基岩或坚固的基础上，宜避开山洪的直接顶冲。当溪口改道无天然的沟槽可利用时，可开挖导流沟。

4）卵石急滩整治方法

整治河床较稳定的卵石急滩，应采用整治与疏浚相结合的方法，扩大滩口过水断面，调整滩口河床形态。有条件的滩段，可在两岸布置错口丁坝，使船舶能交替利用缓流上滩。

5）连续急滩整治方法

根据滩段中滩口的分布情况，采取疏浚开挖与筑坝壅水相结合的工程措施，分散水面的集中落差，减缓流速比降。

6）分汊河段急滩整治方法

应考虑整治后汊道分流比的变化，当通航汊道开挖后，分流比增大，产生流速和比降相应增大的负效应时，应在非通航汊道采取适当的分流措施。通航汊道进口段航槽平面开挖线布置，可采取喇叭形，便利船舶安全进槽。

7）急弯险滩整治方法

（1）单一河道中的急弯险滩的整治应符合下列规定：

① 挖除部分凸岸边滩，加大航道弯曲半径，必要时在凹岸深槽填槽或建潜坝，调整河床断面形态，改善水流条件。

② 当凹岸有突嘴挑流时，在突嘴上游建丁坝或丁顺坝，将主流挑出突嘴，减缓扫弯水、泡漩水等不良流态。

③ 两岸有突出石梁交错的急弯险滩，以整治凸岸石梁为主。

（2）分汊河道内的急弯险滩，可采取下列整治措施：

① 在汊道进口处建洲头顺坝或开挖洲头突出的浅嘴，减弱冲向凹岸的横流。

② 在汊道出口处建洲尾顺坝，拦截横流，必要时在凹岸建顺坝或丁坝。

③ 废弃老槽、另辟新槽，或上下行船舶分槽航行。

8）泡漩险滩整治方法

（1）河心礁石或岸边突出石梁形成的泡漩险滩，可炸除礁石或石梁平顺水流，调整河底水流结构。

（2）凹岸突出岩嘴形成的泡漩险滩，可根据河道宽窄情况，分别采用在岩嘴上游建丁顺坝或潜坝的措施，必要时可切除凹岸边滩突嘴。

（3）汊道进口处洲头主流顶冲河岸形成的泡漩险滩，可建洲头顺坝，调顺进口段主流流向，消减泡漩水。

9）滑梁水险滩整治方法

（1）整治一岸石梁形成的滑梁水险滩，可将石梁炸低至成滩的下限水位以下，或在石梁上建顺坝，其坝顶高程高于成滩上限水位。

（2）整治两岸石梁均有滑梁水的险滩，应采取措施消除一岸滑梁水，可炸低石梁或石梁上建顺坝，使船舶可避开另一岸滑梁水航行。

3. 潮汐河口航道整治方法

（1）河口潮流段和口外海滨段的浅滩和河口拦门沙浅滩的整治，应根据其成因和水沙特性，采取不同的整治工程措施。

（2）整治潮汐河口航道，应利用涨落潮流的动力作用，采取疏浚、筑坝或两者相结合的措施，增加航道内的单宽流量，增加航道深度。

（3）多汊道河口拦门沙航道的整治，宜选择河势稳定、落潮流动力强和分沙比小的汊道为主航道，采取双导堤和分流鱼嘴与疏浚相结合的工程措施，需要时可在导堤内侧布置丁坝或在非通航汊道内建坝限流。导堤和丁坝的平面走向、间距和高程等布置宜通过模型研究确定。

（4）易变河口拦门沙航道的整治，宜采取建单侧或双侧导堤的工程措施。为适应排洪、纳潮和延长中枯水冲刷历时需要，可沿导堤内侧布置高程略低于导堤的丁坝。

（5）口门内浅滩的整治，宜选落潮流主槽为航槽，采取疏浚和建丁坝、顺坝或加高潜洲等措施集中水流。

（6）潮汐河口口门内分汊河段浅滩的整治，宜选择落潮流动力较强、分沙较少的汊道为主航道，适当布置整治建筑物，引导水流，增强其冲刷能力。

2.8.2　护滩与护底施工

1. 土工织物软体排护滩施工

（1）土工织物软体排护滩施工应按滩面整平、排垫铺设、混凝土压载块绑系、混凝土压载块位置调整以及填缝处理等工序依次进行。

（2）排垫铺设方向应满足设计要求。设计无要求时，其铺设方向宜垂直护滩带轴线，自下游向上游铺设，搭接处上游侧的排体应压住下游侧的排体。

（3）排垫铺设后应及时压载覆盖。当不能及时压载覆盖时，应对排垫采取防老化措施。

（4）混凝土压载块运输车辆不得在已绑系混凝土块的排体上行驶。

（5）土工织物软体排系结混凝土压载块施工应符合下列规定：

① 混凝土压载块系结前应进行检查，发现损坏应及时更换；其绑系方式应满足设计要求，且系结牢靠，不得松脱。

② 系结混凝土压载块之间填塞碎石前应调整混凝土块的位置。同一检验区域内块体摆放应缝隙均匀、横平竖直。

③ 缺角、断裂等质量不合格的混凝土压载块禁止使用，对已经破损的混凝土压载块应及时更换。废弃的混凝土压载块及其他施工弃料应及时清理，不得在护滩工程区及

周边 50m 范围内弃料。

（6）土工织物软体排单元联锁块压载施工应符合下列规定：

① 单元联锁块吊运宜选用相应能力的设备，按单元逐一吊运铺设。

② 相邻联锁单元排之间的连接方式、连接点的布置应满足设计要求。连接扣环应牢固连接，不得松脱。

（7）混凝土块缝隙有碎石填塞要求的，其碎石的粒径、级配应满足设计要求，缝隙应填塞饱满、表面大致平整，缝隙以外的余料应清理干净。

2. 土工织物软体排护底施工

（1）沉排前应检测复核护底区域的河床地形等影响沉排施工的各类因素，满足设计要求后方可进行沉排施工。

（2）对于已出现崩岸迹象或坡比陡于 1∶2.5 的岸坡，沉排前应校核岸坡稳定，必要时应进行补坡处理，满足稳定要求后，再进行沉排护底施工；对于沉排区域新出现的、影响排体结构稳定或降低护底效果的局部冲刷坑，应先处理后再进行沉排施工。

（3）土工织物软体排排头的固定方式应根据排头所在位置的地形和水文条件确定，且应满足排体铺设过程的受力要求。排头的锚固应符合下列规定：

① 护岸工程排头可直接埋入枯水平台内侧的脚槽内或在稳定的岸坡打入木桩，并应采用绳索固定。

② 无岸坡依托的护滩或堤坝工程，宜预制满足受力要求的专用系排梁，吊装沉于河床以固定排头；也可先铺设一定长度的排体作为排头临时固定措施。

③ 固定排头所采用的木桩、绳索、系排梁等应进行受力分析与校核。

（4）沉排方向及相邻排体的搭接应符合下列规定：

① 护岸工程沉排宜采用垂直岸线方向、从河岸往河心方向进行铺设。相邻排体施工宜自下游往上游依次铺设，搭接处上游侧的排体宜盖住下游侧的排体。

② 堤坝工程及护滩工程深水区采用顺水流沉排时，应满足下列要求：

a. 径流河段一般从上游向下游方向进行；潮汐河口根据潮水的流向确定施工顺序，排体的铺设方向与主要水流流向一致。

b. 水深小于等于 10m，施工区流速超过 2.5m/s，或水深大于 10m，施工区流速超过 2m/s 时，暂停顺水流沉排施工。

③ 堤坝工程及护滩工程深水区采用垂直水流方向沉排时，相邻排体施工顺序宜自下游往上游依次铺设，搭接处上游侧的排体宜盖住下游侧的排体。感潮河段应根据潮水的流向确定施工顺序。

④ 多艘作业船舶分段同步施工，相邻施工区域衔接处的排体反向搭接时，应采取加固补强措施。

（5）土工织物软体排人工系结混凝土压载块施工应符合下列规定：

① 混凝土压载块吊装、搬运过程中应采取必要的防护措施防止混凝土压载块断裂、掉角破损。

② 混凝土压载块绑系的位置、系结方式应满足设计要求。系结绳索应卡入凹槽，系紧牢靠，不得松脱。

③ 排体铺设入水前，应对混凝土压载块的破损情况进行检查。对影响使用功能的

破损混凝土压载块应予以更换，漏绑的混凝土压载块体应重新绑系。

（6）单元联锁混凝土块吊运、拼装、铺设应符合下列规定：

①单元联锁块吊装应选用相应承载能力的专用起吊设备，按单元逐一吊运拼装。

②施工时，应采取必要的安全防护措施，安排专人指挥、轻装轻放。

③单元联锁块之间以及联锁块体与排垫之间的连接方式、连接点的布置应满足设计要求。连接扣环应锁紧卡牢，不得松脱、漏扣；排垫与混凝土单元联锁块应联为一体。

④排体铺设前应对单元混凝土块的连接绳索损伤、混凝土块的破损情况进行检查。同一单元的断裂、掉角的破损块体比例超过 5%，或有块体脱落已影响使用功能的应按单元整体更换。

（7）砂肋软体排和系袋软体排的压载袋应充填适度、袋口牢固扎紧。系结袋和系结圈应连接牢固，压载物与排垫形成整体。

（8）沉排时应及时测量沉排区水深、流速和流向；观测迎流侧的排体收缩幅度和漂移情况。根据实测情况及时调整船位、控制沉排方向和沉排速度。排体应平顺入水，松紧适度，与水深及河床地形相适应。

（9）土工织物软体排沉排过程中出现排体撕裂的，应从撕排处起算，按表 2.8-1 确定的最小纵向搭接长度进行补排，且排体着床的实际最小搭接长度不得小于 6m。

表 2.8-1　补排最小纵向搭接长度

序号	水深 h（m）	搭接长度（m）
1	$h < 5$	10
2	$5 \leqslant h < 10$	12
3	$10 \leqslant h < 15$	15
4	$h \geqslant 15$	20

注：搭接长度为排体入水前施工控制的纵向搭接长度。

（10）排体沉放至末端时，应根据水深、流速大小和地形起伏状况，留足一定的排体富裕长度，并缓慢移动船位，使排体末端自然缓速垂落至河床。护底排体入水前的水平投影总长度不得小于设计值。

（11）排体沉放过程中应同步观测沉排入水轨迹；当施工区水深大于 10m 或流速超过 2.0m/s 时，沉排前宜通过试验确定排体足够搭接宽度的预留量。必要时可采取措施，对排体实际着床位置进行实时监测。

（12）季节性封冻河流，采用冰上铺排施工时应符合下列规定：

①施工前应先对铺排区域的冰层厚度进行探测，冰层强度应满足施工承载要求。

②施工时按设计要求将缝接好的排体平铺在设计护底范围内的冰面上，排体与护坡坡脚衔接处用钢钎或木桩固定，固定间距不宜大于 2m。

③压载体应选用钢丝石笼或整体性较好的其他结构，严禁使用散抛块石进行压载。相邻压载体以及压载体与排体之间应按设计要求牢固绑扎、连成一体。

④开江融冰时，压载体与排体整体着床后应对排体进行位移及断裂检测。发现缺

陷应及时采取补救措施。

⑤ 水深流急区和易形成冰塞河段不宜采用冰上铺排施工。

（13）排体铺设应及时检测、分析并评估排体铺设的施工质量。对于检测异常的区域，宜由第三方检测机构进行水下探摸、摄影或声呐检测。

3. 铰链排护滩与护底施工

（1）铰链排混凝土块的预制、养护及质量应符合《水运工程混凝土施工规范》JTS 202—2011 的有关规定。运输或铺设过程中应采取防护措施防止断裂、破损；混凝土块体破损影响功能发挥的应予以更换，并清理出场。

（2）铰链排护滩施工应符合下列规定：

① 铰链排下设有排垫时，应先铺设垫层，经检验合格后再铺设铰链排。排头或受力端有预埋或锚固要求时，应按设计要求进行固定。

② 相邻联锁块的连接方式、连接点的布置应满足设计要求。连接金属扣环应锁紧卡牢，不得有松脱、漏扣；防锈处理时底漆应与面漆分层涂刷。

（3）铰链排护底施工应符合下列规定：

① 排体铺设应根据施工区域的水深、流速大小以及排体幅宽选择合适的专用沉排船机设备。

② 排体铺设宜按自下游往上游、从河岸往河心的先后顺序逐段铺设。

③ 排体铺设时应对入水轨迹进行实时监测，发现异常应及时调整船位。

4. 钢丝网石笼垫护滩施工

（1）钢丝网石笼垫材料规格、质量应满足设计要求，材料进场经检验合格后方可使用。

（2）钢丝网石笼垫应逐件组装，单块钢丝网垫应先压平，再折叠组装，组装后应底面平整、侧板及隔板应横平竖直。绞合钢丝应与石笼垫材质相同，并按照间隔 $10\sim15$ cm 单圈与双圈交替绞合，如图 2.8-1 所示，应步距均匀，连接牢靠。

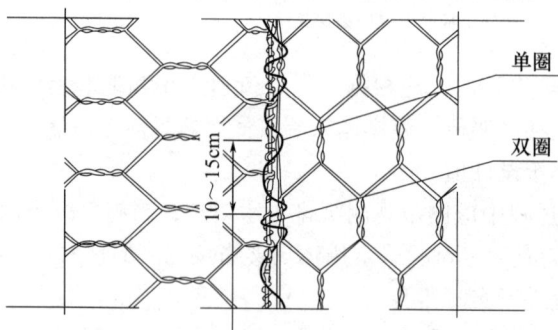

图 2.8-1 钢丝石笼绞合示意图

（3）卵石资源丰富的地区，填充石料宜选用卵石；其粒径、级配应满足设计要求，石料粒径不宜小于石笼网垫的孔径。

（4）在填充石料时应采取必要的防护措施，避免损坏护垫上的防锈镀层。

（5）当钢丝石笼垫单层高度超过 30cm 时，充填石料时应在石笼网垫周边采取支护措施，确保四周隔板竖直整齐。

（6）施工时应根据地质情况，考虑一定的沉降变形量，填充的石料宜略高出网垫顶面。

（7）顶面盖网封闭前，应检查填充石料的装填饱满度和表面平整度。钢丝石笼外轮廓应横平竖直，内隔板弯曲变形应予以校正。

（8）顶面盖网网面与边端钢丝连接宜采用专业的翻边机，将网面钢丝缠绕在边缘钢丝上，每孔不应小于 2.5 圈。

5. 抛枕护底施工

（1）砂枕缝制、充填应符合下列规定：

① 砂枕缝制前应进行检测，其材料的质量、抗拉强度、孔径、透水性和保土性能等指标应满足设计要求。

② 砂枕缝制后应检查砂枕尺寸、拼接缝形式和缝合强度，其指标应满足设计要求。

③ 土工织物充灌口数量宜根据袋体尺寸、填料粒径和充填能力确定。充填完成后，充灌口应封闭。

④ 砂枕充填宜采用泥浆泵充填，充填物技术指标应满足设计要求，砂枕充填饱满度不应大于 80%，充填后应排水密实。

（2）抛枕施工时应根据砂枕规格、水深、流速、风浪等合理选用抛枕施工船舶。

（3）抛枕施工宜采取抛枕船舶与定位船舶组合进行。对于航道狭窄，施工与通航安全矛盾突出，或在水深流急区域应急抢险施工时，可采用配备测量定位设备的单一抛枕船进行抛投。

（4）抛枕施工时宜采用网格法，均匀抛投、分层实施，且水上抛投覆盖区域不得小于设计的护底范围；施工网格宜根据工程区大小、砂枕规格以及作业船舶尺度确定。

（5）抛枕施工宜自下游向上游、先深水后浅水的顺序进行。施工前，宜通过现场试验，确定砂枕的漂移距；现场试验条件不具备时，可按式（2.8-1）估算抛枕漂移距：

$$L_d = 0.74 \frac{V_f H}{G^{\frac{1}{6}}}$$

（2.8-1）

式中　L_d——抛填物料水平漂移距（m）；

　　　V_f——表面流速（m/s）；

　　　H——水深（m）；

　　　G——物料重量（kg）。

6. 压排石施工

（1）压排石施工应采取必要的排体防护措施。

（2）水下抛石施工应考虑水深、流速和波浪等自然条件产生的块石漂移影响。块石漂移距宜通过现场试验确定；现场试验条件不具备时，可按"5. 抛枕护底施工"中的经验公式估算。

（3）抛石施工时，施工船舶不得损坏水下排体。已护底区域内的定位船和抛石船宜采用锚石锚固，不得采用铁锚锚固。

（4）抛石施工应符合下列规定：

① 施工作业应由定位船和抛石船舶组合进行，施工船舶应配备满足精度要求的测量定位设备。

② 施工宜采用网格法控制施工质量，根据抛石工程量及时移船定位。抛石应均匀覆盖，不得漏抛或出现局部堆积。

③ 当设计抛石厚度超过 1000mm 时，宜分层抛投、分层检测。

（5）采用机械抛石，其抓斗、铲斗或网兜等应尽可能接近水面抛投，抛石不应破坏护底排体。

（6）人工抛石时，取石应先取顶部石块，平顺搬取；抛石过程中应随时观察船体稳定情况。

7. 预制透水框架施工

（1）预制透水框架应符合《水运工程混凝土施工规范》JTS 202—2011 的有关规定。

（2）钢筋焊接应采用电弧焊，焊接性能应符合《非合金钢及细晶粒钢焊条》GB/T 5117—2012 和《钢筋焊接及验收规程》JGJ 18—2012 的有关规定。

（3）预制件起运、焊接、组装时，其强度不应低于设计强度的 70%。透水框架的焊接、组装应在具备施工条件的场地内进行，不得在运输船舶上进行焊接组装施工。

（4）透水框架外露钢筋在抛投前应进行防锈处理。钢筋表面基层应清理干净，涂刷工艺应满足设计要求。

（5）透水框架陆上施工应符合下列规定：

① 施工前工程区域的滩面宜进行平整，不得出现局部深坑、陡坎及明显凸起。

② 透水框架可叠加摆放，叠加层级不宜超过 3 层。

③ 透水框架应按设计要求的行距依序摆放，相邻两排透水框架宜错位摆放，顺水流方向不得形成连续的过流通道。

（6）透水框架水上抛投施工应符合下列规定：

① 施工宜采用专用设备吊装投放。

② 施工宜采用网格法控制抛投质量。网格大小宜根据施工范围、船舶设备及工程量确定，并按设计值或理论计算值控制各网格抛投数量。

③ 抛投施工应由定位船舶与装载抛投船舶组合进行。实行分区定位，分区施工，均匀抛投。

④ 抛投多层时，应分层抛投。每抛一层应进行检测，评估抛投均匀度是否满足设计要求。抛投时应及时移船定位，不得形成水下堆积体。

⑤ 在水深超过 5m 或流速大于 1.5m/s 的区域施工时，宜先通过试抛确定水下漂移距，根据漂移距确定定位船位置。

⑥ 抛投时应自河岸到河心，按先浅水、再深水的顺序进行。抛投后应及时测量，对抛投范围、数量、均匀度进行分析；不合格区域应及时补抛。

⑦ 低水位时，对于透水框架出露的抛投区，应对抛投不合格区域补抛、整理。

8. 护滩带边缘预埋压石施工

（1）预埋压石基槽开挖后应先验槽合格，再将护滩排体按设计要求铺设至基槽底部，然后再铺砌块石。块石铺砌施工不得对底层排体造成损坏。

（2）护滩带边缘预埋压石应级配良好，面层宜用粒径相对较大块石；砌石应相互嵌紧、表面平整，缝隙选用小块石填塞嵌紧，构筑物的断面尺寸不得小于设计要求。

（3）预埋压石表面应与守护滩面平顺衔接，边缘部位不宜出现高差大于 300mm 的陡坎。

（4）预埋压石与护滩软体排宜同步施工，面层铺砌或抛石面层的整理宜在当年的汛前完成。

（5）预埋压石施工完毕，应对余料或废弃物进行清理。

2.8.3　坝与导堤施工

1. 坝体、堤身施工

1）块石坝体施工应符合的规定

（1）筑坝施工过程中，应及时校核坝轴线位置、断面尺寸。

（2）坝根处岸坡抗冲能力较弱时，应按设计要求先进行坝根处理护坡施工。

（3）坝体抛筑顺序应根据河道条件、运输方式和设计要求合理确定。

（4）坝体抛筑时，应随时检测坝位、坝面高程和护底结构的稳定情况，防止偏移、超高。

（5）采用陆上端进法抛筑坝芯石时，坝根的浅水区可一次抛到设计高程，坝身和坝头可根据水深、地基承载力、水流和波浪情况一次或多次分层抛填至设计高程。

（6）易冲刷的河段应观测沿堤流的冲刷情况。

（7）受台风影响的堤坝，堤身出水面后应尽快形成设计断面，减少暴露长度和面积。

（8）在季节性封冻河流筑坝可采用冰上码方。施工前应全面调查施工区域的冰封情况，对坝位水深及冰层厚度进行详细测量，根据冰层厚度估算冰层承载力，制定施工方案和安全生产预案；施工时，根据块石堆码断面图，宜将块石一次成形堆放于冰面上，待冰融落位后再进行坝面整理；冰层承载力达不到一次成形要求时，可采用开冰槽抛石施工或进行二次码方。

（9）软基抛石筑坝施工应符合下列规定：

① 堤侧有抛石棱体的导堤施工时，先抛压载层，后抛堤身。

② 有挤淤要求时，从断面中间逐渐向两侧抛填。

③ 抛石加荷速率有控制要求时，按设计要求设置沉降观测点，控制加荷间歇时间。

（10）潮汐河口抛石导堤施工应符合《防波堤与护岸施工规范》JTS 208—2020 的有关规定。

2）砂枕坝体施工应符合的规定

（1）砂枕坝体施工前，应根据河床地形、坝体设计高程及坡比，绘制坝体断面砂枕布置图。施工中应考虑施工顺序和施工荷载对坝稳定的影响，以及因地基沉降和充填袋内砂体密实而引起的顶部高程降低。

（2）砂枕坝体施工的充填、抛投除应符合"2.8.2 节 5. 抛枕护底施工"中的有关规定外，尚应符合下列规定：

① 未护底区域施工前对河床进行检测，对凸出的尖锐物予以清除。

② 砂枕的大小根据坝体横断面尺寸确定，砂枕垂直轴线摆放，上下砂枕错缝铺设，不留通缝；厚度控制在 400～700mm。

③ 充填过程中根据充填物的固结时间，适时调整充填工艺。

④ 砂枕的外形尺寸和平整度满足设计要求，在充填过程中应及时检查。

⑤ 抛筑时检测坝体高度和边坡，并随时根据断面尺寸合理搭配不同长度的砂枕；必要时安排潜水员对坝体进行水下探摸。

⑥ 外露部分及时覆盖保护，避免长时间暴露。

⑦ 河口地区及受风浪和水流冲击的区域，施工期做好临时防护措施。

（3）砂枕水上抛投施工过程中，应适时测定施工区域的流速、流向以及砂枕的漂移距。根据流速、流向、漂移距的不同及时调整定位船位置。

（4）砂枕抛筑至适合人工铺设施工时，宜采用人工铺设充填。

3）钢丝石笼坝体施工应符合的规定

（1）充填料应质地坚硬，抗风化性能好，满足设计要求。

（2）石笼充填应密实，封盖绑扎应采用与石笼材质相同的钢丝，绞合间距不宜大于网格尺寸，组合封装应符合"2.8.2节4.钢丝网石笼垫护滩施工"中的有关规定。

（3）石笼抛投应考虑水深、流速等自然条件产生的漂移距离影响，石笼漂移距离宜由现场试验测定。

（4）石笼坝体抛筑，宜采用分层平抛法施工，由坝根向坝头抛筑；河床抗冲性较强时，石笼坝体抛筑也可采用端进法。

（5）石笼抛筑过程中，应随时检查坝位、坝身和边坡等，坡度不得陡于设计坡比。易冲刷的河段，尚应观察沿堤流的冲刷情况。

（6）石笼应排列整齐、挤靠紧密、上下错缝压接，不得出现通缝。

（7）石笼施工时应采取必要的防护措施，避免损坏石笼钢丝的防锈镀层。

4）混凝土构件坝体施工应符合的规定

（1）混凝土构件坝体施工应编制专项施工方案。

（2）混凝土构件预制、出运施工应符合《水运工程混凝土施工规范》JTS 202—2011的有关规定。

（3）沉箱、方块等大型预制构件的下水、浮运尚应符合《码头结构施工规范》JTS 215—2018的有关规定；半圆体、半圆体沉箱等预制构件的预制、出运应符合《防波堤与护岸施工规范》JTS 208—2020的有关规定。

（4）混凝土构件安装应符合下列规定：

① 混凝土构件安装前检查基床的平整度、回淤厚度，当回淤厚度超过设计要求时，重新清淤。

② 根据水流、水深、设备条件选用浮吊安装、浮移安装、吊浮结合安装等方式，建议采用定位船辅助定位。

（5）对于设计有充填压载要求的沉箱，构件安装后应及时进行箱内充填。充填应对称、均匀，充填完成后立即将充填孔牢固封堵。

（6）透水空心方块施工应符合下列规定：

① 空心方块安装采用定位船辅助定位，构件自下而上安放。

② 底层空心方块采用两点平吊，保证方块安装水平，行、列间距由模型试验确定；安放时确保空心方块水平着底，防止破坏护底软体排。

③ 第二层及其以上的空心方块采用单点吊，逐层斜插安装。

④ 安装水面以上空心方块时，适当调整安放平面位置，将块体安放在下层块体的空隙处，确保上层块体稳定。

⑤ 透水空心方块安放数量不低于设计值的 95%。

2. 坝面施工

1）干砌石、铺石坝面施工应符合的规定

（1）块石的规格、质量应满足设计要求。

（2）坝面应采用粒径较大的块石，并应安砌稳定平整，大块石之间的缝隙应用小块石嵌紧。

（3）块石干砌、铺砌不得破坏垫层。施工时应按设计尺度设置控制线，并应错缝竖砌、紧靠密实，前后的明缝应用小片石料填塞紧密，不得出现通缝、叠砌和浮塞，块石间应契合紧密无松动。

（4）砌体应表面平整，砌石边缘应顺直、整齐。

（5）干砌条石坝面应自下而上分层砌筑，条石底层与抛石坝体应靠紧，条石间应相互错缝、坚实嵌固。

2）浆砌石坝面施工应符合的规定

（1）浆砌块石或浆砌条石坝面宜在坝体稳定后进行施工。

（2）石料的规格、质量应满足设计要求，材质坚实，无风化剥落层或裂纹，石材表面无污垢、杂质。

（3）砌筑前，应将砌体外石料表面的泥垢冲净，砌筑时应保持砌体表面湿润。

（4）砌筑时块石宜坐浆卧砌，应平整、稳定、错缝、内外搭接。

（5）石块间不得直接接触；不得有空缝。

（6）浆砌坝面块石的长边应垂直于坡面，块石长边尺寸不宜小于护面层的厚度。

3）现浇混凝土坝面施工应符合的规定

（1）混凝土浇筑施工缝的留设位置不宜设在浪溅区、水位变动区和混凝土拉应力、剪应力较大的部位。

（2）现浇混凝土的浇筑应从下而上，分段施工，并振捣密实，辅以人工抹面。面层厚度和强度应满足设计要求。

（3）现浇混凝土坝面施工宜在坝体沉降稳定后，浇筑面层混凝土。

（4）现浇混凝土镶嵌卵石坝面应在混凝土浇筑后立即进行，卵石嵌入前混凝土应振捣密实、抹面，卵石应直立嵌入且排列有序，嵌入深度宜为卵石长度的 3/4，卵石间距宜为 20mm，顶高宜比混凝土面高 20～30mm，两边卵石距坝体轮廓边线应不小于30mm，卵石顶面高程应满足设计要求。

4）模袋混凝土坝面施工应符合的规定

（1）模袋的规格、质量以及模袋布的垂直渗透系数、等效孔径、抗拉强度等应满足设计要求。

（2）模袋铺设前应对坡面基层表面进行处理，坝坡出露部分应采用人工进行理坡整平，宜用小碎石袋来调整坝体边坡。坡面应平顺，无明显凹凸、无杂物；其表面平整度允许偏差陆上不大于 100mm，水下不大于 150mm。

（3）模袋宜先以钢管为轴卷成卷，铺设前宜设定位桩及拉紧装置，定位桩应有足够的刚度和入土深度，充灌时不移位。铺展模袋时宜用定位桩及拉紧装置控制模袋卷自上而下垂直坝轴线滚铺，随铺随压砂袋或碎石袋。水下模袋铺设和充灌宜由潜水员配合检查铺设质量。

（4）模袋铺设应预留收缩富余量，富余量应通过试验确定。模袋展开时，不得损坏模袋。

（5）模袋铺设后应及时充灌混凝土或砂浆，模袋混凝土的原材料、配合比应符合《水运工程混凝土施工规范》JTS 202—2011 的有关规定。模袋混凝土粗骨料最大粒径应符合表 2.8-2 的规定，混凝土坍落度不宜小于 200mm。

表 2.8-2　模袋混凝土粗骨料最大粒径

序号	模袋混凝土厚度（mm）	骨料最大粒径（mm）
1	150～250	20
2	≥250	40

（6）模袋混凝土护面宜采用泵送方法施工，所用混凝土或水泥砂浆应具有可泵性和适宜的流动性。

（7）模袋混凝土充灌施工前，模袋应用水泵进行充分润湿，充灌时灌注口端的泵管宜使用软管。灌注过程中，宜使用外力使模袋每个方向均充灌饱满，袋内混凝土的饱满度满足设计要求。混凝土充灌速度宜控制在 $10～15m^3/h$，充灌压力宜控制在 $0.2～0.3MPa$。

（8）模袋混凝土护面充灌时，后一块模袋的铺设应与前一块系结牢固。

（9）模袋混凝土充灌后应及时将模袋表面和滤点孔内的灰渣冲洗、清理干净，并做好混凝土的养护。

（10）模袋混凝土护面充灌施工应在坝芯沉降稳定后进行。模袋的充灌宜采用整体施工法，先充灌坝芯两侧的模袋，待两侧模袋混凝土基本无变形后，再充灌护面顶部。

（11）模袋混凝土充灌后应及时进行坡脚沟槽回填覆盖和压脚施工。

5）扭工字块护面块体安装应符合的规定

（1）块体的安放数量应满足设计要求。

（2）当采用定点随机安放时，应按设计块数的 95% 计算安放位置，交错安放、互相勾连、分段施工。安放完成后，应对块体的疏密情况进行检查。

（3）当采用规则安放时，应使垂直杆件安放在坡面下方，并压在前排的横杆上，横杆置于垫层块石上，腰杆跨在相邻块的横杆上。

（4）扭王字块体可采用定点随机安放或规则安放。当采用定点随机安放时，块体在坡面上可斜向放置，并使块体的一半杆件与垫层接触，但相邻块体的摆放方向不宜相同。

6）栅栏板安装应符合的规定

（1）栅栏板安装前应检查垫层石理坡质量，垫层石规格、质量应满足设计要求，验收后应及时安装。不符合要求或风浪破坏的部位，应进行修整后方可安装护面块体。

（2）栅栏板应自下而上规则摆放，安装时应相互靠紧，安放时应与垫层接触牢固，但不应使用二片石支垫。

（3）栅栏板运输过程中应避免碰撞造成的块体破损、边棱残缺等。

7）钢丝石笼垫护面施工应符合的规定

（1）钢丝石笼垫组装制作、充填石料应符合"2.8.2节 4.钢丝网石笼垫护滩施工"中的有关规定。

（2）石笼护面施工时宜同时均匀的向一组护垫的各网格内填料，填充料宜一次填满，填充石料顶面宜适当高出护垫。

（3）石笼护面施工填石宜采用人工完成，外观应平整。

（4）相邻护面石笼的封盖框线与边框线应绑扎在一起，并满足设计要求。

2.8.4 护岸施工

1. 护脚施工

（1）抛枕护脚施工应符合下列规定：

① 砂枕制作及充填料应符合"2.8.2节 5.抛枕护底施工"中的有关规定。

② 施工前应对工程区的水下地形进行检测，发现有尖锐物体应先进行清理。

③ 抛枕护脚施工应根据水深、流速和砂枕的规格选用匹配的定位船与抛枕船配合进行。

④ 抛枕施工应根据设计要求、施工能力、水流及水下地形等因素，合理确定分层和分段施工顺序。

⑤ 施工时应监测施工区域的流速、流向以及砂枕的漂移距离，及时调整定位船的位置，砂枕入水方向应满足设计要求。

⑥ 抛枕过程中应及时用探杆或测深仪检测抛投效果。

（2）抛石护脚施工要求除应符合"2.8.2节 6.压排石施工"中的有关规定外，尚应符合下列规定：

① 水上抛石选用匹配的定位船与抛石船配合进行，施工过程中应及时检测抛填的范围和均匀度，按设计要求控制护脚范围和边坡。

② 抛石护脚应与岸线保持基本平顺，护脚在低水位出露时，应及时理坡。

（3）人工块体护脚施工应符合下列规定：

① 护脚预制构件安装应根据施工环境以及构件结构、重量和数量选择合适的安装和运输设备。

② 透水框架护脚施工应符合"2.8.2节 7.预制透水框架施工"中的有关规定。

③ 扭王字块护脚施工应符合"2.8.3节 2.坝面施工"中的有关规定。

（4）石笼护脚施工应符合下列规定：

① 护脚石笼装填应符合"2.8.2节 4.钢丝网石笼垫护滩施工"中的有关规定。

② 石笼抛投应根据工程规模合理划分施工区段，采用网格法施工。

③ 施工过程中应及时检验石笼实际落底位置、厚度。

2. 护坡施工

（1）铺石坡面施工应符合"2.8.3节 2.坝面施工"中的有关规定。

（2）干砌块石坡面施工除应符合"2.8.3节 2.坝面施工"中的有关规定外，尚应符合下列规定：

①坡面块石安放前应检查排水盲沟、倒滤层的质量，对不符合要求的部位应进行整修。

②坡面砌石应由低向高铺砌。

（3）浆砌块石护面除应符合"2.8.3节2.坝面施工"中的有关规定外，尚应符合下列规定：

①浆砌块石护面施工前应检查排水盲沟、倒滤层的质量，对不符合要求的部位应进行整修。

②浆砌块石护面施工应自下而上进行，分段砌筑，接缝层次清楚，砌筑时不得先堆砌块石再用砂浆灌缝。

③浆砌块石勾缝前应清缝，勾缝砂浆强度等级应高于砌体砂浆，砂浆应分层填实；砌筑无法连续施工、砂浆已超过初凝时间时，应待砂浆强度达到 2.5MPa 后才可继续施工；继续砌筑前，应将原砌体表面浮渣、松散体清除，砌筑完成后应及时做好养护；勾缝应美观、匀称，表面平整，保持块石砌筑自然接缝。

（4）钢丝石笼垫坡面施工应符合下列规定：

①石笼垫的组装、封盖和石料充填应符合"2.8.2节4.钢丝网石笼垫护滩施工"中的有关规定。

②石笼垫铺设应自下而上，笼体应排列紧密，外框短边与水流方向一致，并紧贴垫层。

（5）预制块铺砌施工应符合下列规定：

①预制混凝土块的质量应满足设计要求和现行行业标准《水运工程混凝土施工规范》JTS 202—2011 的有关规定。

②预制混凝土块的外观应棱角分明、表面清洁平整，无缺角、断裂。

③铺砌预制块应分段施工，自下而上铺砌，底部块体应与枯水平台紧密接触。

④预制混凝土块铺砌范围、组砌方式、缝宽和衔接处理应满足设计要求。

（6）模袋混凝土护坡施工应符合"2.8.3节2.坝面施工"中的有关规定。

（7）三维钢丝网垫坡面施工应符合下列规定：

三维钢丝网垫一般采用人力铺设的方式，应按平整坡面、放样、铺网和回填土等工序依次完成。

①应根据设计要求对坡面杂物进行清除，对局部凹凸不平的坡面进行整平。

②应对每卷三维钢丝网垫的位置进行放样，并打设放样桩。

③三维钢丝网垫铺设时，应使其与坡面贴附、防止悬空，且保持平整、不产生褶皱。两块三维钢丝网垫之间的搭接宽度应满足设计要求，上游三维钢丝网垫应铺设在下游三维钢丝网垫之上，三维钢丝网垫及其搭接部位应使用不小于 $\phi 8mm$ 的钢筋做成"U"形钉进行锚钉。施工过程中严禁人员在三维钢丝网垫上踩踏和行驶车辆或机械等。

④回填的覆土宜选用肥沃表土，应分层多次回填，且洒水浸润。

3.直立式护岸施工

1）现浇混凝土基础施工应符合的规定

（1）施工前应对基准点和水准点进行复核，并依次设置施工基线和水准点等定位标志。

（2）混凝土所用原材料、配合比设计、混凝土的强度、施工缝的留置位置和施工缝处理及混凝土的养护应符合《水运工程混凝土施工规范》JTS 202—2011 的有关规定。

（3）浇筑混凝土前，应清除浇筑面上杂物，并形成干地施工条件。

（4）现浇混凝土基础浇筑时，应在条形基础表面设置不少于底板面积 15% 的石块，形成凸出基础面的"石榫"或埋置深度为 150～200mm 的"倒石榫"，石榫布置形式和占总接触面积的比例应满足设计要求。

（5）现浇混凝土基础伸缩缝应上下前后贯通，填缝饱满。

2）浆砌石挡墙施工应符合的规定

（1）浆砌石挡墙的石料、砂浆质量应符合"2.8.3 节 2. 坝面施工"中的有关规定。

（2）岩石或混凝土基础上砌筑时，应将基底表面清洗，湿润后坐浆砌筑。

（3）砌体的转角处和交接处应同时砌筑。

（4）浆砌石挡墙应分段、分层砌筑，两个工作段的砌筑高差不宜超过 1200mm，分层宜按 2～3 层砌块组成一个工作层。

（5）块石砌筑应坐浆平砌，上下错缝、内外搭砌。

（6）条石砌筑前应先计算层数，选好料石。砌筑时应控制条石的砌筑高度，砌缝应横平竖直，宜采用丁顺相间的砌筑形式。

（7）浆砌体应在砂浆初凝后养护 7～14d，养护期间应避免碰撞、振动或承重。

（8）浆砌块石挡墙宜为平缝，条石砌体宜为凹缝，勾缝砂浆的强度应比砌体砂浆强度高一级，勾缝深度宜为 20～30mm。

（9）施工中沉降伸缩缝应垂直，缝两侧砌体表面平整，不应搭接，接缝中填塞材料应满足设计要求。

（10）砌筑完成后应进行沉降、位移观测。

3）混凝土挡墙施工应符合的规定

（1）混凝土浇筑应在下部结构沉降基本稳定后进行。

（2）挡墙施工应考虑墙身的沉降、位移影响。

4）钢丝石笼挡墙施工应符合的规定

（1）石笼垫制作、填装应符合"2.8.2 节 4. 钢丝网石笼垫护滩施工"中的有关规定。

（2）钢丝石笼砌筑前应整平砌筑面。砌筑位置、范围和尺寸应满足设计要求。

（3）石笼面墙应整体平顺，笼体内宜设置拉筋或外设支撑模板，保持笼体规整。

（4）钢丝石笼的组装形式应满足设计要求。相邻的笼体绑扎连接，绑扎间距宜为200～300mm。

5）钢筋混凝土板桩护岸施工应符合的规定

（1）钢筋混凝土板桩的预制应符合《水运工程混凝土施工规范》JTS 202—2011 和《码头结构施工规范》JTS 215—2018 的有关规定。

（2）板桩沉桩应设置导桩、导梁等导向装置，导向装置应具备足够的强度和刚度。

（3）钢筋混凝土板桩沉桩应逐根依次套榫插入，宜采用一次沉桩至设计高程或阶梯式往复沉桩的方法。

（4）吊点位置偏差不宜超过 200mm，吊索与桩身轴线的夹角不得小于 45°。

（5）钢筋混凝土板桩沉桩后应清理、填塞板桩榫槽空腔，板桩上部胸墙或帽梁施工应在板桩槽孔填实后进行。

（6）钢筋混凝土板桩的锚碇结构施工应符合《码头结构施工规范》JTS 215—2018 的有关规定。

6）钢板桩护岸施工应符合的规定

（1）钢板桩的规格、品种应满足设计要求。

（2）钢板桩锁口应平直通顺，使用前应进行套锁检查。

（3）钢板桩吊运应采用两点吊，不得斜拖起吊。

（4）钢板桩堆放场地应平整坚实、排水良好，桩应分层叠置，层与层之间应设置垫木，上、下垫木应设置在同一直线上并支撑平稳，堆放层数应不大于 3 层。

（5）钢板桩防护层的涂料、品种和质量应满足设计要求，涂层在吊运和沉桩过程中损坏时应及时修补，修补的涂料应与原涂层相同。

（6）钢板桩沉桩施工前，宜先进行试验性施工，检验选定的参数，并根据试验数据进行调整，保证沉桩顺利进行。

（7）钢板桩沉桩应设置导桩、导梁等导向装置，导向装置应具备足够的强度和刚度。

（8）钢板桩宜采用拼组插入、间隔跳打或阶梯式沉桩到设计高程。钢板桩拼组根数，槽形桩宜取奇数，Z 形桩宜取偶数。每组钢板桩的锁口宜用电焊固定。

（9）钢板桩沉桩前，其锁口宜涂抹润滑油脂。

（10）钢板桩沉桩应以桩尖设计高程作为控制标准。

（11）钢板桩的锚碇结构施工应符合《码头结构施工规范》JTS 215—2018 的有关规定。

7）预制空箱挡土墙施工应符合的规定

（1）空箱的预制应符合《水运工程混凝土施工规范》JTS 202—2011 的有关规定。

（2）空箱的预制宜采用混凝土底模，底模表面的平整度不应大于 10mm。

（3）空箱混凝土宜一次性浇筑完成。

（4）空箱起吊时，其混凝土的强度应满足设计要求。

（5）空箱吊装宜采用单个吊装、顺序安装的方法，吊装可采用汽车起重机或起重船等设备，吊装时应慢吊轻放，确保安全。

（6）空箱起吊及安装的吊点、吊具应进行专项设计，起重吊架应具有足够的强度和刚度。

（7）采用起重船吊装安放空箱时，可先大致就位落放，当空箱底面距底板顶面约 300mm 时，再做小范围调整，应确保空箱底角线就位准确，防止出现错缝。

（8）空箱安装前应清理底板表面及空箱底脚的杂物并设置安装基准线。

（9）空箱安装到位后应及时进行混凝土浇筑，抛填块石应在混凝土达到设计要求后进行。

4. 排水与倒滤工程施工

（1）排水盲沟与明沟应在坡面开挖基本成形，枯水平台、坡顶马道达到设计高程，坡面达到设计坡比后再进行开挖。

（2）在渗流较严重区域，应开挖临时性排水沟槽或布设集水砂井等排水措施，待地下水位降到一定程度后，再实施永久性的排水盲沟和明沟。

（3）排水明沟施工应符合下列规定：

① 明沟基槽宜分段开挖，坡顶横向集水明沟应与垂直岸线的纵向明沟同步开挖。雨期施工应采取临时性的排水导流措施。

② 排水明沟护面施工应符合"2.8.3 节 2. 坝面施工"中的有关规定。底面及侧壁砂浆抹面应密实均匀，不得形成地下排水通道。

（4）排水盲沟施工应符合下列规定：

① 盲沟开挖应分片分段、自下而上进行，其断面尺寸应满足设计要求。

② 盲沟开挖经验槽合格后应及时铺设土工织物、填充料等倒滤层。

③ 盲沟内土工织物与沟壁应紧密贴实，不得形成地下过流通道；铺设在同一直线段基槽内的土工织物宜采用整幅布料，不得拼接。

④ 盲沟填充骨料的粒径、级配、铺设厚度应满足设计要求，骨料回填宜采用人工分段自下而上、从一端往另一端铺设施工。

（5）倒滤层施工应符合下列规定：

① 混合倒滤层施工应按铺设砂垫层、土工织物、碎石垫层的顺序施工，上道工序验收合格后方可进行下道工序。

② 土工织物的铺设应按垂直岸线方向进行，下端牢固压入枯水平台脚槽内，上端埋入坡顶明沟。上下端之间应采用整幅布料，不得搭接或缝接。

③ 土工织物铺设应松紧适度，贴紧垫层，不得发生折叠、悬空和破损。

④ 顺沿岸线方向应自下游向上游逐段铺设，搭接处上游侧盖住下游侧，每段幅宽应满足设计要求。

⑤ 倒滤垫层的砂料粒径应满足设计要求，含泥量不得超过 5%。

5. 生态护岸施工

1）生态袋加筋挡土墙施工应符合的规定

（1）生态袋加筋挡土墙施工宜在基槽开挖与基础底板浇筑后，按照安装生态袋、土工格栅铺设、碎石倒滤层施工与后方回填、土工格栅反包施工等工序循环开展后，再进行生态袋压顶、生态袋墙面绿化。

（2）生态袋、连接扣、土工格栅规格和质量应满足设计要求。

（3）生态袋挡墙基底开挖、压实及整平应满足设计要求。

（4）生态袋填充料的配比应满足设计要求，充填时应保证充填的饱满度和平整度，袋口扎口后袋体外形宜为矩形立方体，其宽度、厚度应不小于设计值。

（5）生态袋垒放时，应当按坡度设置样架分层挂线施工，上下层袋体应错缝排列、压实，标准扣骑缝放置，互锁结构稳定。

（6）工程联结扣的安放和联结方式应满足设计要求。

（7）土工格栅应垂直于岸壁前沿线平铺、拉紧后应及时填铺填料。

（8）加筋体回填的填料种类、粒径、压实度应满足设计要求，填料中不得含有尖锐棱角等易损坏加筋材料的物料；填料最大粒径应不大于填料压实分层厚度的 2/3，且不大于150mm；填料应分层回填、碾压，分层厚度宜为200~300mm；采用机械卸料或摊铺时，加筋材料的填料覆盖厚度应不小于200mm；施工机械不得在未覆盖的加筋材料上行驶。

（9）生态袋挡墙的倒滤层、排水管施工应与加筋体回填协调一致。

2）钢丝石笼生态护岸施工应符合的规定

（1）钢丝石笼的铺设、填料、封边施工应符合"2.8.2节4.钢丝网石笼垫护滩施工"中的有关规定。

（2）石笼面层覆盖的土质、厚度应满足设计要求，宜选择耕植土，并除去杂草杂物。

（3）种植土应分层铺设，底层覆土厚度宜为70~100mm，应在部分土粒落入卵石缝隙后撒种草籽、覆盖面层土。

（4）草籽播种宜选择早春温度上升时进行，植物应有足够的发芽温度和生长期，应考虑洪水影响。

（5）草籽发芽后，应及时浇水灌溉、追加肥料，洒水养护时间不宜少于20d。遇低温天气宜采取薄膜覆盖等保温措施。

3）木排桩生态护岸施工应符合的规定

（1）木桩的桩径、长度、质量应满足设计要求。

（2）施工前，应对桩轴线进行放样，桩轴线位置应满足设计要求。

（3）木桩桩顶应进行防腐处理，防腐的范围应为自桩顶至设计低水位。

（4）沉桩时，应保证木桩入土时的垂直度和沿岸线方向的平直度，木桩入土深度和间距应满足设计要求。

（5）沉桩后，应对桩位和桩顶高程进行复核。

（6）沉桩后，排桩绑扎、桩后回填土方高程应满足设计要求。

2.8.5　清礁施工

1. 陆上炸礁施工

1）陆上爆破施工应符合的规定

（1）陆上爆破宜采取由外向内、由上向下的顺序施工。爆破层小于5m时，一次性钻爆到设计底高，超过5m时，应采取台阶式分层爆破。

（2）陆上爆破宜采用毫秒延时爆破，孔深较浅且对周边环境无影响时宜采取齐发爆破。

（3）陆上爆破有边坡保护和减震要求时，宜采用预裂爆破或光面爆破方式，爆破网路采取导爆索起爆，验孔、装药等环节应有爆破工程技术人员指导。

（4）陆上开槽爆破宜按由中心向两边、从中段向上下两端进行。

（5）陆上开槽施工应在槽上下两端预留挡水墙或设围堰，围堰高程高于施工期多年平均高水位，槽内设低于设计底高1m的集水坑。

（6）装填炮孔数量应以设计的一次起爆药量为限，完成一炮次全部钻孔后集中装药，在岩体裂隙发育或较破碎情况下，宜采用每个钻孔完成后及时装药方式。

（7）爆破前应清除孔口周围的碎石、杂物，爆破体表面和最小抵抗线方向应采取覆盖措施防止飞石,保护周边房屋和人员。

(8)炮孔堵塞物宜采用钻屑、黏土和带泥的河沙,堵塞长度不应小于最小抵抗线的 1.2 倍。

2）陆上开挖、弃渣应符合的规定

(1)开挖施工宜从临水一侧开始,由高到低、从外向里开挖至设计底高。

(2)采取机械挖运出渣应保持边坡稳定,工程机械与水边应有足够的安全距离。

(3)清渣施工应先挖运水面以上石渣,并根据施工期多年平均水位,确定预留开挖水下石渣施工平台高程。

(4)陆上弃渣高程、范围、边坡应满足设计要求。

2. 水下炸礁施工

1）水下钻孔爆破应符合的规定

(1)钻爆船和钻爆平台应采取锚缆式定位或定位桩定位,确保船位稳定,防止走锚、滑桩和套管移位。

(2)施工船舶锚缆布置应满足施工和通航安全要求,砂卵石河床和流速超过 3m/s 的急流河段施工,宜采取在岸上设地锚方式系缆,通航一侧舶横缆宜采用沉链方式,定位完成后应对伸入航道的锚缆进行水深探摸检查。

(3)施工宜按先下游后上游,先深水后浅水的顺序进行,并根据水位变化适时调整。

(4)施工船舶定位宜采用卫星定位系统,施工钻孔位置的偏差内河施工时不大于200mm,沿海施工时不大于 400mm,钻孔过程中应校核、监控船位。

(5)水下钻孔布置宜采用矩形或梅花形布孔。炮次间的排距应根据地质和爆破参数确定,宜为设计排距的 1.4~1.6 倍,复杂地质应通过试爆开挖后确定。

(6)水下礁石有夹层、孤石等复杂地质时,宜先对上层岩石进行钻爆,清渣后进行下一层岩石的钻爆;水下礁石有覆盖层时,应采取护孔管隔离措施,覆盖层超过 1m 时,先清除覆盖层,再进行钻孔作业。

(7)钻爆船施工宜保持船体与水流流向一致,急流河段水下钻孔施工,应采取措施防止爆破网路被钻具和缆绳损伤。

(8)潮汐河段应根据潮位变化及时校对和调整船位、钻孔孔深,应有专人负责爆破网路收放,并应防止设备故障出现钻具顶抬钻机。

(9)水下钻孔完成后应探测孔深,在确认孔深达到设计要求和孔壁完好后进行装药作业。

(10)水下爆破器材的防水、抗压性能应满足工况要求。雷管宜采用毫秒延时金属电雷管、导爆管雷管,炸药宜采用乳化炸药。

(11)水下钻爆一次起爆总药量需要控制时,宜在孔内间隔装药,各间隔段分别设起爆体,间隔物应采用粗砂或碎石。

(12)爆破网路宜使用电力起爆或导爆管起爆,电力起爆网路可采用并串联或并串并联,导爆管起爆网路可采用簇联和并联。

(13)水下爆破同一炮次中电力起爆网路使用电雷管电阻差值不应超过 0.2Ω,实测总电阻不应超过计算理论值的 ±5%。每个普通电雷管的起爆电流交流电不应小于

4.0A，直流电不应小于 2.5A。

（14）起爆体应使用 2 发以上雷管，装药长度大于 3m 时，应使用双起爆体。在有流速的施工水域应将电线或导爆管捆扎在保护绳上，电线或导爆管应大于绳长，捆扎呈松弛状态。

（15）水下炮孔堵塞应确保药柱不浮出钻孔，并应满足下列要求：

① 选用砂或粒径小于 2cm 卵石、碎石堵塞，堵塞长度不小于 0.5m。

② 对水击波防护要求较高水域施工采取砂石混合堵塞。

③ 流速较大水域炮孔堵塞长度不小于 0.8m。

（16）水下钻爆连续作业时，雷管和炸药应分开存放于公安部门认可的临时专用储存移动库或舱房。

（17）钻爆船爆破时应移至爆破区上游，爆破网路应顺水流松放，防止受力过大和被船舵、桩、锚缆挂损。

2）水下裸露爆破应符合的规定

（1）水下裸露爆破宜采用船投法，施工顺序应从深水到浅水，由下游向上游。

（2）爆破药包捆绑配重物宜采用块石或砂袋，配重物重量宜通过现场试验确定，也可通过式（2.8-2）估算：

$$G = V_f \times Q \qquad\qquad (2.8-2)$$

式中　G——配重物重量（kg）；

　　　V_f——表面流速（m/s）；

　　　Q——炸药包重量（kg）。

（3）水下裸露爆破每炮次的横向搭接宜为 1～2m；纵向搭接宜为 0.5～1m；投放药包时应根据流速和水深情况考虑漂移距离。

（4）爆破药包排列宜采用双串药包，每个药包应设双雷管起爆体，使用并串并联复式电爆网路。

（5）大面积裸爆炸药包投放宜在投药船两舷采用翻板同步投放，零星清炸孤礁可采用双串药包用交叉绳连接投放。

（6）使用船舶投药应符合下列规定：

① 根据流速、流态变化调整船位，保持定位船和药包投放点与水流方向一致，有泡漩水或泡水出现时暂缓投药。

② 投药船投放药包后顺水流下放半个船位，检查船底、船舵、测深仪换能器无扯挂药包后，再移至安全区。

③ 急流滩投药时，避免用舵过大、船尾触礁，防止船体打横翻覆。

3）水下清渣、弃渣应符合的规定

（1）挖泥船清渣施工顺序宜采用从深水到浅水、分条、分段顺水流开挖，在流速较缓水域、潮汐河段或反铲式挖泥船清渣时也可采用逆流施工。

（2）水下清渣开挖分条宽度不应大于挖泥船宽度和抓斗作业半径，条与条之间开挖搭接宽度宜为 2～3m；分段开挖长度应根据挖泥船布设锚缆位置确定。

（3）施工过程中应根据挖斗大小和岩层厚度分层开挖，分层厚度宜为抓斗高度的 1/4～1/3。

（4）清渣施工宜采用顺序排斗，抓出堑口后依次向前挖。

（5）抓斗挖泥船在流速较大的水域施工时，应注意抓斗漂移对下斗位置和挖深的影响，可根据抓斗漂移情况确定斗绳上的标注挖深值，也可通过式（2.8-3）估算：

$$H = L/\cos\alpha \tag{2.8-3}$$

式中　H——漂斗状态下标注挖深值（m）；

　　　L——抓斗垂直挖深值（m）；

　　　α——漂斗夹角（°）。

（6）桩式反铲挖泥船应采用锚缆协助定位，使用铲斗前移船位，提桩后锚缆应同步受力，下桩后再松锚缆。

（7）水下清渣、弃渣宜采用卫星定位系统测量定位，设施工导标时，导标夜间灯光应与航标灯光有所区别。

（8）陆上反铲挖掘机水下清渣时，车位间开挖作业半径应搭接 2m，退位前应用挖斗对开挖作业半径内的水深进行探测。

（9）水下弃渣应散抛在指定区域，弃渣时应及时测量水深，避免超过设计高程。

3. 水下凿岩施工

（1）凿岩施工前，应清挖覆盖层至岩层顶面，再进行水下测量，根据岩石高程及分布情况，确定布锤方案。

（2）凿岩作业宜采用卫星定位系统控制施工平面位置、落点范围，并应根据船舶施工宽度分条、分段、分层凿岩施工。凿岩断面尺寸、超深、超宽、边坡应满足设计要求。

（3）重锤凿岩施工应符合下列规定：

① 凿岩锤应根据吊机或抓斗机提升能力、岩石等级确定。普氏Ⅴ级以内岩石宜采用 5～20t 的楔状凿岩锤或梅花锤，普氏Ⅵ～Ⅶ级岩石宜采用 10～40t 的笔状凿岩锤。

② 凿岩锤落锤高度应根据岩石等级确定，宜为 2～3m，凿击点布置宜为 1.5～2.0m 间距的等边三角形，接近设计底高时落点距宜加密为 1m。

③ 凿岩锤施工时应控制垂直自由下落高度，避免发生凿岩锤落底前钢缆突然受力导致钢丝绳互绞。

④ 岩石凿碎后应进行清渣施工，凿岩、清渣施工循环作业深度宜为 0.2～0.8m，直至达到设计高程。

（4）液压破碎锤凿岩施工应符合下列规定：

① 液压破碎锤及钎杆长度应根据挖掘机功率、水深确定，施工时应控制凿岩深度，破碎锤应与岩面垂直，避免破碎锤空打。

② 岩石破碎后进行清渣施工，凿岩、清渣施工循环作业深度宜为 0.2～0.5m，直至达到设计高程。

2.9　疏浚与吹填工程施工技术

疏浚工程是指采用水力或机械的方法为拓宽、加深水域而进行的水下土石方开挖工程。

疏浚工程按其性质和任务不同分为基建性疏浚和维护性疏浚。基建性疏浚是为新辟航道、港口等或为增加它们的尺度、改善航运条件，具有新建、改建、扩建性质的疏浚。维护性疏浚是为维护或恢复某一指定水域原定的尺度而清除水底淤积物的疏浚。

吹填工程是指将挖泥船挖取的泥沙，通过排泥管线输送到指定地点进行填筑的作业。

2.9.1   耙吸挖泥船施工

1. 基本原理

耙吸挖泥船是水力式挖泥船中自航、自载式挖泥船，除了具备通常航行船舶的机具设备和各种设施外，还有一整套用于耙吸挖泥的疏浚机具和装载泥浆的泥舱，以及舱底排放泥浆的设备等。耙吸挖泥船简要构造图如图 2.9-1 所示。

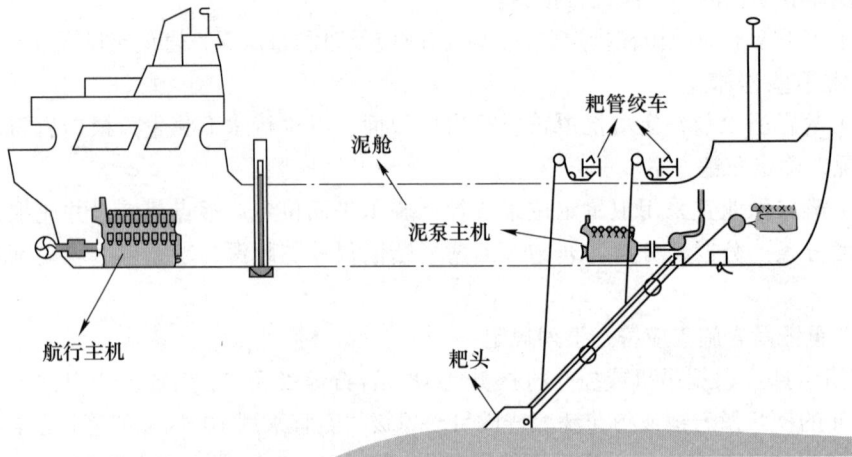

图 2.9-1   耙吸挖泥船简要构造图

耙吸挖泥船装备有耙头挖掘机具和水力吸泥装置。在它的舷旁安装有耙臂（吸泥管），在耙臂的后端装有用于挖掘水下土层的耙头，其前端用弯管与船上的泥泵吸入管相连接。耙臂可作上下升降运动，其后端能放入水下一定深度，使耙头与水下土层的疏浚工作面相接触。通过船上的推进装置，使该挖泥船在航行中拖曳耙头前移，对水下土层的泥沙进行耙松和挖掘。泥泵的抽吸作用从耙头的吸口吸入挖掘的泥沙与水流的混合体（泥浆）经吸泥管道进入泥泵，最后经泥泵排出端装入挖泥船自身设置的泥舱中。当泥舱装满疏浚泥沙后，停止挖泥作业，提升耙臂和耙头出水，再航行至指定的抛泥区，通过泥舱底部所设置的泥门，自行将舱内泥沙卸空；或通过泥舱所设置的吸泥管，用船上的泥泵将其泥浆吸出，经甲板上的排泥管线与输泥浮管或岸管，将泥浆卸至指定区域或吹泥上岸。然后，驶返原挖泥作业区，继续进行下一次挖泥作业。

2. 技术性能

耙吸挖泥船主要技术参数有舱容、挖深、航速、装机功率等，具有自航、自挖、自载、自抛和自吹的性能。挖泥作业中处于船舶航行状态，不需要占用大量水域或封锁航道，施工中对在航道中的其他船舶航行影响很少。另外，因船舶可以自航，调遣十分方便，自身能迅速转移至其他施工作业区。耙吸挖泥船最早多用于疏浚中挖掘淤泥和流沙等。近年来，由于疏浚技术的发展，耙吸挖泥船性能得到不断改进，如安装各种新型耙头、各种不同形式的耙齿，以及运用高压冲水和潜水泵等，能够挖掘水下的黏土、密实的细沙，以及一定程度的硬质土和含有相当数量卵石、小石块的土层等。耙吸挖泥船也存在一些不足之处，主要是在挖泥作业中，由于船舶是在航行和漂浮状态下作业，所以挖掘后的土层平整度要差一些，超挖土方往往比其他类型的挖泥船要多一些。

耙吸挖泥船一般以其泥舱的容量来衡量挖泥船的大小，小型耙吸挖泥船的舱容仅有几百立方米，而大型挖泥船舱容达到几千立方米至几万立方米，目前世界上最大的耙吸挖泥船舱容已达 46000m³，最大挖深已超过 155m。耙吸挖泥船根据船舶的泥舱容量分为四级。泥舱容量 $q < 4000m^3$ 的为小型耙吸挖泥船；泥舱容量 $4000m^3 \leqslant q < 9000m^3$ 的为中型耙吸挖泥船；泥舱容量 $9000m^3 \leqslant q < 17000m^3$ 的为大型耙吸挖泥船；泥舱容量 $q \geqslant 17000m^3$ 的为超大型耙吸挖泥船。

3. 生产率计算

（1）耙吸挖泥船挖、运、抛施工运转时间小时生产率可按下列公式计算。

$$W_{\text{耙吸}1} = \frac{q_1}{\sum t} = \frac{q_1}{\dfrac{l_1}{v_1} + \dfrac{l_2}{v_2} + \dfrac{l_3}{v_3} + t_1 + t_2} \qquad (2.9\text{-}1)$$

$$q_1 = \frac{G - \gamma_w \times q}{\gamma_0 - \gamma_w} \qquad (2.9\text{-}2)$$

式中 $W_{\text{耙吸}1}$——耙吸挖泥船挖、运、抛施工运转时间小时生产率（m³/h）；

       q_1——泥舱装载土方量（m³）；

       $\sum t$——施工循环运转小时（h）；

       l_1——重载航行段长度（km）；

       v_1——重载航速（km/h）；

       l_2——空载航行段长度（km）；

       v_2——空载航速（km/h）；

       l_3——挖泥长度（km）；

       v_3——挖泥航速（km/h），根据疏浚土土质确定；

       t_1——抛泥及抛泥时的转头时间（h）；

       t_2——施工中转头及上线时间（h）；

       G——泥舱中装载的泥浆总质量（t），可按装舱前后的船舶吃水求得；

       γ_w——现场水的密度（t/m³）；

       q——泥舱装载的泥浆体积（m³）；

       γ_0——疏浚土体的天然密度，即原状土密度（t/m³）。

（2）耙吸挖泥船挖、运、吹施工运转时间小时生产率可按下式计算：

$$W_{\text{耙吸}2} = \frac{q_1}{\sum t} = \frac{q_1}{\dfrac{l_1}{v_1} + \dfrac{l_2}{v_2} + \dfrac{l_3}{v_3} + t_3 + t_2} \qquad (2.9\text{-}3)$$

式中　$W_{耙吸2}$——耙吸挖泥船挖、运、吹施工运转时间小时生产率（m³/h）；

　　　q_1——泥舱装载土方量（m³）：

　　　$\sum t$——施工循环运转小时（h）；

　　　l_1——重载航行段长度（km）；

　　　v_1——重载航速（km/h）；

　　　l_2——空载航行段长度（km）；

　　　v_2——空载航速（km/h）；

　　　l_3——挖泥长度（km）；

　　　v_3——挖泥航速（km/h），根据疏浚土土质确定；

　　　t_3——耙吸挖泥船吹泥总时间（h），由挖泥船吹泥所需时间以及挖泥船与吹泥管线连接装置的接卡、解离所需时间两部分组成；

　　　t_2——施工中转头及上线时间（h）。

（3）耙吸挖泥船边抛或旁通施工运转时间小时生产率可按下列公式计算：

$$W_{耙吸3} = Q \times \rho \times \delta \times \eta \tag{2.9-4}$$

$$\rho = \frac{V_1}{V_2} \times 100\% = \frac{\gamma_m - \gamma_w}{\gamma_0 - \gamma_w} \times 100\% \tag{2.9-5}$$

式中　$W_{耙吸3}$——耙吸挖泥船边抛或旁通施工运转时间小时生产率（m³/h）；

　　　Q——抛出舷外的泥浆流量（m³/h）；

　　　ρ——抛出舷外的泥浆浓度（%）；

　　　δ——有效出槽系数，为泥浆入水后所含泥沙实际输出槽外的比率，通过观测与分析，并参考类似工程的经验数据确定；

　　　η——考虑转头等因素的时间系数；

　　　V_1——原状土体积（m³）；

　　　V_2——泥浆体积（m³）；

　　　γ_m——泥浆密度（t/m³）；

　　　γ_w——现场水的密度（t/m³）；

　　　γ_0——原状土密度（t/m³）。

4. 时间利用率计算

各种挖泥船的时间利用率计算方法基本相同，所用公式一致，只是挖泥船运转时间对不同类型的挖泥船所指的作业过程不同，在此一并叙述。绞吸、链斗、抓斗挖泥船的时间利用率计算参考此节内容。

1）影响挖泥船时间利用率的客观因素

工程施工进度中需要考虑的另一个重要因素是挖泥船的时间利用率。条件许可时应尽量增加挖泥船施工运转时间，减少停歇时间，特别是减少非生产性停歇时间。影响挖泥船时间利用率应考虑下列主要客观因素：

（1）强风及其风向情况，风的影响主要限于高速风引起的水面状况造成操作上的困难。

（2）当波高超过挖泥船安全作业的波高时，应停止施工作业。

（3）浓雾，当能见度低，看不清施工导标或对航行安全不利时，应停止施工。

（4）水流，特别是横流流速较大时，对挖泥船施工会造成影响。

（5）冰凌，当冰层达到一定厚度时，挖泥船就不宜施工。

（6）潮汐，在高潮位时，挖泥船可能因其挖深不够需要候潮。而当低潮位时有可能使疏浚设备搁浅也需要候潮。

（7）施工干扰，如避让航行船舶等。

2）时间利用率计算

按上述影响时间利用率的 7 种因素，可计算整个施工期间的客观影响时间，并根据对工程施工条件和类似工况的统计资料求得挖泥船生产性停歇和非生产性停歇时间以及运转时间后，时间利用率可按下式计算：

$$S = \frac{T_1}{T_1 + T_2 + T_3} \times 100\% \qquad (2.9-6)$$

式中　S——挖泥船时间利用率（%）；

　　　T_1——挖泥船挖泥时间（h）；

　　　　　不同类型的挖泥船运转的作业过程时间不同；

　　　　　耙吸挖泥船指挖泥、运泥、抛泥或吹泥、返回挖泥地点及转头和上线时间；

　　　　　绞吸挖泥船指挖泥及其前后的吹水时间；

　　　　　链斗、抓斗挖泥船指挖泥机械运转时间；

　　　T_2——挖泥船的生产性停歇时间（h）；

　　　T_3——挖泥船的非生产性停歇时间（h）。

3）挖泥船时间利用率计算

可按影响时间利用率的客观因素，计算出整个施工期间的客观影响时间所占百分率，参照《疏浚与吹填工程设计规范》JTS 181—5—2012 的有关规定确定。

5. 耙吸挖泥船主要疏浚仪器配置与疏浚监控系统

耙吸挖泥船主要疏浚仪器仪表有：压力表（真空表）、流速表、密度计、装载指示仪、耙头深度位置指示仪等。另外，随着信息技术的发展耙吸挖泥船上还安装了疏浚监控系统。

1）压力表（含真空表）

在疏浚挖泥中，广泛使用弹性压力仪表。根据传感器的类型不同，压力计通常可分为波登管压力表、波纹管压力表及膜片压力表等几种类型。

2）装载指示仪

耙吸挖泥船上通常装有装载指示仪，可自动记录疏浚土方的装载量。该装置利用安装在船底的多个压力传感器测量船舶吃水，通过转换器把压力信号转换成电流信号，由计算机经过处理，计算并记录挖泥船排水量和载泥量，实时显示装载过程。

3）耙头深度位置指示仪

耙头深度位置指示仪是根据耙臂架角度传感器、船舶吃水传感器、潮位遥报仪、GNSS 定位系统等提供的数据信号，经计算机系统处理后，实时显示耙头位置挖泥断面及平面位置，并具有自动记录存储、打印等功能。

4）疏浚监控系统

耙吸挖泥船疏浚监控系统可根据系统实现功能的复杂程度和技术水平分为基本型

疏浚监控系统和扩展型疏浚监控系统。

（1）基本型疏浚监控系统组成

基本型疏浚监控系统由以下分系统组成：

① 疏浚轨迹与剖面显示系统。

② 吃水装载监测系统。

③ 设备控制与监视系统。

④ 监测报警系统。

⑤ 疏浚仪器仪表。

（2）扩展型疏浚监控系统组成

扩展型疏浚监控系统除包含基本型疏浚监控系统的分系统组成外，还包括以下分系统：

① 疏浚自动控制系统。

② 疏浚辅助决策系统。

③ 功率管理系统。

④ 动力定位／动态跟踪系统。

6. 耙吸挖泥船施工工艺

耙吸挖泥船是边航行边挖泥的自航纵挖式挖泥船，施工作业无需抛锚展布，也不需要辅助船舶配套行动。一般只需在岸上设置具有相当灵敏度的导标，包括边界标、中线标、起点标、终点标等。近年来，随着 DGNSS 推广使用，疏浚作业的导航定位得到了极大便利，不仅提高了定位精度，随时掌握本船作业运行的轨迹，目前疏浚不再预设水陆疏浚标志，直接运用 DGNSS 控制船位挖泥。

耙吸挖泥船航行到接近起挖点前，应对好标志（航线）、确定船位、降低航速、放耙入水、启动泥泵吸水，待耙头着底，然后适度增加挖泥船对地航速，吸上泥浆，按照预定的前进航向驶入挖槽，耙挖泥沙。

1）施工方法

耙吸挖泥船的主要施工方法有：装舱（装舱溢流）施工法、旁通（边抛）施工法、吹填施工法；挖泥采用分段、分层、分条等工艺施工。

（1）装舱法施工

① 装舱法施工时，疏浚区、调头区和通往抛泥区的航道必须有足够的水深和水域，能满足挖泥船装载时航行和转头的需要，并有适宜的抛泥区可供抛泥。

② 当挖泥船的泥舱设有几档舱容或舱容可连续调节时，应根据疏浚土质选择合理的舱容，以达到最佳的装舱量。合理的舱容可按下式进行计算：

$$V = \frac{W}{\gamma_m} \qquad (2.9-7)$$

式中　V——选用的舱容（m^3）；

　　　W——泥舱的设计净装载量（t）；

　　　γ_m——泥舱内沉淀泥砂的平均密度（t/m^3）。

γ_m 可通过试挖或取土样做沉降试验确定或参考表 2.9-1 取值。

表 2.9-1　不同泥土天然密度与沉淀平均密度的关系

序号	土的名称	土的天然密度（t/m³）	平均密度 γ_m（t/m³）
1	淤泥	＜1.4	1.10～1.25
2	淤泥质土	＜1.65	1.15～1.30
3	软塑黏土	1.65～1.75	1.25～1.45
4	可塑黏土	1.75～1.80	1.30～1.50
5	粉土、粉砂	1.60～1.85	1.10～1.30
6	细砂	1.65～1.90	1.30～1.50
7	中砂	1.70～2.00	1.50～1.60
8	粗砂、细砾	1.80～2.00	1.60～1.80

当计算的舱容在挖泥船两档舱容之间时，应取高一档的舱容。

③ 当泥舱装满未达到挖泥船的载重量时，应继续挖泥装舱溢流，增加装舱土方量。最佳装舱时间，应根据泥沙在泥舱内的沉淀情况、挖槽长短、航行到抛泥区的距离和航速综合确定，并使装舱量与每舱泥循环时间之比达到最大值。

④ 装舱溢流施工时，应监视对已挖地区、附近航道、港池和其他水域回淤的影响；应符合环境保护的要求，注意溢流混浊度对附近养殖、取水口等的影响；疏浚污染物时，不得溢流。

⑤ 当疏浚粉土、粉砂、流动性淤泥等不易在泥舱内沉淀的细颗粒土质时，在挖泥装舱之前，应将泥舱中的水抽干，并将开始挖泥下耙时和终止挖泥起耙时所挖吸的清水和稀泥浆排出舷外，以提高舱内泥浆浓度，增加装舱量。

⑥ 当疏浚污染土或不易在泥舱内沉淀的粉土、粉砂、流动性淤泥且施工区水流不能将溢流土有效带出施工区和溢流对施工区周边海产养殖等有严重影响或对周边水域造成长期不利影响时，应采用抽舱不溢流施工。

（2）旁通或边抛施工

旁通或边抛施工宜在下列情况下采用：

① 当地水流有足够的流速，可将旁通的泥沙携带至挖槽外，且疏浚增深的效果明显大于旁通泥沙对挖槽的回淤时。

② 施工区水深较浅，不能满足挖泥船装舱的吃水要求时，可先用旁通法施工，待挖到满足挖泥船装载吃水的水深后，再进行装舱施工。

③ 在紧急情况下，需要突击疏浚航道浅段，迅速增加水深时。

④ 环保部门许可，对附近水域的回淤没有明显不利影响时。

（3）吹填施工

耙吸挖泥船吹填施工分为艏吹和艏喷两种施工方法，其应满足下列要求：

① 驻船水域水深满足挖泥船满载吃水要求，单点定位吹泥时水域宽度不低于 2 倍船长。

② 单点定位吹泥进点时控制航速并提前抛艏锚，有条件时抛艉锚辅助定位。

③ 接通吹泥管线后先打开引水阀门吹水，确认管线正常后打开抽泥舱内疏浚土门

抽取泥沙。

④ 泥门按顺序启闭，开启的泥门处泥沙接近抽尽时开启下一组泥门，随后关闭原开启的泥门，双列泥门左右对称成对启闭。

⑤ 施工过程中根据流量和浓度调节引水阀门，保持引水阀门与泥门启闭的协调，避免舱内泥沙经引水通道流出船外。

⑥ 通过管线进行吹填时，抽舱完毕后继续吹水，直至管线内泥沙已吹尽或管线内残留泥沙不会对下步施工造成不利影响时再停泵和断开管线。

⑦ 施工过程中，根据真空、流量、浓度和压力等变化情况，对泥泵转速、泥门开启数量和引水阀开度进行调节。

⑧ 艏喷施工时，根据水流、潮流、风向、水深及挖泥船操纵要求选择就位点。

⑨ 艏喷施工时，根据施工工况选取合理的喷嘴尺度、喷射角度和泥泵转速。

2）施工工艺要求

工艺流程：自航耙吸挖泥船，采用挖运抛或挖运吹施工方式，即空载航行至挖泥区，减速后定位上线下耙挖泥，通过离心式泥泵将耙头搅松的泥土吸入泥舱内，满舱后起耙，航行到抛泥区或吹填驻船水域后，开启泥舱底部的泥门抛泥或打开抽泥舱内疏浚土泥门吹填，然后空载航行至挖泥区，进行下一循环的挖泥施工。工艺流程如图2.9-2所示。

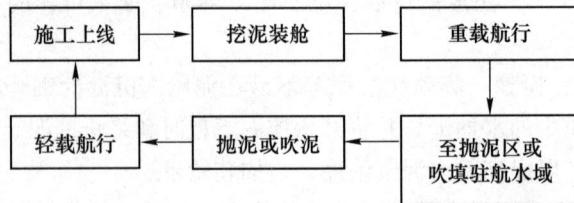

图 2.9-2　耙吸挖泥船主要工艺流程图

（1）分段施工

① 当挖槽长度大于挖泥船挖满一舱泥所需的长度时，应分段施工。分段长度可根据挖满一舱泥的时间和挖泥船的航速确定，挖泥时间取决于挖泥船的性能、开挖土质的难易、在泥舱中的沉淀情况和泥层厚度。

② 当挖泥船挖泥、航行、调头受水深限制时，可根据潮位情况进行分段施工，如高潮挖浅段，利用高潮航道边坡水深作为调头区进行分段等。

③ 当施工存在与航行干扰时，应根据商定的避让办法，分段进行施工。

④ 挖槽尺度不一、泥层厚度差距较大或工期要求不同时，宜按设计尺度、泥层厚度或工期要求进行分段。

（2）分层施工

① 疏浚泥层厚度大或各区段泥层厚度差距较大时，宜根据挖泥船性能和泥层厚度进行分层。

② 当挖泥船最大挖深在高潮挖不到设计深度，或当地水深在低潮不足挖泥船装载吃水时，应利用潮水涨落进行分层施工，高潮挖上层，低潮挖下层。

③ 当工程需要分期达到设计深度时，应按分期的深度要求进行分层。

（3）分条施工

① 挖槽宽度较大的航道、港池宜按挖泥船性能进行分条。

② 同一地段多艘挖泥船同时进行施工时，宜根据挖泥船航行需要和性能，按安全合理的原则进行分条。

③ 同一挖槽横断面上泥层厚度或开挖难易程度差距较大时，宜按泥层厚度或土质进行分条。

④ 部分挖槽需要先行增深时，宜按工期要求进行分条。

（4）施工顺序

① 当施工区浚前水深不足，挖泥船施工受限制时，应利用高水位选挖浅段，由浅及深，逐步拓宽加深。

② 当施工区泥层厚度较厚、工程量较大、工期较长并有一定自然回淤时，应先挖浅段，逐次加深，待挖槽各段水深基本相近后再逐步加深，以使深段的回淤在施工后期一并挖除。

③ 当水流为单向水流时，应从上游开始挖泥，逐渐向下游延伸，利用水流的作用冲刷挖泥扰动的泥沙，增加疏浚的效果。在落潮流占优势的潮汐河口和感潮河段也可利用落潮流的作用由里向外开挖。

④ 当浚前断面的深度两侧较浅、中间较深时，应先开挖两侧；当一侧泥层较厚时，应先挖泥层较厚的一侧，在各侧深度基本相近后，再逐步加深，避免形成陡坡造成塌方。

⑤ 当浚前水下地形平坦，土质为硬黏性土时，应全槽逐层往下均匀挖泥，避免形成垄沟，使施工后期扫浅困难。

⑥ 挖槽断面中间与两侧浚前水深基本相近时，先开挖两侧，再挖中间。

⑦ 施工区回淤较大，且流向基本与挖槽轴线平行时，先开挖浅区贯通深槽，然后逐步拓宽。

⑧ 水域条件复杂、疏浚作业难度不等的挖槽，优先安排有利改善其他区域施工条件的地段施工。

（5）其他工艺要求

① 当工程需要采用横流或斜流施工时，应注意挖泥耙管和航行的安全。

② 当挖槽长度较短，不能满足挖泥船挖满一舱泥所需长度时，或只需要开挖局部浅段时，挖泥船应采用往返挖泥法施工。当挖槽终端水域受限制，挖泥船挖到终点后不能调头时，应采用进退挖泥法施工。

③ 应根据设备性能和开挖的土质选择合理的挖泥对地航速，不同土质的挖泥对地航速可参考表 2.9-2 确定。

表 2.9-2　不同土质的挖泥对地航速表

开挖土质	对地航速值（kn）
淤泥	2.0～2.5
淤泥类土	2.0～2.5
松散砂	2.0～2.5

续表

开挖土质	对地航速值（kn）
黏性土类	3.0~4.0
中密砂	2.5~3.0
密实砂	3.0~4.0

④ 应根据土质和挖深，调节波浪补偿器的压力，以保持耙头对地有合适的压力。对软土，应适当调高波浪补偿器的压力，使耙头对地压力减小，对密实的土应适当调低波浪补偿器的压力，使耙头对地压力加大。

⑤ 在有横流和边坡较陡的地区施工时，应注意观察耙头位置，防止耙头钻入船底而造成耙头或船体损坏。耙头下在水底时，挖泥船不得急转弯。

3）耙头的选用

耙头是耙吸挖泥船直接挖掘土壤的工具，是主要疏浚设备，对挖泥船的生产率有很大影响。耙头类型很多，各有其适应何种土壤的特点，所以疏浚施工应根据土壤性质尽量选用合适的耙头。耙吸挖泥船耙头应根据疏浚土类及其密实度选择，各种耙头对土质的适应性见表 2.9-3。

表 2.9-3　耙吸挖泥船各类耙头适用土质

序号	耙头型式	适用土质	说明
1	冲刷型耙头	流动性淤泥、松散和中等密实砂	对于中等密实砂需要加高压冲水
2	挖掘型耙头	淤泥土类、软黏土、密实砂	对于密实砂需要加高压冲水
3	主动挖掘型耙头	密实砂、硬黏性土、松散的碎石土等	对于硬黏性土、松散的碎石土需要加高压冲水

从表 2.9-3 可知，挖掘流动性淤泥、松散砂选用冲刷型耙头，挖掘中等密实砂选用冲刷型耙头加高压冲水。挖掘淤泥土类、软黏土选用挖掘型耙头。挖掘密实砂选用挖掘型耙头加高压冲水或主动挖掘型耙头，挖掘硬黏性土或松散的碎石土选用主动挖掘型耙头加高压冲水。另外，选用挖掘型耙头施工时，挖黏性土选用扁齿，挖砂性土选用尖齿，挖硬质土耙齿短，挖软质土耙齿长。

2.9.2　绞吸挖泥船施工

1. 基本原理

绞吸挖泥船是水力式挖泥船中较普遍的一种，是目前世界上使用较广泛的挖泥船。

绞吸挖泥船是用装在绞刀桥梁前端的松土装置——绞刀，将水底泥沙不断绞松，同时利用泥泵工作产生的真空和离心力作用，从吸泥口及吸泥管吸进泥浆，通过排泥管输送到卸泥区。其特点是能够将挖掘、输送、排出和处理泥浆等疏浚工序一次完成，能够在施工中连续作业。

绞吸挖泥船的主要设备由船体、桥梁（桥架）、绞刀、绞刀马达、泥泵、定位装置（钢桩或三缆）、排泥管等构成。绞吸挖泥船简要构造，如图 2.9-3 所示。

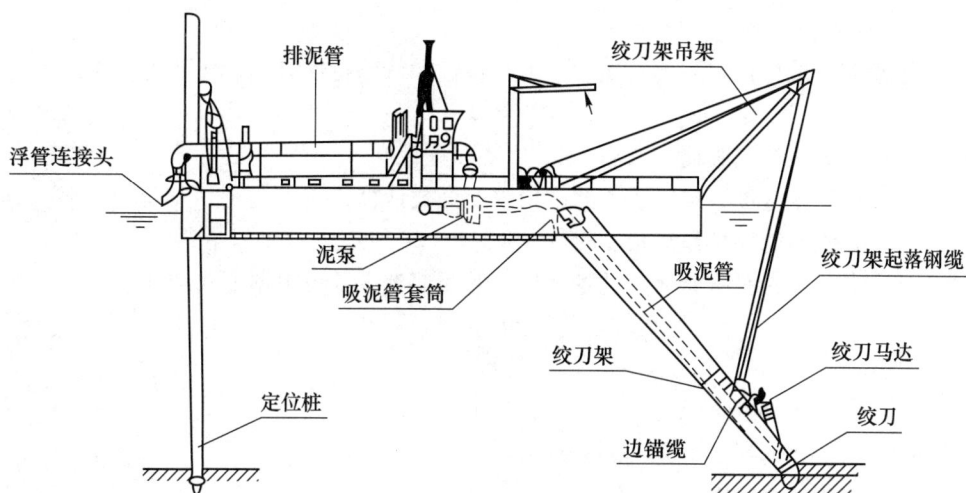

图 2.9-3　绞吸挖泥船简要构造图

2. 技术性能

绞吸挖泥船是目前世界上拥有数量最多的一种挖泥船，其主要技术参数有标称生产率、总装机功率、泥泵功率、绞刀功率、吸排泥管径、挖深、排距等。为了增加其挖泥深度和提高吸泥能力，应将泥泵安装在船体内尽可能低的位置或在绞刀架上安装潜水泵，加装潜水泵的绞吸挖泥船，其深水挖泥产量一般可以明显提高。

不同技术参数的绞吸挖泥船，其生产能力差别很大。最小的绞吸挖泥船，其生产率为 $40\sim80\mathrm{m^3/h}$，泥泵的功率为 70kW 左右，绞刀功率只不过近 10kW，最大挖深仅数米；现代的大型绞吸挖泥船，其挖泥产量已高达 $6500\mathrm{m^3/h}$ 以上，目前世界上最大的绞吸挖泥船总装机功率已达 44180kW，最大挖深已达到了 45m，可由 LNG 提供动力。绞吸挖泥船根据船舶的装机总功率分为四级。船舶装机总功率 $N < 5000\mathrm{kW}$ 的为小型绞吸挖泥船；船舶装机总功率 $5000\mathrm{kW} \leqslant N < 10000\mathrm{kW}$ 的为中型绞吸挖泥船；船舶装机总功率 $10000\mathrm{kW} \leqslant N < 20000\mathrm{kW}$ 的为大型绞吸挖泥船；船舶装机总功率 $N \geqslant 20000\mathrm{kW}$ 的为特大型绞吸挖泥船。

3. 生产率计算

绞吸挖泥船生产率分挖掘生产率和泥泵管路吸输生产率两种，两者之中，取其较小者代表其生产率。因为绞吸挖泥船施工的特点就是挖掘与吸输同时完成，两者是相互制约的。

1）挖掘生产率

挖掘生产率主要与挖掘的土质、绞刀功率、横移绞车功率等因素有关，按下式计算：

$$W = 60K \times D \times T \times v \qquad\qquad (2.9-8)$$

式中　W——绞刀挖掘生产率（$\mathrm{m^3/h}$）；

　　　D——绞刀前移距（m）；

　　　T——绞刀切泥厚度（m）；

　　　v——绞刀横移速度（m/min）；

　　　K——绞刀挖掘系数，与绞刀实际切泥断面积等因素有关，可取 0.8～0.9。

2）泥泵管路吸输生产率

泥泵管路吸输生产率主要与土质、泥泵特性和管路特性有关，按下式计算：

$$W = Q \cdot \rho \tag{2.9-9}$$

式中　W——泥泵管路吸输生产率（m^3/h）；

　　　ρ——泥浆浓度，按原状土的体积浓度公式计算；

　　　Q——泥泵管路工作流量（m^3/h）。

对于安装了流量计和密度计的挖泥船，其泥浆浓度 ρ 可根据下式计算：

$$\rho = \frac{\gamma_m - \gamma_w}{\gamma_s - \gamma_w} \times 100\% \tag{2.9-10}$$

式中　γ_m——泥浆密度（t/m^3）；

　　　γ_s——土体的天然密度（t/m^3）；

　　　γ_w——当地水的密度（t/m^3）。

当挖泥船在新工地施工时，应通过试挖获得最佳生产率，并确定优化的泥泵转速、绞刀前移量、切泥厚度、绞刀转速和横移速度等操作参数。

4. 绞吸挖泥船主要疏浚仪器配置与疏浚监控系统

绞吸挖泥船主要疏浚仪器仪表有：压力表（真空表）、流速表、浓度计、流量计、产量计、绞刀深度位置指示仪等。另外，随着信息技术的发展，绞吸挖泥船上还安装了疏浚监控系统。

1）电磁流量计

电磁流量计是利用法拉第电磁感应定律来测定管内平均流速的一种流量计。电磁流量计由发讯器和转换器组成。

2）浓度计

浓度计的种类很多，有 γ 射线浓度计、超声波浓度计、差压式浓度计等。目前，疏浚工程船舶主要使用 γ 射线浓度计。γ 射线浓度计是利用放射性同位素来检测泥浆浓度的。当所使用的 γ 射线的能量一定时，γ 射线在穿过泥管中的泥浆层后，其本身强度按指数规律而衰减。

3）产量计

在绞吸挖泥船上装配的产量计通常是由电磁流量计和 γ 射线浓度计及土方计算机等组成，将测得的泥浆流速和浓度的信号输入到计算机进行计算，产量可自动记录、打印。

4）绞刀深度位置指示仪

绞刀深度位置指示仪是根据绞刀桥架角度传感器、船舶吃水传感器、潮位遥报仪、GPS 定位系统等提供的数据信号，经计算机系统处理后，实时显示绞刀位置挖泥断面及平面位置，并具有自动记录存储、打印等功能。

5）疏浚监控系统

绞吸挖泥船疏浚监控系统可根据系统实现功能的复杂程度和技术水平分为基本型疏浚监控系统和扩展型疏浚监控系统。

（1）基本型疏浚监控系统组成

基本型疏浚监控系统由以下分系统组成：

① 疏浚轨迹与剖面显示系统。

② 设备控制与监视系统。

③ 监测报警系统。

④ 疏浚仪器仪表。

（2）扩展型疏浚监控系统组成

扩展型疏浚监控系统除包含基本型疏浚监控系统的分系统组成外，还包括以下分系统：

① 疏浚自动控制系统。

② 疏浚辅助决策系统。

5. 绞吸挖泥船施工工艺

绞吸挖泥船主要工艺流程图，如图 2.9-4 所示。

绞吸挖泥船挖泥 → 排泥管线输泥 → 至吹填区

图 2.9-4 绞吸挖泥船主要工艺流程图

开工展布是挖泥船挖泥开工前的准备工作，包括定船位，抛锚，架接水上、水下及岸上排泥管线等。

非自航挖泥船进点一般由拖轮绑拖挖泥船，按定位方法进入施工区。主要进点定位方法有：

（1）DGNSS 定位法，现已成为最主要的定位方法。

（2）导标进点定位法设置纵向导标，横向起、终点标，转向标。

（3）经纬仪、平板仪前方交会法，六分仪后方交会定位法。

（4）无线电定位仪定位法。

（5）激光测距仪定位法。

1）施工方法

绞吸挖泥船的施工方法有对称钢桩横挖法、钢桩台车横挖法、三缆定位横挖法、单桩双锚四缆施工法、锚缆横挖法等，应根据设备性能和施工条件选择；挖泥采用分段、分层、分条等工艺施工。

（1）只装有对称双钢桩的绞吸挖泥船采用对称钢桩横挖法施工。

（2）只装有台车和双钢桩的绞吸挖泥船采用钢桩台车横挖法施工。

（3）只装有三缆定位设备的绞吸挖泥船采用三缆定位横挖法施工。

（4）同时装有台车、双钢桩和三缆定位设备的绞吸挖泥船，在水域宽阔、风浪较大的地区和挖掘土质较软、挖泥定位精度要求不高时，采用三缆定位横挖法施工；水域狭窄、挖掘岩石或坚硬土质、挖掘基槽等精度要求较高时采用钢桩台车横挖法施工。

（5）同时装有台车、单钢桩和三缆定位设备的绞吸挖泥船，在水域宽阔、风浪较大的地区和挖掘土质较软、挖泥定位精度要求不高时，采用三缆定位横挖法施工；水域狭窄、挖掘岩石或坚硬土质、挖掘基槽等精度要求较高时采用单桩双锚四缆施工法施工。

（6）只装有锚缆横挖设备的绞吸挖泥船采用锚缆横挖法施工。

2）施工工艺要求

（1）分条施工

① 采用锚杆抛锚的钢桩横挖法和三缆横挖法施工宜按下列原则确定分条宽度：

a. 正常情况下分条的宽度等于钢桩或三缆柱中心到绞刀前端水平投影的长度。

b. 坚硬土质或在高流速地区施工，分条的宽度适当缩小。

c. 土质松软或顺流施工时，分条的宽度适当放宽。

② 采用锚艇抛锚的钢桩横挖法和三缆横挖法施工宜按下列原则确定分条宽度：

a. 正常情况下分条的宽度以钢桩或三缆柱中心到绞刀前端水平投影长度的1.1倍为宜。

b. 坚硬土质或在高流速地区施工，分条的宽度适当缩小。

c. 土质松软和顺流施工时，分条宽度适当放宽。

③ 采用锚缆定位横挖法施工时，分条宽度不宜大于主锚缆长度的50%；水流较急的山区河流应适当减小。

④ 最小分条宽度应大于挖泥船的最小挖宽，最小挖宽应按下列方法确定：

a. 浚前水深小于挖泥船的吃水，最小挖宽等于挖到边线时，船体前端角不至于碰撞岸坡时的最大宽度。

b. 浚前水深大于挖泥船的吃水，最小挖宽等于挖到边线时，绞刀桥架和横移导向滑轮不至于碰撞岸坡时的最大宽度。

c. 对称钢桩横挖法施工且浚前水深大于挖泥船吃水时，最小挖宽等于挖泥船前移换桩时所需的摆动宽度。

d. 具有后边缆的绞吸挖泥船在水域水深许可的条件下以锚缆定位施工时，采用十字横挖法以减小挖槽最小宽度。

（2）分段施工

① 挖槽长度大于挖泥船水上管线的有效长度时，应根据挖泥船和水上管线所能开挖的长度进行分段。

② 挖槽边线为折线时，应按边线拐点进行分段。

③ 挖槽规格或工期要求不同时，应按挖槽规格变化和工期要求进行分段。

④ 选择的施工方法和工艺参数因施工区土质变化相差较大时，应按土质进行分段。

⑤ 分段施工能避免或降低航行及其他施工干扰时，应根据商定的避让办法进行分段。

（3）分层施工

① 需要开挖的泥层厚度大于挖泥船一次开挖的适宜厚度时，在有利于挖泥船生产能力的正常发挥又不因挖掘面坍塌影响后续施工的情况下，根据挖泥船性能、开挖的土质和采用的操作方法确定分层厚度，淤泥类土和松散砂为绞刀直径的1.5～2.5倍，软黏土和密实砂为绞刀直径的1.0～2.0倍，硬黏土为绞刀直径的0.75～1.0倍，软岩石为绞刀直径的0.3～0.75倍。

② 浚前泥面干出过高，需分层开挖以避免大量塌方时，利用高潮开挖的第一层厚度根据船舶吃水、挖掘能力和利用的潮高综合分析确定。

③ 稳定边坡陡于挖槽边坡，必须分层分阶梯开挖时，按台阶高度的整数倍进行分层。

④ 合同要求分期达到不同深度时，按合同规定的分期深度进行分层。

⑤ 挖泥船的最大挖深不足，只有低潮时才能挖到设计深度时，以高潮能挖到的深度进行分层，或以低潮开挖的适宜层厚进行分层。

⑥ 工期较长、挖掘泥层厚度大于挖泥船一次开挖的适宜厚度且施工期有回淤，竣工前需全面清淤的，最底层的厚度以能保持较高生产率且能保证清淤质量为宜。

（4）顺流、逆流施工

① 在内河施工，采用钢桩定位时，宜采用顺流施工；采用锚缆横挖法施工时，宜采用逆流施工；当流速较大情况下，可采用顺流施工，并下尾锚以策安全。

② 在海上施工时，宜根据涨落潮流冲刷的作用大小，选择挖泥的方向。

（5）定位与抛锚

① 采用定位钢桩施工时，挖泥船被拖至挖槽起点后，拖轮应减速、停车，待船速消除后再下定位钢桩，抛设横移锚。移船时严禁在挖泥船行进中下放钢桩。

② 采用锚缆横挖法施工时，应根据风流情况先抛设尾锚，或将绞刀桥架下放至水底定位，再抛设其他锚缆。

③ 抛锚后，应重新定位、校正船位，确认绞刀处于挖槽起点位置。

3）绞刀的选用

绞刀是绞吸挖泥船直接挖掘土壤的重要挖泥部件，安装在绞刀架的最前端，其作用是通过旋转切割水底土壤，使之变形而破碎，并使破碎的泥土（沙、石）与水相混合，送往吸泥口。绞吸挖泥船的绞刀应根据疏浚土类及其密实度选择，见表 2.9-4。

表 2.9-4　绞吸挖泥船各类绞刀适用土质

绞刀形式	刀刃及刀齿形式		适用土质
冠形绞刀	平刃		淤泥土类、软塑黏土、松散砂
	固定方齿		软塑黏土、可塑黏土、泥炭
	活齿	凿齿	硬塑黏土、中密与密实砂、碎石、卵石
锥形绞刀	尖齿	长尖齿	软岩石
		短尖齿	中等强度岩石

从上表可知：

（1）淤泥土类、软塑黏土、松散砂等松软土质，选用前端直径较大的冠形平刃绞刀。

（2）软塑黏土、可塑黏土、泥炭选用直径较大的冠形方齿绞刀。

（3）硬塑黏土、中密与密实砂、碎石、卵石选用直径较小的冠形可换齿绞刀并配凿形齿。

（4）岩石选用锥形可换齿的挖岩绞刀并配尖齿。

（5）硬塑黏土也可选用斗轮。

2.9.3　链斗挖泥船施工

1. 基本原理

链斗挖泥船至今已有两百多年历史，是机械式挖泥船中最早的一种。

链斗挖泥船一般在船体的首部或尾部中央开槽部位安装由斗桥、斗链（无斗链式泥斗直接相连）和泥斗所组成的挖泥机具。在疏浚作业中，将斗桥的下端放入水下一定深度，使之与疏浚土层相接触。然后在斗桥上端的上导轮驱动下，使斗链连续运转，通过斗链上安装的各个泥斗，随斗链转动而对土层的泥沙进行挖掘。泥沙经挖掘后装入泥斗，再随斗链转动沿斗桥提升出水面，并传送至上端的斗塔顶部。当泥斗到达斗塔顶部，经过上导轮而改变方向后，斗内的泥沙在自身的重力作用下，从泥斗倒入斗塔中的泥井。倒入泥井的泥沙经过两边的溜泥槽排出挖泥船的舷外，倒入泥驳之中。链斗挖泥船简要构造图如图2.9-5所示。

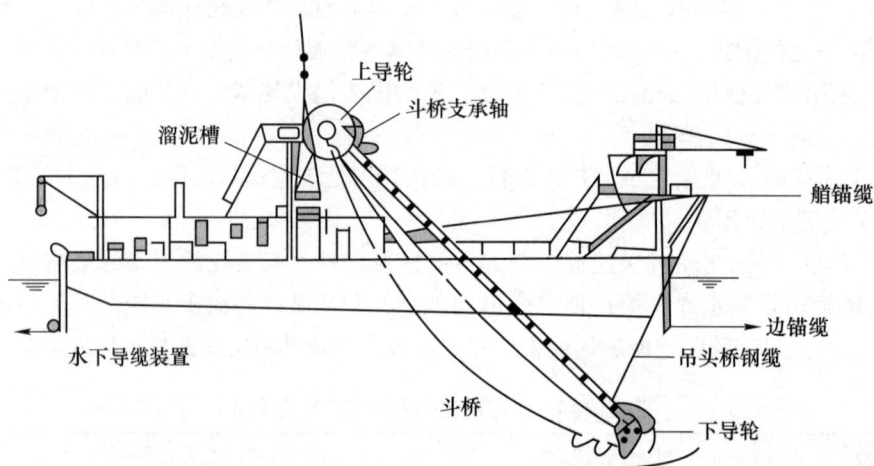

图 2.9-5　链斗挖泥船简要构造图

2. 技术性能

链斗挖泥船的主要技术参数有标称生产率、斗容、挖深、泥斗转速等。为了适应某些特殊疏浚工程，链斗挖泥船有时可以根据需要加以改装，如调换斗链和泥斗、减少斗容，可增加泥斗强度；或在一定数量泥斗之间，间隔加装挖掘和松动泥层的粗齿，用以挖掘硬质土层、软岩石和预处理后的碎石等；适当加长斗桥和斗链的长度，或在上导轮和斗桥之间的空当中加设一段附加斗桥，从而提高链斗挖泥船的浚深能力。链斗挖泥船均采用可变速装置，使之在挖泥作业中改变不同的斗速和切削力，以适应挖掘各种不同土质。

不同技术参数的链斗挖泥船，其生产能力差别很大。最小型链斗挖泥船的生产能力只有 $10\text{m}^3/\text{h}$ 左右，而现代大型链斗挖泥船的每小时挖泥量可达 1000m^3 以上。链斗挖泥船根据其小时生产率分为小型和大型两级，生产率 $\leq 500\text{m}^3/\text{h}$ 的为小型链斗挖泥船；生产率 $> 500\text{m}^3/\text{h}$ 的为大型链斗挖泥船。

3. 生产率计算

链斗挖泥船运转时间小时生产率可按下式计算：

$$W = \frac{60n \times c \times f_{\mathrm{m}} \times f_{\theta}}{B} \qquad (2.9\text{-}11)$$

式中　W——链斗挖泥船运转时间小时生产率（$\mathrm{m^3/h}$）；

　　　n——斗链运转速度（斗 /min），可采用表 2.9-5 中的数值；

　　　c——泥斗容积（$\mathrm{m^3}$）；

　　　f_{m}——泥斗充泥系数，可采用表 2.9-6 中的数值；

　　　f_{θ}——斗桥的倾斜系数，可根据实际挖深按图 2.9-6 读取；

　　　B——岩土的搅松系数，可采用表 2.9-7 中的数值。

表 2.9-5　链斗挖泥船在各相应条件下的斗链运转速度

土质类别	斗链运转速度 n（斗 /min）
极软土	25～28
软土	18～32
硬土	15～18
极硬土	12～15
碎石	8～12
弱而易碎的岩石	3～5

注：1. 加长斗桥的链斗挖泥船可适当减小 n 值。

　　2. 功率高于平均值的链斗挖泥船可适当增大 n 值。

　　3. 功率低于平均值的链斗挖泥船可适当减小 n 值。

　　4. 黏性土类可适当减小 n 值。

表 2.9-6　各类土的链斗充泥系数

土质类别	充泥系数 f_{m}	土质类别	充泥系数 f_{m}
硬黏土	0.90	中砂	0.70
中黏土	0.85	细砂	0.60
软黏土	0.80	爆破后的碎石	0.40
粗砂	0.80	弱而易碎的岩石	0.20

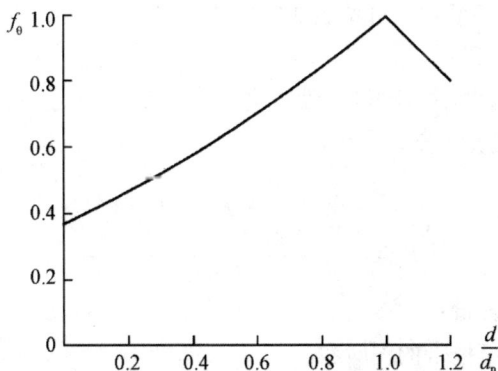

图 2.9-6　链斗挖泥船倾斜系数 f_{θ} 与挖深 d 和 d_{n} 的比例关系图

d—实际挖深；d_{n}—斗桥倾斜角度 45° 时的挖深

表2.9-7　岩土的搅松系数 B

土质种类	搅松系数 B	土质种类	搅松系数 B
硬质岩石（$R_c>30\text{MPa}$，需爆破）	1.50～2.00	砂（松散～中密）	1.05～1.15
软质岩石（$15\text{MPa}<R_c\leqslant30\text{MPa}$，需爆破）	1.40～1.80	淤泥	1.00～1.10
软质岩石（$R_c\leqslant15\text{MPa}$，不爆破）	1.25～1.40	黏土（硬～坚硬）	1.15～1.25
砾石（密实）	1.35	黏土（中软～硬）	1.10～1.15
砾石（松散）	1.10	淤泥质土	1.00～1.10
砂（密实）	1.25	砂、砾石、黏土混合物	1.15～1.35
砂（中密～密实）	1.15～1.25	—	—

4. 辅助船舶的选配

采用斗式挖泥船和吹泥船施工时，应根据施工条件选配泥驳。水上抛泥时，应配开底泥驳；对黏性土，宜选用舱壁较陡的开底或开体泥驳；吹泥船吹泥时，宜配满底泥驳；在外海抛泥，宜选用自航开底或开体泥驳。

1）泥驳

泥驳所需数量，可按下式计算：

$$N=\frac{\left(\dfrac{l_1}{v_1}+\dfrac{l_2}{v_2}+t_0\right)\times B\times W}{q_1}+n_{\text{B}} \qquad （2.9-12）$$

式中　N——配备的泥驳数量；

　　　l_1——挖泥区至卸泥区的航程（km）；

　　　v_1——重载航速（km/h）；

　　　l_2——卸泥区至挖泥区的航程（km）；

　　　v_2——轻载航速（km/h）；

　　　t_0——装泥、卸泥、转头及靠离挖泥船时间的总和（h）；

　　　W——挖泥船运转时间小时生产率（m³/h）；

　　　q_1——泥驳装载量（m³）；

　　　n_{B}——备用泥驳数量；

　　　B——岩土的搅松系数，可按表2.9-7确定。

2）拖船

应考虑被拖泥驳的大小、数量及编排方式、拖船牵引力、航区水深、风浪和水流等因素配备拖船，其数量可按下式计算：

$$T=\frac{\left(\dfrac{l_1}{v_1}+\dfrac{l_2}{v_2}+t_0\right)\times B\times W}{D_0 q_1} \qquad （2.9-13）$$

式中　T——所需拖船数量；

　　　D_0——拖船一次可拖带的泥驳数。

3）其他辅助船舶

如供应船、住宿船、测量船、交通艇、抛锚艇等，可根据实际需要配备。

5. 链斗挖泥船主要疏浚仪器配置与疏浚监控系统

链斗挖泥船主要疏浚仪器有：前移距指示仪、泥斗转数指示仪、下放深度指示仪等。另外，随着信息技术的发展，链斗挖泥船上还安装了疏浚监控系统。

链斗挖泥船疏浚监控系统可根据系统实现功能的复杂程度和技术水平分为基本型疏浚监控系统和扩展型疏浚监控系统。

1）基本型疏浚监控系统组成

基本型疏浚监控系统由以下分系统组成：

（1）疏浚轨迹与剖面显示系统。

（2）疏浚监测与控制系统。

（3）监测报警系统。

（4）视频监视系统。

2）扩展型疏浚监控系统组成

扩展型疏浚监控系统除包含基本型疏浚监控系统的分系统组成外，还包括以下分系统：

（1）疏浚数据记录系统。

（2）无线数据传输系统。

6. 链斗挖泥船施工工艺

开工展布时，链斗挖泥船自航或被拖到挖槽起始点的位置，采用绞吸挖泥船进点定位方法定位。如系顺流就位，当挖泥船接近挖槽起点时，先抛下艉锚，然后放松艉锚缆使船顺流前移，到挖槽起点处，即收紧艉锚缆，再放下斗桥使船体固定。如系逆流定位，当挖泥船到达挖槽起点时，则先放下斗桥固定船位。然后待抛锚完成后，再校准船位。链斗挖泥船主要工艺流程图如图 2.9-7 所示。

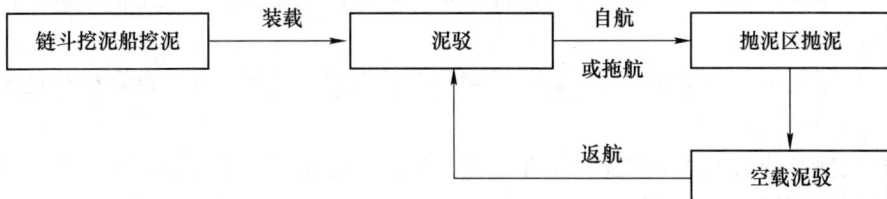

图 2.9-7　链斗挖泥船主要工艺流程图

1）施工方法

链斗挖泥船主要施工方法有：斜向横挖法、扇形横挖法、十字形横挖法、平行横挖法等；挖泥采用分条、分段、分层等施工工艺。

链斗挖泥船施工方法应符合下列规定：

（1）当施工区水域条件好，挖泥船不受挖槽宽度和边缘水深限制时，应采用斜向横挖法施工。

（2）挖槽狭窄、挖槽边缘水深小于挖泥船吃水时，宜采用扇形横挖法施工。

（3）挖槽边缘水深小于挖泥船吃水，挖槽宽度小于挖泥船长度时宜采用十字形横挖法。

（4）施工区水流流速较大时，可采用平行横挖法施工。

2）施工工艺要求

（1）挖槽宽度超过挖泥船的最大挖宽或挖槽内泥层厚度相差较大时，应进行分条。分条的宽度视主锚缆的抛设长度而定，一般情况下取 100m；浅水区施工时，分条的最小宽度要满足挖泥船作业和泥驳的靠泊需要。

（2）挖槽长度大于挖泥船一次抛设主锚所能开挖的长度时，应按其所能开挖的长度对挖槽进行分段。

（3）挖槽边线为折线时，应按边线拐点进行分段。

（4）挖槽规格不一或工期要求不同时，应按挖槽规格变化和工期要求进行分段。

（5）分段施工能避免或降低航行及其他施工干扰时，应根据商定的避让办法进行分段。

（6）泥层厚度大于一次开挖的适宜厚度时应进行分层，分层厚度根据土质和斗高确定，一般不大于斗高的 2 倍。

（7）链斗挖泥船施工一般布设 6 组锚缆，其中艏锚、艉锚各 1 只，左右艏、艉边锚各 1 只；逆流施工流速较大且稳定时可以不设艉锚。锚的抛设应满足下列要求：

① 艏锚宜下在挖泥中心线上，艏锚缆长度应根据缆绳容量和现场条件确定，不宜低于 500m；艏锚缆通过区为水域时应设托缆方驳，通过区为滩地时应设托缆滚筒。

② 艉锚宜下在挖泥中心线上，缆长视流向确定，逆流施工取 100～200m，顺流施工适当加长。

③ 左右边锚宜对称布设。

（8）链斗挖泥船施工工艺参数应按下列原则选取：

① 根据斗高和土质确定一次挖泥厚度，一般为斗高的 1～2 倍，松软土层适当增加，硬质黏土、砂、石适当减少。

② 根据斗高和土质并参考分层厚度及横移速度确定前移距，软土前移距大，硬土前移距小。

③ 根据疏浚土的切削特性、切削厚度、前移距和斗链运转速度确定横移速度，一般控制在 6～8m/min。

④ 根据开挖的土质和水流确定斗链运转速度，挖淤泥类土和沙性土时斗速适当提高；流速较大挖松散沙，挖槽内有垃圾、杂物、大块石等障碍物，挖硬黏土、密实沙、碎石等硬质土和粘附斗壁不易倒泥时，斗速适当降低。

3）泥驳作业

链斗挖泥船一般均为双面泊驳。无需因换驳而停止生产，只有在开挖滩地、码头前沿泥面时，由于挖泥船里挡水深不满足泥驳吃水时，才进行单面泊驳。单面泊驳需要停车换驳。换驳方法较多，现介绍以下几种：

（1）吊艏换驳适用于顺流挖泥时，空驳吊于重驳船艏，当拖轮拖离重驳后，空驳由挖泥船绞靠就位。

（2）夹绑换驳适用于逆流挖泥时，空驳绑靠在重驳外挡，带一根夹绑缆。当重驳绞离挖泥船时，空驳靠上挖泥船。

（3）绞驳换驳适用于顺流挖泥时，水域要宽广，挖泥船艉绞车将重驳绞离挖泥船，拖轮先拖将空驳靠上挖泥船，然后去拖绞离挖泥船重驳。

（4）专配靠驳拖轮适用于逆流挖泥时，施工水域较窄。先将重驳拖开，再拖空驳靠上挖泥船。

2.9.4　抓斗挖泥船施工

1. 基本原理

抓斗挖泥船属机械式挖泥船，在船上通过起重机，使用一只抓斗作为水下挖泥的机具。抓斗挖泥船的形式多样，用途甚广，大多数为非自航式。

抓斗挖泥船的形式虽多，但基本的工作原理相同。在挖泥船的船体上，安装有一台或多台进行水下泥沙挖掘和抓取的机械装置。它运用安装于钢缆上的抓斗，并依靠抓斗自由落体的重力作用，放入水中一定深度，通过抓斗插入泥层和闭合，来挖掘和抓取泥沙。然后，通过操纵船上旋转式起重机械，将装满泥沙的抓斗提升出水面一定高度，回转至预定位置的上方，开启抓斗，将挖掘的泥沙直接卸入靠驳在挖泥船舷旁的泥驳。卸空后的抓斗，再通过起重机的回转，返回至挖泥点旁，进行下一次挖泥作业，如此周而复始地循环作业。抓斗挖泥船简要构造如图 2.9-8 所示。

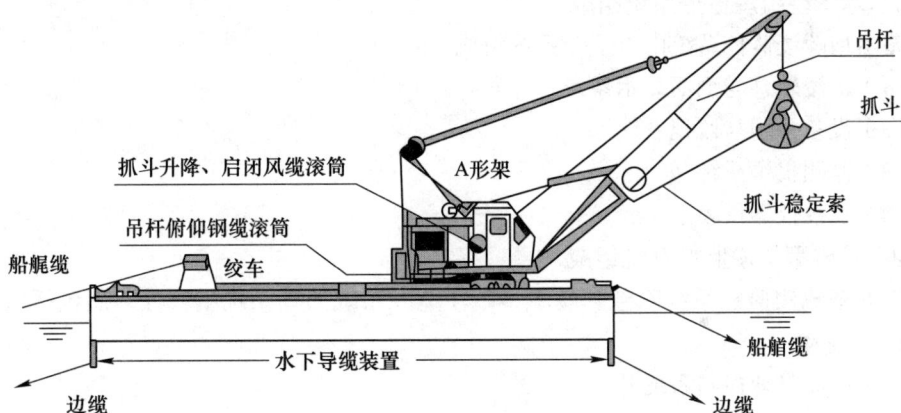

图 2.9-8　抓斗挖泥船简要构造

2. 技术性能

抓斗挖泥船使用较为广泛，抓斗挖泥船的主要技术参数有斗容、挖深、抓斗提升速度等。抓斗挖泥船可以通过更换抓斗的提升和启闭钢缆长度，来满足施工中不同挖掘深度的需要。另外，与其他类型挖泥船相比，抓斗挖泥船的设备简单，挖泥机械的磨损部件少，船舶的造价也较低廉。

抓斗挖泥船一般以抓斗斗容来衡量其生产能力的大小，目前世界上最大的抓斗挖泥船斗容已达 $200m^3$，最大挖深可达 30m。抓斗挖泥船按其配置的设计斗容分为三级，设计斗容 < $8m^3$ 的为小型抓斗挖泥船；设计斗容 $8\sim20m^3$ 的为中型抓斗挖泥船；设计斗容 > $20m^3$ 的为大型抓斗挖泥船。

3. 生产率计算

抓斗挖泥船的挖掘量不是单纯依靠挖泥船上的动力，而首先是依靠抓斗下落时的冲力破土以及入土深度的大小，应根据不同土质选用不同类型和不同重量系数的抓斗。

抓斗挖泥船的生产率按下式计算：

$$W = \frac{ncf_{\mathrm{m}}}{B} \qquad (2.9\text{-}14)$$

式中　W——抓斗挖泥船小时生产率（$\mathrm{m^3/h}$）；

　　　n——每小时抓取斗数；

　　　c——抓斗容积（$\mathrm{m^3}$）；

　　　B——岩土的搅松系数，可采用表 2.9-7 中的数值；

　　　f_{m}——抓斗充泥系数，对于淤泥可取 1.2～1.5；对于砂或砂质黏土可取 0.9～1.1；
　　　　　对于石质土 f_{m} 可取 0.3～0.6。

4. 抓斗挖泥船主要疏浚仪器配置与疏浚监控系统

抓斗挖泥船主要疏浚仪器有：抓斗深度自动控制装置、抓斗深度指示器、抓斗开口度计、抓斗提升计、抓斗负荷计、抓斗机回转角度指示器等。另外，随着信息技术的发展，链斗挖泥船上还安装了疏浚监控系统。

抓斗挖泥船疏浚监控系统可根据系统实现功能的复杂程度和技术水平分为基本型疏浚监控系统和扩展型疏浚监控系统。

1）基本型疏浚监控系统组成

基本型疏浚监控系统由以下分系统组成：

（1）疏浚轨迹与剖面显示系统。

（2）设备控制与监视系统。

（3）监测报警系统。

（4）疏浚仪器仪表。

2）扩展型疏浚监控系统组成

扩展型疏浚监控系统除包含基本型疏浚监控系统的分系统组成外，还包括以下分系统：

（1）挖泥自动控制系统。

（2）疏浚数据记录系统。

5. 抓斗挖泥船施工工艺

通过抓斗船的挖泥机具抓斗，将疏浚泥土装至自航泥驳，然后由泥驳将疏浚土抛至指定抛泥区。抓斗挖泥船主要工艺流程如图 2.9-9 所示。

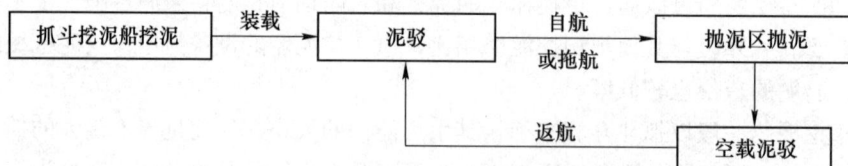

图 2.9-9　抓斗挖泥船主要工艺流程图

开工展布时，挖泥船被拖至施工区，按照绞吸挖泥船进点定位方法定位。实测水深与施工图水深核对相符后，随即放下抓斗，定住船位。然后根据水流、风向情况，依次抛锚展布。

1）施工方法

抓斗挖泥船一般采取纵挖式施工。根据不同施工条件采用分条、分段、分层、顺流、逆流挖泥等施工工艺。

2）施工工艺要求

（1）分条、分段、分层施工工艺要求

① 当挖槽宽度大于抓斗挖泥船的最大挖宽时，应分条进行施工。分条的宽度，应符合下列要求：分条最大宽度不得超过挖泥船抓斗起重机的有效工作半径的 2 倍；在浅水区施工时，分条最小宽度应满足挖泥船作业和泥驳绑靠所需的水域要求；在流速大的深水挖槽施工时，分条的挖宽不得大于挖泥船的船宽。

② 当挖槽长度超过挖泥船一次抛设主锚或边锚所能开挖的长度时，应进行分段施工，分段的长度取决于定位边缆长度和水流流向，顺流施工取艏边缆起始长度的 75%，逆流施工取艏边缆起始长度的 60%。

③ 当疏浚区泥层厚度超过抓斗一次所能开挖的厚度，或受水位影响需乘潮施工时，应分层施工。分层的厚度根据土质、抓斗斗高及张斗宽度等因素确定，对 $2m^3$ 抓斗宜取 $1\sim1.3m$；$8m^3$ 抓斗宜取 $1.5\sim2.0m$。硬土质可酌情减少。

（2）其他工艺要求

① 抓斗挖泥船宜顺流施工，船位平行挖槽轴线布置，船艏朝向挖泥前进方向。

② 锚缆定位的抓斗挖泥船宜布设 4 组锚缆，艏边锚 2 只，对称挖槽呈八字形布设于船艏前方两侧；艉边锚 2 只，对称挖槽交叉呈八字形布设于船艉后方两侧，缆长视施工区条件确定，不宜短于 100m，流速大、底质硬时应适当加长；流速较大顺流施工或需用缆长测定船位时也可另设主锚缆，主锚缆长度宜为 $200\sim300m$。

③ 挖泥作业时，应根据土质和泥层厚度确定下斗的间距和前移量。土质稀软、泥层薄时，下斗间距宜大；土质坚硬、泥层厚时，斗距宜小。挖黏土和密实砂，当抓斗充泥量不足时，应减少抓斗的重叠量。当挖厚层软土时，若抓斗充泥量超过最大容量时，应增加抓斗重叠层。前移量宜取抓斗张开宽度的 $0.6\sim0.8$ 倍。

④ 在流速较大的地区施工时，应注意泥斗漂移对下斗位置和挖深的影响，必要时应加大抓斗容量。

⑤ 在流速不大或有往复潮流的地区，也可采用逆流施工。

3）抓斗的选用

抓斗挖泥船应根据不同土质，选用不同抓斗。

① 淤泥土类、软塑黏土、松散砂选用斗容较大的轻型平口抓斗。

② 可塑黏土、中等密实砂选用中型抓斗。

③ 硬塑黏土、密实砂、中等密实碎石选用重型全齿抓斗。

④ 风化岩、密实碎石选用超重型抓斗。

2.9.5　铲斗挖泥船施工

1. 基本原理

铲斗挖泥船属机械式挖泥船，在船上通过铲斗挖掘机，使用一只铲斗作为水下挖泥的机具。铲斗挖泥船按旋回装置可分为全旋回室式、半旋回室式和转盘式；按铲斗挖掘方向又分为正铲挖泥船和反铲挖泥船，铲斗挖泥船大多数为非自航式。

铲斗挖泥船的形式虽多，但基本的工作原理相同。在挖泥船的船体上，安装有一台旋转式铲斗挖掘机。它利用挖掘机吊臂上斗柄前端的铲斗伸入水中，然后通过牵引钢缆将其斗柄推进，使铲斗处于开挖位置，接着收紧铲斗起升钢缆，使铲斗切入泥土进行挖掘。挖掘后的提升是靠收紧起升钢缆及吊臂的变幅钢缆来进行的，然后将装满泥砂的铲斗提升出水面至适当高度，由旋回装置转至卸泥处或泥驳上，运用钢缆拉开斗底门卸泥。卸空后的铲斗再旋回至开挖位置，如此循环作业。铲斗挖泥船简要构造如图2.9-10所示。

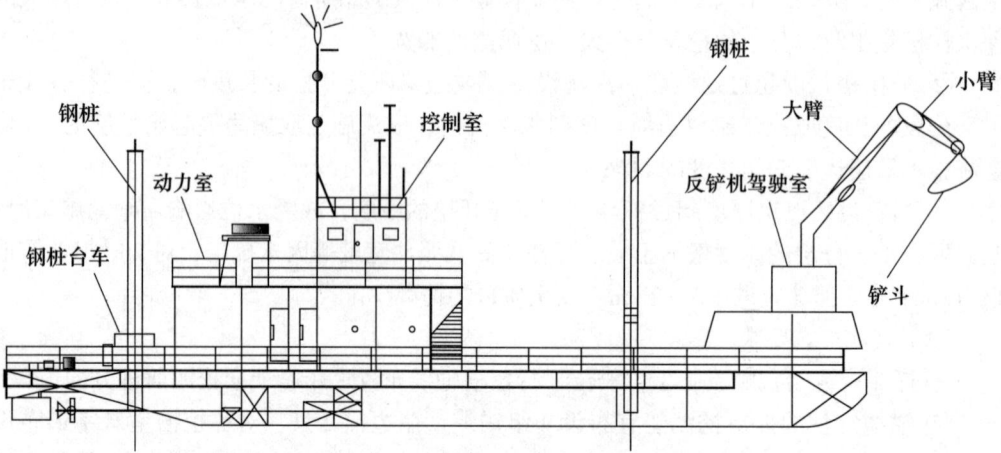

图2.9-10　铲斗挖泥船简要构造

2. 技术性能

铲斗挖泥船的主要技术参数有斗容、挖深等。大型铲斗挖泥船对海况具有较强的适应能力。铲斗挖泥船挖掘能力强，施工作业采用钢桩定位，占用水域小、施工精度高，但挖深受限制。

铲斗挖泥船一般以铲斗斗容来衡量其生产能力的大小，斗容范围一般为1～30m³，正铲挖泥船挖深一般不超过15m，反铲挖泥船挖深一般不超过25m。目前，世界上最大的反铲挖泥船最大斗容为40m³，最大挖深可达32m。

3. 生产率计算

铲斗挖泥船运转小时生产率可按下式计算：

$$W = \frac{n \times c \times f_{\mathrm{m}}}{B} \tag{2.9-15}$$

式中　W——铲斗挖泥船运转小时生产率（m³/h）；

　　　n——每小时铲取斗数；

　　　c——铲斗容积（m³）；

　　　B——岩土的搅松系数，可采用表2.9-7中的数值；

　　　f_{m}——铲斗充泥系数，可采用表2.9-8中的数值。

表2.9-8　各类土的铲斗充泥系数

土质类别	充泥系数 f_{m}
砂	0.90
中黏土	0.72

续表

土质类别	充泥系数 f_m
砾石	0.60
硬黏土	0.40
预处理的 / 易碎岩石	0.33
弱石	0.30

注：疏浚土层厚度较薄时，铲斗的充泥系数可适当减小。

4. 铲斗挖泥船主要疏浚仪器配置与疏浚监控系统

铲斗挖泥船主要疏浚仪器有：铲斗深度指示仪、台车前移距指示仪、铲斗机回转角度指示仪等。另外，随着信息技术的发展，铲斗挖泥船上还安装了疏浚监控系统。铲斗挖泥船疏浚监控系统的基本型疏浚监控系统和扩展型疏浚监控系统的分系统组成基本和抓斗挖泥船一致。

5. 铲斗挖泥船施工工艺

通过铲斗船的挖泥机具铲斗，将疏浚泥土装至泥驳，然后由泥驳将疏浚土抛至指定抛泥区。铲斗挖泥船主要工艺流程如图 2.9-11 所示。

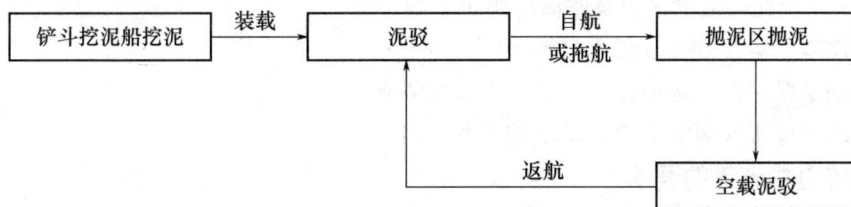

图 2.9-11　铲斗挖泥船主要工艺流程图

铲斗挖泥船开工展布前应在导航图上标示或用导标、浮标等在现场指示施工起点位置，进点时挖泥船至挖泥起点处下放钢桩或铲臂定住船位，再利用钢桩和铲臂精确就位。

1）施工方法

铲斗挖泥船应采用纵挖法施工，正铲挖泥船宜位于已开挖区域顺挖槽前进挖泥，反铲挖泥船宜位于未开挖区域顺挖槽后退挖泥。根据不同施工条件采用分条、分层挖泥等施工工艺。

2）施工工艺要求

（1）分条、分层施工工艺要求

① 挖槽宽度超过铲斗挖泥船一次所能开挖的宽度时应分条施工，分条宽度应根据当时挖深条件下铲斗的回转半径和回转角确定，挖硬土时回转角宜适当减小，挖软土时宜适当增大。

② 泥层厚度过大时应分层开挖，分层厚度应根据斗高和挖掘的土质确定，挖软土分层宜厚，挖硬土分层可薄，分层厚度一般不宜超过 1.8～2.0 倍斗高。

（2）其他工艺要求

① 坚硬的土质和风化岩，采用挖掘与提升铲斗同步挖掘法施工。

② 软质土及平整度要求高的工程采用挖掘制动、提升铲斗挖掘法施工。

③ 挖掘不同土质的抬船高度、回转角、铲斗回转角进量及铲斗前移距等施工参数应通过试挖确定。

3）铲斗的选用

铲斗挖泥船应根据不同土质选用不同铲斗：

（1）淤泥土类、软塑黏土、松散砂宜配备大容量铲斗。

（2）可塑黏土、中等密实砂宜配备中型容量铲斗。

（3）硬塑黏土、密实砂、中等密实碎石和风化岩，宜配备小容量带齿铲斗。

2.9.6　接力泵施工

挖泥船或吹泥船泥泵功率不能满足管道输送距离要求且工程量较大时应设置接力泵，接力泵宜采用串联方式。

1. 接力泵站位置的选择

（1）接力泵吸入口压力较低且不得小于 0.1MPa。

（2）设置于水上的接力泵船，应选择在水深、风、浪、流等条件满足接力泵船安全要求，且对航行和施工干扰较小的区域。

（3）设置在陆上的接力泵站尚应满足下列要求：

① 地基稳定性好，承载力足够。

② 满足泵站设备运输要求，水、电满足需求。

③ 减少施工噪声等对周边环境的不利影响。

2. 接力泵施工的要求

（1）接力泵前端应设空气释放阀、真空压力表和放气阀，排出端应设压力表。

（2）各接力泵站和被接力船舶系统内部应建立可靠的通信联络系统，并同时具备两种及以上的通信手段，其中至少有一种为非公用自备系统。

（3）各接力泵与被接力船舶系统内部组成的系统中各设备的启动和工作参数调整等应统一协调。

（4）系统停止工作前应从最后一级接力泵开始逐级、逐时向前降低泥泵转速；系统停泵应从最后一级接力泵开始，每停一泵稍作停顿待系统工作稳定后再逐级向前停泵。

2.9.7　联合施工

1. 联合施工的主要特征

随着疏浚与吹填施工向相关工程领域的延伸，由于工程目的、工况以及泥土处理方式等方面的多样性，导致了单一挖泥船型施工不能满足具体工程的要求，需要采用联合施工方式进行施工，其主要特征是疏浚船型至少有两种，且所实施工程的疏浚土运距或吹距远。

2. 联合施工方式

联合施工方式应根据工程要求、现场条件和设备供应能力选取，常用联合施工方式的适用条件与特点可参见表 2.9-9。

表 2.9-9 常用联合施工方式适用条件与特点

联合施工方式	适用条件	特点
斗式或其他挖泥船—泥驳—吹泥船	内河或风浪较小的海区，淤泥类土、砂质土及软黏土的吹填工程；具备运泥通道和靠泊条件	优点：不受运距限制。 缺点：1. 风浪和土质适应能力差；2. 使用设备多，组织工作量大；3. 施工干扰大
耙吸挖泥船—储泥坑—绞吸挖泥船	挖泥区具备耙吸挖泥船取土条件，具备运泥通道、吹填区附近设置储泥坑且该区受风浪水流影响较小	优点：1. 疏浚区风浪和土质适应能力强；2. 不受运距限制；3. 施工能力强，能适应高强度施工。 缺点：1. 对运泥通道要求高；2. 储泥坑规格大，受流速限制；3. 抛泥扩散易影响周边水域
斗式或其他挖泥船—泥驳—储泥坑—绞吸挖泥船	内河或风浪较小的海区；具备运泥通道、吹填区附近设置储泥坑且该区受风浪水流影响较小	优点：1. 不受运距限制；2. 绞吸连续工作，施工能力强；3. 土质适应能力强。 缺点：1. 抗风浪能力差；2. 使用设备多，组织工作量大；3. 施工干扰大；4. 储泥坑规格及对流速要求较高；5. 抛泥扩散易引起周边水域污染或淤积
绞吸挖泥船—泥驳—吹泥船	内河或风浪较小的海区、吹填区距挖泥区水上距离较远的砂性土疏浚，具备运泥通道和靠泊条件	优点：1. 绞吸挖泥船生产能力不受输送能力限制；2. 减少输泥管线磨耗。 缺点：1. 吹泥船间断施工，停工前要吹净管内存砂；2. 装驳时有泥土流失、扩散
绞吸挖泥船—泥驳—储泥坑—绞吸挖泥船	内河或风浪较小的海区、吹填区距挖泥区水上距离较远的粗颗粒砂、碎卵石、软质岩石疏浚，具备运泥通道和设置储泥坑条件且该区受风浪水流影响较小	优点：1. 绞吸挖泥船生产能力不受输送能力限制；2. 挖泥和吹泥互不干扰，吹泥能连续工作；3. 泥土处置不受水上距离限制。 缺点：1. 必须有水上运泥通道且受风浪限制；2. 装驳时有泥土流失、扩散及二次回淤；3. 储泥坑规格较大且受流速限制；4. 抛泥扩散易影响周边水域
耙吸挖泥船、绞吸挖泥船、吹泥船—接力泵	吹填区距耙吸挖泥船、绞吸挖泥船、吹泥船吹泥点的距离超出这些船的合理吹距且输泥管沿程具备布设接力泵站或船的条件	优点：延长吹泥距离。 缺点：1. 接力泵船接耙吸挖泥船或吹泥船时会间断施工；2. 接力泵与被接力船舶之间的配合要求较高，组织难度较大

注：表中所列其他挖泥船指吸扬船、射流泵船、气动泵、潜水泵、吸砂船等。

2.9.8 吹填工程施工

1. 现场准备工作的主要内容

（1）吹填区的准备工作应包括测量、现场清理、管线路由和敷设方案的确定，围堰、排水口、排水通道的建造，沉降杆的设置。

（2）测量范围应包括取土区、运泥通道、储泥坑、锚泊区域、吹填区、围堰、排水口、排水通道、管线路由和组装施工区域。测量应采用统一的平面与高程控制系统。

（3）施工前应根据工程用途和施工合同的要求对吹填区进行清理。

（4）对选择或提供的管线路由、管线堆放场地、水下管线组装岸线和水域等应进行核查确认，管线堆场、组装岸线和水域应满足堆放数量的使用和施工机械船艇作业的要求。

（5）对围堰、排水口、排水通道等应进行验收或确认。

（6）沉降杆的布置和数量应根据设计要求和吹填区地基条件确定，同一地基宜均匀布设；同一吹填区内的沉降杆应在该区开始吹填前布设完毕。

2. 吹填工程施工方式

吹填工程施工方式应根据工程条件、环境要求和拟选疏浚设备的性能选取，常用吹填工程施工方式的适用条件与特点可参见表 2.9-10。

表 2.9-10　常用吹填工程施工方式适用条件与特点

方式	设备组合与工艺流程	适用条件	特点
直接吹填	绞吸挖泥船在取土区挖泥，通过吹填管线将泥土输送到吹填区	取土区与吹填区较近的码头后方陆域形成工程和围海造地工程	对土壤适应性强；但吹距不能超出绞吸船有效吹距
	气动泵船、潜水泵船、射流泵船在取土区取泥土，并将泥土直接吹填至吹填区	风浪较小，吹距较近的小型吹填工程	设备简单、调遣费用低，但开挖土质局限在淤泥和松散的砂
挖运抛吹	耙吸挖泥船在取土区挖泥装舱，重载航行到吹填区附近的储泥坑抛泥，绞吸挖泥船将泥土吹填至吹填区	取土区风浪大、运距远的大中型吹填工程	需要开挖较大的储泥坑和临时航道，不受取土区与吹填区的距离限制
	绞吸挖泥船在取土区挖泥装驳，泥驳重载航行到吹填区附近的储泥坑抛泥，绞吸挖泥船将泥土吹填至吹填区	风浪较小、运距远、疏浚土质较硬的大中型工程	可开挖较硬的土质，需要开挖储泥坑，船组配套设备较多，施工组织复杂，抗风浪能力相对较差，不受取土区与吹填区的距离限制
	斗式挖泥船在取土区挖泥装驳，泥驳重载航行到吹填区附近的储泥坑抛泥，绞吸挖泥船将泥土吹填至吹填区	风浪较小、运距远、疏浚土质较硬的中小型工程	可开挖较硬的土质，需要开挖储泥坑；船组配套设备较多，施工组织复杂，抗风浪能力相对较差；不受取土区与吹填区的距离限制
	射流泵船、潜水泵船、气动泵船在取土区挖泥后装驳，泥驳重载航行到吹填区附近的储泥坑抛泥，绞吸挖泥船将泥土吹填至吹填区	风浪较小、取土区含砂量较大的中小型工程或作为其他吹填方式的补充	需要开挖储泥坑；抗风浪能力相对较差；不受取土区与吹填区的距离限制
挖运吹	耙吸挖泥船在取土区挖泥装舱，重载航行到吹填区附近通过艏吹管线或艏喷将泥土输送到吹填区	运距远、取土区风浪大的航道疏浚和深水取砂工程	不受吹填距离的限制、需要在吹填区附近开挖临时通道和调头区；不受取土区与吹填区的距离限制
	绞吸/斗式挖泥船、射流泵船、潜水泵船、气动泵船在取土区挖泥后装驳，泥驳重载航行到吹填区附近，吹泥船将泥土吹填至吹填区	风浪较小、取土区和吹填区较远的吹填工程	抗风浪能力相对较差，施工组织复杂；不受取土区与吹填区的距离限制

3. 吹填土方量计算

$$V = \frac{V_1 + \Delta V_1 + \Delta V_2}{(1-P)} \qquad (2.9-16)$$

式中　V——吹填设计工程量（m^3）；

　　　V_1——吹填容积量（m^3），即吹填区设计高程与原始地面之间的容积；

　　　ΔV_1——原地基沉降量（m^3），即竣工验收前因吹填土荷载造成吹填区原地基下沉而增加的工程量；

　　　ΔV_2——超填工程量（m^3），根据吹填工程的高程平均允许偏差值计算；

P——吹填土进入吹填区后的流失率（%），根据土的粒径、泄水口的位置、高度及距排泥管口的距离、吹填面积、排泥管的布设、吹填高度及水力条件等具体施工条件和经验确定。

吹填容积量可以采用断面面积法、平均水深法、不规则三角法或网格法等方法计算。

原地基沉降量根据原地基地质钻探资料和地基加固的方法可按《水运工程地基设计规范》JTS 147—2017 计算或根据经验确定。

吹填工程的高程平均允许偏差值应根据合同要求确定。当合同无要求时，若工程完工后吹填平均高程不允许低于设计吹填高程，高程平均允许偏差值可取＋0.20m；若工程完工后吹填平均高程允许有正负偏差，高程平均允许偏差值可取 ±0.15m。

4.吹填工程施工的要求

1）吹填区内管线布设

（1）排泥管进入吹填区的入口应远离排水口，以延长泥浆流程。管线的布置应满足设计标高、吹填范围、吹填厚度的要求，并应考虑吹填区的地形、地貌、几何形状对管线布置的影响。

（2）排泥管线的间距应根据设计要求、泥泵功率、吹填土的特性、吹填土的流程和坡度等因素确定。各类吹填土在施工中呈现的坡度，宜在现场实测，无条件实测时可参照表 2.9-11 取值。

表 2.9-11　各类吹填土的坡度

土的类别	水面以上	平静海域	有风浪海域
淤泥、粉砂	1:100~1:300	—	—
细砂	1:50~1:100	1:6~1:8	1:15~1:30
中砂	1:25~1:50	1:5~1:8	1:10~1:15
粗砂	1:10~1:25	1:3~1:4	1:4~1:10
砾石	1:5~1:10	1:2	1:3~1:6

（3）吹填区内管线的布设间距、走向、干管与支管的分布除应考虑上述因素外，还应根据施工现场、影响施工因素的变化等及时调整。各类吹填土的排泥管口间距见表 2.9-12。

（4）应根据管口的位置和方向，排水口底部高程的变化及时延伸排泥管线。在吹填区应设若干水尺，观测整个吹填区填土标高的变化，指导排泥管线的调整和管理工作。

表 2.9-12　干支管形式吹填的排泥管口间距

吹填土质	分项	吹填流量（m³/h）				
		$Q < 2000$	$2000 \leqslant Q < 4000$	$4000 \leqslant Q < 6000$	$6000 \leqslant Q < 9000$	$Q \geqslant 9000$
软淤泥	围堰与排泥管之间	15~20	20~25	25~30	30~35	35~40
	干管之间	150	250	350	400	450
淤泥黏土	围堰与排泥管之间	10~15	10~15	20~25	25~30	25~30
	干管之间	100	180	300	350	400

续表

吹填土质	分项	吹填流量（m³/h）				
		$Q < 2000$	$2000 \leq Q < 4000$	$4000 \leq Q < 6000$	$6000 \leq Q < 9000$	$Q \geq 9000$
淤泥黏土	支管之间	40	60	100	130	180
粉细砂	围埝与排泥管之间	10	10～15	20	20～25	20～25
	干管之间	80	150	250	300	350
	支管之间	30	50	70	80	120
中粗砂	围埝与排泥管之间	5～6	10	15	20	20
	干管之间	60	120	200	250	300
	支管之间	20	40	50	60	100

2）分区和分层吹填的工艺要求

（1）吹填施工在下列情况下应分区实施：

① 有工期节点要求时，按合同工期节点要求分区。

② 对吹填土质要求不同时，按土质要求分区。

③ 吹填区面积较大、原有底质为淤泥或吹填砂质土中有一定淤泥含量时，按避免底泥推移隆起和防止淤泥集中的要求分区。

（2）吹填施工在下列情况下应分层实施：

① 合同要求不同时间达到不同的吹填高程时。

② 不同的吹填高程有不同的土质要求时。

③ 吹填区底质为淤泥类土，吹填易引起底泥推移造成淤泥集中时。

④ 围埝高度不足，需用吹填土在吹填区分层修筑围埝时。

3）不同土质的吹填施工工艺要求

（1）当吹填土质为中粗砂、岩石和黏性土时，管线进入吹填区后应设置支管同时保留多个吹填出口，各支管以三通管和活动闸阀分隔，吹填施工中各出口轮流使用，吹填施工连续进行；必要时，配置整平机械设备。

（2）当吹填砂中含有较多的细颗粒土时，应在排泥管线上设置三通管、转向阀或转向闸板，在排泥管口上设置扩散板、渗漏孔、挡板等、防止淤泥聚集。

4）吹填围埝的施工要求

吹填围埝有黏土围埝、抛石围埝和袋装土围埝等。

（1）围埝基底处理应符合下列规定。

① 埝基为坚硬土或旧埝基时，应将表面土翻松后再填新土。

② 埝基为淤泥质土时，可采用土工织物、柴排、竹排垫底或施打塑料排水板等方法加固。

③ 埝基为砂质土时应采取防渗措施。

④ 埝基坡度大于1∶5时，应先挖出阶梯，然后逐层填筑，当设计有明确要求时，按设计要求执行。

（2）就地取土筑埝应在围埝两侧安全距离以外取土，并应符合下列规定。

① 平坦区域取土边线与埝脚的距离不应小于 5.0m，软泥滩上不应小于 10.0m，埝高大于 3.0m 时，尚应适当加大距离。

② 排泥管架两侧 5m 内不得取土，5.0～10.0m 范围内取土深度不应大于 1.5m。

③ 不得取冻土、腐殖土、含杂物的土筑埝。

④ 取土区内取土坑不得贯通。

（3）围埝施工应自低处开始逐层填筑。

5）排水口的布设要求

（1）排水口的位置应根据吹填区地形、几何形状、排泥管的布置、容泥量及排泥总流量等因素确定。

（2）排水口应设在有利于加长泥浆流程、有利于泥沙沉淀的位置上。一般多布设在吹填区的死角或远离排泥管线出口的地方。

（3）在潮汐港口地区，应考虑在涨潮延续时间内，潮汐水位对排水口泄水能力的影响。

（4）排水口应选在具有排水条件的地方，如临近江、河、湖、海等地方。

（5）常用的排水口结构型式有：溢流堰式排水口、薄壁堰式排水闸、闸箱埋管式排水口、围埝埋管式排水口等。

6）吹填区排放余水控制要求

（1）排放余水控制应遵循下列原则：

① 泥沙沉淀效果好，排出余水中含泥量低，吹填土流失量少。

② 泥浆流径合理，吹填土质均匀。

③ 泥浆流径长，吹填平整度好。

④ 泥塘内作业方便，管线架设量小。

（2）排放余水控制宜采用下列方法：

① 根据吹填土质、吹填的实际高程和吹填区容水量调节排水口的高程。

② 根据排水口位置安排吹填管口位置和吹填顺序。

③ 根据吹填管口位置调整排水口位置和高程。

④ 吹填区内交错设置若干导流围埝或拦砂隔栅。

⑤ 吹填区内设置沉淀池。

⑥ 在排水口外适当位置设置防污屏。

2.10　环保疏浚工程施工技术

2.10.1　环保疏浚污染底泥分类

1. 概述

环保疏浚的主要目的是清除湖泊水体中的污染底泥。

污染底泥是水环境污染的潜在污染源，在水环境发生变化时，底泥中的营养盐会重新释放出来进入水体。尤其是对城市湖泊，长期以来累积于沉积物中的氮磷往往很高，在外来污染源存在时，氮磷营养盐只是在某个季节或时期会对富营养化发挥比较显著的作用，然而在湖泊外来污染源全部切断以后，底泥中的营养盐会逐渐释放出来，仍然会使湖泊发生富营养化。

氮磷的释放，其机制不同。前者取决于氮化合物分解的程度，而后者与其化学沉淀的形态有关。氮化合物在细菌的作用下可以相互转化，不同形态的氮，其释放能力不同，溶出的溶解态无机氮在沉积物表面的水层进行扩散。由于表面的水层含氧量不同，溶出情况也不同。厌气性时，以氨态氮溶出为主；好气性时，则以硝酸氮溶出，其溶出速度比厌气时快。底泥中的磷主要是无机态的正磷酸盐，一旦出现利于钙、铝、铁等不溶性磷酸盐沉淀物溶解的条件，磷就释放。

一般情况下释放出的营养盐首先进入沉积物的间隙水中，逐步扩散到沉积物表面，进而向湖泊沉积物的上层水混合扩散，从而对湖泊水体的富营养化发生作用，见表 2.10-1。

表 2.10-1 湖泊沉积物中氮磷的释放量

湖名	氮释放速率 [mg/(m²·d)]	磷释放速率 [mg/(m²·d)]	氮释放量（t/a）	磷释放量（t/a）
固城湖	—	7.74~8.10	—	—
洱海	55~90	2.2~5.6	485.8~795.0	194.3~494.6
西湖	—	1.02	—	1.346
巢湖	—	—	1705.16	220.38
玄武湖	—	—	102	10.46
滇池草海	—	—	—	7.4

根据研究资料，江苏固城湖、大理洱海和杭州西湖沉积物中磷的释放速率 [mg/(m²·d)] 分别为 7.74~8.10、2.2~5.6 和 1.02。根据西湖研究计算表明，每年沉积物中磷的释放量可达 1.3t 左右，相当于每年入湖磷负荷量的 41.5%；安徽巢湖的磷年释放量高达 220.38t，占全年入湖磷负荷量的 20.90%；玄武湖的磷释放量占全年排入量的 21.5%。从以上几个例子中不难看出，沉积物中磷释放对水体磷浓度的补充，是一个不可忽视的来源，尤其像杭州西湖采取了截污工程措施以后，这种来自沉积物中的磷，其重要性是不言而喻的。因此，国内外都采取多种方法对污染底泥采取工程措施，对城市附近污染底泥堆积深度很厚的局部浅水域，环保疏浚工程技术最为普遍，效果也最为明显。

2. 污染底泥的调查与勘测

污染底泥的调查与分析一般应分阶段进行，可分为两个阶段。一是为项目立项和可行性研究而进行的初步调查和分析；二是为项目设计而进行的勘测与分析。

1）污染底泥初步调查与分析

污染底泥初步调查的目的，是对污染底泥的分布影响及清除和处理的必要性、可行性及经济合理性的论证提供依据。

污染底泥的初步调查与分析应包括以下内容：

（1）污染底泥及污染物来源。

（2）污染底泥的分布及厚度。

（3）污染底泥中污染物的种类及含量分布。

（4）污染物的化学及生态效应分析。

（5）污染底泥的数量。

（6）污染底泥疏挖区的地质情况及物理力学物性。

（7）污染底泥的处置场地的确定。

（8）污染底泥疏浚设备的选择范围。

（9）对污染底泥疏挖、输送及处置过程中防止二次污染的技术措施。

（10）污染底泥处置场地质调查。

（11）地下水的调查。

（12）余水的排放标准及监测。

（13）污染底泥疏挖的工艺流程。

（14）现场施工条件及协作条件。

（15）污染底泥疏挖处置的利用价值。

（16）有关的材料、人工、设备价格。

（17）对社会其他方面的影响等。

2）污染底泥详细勘测与分析

污染底泥疏浚工程的详细勘测与分析应为工程的设计提供可靠的依据，它除应按一般疏浚工程的要求进行外，还必须符合污染底泥疏挖和处置的环保疏浚的要求。一般疏浚工程的现场调查与勘测工作可按《疏浚与吹填工程设计规范》JTS 181—5—2012 的规定进行，但应根据环保疏浚的特殊要求补充以下主要内容。

（1）对于疏挖面积超过 $0.5km^2$、边长超过 1.0km 或离岸距离超过 1.0km 的工程，应建立 GPS 局域网进行测量，而且应保持勘测、设计、施工三个阶段平面控制的一致性。

（2）对于污染土分布集中或有重金属、有毒物质的重点地区，水下地形复杂的地区应加密测量。

（3）考虑到污染底泥多属有机质含量较高、密度较小的淤泥，水深测量应采用 200kHz 测深仪对浮泥底部进行探测。

（4）疏浚区的污染土取样数量可能与地质钻孔不一致，但宜同步进行。前者是判别污染底泥的厚度及高程，后者判别疏浚区的土质疏浚分类，疏浚区地质钻探孔深度以入于污染土层底部 1.5m 为宜。

（5）污染土取样与水深测量成果的校正，由于污染土取样是用采样器进行，当采样器获得的污染土顶部高程高于水深测量值时，应按取样器的成果为准，当污染土顶部高程低于水深测量值时，应以水深测量数据为准。

（6）水深测量的精度，当水深小于 10m 时，不宜超过 10cm，污染土取样浓度的精度应小于 10cm，一般应控制在 5cm 以内。

（7）当测区边界污染土厚度较厚而且必须清除时，应顺势延伸测量和取样范围直到不需清除为止。

（8）堆场围堰的地基钻探应根据地质情况和围堰结构型式参照有关地基规范进行。

（9）堆场的钻探应考虑污染土的处置要求，查明堆场区的承载能力和透水性能，查明地表水和地下水的来源、流向、流速，必要时应进行透水试验，以便采取工程措施，防止污染物的渗透和对地下水的污染。

（10）污染土往往天然密度较小，处置到堆场后，往往由于它的固结与排水性的不同而使堆场容量的计算相差甚大，因此，应该对污染底泥采样进行试验，为堆场容量设计提供依据。

（11）当污染底泥中含有大量的重金属和有毒污染物需要进行封闭处理时，应对处理区的地质情况进行调查，以便采取工程措施，防止它们扩散。

（12）当污染底泥中的主要污染物是磷和氮而不含重金属及有毒物质时，对堆场是否设置防渗层及余水处理等有关的地形、地质资料应进行调查；必要时应进行淋溶试验和提出加速污染底泥泥浆沉淀的措施。

3）污染底泥的分类

（1）环保疏浚污染土依据污染物类型和影响途径分为营养盐污染底泥、重金属污染底泥、有毒有害有机物污染底泥以及复合污染底泥。

（2）营养盐污染底泥是指氮、磷营养盐含量超过当地参比值，且无法被天然水生态系统消纳的底泥。

（3）重金属污染底泥是指重金属、类金属（主要指砷）含量超过当地参比值，以致对水生生物、人类健康构成潜在威胁的底泥。

（4）有毒有害有机物污染底泥是指有机氯农药、多氯联苯、多环芳烃等持久性有机污染物含量超过当地参比值，以致对水生生物、人类健康构成潜在威胁的底泥。

（5）复合污染底泥是指同时受到营养盐、重金属/类金属、有毒有害有机物中两种或两种以上污染物污染的底泥。

2.10.2　环保挖泥船施工

1. 环保挖泥船

针对环保疏浚工程泥层厚度薄，施工精度要求高，疏挖过程二次污染要小的特点，对传统疏浚设备进行了必要的环保措施改造，并根据不同环保疏浚工程特点，开发了一些专用环保挖泥船。

（1）耙吸船溢流采用水下溢流，减少水下污染；耙头采用环保耙头，耙头设有涡流防护罩，既降低挖泥引起的浑浊度，又可提高挖泥浓度。

（2）抓斗船采用全封闭防漏抓斗，铲斗船采用遮盖铲斗，使泥斗在提升过程中没有泄漏。

（3）链斗挖泥船采用封闭斗架，将斗内溢出的泥沙经溢流槽回流至水底，减小水体浑浊度。

（4）绞吸挖泥船因参与环保整治较多，进行了多方面的尝试，特别是在绞刀形式上创造了许多新的思路，已开发出专用于环保疏浚工程的环保挖泥船，如圆盘式环保绞刀挖泥船（图2.10-1），铲吸式环保绞刀挖泥船（图2.10-2），螺旋式环保绞刀挖泥船（图2.10-3）等，这些专用环保挖泥船在提高挖泥精度，减少二次污染，提高挖泥浓度方面都得到明显改善。

2. 环保疏浚的技术特点

环保疏浚旨在清除湖泊水体中的污染底泥，并为水生生态系统的恢复创造条件，同时还需要与湖泊综合整治方案相协调；工程疏浚则主要为某种工程的需要，如疏通航道、水库增容等而进行，两者的具体区别见表 2.10-2。

图 2.10-1　圆盘式
环保绞刀挖泥船

图 2.10-2　铲吸式
环保绞刀挖泥船

图 2.10-3　螺旋式
环保绞刀挖泥船

表 2.10-2　环保疏浚与工程疏浚的区别

项目	环保疏浚	工程疏浚
生态要求	为水生植物恢复创造条件	无
工程目标	清除存在于底泥中的污染物	增加水体容积，维持航行深度
边界要求	按污染土层分布确定	底面平坦，断面规则
疏挖泥层厚度	较薄，一般小于 1m	较厚，一般几米至几十米
对颗粒物扩散限制	尽量避免扩散及颗粒物再悬浮	不作限制
施工深度精度	5～10cm	20～70cm
设备选型	标准设备改造或专用设备	标准设备
工程监控	专项分析严格监控	一般控制
底泥处置	泥、水根据污染性质特殊处理	泥水分离后一般堆置

从表 2.10-2 可以看出，环保疏浚的主要技术特点是：疏浚泥层厚度薄，疏浚精度要求高，疏浚过程二次污染控制要求严格。

3. 环保疏浚主要工艺流程

用环保疏浚设备将污染底泥从水下疏挖后输送到岸上，有管道输送和驳船输送两种方式。管道输送工作连续，生产效率高，当含泥率低时可长距离输送，输泥距离超过挖泥船排距时，还可加设接力泵站。驳船为间断输送，将挖掘的泥装入驳船，运到岸边，再用抓斗或泵将泥排出，该种运泥方式工序繁杂，生产效率较低，一般用于含泥量高或输送距离过长的场合。

绞吸式挖泥船能够将挖掘、输送、排出等疏浚工序一次完成，在施工中连续作业，它通过船上离心式泥泵的作用产生一定真空把挖掘的泥浆经吸泥管吸入、提升，再通过船上输泥管排到岸边堆泥场或底泥处理场，是一种效率较高的疏挖工艺流程。选用环保绞吸挖泥船并加设接力泵的疏挖工艺流程如图 2.10-4 所示。

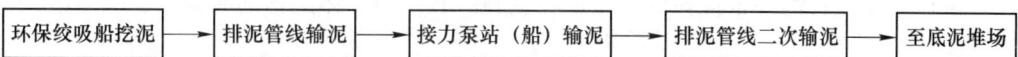

| 环保绞吸船挖泥 | → | 排泥管线输泥 | → | 接力泵站（船）输泥 | → | 排泥管线二次输泥 | → | 至底泥堆场 |

图 2.10-4　环保疏挖工艺流程图

第2篇 港口与航道工程相关法规与标准

第3章 相关法规

3.1 港口法和航道法的相关规定

3.1.1 港口法相关规定

03
第3章
看本章精讲课
配套章节自测

港口活动中很重要的、很基础的活动就是港口规划和建设，港口规划包括港口布局规划和港口总体规划，以及重要和主要港口的规划。主要是关于港口规划的编制部门、审批部门、公布实施部门等一系列程序性的规定。港口建设涉及港口岸线、土地、水域的使用问题，以及环境保护、安全设施等一系列的规定。

《中华人民共和国港口法》中部分条文：

第七条 港口规划应根据国民经济和社会发展的要求以及国防建设的需要编制，体现合理利用岸线资源的原则，符合城镇体系规划，并与土地利用总体规划、城市总体规划、江河流域规划、防洪规划、海洋功能区划、水路运输发展规划和其他运输方式发展规划以及法律、行政法规规定的其他有关规划相衔接、协调。

编制港口规划应当组织专家论证，并依法进行环境影响评价。

第八条 港口规划包括港口布局规划和港口总体规划。

港口布局规划，是指港口的分布规划，包括全国港口布局规划和省、自治区、直辖市港口布局规划。

港口总体规划，是指一个港口在一定时期的具体规划，包括港口的水域和陆域范围、港区划分、吞吐量和到港船型、港口的性质和功能、水域和陆域使用、港口设施建设岸线使用、建设用地配置以及分期建设序列等内容。

港口总体规划应当符合港口布局规划。

第十三条 在港口总体规划区内建设港口设施，使用港口深水岸线的，由国务院交通主管部门会同国务院经济综合宏观调控部门批准；建设港口设施，使用非深水岸线的，由港口行政管理部门批准。但是，由国务院或者国务院经济综合宏观调控部门批准建设的项目使用港口岸线，不再另行办理使用港口岸线的审批手续。

港口深水岸线的标准由国务院交通主管部门制定。

第十五条 按照国家规定须经有关机关批准的港口建设项目，应当按照国家有关规定办理审批手续，并符合国家有关标准和技术规范。

建设港口工程项目，应当依法进行环境影响评价。

港口建设项目的安全设施和环境保护设施，必须与主体工程同时设计、同时施工、同时投入使用。

第三十四条　船舶进出港口，应当依照有关水上交通安全的法律、行政法规的规定向海事管理机构报告。海事管理机构接到报告后，应当及时通报港口行政管理部门。

船舶载运危险货物进出港口，应当按照国务院交通主管部门的规定将危险货物的名称、特性、包装和进出港口的时间报告海事管理机构。海事管理机构接到报告后，应当在国务院交通主管部门规定的时间内做出是否同意的决定，通知报告人，并通报港口行政管理部门。但是，定船舶、定航线、定货种的船舶可以定期报告。

第三十七条　禁止在港口水域内从事养殖、种植活动。

不得在港口进行可能危及港口安全的采掘、爆破等活动。因工程建设等确需进行的，必须采取相应的安全保护措施，并报经港口行政管理部门批准。港口行政管理部门应当将审批情况及时通报海事管理机构，海事管理机构不再依照有关水上交通安全的法律、行政法规的规定进行审批。

禁止向港口水域倾倒泥土、砂石以及违反有关环境保护的法律、法规的规定排放超过规定标准的有毒、有害物质。

第四十五条　有下列行为之一的，由县级以上地方人民政府或者港口行政管理部门责令限期改正；逾期不改正的，由做出限期改正决定的机关申请人民法院强制拆除违法建设的设施；可以处五万元以下罚款：

一、违反港口规划建设港口、码头或者其他港口设施的。

二、未经依法批准，建设港口设施使用港口岸线的。

建设项目的审批部门对违反港口规划的建设项目予以批准的，对其直接负责的主管人员和其他直接责任人员，依法给予行政处分。

第五十五条　未经依法批准在港口进行可能危及港口安全的采掘、爆破等活动的，向港口水域倾倒泥土、砂石的，由港口行政管理部门责令停止违法行为，限期消除因此造成的安全隐患；逾期不消除的，强制消除，因此发生的费用由违法行为人承担；处5000元以上5万元以下罚款；依照有关水上交通安全的法律、行政法规的规定由海事管理机构处罚的，依照其规定；构成犯罪的，依法追究刑事责任。

3.1.2　航道法相关规定

第六条　航道规划分为全国航道规划、流域航道规划、区域航道规划和省、自治区、直辖市航道规划。

航道规划应当包括航道的功能定位、规划目标、发展规划技术等级、规划实施步骤以及保障措施等内容。

航道规划应当符合依法制定的流域、区域综合规划，符合水资源规划、防洪规划和海洋功能区划，并与涉及水资源综合利用的相关专业规划以及依法制定的城乡规划、环境保护规划等其他相关规划和军事设施保护区划相协调。

第十一条　航道建设单位应当根据航道建设工程的技术要求，依法通过招标等方式选择具有相应资质的勘察、设计、施工和监理单位进行工程建设，对工程质量和安全进行监督检查，并对工程质量和安全负责。

从事航道工程建设的勘察、设计、施工和监理单位，应当依照法律、行政法规的规定取得相应的资质，并在其资质等级许可的范围内从事航道工程建设活动，依法对勘察、设计、施工、监理的质量和安全负责。

第二十条　进行航道养护作业可能造成航道堵塞的，有关负责航道管理的部门应当会同海事管理机构事先通报相关区域负责航道管理的部门和海事管理机构，共同制定船舶疏导方案，并向社会公告。

第二十一条　因自然灾害、事故灾难等突发事件造成航道损坏、阻塞的，负责航道管理的部门应当按照突发事件应急预案尽快修复抢通；必要时由县级以上人民政府组织尽快修复抢通。

船舶、设施或者其他物体在航道水域中沉没，影响航道畅通和通航安全的，其所有人或者经营人应当立即报告负责航道管理的部门和海事管理机构，按照规定自行或者委托负责航道管理的部门或者海事管理机构代为设置标志，并应当在海事管理机构限定的时间内打捞清除。

第三十一条　与航道有关的工程施工影响航道正常功能的，负责航道管理的部门、海事管理机构应当根据需要对航标或者航道的位置、走向进行临时调整；影响消除后应当及时恢复。所需费用由建设单位承担，但因防洪抢险工程引起调整的除外。

第三十三条　与航道有关的工程建设活动不得危及航道安全。

与航道有关的工程建设活动损坏航道的，建设单位应当予以修复或者依法赔偿。

第三十五条　禁止下列危害航道通航安全的行为：

（一）在航道内设置渔具或者水产养殖设施的。

（二）在航道和航道保护范围内倾倒砂石、泥土、垃圾以及其他废弃物的。

（三）在通航建筑物及其引航道和船舶调度区内从事货物装卸、水上加油、船舶维修、捕鱼等，影响通航建筑物正常运行的。

（四）危害航道设施安全的。

（五）其他危害航道通航安全的行为。

第三十六条　在河道内采砂，应当依照有关法律、行政法规的规定进行。禁止在河道内依法划定的砂石禁采区采砂、无证采砂、未按批准的范围和作业方式采砂等非法采砂行为。

在航道和航道保护范围内采砂，不得损害航道通航条件。

第三十八条　航道建设、勘察、设计、施工、监理单位在航道建设活动中违反本法规定的，由县级以上人民政府交通运输主管部门依照有关招标投标和工程建设管理的法律、行政法规的规定处罚。

第四十条　与航道有关的工程的建设单位违反本法规定，未及时清除影响航道通航条件的临时设施及其残留物的，由负责航道管理的部门责令限期清除，处二万元以下的罚款；逾期仍未清除的，处三万元以上二十万元以下的罚款，并由负责航道管理的部门依法组织清除，所需费用由建设单位承担。

第四十二条　违反本法规定，有下列行为之一的，由负责航道管理的部门责令改正，对单位处五万元以下罚款，对个人处二千元以下罚款；造成损失的，依法承担赔偿责任：

（一）在航道内设置渔具或者水产养殖设施的。

（二）在航道和航道保护范围内倾倒砂石、泥土、垃圾及其他废弃物的。

（三）在通航建筑物及其引航道和船舶调度区内从事货物装卸、水上加油、船舶维修和捕鱼等，影响通航建筑物正常运行的。

（四）危害航道设施安全的。

（五）其他危害航道通航安全的行为。

第四十三条　在河道内依法划定的砂石禁采区采砂、无证采砂、未按批准的范围和作业方式采砂等非法采砂的，依照有关法律、行政法规的规定处罚。

违反本法规定，在航道和航道保护范围内采砂，损害航道通航条件的，由负责航道管理的部门责令停止违法行为，没收违法所得，可以扣押或者没收非法采砂船舶，并处五万元以上三十万元以下罚款；造成损失的，依法承担赔偿责任。

第四十四条　违反法律规定，污染环境、破坏生态或者有其他环境违法行为的，依照《中华人民共和国环境保护法》等法律的规定处罚。

3.2　港口与航道建设管理有关规章的规定

3.2.1　港口建设管理的相关规定

《港口工程建设管理规定》中与施工相关的主要规定有：

第四条　港口工程建设应当符合法规、技术标准和港口规划。

第六条　鼓励港口工程建设采用新技术、新设备、新工艺、新材料，推行施工质量和安全标准化管理，加强施工安全风险管控，科学组织建设。

第三十九条　港口工程建设项目合同段完工后，由项目单位组织设计、施工、监理、试验检测等单位进行交工验收，并邀请所在地港口行政管理部门参加。

第四十条　交工验收应当具备以下条件：

（一）合同约定的各项内容已建设完成，未遗留有碍船舶航行和港口作业安全的隐患。

（二）项目单位组织对工程质量的检测结果合格。

（三）监理单位对工程质量的评定（评估）合格。

（四）质量监督机构对工程交工质量核验合格。

（五）设计单位、施工单位、监理单位已完成工作总结报告。

第四十一条　交工验收的主要工作内容：

（一）检查合同执行情况，核验工程建设内容与批复的设计内容是否一致。

（二）检查施工自检报告、施工总结报告及施工资料。

（三）检查监理单位独立抽检资料、监理总结报告及质量评定资料。

（四）检查设计单位对工程设计符合性评价意见和设计总结报告。

（五）检查工程实体质量。

（六）对合同是否全面执行、工程质量是否合格做出结论，出具交工验收意见。

第四十八条　申请或者组织竣工验收前，项目单位应当组织编制竣工验收报告，竣工验收报告应当包括以下内容：

（一）项目单位工作报告。

（二）设计、施工、监理等单位的工作报告。

（三）质量监督机构出具的交工质量核验意见。

（四）竣工决算报告（按照国家有关规定需要审计的，应当包括竣工决算审计报告）。

（五）环境保护设施、安全设施、职业病防护设施、消防设施已按照有关部门规定通过验收或者备案的相关文件。

（六）有关批准文件。

第四十九条　港口工程建设项目竣工验收的主要内容：

（一）检查工程执行有关部门批准文件情况。

（二）检查工程实体建设情况，核查质量监督机构出具的交工质量核验意见。

（三）检查工程合同履约情况。

（四）检查工程执行强制性标准情况。

（五）检查环境保护设施、安全设施、职业病防护设施、消防设施、档案等验收或者备案情况。

（六）检查竣工验收报告编制情况。

（七）检查廉政建设合同执行情况。

（八）对存在问题和尾留工程提出处理意见。

（九）对港口工程建设、设计、施工、监理等单位的工作做出综合评价。

（十）对工程竣工验收是否合格做出结论，出具竣工验收现场核查报告。

第五十条　港口工程建设项目竣工验收应当成立竣工验收现场核查组对工程进行现场核查。

竣工验收现场核查组应当由验收组织部门或者单位、所在地港口行政管理部门、质量监督机构、项目单位人员和专家等组成，并应当邀请海事管理机构等其他依法对项目负有监督管理职责的相关部门参加。

工程设计、施工、监理、试验检测等单位人员应当参加现场核查。

第六十六条　项目单位应当建立健全工程档案管理制度，保证档案资料真实、准确和完整，督促勘察、设计、施工、监理、试验检测等单位加强建设项目档案管理，按照有关规定办理工程竣工档案专项验收。

第六十八条　港口工程建设项目勘察、设计、施工、监理、试验检测等单位应当加强资料档案的管理，按照国家有关规定建立健全工程项目档案，对各环节的文件、图片、影像等资料进行立卷归档。

3.2.2　航道建设管理的相关规定

《航道工程建设管理规定》中与施工相关的主要规定有：

第四条　航道工程建设应当坚持生态优先、绿色发展，遵守法律、行政法规关于建设工程质量管理、安全管理和生态环境保护的规定，符合航道规划，执行有关国家标准、行业标准和技术规范，依法办理相关手续。

第五条　鼓励航道工程建设采用新技术、新设备、新工艺、新材料，推行施工质量和安全标准化管理，加强施工安全风险管控和应急能力配备，科学组织建设。

第三十七条　航道工程建设项目合同段完工后，由项目单位组织设计、施工、监理、试验检测等单位进行交工验收，并邀请具体负责建设项目监督管理工作的交通运输主管部门和质量监督机构参加。

第三十八条 交工验收应当具备以下条件：

（一）合同约定的各项内容已建设完成，未遗留有碍船舶安全航行和工程运行安全的隐患。

（二）项目单位组织对工程质量的检测结果合格。

（三）监理单位对工程质量的评定（评估）合格。

（四）质量监督机构对工程交工质量核验合格。

（五）设计单位、施工单位、监理单位已完成工作总结报告。

第三十九条 交工验收的主要工作内容：

（一）检查合同执行情况，核验工程建设内容与批复的设计内容是否一致。

（二）检查施工自检报告、施工总结报告及施工资料。

（三）检查监理单位独立抽检资料、监理总结报告及质量评定资料。

（四）检查设计单位对工程设计符合性评价意见和设计总结报告。

（五）检查工程实体质量。

（六）对合同是否全面执行、工程质量是否合格做出结论，出具交工验收意见。

第四十条 航运枢纽工程在截流前、水库蓄水前、通航前、机组启动前等关键阶段，项目单位应当组织设计、施工、监理、试验检测、运行管理等单位进行阶段验收，并邀请具体负责建设项目监督管理工作的交通运输主管部门和质量监督机构，必要时邀请地方人民政府、其他负有监督管理工作的部门或机构、专家等参加。

第四十一条 阶段验收的主要工作内容：

（一）检查已完工程交工验收情况，工程质量、形象进度是否达到阶段验收要求。

（二）检查在建工程是否正常、有序。

（三）检查下阶段工作方案和待建工程施工计划安排。

（四）检查拟投入运行的工程是否具备运行条件。

（五）检查工程资料是否按规定整理齐全。

（六）对阶段验收是否合格做出结论，出具阶段验收意见。

第四十九条 项目单位申请竣工验收前应当组织编制竣工验收报告，竣工验收报告应当包括以下内容：

（一）项目单位工作报告。

（二）设计、施工、监理等单位的工作报告。

（三）质量监督机构出具的项目工程质量鉴定报告和质量监督管理工作报告。

（四）试运行报告。

（五）竣工决算报告（按照国家有关规定需要审计的，应当包括竣工决算审计报告）。

（六）按法规办理的各专项验收或者备案证明材料。

（七）有关批准文件。

第五十一条 航道工程建设项目竣工验收的主要内容：

（一）检查工程执行有关部门批准文件情况。

　　（二）检查工程实体建设情况，核查质量监督机构出具的项目工程质量鉴定报告和质量监督管理工作报告。

　　（三）检查工程合同履约情况。

　　（四）检查工程执行强制性标准情况。

　　（五）检查按法规办理的各专项验收或者备案情况。

　　（六）检查竣工验收报告编制情况。

　　（七）检查廉政建设合同执行情况。

　　（八）对存在问题和尾留工程提出处理意见。

　　（九）对航道工程建设、设计、施工、监理等单位的工作做出综合评价。

　　（十）出具竣工验收现场核查报告，对竣工验收是否合格提出意见。

　　第五十二条　交通运输主管部门应当成立竣工验收现场核查组对工程进行现场核查。

　　竣工验收现场核查组应当由交通运输主管部门、质量监督机构、项目单位人员和专家等组成，并邀请海事管理机构等其他依法对项目负有监督管理职责的相关部门参加。

　　工程设计、施工、监理、试验检测等单位人员应当参加现场核查。

　　第七十三条　项目单位应当建立健全工程建设项目档案管理制度，保证档案资料真实、准确和完整，督促勘察设计、施工、监理、试验检测等单位加强建设项目档案管理，按照有关规定办理工程竣工档案专项验收。

　　第七十五条　航道工程建设项目勘察、设计、施工、监理、试验检测等单位应当加强资料档案的管理，按照国家有关规定建立健全各自的工程项目档案，对各环节的文件、图片、影像等资料进行立卷归档。

3.2.3　水运建设市场监督管理的相关规定

　　《水运建设市场监督管理办法》中与施工相关的主要规定有：

　　第五条　水运建设市场主体应当加强自律，完善内部管理制度，诚信经营，遵守职业道德，自觉维护市场秩序，履行社会责任，接受社会监督。

　　第八条　水运建设市场主体应当严格遵守有关建设法律、法规、规章及相关规定，执行国家和行业建设标准，诚实守信。

　　本办法所称水运建设市场主体，包括水运建设项目单位、从业单位和相关从业人员。

　　本办法所称从业单位，包括从事水运建设勘察、设计、施工、监理、试验检测以及提供咨询、项目代建、招标代理等相关服务的单位。

　　本办法所称代建单位是指受项目单位委托从事建设项目管理的单位。

　　第九条　法律、行政法规对水运建设市场主体的资质做出规定的，水运建设市场主体应当依法具备规定的资质要求。

　　从业单位在水运建设经营活动中，不得出借或者转让其资质证书，不得以他人名义承揽工程，不得超越资质等级承揽工程。

　　第十二条　鼓励满足本办法第十一条规定要求的水运建设管理单位及水运工程勘

察、设计、施工、工程监理企业开展代建工作。

代建单位不得在所代建的项目中同时承担勘察、设计、施工、供应设备或者与以上单位有隶属关系及其他直接利益关系。

第十五条　水运建设项目实行招标投标的，应当严格遵守国家有关招标投标法律、法规、规章的规定，依法开展招标投标工作。水运建设市场主体不得弄虚作假，不得串通投标，不得以行贿等不合法手段谋取中标。

第十七条　勘察、设计单位经项目单位同意，可以将工程设计中跨专业或者有特殊要求的勘察、设计工作分包给有相应资质条件的单位承担。勘察、设计单位对分包单位的分包工作承担连带责任。

施工单位经项目单位同意，可以将非主体、非关键性或者适合专业化施工的工程分包给具有相应资质条件的单位承担。施工单位对分包单位的分包工程承担连带责任。

项目单位应当加强对工程分包的管理。承包单位应当将施工分包合同报监理单位审查，并报项目单位备案。监理工作不得分包或者转包。

第十八条　禁止承包单位将其承包的水运建设工程转包。禁止分包单位将其承包的水运建设工程再分包。

第十九条　水运建设各相关单位应当按照合同约定全面履行义务：

（一）项目单位应当按照合理工期组织项目实施，不得任意压缩合理工期和无故延长工期，并应当按照合同约定支付款项；不得明示或者暗示施工单位使用不合格的材料、构配件和设备；项目单位按照合同约定自行采购材料、构配件和设备的，应当保证其满足国家有关标准的规定，符合设计文件要求。

（二）勘察、设计单位应当按时提供勘察、设计资料和设计文件；除有特殊要求的材料、专用设备、工艺生产线等外，设计单位不得指定生产厂、供应商；工程实施过程中，设计单位应当按约定派驻设计代表，提供设计后续服务。

（三）施工单位应当合理组织施工，人员及施工设备应当及时到位；应当加强现场管理，确保工程质量、生产安全和合同工期，做到文明施工。

（四）工程监理单位应当按约定履行监理服务，建立相应的现场监理机构，对工程实施有效监理。

（五）试验检测机构应当依据试验检测标准和合同约定进行取样、试验和检测，提供真实、完整的试验检测数据、资料。

（六）提供水运建设咨询、项目代建、招标代理等相关服务的单位应当依据相关规定，规范办理受托事务，所提供的信息、数据、结论或者报告应当真实、准确；保守技术和商业秘密；不得与委托人的潜在合同当事方有隶属关系或者其他利益关系。

第二十条　项目单位和施工单位应当加强工程款管理，专款专用。项目单位对施工单位工程款使用情况进行监督检查时，施工单位应当积极配合，不得阻挠和拒绝。施工单位应当及时足额支付农民工工资。

第二十一条　水运建设工程质量实行终身责任制，相关市场主体对工程质量在设计使用年限内承担相应责任。

项目单位对工程质量和安全管理负总责。代建单位按照合同约定对工程质量和安全负管理责任。勘察、设计单位对勘察、设计质量负责。施工单位对施工质量和安全负责。工程监理单位对工程项目的质量和安全生产负监理责任。其他市场主体对其提供的产品或者服务负相应责任。

第二十二条 与水运建设项目单位签订合同后，勘察、设计、施工单位的项目负责人和技术负责人、工程监理单位的总监理工程师等主要人员以及主要设备，未经项目单位同意不得变更。

项目单位同意变更前款规定的主要人员和主要设备的，变更后人员的资格能力及设备主要技术指标不得低于约定的条件。

第二十三条 水运建设注册执业人员应当按照相关法律、法规规定执业。不得有下列行为：

（一）出租、出借注册执业证书或者执业印章。

（二）超出注册执业范围或者聘用单位业务范围从事执业活动。

（三）在非本人负责完成的文件上签字或者盖章。

（四）法律、法规禁止的其他行为。

第二十四条 项目单位和施工、工程监理等单位应当采用信息化手段加强工程建设管理，对关键部位和隐蔽工程的施工过程进行监控记录，并将文字、图表、声像等各种形式的记录文件建档保存。

项目单位和施工、工程监理等单位应当按照国家有关规定，建立健全档案管理制度，加强档案管理，及时、准确、完整地上报项目建设相关信息。

第二十五条 项目单位应当依据国家有关信用管理的规定，建立从业单位信用信息台账，对参建的勘察、设计、施工、工程监理等单位的投标、履约行为进行评价。

勘察、设计、施工、工程监理、项目代建、招标代理、造价咨询等单位应当按规定向省级交通运输主管部门提供本单位的信用信息，及时更新动态，并对所提供信息的真实性、准确性和完整性负责。

第三十条 对有下列情形的项目单位或者从业单位，负有相应监督管理职责的交通运输主管部门可以对其负责人进行约谈警示：

（一）有较为严重的违反水运建设管理相关规定的行为的。

（二）存在重大工程质量、安全事故隐患的。

（三）项目管理混乱的。

（四）经交通运输主管部门督促，未按照检查意见进行整改或者整改不到位的。

（五）交通运输主管部门认为有必要约谈的其他情形。

交通运输主管部门应当在约谈前向被约谈人发出书面约谈通知，通知中明确约谈事由、程序、时间、地点、参加人等事项。约谈结束后，形成约谈纪要。

对约谈事项拒不整改或者整改不力的单位，交通运输主管部门应当将相关情况在信用管理体系中予以记录，并向社会公开。

第三十三条 水运建设项目施工现场应当设置标示牌，标明项目的建设内容、建设工期以及项目单位、勘察、设计、施工、工程监理单位名称和主要负责人姓名、监督电话等，接受社会监督。

第三十七条 违反本办法规定，承包单位超越资质等级承揽工程的，依照《建设工程质量管理条例》第六十条规定，责令停止违法行为，按照以下标准处以罚款；有违法所得的，予以没收：

（一）工程尚未开工建设的，对勘察、设计单位或者工程监理单位处合同约定的勘察费、设计费或者监理酬金 1 倍的罚款；对施工单位处工程合同价款 2% 的罚款。

（二）工程已开工建设的，对勘察、设计单位或者工程监理单位处合同约定的勘察费、设计费或者监理酬金 1 倍以上 2 倍以下的罚款；对施工单位处工程合同价款 2% 以上 4% 以下的罚款。未取得资质证书承揽工程的，予以取缔，依照前款规定处以罚款；有违法所得的，予以没收。

第三十八条　违反本办法规定，勘察、设计、施工、工程监理单位允许其他单位或者个人以本单位名义承揽工程的，依照《建设工程质量管理条例》第六十一条规定，责令改正，没收违法所得，按照以下标准处以罚款：

（一）勘察、设计、施工、工程监理单位允许有相应资质并符合本工程建设要求的单位或者个人以本单位名义承揽工程的，对勘察、设计单位或者工程监理单位处合同约定的勘察费、设计费或者监理酬金 1 倍以上 1.5 倍以下的罚款；对施工单位处工程合同价款 2% 以上 3% 以下的罚款。

（二）勘察、设计、施工、工程监理单位允许无相应资质的单位或者个人以本单位名义承揽工程的，对勘察、设计单位或者工程监理单位处合同约定的勘察费、设计费或者监理酬金 1.5 倍以上 2 倍以下的罚款；对施工单位处工程合同价款 3% 以上 4% 以下的罚款。

第四十条　违反国家相关规定和本办法规定，项目单位明示或者暗示设计、施工单位违反工程建设强制性标准、降低工程质量的，勘察、设计单位未执行工程建设强制性标准的，施工单位不按照工程设计图纸或者施工技术标准施工的，工程监理单位与建设单位或者施工单位串通，弄虚作假、降低工程质量的，依照《建设工程质量管理条例》第五十六条、第六十三条、第六十四条、第六十七条规定做出罚款决定的，按照以下标准处罚：

（一）工程尚未开工建设的，对项目单位处 20 万元以上 30 万元以下的罚款；对勘察、设计单位处 10 万元以上 20 万元以下的罚款。

（二）工程已开工建设的，对项目单位处 30 万元以上 50 万元以下的罚款；对勘察、设计单位处 20 万元以上 30 万元以下的罚款；对施工单位处工程合同价款 2% 以上 4% 以下的罚款；对工程监理单位处 50 万元以上 100 万元以下的罚款。

第四十一条　依照《建设工程质量管理条例》规定给予单位罚款处罚的，对单位直接负责的主管人员和其他直接责任人员处单位罚款数额 5% 以上 10% 以下的罚款。

3.2.4　水运工程安全生产监督管理的相关规定

《公路水运工程安全生产监督管理办法》中与施工相关的主要规定有：

第三条　本办法所称公路水运工程，是指经依法审批、核准或者备案的公路、水运基础设施的新建、改建、扩建等建设项目。

本办法所称从业单位，是指从事公路、水运工程建设、勘察、设计、施工、监理、试验检测、安全服务等工作的单位。

第四条　公路水运工程安全生产工作应当以人民为中心，坚持安全第一、预防为主、综合治理的方针，强化和落实从业单位的主体责任，建立从业单位负责、职工参与、政府监管、行业自律和社会监督的机制。

第九条　国家鼓励和支持公路水运工程安全生产科学技术研究成果和先进技术的推广应用，鼓励从业单位运用科技和信息化等手段对存在重大安全风险的施工部位加强监控。

第十一条　从业单位从事公路水运工程建设活动，应当具备法律、法规、规章和工程建设强制性标准规定的安全生产条件。任何单位和个人不得降低安全生产条件。

第十四条　施工单位从事公路水运工程建设活动，应当取得安全生产许可证及相应等级的资质证书。施工单位的主要负责人和安全生产管理人员应当经交通运输主管部门对其安全生产知识和管理能力考核合格。

施工单位应当设置安全生产管理机构或者配备专职安全生产管理人员。施工单位应当根据工程施工作业特点、安全风险以及施工组织难度，按照年度施工产值配备专职安全生产管理人员，不足5000万元的至少配备1名；5000万元以上不足2亿元的按每5000万元不少于1名的比例配备；2亿元以上的不少于5名，且按专业配备。

第十五条　从业单位应当依法对从业人员进行安全生产教育和培训。未经安全生产教育和培训不合格的从业人员，不得上岗作业。

第十六条　公路水运工程从业人员中的特种作业人员应当按照国家有关规定取得相应资格，方可上岗作业。

第十七条　施工中使用的施工机械、设施、机具以及安全防护用品、用具和配件等应当具有生产（制造）许可证、产品合格证或者法定检验检测合格证明，并设立专人查验、定期检查和更新，建立相应的资料档案。无查验合格记录的不得投入使用。

第十八条　特种设备使用单位应当依法取得特种设备使用登记证书，建立特种设备安全技术档案，并将登记标志置于该特种设备的显著位置。

第十九条　翻模、滑（爬）模等自升式架设设施，以及自行设计、组装或者改装的施工挂（吊）篮、移动模架等设施在投入使用前，施工单位应当组织有关单位进行验收，或者委托具有相应资质的检验检测机构进行验收。验收合格后方可使用。

第二十条　对严重危及公路水运工程生产安全的工艺、设备和材料，应当依法予以淘汰。交通运输主管部门可以会同安全生产监督管理部门联合制定严重危及公路水运工程施工安全的工艺、设备和材料的淘汰目录并对外公布。

从业单位不得使用已淘汰的危及生产安全的工艺、设备和材料。

第二十一条　从业单位应当保证本单位所应具备的安全生产条件必需的资金投入。

建设单位在编制工程招标文件及项目概预算时，应当确定保障安全作业环境及安全施工措施所需的安全生产费用，并不得低于国家规定的标准。

施工单位在工程投标报价中应当包含安全生产费用并单独计提，不得作为竞争性报价。安全生产费用应当经监理工程师审核签认，并经建设单位同意后，在项目建设成本中据实列支，严禁挪用。

第二十二条　公路水运工程施工现场的办公、生活区与作业区应当分开设置，并保持安全距离。办公、生活区的选址应当符合安全性要求，严禁在已发现的泥石流影响区、滑坡体等危险区域设置施工驻地。

施工作业区应当根据施工安全风险辨识结果，确定不同风险等级的管理要求，合理布设。在风险等级较高的区域应当设置警戒区和风险告知牌。

施工作业点应当设置明显的安全警示标志，按规定设置安全防护设施。施工便道便桥、临时码头应当满足通行和安全作业要求，施工便桥和临时码头还应当提供临边防护和水上救生等设施。

第二十三条 施工单位与从业人员订立的劳动合同，应当载明有关保障从业人员劳动安全、防止职业危害等事项。施工单位还应当向从业人员书面告知危险岗位的操作规程。

施工单位应当向作业人员提供符合标准的安全防护用品，监督、教育从业人员按照使用规则佩戴、使用。

第二十四条 公路水运工程建设应当实施安全生产风险管理，按规定开展设计、施工安全风险评估。

设计单位应当依据风险评估结论，对设计方案进行修改完善。

施工单位应当依据风险评估结论，对风险等级较高的分部分项工程编制专项施工方案，并附安全验算结果，经施工单位技术负责人签字后报监理工程师批准执行。

必要时，施工单位应当组织专家对专项施工方案进行论证、审核。

第二十五条 建设、施工等单位应当针对工程项目特点和风险评估情况分别制定项目综合应急预案、合同段施工专项应急预案和现场处置方案，告知相关人员紧急避险措施，并定期组织演练。

施工单位应当依法建立应急救援组织或者指定工程现场兼职的、具有一定专业能力的应急救援人员，配备必要的应急救援器材、设备和物资，并进行经常性维护、保养。

第二十六条 从业单位应当依法参加工伤保险，为从业人员缴纳保险费。

鼓励从业单位投保安全生产责任保险和意外伤害保险。

第二十七条 从业单位应当建立健全安全生产责任制，明确各岗位的责任人员、责任范围和考核标准等内容。从业单位应当建立相应的机制，加强对安全生产责任制落实情况的监督考核。

第三十三条 依法设立的为安全生产提供技术、管理服务的机构，依照法律、法规、规章和执业准则，接受从业单位的委托为其安全生产工作提供技术、管理服务。

从业单位委托前款规定的机构提供安全生产技术、管理服务的，保障安全生产的责任仍由本单位负责。

第三十四条 施工单位应当按照法律、法规、规章、工程建设强制性标准和合同文件组织施工，保障项目施工安全生产条件，对施工现场的安全生产负主体责任。施工单位主要负责人依法对项目安全生产工作全面负责。

建设工程实行施工总承包的，由总承包单位对施工现场的安全生产负总责。分包单位应当服从总承包单位的安全生产管理，分包单位不服从管理导致生产安全事故的，由分包单位承担主要责任。

第三十五条 施工单位应当书面明确本单位的项目负责人，代表本单位组织实施项目施工生产。

项目负责人对项目安全生产工作负有下列职责：

（一）建立项目安全生产责任制，实施相应的考核与奖惩。

（二）按规定配足项目专职安全生产管理人员。

（三）结合项目特点，组织制定项目安全生产规章制度和操作规程。

（四）组织制定项目安全生产教育和培训计划。

（五）督促项目安全生产费用的规范使用。

（六）依据风险评估结论，完善施工组织设计和专项施工方案。

（七）建立安全预防控制体系和隐患排查治理体系，督促、检查项目安全生产工作，确认重大事故隐患整改情况。

（八）组织制定本合同段施工专项应急预案和现场处置方案，并定期组织演练。

（九）及时、如实报告生产安全事故并组织自救。

第三十六条　施工单位的专职安全生产管理人员履行下列职责：

（一）组织或者参与拟订本单位安全生产规章制度、操作规程，以及合同段施工专项应急预案和现场处置方案。

（二）组织或者参与本单位安全生产教育和培训，如实记录安全生产教育和培训情况。

（三）督促落实本单位施工安全风险管控措施。

（四）组织或者参与本合同段施工应急救援演练。

（五）检查施工现场安全生产状况，做好检查记录，提出改进安全生产标准化建设的建议。

（六）及时排查、报告安全事故隐患，并督促落实事故隐患治理措施。

（七）制止和纠正违章指挥、违章操作和违反劳动纪律的行为。

第三十七条　施工单位应当推进本企业承接项目的施工场地布置、现场安全防护、施工工艺操作、施工安全管理活动记录等方面的安全生产标准化建设，并加强对安全生产标准化实施情况的自查自纠。

第三十八条　施工单位应当根据施工规模和现场消防重点建立施工现场消防安全责任制度，确定消防安全责任人，制定消防管理制度和操作规程，设置消防通道，配备相应的消防设施、物资和器材。

施工单位对施工现场临时用火、用电的重点部位及爆破作业各环节应当加强消防安全检查。

第三十九条　施工单位应当将专业分包单位、劳务合作单位的作业人员及实习人员纳入本单位统一管理。

新进人员和作业人员进入新的施工现场或者转入新的岗位前，施工单位应当对其进行安全生产培训考核。

施工单位采用新技术、新工艺、新设备、新材料的，应当对作业人员进行相应的安全生产教育培训，生产作业前还应当开展岗位风险提示。

第四十条　施工单位应当建立健全安全生产技术分级交底制度，明确安全技术分级交底的原则、内容、方法及确认手续。

分项工程实施前，施工单位负责项目管理的技术人员应当按规定对有关安全施工的技术要求向施工作业班组、作业人员详细说明，并由双方签字确认。

第四十一条　施工单位应当按规定开展安全事故隐患排查治理，建立职工参与的工作机制，对隐患排查、登记、治理等全过程闭合管理情况予以记录。事故隐患排查治理情况应当向从业人员通报，重大事故隐患还应当按规定上报和专项治理。

第四十二条　事故发生单位应当依法如实向项目建设单位和负有安全生产监督管理职责的有关部门报告。不得隐瞒不报、谎报或者迟报。

发生生产安全事故，施工单位负责人接到事故报告后，应当迅速组织抢救，减少人员伤亡，防止事故扩大。组织抢救时，应当妥善保护现场，不得故意破坏事故现场、毁灭有关证据。

事故调查处置期间，事故发生单位的负责人、项目主要负责人和有关人员应当配合事故调查，不得擅离职守。

第四十三条　作业人员应当遵守安全施工的规章制度和操作规程，正确使用安全防护用具、机械设备。发现安全事故隐患或者其他不安全因素，应当向现场专（兼）职安全生产管理人员或者本单位项目负责人报告。

作业人员有权了解其作业场所和工作岗位存在的风险因素、防范措施及事故应急措施，有权对施工现场存在的安全问题提出检举和控告，有权拒绝违章指挥和强令冒险作业。

在施工中发生可能危及人身安全的紧急情况时，作业人员有权立即停止作业或者在采取可能的应急措施后撤离危险区域。

第四十九条　交通运输主管部门对有下列情形之一的从业单位及其直接负责的主管人员和其他直接责任人员给予违法违规行为失信记录并对外公开，公开期限一般自公布之日起 12 个月：

（一）因违法违规行为导致工程建设项目发生一般及以上等级的生产安全责任事故并承担主要责任的。

（二）交通运输主管部门在监督检查中，发现因从业单位违法违规行为导致工程建设项目存在安全事故隐患的。

（三）存在重大事故隐患，经交通运输主管部门指出或者责令限期消除，但从业单位拒不采取措施或者未按要求消除隐患的。

（四）对举报或者新闻媒体报道的违法违规行为，经交通运输主管部门查实的。

（五）交通运输主管部门依法认定的其他违反安全生产相关法律法规的行为。

对违法违规行为情节严重的从业单位及主要责任人员，应当列入安全生产失信黑名单，将具体情节抄送相关行业主管部门。

第五十四条　从业单位及相关责任人违反本办法规定，国家有关法律、行政法规对其法律责任有规定的，适用其规定；没有规定的，由交通运输主管部门根据各自的职责按照本办法规定进行处罚。

第五十五条　从业单位及相关责任人违反本办法规定，有下列行为之一的，责令限期改正；逾期未改正的，对从业单位处 1 万元以上 3 万元以下的罚款；构成犯罪的，依法移送司法部门追究刑事责任：

（一）从业单位未全面履行安全生产责任，导致重大事故隐患的。

（二）未按规定开展设计、施工安全风险评估，或者风险评估结论与实际情况严重不符，导致重大事故隐患未被及时发现的。

（三）未按批准的专项施工方案进行施工，导致重大事故隐患的。

（四）在已发现的泥石流影响区、滑坡体等危险区域设置施工驻地，导致重大事故隐患的。

第五十六条　施工单位有下列行为之一的，责令限期改正，可以处5万元以下的罚款；逾期未改正的，责令停产停业整顿，并处5万元以上10万元以下的罚款，对其直接负责的主管人员和其他直接责任人员处1万元以上2万元以下的罚款：

（一）未按照规定设置安全生产管理机构或者配备安全生产管理人员的。

（二）主要负责人和安全生产管理人员未按照规定经考核合格的。

3.2.5　防止船舶及其有关作业活动污染海洋环境防治管理的相关规定

《中华人民共和国船舶及其有关作业活动污染海洋环境防治管理规定》中与施工相关的主要规定有：

第九条　船舶从事下列作业活动，应当遵守有关法律法规、标准和相关操作规程，落实安全和防治污染措施，并在作业前将作业种类、作业时间、作业地点、作业单位和船舶名称等信息向海事管理机构报告；作业信息变更的，应当及时补报：

（一）在沿海港口进行舷外拷铲、油漆作业或者使用焚烧炉的。

（二）在港区水域内洗舱、清舱、驱气以及排放垃圾、生活污水、残油、含油污水、含有毒有害物质污水等污染物和压载水的。

（三）冲洗沾有污染物、有毒有害物质的甲板的。

（四）进行船舶水上拆解、打捞、修造和其他水上、水下船舶施工作业的。

（五）进行船舶油料供受作业的。

第十一条　任何单位和个人发现船舶及其有关作业活动造成或者可能造成海洋环境污染的，应当立即就近向海事管理机构报告。

第十二条　在中华人民共和国管辖海域航行、停泊、作业的船舶排放船舶垃圾、生活污水、含油污水、含有毒有害物质污水、废气等污染物以及压载水，应当符合法律、行政法规、有关标准以及中华人民共和国缔结或者加入的国际条约的规定。船舶在船舶排放控制区内航行、停泊、作业还应当遵守船舶排放控制区大气污染防治控制要求。船舶应当使用低硫燃油或者采取使用岸电、清洁能源、尾气后处理装置等替代措施满足船舶大气排放控制要求。

第十三条　船舶不得向依法划定的海洋自然保护区、海洋特别保护区、海滨风景名胜区、重要渔业水域以及其他需要特别保护的海域排放污染物。

依法设立本条第一款规定的需要特别保护的海域的，应当在适当的区域配套设置船舶污染物接收设施和应急设备器材。

第十四条　船舶应当将不符合第十二条规定排放要求以及依法禁止向海域排放的污染物，排入具备相应接收能力的港口接收设施或者委托具备相应接收能力的船舶污染物接收单位接收。

船舶委托船舶污染物接收单位进行污染物接收作业的，其船舶经营人应当在作业前明确指定所委托的船舶污染物接收单位。

第二十一条　船舶应当配备有盖、不渗漏、不外溢的垃圾储存容器，或者对垃圾实行袋装。

船舶应当对垃圾进行分类收集和存放，对含有有毒有害物质或者其他危险成分的垃圾应当单独存放。

船舶将含有有毒有害物质或者其他危险成分的垃圾排入港口接收设施或者委托船舶污染物接收单位接收的，应当向对方说明此类垃圾所含物质的名称、性质和数量等情况。

第二十二条　船舶应当按照国家有关规定以及中华人民共和国缔结或者加入的国际条约的要求，设置与生活污水产生量相适应的处理装置或者储存容器。

第四十条　船舶应当在出港前将上一航次消耗的燃料种类和数量，主机、辅机和锅炉功率以及运行工况时间等信息按照规定报告海事管理机构。

船舶按照船舶排放控制区要求转换低硫燃油或者采取使用岸电、清洁能源、尾气后处理装置等替代措施满足船舶大气排放控制要求的，应当按照规定如实记录。

第五十条　违反本规定，船舶的结构不符合国家有关防治船舶污染海洋环境的船舶检验规范或者有关国际条约要求的，由海事管理机构处 10 万元以上 30 万元以下的罚款。

第五十一条　违反本规定，船舶、港口、码头和装卸站未配备防治污染设施、设备、器材，有下列情形之一的，由海事管理机构予以警告，或者处 2 万元以上 10 万元以下的罚款：

（一）配备的防治污染设施、设备、器材数量不能满足法律、行政法规、规章、有关标准以及我国缔结或者参加的国际条约要求的。

（二）配备的防治污染设施、设备、器材技术性能不能满足法律、行政法规、规章、有关标准以及我国缔结或者参加的国际条约要求的。

第五十二条　违反本规定第九条、第四十条规定，船舶未按照规定将有关情况向海事管理机构报告的，由海事管理机构予以警告；情节严重的，处 2 万元以下的罚款。

第五十三条　违反本规定，船舶未持有防治船舶污染海洋环境的证书、文书的，由海事管理机构予以警告，或者处 2 万元以下的罚款。

第五十四条　违反本规定，船舶向海域排放本规定禁止排放的污染物的，由海事管理机构处 3 万元以上 20 万元以下的罚款。

第五十五条　违反本规定，船舶排放或者处置污染物，有下列情形之一的，由海事管理机构处 2 万元以上 10 万元以下的罚款：

（一）超过标准向海域排放污染物的。

（二）未按照规定在船上留存船舶污染物排放或者处置记录的。

（三）船舶污染物处置记录与船舶运行过程中产生的污染物数量不符合的。

第 4 章　相关标准的强制性条文

4.1　港口工程建设标准强制性条文的相关规定

4.1.1　对混凝土的有关规定

《水运工程混凝土施工规范》JTS 202—2011 中有关的强制条文有：

4.1.3.4　水运工程严禁使用烧黏土质的火山灰质硅酸盐水泥。

4.2.2　海水环境工程中严禁采用碱活性细骨料。

4.3.4　海水环境工程中严禁采用碱活性粗骨料。

6.3.5　模板的吊环严禁使用冷拉钢筋。

9.3.7.1　结构、构件中钢丝、钢丝束、钢绞线断裂或滑脱的数量，对后张法，严禁超过结构、构件同一截面钢丝总根数的 3%，且一束钢丝不得超过一根；对先张法，严禁超过结构、构件同一截面钢丝总根数的 5%，一束钢丝不得超过一根且严禁相邻两根预应力筋断裂或滑脱。

9.3.7.2　结构、构件中的预应力钢筋发生断裂或滑脱必须予以更换。

9.5.2.6　电焊作业必须采取措施保护预埋管道和预应力钢筋。

4.1.2　对重力式码头施工的有关规定

《码头结构设计规范》JTS 167—2018 有关重力式码头的强制条文有：7.2.5、7.2.11、7.2.18、7.2.32、7.6.14、7.6.17 条。

7.2.5　重力式码头抛石基床的厚度应遵守下列规定：

（1）当基床顶面应力大于地基承载力时，由地基承载力计算确定，并不小于 1m。

（2）当基床顶面应力不大于地基承载力时，不小于 0.5m。

7.2.11　当码头前沿底流速较大，地基土有被冲刷的危险时，应采取加大基床外肩宽度、放缓边坡、增大埋置深度等护底措施或按现行行业标准《防波堤设计与施工规范》JTS 154—1—2011 的相关规定执行。

7.2.18　重力式码头墙身必须沿长度方向设置变形缝。

7.2.32　重力式码头必须采取防止回填材料流失的倒滤措施。

7.6.14　沉箱靠自身浮游稳定时，必须验算其浮游稳定性。

7.6.17　沉箱定倾高度应满足下列要求：

（1）近程浮运时，沉箱的定倾高度不小于 0.2m。

（2）远程浮运时，以块石或砂等固体物压载的沉箱定倾高度不小于 0.3m，以液体压载的沉箱定倾高度不小于 0.4m。

《码头结构施工规范》JTS 215—2018 对重力式码头施工的强制条文有：3.0.5、3.0.7、7.5.11 条。

3.0.5　外海或工况恶劣条件下码头结构施工，应选择抗风浪能力强、稳定性好的施工船舶。

3.0.7　在受台风影响地区施工时，开工前应确定施工船舶避风港或避风锚地。

7.5.11　采用浮运拖带法水上运输沉箱前，应验算沉箱吃水并对沉箱在浮运拖带过程中各不同工况条件下进行浮游稳定性验算。验算应满足下列要求：

7.5.11.1　验算沉箱吃水时，应准确计入沉箱内实际的残余水和混凝土残屑的重量、施工操作平台和封舱盖板的重量。

7.5.11.2　沉箱压载宜用砂、石或混凝土块等固体物。用水压载时，应精确计算自由液面对稳定性的影响。

4.1.3　对高桩码头施工的有关规定

《码头结构施工规范》JTS 215—2018 有关高桩码头施工的强制性条文有：3.0.5、3.0.7、4.1.10、4.1.12.3、4.3.15.5、5.3.18、5.3.27 条。

3.0.5、3.0.7 条同上述。

4.1.10　严禁在已沉放的桩上系缆。已沉桩的区域应设置明显标志，夜间应设置警示灯。

4.1.12.3　有台风、大浪或洪峰等预报时，应检查夹桩设施是否牢固可靠，必要时应采取相应的防范措施。

4.3.15.5　未经验算，严禁打桩船在建筑物上带缆。

5.3.18　岸坡顶部堆放预制构件时，应核算岸坡的稳定性，并加强观测。必要时应采取防止岸坡滑坡、岸坡发生有害位移和沉降的措施。

5.3.27　安装后构件稳定性较差或可能遭受风浪、水流作用、船舶碰撞等影响时，应及时采取加固措施。

《水运工程桩基试验检测技术规范》JTS 240—2020 的强制条文有：

3.1.5　桩基静载荷试验前应进行桩身完整性检测。

3.4.4　当符合下列条件之一时，应采用静载荷试验进行桩基轴向承载力的验收检测：

（1）施工前未按 3.4.1 条进行试验桩静荷载试验的工程。

（2）桩身有明显缺陷，对桩身结构承载力有影响，采用完整性检测难以确定其影响程度。

（3）采用新桩型或新工艺的桩基工程。

（4）施工前进行了桩基静荷载试验，但施工过程中变更了工艺参数或施工质量出现了异常。

（5）场地地质条件复杂，施工质量可靠性低的桩基工程。

3.5.1　桩基轴向抗压承载力验证应采用桩基轴向抗压静荷载试验。

4.1.4　对防波堤施工的有关规定

《防波堤与护岸设计规范》JTS 154—2018 中有关的强制性条文有：3.1.5、3.1.20 条。

3.1.5　防波堤与护岸结构在规定的设计使用年限内应满足下列功能要求：

（1）在正常施工和正常使用时，能安全承受设计规定的各种作用。

（2）在正常使用时具有良好的工作性能。

（3）在正常维护条件下具有良好的工作性能。

（4）在设计地震状况下主体结构仍能保持整体稳定。

（5）有特殊要求时，在发生设定的偶然事件下，主体结构仍能保持整体稳定。

3.1.20　施工过程中未成型的防波堤与护岸，应根据实际情况采取相应的防护措施。必要时，应进行模型试验研究确定。

《防波堤与护岸施工规范》JTS 208—2020 中有关的强制性条文有：3.0.9 条。

3.0.9　施工船舶应具有足够的抗风浪性能。工程开工前应提前选定避风港或避风锚地。

《水运工程地基基础施工规范》JTS 206—2017 中对防波堤施工有关的强制性条文有：4.3.5 条。

4.3.5　爆破排淤施工前应发布爆破通告，其内容应包括爆破地点、每次爆破起爆时间、安全警戒范围、警戒标志和起爆信号。

4.1.5　对船闸施工的有关规定

《船闸工程施工规范》JTS 218—2014 中的强制性条文。

3.0.3　施工期应进行下列观测和监测：

（1）地下水位观测。

（2）施工围堰、基坑、船闸水工结构的沉降、位移观测。

（3）施工影响范围内建筑物的沉降、位移、混凝土裂缝等观测。

（4）设计要求的渗透、结构温度应力等监测。

4.5.6　围堰拆除应制定专项方案。且应在围堰内土建工程、机电设备安装工程通过专项验收后进行。

4.5.7　主围堰拆除时严禁发生水体自流通过全闸的通闸现象。

5.3.7　基坑开挖过程中必须监测边坡稳定及基坑周边构筑物情况，当出现塌方、涌水等危及基坑安全的迹象时，必须立即采取适宜的基坑保护措施。

5.4.10　基坑降水过程中应定期监测基坑周边建筑物的沉降和位移，并对监测结果进行分析，必要时应采取应对措施。

5.5.2　基坑开挖过程及开挖完成后，严禁在基坑周围堆放超出设计允许的荷载。

9.3.6　对首次采用的钢材、焊接材料、焊接方法、工艺参数、节点形式、焊接位置和热处理工艺在正式施焊前，应进行焊接工艺评定，并根据工艺评定的结果制定相应的焊接工艺规程。

9.3.14　碳素结构钢在环境温度低于 $-16℃$、低合金结构钢在环境温度低于 $-12℃$ 时，不应进行冷矫正和冷弯曲。

9.3.15　碳素结构钢和低合金结构钢在加热矫正时，加热温度不应超过 $900℃$。低合金结构钢在加热矫正后应自然冷却。

10.7.3.6　全部管路配制完成后，必须将各节油管连接在一起，用循环冲洗装置进行循环冲洗。

11.1.4　接地（PE）或接零（PEN）支线必须单独与接地（PE）或接零（PEN）干线相连接，不得串联连接。

11.3.3.7　船闸控制设备的联锁、互锁和各类控制保护应齐全可靠，动作准确灵敏。

11.6.5 控制室、通信设备机房、计算机房、调度室、闸首机房、启闭机房内控制柜、控制台、配电柜、防静电地板、金属桥架、金属管线等外露的不带电的金属物必须与建筑物等电位网连接；外场设备金属杆件、金属外壳必须与设备基础接地连接。

4.1.6 对干船坞和船台滑道施工的有关规定

《船厂水工工程设计规范》JTS 190—2018 中有关的强制性条文有：

3.1.2.1 船厂水工永久性建筑物设计使用年限应为 50 年。

4.3.2.13 坞墙顶部前沿应设栏杆，栏杆高度不应低于 1.10m，并在高度方向设中间栏杆。

5.2.4 干船坞承载能力极限状态短暂组合，应考虑施工期不利工况。

5.4.25 坞口与坞室结构间应设置变形缝；坞室结构沿其长度方向应设置变形缝。

4.1.7 水运工程质量检验标准中的强制性条文

《水运工程质量检验标准》JTS 257—2008 中的强制性条文。

1.3.0.2 水运工程施工应按下列规定进行质量控制。

1.3.0.2.1 施工单位应对工程采用的主要材料、构配件和设备等进行现场验收，并经监理工程师认可。对涉及结构安全和使用功能的有关产品，施工单位应按本标准的有关规定进行抽样检验，监理单位应按本标准的规定进行见证抽样检验或平行检验。

1.3.0.3 水运工程质量应按下列要求进行检验和验收。

1.3.0.3.1 工程施工应符合工程合同和设计文件的要求。

1.3.0.3.2 工程质量的检验应在施工单位自行检验合格的基础上进行。

1.3.0.3.3 隐蔽工程在隐蔽前应由施工单位通知有关单位进行验收，并形成验收文件。

1.3.0.3.4 涉及结构安全的试块、试件和现场检验项目，施工单位应按规定进行检验，监理单位应按规定进行见证抽样检验或平行检验。

1.3.0.3.5 分项工程及检验批的质量应按主要检验项目和一般检验项目进行检验。

1.3.0.3.6 涉及结构安全和使用功能的重要分部工程应按相应规定进行抽样检验或验证性检验。

1.3.0.3.7 承担见证抽样检验及有关结构安全检验的单位应具有相应能力等级。

1.3.0.3.8 工程的观感质量应由验收人员通过现场检查，并应共同确认。

1.5.0.4 单位工程质量合格应符合下列规定。

1.5.0.4.1 所含分部工程的质量均应符合质量合格的规定。

1.5.0.4.2 质量控制资料和所含分部工程有关安全和主要功能的检验资料应完整。

1.5.0.4.3 主要功能项目的抽查结果应符合本标准的相应规定。

1.5.0.4.4 观感质量应符合本标准的相应要求。

2.1.2.1 模板及支架的材料及结构必须符合施工技术方案和模板设计的要求。

3.2.1.2 码头前沿安全地带以外的泊位水域严禁存在浅点。

3.2.2.1 无备淤深度的港池疏浚工程设计底边线以内水域严禁存在浅点。

3.2.2.2.2 有备淤深度的港池疏浚工程边缘水域的底质为中、硬底质时，不得存在浅点。

3.2.3.1 无备淤深度的航道疏浚工程设计底边线以内水域严禁存在浅点。

3.2.3.2.2 有备淤深度的航道疏浚工程边缘水域的底质为中、硬底质时，不得存在浅点。

3.3.1.2 中、硬底质的一次性维护疏浚工程，设计底边线以内水域不得存在浅点。

5.4.3.2 抛填及爆炸施工的程序和爆炸参数应满足设计要求和经试验段施工所确定的施工参数。

9.12.1.2 炸礁的平面位置和范围必须满足设计要求，航槽底部高程严禁高出设计高程。

9.12.2.2 开挖施工程序应满足设计要求，严禁上下层同时垂直作业、弃渣堆集过高。

9.12.3.2 水下裸露爆破的布药方式、炸药品种和每次起爆用药量应满足设计要求。

9.12.4.1 弃渣堆填的位置、范围和高程应满足设计要求，不得影响航道尺度。

4.2 航道工程建设标准强制性条文的相关规定

4.2.1 对航道整治工程施工的有关规定

《航道整治工程施工规范》JTS 224—2016 中的强制性条文。

3.0.1 航道整治工程施工应结合整治河段的实际情况和施工特点，采取相应措施，综合利用资源，降低能耗，减少排放，保护生态环境。

3.0.8 航道整治工程应根据国家相关规定，针对工程特点制定生产安全事故和突发事件应急预案，配备必要的应急救援设备和器材，组织安全培训，开展相应的应急演练。

5.1.3 取土与弃土不得影响施工区周边建筑物稳定和安全。

5.2.6.3 围堰施工前要对所选择的围堰结构进行整体稳定性验算。

9.1.4 从事爆破工程的技术员、爆破员、安全员、库管员必须经过专业培训和考核，并应取得相应资格持证上岗。

9.1.9 爆破作业必须在船舶、人员全部撤离到警戒范围外才能起爆，影响通航安全作业时，应采取临时禁航措施。

4.2.2 对疏浚吹填工程施工的有关规定

《疏浚与吹填工程施工规范》JTS 207—2012 中的强制性条文有：

4.4.2 大型设备的水上拖带必须发布航行警告，船舶吃水、规格尺度和拖缆长度等必须符合当地港航管理部门的要求和相关规定，并符合沿途航道、桥梁、跨江（河）架空电缆等的通过条件。

4.4.4.7 拖航途中拖轮和被拖船必须正确显示号灯、号型，严格遵守国际海上避碰规则、VTS 管理规则、船舶报告系统管理规定和有关港口港章港规。

7.2.3.7　码头、护岸和其他水工建筑物前沿挖泥，必须严格按设计的要求控制超挖。

第3篇 港口与航道工程项目管理实务

第5章 港口与航道工程企业资质与施工组织

5.1 港口与航道工程企业资质

5.1.1 设计企业资质

1. 水运工程设计企业资质分类

水运工程设计企业资质分为行业资质和专业资质。

1）水运工程设计行业资质

水运工程设计行业资质分为：甲级和乙级。

2）水运工程设计专业资质

水运工程设计专业资质分为港口工程、航道工程、通航建筑工程、修造船厂水工工程、港口装卸工艺和水上交通管制工程。

（1）港口工程分为：甲级和乙级。

（2）航道工程分为：甲级和乙级。

（3）通航建筑工程分为：甲级和乙级。

（4）修造船厂水工工程分为：甲级和乙级。

（5）港口装卸工艺分为：甲级和乙级。

（6）水上交通管制工程分为：甲级和乙级。

2. 水运工程设计企业资质承包范围

1）水运工程设计行业资质承包范围

（1）甲级资质

可承担本行业建设工程项目主体工程及其配套工程的设计业务，其规模不受限制。

（2）乙级资质

可承担本行业中、小型建设工程项目的主体工程及其配套工程的设计业务。

2）水运工程设计专业资质承包范围

（1）港口工程

① 甲级资质

可承担各类港口工程的设计，包括码头，防波堤、导流堤、海上人工岛等水上建筑，护岸、引堤、海墙等防护建筑。

② 乙级资质

可承担下列港口工程的设计，包括沿海 5 万吨级与内河 1000 吨级以下集装箱码头，沿海 3 万吨级与内河 1000 吨级以下散货码头，沿海 1 万吨级与内河 1000 吨级以下件杂货、滚装、客运等多用途码头，沿海 3 万吨级与内河 1000 吨级以下原油码头和 3000

吨级以下的化学品、成品油、气等危险品码头；最大水深小于 6m 的防波堤、导流堤、海上人工岛等水上建筑；最大水深小于 5m 的护岸、引堤、海墙等防护建筑。

（2）航道工程

① 甲级资质

可承担各类航道工程的设计，包括沿海、内河整治和疏浚与吹填项目。

② 乙级资质

可承担下列航道工程的设计，包括沿海 5 万吨级以下航道工程，1000 吨级以下内河整治航道工程和工程量 200 万 m^3 以下的疏浚与吹填工程。

5.1.2　施工企业资质

1. 港口与航道施工企业资质分类

1）总承包资质

港口与航道工程施工总承包资质分为：特级、一级、二级、三级。

2）专业承包资质

（1）港口与海岸工程专业承包资质分为：一级、二级、三级。

（2）航道工程专业承包资质分为：一级、二级、三级。

（3）通航建筑物工程专业承包资质分为：一级、二级、三级。

（4）港航设备安装及水上交管工程专业承包资质分为：一级、二级。

2. 港口与航道施工企业资质承包范围

1）总承包资质承包工程范围

（1）特级资质

可承担各类港口与航道工程的设计施工总承包。

（2）一级资质

可承担各类港口与航道工程的施工，包括码头、防波堤、护岸、围堰、堆场道路和陆域构筑物、筒仓、船坞、船台、滑道、船闸、升船机、水下地基及基础、土石方、海上灯塔、航标、栈桥、人工岛及平台、海上风电、海岸与近海工程、港口装卸设备机电安装、通航建筑设备机电安装、河海航道整治与渠化工程、疏浚与吹填造地、水下开挖与清障、水下炸礁清礁等工程。

（3）二级资质

可承担下列港口与航道工程的施工，包括沿海 5 万吨级和内河 5000 吨级以下码头、水深小于 7m 的防波堤、5 万吨级以下船坞船台和滑道工程、1000 吨级以下船闸和 300 吨级以下升船机工程、沿海 5 万吨级和内河 1000 吨级以下航道工程、600 万 m^3 以下疏浚工程或陆域吹填工程、沿海 28 万 m^2 或内河 12 万 m^2 以下堆场工程、1200m 以下围堤护岸工程、6 万 m^3 以下水下炸礁清礁工程，以及与其相对应的道路与陆域构筑物、筒仓、水下地基及基础、土石方、航标、栈桥、海岸与近海工程、港口装卸设备机电安装、通航建筑设备机电安装、水下开挖与清障等工程。

（4）三级资质

可承担下列港口与航道工程的施工，包括沿海 1 万吨级和内河 3000 吨级以下码头、水深小于 4m 的防波堤、1 万吨级以下船坞船台和滑道工程、300 吨级以下船闸和 50 吨级以下升船机工程、沿海 2 万吨级和内河 500 吨级以下航道工程、300 万 m³ 以下疏浚工程或陆域吹填工程、沿海 12 万 m² 或内河 7 万 m² 以下港区堆场工程、800m 以下围堤护岸工程、4 万 m³ 以下水下炸礁清礁工程，以及与其相对应的道路与陆域构筑物、筒仓、水下地基及基础、土石方、航标、栈桥、海岸与近海工程、港口装卸设备安装、通航建筑设备安装、水下开挖与清障等工程。

2）专业承包资质承包工程范围

（1）港口与海岸工程专业承包

① 一级资质

可承担各类港口与海岸工程的施工，包括码头、防波堤、护岸、围堰、堆场道路及陆域构筑物、筒仓、船坞、船台、滑道、水下地基及基础、土石方、海上灯塔、航标与警戒标志、栈桥、人工岛及平台、海上风电、海岸与近海等工程。

② 二级资质

可承担下列港口与海岸工程的施工，包括沿海 5 万吨级及内河 5000 吨级以下码头、水深小于 7m 的防波堤、5 万吨级以下船坞船台及滑道工程、1200m 以下围堤护岸工程，以及相应的堆场道路及陆域构筑物、筒仓、水下地基及基础、土石方、海上灯塔、航标与警戒标志、栈桥、人工岛及平台、海岸与近海等工程。

③ 三级资质

可承担下列港口与海岸工程的施工，包括沿海 1 万吨级及内河 3000 吨级以下码头、水深小于 4m 的防波堤、1 万吨级以下船坞船台及滑道工程、800m 以下围堤护岸工程，以及相应的堆场道路及陆域构筑物、水下地基及基础、土石方、航标与警戒标志、栈桥、海岸与近海等工程。

（2）航道工程专业承包资质

① 一级资质

可承担各类航道工程的施工，包括河海湖航道整治（含堤、坝、护岸）、测量、航标与渠化工程，疏浚与吹填造地（含围堰），水下清障、开挖、清淤、炸礁清礁等工程。

② 二级资质

可承担沿海 5 万吨级和内河 1000 吨级以下航道工程、600 万 m³ 以下疏浚工程或陆域吹填工程、6 万 m³ 以下水下炸礁清礁工程，以及相应的测量、航标与渠化工程、水下清障、开挖、清淤等工程的施工。

③ 三级资质

可承担沿海 2 万吨级和内河 500 吨级以下航道工程、300 万 m³ 以下疏浚工程或陆域吹填工程、4 万 m³ 以下水下炸礁清礁工程，以及相应的测量、航标与渠化工程、水下清障、开挖、清淤等工程的施工。

（3）通航建筑物工程专业承包资质

① 一级资质

可承担各类船闸、升船机等通航建筑物工程的施工。

② 二级资质

可承担 1000 吨级以下船闸或 300 吨级以下升船机等通航建筑物工程的施工。

③ 三级资质

可承担 300 吨级以下船闸或 50 吨级以下升船机等通航建筑物工程的施工。

（4）港航设备安装及水上交管工程专业承包资质

①一级资质

可承担各类港口装卸设备安装及配套工程的施工，各类船闸、升船机、航电枢纽设备安装工程的施工，各类水上交通管制工程的施工。

②二级资质

可承担沿海 5 万吨级和内河 5000 吨级以下散货（含油、气）、杂货和集装箱码头成套装卸设备安装工程，1000 吨级以下船闸或 300 吨级以下升船机设备安装工程施工，单项合同额 1000 万元以下的各类水上交通管制工程的施工。

注：水上交通管制工程包括水上船舶交通管理系统工程（VTS 系统）、船舶自动识别系统工程（AIS 系统）、水上视频监控系统工程（CCTV 系统）、海上通信导航工程（海岸电台、甚高频电台、海事卫星通信、海上遇险与安全系统等）、内河通信导航工程（长途干线、江岸电台、甚高频电台等）等。

5.2　施工项目管理机构

5.2.1　项目管理机构的组建

项目部的组建原则是：根据合同要求、符合项目特点、精干高效。

项目投标时应策划项目部的组织构架，项目实施单位在项目中标后应按合同要求及时将项目部的组织构架向业主和监理单位呈报。

在满足业主要求的基础上，项目部的组织构架应根据项目规模、特点进行设计，并根据项目施工管理的各方面要求设置职能部门，保证项目管理的系统性、专业性和科学性。对于大型项目，常见的职能部门设置有：工程部、计合部、财务部、安全部、质量部、物设部、外协部和综合办公室，称为"七部一室"。对于中小型项目，一般会将上述职能部门做适当合并。设置安质部来承担安全部和质量部的职能；设置计财部来承担计合部和财务部的职能；将外协部职能纳入综合办公室；将物设部职能纳入工程部。

项目部的行政领导一般配置为：项目经理 1 人、项目总工程师 1 人、项目副经理 1~4 人。项目关键管理人员的执业资格、工作经验和业绩应满足合同要求或项目实施单位的有关规定。

各职能部门配部门经理 1 人。

5.2.2　项目管理机构的工作内容

1）工程部

工程部负责组织工程现场施工。

（1）组织工程实施及施工技术、进度管理，对现场安全、质量、文明施工负责。

（2）施工组织设计及专项施工方案的编制、申报及调整。

（3）工程计划与统计、工程量计算与签认。

（4）图纸会审、施工技术交底、安全技术交底、典型施工、工艺研讨与优化、工艺纪律落实、工序交验、施工记录等项目施工过程控制。

（5）测量及工地试验室管理。

（6）新工艺、新技术、新材料应用。

（7）现场施工资源的协调与调度。

（8）工程量清单及图纸核查、设计变更及资料呈报、过程记录并保存。

（9）分包队伍管理。

（10）组织工程验收。

（11）交、竣工资料编制及归档。

（12）施工技术总结。

2）计合部

计合部负责合同、预算、结算等管理。

（1）承包合同评审、交底及执行过程监控。

（2）工程计量结算、合同变更及索赔。

（3）目标成本及预控方案编制。

（4）项目内部经济分析与考核。

（5）工程分包合同谈判、评审与报批，分包结算等。

（6）物资采购和设备租赁等合同的评审、结算审核。

（7）分包商的考核评价。

3）质量部

质量部负责质量保证体系的建设和运行，监督现场施工质量。

（1）编制工程施工质量管理方案，包括质量目标，单位工程、分部分项工程划分、创优计划和工程质量检验计划等，并组织实施。

（2）参加技术交底、典型施工、工程验收等，进行质量评定。

（3）组织质量例会、质量检查及隐患排查、整改情况复查。

（4）测量、试验、检验等监督检查。

（5）质量信息的收集、统计、分析与处理。

（6）与业主、监理和质量监督部门的业务联系。

（7）参加工程交、竣工预验收，核查质量保证资料。

（8）参与工程质量事故的调查与处理，编写工程质量事故报告。

4）物设部

物设部负责物资和设备的采购、租赁及使用管理。

（1）收集市场信息，做好物资、设备的供应商比选。

（2）编报物资、设备的采购、租赁计划及用款计划。

（3）物资、设备的采购、租赁合同的谈判、评审、报批和结算。

（4）进场物资、设备的计量和检验。

（5）仓库和现场物资保管、发放和盘点。

（6）建立施工设备卡片、台账和技术档案，记录设备使用、修理、性能改变、调动、事故、封存和报废等。

（7）特种设备管理。

（8）监督施工设备安全技术操作规程的执行，做好安全、环保及防灾减灾工作。

（9）节能减排工作。

（10）参与施工设备事故调查，填报设备事故报告。

（11）材料消耗量的跟踪和监控工作。

5）安全部

安全部负责项目职业健康安全和环境管理、交通、消防等工作。

（1）制定安全、环境、交通、消防等管理制度，并监督实施。

（2）分解安全责任目标，组织签订安全环保目标责任书并进行考核。

（3）组织重大安全环保方案的内部审核。

（4）危险源和环境因素的辨识评价、应急预案的编制及演练。

（5）现场安全工作的监督、检查及隐患排查，以及整改情况的复查。

（6）分包队伍、设备租赁等安全工作管理。

（7）安全教育及特种作业人员管理。

（8）编制安全费用计划并监督使用。

（9）报告事故并协助调查。

6）财务部

财务部负责财务管理。

（1）会计核算。

（2）资金管理。

（3）成本的归集、核算、评价并参与成本分析。

（4）应收、应付账款管理。

（5）银行、税务、汇兑等相关业务工作。

（6）财务档案管理。

5.3　施工技术管理与大型施工船舶调遣

5.3.1　施工技术管理

工程项目的技术管理是工程的各项技术活动和对构成施工技术的各项要素进行计划、组织、指挥、协调和控制（即进行科学管理）的总称。

1. 港口与航道工程项目技术管理的任务和作用

工程项目技术管理的基本任务是：依据项目合同要求和国家与地方及行业的法律、法规、技术标准与规程等，策划工程承包项目全过程技术管理工作内容，确保项目技术方案科学，工艺与工序合理，技术管理流程受控，技术资料规范、齐全。

项目技术管理的主要内容包括：技术策划、图纸会审、施工技术方案、技术交底、变更设计、典型施工（首件制）、测量与试验检测、技术创新、内业技术资料、交竣工验收、技术总结、技术培训与交流等。

技术策划应在充分理解合同文件与设计文件，并有详尽施工调查和项目部自身资源及技术条件已具备的基础上进行，目的在于通过系统的技术研讨和安排，确定项目主要技术方案以及开工后的技术工作计划。

施工调查内容应根据工程特点和难度，重点调查核实以下主要内容：工程分布、地形地质地貌、气象水文、交通、工程特点及难点、主要工程数量、工程规模造价、设计、建设、监理、工期等资料，并对施工队伍的部署及驻地建设，控制工期的项目及重点、难点、关键项目的施工方案，大临工程设置方案，小临建设标准，工程原材料供应和运输方式，原材料的取样检测，水电、通信、燃料、征地拆迁、生活卫生、环境保护等进行调查，提出建议方案。

在施工调查的基础上，提出主要技术特点、难点及主要施工技术方案，列出项目所需的现行有效标准规范，建立满足施工要求的施工测量控制网。

施工技术方案的编制应符合国家现行的技术规范和标准，遵守国家和地方政府的有关法律法规。海外工程应符合所在国的法律法规、技术规范和标准。主要技术方案要进行充分的方案比选，保证施工方案的先进性、经济合理性。要特别重视结构计算、临时工程设计等。危险性较大的分部分项工程施工前应编制专项施工方案；对于超过一定规模的危险性较大的分部分项工程，应当组织专家对专项施工方案进行论证。采用新材料、新结构、新技术和新工艺的项目，需要通过试验确定施工方法和施工工艺、通过施工验证控制指标的项目，均应进行典型施工。

工程项目技术管理在整个管理工作中的作用，主要表现在以下几个方面：

（1）保证施工的全过程符合技术规范的要求，保证施工按科学的秩序进行。

（2）通过技术管理，不断提高施工技术水平和科学管理水平，不断提高职工全员和整个队伍的技术素质。能预见性地发现问题并及时制定相应的技术措施解决问题，最终达到高质量、按期完成任务。

（3）充分发挥施工全员的技术积极性，充分挖掘材料、设备的潜力，针对工程项目的特点和技术难点，开展合理化建议和技术攻关活动，在保证工程质量、进度和安全的前提下，降低工程成本，提高经济效益。

（4）通过技术管理，积极研究与推广新技术，促进技术进步，提高竞争力。

2. 港口与航道工程图纸的熟悉与审查

图纸的审查，一般分为两种形式。

第一种是综合会审：收到项目的施工图后，由总包单位和分包单位分别对图纸进行审查和熟悉，然后进行综合会审，或在设计交底时与设计单位、建设单位和监理单位一起进行综合会审，以解决大的方案性问题和各专业之间的搭接和协调问题。

第二种是由工程项目经理负责组织各工种对图纸进行学习、熟悉、审查，同时组织各专业间的会审。

参与审查各方如发现施工图纸存在差错或与实际情况不符，应向设计单位提出书面意见，设计单位在图纸会审和设计交底时应予以澄清或变更。

要做好图纸的熟悉与审查工作，项目经理要做的主要工作有：

1）做好审查的引导和辅导工作

项目经理自己要先学好并组织进行交底和辅导（请设计）。介绍工程概况、设计意图、工艺流程、指出关键部位和审图重点。

2）分工种进行熟悉和初审

由工段长组织各工种骨干在学习、熟悉图纸的基础上，详细核对有关各工种图纸的结构尺寸、相互的关系、施工方法等细节。

3）进行各工种的综合会审

会审时注意做到三个结合：

（1）熟悉、审查图纸与考虑施工方法相结合。

（2）考虑本工种问题与考虑相邻工种的搭接关系相结合。

（3）本工种施工时对其他工种的要求与为其他工种创造条件及提供方便相结合。

在此过程中，项目经理应确定总体的施工顺序、工艺和方法，对图纸中的问题、不完善之处或施工中难于做到的某些部分和相应的修改建议，及时与设计单位及建设单位洽商解决。

3. 港口与航道工程危险性较大的分部分项工程安全专项施工方案编制

危险性较大的分部分项工程施工前应编制安全专项施工方案；对于超过一定规模的危险性较大的分部分项工程，应当组织专家对安全专项施工方案进行论证。

安全专项施工方案编制应当包括以下内容：

1）工程概况：危险性较大的分部分项工程概况和特点、施工平面布置、施工要求和技术保证条件。

2）编制依据：相关法律、法规、规范性文件、标准、规范及施工图设计文件、施工组织设计等。

3）施工计划：施工进度计划、材料与设备计划。

4）施工工艺技术：技术参数、工艺流程、施工方法、操作要求、检查要求等。

5）施工安全保证措施：组织保障措施、技术措施、监测监控措施等。

6）施工管理及作业人员配备和分工：施工管理人员、专职安全生产管理人员、特种作业人员、其他作业人员等。

7）验收要求：验收标准、验收程序、验收内容、验收人员等。

8）应急处置措施。

9）计算书及相关施工图纸。

4. 港口与航道工程技术交底

技术交底是工程项目技术管理的一项重要制度，它是在单位工程或分部（分项）工程正式施工前，对参与施工的有关管理人员、技术人员和工人进行的一次技术性的解释和交代。其目的是使参与施工的人员对施工对象的设计情况、工程的结构形式、技术要求、施工工艺等方面有一个详细的了解，做到心中有数，以便科学地组织施工和合理地安排工序。避免发生技术性和操作性的错误或相互干扰。

技术交底主要包括以下几方面的内容：

1）图纸内容和设计要求

设计人员应使施工人员了解设计意图、建筑物的结构型式和主要功能、结构的特点，主体部位的做法和要求，特殊部位的做法和要求等，使施工人员熟悉图纸、掌握设计关键，做到按图施工。

2）施工组织设计

要将施工组织设计的全部内容进行交底，以使施工人员掌握工程的特点难点，施工的总体部署，任务的划分，工期（进度）要求，质量目标，施工方法、主要工种、工序的搭接关系，主要的资源投入以及各项管理措施等。

3）分项工程交底

分项工程交底主要包括作业标准、施工规范及验收标准、工程质量要求；施工工艺流程及施工先后顺序；施工工艺细则、操作要点及质量标准、环保要求；质量问题预防及注意事项；施工技术措施和安全技术措施；重大危险源、出现紧急情况下的应急救援措施、紧急逃生措施、环境保护措施等。

技术交底是一项经常性的工作，要分级、分阶段地进行。项目经理要根据项目施工的进度，分阶段组织向相关人员交底，并督促和检查操作层交底和落实所交底内容的情况。

各层次各项交底，除有口头交底、文字交底材料的记载外，必要时应有图示、图表、实样、现场示范操作等，同时，要填写《技术交底记录单》。

4）设计变更

要及时地将设计变更的原因、变化的结构、部位、变化情况对相关人员交代清楚，以免施工中漏改返工。

5. 港口与航道工程施工组织设计编制的总体要求

施工组织设计是指导施工全过程的技术、经济文件，是对施工全过程实行科学管理的重要手段。通过施工组织设计的编制，可以全面分析项目的施工条件，拟定合理的施工方案，确定施工顺序、施工方法、劳动组织，制定技术组织措施，统筹合理地安排工程进度计划；可以预计施工过程中可能出现的各种情况，可以把设计与施工、总包与分包、技术与经济、质量与进度、总体与局部、专业与辅助等方面的关系协调起来。实践证明，施工组织设计编制得合理，并在施工过程中认真贯彻执行，就可以使工程的质量、工期、安全达到合同规定的要求，成本得到有效控制。

1）港口与航道工程施工组织设计应包括的主要内容

（1）编制依据：编制施工组织设计依据的主要文件、技术标准和报告等的名称、代号或文号。

（2）工程概况：施工项目的工程名称、地理位置、工程内容、建设规模、主体结构型式、主要尺度或建设技术标准，按类别列表对主要工程数量进行统计汇总。

（3）自然条件：根据设计文件资料和现场调查，对影响工程施工的气象、水文、地质和地理特征等自然条件进行概述和重点分析。

（4）施工的特点与难点：结合工程结构特点、自然条件和合同条件对施工的特点、难点和关键点进行分析，确定关键节点、重点和难点问题的对策。

（5）施工总体安排及施工进度计划：根据总工期和节点工期要求、施工的特点与难点和现场条件等，对工程的总体施工顺序、总工期目标、主要节点工期、施工关键线路和施工进度计划等进行总体安排部署，绘制形象进度图和网络图，确定关键线路，并阐述保障进度计划的技术组织措施。

（6）施工现场平面布置：结合高程特点和现场实际，对施工现场总平面和临时工程的位置等进行统一布置；绘制现场总平面布置图，表明施工场地、施工水域、临时工程、施工道路、水电管线及主要设施的位置和范围，并简述布置的理由和实施计划。

（7）施工组织：绘制项目管理组织机构、施工区段划分及施工队伍配备的组织框图，确定项目职能部门和施工队伍负责人员名单，明确岗位职责等。

（8）施工方案：阐明施工方案的总思路，对关键项目的施工方案进行重点说明；确定主要分部、分项工程的施工顺序、施工方法、工艺流程、质量控制标准、操作要点和机械设备配备；编制危险性较大的分部分项工程和采用"四新"的施工项目的专项施工方案。

（9）施工测量与施工观测：根据工程特点确定施工测量的内容、方法、仪器和人员配备等，并布设测量控制网；根据工程特点确定施工观测的项目、制定观测方案，明确观测的内容、方法、控制标准和观测频率等。

（10）资源及资金需求计划：用表格形式列出工程施工所需主要资源及资金需求计划，明确名称、数量、规格、性能、要求及使用时间。

（11）施工技术、质量保证措施计划：根据企业质量体系文件，结合项目管理特点，建立现场质量体系，绘制质量管理体系框图，结合工程特点确定质量管理点及管理措施，编制技术交底、典型施工、隐蔽工程验收和施工监测等技术管理计划，质量检验计划和主要试验检测计划。

（12）安全生产、职业健康保证措施计划：根据企业职业健康质量体系文件，建立项目安全生产管理体系，绘制安全生产体系管理框图；结合工程特点确定危险源及管理措施，编制安全技术交底、安全防护措施计划和安全应急预案；根据施工条件和施工船舶性能，选定船舶避风锚地、选定通航线路、划定水域范围确定停泊位置及间距，提出拖轮配备计划。

（13）文明施工、环境保护、节能减排措施计划：结合工程特点、施工环境和施工条件，制订文明施工措施计划和节能减排措施计划；在对环境因素分析的基础上，制订相应的环境保护措施计划和环境事件应急预案。在敏感区域和国家专项保护区施工，制订相应的专项保护措施计划。

（14）特殊天气季节施工保证措施：结合工程特点、施工环境和施工季节，制订相应的雨天、夜间、冬季低温、夏季高温、台风季节和汛期的施工保证措施计划，制订防止工程遭受损坏、保证施工人员和施工船机安全的措施及应急预案。

（15）施工风险防范措施：结合工程特点、合同条件和施工环境，列举并评估各种可能发生的风险，提出防范对策和管理措施。

（16）附图：主要包括大型模板加工、施工平台、施工栈桥等图纸。

2）港口与航道工程施工组织设计的编制方法

（1）施工组织设计的编制应贯彻统筹规划的原则，充分体现施工合同的总体要求，力求达到技术先进、措施可靠、组织严密、关系协调、经济合理。

（2）施工组织设计应在全面、深入研究合同条件、设计文件内容，调查和分析现场施工条件的基础上从拟建工程施工全过程的人力、物力、时间、空间、技术组织五个要素着手进行编制。

（3）施工组织设计的编制，应针对工程特点、技术关键和施工难点采取有针对性的技术、经济措施，施工方案力求技术先进、科学合理、安全可靠、经济合理。

（4）施工组织设计应在宣布中标之后，在项目经理的领导下，由项目总工程师组织经理部的人员分工协作进行编写，由项目总工程师统一汇总、协调，以保证各项内容的正确性及其相互关系的协调性。

（5）施工组织设计经项目经理审查签字后，应报企业主管领导人审定，在工程开工之前，将经企业主管领导人审批后的施工组织设计报送业主和工程监理单位。

（6）所报送的施工组织设计，经监理工程师审核确认后才能正式批准开工。

（7）项目经理应组织项目部有关人员认真学习、贯彻落实施工组织设计文件。

6.高桩码头工程施工组织设计

1）编制依据

包括招标投标文件，工程承包合同，设计文件，施工规范和验收标准等有关文件，会议纪要等。

2）工程概况

工程概况包括以下主要内容：

（1）工程项目主要情况：工程名称、建设地点、建设规模、总工期、质量等级、主要工程量、分包队伍选择、施工流程和工艺特点、新技术、新材料应用等。工程规模主要阐述表示工程特征的代表值、停靠船型和等级、码头及引桥的数量、主要尺度、标高和主要结构形式、码头前沿水深、后方道路堆场的数量和面积、主要装卸设备的规格和数量等。

（2）自然条件

① 岸线和水深情况

包括拟建工程使用岸线情况、施工可占用岸线部位、水深条件和施工船舶可抛锚作业条件（应有地形图和水深图，比例宜为 1：500 或 1：1000）。

② 水位资料

包括设计水位、施工用的高水位、低水位、平均水位，最高潮和最低潮出现的时间和历时，防汛水位和地方政府对防汛的要求。

③ 潮流资料

包括水流和潮流的流速流向。

④ 风

包括常风向、强风向和台风的方向和天数。

⑤ 气温

包括高温和低温出现的时间和历时。

⑥ 降雨

包括年降雨量和降雨天数，暴雨和大暴雨出现的频率和雨量。

⑦ 工程地质条件

按地质报告，将与施工有关的资料列入，并应列表表示。表中包括土层名称、厚度、层顶和层底标高、重力密度、天然含水量、内摩擦角、黏聚力、压缩系数、标准贯入击数和静力触探值等。附钻孔位置图和地质柱状图，分析施工中应注意的事项。

（3）技术经济条件

① 建设项目地区的施工能力：预制构件加工、机械设备租赁、劳动力市场情况。

② 资源供应情况：钢材、木材、水泥、黄沙和石子等大宗建筑材料供应情况。

③ 交通和水电等条件。

（4）施工特点分析

高桩码头施工工序主要有施工挖泥、沉桩、构件安装、现浇混凝土和岸坡施工等方面。沉桩是保证工程质量、进度的关键工序，与其他工序相比，技术上比较复杂。岸坡受沉桩和棱体等施工影响时应考虑岸坡稳定。分析和确定施工特点是施工的关键问题，施工准备中要用合理的施工方案，采取有效的措施予以解决。

3）施工的组织管理机构

项目部组织机构及主要成员，管理网络图。

4）施工的总体部署和主要施工方案

施工的总体部署叙述整个工程施工的总设想和安排，各单项（单位）工程和重要建筑物的施工顺序及相互之间的前后和连接关系；主要施工任务的组织分工和施工队伍的安排；劳动力的配备；施工船机的配备；预制构件的加工和运输；分期分批竣工项目的安排；单位工程和分部分项工程的划分；临时设施的安排；画出施工总流程图。

主要施工方案应着重编写：

（1）影响整个工程施工的分部、分项工程，如工程量大、在工程中占重要地位的分部（分项）工程。

（2）施工技术复杂或采用的新技术、新工艺。

（3）对工程质量、工期起关键作用的分部（分项）工程。

（4）不熟悉的特殊结构工程或特殊专业工程等。

高桩码头施工方案的主要内容有：挖泥、测量、沉桩、构件预制及安装、模板工程、钢筋工程、混凝土工程、土石方工程、设备安装工程、附属设施安装工程等。

测量施工方案中包括施工测量控制网点的布置，定位方法和控制方案，沉桩桩位平面和高程控制，建筑物和岸坡沉降和位移观测。设计所采用的坐标系统及与国家坐标系统的关系，施工坐标系统与设计坐标系统及国家坐标系统的关系和换算，水准点位置，高程，数量，埋设情况，必须注意设计所用零点与当地零点的关系，做好标高的换算。将所用的控制坐标点列表并应画出施工控制点位置图，注明控制点来源。

沉桩施工方案包括障碍物的探摸清除，确定沉桩顺序，编制运桩图和落驳图，锤、桩船（桩架）、桩垫木和替打的选用，锚缆和地笼的布设，桩的运输和堆放，斜坡上沉桩技术措施及岸坡稳定，桩的高应变和低应变动测。

构件预制及安装方案包括桩、梁、板、靠船构件预制加工地点和方法，运输条件和现场堆存条件，起重船机选择，构件安装顺序。

模板工程包括现浇构件模板设计计算，模板加工和拼装场地。

钢筋工程包括钢筋加工场地的安排，大型钢筋笼的运输和吊装方法，预应力钢筋的张拉和锚固。

混凝土工程包括现场搅拌混凝土和使用商品混凝土，水上搅拌船的选用，大体积混凝土施工工艺。

大型土石方工程包括挖掘和运输机械的选择，挖掘方法和运输道路。

5）施工进度计划

施工进度计划是在既定施工方案的基础上，根据规定工期和各种资源供应条件，按照施工过程的合理施工顺序及施工组织原则，用横道图或网络图，对一个工程从开始施工到工程全部竣工，确定其全部施工过程及分阶段进度节点要求，在时间上和空间上的安排和相互配合关系。

6）各项资源的需用计划

各项资源的需用计划主要包括：劳动力、材料、施工船舶和机械、预制构件和半成品需用计划。

（1）劳动力需用计划

主要是作为安排劳动力的平衡、调配和衔接，劳动力耗用指标、安排生活设施的依据，其编制方法是将施工进度计划表内所列各施工过程需要工人人数按工种汇总而得。

（2）材料需用计划

材料需用计划是备料、供料和确定仓库、堆场面积及组织运输的依据，其编制方法是对施工进度表中各施工过程的工程量，按材料品种、规格、数量、使用时间计算汇总而得。

（3）施工船舶和机械需用计划

施工船舶、机械需用计划主要用于确定施工船舶、机械类型、数量、进场时间，据此落实施工船舶、机械来源、组织进场。编制方法为将工程施工进度表中每一个施工过程，每天所需的船舶、机械类型、数量和施工日期进行汇总而得。

（4）预制构件和半成品需用计划

预制构件和半成品需用计划主要用于落实加工（预制）单位，并按照所需规格、数量、时间、组织加工（生产）、运输和确定堆场，可根据施工图和施工进度计划编制而得。

7）施工总平面布置图

施工总平面布置图应按照施工方案和施工进度的要求，对施工现场的生产生活设施、道路交通、临时码头、避风锚地、临时水电管线等做出合理的规划布置，从而正确处理各临时设施和永久建筑、拟建工程之间的空间关系。

8）特殊天气、季节施工保证措施

分析施工全过程可能经历的台风、大风、冬期、夏季、雨期和汛期出现频率、影响程度，制定相应的避风、避雨方案。

（1）合理安排施工周期、顺序。

（2）选择避风、避雨锚地和场所。

（3）选用抗风浪能力强的船机设备。

（4）采取结构物、岸坡稳定的保护措施。

（5）制定"四防"应急预案。

9）技术、质量、安全管理和保证措施

（1）建立技术质量安全管理体系。

（2）在高桩码头施工中，对施工难度大、技术复杂的工程项目，如桩基、大体积混凝土的浇筑，采用新技术、新材料、新结构，易产生质量通病和施工经验不足的项目，必须提出质量保证措施。

（3）安全技术措施要从具体工程的结构特征、施工条件、技术要求和安全生产的需要出发，如针对水上作业、高处作业、夜间作业、潜水作业、立体交叉作业等编写安全措施。

（4）冬期、夏季和雨期施工，应根据实际天气情况，按规范、设计要求制定技术措施。

10）文明施工与环境保护

文明施工与环境保护按有关规定结合现场施工情况制定。

防治环境污染的措施主要有以下几个方面：

（1）防治水环境污染和减缓影响的措施。

（2）防治大气环境污染和减缓影响的措施。

（3）防治有毒、化学污染的措施。

（4）防治固体废物污染的措施。

（5）控制声环境影响的措施。

（6）生态影响减缓、补偿或恢复措施。

11）主要技术经济指标

主要技术经济指标有质量技术指标、安全事故指标、成本控制指标、利润指标等。

12）附图

（1）施工总平面布置图。

（2）临时设施布置图。

（3）测量控制点和基线布置图。

（4）沉桩施工顺序图。

（5）主要模板图和围囹图。

（6）构件安装作业顺序图。

7. 重力式码头工程施工组织设计

1）编制依据

包括施工合同、设计文件、采用的规范与标准、会议纪要等。

2）工程概况

包括工程名称、建设地点、工程规模、总工期要求、质量等级、码头的泊位数及主要尺度、标高、结构型式、码头前沿水深、后方道路堆场的布置及面积、主要工程量、主要装卸设备的规格、数量、施工环境与自然条件（水文、气象、工程地质概况）、项目管理特点等。

3）施工的组织管理机构

项目部的组织机构、主要成员及其职责。

4）施工的总体部署和主要施工方案

施工的总体部署：明确项目管理总体安排、施工任务的组织分工和协调关系，明确组织机构，统一决策指挥体系，确定综合和专业的施工组织；划分各施工单位的项目。

施工方案：施工方案的拟定、比选与优化，单位工程、分部工程、分项工程的划分，总的施工程序，主导工程的施工流水等。

主要施工方法：根据设计要求和施工现场的具体情况所选定的主要施工工序及施

工方法，拟采用的新技术、新工艺、新材料、施工的船机装备等。

质量安全目标与措施：明确质量与安全目标，并针对工程的结构、施工的环境与季节等制定实现质量与安全目标的具体措施。

（1）重力式码头工程一般施工流程如图5.3-1所示。

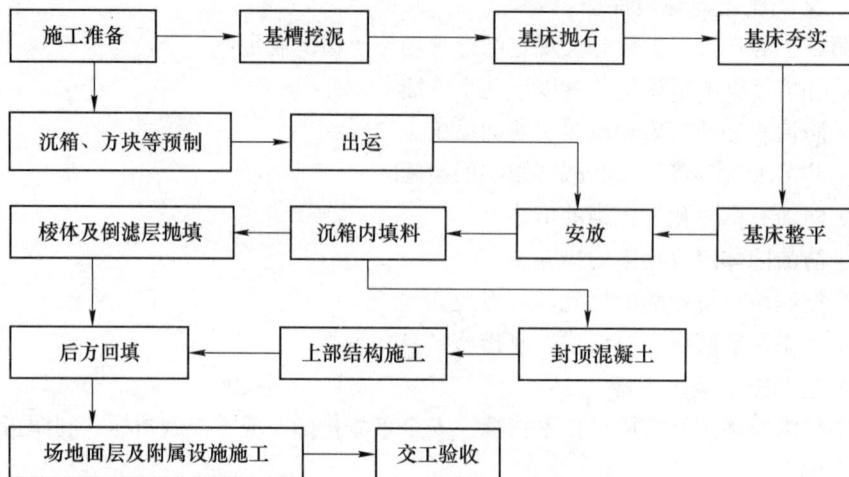

图5.3-1　重力式码头工程一般施工流程

（2）主要施工工艺

① 施工前的准备工作。

② 基槽挖泥。

③ 基床抛石。

④ 基床夯实。

基床夯实工艺流程如图5.3-2所示。

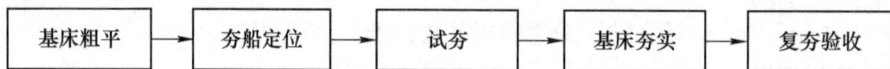

图5.3-2　基床夯实工艺流程

⑤ 基床整平。

采用方驳定位、供料，潜水员水下下钢轨、拉刮道、摆铺石料的导轨刮道法进行整平。对于大面积的水下整平，已开始应用整平船进行水下机械化作业。

⑥ 沉箱、方块、扶壁、大圆筒结构的预制、出运与安放。

重力式码头的沉箱、方块、扶壁、大圆筒等大型构件多在预制厂预制。大型沉箱的水平运输有纵横轨道台车运输、气垫、水垫、气囊法运输；利用滑道、半潜驳、浮船坞出运下水；沉箱就位安装有锚缆法、起重船辅助吊装法。小型沉箱可直接用起重船出运吊装。在沉箱灌水下沉及箱内填料时，相邻隔舱的水位及抛填标高要保持平衡，以免压裂隔墙混凝土。

⑦ 抛石棱体及倒滤层的抛填。

抛填顺序应从墙后开始，避免将岸坡淤泥挤入棱体下。

⑧ 封顶混凝土和结合腔混凝土的浇筑及上部结构施工。

5）施工进度计划

包括施工总体进度计划、单位工程施工进度计划横道图、施工网络图。

6）各项资源需求、供应计划

主要包括材料、劳动力、船机设备、资金等的准备。

7）施工总平面布置

包括施工总平面布置图及说明；施工总平面管理规划。

8）技术、质量、安全管理和保证措施

包括进度目标、质量目标、安全目标、成本目标的控制措施；保证季节（冬期、雨期、夜间）施工的措施；各项措施中应有技术、组织、经济和合同的措施等。

9）文明施工与环境保护

10）主要技术经济指标

包括指标的确定及对指标的分析与评价；实现该指标的难点及对策等。这些指标主要有：工期指标、质量指标、安全指标、成本指标、劳动生产率指标、技术进步与创新等。

技术经济指标是编制施工组织设计要实现的最终效果和目的。

11）附图

包括施工总平面布置图、临时设施布置图、测量控制点及基线布置图以及主要施工工艺图等。

8. 斜坡堤施工组织设计

1）编制依据

包括施工合同，勘察、设计文件，标准、规范、会议纪要以及其他技术经济方面的资料。

2）工程概况

包括工程名称、合同额、地理位置、建设规模；工程的建设、设计、监理、监督、承包单位；计划开工日期、总工期、主要节点工期、主要工程量、结构型式及主要尺度等。

3）施工条件

（1）自然条件

包括气象、水文、地形地貌、地质、地震等情况。

（2）施工组织条件

包括水、电、气、通信、水陆交通、医疗卫生等；劳动力、施工设备、物资配件及当地设备维修制造能力等；混凝土搅拌站、预制场和施工码头以及其他施工干扰情况等。

4）工程的特点、重点、难点分析及对策

根据施工条件、合同条件和技术质量要求，分析工程的特点、重点、难点、需要解决的关键问题。简要叙述应对策略。对于新结构、新技术和新材料的应用要求需重点阐述。对于海况恶劣水域的斜坡堤施工，施工期的堤身安全对策至关重要，在施工组织设计中要细致筹划。

5）总体部署和主要施工方案

（1）总体施工安排。

（2）施工组织机构及职责。

（3）施工总平面布置。

（4）工程测量。

包括人员配备、测量仪器配备、平面控制测量、高程控制测量、变形观测等。

（5）试验检测。

包括母体试验室选择、工地试验室的建立等。

（6）分部（项）工程划分及主要施工方案，主要包括：

① 分部（项）工程划分。

② 施工工艺流程。

③ 堤底处理，护底施工，堤心施工（袋装砂或抛石），块石棱体和垫层块石施工，护面块体预制、出运与安装，挡浪墙施工等的施工方法；对于软基上的斜坡堤施工，要按照设计要求控制加载速率，必要时要设置沉降观测装置，监控软基土的固结情况；对于海况恶劣水域的斜坡堤施工，要根据堤身结构和风浪情况综合确定设防波浪标准，对堤身实行随推进随防护，确保施工期堤身结构的安全。

④ 施工船舶与机械设备选择、工效分析。

⑤ 主要工序的关键技术保证措施等。

软土地基斜坡堤的施工流程如图 5.3-3 所示。

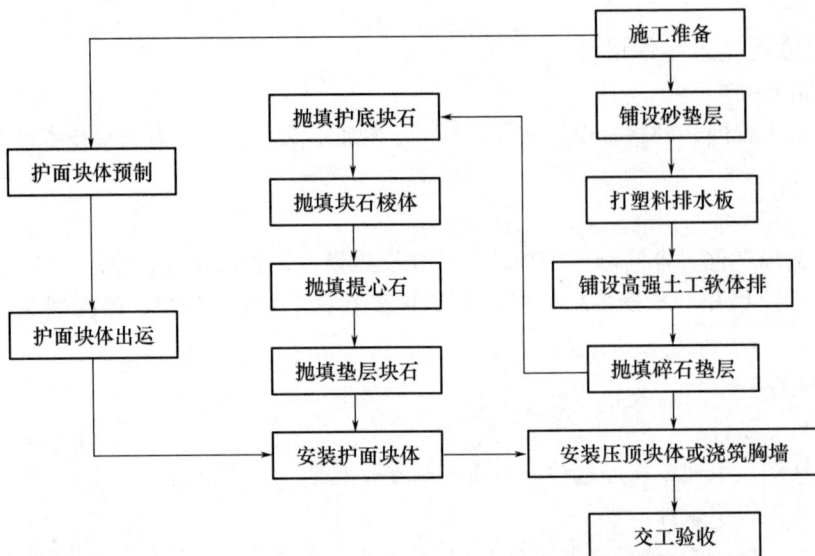

图 5.3-3 斜坡堤工程一般施工流程

（7）关键工序的典型施工方案。

（8）主要临时设施、附属工程的设计与施工组织方案。

6）施工准备工作计划

包括人财物等资源的落实，预制构件场、工地实验室、临时码头、大宗材料堆场、金属构件制作加工车间等临时设施的设计文件和实施计划等。

7）施工进度计划与保证措施

根据工程的特点及合同要求，说明施工总体进度安排，指出关键工序、主要节点工期及其施工强度，绘制施工进度计划汇总表等。

8）资源需求计划

包括施工船舶使用计划、工程设备使用计划、工程主要物资需用计划、工程预制构件使用计划、劳动力使用计划、资金计划等。

9）施工质量与保证措施

包括质量目标、现场管理体系及主要职责、工程质量的管理与技术措施等。

10）施工安全与职业健康保证措施

包括安全生产与职业健康目标、现场管理体系及主要职责、施工中存在的重大危险因素、安全生产的管理与技术措施、应急预案、职业健康保护措施等。

11）文明施工与环境保护措施

包括文明施工与环境保护目标、现场管理体系及主要职责、文明施工和环境保护的管理与技术措施等。

12）附件

包括附图、附表等。

9. 疏浚与吹填工程施工组织设计

1）编制依据

合同文件和有关的法律、法规、标准等。

2）工程概况

工程名称、建设目的、工程地点、工程规模，工程的建设、设计、监理、监督、承包单位，工期、质量要求，合同特殊要求等。

3）工程内容及工程量

（1）疏浚工程包括平面尺度、疏浚深度、边坡，设计断面工程量，计算超深、超宽工程量，施工期回淤工程量，合同计费工程量，各种土级工程量，疏浚土的管理方式，处置区的位置、水深、面积、容泥量，吹、运距，运泥航路情况等。

（2）吹填工程包括吹填区平面尺度、吹填标高、平整度和土质要求等，按吹填区容积计算的工程量，沉降量、预留吹填高度、流失量、计费工程量等，取土区位置、平面尺度、水深、土质状况及可取储量，取土区至吹填区水上距离、陆上距离、排高等，管线敷设形式、规格、数量等。

（3）吹填围埝工程包括围埝的结构型式、尺度、主要工程量、质量要求及排水口的结构型式、数量、位置、规格等。

4）施工条件

（1）气象、水文、工程地质、水深和河床变化等自然条件。

（2）燃物料供应、设备维修能力、劳动力供应、水陆交通、通信、医疗和水电供应等施工组织条件。

（3）航行干扰，相关建筑物、障碍物及施工的干扰，水产养殖、环保要求和港口规章等施工限制因素。

（4）施工难点及关键问题等。

5）施工现场准备工作计划

（1）办理工程施工所需的各种许可手续计划。

（2）施工场地、水域、码头泊位、道路、临时设施准备计划。

（3）现场管理机构的生活和办公设施及交通、通信等准备计划。

（4）施工船舶调遣计划。

（5）施工队伍、设备及物资材料进场计划等。

6）施工设备的选择与配备

（1）根据施工条件、工程特点、工程量、质量和工期要求选择施工船舶的类型、规格。

（2）按施工工况、土质、船舶性能测算各施工船舶的月作业天数及月度、年度产量，并计算各类船舶的投入时间和数量。

（3）拖轮、锚艇、驳船等辅助设备的选配。

（4）有多种船型可供选择时，进行技术经济比较，合理配置，择优选用等。

7）施工测量

（1）原有的控制网点情况和坐标。

（2）现场测量控制网布设，种类、等级、形式等。

（3）测量方法与使用的仪器设备，精度要求。

（4）测量项目、范围及周期。

（5）特殊的监测项目、内容及要求等。

8）施工管理机构和职责

（1）现场施工管理机构的设置。

（2）安全、质量、职业健康安全和环境管理体系。

（3）现场施工管理部门和主要人员职责等。

9）施工总体安排

（1）工程总体目标，包括工程的质量、安全、工期、文明施工和环保目标。

（2）工程总进度安排，包括根据合同工期要求对工程项目的开工和结束时间进行安排，明确主要或关键的施工节点。

（3）明确各分项或区段间的施工顺序及相互关系。

（4）施工平面布置图等。

10）施工安排与施工工艺

（1）按施工顺序及工期要求，划分各船舶承担的施工内容、区段、时间及工程量。

（2）结合工程特点及设备性能选取施工方法。

（3）选择合理的施工工艺流程及参数，拟采用的新技术、新工艺等。

（4）选定各类船舶土方计量的方法和手段等。

11）施工进度计划安排

（1）工程各分项和区段的划分及施工顺序。

（2）工程各分项和区段条块工程量。

（3）逐一计算并明确工程各分项和区段条块的施工期限及具体时间。

（4）明确相互衔接关系。

（5）绘制施工全过程的总进度计划图表。

（6）工期保证措施等。

12）施工质量管理

（1）项目质量保证体系与质量管理制度，岗位质量管理职责。

（2）质量控制的依据、执行的标准和质量目标。

（3）施工过程中质量控制的手段、方法和措施。

（4）质量风险评估及质量问题的预防和补救措施等。

13）燃物料、备配件、劳动力使用计划

（1）燃物料消耗和供应计划，船舶易损、易磨备配件的供应计划。

（2）围埝、管线和临时设施等的材物料使用计划。

（3）临时用工计划。

（4）施工、生活、交通、办公、通信等所需车船、设备和物品使用计划等。

14）资金计划

根据合同和施工计划进度编制资金及现金流计划，包括完成合同额、应收款、实收款、用款和资金调度等。

15）安全与文明施工

（1）安全控制执行的依据和标准。

（2）安全与文明施工组织体系及相关制度、职责。

（3）安全风险评估及安全目标。

（4）施工过程安全措施与季节性的安全措施。

（5）文明施工措施等。

16）环境保护

工程在环保方面的要求，环境保护目标计划和环境保护措施等。

17）施工风险防范措施

项目施工风险分析，风险管理重点和风险的防范对策等。

18）交工验收

交工验收的执行标准、验收时间、验收资料和验收形式等。

19）施工组织设计的附图附表

（1）工程形势图。

（2）施工总平面图，图上标出挖槽位置和尺度、吹填区位置及吹填标高、排泥管线、围埝和排水口、挖泥标志、水位站、施工区及附近的地形、地物、测量控制点坐标和高程、临时建筑物及其他与工程施工有关的内容。

（3）挖泥区、吹填区、取土区的设计图和土方计算表。

（4）施工总进度计划图。

（5）吹填临时设施结构设计图。

（6）挖泥区、吹填区、取土区的地质钻孔平面图、柱状图、剖面图、土工试验成果表等。

10.航道整治工程施工组织设计

1）编制依据

包括设计文件及批复，招标文件，合同文件，国家、地方或行业有关工程建设政策、法规和规范资料，现场施工条件，设备、技术状况和类似工程施工经验、行业技术新成果等。

2）工程概况

包括工程名称、建设地点、整治河段自然特征、整治目的和措施、整治建筑物类型、功能、规模、结构形式、工程总成本、总工期和质量等级、主要工程量、有关资源、交通、环境等施工条件、工程的建设、勘察设计、总承包和分包单位，质量监督及工程监理单位名称及组织机构、资质等状况。

3）施工的组织管理机构

项目部的组织机构及主要成员。

4）施工的总体部署和主要施工方案

施工的总体部署：明确项目管理组织体系及各承包单位的施工项目，确定总体施工程序或施工顺序及分期或分阶段实施的工程项目内容，工程施工总进度安排及主要项目程序，并对主要控制工期作必要的说明，划分项目施工阶段界线，确定分期交工的项目组成，并根据交工期限要求确定各单项工程竣工时间。

施工方案：说明不同施工阶段的程序安排及单位工程内部各分部（项）工程之间的先后次序。

主要施工方法：叙述施工采用的方法。针对工程量大，技术质量要求高、难度大，采用新材料、新工艺、新结构的关键项目，详细描述其施工方法等技术措施。

（1）筑坝工程

① 筑坝工程一般工艺流程如图 5.3-4 所示：

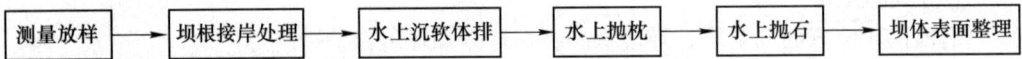

测量放样 → 坝根接岸处理 → 水上沉软体排 → 水上抛枕 → 水上抛石 → 坝体表面整理

图 5.3-4 筑坝工程一般工艺流程

② 主要施工工艺：

a. 测量放样。

b. 坝根接岸处理。

c. 水上沉软体排，工艺流程如图 5.3-5 所示：

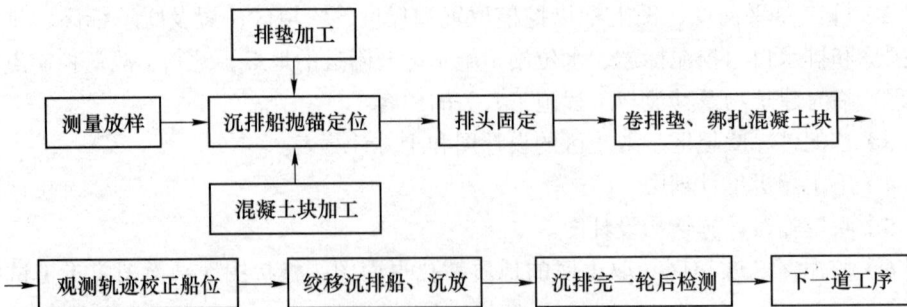

排垫加工 → 沉排船抛锚定位 → 排头固定 → 卷排垫、绑扎混凝土块 →
测量放样 → 沉排船抛锚定位
混凝土块加工 → 沉排船抛锚定位
→ 观测轨迹校正船位 → 绞移沉排船、沉放 → 沉排完一轮后检测 → 下一道工序

图 5.3-5 水上沉软体排工艺流程

d. 水上抛枕工艺流程如图 5.3-6 所示。

e. 水上抛石。

f. 坝体表面整理。

定位船定位 → 抽沙船定位 → 沉枕船靠抽沙船 → 置枕袋于枕架上 →

→ 启动泥浆泵充枕 → 沙枕滤水 → 沉枕船开离抽沙船 →

→ 沉枕船靠定位船定位 → 沉放沙枕 → 移定位船

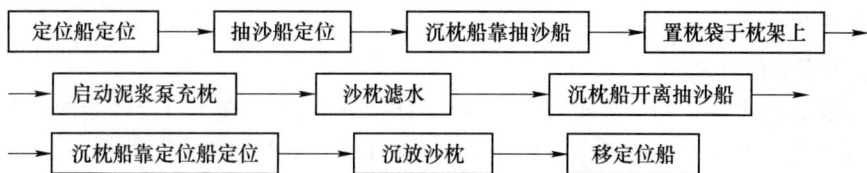

图 5.3-6　水上抛枕工艺流程

（2）护岸工程

① 护岸工程一般工艺流程如图 5.3-7 所示：

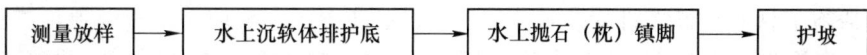

测量放样 → 水上沉软体排护底 → 水上抛石（枕）镇脚 → 护坡

图 5.3-7　护岸工程一般工艺流程

② 主要施工工艺：

a. 测量放样。

b. 水上沉软体排护底。

c. 水上抛石（枕）镇脚。

d. 护坡工艺流程如图 5.3-8 所示：

岸坡开挖、土石方回填 → 削坡及整平 → 排水盲（明）沟 →

→ 铺设倒滤层 → 面层处理

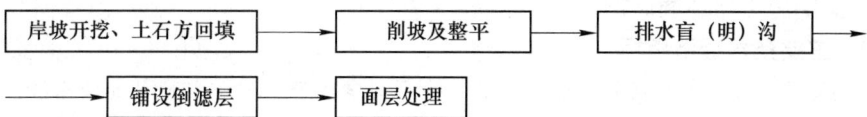

图 5.3-8　护坡工艺流程

（3）护滩带工程

① 护滩带工程一般工艺流程如图 5.3-9 所示：

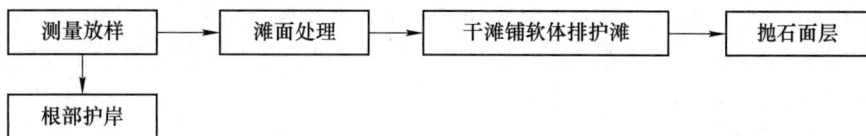

测量放样 → 滩面处理 → 干滩铺软体排护滩 → 抛石面层

测量放样 ↓ 根部护岸

图 5.3-9　护滩带工程一般工艺流程

② 主要施工工艺：

a. 测量放样。

b. 滩面处理。

c. 干滩铺软体排护滩工艺流程如图 5.3-10 所示：

排垫加工 ↓
测量放样 → 整理滩面、开挖沟槽 → 铺设排垫 → 系混凝土块
混凝土块加工 ↑
→ 沥青碎石填缝 → 检测

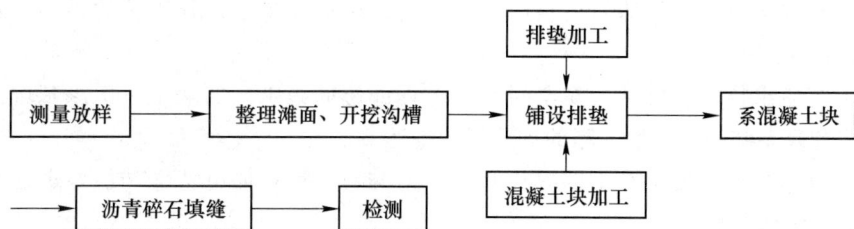

图 5.3-10　干滩铺软体排护滩工艺流程

d. 根部护岸。

5）施工进度计划

包括施工总进度计划和施工总进度保证措施，单位工程施工进度计划图及其说明，主要分部（项）工程施工网络计划及其说明，施工进度控制措施。

6）各项资源需求、供应计划

包括施工劳动力需要量计划、主要材料和预制品需要量计划及施工船机设备需要量计划等。

7）施工总平面布置

包括施工总平面布置图及说明。施工总平面布置图一般应包括建设项目范围内水上水下地形等高（或等深）线，陆上、水下已有和拟建（构）筑物及其他设施位置和尺寸，控制坐标网，以及为建设项目服务的生产、生活临时设施等。对于长江河段的航道整治项目来说，受图幅比例限制时可采用示意图，并对有关建（构）筑物或临时设施情况加以列表反映。

8）技术、质量、安全管理和保证措施

包括进度、质量、投资控制措施，项目组织机构内部质量、安全保证体系及主要质量、安全措施，各项措施中应有组织保证、技术保证、经济保证、合同保证等措施。

9）文明施工与环境保护

10）主要技术经济指标

包括施工工期、施工成本、施工质量、施工安全和施工效率以及其他技术经济指标。

11）附图

包括施工总平面布置图、临时设施布置图、测量控制点及基线布置图等。

11. 港口与航道工程技术总结

工程竣工后，认真做好工程的技术总结是项目部的责任，同时也是一个提高的过程。通过技术总结，可以积累和汲取成功的经验，重新客观地分析和认识失误的教训，有时候教训比经验来得更深刻，从而可以提高技术水平，更可以使今后少走弯路。做好工程的技术总结，主要抓好以下几点：

1）确定总结的题材

凡是有经验、有创新或有过教训、走过弯路的事情，都值得总结。对于港口与航道工程，大体上有以下几方面：

（1）技术复杂、施工难度较大或有突出特点的结构。如深水、外海自然条件恶劣的特大型水工建筑物，特大型跨海大桥，地质条件特别复杂的大型船坞工程，某些工期特别紧张、性能质量有特殊要求的工程等。

（2）新技术项目。包括新材料应用，新的结构形式施工，新工艺的采用，新的大型施工装备应用等。

（3）容易出技术、质量、安全问题的工程部位的施工。如翻车机房深基坑，船坞输水泵房的复杂结构，大型沉箱的远程海上拖运等。

（4）应用本行业技术施工的以往经验不多的新工程。如有特殊功能要求的大型海上人工岛、海底工程等。

（5）在提高工程质量、加快施工进度或节省材料、降低工程成本、预防自然灾害

及安全事故等效果突出的技术措施。

2）积累、收集好总结素材和资料

工程伊始就要做好技术总结的计划，任务要落实到人。总结的执笔人应是亲自参加该项目的施工者，在施工的过程中就要详细、具体地积累和记录与该项目有关的诸如其结构、作用与功能、施工的方法、成功的经验、走了哪些弯路、遇到哪些问题、这些问题的解决措施与效果、施工过程中的试验检测数据（包括必要的图示、图表）、有关的技术经济指标等，这样的总结才是宝贵的。

3）技术总结的主要内容

技术总结的文章结构形式是多种多样的，可以根据执笔人的习惯去写，以阐明问题为原则。一般应包括以下内容：

（1）概况：对一个分项工程来说，主要应说明工程项目的结构形式、内容、工程量、工程的特点（水文、气象、地质条件）、难点、工期要求、质量目标等。

（2）工程的具体施工情况：这类工程通常的施工方法，本工程施工中所遇到的问题和所采取的具体施工方法、其中有哪些做法不同或有哪些新的做法，结果如何，新做法实施前的试验、试点、典型施工的结果等。

（3）本项目施工方案和具体施工方法实践后的优点和缺点，可以总结的技术经济效果，实施效果与当初拟定施工方案和编制施工组织设计时的考虑有无大的差异，其中的原因是什么，实施工期、质量检验、工程验收、施工过程中的安全施工和文明施工、环保的情况等。

（4）施工的体会、经验，还有什么值得改进的地方，施工过程中发生了哪些变更，其原因如何，有哪些是应当肯定的，有哪些是今后要改进的，应当怎样改。

（5）根据情况，有必要时可以就某些成功、成熟的工艺过程建议编制相应的工艺规程，大的项目可以考虑建议编制相应的工法。

5.3.2　大型施工船舶调遣

1. 概述

大型施工船舶是指起重船、打桩船、挖泥船、半潜驳、浮船坞、炸礁船等。

大型施工船舶拖航、调遣是指船舶经水路从一地航行到另一地的过程。

工程船舶水上调遣拖航是水上交通运输安全生产管理的一项重要内容，为保障船舶航行、停泊和作业安全，必须坚持"安全第一、预防为主"的方针，认真落实交通运输部、海事局和船检局关于工程船舶安全调遣拖航的法令法规和规章制度，严格执行企业安全调遣拖航实施细则和有关安全技术操作规程。

2. 大型工程船舶拖航、调遣的一般规定

（1）根据生产调度安排，由企业负责人签发工程船舶调遣令，并指定专人负责，组织有关部门人员和船长制定调遣计划和实施方案。拖航、调遣工作由公司调度部门负责组织（其流程如图 5.3-11 所示）。

（2）对单船或两艘拖轮及其两艘以上执行同一任务，均应指定主拖船长担任总指挥，负责拖航全程的管理指挥。总指挥对全程拖航安全负责，包括被拖航船的拖航安全，对整个船队的航行有绝对指挥权。

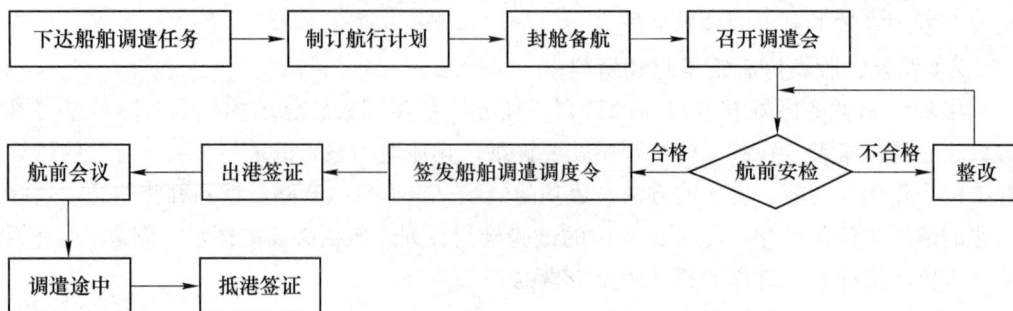

图 5.3-11 工程船舶拖航、调遣流程图

（3）由总指挥负责主持制订拖航计划和安全实施方案。拖航计划和实施方案应包括任务、区域、日期、气象、方法、通信联络方式、应急安全措施等。拖航计划和安全实施方案制定后须经企业负责人签认，报请海事主管部门检验审核批准，并办理拖航许可证书。

（4）出海拖航被拖船在限定航区内为短途拖航，超越限制航区或在限制航区超过200海里时为长途拖航。长途拖航应向验船部门申请拖航检验，并取得验船师签发的拖航检验报告或适航批准书。

（5）调遣拖航主拖轮、被拖船的技术性能均应符合国家海事、船检主管部门的有关规定，不具备拖航安全技术规定的船舶不得拖航调遣。出海拖航的拖轮（包括使用外单位的）应为专供拖带用的出海拖轮，不得使用其他轮船拖带。

（6）承揽本企业以外的拖航任务或租用外单位拖轮执行拖航任务，双方应签订拖航合同，明确拖航安全责任。

（7）拖航全过程中，应严格遵守《国际海上避碰规则》及国家海事主管部门颁发的水上运输安全航行的有关规定。

（8）拖航任务完成后，总指挥应及时组织工作总结，并向有关部门汇报，有关资料归档保管。

（9）执行拖航任务时，任何船只严禁搭乘无关人员随航。

3. 安全备航

（1）拖航前应组织全体船员进行安全教育，组织安全拖航技术交底，明确实施方案的任务细节，并认真组织讨论，做好记录。被拖船的船长、船员也应参加航次会。

（2）按照有关安全技术操作规程和实施细则，由总指挥负责组织对所有拖航船舶的安全技术状态进行全面检查和封舱加固。检查落实后，报企业安全、船机主管部门审核检查验收签认。

（3）封舱加固主要项目如下：

① 主甲板上的舱口、入孔、门、窗（包括天窗、舷窗）、通风筒、空气管等必须全部水密封闭或准备能随时水密封闭；对各种水密门、窗、舱口、入孔等必要时应进行水压试验，确保水密性能良好。

② 甲板上所有排水孔应保持畅通，所有机械操纵装置用帆布罩好扎严，舱内及甲板面上移动物品应加以固定。

③ 锚具在驶离港区后应收妥固定，锚链孔用防水压板和帆布盖好绑牢，以防海水

进锚链舱。

④ 起重、打桩、挖泥等设备的吊杆铁架等，符合船舶稳定性和设备安全原则的可原位紧固，否则应放落或拆下，妥善放置并系牢或焊固。如工程船有调遣出海拖带封舱加固图纸时，应按照图纸设计要求进行封舱加固。

⑤ 被拖船如有推进器，应将尾轴与主轴脱开或将其固定，使之不能转动。

（4）航前安全检查项目主要有：船舶消防、救生、水密、通信、信号设备及机电设备、航行设备、电航仪器等。

（5）租用外单位拖轮执行拖航任务前，被拖船主管部门应及时联系承担拖航任务的主管部门，获取其批准的拖航计划抄件，以便掌握拖航动态。

（6）执行拖航任务前，所有船舶均应按国家海事主管部门的规定，配备救生、消防、通信、信号、锚系、防渗、堵漏等设施设备以及各种应急救护器材。

（7）根据拖航周期和船员人数，应配有足够的淡水、燃油、食品、急救用药品等有关生活保障用品，并按有关规定配足储量。

（8）拖航前必须对船舶的稳性进行校核，符合国家海事和船检主管部门颁布的规范、技术规定的要求，对老旧船舶应进行必要的稳性复查和船体钢板测厚检验。

（9）若拖航全部航线为冰区或部分航线经过冰区，应具备海事主管部门检验批准的冰区航行证件或经验船师签发的批准文件。不适合冰冻区航行的船舶严禁在冰冻期间拖航。

（10）拖航起航前，应进行一次消防、救生演习，明确每个船员在应变部署中的岗位职责和安全操作要领。

（11）拖航起航前，应按照企业调遣拖航实施细则备齐所需的全部文件、证书，包括调遣令、封舱加固检查核实记录、经批准的拖航计划、船员适任证书、出港签证、船检签证，以及航线海图、潮汐等有关资料。

4. 起航与拖航

（1）起航前，调度部门和总指挥均应及时掌握拖航航区的气象情况，如遇有超过船队抗风等级的大风或大雾以及能见度不良的天气时，当气象预报有热带气旋在预定航区经过时，均不得强行起航。

（2）船队起航后两小时内应向出发港和目的港的主管单位调度中心等有关方面报告起航情况、起航时间、预计到达目的港时间，并认真执行常规的航行报告制度，按时报告船舶动态。每天 08：00、12：00、16：00、20：00、24：00 应向出发港和目的港主管单位调度中心等方面报告航行情况，包括船位、航向、航速、风况、海况等情况。中途锚泊时应将锚泊原因及计划续航时间报主管单位调度部门。

（3）主管单位调度部门应记录调遣船舶动态，对船舶调遣航行过程进行安全监控。拖轮船长应对被拖船在拖航中的安全负责。编队（组）航行时，总指挥对整个船队（组）的航行有绝对指挥权。

（4）拖航、调遣途中应严格执行海上避碰规则和有关港章港规。全体人员（包括被拖船）应严格遵守岗位职责，切实做好航行和停泊值班，认真执行各种规章制度和相关设备操作规程，谨慎操作，确保安全。

（5）拖航期间，拖轮作业人员必须随时守望被拖船及拖缆情况。当被拖航船有留守船员时，双方值班船员应随时守望，随时注意相互间发出的信号。

（6）拖带无人留守船舶时，应根据气象水文情况，选择安排安全适航航段，并随时注意察看检查拖缆摩擦情况，及时调整摩擦受力点。当发现被拖船有异常情况时，应选派船员和被拖船在拖轮上的留值船员一起安全登上被拖船进行检查，及时解决发现的问题，确保续航安全。

（7）被拖船上的留值船员在拖航途中必须对被拖船全船的水密设备、拖曳设备和活动部件的固定情况及船舶周围海况定时检查，并按时报告拖轮及被拖船的值班驾驶员，同时填写记录在拖轮和被拖船的"航海日志"或"工程船舶施工日志"上。

（8）被拖船上的留值船员必须每日定时对船上所有的液体舱、空舱测量两次，并做好记录。

（9）拖带打桩船等结构物较高或船体较宽的船舶时，对通过水域上空的障碍物或限制船体宽度的水域时，应事先根据有关部门提供的正式资料或实测结果，准确掌握船舶的高度、宽度，根据潮汐情况，确认不超限时方可通过。在通过上述水域时必须由船长亲自操作，并派专人瞭望。

（10）拖航期间，应按时收听天气气象预报，及时做好防风与避风的准备。避风期间必须随时注意观察天气变化情况，按照有关规定布设足够重量和长度的锚系和防风缆，确保避风期的安全，严防避风期间发生人员和船舶损伤事故。

（11）通信手段。可通过高频（VHF）电话、单边带（SSB）电话、手提电话及窄带印字报（NBDP）、卫星通信（INMARSAT-C）等手段进行通信。

5. 遇险遇难安全救助

（1）拖航期间，出发港、目的港的拖航主管部门、调度部门等有关方面均应安排业务人员昼夜值班，保持与拖航船队的联系，当接到拖航船队遇有遇险遇难等特殊情况的报告，值班人员应立即向有关部门和主管领导报告，并尽快布置和采取应急措施。

（2）当拖航途中发生意外时，总指挥应根据现场具体情况，指挥布置采取应急措施，如情况严重或无力解决时，应立即将失常情况向主管部门、海事部门和搜救中心报告，寻求必要的技术支持和援救。

（3）当拖航途中发生遇险遇难紧急情况时，应及时向海上搜救中心发出求救救助信号，准确报告船位、险情，并同时向主管部门、调度部门、海事部门报告，积极组织自救。在排除拖轮自身危险后，拖轮应尽一切努力救助被拖船上的留值船员和被拖船，不得擅自离去。

6. 航区划分

海船的航区划分为以下四类：

（1）远海航区。系指超出近海航区的海域。

（2）近海航区。包括中国的渤海、黄海和东海距岸不超过200海里的海域；台湾海峡；南海之台湾岛东海岸距岸不超过50海里的海域；海南—西沙航区；南海其他距岸不超过120海里的海域。

（3）沿海航区。包括台湾岛东海岸、台湾海峡东西海岸、海南岛东西海岸及南海岸距岸不超过10海里的海域和除上述海域外距岸不超过20海里的海域；距有避风条件且有施救能力的沿海岛屿不超过20海里的海域。

（4）遮蔽航区。系指沿海航区内，海域具备良好的遮蔽条件，岛屿之间、岛屿与海岸之间的最大距离不超过 10 海里，波浪较小、水流较平缓，水深和航道满足有关船型停泊和航行的海域。

第 6 章　工程招标投标与合同管理

6.1　工程招标投标

1. 水运工程施工招标投标

《水运工程建设项目招标投标管理办法》适用于在中华人民共和国境内依法必须进行水运工程建设项目招标投标活动的管理。

水运工程建设项目是指水运工程以及与水运工程建设有关的货物、服务。

水运工程包括港口工程、航道整治、航道疏浚、航运枢纽、过船建筑物、修造船水工建筑物等及其附属建筑物和设施的新建、改建、扩建及其相关的装修、拆除、修缮等工程；货物是指构成水运工程不可分割的组成部分，且为实现工程基本功能所必需的设备、材料等；服务是指为完成水运工程所需的勘察、设计、监理等服务。

2. 水运工程施工招标投标管理要求

（1）水运工程建设项目依法必须进行招标的标准为：

① 施工单项合同估算价在 400 万元人民币以上。

② 重要设备、材料等货物的采购，单项合同估算价在 200 万元人民币以上。

③ 勘察、设计、监理等服务的采购，单项合同估算价在 100 万元人民币以上。

④ 同一项目中可以合并进行的勘察、设计、施工、监理以及与工程建设有关的重要设备、材料等的采购，合同估算价合计达到前款规定标准的，必须招标。

（2）水运工程建设项目招标投标活动，应遵循公开、公平、公正和诚实信用的原则。不受地区、部门的限制，不得对潜在投标人实行限制和排斥。任何单位和个人不得以任何方式非法干涉招标投标活动，不得将依法必须进行招标的项目化整为零或者以其他任何方式规避招标。

（3）水运工程建设项目招标投标工作实行统一领导、分级管理。

① 交通运输部主管全国水运工程建设项目招标投标活动，并具体负责经国家发展和改革委员会等部门审批、核准和经交通运输部审批的水运工程建设项目招标投标活动的监督管理工作。

② 省级交通运输主管部门主管本行政区域内的水运工程建设项目招标投标活动，并具体负责省级人民政府有关部门审批、核准的水运工程建设项目招标投标活动的监督管理工作。

③ 省级以下交通运输主管部门按照各自职责对水运工程建设项目招标投标活动实施监督管理。

（4）水运工程建设项目应当按照国家有关规定，进入项目所在地设区的市级以上人民政府设立的公共资源交易场所或者授权的其他招标投标交易场所开展招标投标活动。

6.1.1　工程招标

（1）水运工程建设项目招标人是指提出招标项目并进行招标的水运工程建设项目法人。

（2）水运工程建设项目通过初步设计审批后，方可开展监理、施工、设备、材料等招标。

（3）水运工程建设项目招标分为公开招标和邀请招标。

按照国家有关规定需要履行项目立项审批、核准手续的水运工程建设项目，招标人应当按照项目审批、核准时确定的招标范围、招标方式、招标组织形式开展招标；没有确定招标范围、招标方式、招标组织形式的，依据国家有关规定确定。

（4）招标人应当合理划分标段、确定工期，并在招标文件中载明。不得利用划分标段规避招标、虚假招标、限制或者排斥潜在投标人。

（5）依法必须进行招标的项目，国有资金投资或者国有资金投资占控股或者主导地位的，应当公开招标。但有下列情形之一的，可以进行邀请招标：

① 技术复杂、有特殊要求或者受自然环境限制，只有少量潜在投标人可供选择。

② 采用公开招标方式的费用占项目合同金额的比例过大。但需要按照国家有关规定履行项目审批、核准手续的，由项目审批、核准部门对该项目予以认定；其他项目由招标人向对项目负有监管职责的交通运输主管部门申请做出认定。

（6）有下列情形之一的水运工程建设项目，可以不进行招标：

① 涉及国家安全、国家秘密、抢险救灾或者属于利用扶贫资金实行以工代赈、需要使用农民工等特殊情况，不适宜进行招标的。

② 需要采用不可替代的专利或者专有技术的。

③ 采购人自身具有工程建设、货物生产或者服务提供的资格和能力，且符合法定要求的。

④ 已通过招标方式选定的特许经营项目投资人依法能够自行建设、生产或者提供的。

⑤ 需要向原中标人采购工程、货物或者服务，否则将影响施工或者功能配套要求的。

⑥ 国家规定的其他特殊情形。

（7）招标人为达到不进行招标规定而弄虚作假的，属于非法规避招标。

（8）招标人自行办理招标事宜的，应当具备下列条件：

① 招标人应当是该水运工程建设项目的项目法人。

② 具有与招标项目规模和复杂程度相适应的水运工程建设项目技术、经济等方面的专业人员。

③ 具有能够承担编制招标文件和组织评标的组织机构或者专职业务人员。

④ 熟悉和掌握招标投标的程序及相关法规。

招标人自行办理招标事宜的，应当向具有监督管理职责的交通运输主管部门备案。

（9）招标人不具备自行招标条件的，应当委托招标代理机构办理水运工程建设项目招标事宜。任何单位和个人不得为招标人指定招标代理机构。

（10）招标人不具备自行招标条件而自行招标的，由交通运输主管部门责令改正，可处两万元以下罚款。

（11）招标人采用招标或其他竞争性方式选择招标代理机构的，应当从业绩、信誉、从业人员素质、服务方案等方面进行考查。招标人与招标代理机构应当签订书面委托合同。合同约定的收费标准应当符合国家有关规定。

（12）招标代理机构在其资格许可和招标人委托的范围内开展招标代理业务，不受任何单位、个人的非法干预或者限制。

（13）水运工程建设项目采用资格预审方式公开招标的，招标人应当按下列程序开展招标投标活动：

① 编制资格预审文件和招标文件，报交通运输主管部门备案。

② 发布资格预审公告并发售资格预审文件。

③ 对提出投标申请的潜在投标人进行资格预审，资格审查结果报交通运输主管部门备案。

国有资金占控股或者主导地位的依法必须进行招标的水运工程建设项目，招标人应当组建资格审查委员会审查资格预审申请文件。

④ 向通过资格预审的潜在投标人发出投标邀请书；向未通过资格预审的潜在投标人发出资格预审结果通知书。

⑤ 发售招标文件。

⑥ 需要时组织潜在投标人踏勘现场，并进行答疑。

⑦ 接收投标人的投标文件，公开开标。

⑧ 组建评标委员会评标，推荐中标候选人。

⑨ 公示中标候选人，确定中标人。

⑩ 编制招标投标情况书面报告报交通运输主管部门备案。

⑪ 发出中标通知书。

⑫ 与中标人签订合同。

（14）水运工程建设项目采用资格后审方式公开招标的，应当参照资格预审方式规定的程序进行，并应当在开标后由评标委员会按照招标文件规定的标准和方法对投标人的资格进行审查。

（15）招标人可以依法对工程以及与工程建设有关的货物、服务全部或者部分实行总承包招标。

以暂估价形式包括在总承包范围内的工程、货物、服务，属于依法必须进行招标的项目范围且达到国家规定规模标准的，应当依法进行招标，其招标实施主体应当在总承包合同中约定，并统一由总承包发包的招标人按照资格预审的规定履行招标及备案手续。所称暂估价，是指总承包招标时不能确定价格而由招标人在招标文件中暂时估定的工程、货物、服务的金额。

（16）水运工程建设项目实行邀请招标的，招标文件应当报有监督管理权限的交通运输主管部门备案。

（17）招标人编制的资格预审文件、招标文件的内容违反法律、行政法规的强制性规定，违反公开、公平、公正和诚实信用原则，影响资格预审结果或者潜在投标人投标的，依法必须进行招标的项目的招标人应当在修改资格预审文件或者招标文件后重新招标。

依法必须进行招标的水运工程建设项目的资格预审文件和招标文件的编制，应当使用国务院发展改革部门会同有关行政监督部门制定的标准文本以及交通运输部发布的行业标准文本。资格预审文件和招标文件的编制，未使用国务院发展改革部门会同有关行政监督部门制定的标准文本或者交通运输部发布的行业标准文本的，由交通运输主管部门责令改正，可处五千元以下罚款。

招标人在制定资格审查条件、评标标准和方法时，应利用水运工程建设市场信用信息成果以及招标投标违法行为记录公告平台发布的信息，对潜在投标人或投标人进行综合评价。

（18）资格预审公告和招标公告除按照规定在指定的媒体发布外，招标人可以同时在交通运输行业主流媒体或者建设等相关单位的门户网站发布。

资格预审公告和招标公告的发布应当充分公开，任何单位和个人不得非法干涉、限制发布地点、发布范围或发布方式。

在网络上发布的资格预审公告和招标公告，至少应当持续到资格预审文件和招标文件发售截止时间为止。

（19）招标人应当按资格预审公告、招标公告或者投标邀请书规定的时间、地点发售资格预审文件或者招标文件。资格预审文件或者招标文件的发售期不得少于 5 日。资格预审文件或者招标文件售出后，不予退还。

（20）自资格预审文件停止发售之日起至提交资格预审申请文件截止之日止，不得少于 5 日。

对资格预审文件的澄清或修改可能影响资格预审申请文件编制的，应当在提交资格预审申请文件截止时间至少 3 日前以书面形式通知所有获取资格预审文件的潜在投标人。不足 3 日的，招标人应当顺延提交资格预审申请文件的截止时间。

依法必须招标的项目在资格预审文件停止发售之日止，获取资格预审文件的潜在投标人少于 3 个的，应当重新招标。

（21）潜在投标人或者其他利害关系人对资格预审文件有异议的，应当在提交资格预审申请文件截止时间 2 日前提出。招标人应当自收到异议之日起 3 日内做出答复；做出答复前，应当暂停招标投标活动。对异议做出的答复如果实质性影响资格预审申请文件的编制，则相应顺延提交资格预审申请文件的截止时间。

（22）资格预审审查方法分为合格制和有限数量制。一般情况下应当采用合格制，凡符合资格预审文件规定资格条件的资格预审申请人，均通过资格预审。潜在投标人过多的，可采用有限数量制，但该数额不得少于 7 个；符合资格条件的申请人不足该数额的，均视为通过资格预审。

通过资格预审的申请人少于 3 个的，应当重新招标。

资格预审应当按照资格预审文件载明的标准和方法进行。资格预审文件未载明的标准和方法，不得作为资格审查的依据。

（23）自招标文件开始发售之日起至潜在投标人提交投标文件截止之日止，最短不得少于 20 日。

对招标文件的澄清或修改可能影响投标文件编制的，应当在提交投标文件截止时间至少 15 日前，以书面形式通知所有获取招标文件的潜在投标人；不足 15 日的，招标人应当顺延提交投标文件的截止时间。

（24）潜在投标人或者其他利害关系人对招标文件有异议的，应当在提交投标文件截止时间 10 日前提出；招标人应当自收到异议之日起 3 日内做出答复；做出答复前，应当暂停招标投标活动。对异议做出的答复如果实质性影响投标文件的编制，则相应顺延提交投标文件截止时间。

（25）招标人应当在招标文件中载明投标有效期。投标有效期从提交投标文件的截止之日起算。

（26）招标人在招标文件中要求投标人提交投标保证金的，投标保证金不得超过招标项目估算价的2%，投标保证金有效期应当与投标有效期一致。

投标保证金的额度和支付形式应当在招标文件中确定。境内投标单位如果采用现金或者支票形式提交投标保证金的，应当从投标人的基本账户转出。

投标保证金不得挪用。

（27）招标人可以自行决定是否编制标底。一个招标项目只能有一个标底。开标前标底必须保密。

招标人设有最高投标限价的，应当在招标文件中明确最高投标限价或者最高投标限价的计算方法。招标人不得规定最低投标限价。

（28）招标人组织踏勘项目现场的，应通知所有潜在投标人参与，不得组织单个或者部分潜在投标人踏勘项目现场。潜在投标人因自身原因不参与踏勘现场的，不得提出异议。

（29）招标人在发布资格预审公告、招标公告、发出投标邀请书或者售出资格预审文件、招标文件后，无正当理由不得随意终止招标。招标人因特殊原因需要终止招标的，应当及时发布公告，或者以书面形式通知被邀请的或者已经获取资格预审文件、招标文件的潜在投标人。已经发售资格预审文件、招标文件或者已经收取投标保证金的，招标人应当及时退还所收取的购买资格预审文件、招标文件的费用，以及所收取的投标保证金及银行同期存款利息。利息的计算方法应当在招标文件中载明。

（30）招标人不得以不合理的条件限制、排斥潜在投标人或者投标人。招标人有下列行为之一的，属于以不合理条件限制、排斥潜在投标人或者投标人：

① 就同一招标项目向潜在投标人或者投标人提供有差别的项目信息。

② 设定的资格、技术、商务条件与招标项目的具体特点和实际需要不相适应或者与合同履行无关。

③ 依法必须进行招标的项目以特定行政区域或者特定行业的业绩、奖项作为加分条件或者中标条件。

④ 对潜在投标人或者投标人采取不同的资格审查或者评标标准。

⑤ 限定或者指定特定的专利、商标、品牌、原产地或者供应商。

⑥ 依法必须进行招标的项目非法限定潜在投标人或者投标人的所有制形式或者组织形式。

⑦ 以其他不合理条件限制、排斥潜在投标人或者投标人。

（31）招标人不得强制投标人组成联合体共同投标。

6.1.2 工程投标

1. 水运工程施工投标

（1）与招标人存在利害关系可能影响招标公正性的法人、其他组织或者个人，不得参加投标。

单位负责人为同一人或者存在控股、管理关系的不同单位，不得参加同一标段投标或者未划分标段的同一招标项目投标。

施工投标人与本标段的设计人、监理人、代建人或招标代理机构不得为同一个法定代表人、存在相互控股或参股或法定代表人相互任职、工作。

接受委托编制标底的中介机构不得参加受托编制标底项目的投标，也不得为该项目的投标人编制投标文件或者提供咨询等相关的服务。

违反上述规定的，相关投标均无效。

（2）投标人可以按照招标文件的要求由两个以上法人或者其他组织组成一个联合体，以一个投标人的身份共同投标。国家有关规定或者招标文件对投标人资格条件有规定的，联合体各方均应当具备规定的相应资格条件，资格条件考核以联合体协议书中约定的分工为依据。由同一专业的单位组成的联合体，按照资质等级较低的单位确定资质等级。

联合体成员间应签订共同投标协议，明确牵头人以及各方的责任、权利和义务，并将协议连同资格预审申请文件、投标文件一并提交招标人。联合体各方签署联合体协议后，不得再以自己名义单独或者参加其他联合体在同一招标项目中投标。联合体中标的，联合体各方应当共同与招标人签订合同，就中标项目向招标人承担连带责任。

（3）投标人发生合并、分立、破产等重大变化的，应当及时书面告知招标人。投标人不再具备资格预审文件、招标文件规定的资格条件或者投标影响公正性的，其投标无效。

招标人接受联合体投标并进行资格预审的，联合体应当在提交资格预审申请文件前组成。资格预审后联合体增减、更换成员的，其投标无效。

（4）资格预审申请文件或投标文件按要求送达后，在资格预审文件、招标文件规定的截止时间前，招标人应允许潜在投标人或投标人对已提交的资格预审申请文件、投标文件进行撤回或补充、修改。潜在投标人或投标人如需撤回或者补充、修改资格预审申请文件、投标文件，应当以正式函件向招标人提出并做出说明。

修改资格预审申请文件、投标文件的函件是资格预审申请文件、投标文件的组成部分，其形式要求、密封方式、送达时间，应符合有关投标文件的规定。

（5）招标人接收资格预审申请文件和投标文件，应当如实记载送达时间和密封情况，签收保存，不得开启。

资格预审申请文件、投标文件有下列情形之一的，招标人应当拒收：

① 逾期送达的。

② 未送达指定地点的。

③ 未按资格预审文件、招标文件要求密封的。

招标人拒收资格预审申请文件、投标文件的，应当如实记载送达时间和拒收情况，并将该记录签字存档。

（6）投标人在投标截止时间之前撤回已提交投标文件的，招标人应当自收到投标人书面撤回通知之日起 5 日内退还已收取的投标保证金。

投标截止时间后投标人撤销投标文件的，招标人可以不退还投标保证金。

出现特殊情况需要延长投标有效期的，招标人以书面形式通知所有投标人延长投标有效期。投标人同意延长的，应当延长其投标保证金的有效期，但不得要求或被允许修改其投标文件；投标人拒绝延长的，其投标失效，投标人有权撤销其投标文件，并收回投标保证金。

（7）禁止投标人相互串通投标、招标人与投标人串通投标、以他人名义投标以及以其他方式弄虚作假的行为。

2. 开标、评标和定标

（1）开标由招标人或招标代理组织并主持。投标人少于3个的，不得开标。

（2）招标人开标时，邀请所有投标人的法定代表人或其委托代理人准时参加。投标人未参加开标的，视为承认开标记录，事后对开标结果提出的任何异议无效。

（3）评标由招标人依法组建的评标委员会负责。其评标委员会成员由招标人的代表及有关技术、经济等方面的专家组成，人数为5人以上单数，其中技术、经济等方面的专家不得少于成员总数的2/3。招标人的代表应具有相关专业知识和工程管理经验。评标委员会应当遵循公平、公正、科学、择优的原则，按照招标文件规定的标准和方法，对投标文件进行评审和比较。招标文件没有规定的评标标准和方法，不得作为评标的依据。

与投标人有利害关系的人员不得进入评标委员会。任何单位和个人不得以明示、暗示等任何方式指定或者变相指定参加评标委员会的专家成员。行政监督部门的工作人员不得担任本部门负责监督项目的评标委员会成员。

交通运输部具体负责监督管理的水运工程建设项目，其评标专家从交通运输部水运工程和交通支持系统综合评标专家库中随机抽取确定，其他水运工程建设项目的评标专家从省级交通运输主管部门建立的评标专家库或其他依法组建的综合评标专家库中随机抽取确定。

评标委员会成员名单在中标结果确定前应当保密。

（4）招标人设有标底的，应在开标时公布标底。标底只能作为评标的参考，不得以投标报价是否接近标底作为中标条件，也不得以投标报价超过标底上下浮动范围作为否决投标的条件。

（5）有下列情形之一的，评标委员会应当否决其投标：

① 投标文件未按招标文件要求盖章并由法定代表人或其书面授权的代理人签字的。

② 投标联合体没有提交共同投标协议的。

③ 未按照招标文件要求提交投标保证金的。

④ 投标函未按照招标文件规定的格式填写，内容不全或者关键字迹模糊无法辨认的。

⑤ 投标人不符合国家或者招标文件规定的资格条件的。

⑥ 投标人名称或者组织结构与资格预审时不一致且未提供有效证明的。

⑦ 投标人提交两份或者多份内容不同的投标文件，或者在同一份投标文件中对同一招标项目有两个或者多个报价，且未声明哪一个为最终报价的，但按招标文件要求提交备选投标的除外。

⑧ 串通投标、以行贿手段谋取中标、以他人名义或者其他弄虚作假方式投标的。

⑨ 报价明显低于成本或者高于招标文件中设定的最高限价的。

⑩ 无正当理由不按照评标委员会的要求对投标文件进行澄清或说明的。

⑪ 没有对招标文件提出的实质性要求和条件做出响应的。

⑫ 招标文件明确规定废标的其他情形。

（6）投标文件在实质上响应招标文件要求，但存在含义不明确的内容、明显文字或者计算错误，评标委员会不得随意否决投标，评标委员会认为需要投标人做出必要澄清、说明的，应当书面通知该投标人。投标人的澄清、说明应当采用书面形式，并不得超出投标文件的范围或者改变投标文件的实质性内容。

评标委员会不得暗示或者诱导投标人做出澄清、说明，不得接受投标人主动提出的澄清、说明。

（7）评标委员会经评审，认为所有投标都不符合招标文件要求的，或者否决不合格投标后，因有效投标不足 3 个使得投标明显缺乏竞争的，可以否决全部投标。

所有投标被否决的，招标人应当依法重新招标。

根据规定重新进行了资格预审或招标，再次出现了需要重新资格预审或者重新招标的情形之一的，经书面报告交通运输主管部门后，招标人可不再招标，并可通过与已提交资格预审申请文件或投标文件的潜在投标人进行谈判确定中标人，将谈判情况书面报告交通运输主管部门备案。

（8）中标人的投标应当符合下列条件之一：

① 能够最大限度地满足招标文件规定的各项综合评价标准。

② 能够满足招标文件的实质性要求，并且经评审的投标价格最低，但是投标价格低于成本的除外。

（9）评标委员会完成评标后，应当向招标人提交书面评标报告并推荐中标候选人。中标候选人应当不超过 3 个，并标明排序。

（10）依法必须进行招标的项目，招标人应当自收到书面评标报告之日起 3 日内按照国家有关规定公示中标候选人，公示期不得少于 3d。

投标人或者其他利害关系人对评标结果有异议的，应当在中标候选人公示期间提出。招标人应当自收到异议之日起 3 日内做出答复；做出答复前，应当暂停招标投标活动。

（11）国有资金占控股或者主导地位的水运工程建设项目，招标人应当确定排名第一的中标候选人为中标人。排名第一的中标候选人放弃中标、因不可抗力不能履行合同、不按照招标文件要求提交履约保证金，或者被查实存在影响中标结果的违法行为等情形，不符合中标条件的，招标人可以按照评标委员会提出的中标候选人名单排序依次确定其他中标候选人为中标人，也可以重新招标。

（12）招标人和中标人应当自中标通知书发出之日起 30 日内，按照招标文件和中标人的投标文件订立书面合同，合同的标的、价款、质量、履行期限等主要条款应当与招标文件和中标人的投标文件的内容一致。招标人和中标人不得再行订立背离合同实质性内容的其他协议。

评标委员会或发包人委托的造价咨询公司中的投资控制人员，应该能够对工程项目的标底进行测算，形成内部标底估算值，作为判断报价合理性的依据，如果报价均偏高，可以拒绝，如果报价过分偏低，则可要求投标方做出说明。

在工程量清单报价的评标过程中，价格是关键，是竞争的核心。要在公平竞争的市场环境下，实行合理低价中标，防止由于串标引起的高价中标，也要防止低于成本中标引起的一系列问题，切实保护业主和承包人自身的利益。

在具体审查投标单位报价时，应将各投标单位的报价进行汇总分析。将其与内部标底估算值进行对比，应核查是否有单价过高或过低。尤其要重点研究工程量大的单价，因为投标单位通常可以在保持总价不变的情况下，提高或降低预期变化小的分项的单价，降低或提高预期变化大的分项的单价，可以最终达到增加工程款的目的。审查投标报价时，不能只看单价不看工作内容与施工方案。要对各项目单价组成要素的合理性进行分析、测算，重点审查含有措施费用的项目单价，有不合理的地方要求施工单位做出解释并更改，最终选择最优报价作为中标单位。

6.2　工程合同管理

6.2.1　水运工程标准施工承包合同的主要条款

水运工程标准施工承包合同文本包括国家发展改革委、交通部等九部委 2007 年第 56 号令发布的《标准施工招标文件》（2007 年版）的"通用合同条款"和交通运输部 2008 年发布的《水运工程标准施工招标文件》JTS 110—8—2008 的"专用合同条款"两部分。

第一部分"通用合同条款"，共 24 条 130 款，分为八部分：

一、合同主要用语定义和一般性约定

1. 一般约定。

二、合同双方的责任、权利和义务

2. 发包人义务。

3. 监理人。

4. 承包人。

三、合同双方的施工资源投入

5. 材料和工程设备。

6. 施工设备和临时设施。

7. 交通运输。

8. 测量放线。

9. 施工安全、治安保卫和环境保护。

四、工程进度控制

10. 进度计划。

11. 开工和竣工。

12. 暂停施工。

五、工程质量控制

13. 工程质量。

14. 试验和检验。

六、工程投资控制

15. 变更。

16. 价格调整。

17. 计量和支付。

七、验收和保修

18. 竣工验收。

19. 缺陷责任与保修责任。

八、工程风险、违约和索赔

20. 保险。

21. 不可抗力。

22. 违约。

23. 索赔。

24. 争议的解决。

第二部分"专用合同条款",与通用条款对应共 92 款:

1. 一般约定 14 款。

2. 发包人义务 9 款。

3. 监理人 2 款。

4. 承包人 15 款。

5. 材料和工程设备 0 款。

6. 施工设备和临时设施 1 款。

7. 交通运输 1 款。

8. 测量放线 2 款。

9. 施工安全、治安保卫和环境保护 4 款。

10. 进度计划 4 款。

11. 开工和竣工 6 款。

12. 暂停施工 1 款。

13. 工程质量 3 款。

14. 试验和检验 5 款。

15. 变更 2 款。

16. 价格调整 1 款。

17. 计量和支付 8 款。

18. 竣工验收 1 款。

19. 缺陷责任与保修责任 1 款。

20. 其他 12 款。

6.2.2　发包人、监理人、承包人的职责与相互关系

1. 合同当事人

合同当事人是指发包人和(或)承包人。

(1)发包人:指专用合同条款中指明并与承包人在合同协议书中签字的当事人。

发包人代表：指发包人为履行本合同指定的负责人。

（2）承包人：指与发包人签订合同协议书的当事人。

承包人项目经理：指承包人派驻施工场地的全权负责人。

项目技术负责人：指由承包人按投标文件承诺派驻施工现场负责施工技术管理的总工程师或技术总负责人。

（3）分包人：指从承包人处分包合同中某一部分工程，并与其签订分包合同的分包人。

（4）监理人：指在专用合同条款中指明的，受发包人委托对合同履行实施管理的法人或其他组织。

总监理工程师（总监）：指由监理人委派常驻施工场地对合同履行实施管理的全权负责人。

（5）工程建设项目代理人：指受发包人委托，具有相应资质及法定代理资格，代表发包人负责管理本合同的企业法人。

2. 发包人职责

1）遵守法律

发包人在履行合同过程中应遵守法律，并保证承包人免于承担因发包人违反法律而引起的任何责任。

2）发出开工通知

发包人应委托监理人按专用合同条款的约定向承包人发出开工通知。

3）提供施工场地

发包人应按专用合同条款约定向承包人提供施工场地，以及施工场地内地下管线和地下设施等有关资料，并保证资料的真实、准确、完整。

① 发包人应在计划开工日期 14d 前，向承包人无偿提供能满足工程主体范围并有合理有效的施工作业面位置的施工水域或场地，提供的施工水域或场地面积，应满足招标文件的最低要求。

上述施工水域或场地应符合国家的有关规定，并已完成审批、征用、拆迁、补偿、障碍物清理等工作。

② 发包人应在计划开工日期 14d 前，提供能满足承包人生产、生活需要的临时施工水域或场地。

③ 发包人应在计划开工日期 14d 前，开通进出施工现场的交通通道，提供水、电、通信的接点及施工船舶临时停泊水域并保证施工期间的畅通和完好。

4）协助承包人办理证件和批件

发包人应协助承包人办理法律规定的有关施工证件和批件。

① 协调处理施工场地周围地下管线和邻近建筑物、构筑物的保护工作。

② 协助解决对承包人施工有干扰的外部条件。

5）组织设计交底

发包人应根据合同进度计划，组织设计单位向承包人进行设计交底。

发包人应在计划开工日期 14d 前，组织承包人和设计单位进行设计交底。设计交底会应由发包人主持，设计单位、承包人、监理人和工程有关方面的人员参加，会后应形成会议纪要。

6）支付合同价款

发包人应按合同约定向承包人及时支付合同价款。

7）组织竣工验收

发包人应按合同约定及时组织竣工验收。

8）其他义务

发包人应履行合同约定的其他义务。

① 发包人应在合同协议书签署的同时任命发包人代表；发包人需更换其代表时，应至少提前10d书面通知承包人。

② 发包人应负责办理航行通告、抛泥区许可证等施工所需的各种手续。

③ 发包人应在计划开工日期14d前向承包人提供与施工现场相关的工程地质和地下管线资料，工程地质报告以及交验测量的水准点、坐标控制点等技术资料，并对其提供的上述资料的真实性、准确性负责。

3. 承包人职责

1）遵守法律

承包人在履行合同过程中应遵守法律，并保证发包人免于承担因承包人违反法律而引起的任何责任。

2）依法纳税

承包人应按有关法律规定纳税，应缴纳的税金包括在合同价格内。

3）完成各项承包工作

承包人应按合同约定以及监理人根据合同条款做出的指示，实施、完成全部工程，并修补工程中的所有缺陷。除专用合同条款另有约定外，承包人应提供为完成合同工作所需的劳务、材料、施工设备、工程设备和其他物品，并按合同约定负责临时设施的设计、建造、运行、维护、管理和拆除。

4）对施工作业和施工方法的完备性负责

承包人应按合同约定的工作内容和施工进度要求，编制施工组织设计和施工措施计划，并对所有施工作业和施工方法的完备性和安全可靠性负责。

5）保证工程施工和人员的安全

承包人应按合同条款约定采取施工安全措施，确保工程及其人员、材料、设备和设施的安全，防止因工程施工造成的人身伤害和财产损失。

① 承包人应按国家和有关部门的规定，对施工现场人员和施工船机设备的防台风、防突风、防风暴潮、防汛、防雷击等进行安全管理，对施工现场加强治安防范和消防安全防护措施，并承担由于措施不力造成的事故责任和出此发生的费用。

② 承包人在高压线、水上、水下及地下管线、易燃、易爆地段或其他有害环境下施工时，施工前应提出安全保护措施，经监理人审查同意后实施。监理人的同意不能免除承包人应承担的责任。防护措施费用由承包人承担。

③ 施工现场发生安全事故时，承包人应立即采取有效措施，并将事故情况按规定上报有关部门并报告发包人与监理人。

6）负责施工场地及其周边环境与生态的保护工作

承包人应按照合同条款约定负责施工场地及其周边环境与生态的保护工作。

7）避免施工对公众与他人的利益造成损害

承包人在进行合同约定的各项工作时，不得侵害发包人与他人使用公用道路、水源、市政管网等公共设施的权利，避免对邻近的公共设施产生干扰。承包人占用或使用他人的施工场地，影响他人作业或生活的，应承担相应责任。

8）为他人提供方便

承包人应按监理人的指示为他人在施工场地或附近实施与工程有关的其他各项工作提供可能的条件。除合同另有约定外，提供有关条件的内容和可能发生的费用，由监理人按合同条款商定或确定。

9）工程的维护和照管

工程接收证书颁发前，承包人应负责照管和维护工程。工程接收证书颁发时尚有部分未竣工工程的，承包人还应负责该未竣工工程的照管和维护工作，直至竣工后移交给发包人为止。

10）其他义务

承包人应履行合同约定的其他义务。

① 承包人在开工 3d 前进驻施工场地，并将开工所需施工船舶机械、设备按照合同约定进场到位。

② 承包人按照批准的临时设施总平面布置图及相关生活配套设施，负责施工现场的布置和临时设施的施工。

③ 承包人应妥善处理好与工程其他承包人的配合关系。发生交叉施工时，承包人和工程其他承包人应相互配合，友好协作，并服从监理人的统一协调。

④ 承包人应根据工程施工情况及监理人的指令，及时向监理人提交开工报告、测量报告、试验检验报告、隐蔽工程验收通知、工程质量自检报告、竣工验收申请报告及工程事故报告等。

⑤ 承包人应支付为获得施工许可证及到港船舶检验等有关证件所需的费用；办理应由承包人办理的施工所需各种证件、批件和其他审批手续。

⑥ 承包人应解决施工船舶的临时停泊设施并不得阻塞航道、妨碍进出港船舶航行及安全，保证船舶在施工水域内航行安全和畅通。

⑦ 承包人应采取一切措施，防止施工船舶、设备及材料的沉没。若发生沉没，应立即向有关部门报告，并及时通知发包人、监理人。承包人应采取得当措施，及时设置浮标或障碍指示灯，直至打捞工作完成为止。

⑧ 承包人应充分考虑到施工现场所有的设备、临时建筑等防火安全，配备足够的防火设备。

⑨ 承包人应在施工过程中对工程建筑物进行监测，并承担相应费用。

4. 监理人职责

（1）监理人受发包人委托，享有合同约定的权力。监理人在行使某项权力前需要经发包人事先批准的，应在合同条款中指明。

（2）监理人发出的任何指示应视为已得到发包人的批准，但监理人无权免除或变更合同约定的发包人和承包人的权利、义务和责任。

（3）发包人应在发出开工通知前将总监理工程师的任命通知承包人。总监理工程师可以授权其他监理人员负责执行其指派的一项或多项监理工作。总监理工程师应将被授权监理人员的姓名及其授权范围通知承包人。被授权的监理人员在授权范围内发出的指示视为已得到总监理工程师的同意，与总监理工程师发出的指示具有同等效力。

（4）承包人只从总监理工程师或被授权的监理人员处取得指示，承包人收到监理人的指示后应遵照执行。

（5）在紧急情况下，总监理工程师或被授权的监理人员可以当场签发临时书面指示，承包人应遵照执行。承包人应在收到上述临时书面指示后 24h 内，向监理人发出书面确认函。监理人在收到书面确认函后 24h 内未予答复的，该书面确认函应被视为监理人的正式指示。

（6）由于监理人未能按合同约定发出指示、指示延误或指示错误而导致承包人费用增加和（或）工期延误的，由发包人承担赔偿责任。

（7）承包人对总监理工程师授权的监理人员发出的指示有疑问的，可向总监理工程师提出书面异议，总监理工程师应在 48h 内对该指示予以确认、更改或撤销。

（8）合同约定应由承包人承担的义务和责任，不因监理人对承包人提交文件的审查或批准，对工程、材料和设备的检查和检验，以及为实施监理做出的指示等职务行为而减轻或解除。

（9）对总监理工程师的确定有异议的，在争议解决前，双方应暂按总监理工程师的确定执行，争议解决后，按修改后的结果执行。

6.2.3　合同的签署与授权

招标人和中标人应当自中标通知书发出之日起 30d 内，按照招标文件和中标人的投标文件订立书面合同，合同的标的、价款、质量、履行期限等主要条款应当与招标文件和中标人的投标文件的内容一致。

自双方法定代表人或授权代理人签字或者盖章时合同成立，签字或者盖章的地点为合同成立的地点。

授权代理人签署合同者，应提交法定代表人签署的授权证明（投标文件已经提交的除外）。

中标人应当按照合同约定履行义务，完成中标项目。中标人不得向他人转让中标项目，也不得将中标项目肢解后分别向他人转让。

中标人按照合同约定或者经招标人同意，可以将中标项目的部分非主体、非关键性工作分包给他人完成。接受分包的人应当具备相应的资格条件，并不得再次分包。

中标人应当就分包项目向招标人负责，接受分包的人就分包项目承担连带责任。

6.2.4　项目开工工作程序

（1）发包人应在计划开工日期 14d 前，通过监理人向承包人提供符合国家有关规定的测量基准点、基准线和水准点。

（2）承包人应在计划开工日期 7d 前，将施工控制网资料报送监理人。

（3）承包人应在计划开工日期 7d 前，向发包人和监理人报送施工组织设计；监理人应在 7d 内批复或提出修改意见，否则视为已得到批准。

（4）监理人应在开工日期 7d 前向承包人发出开工通知。监理人在发出开工通知前应获得发包人同意。工期自监理人发出的开工通知中载明的开工日期起计算。承包人应在开工日期后尽快施工。

（5）承包人应按约定的合同进度计划，向监理人提交工程开工报审表，经监理人审批后执行。开工报审表应详细说明按合同进度计划正常施工所需的施工道路、临时设施、材料设备、施工人员等施工组织措施的落实情况以及工程的进度安排。

（6）承包人在开工 3d 前进驻施工场地，并将开工所需施工船舶机械、设备按照合同约定进场到位。

（7）分项工程的开工应事先得到监理人的书面同意，承包人应提前 48h 将申请开工的书面通知报送监理人，监理人应在收到通知 48h 内予以书面答复，否则视为同意。

（8）承包人不能按期开工时，应在接到开工令 24h 内向监理人提出延期开工申请报告，监理人应在接到报告 24h 内做出答复。若监理人在 24h 内同意或未予答复，工期相应顺延；若监理人不同意延期要求，则工期不予顺延。

6.2.5　隐蔽工程覆盖检查工作程序

1. 通知监理人检查

承包人在自检合格后，填写隐蔽工程验收申请单，在覆盖前 48h，通知监理人进行验收；监理人在接到通知 48h 内进行验收。经监理人验收合格并在验收记录上签认后，承包人可进行覆盖和继续施工；若验收不合格，承包人应按监理人的要求整改并重新申请验收。

2. 监理人未到场检查

监理人未按约定的时间进行检查的，除监理人另有指示外，承包人可自行完成覆盖工作，并作相应记录报送监理人，监理人应签字确认。监理人事后对检查记录有疑问的，可按合同的约定重新检查。

3. 监理人重新检查

承包人按约定覆盖工程隐蔽部位后，监理人对质量有疑问的，可要求承包人对已覆盖的部位进行钻孔探测或揭开重新检验，承包人应遵照执行，并在检验后重新覆盖恢复原状。经检验证明工程质量符合合同要求的，由发包人承担由此增加的费用和（或）工期延误，并支付承包人合理利润；经检验证明工程质量不符合合同要求的，由此增加的费用和（或）工期延误由承包人承担。

4. 承包人私自覆盖

承包人未通知监理人到场检查，私自将工程隐蔽部位覆盖的，监理人有权指示承包人钻孔探测或揭开检查，由此增加的费用和（或）工期延误由承包人承担。

6.2.6　合同的索赔及争议和解决

1. 索赔事件

索赔通常是指合同实施过程中，一方未履行合同义务或其他原因给另一方造成损失（费用或工期），受损方按照合同约定向违约方提出费用或工期补偿要求的法律行为。港口与航道工程施工周期长，受各种工况条件影响多，实施过程中往往会有各种各样的索赔事件发生，索赔事件主要包括：

（1）发包人违约。

（2）不可抗力因素。

（3）第三人造成的违约。

1）发包人违约

（1）在履行合同过程中发生的下列情形，属发包人违约：

① 发包人未能按合同约定支付预付款或合同价款，或拖延、拒绝批准付款申请和支付凭证，导致付款延误的。

② 发包人原因造成停工的。

③ 监理人无正当理由没有在约定期限内发出复工指示，导致承包人无法复工的。

④ 发包人无法继续履行或明确表示不履行或实质上已停止履行合同的。

⑤ 发包人不履行合同约定的其他义务的。

（2）承包人有权暂停施工

发包人发生除上述④目以外的违约情况时，承包人可向发包人发出通知，要求发包人采取有效措施纠正违约行为。发包人收到承包人通知后的 28d 内仍不履行合同义务，承包人有权暂停施工，并通知监理人，发包人应承担由此增加的费用和（或）工期延误，并支付承包人合理利润。

（3）发包人违约解除合同

① 发生上述④目的违约情况时，承包人可书面通知发包人解除合同。

② 承包人按照合同约定暂停施工 28d 后，发包人仍不纠正违约行为的，承包人可向发包人发出解除合同通知。但承包人的这一行动不免除发包人承担的违约责任，也不影响承包人根据合同约定享有的索赔权利。

（4）解除合同后的付款

因发包人违约解除合同的，发包人应在解除合同后 28d 内向承包人支付下列金额，承包人应在此期限内及时向发包人提交要求支付下列金额的有关资料和凭证：

① 合同解除日以前所完成工作的价款。

② 承包人为该工程施工订购并已付款的材料、工程设备和其他物品的金额。发包人付还后，该材料、工程设备和其他物品归发包人所有。

③ 承包人为完成工程所发生的，而发包人未支付的金额。

④ 承包人撤离施工场地以及遣散承包人人员的金额。

⑤ 由于解除合同应赔偿的承包人损失。

⑥ 按合同约定在合同解除日前应支付给承包人的其他金额。

发包人应按本项约定支付上述金额并退还质量保证金和履约担保，但有权要求承包人支付应偿还给发包人的各项金额。

（5）解除合同后的承包人撤离

因发包人违约而解除合同后，承包人应妥善做好已竣工工程和已购材料、设备的保护和移交工作，按发包人要求将承包人设备和人员撤出施工场地。承包人撤出施工场地应遵守合同的约定，发包人应为承包人撤出提供必要条件。

　　2）不可抗力

　　（1）不可抗力的确认

　　① 不可抗力是指承包人和发包人在订立合同时不可预见，在工程施工过程中不可避免发生并不能克服的自然灾害和社会性突发事件，如地震、海啸、瘟疫、水灾、骚乱、暴动、战争和专用合同条款约定的其他情形。

　　② 不可抗力发生后，发包人和承包人应及时认真统计所造成的损失，收集不可抗力造成损失的证据。合同双方对是否属于不可抗力或其损失的意见不一致的，由监理人按合同约定商定或确定。发生争议时，按合同的约定办理。

　　（2）不可抗力的通知

　　① 合同一方当事人遇到不可抗力事件，使其履行合同义务受到阻碍时，应立即通知合同另一方当事人和监理人，书面说明不可抗力和受阻碍的详细情况，并提供必要的证明。

　　② 如不可抗力持续发生，合同一方当事人应及时向合同另一方当事人和监理人提交中间报告，说明不可抗力和履行合同受阻的情况，并于不可抗力事件结束后28d内提交最终报告及有关资料。

　　（3）不可抗力后果及其处理

　　① 不可抗力造成损害的责任

　　不可抗力导致的人员伤亡、财产损失、费用增加和（或）工期延误等后果，由合同双方按以下原则承担。

　　a. 永久工程，包括已运至施工场地的材料和工程设备的损害，以及因工程损害造成的第三者人员伤亡和财产损失由发包人承担。

　　b. 承包人设备的损坏由承包人承担。

　　c. 发包人和承包人各自承担其人员伤亡和其他财产损失及其相关费用。

　　d. 承包人的停工损失由承包人承担，但停工期间应监理人要求照管工程和清理、修复工程的金额由发包人承担。

　　e. 不能按期竣工的，应合理延长工期，承包人不需支付逾期竣工违约金。发包人要求赶工的，承包人应采取赶工措施，赶工费用由发包人承担。

　　② 延迟履行期间发生的不可抗力

　　合同一方当事人延迟履行，在延迟履行期间发生不可抗力的，不免除其责任。

　　③ 避免和减少不可抗力损失

　　不可抗力发生后，发包人和承包人均应采取措施尽量避免和减少损失的扩大，任何一方没有采取有效措施导致损失扩大的，应对扩大的损失承担责任。

　　④ 因不可抗力解除合同

　　合同一方当事人因不可抗力不能履行合同的，应当及时通知对方解除合同。合同解除后，承包人应按照合同约定撤离施工场地。已经订货的材料、设备由订货方负责退货或解除订货合同，不能退还的货款和因退货、解除订货合同发生的费用，由发包人承担，因未及时退货造成的损失由责任方承担。合同解除后的付款，由监理人按合同约定商定或确定。

3）第三人造成的违约

在履行合同过程中，一方当事人因第三人的原因造成违约的，应当向对方当事人承担违约责任。一方当事人和第三人之间的纠纷，依照法律规定或者按照约定解决。

2. 工期索赔

在计算一个或多个延误引起的工期索赔时，通常可采用如下三种分析方法：

1）网络分析方法

网络分析方法通过分析延误发生前后网络计划，对比两种工期计算结果，计算索赔值。通常，如果延误在关键线路上，则该延误引起的持续时间的延长即为总工期的延长值。如果该延误在非关键线路上，受影响后仍在非关键线路上，则该延误对工期无影响，不能提出工期索赔。

2）比例类推法

（1）按造价进行比例类推

工期索赔值＝（附加或新增工程量价格／原合同总价）×原合同总工期

（2）按工程量进行比例类推

工期索赔值＝（额外或新增工程量／原工程量）×原合同总工期

3）其他方法

如：按实际工期延长记录确定补偿天数等。

3. 费用索赔

1）索赔费用的主要内容

（1）人工费

人工费是指完成合同之外的额外工作所花费的人工费用和由于非承包人责任的工效降低所增加的人工费。

（2）材料费

材料费索赔包括工程材料耗用量增加、周转材料减少周转次数以及材料单位成本上涨等方面引起的费用。

（3）船机使用费

船机使用费的索赔指由于索赔事件发生额外运转所增加的施工船舶机械的调遣、折旧、修理、燃料等费用，以及船员、司机、使用工工资等。

（4）分包费用

分包费用指的是分包人提出的索赔费用，一般也包括人工、材料、船机使用费的索赔。

（5）现场管理费

现场管理费指施工现场增加的工地管理费，包括管理人员工资、办公费等。

（6）财务费用

财务费用指资金周转或资金筹措等发生的财务费用。

（7）上级管理费

上级管理费指索赔事件发生而增加的上级管理费。

（8）税金

税金指由于索赔事件增加全部费用收入，按照规定向国家缴纳的各项税费。

（9）其他

索赔事件涉及的其他费用。

2）索赔费用的计算

索赔费用应本着实事求是，按照实际损失补偿的原则，能采用合同价格的尽量采用合同价格，索赔费用双方差距较大时应协商确定，必要时可按照合同约定，进行争议评审确定最终索赔数额。

4. 合同争议和解决

发包人和承包人在履行合同中发生争议的，可以友好协商解决或者提请争议评审组评审。

（1）友好解决

在提请争议评审、仲裁或者诉讼前，以及在争议评审、仲裁或诉讼过程中，发包人和承包人均可共同努力友好协商解决争议。

（2）争议评审

① 采用争议评审的，发包人和承包人应在开工日后的 28d 内或在争议发生后，协商成立争议评审组。争议评审组由有合同管理和工程实践经验的专家组成。

② 合同双方的争议，应首先由申请人向争议评审组提交一份详细的评审申请报告，并附必要的文件、图纸和证明材料，申请人还应将上述报告的副本同时提交给被申请人和监理人。

③ 被申请人在收到申请人评审申请报告副本后的 28d 内，向争议评审组提交一份答辩报告，并附证明材料。被申请人应将答辩报告的副本同时提交给申请人和监理人。

④ 除专用合同条款另有约定外，争议评审组在收到合同双方报告后的 14d 内，邀请双方代表和有关人员举行调查会，向双方调查争议细节；必要时争议评审组可要求双方进一步提供补充材料。

⑤ 除专用合同条款另有约定外，在调查会结束后的 14d 内，争议评审组应在不受任何干扰的情况下进行独立、公正的评审，做出书面评审意见，并说明理由。在争议评审期间，争议双方暂按总监理工程师的确定执行。

⑥ 发包人和承包人接受评审意见的，由监理人根据评审意见拟定执行协议，经争议双方签字后作为合同的补充文件，并遵照执行。

⑦ 发包人或承包人不接受评审意见，并要求提交仲裁或提起诉讼的，应在收到评审意见后的 14d 内将仲裁或起诉意向书面通知另一方，并抄送监理人，但在仲裁或诉讼结束前应暂按总监理工程师的确定执行。

（3）合同当事人友好协商解决不成、不愿提请争议评审或者不接受争议评审组意见的，可在专用合同条款中约定下列一种方式解决。

① 向约定的仲裁委员会申请仲裁。

② 向有管辖权的人民法院提起诉讼。

6.2.7   港口与航道工程合同价款与支付

1）付款周期同计量周期

2）进度付款申请单

承包人应在每个付款周期末，按监理人批准的格式和专用合同条款约定的份数，向监理人提交进度付款申请单，并附相应的支持性证明文件。除专用合同条款另有约定外，进度付款申请单应包括下列内容：

（1）截至本次付款周期末已实施工程的价款。

（2）根据合同约定应增加和扣减的变更金额。

（3）应增加和扣减的索赔金额。

（4）应支付的预付款和扣减的返还预付款。

（5）应扣减的质量保证金。

（6）根据合同应增加和扣减的其他金额。

3）进度付款证书和支付时间

（1）监理人在收到承包人进度付款申请单以及相应的支持性证明文件后的 14d 内完成核查，提出发包人到期应支付给承包人的金额以及相应的支持性材料，经发包人审查同意后，由监理人向承包人出具经发包人签认的进度付款证书。监理人有权扣发承包人未能按照合同要求履行任何工作或义务的相应金额。

（2）发包人应在监理人收到进度付款申请单后的 28d 内，将进度应付款支付给承包人。发包人不按期支付的，按专用合同条款的约定支付逾期付款违约金。

（3）监理人出具进度付款证书，不应视为监理人已同意、批准或接受了承包人完成的该部分工作。

（4）进度付款涉及政府投资资金的，按照国库集中支付等国家相关规定和专用合同条款的约定办理。

4）工程进度付款的修正

在对以往历次已签发的进度付款证书进行汇总和复核中发现错、漏或重复的，监理人有权予以修正，承包人也有权提出修正申请。经双方复核同意的修正，应在本次进度付款中支付或扣除。

5）若发包人在合同约定的支付限期满 14d 后未予支付，承包人可向发包人发出催付款的通知，发包人在收到承包人通知后仍不能按要求支付，承包人可在发出催款通知 14d 后暂停施工，发包人承担延期支付的利息和违约责任以及停工损失。

6）竣工结算

（1）工程接收证书颁发后，承包人应按约定的份数和期限向监理人提交竣工付款申请单，并提供相关证明材料。竣工付款申请单应包括下列内容：竣工结算合同总价、发包人已支付承包人的工程价款、应扣留的质量保证金、应支付的竣工付款金额。

（2）监理人对竣工付款申请单有异议的，有权要求承包人进行修正和提供补充资料。经监理人和承包人协商后，由承包人向监理人提交修正后的竣工付款申请单。

（3）监理人在收到承包人提交的竣工付款申请单后的 14d 内完成核查，提出发包人到期应支付给承包人的价款送发包人审核并抄送承包人。发包人应在收到后 14d 内审核完毕，由监理人向承包人出具经发包人签认的竣工付款证书。监理人未在约定时间内核查，又未提出具体意见的，视为承包人提交的竣工付款申请单已经监理人核查同意；发包人未在约定时间内审核又未提出具体意见的，监理人提出发包人到期应支付给承包人的价款视为已经发包人同意。

（4）发包人应在监理人出具竣工付款证书后的 14d 内，将应支付款支付给承包人。

发包人不按期支付的，按约定将逾期付款违约金支付给承包人。

（5）承包人对发包人签认的竣工付款证书有异议的，发包人可出具竣工付款申请单中承包人已同意部分的临时付款证书。存在争议的部分，按约定办理。

（6）竣工付款涉及政府投资资金的，按约定办理。

7）最终结清

（1）缺陷责任期终止证书签发后，承包人可按约定的份数和期限向监理人提交最终结清申请单，并提供相关证明材料。

（2）发包人对最终结清申请单内容有异议的，有权要求承包人进行修正和提供补充资料，由承包人向监理人提交修正后的最终结清申请单。

（3）监理人收到承包人提交的最终结清申请单后的 14d 内，提出发包人应支付给承包人的价款送发包人审核并抄送承包人。发包人应在收到后 14d 内审核完毕，由监理人向承包人出具经发包人签认的最终结清证书。监理人未在约定时间内核查，又未提出具体意见的，视为承包人提交的最终结清申请已经监理人核查同意；发包人未在约定时间内审核又未提出具体意见的，监理人提出应支付给承包人的价款视为已经发包人同意。

（4）发包人应在监理人出具最终结清证书后的 14d 内，将应支付款支付给承包人。发包人不按期支付的，应按合同约定，将逾期付款违约金支付给承包人。

（5）承包人对发包人签认的最终结清证书有异议的，按合同约定办理。

（6）最终结清付款涉及政府投资资金的，按合同的约定办理。

6.2.8　港口与航道工程设计变更

港口与航道工程设计变更属于合同变更的内容之一，可以由发包人、承包人、监理人中任何一方提出变更建议，履行合同变更的程序后执行。

1. 变更的范围和内容

（1）取消合同中任何一项工作，但被取消的工作不能转由发包人或其他人实施。

（2）改变合同中任何一项工作的质量或其他特性。

（3）改变合同工程的基线、标高、位置或尺寸。

（4）改变合同中任何一项工作的施工时间或改变已批准的施工工艺或顺序。

（5）为完成工程需要追加的额外工作。

（6）工程量清单中某单项工程量的变化幅度超过 20%，且对合同总价影响幅度超过 2% 时，应调整该工程量清单项目的综合单价。

2. 变更权

在履行合同过程中，经发包人同意，监理人可按约定的变更程序向承包人做出变更指示，承包人应遵照执行。没有监理人的变更指示，承包人不得擅自变更。

3. 变更的提出

（1）在合同履行过程中，监理人可向承包人发出变更意向书。变更意向书应说明变更的具体内容和发包人对变更的时间要求，并附必要的图纸和相关资料。变更意向书应要求承包人提交包括拟实施变更工作的计划、措施和竣工时间等内容的实施方案。发包人同意承包人根据变更意向书要求提交的变更实施方案的，由监理人按约定发出变更指示。

（2）在合同履行过程中，发生约定变更情形的，监理人应按约定向承包人发出变更指示。

（3）承包人收到监理人按合同约定发出的图纸和文件，经检查认为其中存在约定情形的，可向监理人提出书面变更建议。变更建议应阐明要求变更的依据，并附必要的图纸和说明。监理人收到承包人书面建议后，应与发包人共同研究，确认存在变更的，应在收到承包人书面建议后的 14d 内做出变更指示。经研究后不同意作为变更的，应由监理人书面答复承包人。

（4）若承包人收到监理人的变更意向书后认为难以实施此项变更，应立即通知监理人，说明原因并附详细依据。监理人与承包人和发包人协商后确定撤销、改变或不改变原变更意向书。

4. 变更指示

（1）变更指示只能由监理人发出。

（2）变更指示应说明变更的目的、范围、变更内容以及变更的工程量及其进度和技术要求，并附有关图纸和文件。承包人收到变更指示后，应按变更指示进行变更工作。

第 7 章　施工进度管理

7.1　施工进度计划

7.1.1　施工进度目标

港口与航道工程的进度控制，要明确目标、将目标分解落实、建立进度控制体系、对目标进度实施动态控制。

项目经理应对施工进度计划进行审核。

1. 项目进度控制的目标

项目进度控制应以实现施工合同约定的竣工日期为最终目标。

2. 项目进度控制目标的分解

项目进度控制总目标应进行分解。以便按单位工程或者按施工阶段、按专业、按节点制定更能具体、更能落实、更有保证的措施，加强进度控制，以分解后各局部项目、阶段的进度控制，保证项目进度总目标的实现。项目进度控制总目标可以按以下原则进行分解：

（1）按单位工程分解为交工分目标。

（2）按承包的专业或施工阶段分解为各完工的分目标。

（3）按年、季、月进度计划，分解为时间分目标。

3. 建立项目进度控制机构

为保证实施项目进度控制，应建立以项目经理为责任主体，由各子项目负责人、计划人员、调度人员、作业队长及班组长参加的项目进度控制体系。

4. 项目经理部实施对项目进度的动态控制

（1）根据施工合同确定的开工日期、总工期和竣工日期确定施工进度目标，明确计划开工日期、计划总工期和计划竣工日期，并确定项目分期、分批的开工、竣工日期。

（2）编制施工进度计划。进度计划应根据工艺关系、组织关系、搭接关系、起止时间、劳动力计划、材料计划、船机设备计划及其他保证性计划等因素综合确定。

（3）向监理工程师提出开工申请报告，并应按监理工程师下达的开工令指定的日期开工。

（4）实施施工进度计划。当出现进度偏差（工期延误或不必要的提前）时，应及时进行调整，并应不断预测未来的进度状况。

（5）全部任务完成后，应进行进度控制总结，并编写进度控制报告。

7.1.2　施工进度计划编制

港口与航道工程的施工进度计划应根据工艺关系、组织关系、搭接关系、起止时间、劳动力计划、材料计划、船机设备计划及其他保证性计划等因素综合确定，进行编制。

施工进度计划应包括施工总进度计划和单位工程施工进度计划。

1. 施工总进度计划的编制

（1）施工总进度计划的编制依据

① 项目的工程承包合同

合同中所规定的施工进度目标、工期要求，所规定的开、竣工日期，工期定额等是编制施工总进度计划的根本依据。

② 项目的施工组织设计

基于工程的特点、施工方案、施工的总体部署、施工资源投入、施工的组织等所编制的施工组织设计，是确定施工各节点工期的基础。

③ 设计的进度计划

施工的进度计划必须与设计的进度计划相衔接，根据各部分图纸提交的时间，安排相应部位的施工日期。

（2）施工总进度计划的内容应包括：编制说明；施工总进度计划表；分期、分批施工工程的开工日期、完工日期及工期一览表；资源需求量及供应平衡表等。

（3）编制步骤：

① 搜集编制依据。

② 确定工程进度控制目标。

③ 计算工程量。

④ 确定各单位工程的施工期限和开工、竣工日期。

⑤ 安排各单位工程的搭接关系。

⑥ 编写施工进度计划说明书。

2. 单位工程施工进度计划的编制

（1）编制依据：项目管理目标责任书；施工总进度计划；施工方案；主要材料和设备的供应能力；施工人员的技术素质及劳动效率；施工现场条件（气候、环境、海况等），平均可工作天数；已建成的同类工程的实际进度及经济指标等。

（2）单位工程施工进度计划的内容包括：编制说明；进度计划图；单位工程施工进度计划的风险分析及控制措施。

（3）编制方法：单位工程的施工进度计划是在既定施工方案的基础上，根据施工总进度计划规定的工期和资源供应，对单位工程中的各分部、分项工程的施工顺序、搭接关系进行合理的计划和安排。其编制的方法是：

① 划分工作项目。

② 确定施工顺序及搭接关系。

③ 计算工程量。

④ 确定项目的施工持续时间。

⑤ 绘制施工进度计划图。

目前，常用的施工进度计划图的表达方法有横道图和网络图两种形式，在编制工程网络计划及绘制施工进度计划网络图时应符合国家现行标准《网络计划技术　第 1 部分：常用术语》GB/T 13400.1—2012、《网络计划技术　第 2 部分：网络图画法的一般规定》GB/T 13400.2—2019、《网络计划技术　第 3 部分：在项目管理中应用的一般程序》GB/T 13400.3—2009 及行业标准《工程网络计划技术规程》JGJ/T 121—2015 的规定。

7.2   施工进度的控制

7.2.1   施工进度计划实施与检查

1. 工程施工进度计划的实施

工程施工进度计划的实施重点有以下几方面：

1）总进度计划的目标分解

对总进度计划进行分解：可以按施工阶段分解，例如，重力式码头工程可按基槽挖泥—基床抛石—基床整平—沉箱安放—沉箱内抛填—沉箱封顶—沉箱后方棱体抛填及倒滤层—后方回填—上部结构分解进度计划；也可按施工单位分解；还可按专业工种分解等。项目的施工进度计划应通过编制年、季、月、旬、周的施工进度计划来实现。

当项目的计划总工期跨越一个年度以上时，必须划分出不同年度的施工内容，编制年度和季度的施工进度计划。年度和季度的施工进度计划，均属控制性计划，确定并控制项目总进度的重要节点目标。

月、旬（或周）施工进度计划是实施性的作业计划，应在月、旬（或周）末，由项目经理部提出，经工地例会协调后编制。月、旬（或周）施工进度计划应逐级落实，最终通过施工任务书由班组实施。

落实分包的施工进度计划，分包的施工进度计划必须依据总包的施工进度计划编制，总包应将分包的进度计划纳入总进度计划的控制范畴。总包、分包之间必须互相协调，处理好进度计划执行过程中的关系。分包工程的进度计划由分包人编制并负责组织实施。项目经理部应协助分包人解决项目进度控制中的相关问题。

2）落实施工条件

网络进度计划中已经表明，任何一道工序开始的必要条件是它所有紧前工作的全部完成。但事实上很难把所有的施工条件都在网络图上表示，如图纸、场地、环境、气候、交通、材料、能源等。在计划确定之后，施工组织者的首要任务，就是落实已列入计划和尚未列入计划的各种施工条件，以保证施工进度计划的顺利完成。

3）组织资源供应

在进度控制中，应以资源供应计划的实现保证施工进度计划的实现，应经常定期地对资源供应计划的目标值和实际值进行比较，一旦发现差异，如发现资源供应出现中断、供应数量不足或供应时间不能满足要求；由于工程变更引起资源需求的数量变更或品种变化等，必须立即分析原因，采取措施，及时调整计划。

当发包人提供的资源供应发生变化不能满足施工进度要求时，应敦促发包人执行原计划，并对造成的工期延误及经济损失及时进行索赔。

4）落实承包责任制，充分调动各方面的积极性

进行计划交底，落实进度控制措施应具体到执行人，使其明确目标、任务、检查方法和考核办法、考核指标等。特别要指出网络计划中的关键线路和关键工序，关键资源和关键条件，下达计划任务书，落实承包责任制，充分调动各方面的积极性，促进施工进度计划的顺利实施。

2. 工程施工进度计划的检查

1）实施过程中的跟踪检查与调度

随着计划实施的进程，施工组织者要定期检查计划实施的实际情况，项目经理部应对日施工作业效率、周（旬）、月作业进度分别进行检查，对施工作业完成的情况在计划图上做出实际进度记录，并跟踪记载每个施工过程的开始日期、完成日期，记录每日完成数量、施工现场的情况，干扰排除的情况。跟踪形象进度对工程量、总产值、耗用的工时、材料和船机台班等的数量进行统计与分析，编制统计报表，提出"进度执行情况的综合描述"将实际情况与原计划进行比较，如果出现偏差，研究、分析其原因，及时决策，通过组织协调即"调度调整措施"使施工进度计划顺利实施，调度措施的主要任务是掌握计划实施情况，协调各方面的关系，采取措施，解决矛盾，实现动态平衡，保证作业计划和进度目标的实现。项目经理部要执行施工合同中对进度、开工及延期开工、暂停施工、工期延误、工程竣工的承诺。

2）施工进度计划的检查

对施工进度计划的检查应依据施工进度计划实施记录进行，应采取日检查或定期检查的方法进行，检查的内容有：

（1）检查期内实际完成和累计完成工程量。

（2）实际参加施工的人力、船机数量及生产效率。

（3）窝工人数、窝工船机台班数及其原因分析。

（4）进度管理情况及进度偏差情况，影响进度的特殊原因及分析。

检查后，应提出月度施工进度报告，报告应包括下列内容：

（1）进度执行情况的综合叙述及实际的施工进度图，进度偏差的状况及其原因分析。

（2）工程变更、价格调整、索赔及工程款收支情况。

（3）解决问题的措施及计划调整意见。

7.2.2　施工进度计划分析与调整

1. 港航工程进度计划分析与调整应遵循的步骤

（1）在工程进度计划的实施过程中，要定期进行跟踪检查、统计，全面、真实地搜集计划实施情况的各种信息；

（2）及时进行对比，发现、确定偏离计划的程度；研究、分析，找出偏离计划的原因；

（3）及时决策，采取针对性的反馈措施进行调度调整（或反馈调节），争取最好的结果。

2. 港航工程进度计划分析与调整的具体内容

1）在计划实施过程中的跟踪检查、统计

项目施工是一种微观的经济行为。计划的分析、进度的控制与调整，需要以实际值与计划值进行比较。为了掌握实际值，就要运用统计工具，跟踪施工，准确、及时、全面、系统地检查、搜集、整理与分析项目施工的各种资料。其中主要内容有：工程形象进度完成情况及周计划的对比；计划期实际完成及累计完成的工程量、工作量占计划

指标的百分率；计划期实际参加施工人员、船机设备数量及生产率；计划期发生的对施工进度有重要影响的特殊事项及原因等。

进度统计是计划控制、分析、调整的基础和根本。

（1）工程形象进度的统计

工程形象进度反映了施工的进展情况，可以反映项目的总进度。工程形象进度一般以某施工阶段的完成程度来表示，即相当于双代号网络图中工序结束的节点，一般按施工阶段、工程部位、工序表示。在港口与航道工程中，因其工程量大、工期长、干扰因素多，所以，工程形象进度的统计量比较大，常按工种、工序统计，也可按实际完成的实物工程量和百分比来统计和反映。

（2）实物工程量统计

实物工程量即以实物形式表示的工程产品数量，如挖泥、抛石方量，基床整平的面积，沉箱预制、安装的个数等。

实物工程量也是检查施工工期计划完成情况的基本数据，正确统计实物工程量对控制进度、加强计划管理具有重要作用。

在进行进度计划检查与进度控制的时候，应该更偏重于从已花费的劳动量和消耗的施工工时的角度来统计实物工程量。

（3）施工产值的统计

施工产值又称为以货币表现的施工工作量，是反映施工生产活动成果的综合性指标。

在工程项目管理中，施工产值是反映项目施工进度、检查进度计划完成情况的重要指标。施工产值要以工程形象进度和已完成实物工程量为依据进行统计。

2）进度计划的分析

随着计划实施的进程，施工组织者在上述检查和统计的基础上，将实施情况与原定计划进行比较，分析研究出现的偏差及原因，并预测其发展变化的趋势，以便采取措施。

在上述检查和统计之后，应提出月度施工进度报告，该报告应包括：进度计划执行情况的综合描述；实际的施工进度图；进度偏差的状况及产生偏差的原因分析；解决问题的措施及计划调整的意见等。

在港口与航道工程的施工中，由于受自然条件的干扰和制约因素太多，实际进度与原计划进度发生偏差的情况很普遍，所以这种及时跟踪的动态检查、统计和分析就更为重要。

常用的分析比较方法有以下几种：

（1）横道图的比较法

是将项目实施中的实际进度数据，经加工整理后用横道线直接标画在原计划横道线处，分析比较之下，可以直观地反映实际进度与计划间的关系。

（2）列表比较法

适用于采用非时标网络图进度计划的分析比较，这种方法是记录检查日期应该进行的工作名称，及其已经作业时间，然后列表计算有关时间参数，并根据计划总时差进行实际与计划的比较。

（3）前锋线网络计划分析法，即在带时标的原网络计划图上标画出实际进度的前锋线，该实际进度前锋线的功能是：

① 描述实际进度：将该实际进度前锋线与计划进度前锋线相比，形象地表达出了进度计划的实际执行状态对原计划的目标偏差，揭示计划执行中的问题，或者可以看出原计划制定中的某些不足。

② 预测进度变化趋势：通过对现时刻和过去某时刻前锋线的对比，可以在一定的范围内对工程的未来进度和变化趋势做出预测和判断。

③ 揭示调整计划的方向和解决问题的最佳途径。

3）进度计划的调整

（1）施工进度计划的调整必须依据对计划执行情况的检查、统计结果进行。

（2）调整的内容包括：施工内容、工程量、起止时间、持续时间、工作关系、资源供应等，并应编制调整后的施工进度计划。

（3）调整的原则

① 对落后的关键线路，落后过多（已超过前方可利用时差）的非关键线路，现时虽落后不多，但可预见未来会落后更多、将妨碍关键线路进展（那时，它将成为新的关键线路）的非关键线路，必须采取措施使之加快。

② 对暂时落后，但其前方有足够的时差可以利用或从其变化趋势可预见在允许的未来时段内很快会赶上来的线路，可不予调整。

③ 对过于领先的非关键线路，可能受其他线路发展的制约，中途不得不临时停工，造成窝工浪费，应及早预见，通过进度调整，予以避免。

第8章　施工质量管理

8.1　施工质量监督

8.1.1　水运工程质量监督机构职责

水运工程实行质量监督管理制度，交通运输部负责全国水运工程质量监督管理工作。交通运输部长江航务管理局按照规定的职责对长江干线航道工程质量监督管理。县级以上地方人民政府交通运输主管部门按照规定的职责负责本行政区域内的水运工程质量监督管理工作。

水运工程质量监督管理，可以由交通运输主管部门委托的建设工程质量监督机构具体实施。

（1）交通运输主管部门应当制定完善水运工程质量监督管理制度、政策措施，依法加强质量监督管理，提高质量监督管理水平。

（2）交通运输主管部门及其委托的建设工程质量监督机构应当依据法律、法规和强制性标准等，科学、规范、公正地开展水运工程质量监督管理工作。

（3）交通运输主管部门或者其委托的建设工程质量监督机构应当制定年度工程质量监督检查计划，确定检查内容、方式、频次以及有关要求等。

（4）交通运输主管部门或者其委托的建设工程质量监督机构应当按有关规定上报事故情况，并及时组织事故抢救，组织或者参与事故调查。

（5）交通运输主管部门应当加强对工程质量数据的统计分析，建立健全质量动态信息发布和质量问题预警机制。

（6）交通运输主管部门应当完善水运工程质量信用档案，健全质量信用评价体系，加强对水运工程质量的信用评价管理，并按规定将有关信用信息纳入交通运输和相关统一信用信息共享平台。

（7）交通运输主管部门应当健全违法违规信息公开制度，将从业单位及其人员的失信行为、举报投诉并被查实的质量问题、发生的质量事故、监督检查结果等情况，依法向社会公开。

8.1.2　水运工程质量监督程序

（1）建设单位应当按照国家规定向交通运输主管部门或者其委托的建设工程质量监督机构提交以下材料，办理工程质量监督手续：

① 水运工程质量监督管理登记表。

② 交通运输主管部门批复的施工图设计文件。

③ 施工、监理合同及招标投标文件。

④ 建设单位现场管理机构、人员、质量保证体系等文件。

⑤ 本单位以及勘察、设计、施工、监理、试验检测等单位对其项目负责人、质量负责人的书面授权委托书、质量保证体系等文件。

⑥ 依法要求提供的其他相关材料。

（2）建设单位提交的材料符合规定的，交通运输主管部门或者其委托的建设工程质量监督机构应当在 15 个工作日内为其办理工程质量监督手续，出具公路水运工程质量监督管理受理通知书。

（3）交通运输主管部门或者其委托的建设工程质量监督机构应当自建设单位办理完成施工许可或者开工备案手续之日起，至工程竣工验收完成之日止，依法开展水运工程建设的质量监督管理工作。

（4）水运工程交工验收前，建设单位应当组织对工程质量是否合格进行检测，出具交工验收质量检测报告，连同设计单位出具的工程设计符合性评价意见、监理单位提交的工程质量评定或者评估报告一并提交交通运输主管部门委托的建设工程质量监督机构。交通运输主管部门委托的建设工程质量监督机构应当对建设单位提交的报告材料进行审核，并对工程质量进行验证性检测，出具工程交工质量核验意见。

（5）水运工程竣工验收前，交通运输主管部门委托的建设工程质量监督机构应当根据交通运输主管部门拟定的验收工作计划，组织对工程质量进行复测，并出具项目工程质量鉴定报告，明确工程质量水平；同时出具项目工程质量监督管理工作报告，对项目建设期质量监督管理工作进行全面总结。

8.1.3　水运工程质量监督内容

1. 水运工程质量监督检查的主要内容

交通运输主管部门或者其委托的建设工程质量监督机构可以采取随机抽查、备案核查、专项督查等方式对从业单位实施监督检查，应当制定年度工程质量监督检查计划，确定检查内容、方式、频次以及有关要求等。监督检查的内容主要包括：

（1）从业单位对工程质量法律、法规的执行情况。

（2）从业单位对公路水运工程建设强制性标准的执行情况。

（3）从业单位质量责任落实及质量保证体系运行情况。

（4）主要工程材料、构配件的质量情况。

（5）主体结构工程实体质量等情况。

实施监督检查时，应当有 2 名以上人员参加，并出示有效执法证件。检查人员对涉及被检查单位的技术秘密和商业秘密，应当为其保密。监督检查过程中，检查人员发现质量问题的，应当当场提出检查意见并做好记录。质量问题较为严重的，检查人员应当将检查时间、地点、内容、主要问题及处理意见形成书面记录，并由检查人员和被检查单位现场负责人签字。被检查单位现场负责人拒绝签字的，检查人员应当将情况记录在案。

2. 水运工程质量安全督查的主要内容

质量安全督查工作由交通运输部安全与质量监督管理部门组织实施，具体督查工作实行督查组负责制，督查组由交通运输部组织行业有关专家组成。质量安全督查分为专项督查和综合督查两类，通过查看现场、查阅资料、询问核查、对单检查、随机抽检等方式开展。

专项督查是指根据国家统一部署或行业监管重点，对水运工程建设存在的突出质量安全问题所采取的针对性抽查。

　　综合督查是指对省级交通运输主管部门落实国家水运建设工程质量安全政策、法律法规，开展工程质量安全监管和相关专项工作等情况的抽查，以及对工程项目建设和监理、设计、施工等主要参建单位的工程质量安全管理行为、施工工艺、现场安全生产状况、工程实体质量情况等的抽查。

　　督查完成后，督查组及时向督查省份交通运输主管部门反馈督查意见，提出整改要求。交通运输部督查意见一般于督查组工作结束后 10 个工作日内印发。

　　省级交通运输主管部门根据督查组反馈意见提出整改方案，于督查反馈会后 15 个工作日内书面报交通运输部，并负责督促相关单位按方案确定的时限和内容逐一整改落实，结果及时报交通运输部；对一时难以整改的问题应书面说明，采取保证工程质量和安全的必要措施，并负责督促落实到位。

　　水运工程综合督查项目抽查以水工主体结构物为主，专项督查项目抽查不少于 1 个主要合同段或具体结构物。水运工程项目质量安全管理行为督查内容见表 8.1-1、水运工程项目施工工艺及现场安全督查内容见表 8.1-2、水运工程项目实体质量督查内容见表 8.1-3。

表 8.1-1　水运工程项目质量安全管理行为督查表

参建单位	抽查内容（分值）	序号	抽查指标项（分值）	相关要求
施工单位	管理体系（20分）	1	目标和制度（10分）	质量、安全管理目标与合同一致性，质量安全制度合理，有针对性
		2	机构与职责（10分）	质量安全管理机构和岗位职责明确，责任落实，相关证件齐全
	施工组织（20分）	3	施工组织设计及专项施工方案（10分）	施工组织设计及专项施工方案符合工程实际，具有针对性和可操作性，按规定程序审查、审批；大型临时工程设计方案计算资料齐全、校验审核程序规范
		4	大型设备或船舶（5分）	相关证书齐全，有效，检验合格，管理台账规范
		5	施工技术交底与培训（5分）	交底到一线人员，记录翔实。施工单位或项目部培训制度健全，有计划、有记录、有检查
	质量管理（30分）	6	原材料及产品（10分）	原材料、产品出厂合格证齐全；自验规定健全，程序规范
		7	施工自检（10分）	体系健全，管理规范，测量和自检数据和报告客观、真实、完整
		8	质量问题整改（10分）	对交通运输主管部门、质监机构、建设和监理单位检查（监理指令）提出的质量问题举一反三，对照要求及时整改落实到位
	安全管理（30分）	9	风险防控（10分）	按规定开展施工安全风险评估，专项施工方案、应急预案编制及时并按规定审查和实施。有效开展安全隐患排查和平安工地建设等各项工作
		10	安全投入（10分）	安全专项费用使用规范，安全投入满足施工安全需要
		11	安全隐患整改（10分）	按照相关规定，对安全隐患及时整改
	得分			

　　注：1. 督查采用扣分制，各抽查指标项可在规定分值内扣分。
　　　　2. 各单位得分为 100 减去各抽查指标项的扣分值。

表 8.1-2　水运工程项目施工工艺及现场安全督查表

检查内容（分值）	序号	抽检指标项（分值）	标准和要求
临时设施及施工机具、设备（100分）	1	施工场地布设（30分）	施工现场"三区"选址及场地布设满足安全生产、文明施工和消防要求，标示标牌清晰，交通顺畅，实施封闭管理
			施工临时用电设计、布设满足规范要求；危险品的存放、使用等符合规范要求
			原材料或成品、半成品存放场地硬化，材料分类堆存，标识清晰；有防雨、防潮、防倾覆措施
	2	主要施工船舶、设备（30分）	施工船舶和设备按合同约定进场，证书齐全，检验合格，安全防护和应急物资配备满足要求
			施工作业船舶和设备的配员符合要求，人员资格证书齐全、有效
			陆用施工机械上驳船应附具船舶稳定性和结构强度验算结果，船上施工设备稳固措施有效，作业符合安全要求。船舶水上作业规范，设备操作符合要求
	3	大型临时设施及现场安全防护（40分）	临时码头、水上作业平台、栈桥、围堰等应编制专项施工方案，并进行必要的稳定性观测
			拌合站设置合理，搅拌机操作平台稳固；拌合楼等高大设备应合理设置缆风绳及防雷装置
			临水、临边和高处作业等安全防护措施设置规范，警示标志标牌齐全
基础施工（100分）	4	桩基（30分）	沉桩区域设置明显的安全警示标志，使用的吊桩绳扣、滑车、索具满足安全要求
			沉桩施工顺序正确，先削坡后沉桩；贯入度、桩尖标高、垂直度、桩位、拼接桩接头处理等满足设计与规范要求，及时夹桩，无拉桩纠偏现象
			灌注桩成孔尺度、终孔土质、沉渣厚度等控制措施合理；钢筋笼控制偏位及上浮措施有效；桩顶浮浆和松散混凝土凿除干净
			异常桩按要求处理
			灌注桩施工应设置泥浆池，废浆处理满足环保规定，泥浆池周围设有安全防护栏和安全警示标志
	5	基槽和岸坡开挖（20分）	深度超过5m的基坑应按照专项支护设计实施支护，并开展变形监测；基坑临边防护和排（降）水措施得当，坑边堆物符合规范要求
			水下基槽基底土质符合设计要求，开挖的断面尺寸不小于设计规定；超深、超宽偏差符合规范要求
			陆上基底土质和边坡坡度符合设计要求；位置及标高偏差符合规范规定，槽底超挖补填规范；基槽底层若受水浸泡或受冻应进行处理
	6	抛石基床（15分）	抛石前应对基槽尺寸、标高及回淤沉积物进行检查；块石规格、级配和质量符合设计要求
			夯实方法、遍数应符合设计和规范规定；爆夯满足设计和工艺控制指标；基床夯实验收平均沉降量符合规范要求

续表

检查内容 （分值）	序号	抽检指标项 （分值）	标准和要求
基础施工 （100分）	7	软土地基加固 （15分）	塑料排水板偏位、回带长度、板底标高、外露长度控制等符合设计与规范要求
			挤密砂（碎石）桩和砂井的灌砂率、灌砂或灌石量、底标高、顶部处理等符合规范规定
			真空预压最终稳定真空度及卸载条件符合设计要求；堆载预压分期、分级加载和卸载应符合设计和规范要求
			振冲留振时间、振冲点位置等符合设计要求和试验段所确定的参数
			强夯夯能、夯击次数、遍数及间歇时间等符合设计要求和试验段所确定的参数
	8	航道整治 工程基础 （20分）	陆上基础临时排水符合要求；回填分层厚度符合设计要求
			砌筑和勾缝组砌形式符合设计要求；砂浆饱满，勾缝密实牢固
			软体排铺设方法、设备精度满足设计要求和施工需要；软体排搭接宽度满足要求
结构施工 （100分）	9	混凝土 （30分）	配合比设计符合要求，商品混凝土配合比设计符合水运工程检验标准要求，配合比报告审核符合要求
			混凝土浇筑过程坍落度、含气量、试块留置符合规范要求；振捣、凿毛、养护等满足精细化施工要求
			水下混凝土施工和水上现浇混凝土乘潮水施工时应提前编制专项施工方案、施工缝留置及处理符合规范要求
	10	钢筋模板 （20分）	钢筋加工制作、焊接、连接和安装符合要求；预应力筋张拉、放松、锚固、灌浆、封锚符合规范要求；垫块使用符合要求
			钢筋作业符合要求，操作规程齐全，安全防护措施有效；钢筋冷拉或对焊应设立警戒区及警告标志
			大型模板支撑体系和高大脚手架应编制安装、拆除专项方案；模板和支架具有足够的强度、刚度和稳定性，拼缝平顺、严密，按规定验收后使用；模板和脚手管的存放、修补、保养措施得当
			脱模剂涂刷、底模拆除时间、拉杆切割和孔眼封堵满足要求
			氧气瓶、乙炔瓶的存放、使用符合规范要求
	11	混凝土构件安装 （15分）	构件存放符合要求；起吊强度满足设计要求；大型构件应编制吊运方案
			沉箱出运按规定对气囊额定工作压力、牵引设施、移运通道等进行试验或检查；浮运前，对吃水、压载、浮游进行验算；移运和安装前，划定作业区，布设警戒线
			沉箱等大型构件安装后及时进行稳定回填；梁、板等构件安装时铺垫砂浆饱满，加固及时；沉井下沉时，混凝土强度满足设计要求；下沉均匀，井体无裂缝，封底接缝无渗水

续表

检查内容（分值）	序号	抽检指标项（分值）	标准和要求
结构施工（100分）	12	钢结构（10分）	钢结构焊接前进行焊接工艺评定；螺栓连接的初拧和终拧扭矩符合要求；螺栓穿入方向应一致，外露丝扣不少于 2 扣
			涂装除锈、油漆涂刷遍数和厚度符合要求；防尘措施满足要求
			有毒、有害及强腐蚀性涂装材料安全防护符合要求；涂装过程消防、防尘措施到位
	13	航道整治建筑物及驳岸（25分）	坝体抛筑定位准确，抛填均匀；坝面构件安装块体完整，摆放均匀，数量符合设计要求；坝面混凝土浇筑和养护符合要求；铺砌平整，勾缝饱满，组砌形式满足设计要求
			砌筑挡墙分段合理，接缝平顺，沉降缝及排水处理良好；砌筑紧密，填缝饱满，组砌形式满足设计要求；板桩挡土墙契合良好，入土深度符合设计和规范要求
			土工织物拼幅、搭接及缝接满足设计要求和规范规定；防老化措施有效；倒滤层分层、级配和铺设范围满足设计要求
			护坡砌块铺砌平整、砌筑紧密，组砌形式符合设计及规范要求；明沟排水畅通
疏浚炸礁吹填（100分）	14	疏浚（20分）	测量定位准确；运输抛卸和管道输送满足要求
	15	炸礁（40分）	爆破参数满足施工组织设计要求；炸药和雷管的使用和管理符合规范要求；按要求进行工序检查，设置水上警戒线，公布警戒时间
	16	吹填及围埝（40分）	围埝基底处理满足设计要求，抛填顺序和速率满足设计要求；倒滤层分段、分层施工的接茬处理满足设计和规范要求
试验检测和测量（100分）	17	试验检测（30分）	检验批次符合规定，试样具有代表性；检测报告数据真实，报告出具规范
	18	测量放样（20分）	GPS 等测量仪器检定符合要求；工程测量控制点验收资料完整，施工测量基线和水准点验收记录完整，程序符合要求，过程记录和计算书完整
	19	位移观测（30分）	观测方案科学合理，布点及时，连续记录，定期分析
	20	地基基础现场监测（20分）	监测点布设符合要求，受损点恢复及时；监测数据真实，频率符合规范要求；分析细致，结论准确，报告及时

表 8.1-3　水运工程项目实体质量督查表

督查内容	序号	抽检指标项	标准和评价方法	得分
原材料	1	常用原材料	原材料质量证明材料齐全，进场复检、检验批次及频率符合规范要求；现场随机抽检钢筋、水泥、砂、石、土工织物、排布、加筋条等常用原材料	
	2	石料	查看石料风化状况及石料大小规格，随机抽检石料强度，低于设计要求值为不合格，计算合格率	
混凝土结构	3	混凝土抗压强度▲	采用超声回弹法或取芯法检测，强度低于设计值为不合格，计算测点合格率	

续表

督查内容	序号	抽检指标项	标准和评价方法	得分
混凝土结构	4	钢筋保护层厚度▲	按检验标准规定允许偏差值和检验方法抽测，超出标准允许值为不合格，计算合格率，低于 80% 或偏差值超过最大限值 1.5 倍，计 0 分	
	5	混凝土表面缺陷及修补	视露筋、空洞、缝隙夹渣等严重缺陷和蜂窝、麻面、砂斑、砂线等一般缺陷超标状况，确定得分	
	6	尺寸偏差	按检验标准规定的允许偏差和检验方法抽测，计算合格率	
	7	接槎及接缝	检查现浇混凝土与构件接槎以及分层浇筑施工缝连接、错牙情况，确定得分	
	8	钢筋绑扎与装设	按检验标准规定允许偏差值和检验方法，抽测钢筋骨架外轮廓尺寸、间距、弯起点位置、箍筋等，计算合格率	
	9	表面平整度	按检验标准规定允许偏差值和检验方法抽测，计算合格率	
	10	预制构件尺寸及重量▲	现场抽查预制构件的外形尺寸，抽查压载块等预制构件重量，计算合格率	
混凝土预制构件安装	11	安装偏差	按检验标准规定的允许偏差和检验方法，抽测沉箱临水面错台、接缝宽度，抽测梁板轴线、搁置长度、支垫处理，抽测半圆体、挡浪墙等其他大型预制构件安装缝宽、错牙等，计算合格率	
	12	构件碰损及修补	检查构件成品保护情况，针对碰损数量及修补状况，确定得分	
沉降缝、伸缩缝及止水	13	缝宽及顺直	按检验标准规定允许偏差值和检验方法抽测，计算合格率	
	14	沉降缝、伸缩缝止水▲	抽测止水安装位置偏差，与混凝土结合是否严密，确定得分。在缝内、缝宽两侧 50mm 及钢筋净保护层范围内打眼、割口或用钉子固定止水带，得 0 分	
裂缝	15	裂缝宽度▲	裂缝控制等级为一级的构件出现裂缝时，得 0 分；其他裂缝控制等级的构件，采用常规检测方法对裂缝宽度进行检测，根据检测结果及裂缝表现特征确定得分	
预埋件	16	位置	检查平面位置、与混凝土面高差，是否有漏埋、补埋，确定得分	
钢（铁）结构	17	防腐涂层厚度	按检验标准规定允许偏差值和检验方法抽测，计算合格率	
	18	焊缝质量	检查焊缝探伤报告和表面缺陷，确定得分	
护岸	19	厚度▲	按检验标准规定允许偏差值和检验方法抽查，计算合格率	
	20	表面平整度		
软体排	21	软体排缝制偏差	按检验标准规定允许偏差和检验方法，抽测排体幅长、宽、加筋带间距、系结条间距等，计算合格率	
	22	压载物厚度或数量▲	按检验标准规定的允许偏差和检验方法，抽测散抛石压载厚度、系结压载物脱落个数，计算合格率	
块石（混凝土）护面	23	厚度▲	按检验标准规定的相应允许偏差和检验方法抽测，计算合格率	
	24	平整度	按检验标准规定的相应允许偏差和检验方法抽测，计算合格率	
	25	混凝土强度	采用取芯法或超声回弹法抽测，低于设计值为不合格，计算测点合格率	

续表

督查内容	序号	抽检指标项	标准和评价方法	得分
护面块体安放	26	安放方式	按检验标准规定的相应允许偏差和检验方法抽测，计算合格率	
	27	数量	按检验标准规定的相应允许偏差和检验方法抽测，计算合格率	
其他	28	回填料压实度	按检验标准规定允许偏差值和检验方法抽测，计算合格率	
	29	小型预制件铺砌	按检验标准规定允许偏差抽测平整度、缝宽，计算合格率	

注：1. 检测数量：在现场存放和使用中的原材料视情况部分抽取检测，并以现场存料为一批，按检验标准的抽样组批原则抽检；对具备检测条件的预制和现浇构件，按相关检测规程和检验标准随机抽样检测，港口工程中的沉箱、胸墙、挡浪墙等大型构件，宜取 1 件（段），梁、板等构件宜取不少于 2 件；船闸工程中的边墩、闸墙、闸底板宜各不少于 1 段；航道整治工程宜取 1～2 个施工分段。出现不合格指标时加倍检测，加倍检测不合格的，该指标得 0 分。

2. 表中所列项带 "▲" 的均为必查项。

3. 每个抽检指标满分为 10 分；各实测实量抽检指标合格率达到 80% 以上乘以 10 为该项评分，合格率低于 60% 为 0 分，合格率在 60% 和 80% 之间内插计分；工程实体质量督查最终得分以实得分除以应得分乘 100 计。

8.1.4　违反水运工程质量监督规定的处罚

（1）违反《公路水运工程质量监督管理规定》第十四条规定，施工单位不按照工程设计图纸或者施工技术标准施工的，依照《建设工程质量管理条例》第六十四条规定，责令改正，按以下标准处以罚款；情节严重的，责令停工整顿：

① 未造成工程质量事故的，处所涉及单位工程合同价款 2% 的罚款。

② 造成工程质量一般事故的，处所涉及单位工程合同价款 2% 以上 3% 以下的罚款。

③ 造成工程质量较大及以上等级事故的，处所涉及单位工程合同价款 3% 以上 4% 以下的罚款。

（2）违反《公路水运工程质量监督管理规定》第十四条规定，施工单位未按规定对原材料、混合料、构配件等进行检验的，依照《建设工程质量管理条例》第六十五条规定，责令改正，按以下标准处以罚款；情节严重的，责令停工整顿：

① 未造成工程质量事故的，处 10 万元以上 15 万元以下的罚款。

② 造成工程质量事故的，处 15 万元以上 20 万元以下的罚款。

（3）违反《公路水运工程质量监督管理规定》第十五条规定，施工单位对施工中出现的质量问题或者验收不合格的工程，未进行返工处理或者拖延返工处理的，责令改正，处 1 万元以上 3 万元以下的罚款。

施工单位对保修范围和保修期限内发生质量问题的工程，不履行保修义务或者拖延履行保修义务的，依照《建设工程质量管理条例》第六十六条规定，责令改正，按以下标准处以罚款：

① 未造成工程质量事故的，处 10 万元以上 15 万元以下的罚款。

② 造成工程质量事故的，处 15 万元以上 20 万元以下的罚款。

（4）违反《公路水运工程质量监督管理规定》第十八条规定，设立工地临时实验室的单位弄虚作假、出具虚假数据报告的，责令改正，处 1 万元以上 3 万元以下的罚款。

（5）依照《建设工程质量管理条例》规定给予单位罚款处罚的，对单位直接负责的主管人员和其他直接责任人员处单位罚款数额 5% 以上 10% 以下的罚款。

8.2　施工质量控制

8.2.1　港口与航道工程质量控制措施

（1）施工单位应当建立健全工程质量保证体系，制定质量管理制度，强化工程质量管理措施，完善工程质量目标保障机制。

（2）港口与航道工程施行质量责任终身制。施工单位应当书面明确相应的项目负责人和质量负责人，相关人员按照国家法律法规和有关规定在工程合理使用年限内承担相应的质量责任。

（3）施工单位对工程施工质量负责，应当按合同约定设立现场质量管理机构、配备工程技术人员和质量管理人员，落实工程施工质量责任制。

（4）施工单位应当严格按照工程设计图纸、施工技术标准和合同约定施工，对原材料、混合料、构配件、工程实体、机电设备等进行检验；按规定施行班组自检、工序交接检、专职质检员检验的质量控制程序；对分项工程、分部工程和单位工程进行质量自评。检验或者自评不合格的，不得进入下道工序或者投入使用。

（5）施工单位应对工程采用的主要材料、构配件和设备等进行现场验收，并经监理工程师认可。对涉及结构安全和使用功能的，施工单位应按有关标准的规定进行抽样检验，监理单位应按有关标准的规定进行见证抽样检验或平行检验。

（6）涉及结构安全的试块、试件和现场检验项目，施工单位应按规定进行检验，监理单位应按规定进行见证抽样检验或平行检验；涉及结构安全和使用功能的重要分部工程应按相应规定进行抽样检验或验证性检验。

（7）施工单位应当加强施工过程质量控制，并形成完整、可追溯的施工质量管理资料，主体工程的隐蔽部位施工还应当保留影像资料。对施工中出现的质量问题或者验收不合格的工程，应当负责返工处理；对在保修范围和保修期限内发生质量问题的工程，应当履行保修义务。

（8）施工单位应当依法规范分包行为，并对各自承担的工程质量负总责，分包单位对分包合同范围内的工程质量负责。

（9）施工单位应当按照合同约定设立工地临时试验室，严格按照工程技术标准、检测规范和规程，在核定的试验检测参数范围内开展试验检测活动。施工单位应当对其设立的工地临时试验室所出具的试验检测数据和报告的真实性、客观性、准确性负责。

8.2.2　港口与航道工程质量通病的防治

质量通病是指施工中普遍、反复出现的质量问题。质量通病具有"小病难治"的特点，治理效果不仅和施工工艺、原材料质量状况、设备设施、人员操作精细化程度等人为因素有关，还与天气、季节等自然因素有关，因此，质量通病治理工作必须具体问题具体分析，将已有的治理经验结合项目的施工技术和施工工艺，认真分析影响质量通病产生的客观规律和主观因素，从细小、细微抓起，持之以恒，方能取得成效。

　　质量通病治理的水平已成为水运施工企业质量管理水平的标志，工程质量通病治理的效果已成为工程质量的主要体现，质量通病治理已是施工质量管理中不可缺少的一环。治理质量通病要找准质量通病产生的成因，落实有效的治理措施，不断改进施工工艺和管理。

1. 混凝土表面缺陷质量通病防治

　　水运工程混凝土经常出现蜂窝、麻面、气泡、夹渣等一些表面缺陷。这些缺陷不仅影响混凝土的观感质量，而且对混凝土的结构性能和耐久性都产生不同程度的不利影响。

　　1）蜂窝、空洞

　　蜂窝是指混凝土表面局部出现直径大于 10mm、小于 30mm，深度大于 5mm 但不大于钢筋保护层厚度或 50mm 的孔洞，表现为孔洞中可见石子且水泥浆不饱满或孔洞相连的蜂窝状的混凝土松散。

　　空洞是指混凝土表面局部出现直径超过 30mm，深度大于钢筋保护层厚度或 50mm 的洞穴，如是钢筋混凝土构件，缺陷处会有钢筋暴露，薄壁结构局部可能会通透。

　　产生的主要原因：

　　（1）混凝土配合比不合理，或粗骨料粒径超限、配料偏差大，造成砂浆少、碎石多。

　　（2）混凝土搅拌时间短、搅拌不均匀，混凝土和易性差、离析。

　　（3）浇筑下料垂直高度超 2m，导致砂、石分离。

　　（4）混凝土未分层振捣或振捣时间不足，或漏振。

　　（5）钢筋密集处或预埋件、预留孔洞模板挡住混凝土下落，未采取预防措施。

　　（6）振捣时模板变形过大或止浆不严而严重漏浆，造成水泥浆、细骨料流失。

　　主要防治措施：

　　（1）认真设计混凝土配合比，选择合适的原材料。

　　（2）严格控制混凝土上料计量偏差和搅拌质量。

　　（3）严格控制分层下料厚度及振捣时间，保证混凝土振捣密实。

　　（4）浇筑下料高度大于 2m 时，采用串筒、导管或溜槽下灰。

　　（5）在预埋件、预留孔模板部位应从两侧下料，必要时对模板开孔下料振捣。

　　（6）钢筋密集结构采用细石混凝土。

　　（7）模板刚度和紧固满足要求，止浆采用弹性止浆条。

　　2）裙角露石

　　裙角露石是指构件底脚局部水泥浆流失，混凝土粗骨料轻微外露但不松散。

　　产生的主要原因：

　　（1）模板底脚止浆不严或止浆条损坏。

　　（2）混凝土和易性差，导致下料时离析，较多粗骨料聚集模板底边，造成底脚部位多石、少浆。

　　（3）模板刚度不足，浇筑过程中模板底部变形过大。

主要防治措施：

（1）严格控制混凝土上料计量偏差、搅拌质量和下料高度，防止离析。

（2）合理设计模板，保证模板的刚度和强度。

（3）模板尽量采用"帮包底"的方式，采用"帮墩底"的方式时，模板底部应设弹性止浆条，并保持其在浇筑过程中完好。

（4）浇筑过程中加强对模板底脚部位的分灰，保证该部位的混凝土均匀性。

3）缝隙夹渣

缝隙夹渣是指施工缝未按规定处理，先后浇筑的混凝土未能良好融合，内部及表面出现明显的分层施工缝隙或在缝隙中夹杂砂、石等杂物。

产生的主要原因：

（1）分层浇筑的混凝土施工缝处未凿除表层砂浆，或浇筑时未认真清除层间杂物。

（2）混凝土下料高度过大，导致混凝土离析，砂石分离、成层。

（3）在浇筑上层混凝土前，下层混凝土面未保水，面层干燥或砂浆铺设后未及时浇筑混凝土，层面砂浆硬化成夹层。

主要防治措施：

（1）严格控制混凝土上料计量偏差、搅拌质量和下料高度，防止离析。

（2）因故发生混凝土浇筑间隔过长，导致混凝土表面终凝的，必须按施工缝处理。

（3）新旧混凝土结合处必须凿除旧混凝土表面砂浆，露出密实混凝土并用水清洗，浇筑前保持结合面湿润并涂刷一层水泥砂浆。

4）松顶

松顶是指混凝土顶部一定高度范围内无粗骨料，出现明显的砂浆层或松散不密实层。

产生的主要原因：

（1）混凝土配合比不合理，或原材料质量差、上料偏差大，造成混凝土拌合物中碎石少、砂浆多。

（2）混凝土过度振捣，使得混凝土骨料下沉，水泥浆上升。

（3）混凝土坍落度过大。

主要防治措施：

（1）合理设计混凝土配合比，选择良好的粗骨料级配和合适的砂率。

（2）严格控制混凝土上料计量偏差和搅拌质量。

（3）严格控制混凝土振捣时间，不过振。

（4）混凝土浇筑到顶时，及时清理上部浮浆。

5）裂缝

裂缝是指混凝土任意部位出现规则或不规则开裂，缝宽在 0.10mm 以上。

产生的主要原因：

（1）结构裂缝：

① 高桩板梁码头构件安装不实、坐浆不饱满，在施工期或使用期间构件发生微沉，引起的开裂。

② 高桩码头在作业船舶的系缆力、挤靠力作用下，引起的上部结构微变形不一致，

导致面层混凝土开裂。

③ 重力式码头或堆场混凝土面层下的基础密实度差异大，使用期产生不均匀沉降，导致面层混凝土开裂。

④ 重力式码头棱体倒滤层施工质量差或遭破坏，导致后方回填材料流失，引起面层混凝土开裂。

（2）约束裂缝：

码头胸墙、防波堤挡浪墙、叠合梁、板等两次浇筑混凝土的时间间隔过长，下部混凝土对上部混凝土收缩产生约束，导致上部混凝土开裂。

（3）沉缩裂缝：

① 扭王字块、扭工字块竖杆与横杆的连接部、T 梁翼板根部等下小上大结构的断面变化处出现的裂缝，主要是由于下部混凝土体积收缩下沉，上部混凝土的下沉受模板限制，导致局部开裂。

② 空心胶囊漏气，导致胶囊上部混凝土下沉，由于钢筋限制混凝土下层，故产生沿钢筋方向的开裂。

（4）收缩裂缝：

① 在混凝土硬化过程中，由于体积收缩、应力集中，在预埋件、预留孔、结构突变的阴阳角等位置产生的开裂。

② 分缝不当。如码头面层分割块大于面板或分缝不与面板的缝上下对齐。

③ 锯缝不及时。当混凝土抗压强度超过 10MPa 后，体积收缩量逐渐加大，如不及时锯缝，极易造成面层混凝土不规则开裂。

④ 内表温差大。体积较大的混凝土因水化热内部产生高温，遇冷风或雨水"冷激"造成内表温差超限，表层混凝土产生温度收缩裂缝。

⑤ 养护不及时。混凝土硬化过程中，暴露在干燥空气中的表面比内部水分蒸发快，因水分蒸发，表面混凝土体积收缩加快产生裂缝。

（5）其他裂缝

① 拆模不当造成裂缝。拆模时间或顺序不当，混凝土受局部挤压产生裂缝。

② 浆砌墙的压顶混凝土等细长构筑物浇筑分段过长导致的裂缝。

③ PHC 桩等管桩因打桩过程中因锤击或排气不足导致的纵向裂缝。

主要防治措施：

（1）结构裂缝的防治

① 严格控制桩帽、梁顶面标高，必须预留 10～20mm 的铺设砂浆厚度，坐浆要饱满，还需防止构件外伸钢筋阻隔导致面板架空。

② 对面层混凝土下的基础分层压实，并达到设计要求的密实度。

③ 严格控制重力式码头棱体倒滤层施工质量，注重隐蔽工程验收。

（2）约束裂缝的防治

缩短混凝土分层浇筑的间隔时间，一般应控制在 3～5d，最长不超过 7d。

（3）沉缩裂缝的防治

① 严格控制下部混凝土的分层浇筑厚度与间隔时间，在易发生沉缩裂缝的部位停滞一段时间，等待下部混凝土沉缩，对沉缩缝部位进行二次振捣。

② 采用胶囊作为空心孔模具时，使用前检查胶囊是否漏气，漏气的必须修补。浇筑过程发现漏气的必须采取补气措施。

（4）收缩裂缝的防治

① 在混凝土应力集中部位增设钢筋网片或加强筋，提高局部抗裂能力。

② 码头面层分缝设置在面板缝的垂直上方。

③ 面层混凝土采用机械压面，当混凝土抗压强度超过 10MPa 后，马上开始锯缝。

④ 体积较大的混凝土采取降低内表温差的措施，进行内部降温、外表面保温。

⑤ 混凝土终凝后，马上采取养护措施，为防止水分蒸发，表面宜覆盖塑料薄膜。

（5）其他裂缝防治

① 按照规定的拆模时间和顺序拆除模板，拆模过程中防止对新混凝土局部挤压。

② 细长构筑物浇筑分段长度尽量控制在 10m 以内，超过 10m 时可设假缝。

③ 水上沉管桩时，应根据水深和土层情况，在桩顶向下开 2～3 排透水（气）孔。

2. 混凝土施工缝质量通病防治

混凝土施工中，因受施工工艺、施工能力、混凝土温控措施、机械设备故障及天气影响等，需要对混凝土结构分层施工，这就必然出现混凝土结构的"施工缝"。混凝土施工缝的存在，势必影响结构的整体性、耐久性和外观质量。对于施工缝的留置、处理，混凝土施工规范中有具体的规定。施工缝如果处理不当，必然会产生质量缺陷，使工程质量受到影响，严重的会危及结构安全。

混凝土施工缝质量通病的表现特征有：施工缝线条不平直；施工缝凿毛不满足要求或不凿毛；施工缝内夹杂松散混凝土、砂浆层或杂物；施工缝处有"白浆""锈水"析出或发生渗漏等。

产生的主要原因：

（1）模板刚度不足或固定不牢。

（2）施工过程中随意留置施工缝，并未对混凝土收仓的平整度进行控制。

（3）未按规定对混凝土接茬面凿毛或凿毛后清理残渣不彻底。

（4）浇筑新混凝土前没有将接茬面湿润到"饱和面干"，铺设砂浆层时间、厚度控制不准，距新浇筑混凝土时间间隔过长，形成松散隔层。

主要防治措施：

（1）优化分层施工模板设计，做到"上刚下柔"，上口保证线形，底口保证与老混凝土面的贴合。

（2）选择合理的施工工艺，规范预留施工缝，尽量少留施工缝。

（3）认真做好施工缝留置面的凿毛施工，沉箱等大型构件可以采用高压水冲毛工艺代替接茬面的凿毛处理。

（4）浇筑上层混凝土前，按规定进行接缝施工技术处理。

3. 预埋件质量通病防治

混凝土中的预埋件一般都比较小，工程量不大，其施工质量容易被忽视，是质量通病易发生的地方。

预埋件质量通病的表现特征有：预埋件加工粗糙、安装位置不准确；预埋件与混凝土的结合不紧密，铁件与混凝土之间存在空隙；预埋件锈蚀，甚至将周边混凝土胀裂。

产生的主要原因：

（1）预埋件加工、焊接变形大，安装前未校正。

（2）预埋件大多需要分段、分层预埋，需要多次测量定位，易出现测量误差或错误。

（3）对于面积较大的预埋件，仅靠振捣无法排出预埋件下混凝土表面的空气。

（4）未执行"先防腐、再安装，安装后、补涂层"的工艺要求，除锈等级和防腐涂层厚度达不到设计要求。

主要防治措施：

（1）严把预埋件甲供、验收质量关。

（2）改进预埋件安装的固定工艺，保证其施工过程的位置准确，安装定位时采用精度可靠的测量手段和方法。

（3）对面积较大的预埋件设排气孔，以利于振捣混凝土时排出浮浆和空气。

（4）坚持"先防腐、再安装"的施工顺序，除锈范围从深入混凝土内 100mm 起至露出混凝土外的预埋件所有表面，除锈质量合格后先涂刷防腐涂层 2 遍，再涂刷防腐油漆 2～3 遍。

4. 堆场联锁块铺砌质量通病防治

1）块体缺棱掉角或断裂

产生的主要原因：

（1）联锁块强度不足。

（2）联锁块搬运、安放时受损。

（3）联锁块铺砌局部突出或表面有直径较大的卵石，压实时集中荷载过大而被压裂。

（4）联锁块下砂垫层含有的粗颗粒较大或较多，压实时局部集中荷载过大。

主要防治措施：

（1）检查联锁块出厂合格证，进场进行外观检查，并按规定抽检其强度。

（2）联锁块搬运时采用托盘，铺砌时轻轻平放，用橡胶锤或木锤敲打稳固。

（3）严格控制填缝砂的质量，细度、级配符合规范要求，不得含有较大粒径的卵石。

（4）严格控制砂垫层中的粗颗粒含量，不得含有较大粒径的卵石。

2）边缘块体沉陷

产生的主要原因：

（1）铺砌边缘部位、检查井周围等的基层碾压不密实。

（2）已铺联锁块与其他结构相接的间隙期过长，导致砂垫层流失。

（3）基层标高不足的部位，联锁块砂垫层过厚。

主要防治措施：

（1）铺砌边缘无法用压路机压实的部位，采用小型夯实机械夯实。

（2）对联锁块与其他结构相接的部位，预留 1m 的范围，待其他结构完成后再进行压实铺砌。

（3）加强对基层标高的验收，对于基层标高低 20mm 以上的部位，用细石混凝土找平后再铺砌联锁块。

3）块体横向位移

产生的主要原因：

（1）在联锁块铺面与其他结构相接的区域，由于收边形状不规则，需切割小块填铺而造成缝隙过大。

（2）联锁块铺砌区边缘补铺的混凝土不密实或强度不足，场地使用后补边混凝土破碎导致联锁块位移。

主要防治措施：

（1）收边联锁块面积大于整块面积 25% 的，采用切割块，其他的用混凝土补铺。

（2）补铺采用 C40 混凝土，并进行密实、压光。

4）灌砂不饱满

产生的主要原因：

（1）填缝砂含水量大，导致细砂不能进入联锁块缝隙。

（2）细砂中含有较大颗粒，堵塞联锁块之间缝隙。

（3）扫砂、压实次数不够，或扫砂过程未补充细砂。

（4）雨水冲刷或沿边缘缝隙的细砂流失。

主要防治措施：

（1）填缝砂必须使用干砂，含水量不得大于 2%。

（2）严格控制细砂的颗粒级配，当含有 2.5mm 颗粒时，必须进行过筛。

（3）填缝砂填满缝隙后方可进行压实，扫砂、压实应交替进行，不得少于 2～3 遍。

8.2.3　港口与航道工程质量事故等级划分

交通运输部《公路水运建设工程质量事故等级划分和报告制度》规定，根据直接经济损失或工程结构损毁情况（自然灾害所致除外），水运建设工程质量事故分为特别重大质量事故、重大质量事故、较大质量事故和一般质量事故四个等级；直接经济损失在一般质量事故以下的为质量问题。

（1）特别重大质量事故，是指造成直接经济损失 1 亿元以上的事故。

（2）重大质量事故，是指造成直接经济损失 5000 万元以上 1 亿元以下，或者大型水运工程主体结构垮塌、报废的事故。

（3）较大质量事故，是指造成直接经济损失 1000 万元以上 5000 万元以下，或者中型水运工程主体结构垮塌、报废的事故。

（4）一般质量事故，是指造成直接经济损失 100 万元以上 1000 万元以下，或者小型水运工程主体结构垮塌、报废的事故。

上述所称的"以上"包括本数，"以下"不包括本数。

水运工程的大、中、小型分类参照《公路水运工程监理企业资质管理规定》（交通运输部令 2022 年第 12 号）执行。

8.2.4　港口与航道工程质量事故报告的有关要求

（1）工程项目交工验收前，施工单位为工程质量事故报告的责任单位；自通过交工验收至缺陷责任期结束，由负责项目交工验收管理的交通运输主管部门明确项目建设单位或管养单位作为工程质量事故报告的责任单位。

（2）一般及以上工程质量事故均应报告。事故报告责任单位应在应急预案或有关制度中明确事故报告责任人。事故报告应及时、准确，任何单位和个人不得迟报、漏报、谎报或瞒报。

事故发生后，现场有关人员应立即向事故报告责任单位负责人报告。事故报告责任单位应在接报 2h 内，核实、汇总并向负责项目监管的交通运输主管部门及其工程质量监督机构报告。接收事故报告的单位和人员及其联系电话应在应急预案或有关制度中予以明确。

重大及以上质量事故，省级交通运输主管部门应在接报 2h 内进一步核实，并按工程质量事故快报统一报交通运输部应急办转部工程质量监督管理部门；出现新的经济损失、工程损毁扩大等情况的应及时续报。省级交通运输主管部门应在事故情况稳定后的 10 日内汇总、核查事故数据，形成质量事故情况报告，报交通运输部工程质量监督管理部门。

对特别重大质量事故，交通运输部将按《交通运输部突发事件应急工作暂行规范》由交通运输部应急办会同交通运输部工程质量监督管理部门及时向国务院应急办报告。

8.3　水运工程质量检查、检验与交、竣工验收

8.3.1　水运工程质量检查与检验的划分

1. 《水运工程质量检验标准》JTS 257—2008规定

水运工程质量检验应按单位工程、分部工程和分项工程及检验批进行。

《水运工程质量检验标准》JTS 257—2008（以下简称《标准》）中对水运工程的检验批、分项、分部、单位工程、单项工程和建设项目的划分，规定如下：

检验批：是按同一生产条件或按规定方式汇总起来供检验的由一定数量样本组成的检验体。

分项工程：是分部工程的组成部分，一般按工程施工的主要工序或工种、材料、施工工艺和设备的主要装置等划分。

分部工程：是单位工程的组成部分，一般按构成工程结构的主要部位划分。

单位工程：是单项工程的组成部分，一般指具备独立施工条件，建成后能够发挥设计功能的工程。

单项工程：建设项目的组成部分，在施工图设计阶段具有独立的设计文件，建成后能够独立发挥生产能力和效益的工程。

建设项目：按照同一个总体设计进行建设，全部建成后才能发挥所需综合生产能力或效益的基本建设单位。

港口与航道工程的具体划分规定如下：

（1）码头工程按泊位或座划分单位工程。

（2）防波堤工程按座或合同标段划分单位工程，长度较长的，以长度1000～2000m划分为一个单位工程。

（3）船坞、船台、滑道按座划分单位工程。

（4）港区堆场、道路按设计单元划分单位工程。

（5）翻车机房按座划分单位工程，翻车机房地下廊道作为一个单位工程。

（6）船闸主体作为一个单位工程；上下游引航道及导靠船建筑物各为一个单位工程。

（7）堤坝、护岸、固滩和炸礁工程按座或合同标段划分单位工程；长度较长的整治建筑物以2～5km划分为单位工程。

（8）航道、港池、泊位和锚地的疏浚工程各为一个单位工程。

（9）长度较长的航道疏浚工程按合同标段或节点要求划分单位工程。

（10）分期实施的疏浚工程按施工阶段划分单位工程。

（11）陆域形成的吹填工程按合同或设计文件的区域划分单位工程。

施工企业在开工前应在建设单位的组织、监理单位参加下对单位工程和分部、分项工程做出明确划分，并报水运工程质量监督机构备案，据此进行质量控制和检验。

2.《水运工程质量检验标准》JTS 257—2008相关条文说明

水运工程各建筑物的建成，从施工准备开始到完工，要经过若干工序、若干工种配合施工。工程质量的优劣，取决于各工序的质量水平，因此必须控制每个工序的施工质量，才能保证整个工程质量取得良好水平。为便于控制、检查与检验每个工序的质量水平，与国家标准一样把这些工序称为分项工程。分项工程的质量是整个工程质量的基础。

水运工程多数工序是单一作业，如打桩工的打桩作业、钢筋工的钢筋绑扎作业、抛石工的抛石作业等，所以水运工程分项工程的划分，按主要工种来划分。但也有一些分项工程并不限于一个工种，而是由几个工种配合施工的，如地基预压工程等。

由于分项工程划分不能太大，以致不易反映出工程质量的全部面貌。所以又按水运工程建筑物的主要部位及其用途划分为若干分部工程，用来综合分项工程的质量。水运工程的分部工程数量随结构不同而异，如码头工程一般分为基础、墙身结构（或桩基、墩台等）、上部结构、挡土结构与回填、轨道安装、码头设施六个分部工程；而斜坡式防波堤分部工程仅为基础、堤身、护面三个分部工程。

单位工程竣工交付使用，是建筑施工企业把最终的产品交给用户，在交付使用前对整个建筑物进行综合评价，目的是突出建筑物的整体质量，保证使用功能。单位工程的划分标准是根据水运工程的建设经验和施工统计的有关规定而规定的。在《标准》中明确"单位工程是单项工程的组成部分，一般按具备独立施工条件、建成后能够发挥设计功能"来划分的。

由于水运工程规模大、工期长、涉及面广，分项、分部、单位工程划分是个复杂问题，《标准》仅提出几个原则规定，在施工前应根据工程实际情况，在建设单位的组织下监理单位参加。

根据工程项目的具体情况，对单位工程做出明确划分，并按照分项、分部工程划分原则，对每个单位工程，编制单位工程的分项、分部工程检验计划表，并报水运工程质量监督机构备案，据此进行质量检验。

3. 质量检验的基本规定

（1）施工单位应对工程采用的主要材料、构配件和设备等进行现场验收，并经监理工程师认可，对涉及结构安全和使用功能的，施工单位应按规定进行抽检，监理单位应按规定进行见证抽检或平行检验。

（2）各工序施工应按相关规定进行质量控制，每道工序完成后，应进行检查，工序之间应进行交接检验，并形成记录。专业工序之间的交接应经监理工程师认可。未经检验或检验不合格的不得进行下道工序施工。

（3）工程质量的检验应在施工单位自行检验合格的基础上进行。

（4）隐蔽工程在隐蔽前应由施工单位通知有关单位验收，并形成验收文件。

（5）涉及结构安全的试块、试件和现场检验项目，施工单位应按规定进行检验，监理单位应按规定进行见证抽样检验或平行试验；涉及结构安全和使用功能的重要分部工程应按相应规定进行抽样检验或验证性检验。

（6）承担见证性抽检及有关结构安全检验的单位应具有相应能力等级。

（7）工程的观感质量应由验收人员通过现场检查，并应共同确认。

8.3.2　水运工程质量检查与检验的合格标准

（1）检验批质量合格标准

① 主要检验项目检验应全部合格。

② 一般检验项目检验应全部合格。其中允许偏差的抽查合格率应达到80%及以上，且不合格点的最大偏差值对于影响结构安全和使用功能的不得大于允许偏差的 1.5 倍，对于机械设备安装工程，不得大于允许偏差值的 1.2 倍。

（2）分项工程质量合格标准

① 分项工程所含的检验批均应符合质量合格的规定，且质检记录完整。

② 当分项工程不划分检验批时，分项工程合格标准应满足检验批的质量合格标准。

（3）分部工程质量合格标准：

① 分部工程所含分项工程的质量均应符合合格规定。

② 质量控制资料完整。

③ 地基与基础、主体结构和设备安装等分部工程有关安全功能的检验和抽检结果应符合有关规定。

（4）单位工程质量合格标准：

① 所含分部工程的质量均应符合合格的规定。

② 质量控制资料和所含分部工程有关安全和主要功能的检验资料完整。

③ 主要功能项目的抽检结果应符合相关规定。

④ 观感质量符合规范要求。

（5）建设项目和单项工程质量合格标准：

① 所含单位工程均应合格。

② 工程竣工档案应完整。

（6）当分项工程及检验批和分部工程质量不合格时，应按下列规定进行处理：

① 返工重做。经返工重做或更换构配件、设备的应重新进行检验。

② 经检测单位检测鉴定能够达到设计要求的，可认定为质量合格；经检测鉴定达不到设计要求，但经原设计单位核算认可能满足结构安全和使用功能的，可认定为质量合格。

③ 经返修或加固处理的分项、分部工程，虽然改变了外形尺寸但仍能满足安全和使用功能要求的，可按技术处理方案和协商文件进行验收。

④ 经过返修或加固仍不能满足安全和使用要求规定的分部和单位工程，不得验收。

（7）水运工程质量检验标准中的主要检验项目和一般检验项目。

主要检验项目：分项工程中对安全、卫生、环境和公共利益起决定性作用的检验项目。

一般检验项目：主要检验项目以外的检验项目。

8.3.3　水运工程质量检查与检验的程序和组织

（1）水运工程项目开工前，建设单位应组织施工单位、监理单位对单位工程、分部工程和分项工程进行划分，并报水运工程质量监督机构备案。工程建设各方应据此进行工程质量控制和检验。

（2）分项工程及检验批的质量应由施工单位分项工程技术负责人组织检验，自检合格后报监理单位，监理工程师应及时组织施工单位专职质量检查员等进行检验与确认。

（3）分部工程的质量应由施工单位项目技术负责人组织检验，自检合格后报监理单位，总监理工程师应组织施工单位项目负责人和技术、质量负责人等进行检验与确认。其中，地基与基础等分部工程检验时，勘察、设计单位应参加相关项目的检验。

（4）单位工程完工后，施工单位应组织有关人员进行检验，自检合格后报监理单位，并向建设单位提交单位工程竣工报告。

（5）单位工程中有分包单位施工时，分包单位对所承包的工程项目应按规定的程序进行检验，总包单位应派人参加。分包工程完成后，应将工程有关资料交总包单位。

（6）建设单位收到单位工程竣工报告后应及时组织施工单位、设计单位、监理单位对单位工程进行预验收。

（7）单位工程质量预验收合格后，建设单位应在规定的时间内将工程质量检验有关文件，报水运工程质量监督机构申请质量鉴定。

（8）建设项目或单项工程全部建成后，建设单位申请竣工验收前应填写建设项目或单项工程质量检验汇总表，报送质量监督机构申请质量核定。

水运工程质量检验记录见表8.3-1～表8.3-8。

表 8.3–1　（　　）检验批质量检验记录表

单位工程											
分部工程											
分项工程					检验部位						
施工单位					项目负责人						
质量检验标准名称及代号											

质量标准规定		施工单位检验记录										监理单位检验记录
主要检验项目	1											
	2											
	3											
	4											

一般检验项目	1											
	2											
	3											
	4											

	允许偏差项目	允许偏差值（mm）	实测偏差值（mm）										抽查实测值（mm）
			1	2	3	4	5	6	7	8	9	10	
	1												
	2												
	3												
	4												
	5												
	6												
	允许偏差项目共检测　点，合格　点，合格率　%												

施工单位检验结果	分项工程技术负责人：　　　　　质量检查员： 　年　月　日　　　　　年　月　日
监理单位检验结论	监理工程师：　　　　年　月　日

注：1. 本表应由施工单位分项工程技术负责人填写，监理工程师组织施工单位质量检查员等进行检验与确认。

2. 对于不划分检验批的分项工程，可直接采用本表。

3. 对于实测数据较多的项目，可附施工综合记录。

表 8.3-2　（　　）分项工程质量检验记录表

单位工程			
分部工程		检验部位	
施工单位		项目负责人	
序号	检验批部位	施工单位检验结果	监理单位验收结果
1			
2			
3			
4			
5			
6			
7			
8			
9			
10			

说明：

施工单位 检验结论	分项工程技术负责人：　　　年　月　日 质量检查员：　　　年　月　日
监理单位 检验结论	监理工程师：　　　年　月　日

注：本表应由施工单位分项工程技术负责人填写，监理工程师组织施工单位分项工程技术负责人和质量检查员等进行检验与确认。

表 8.3-3 （　　　）分部工程质量检验记录表

单位工程				
施工单位		项目负责人		项目质量负责人
序号	分项工程	检验批数	施工单位检验结果	监理单位检验结果
1				
2				
3				
4				
5				
6				
7				
8				
9				
10				

施工单位检验结论	项目负责人：　　　　年　月　日
勘察设计单位意见	项目负责人：　　　　年　月　日
监理单位检验结论	总监理工程师：　　　年　月　日

注：本表应由施工单位项目技术负责人填写，总监理工程师组织施工单位项目负责人、技术负责人和质量检查员等进行检验与确认。

表 8.3-4　单位工程质量检验记录表

单位工程					
开工日期			竣工日期		
施工单位					
项目负责人		项目技术负责人		项目质量负责人	

序号	项目	检查验收情况	检查验收结论
1	分部、分项工程质量检验	共　个分部，合格　个分部，合格率为　% 共　个分项，合格　个分项，合格率为　%	
2	质量保证资料	共　项 经核查，符合要求　项 不符合要求　项	
3	涉及安全和主要功能项目抽查结果	共抽查　项 符合要求　项 不符合要求　项	
4	观感质量	检查项目总分：　分 实得分：　分，得分率：　% 其中评为 4 级的　项	
5	质量检验综合结论		

检查单位	施工单位	监理单位	勘测设计单位	建设单位	质量监督机构
	（公章） 项目负责人： 　年　月　日	（公章） 总监理工程师： 　年　月　日	（公章） 项目负责人： 　年　月　日	（公章） 项目负责人： 　年　月　日	（公章） 项目负责人： 　年　月　日

注：1. 本表应由施工单位项目技术负责人填写，检查验收结论应由总监理工程师填写，质量检验综合结论
应由参加检查验收各方共同商定，由建设单位填写。
2. 质量监督机构对单位工程的质量核定报告及用表，应按水运工程质量监督主管部门的规定执行。

表 8.3-5 建设项目和单项工程质量检验汇总表

工程名称					
建设单位			项目负责人		
序号	单位工程	开、竣工日期	施工单位	监理单位	检验结论
1					
2					
3					
4					
5					
6					
7					
8					
9					
10					

项目质量检验结论	
建设单位	项目负责人：　　　年　月　日
质量监督单位	监督负责人：　　　年　月　日

注：本表应由建设单位项目负责人填写。

表 8.3-6　单位工程观感质量评价表

序号	评价项目	质量要求	标准分	评价等级			实得分
				一级 95%	二级 85%	三级 70%	
1							
2							
3							
合计		应查　　项，实际查　　项，其中：一级　　项，二级　　项，三级　　项 应得分　　分，实得分　　分，得分率为　　%					

核查结论：

施工单位项目负责人：　　　　年　月　日　　　　　　　　总监理工程师：　　　　年　月　日

建设单位项目负责人：　　　　年　月　日　　　　　　　质量监督负责人：　　　　年　月　日

注：1. 单位工程观感质量评价应在单位工程完工后及时进行，并应由质量监督机构组织建设、监理和施工单位的有关人员在施工和监理单位检查的基础上共同进行。

2. 观感质量检查项目的评价应采用观察检查、必要量测和共同讨论确定的方法进行。

3. 观感质量评价分为一级的项目应满足下列要求：

（1）外观质量总体好。

（2）观察范围未发现明显表面缺陷。

（3）抽查部位无超过规定的允许偏差值的部位或测点。

4. 观感质量评价为二级的项目应满足下列要求：

（1）外观质量总体较好。

（2）观察范围有少量一般表面缺陷，但不需进行修补。

（3）抽查部位虽有少量测点的偏差超过规定的允许偏差值，但未超过规定值的 1.5 倍或者超过允许值的测点个数未超过总测点数量的 20%。

5. 观感质量评价为三级的项目应满足下列要求：

（1）外观质量总体一般。

（2）观察范围有较多一般表面缺陷或有较多修补痕迹，但不需要进行重新修补。

（3）抽查部位的偏差超过规定值的 1.5 倍，或者超过允许值的测点个数超过总测点数量的 20%，但不影响工程的正常使用。

6. 对于存在严重表面缺陷或有影响工程正常使用偏差的项目不得通过观感质量评价。经按技术处理方案处理符合要求后的项目，可重新评为三级。

表 8.3-7　单位工程质量控制资料核查记录

工程名称				施工单位			
序号	工程类别		资料名称		份数	核查意见	核查人
1	疏浚与吹填	1	测量控制点验收记录				
		2	疏浚竣工测量技术报告				
		3	吹填竣工测量技术报告				
		4	吹填土质检验资料				
		5	单位工程质量检验记录				
2	码头、防波堤、护岸、堆场、道路、船闸、船坞、航道整治建筑物、炸礁工程等	1	测量控制点验收记录				
		2	原材料出厂质量证明和进场验收记录				
		3	原材料试验（检验）报告				
		4	预制构件、预拌混凝土合格证				
		5	施工试验检验报告				
		6	隐蔽工程验收记录				
		7	主要结构施工及验收记录				
		8	工程质量事故及调查处理资料				
3	起重装卸、输送设备安装	1	工程定位、放线记录				
		2	设备出厂质量证明及进场检验记录				
		3	施工及验收记录				
		4	设备试运转记录				
4	电气、控制系统安装	1	主要设备及材料出厂质量证明及进场检验记录				
		2	隐蔽工程验收记录				
		3	施工及验收记录				
		4	电气设备试运转记录				
5	管道及附属设备安装	1	材料、设备出厂质量证明及进场检验记录				
		2	管道及阀门试验记录				
		3	隐蔽工程验收记录				
		4	系统清洗记录				
		5	管道施工及验收记录				
6	闸阀门及启闭机安装	1	闸门机启闭机出厂质量证明及进场检验记录				
		2	隐蔽工程验收记录				
		3	施工及验收记录				
		4	设备试运转记录				
7	消防、环保系统安装	1	材料、设备出厂质量证明及进场检验记录				
		2	管道及阀门试验记录				
		3	隐蔽工程验收记录				

续表

工程名称			施工单位			
序号	工程类别		资料名称	份数	核查意见	核查人
7	消防、环保系统安装	4	施工及验收记录			
		5	设备试运转记录			
8	坞门、泵房和牵引设备	1	设备及材料出厂质量证明及进场检验记录			
		2	隐蔽工程验收记录			
		3	施工及验收记录			
		4	设备调试与试运转记录			
9	航标	1	材料、设备出厂质量证明及进场检验记录			
		2	隐蔽工程验收记录			
		3	施工及验收记录			
		4	设备调试与试运转记录			

核查结论：

项目负责人：　　年　月　日　　　　　总监理工程师：　　年　月　日

表8.3-8　单位工程安全和功能检验资料核查及主要功能抽查记录

工程名称			施工单位			
序号	工程类别		安全和功能检查项目	份数	核查意见	抽查结果	抽查人
1	疏浚与吹填	1	疏浚工程竣工断面及水深图				
		2	吹填工程竣工地形测量图				
2	码头、防波堤、护岸、堆场、道路、船闸、船坞、航道整治建筑物	1	工程竣工整体尺度测量报告				
		2	建筑物沉降位移观测资料				
		3	结构裂缝检查记录				
		4	防渗结构渗漏情况检查记录				
		5	工程实体质量抽查检测记录				
		6	航道整治工程实船适航试验报告				
3	起重装卸、输送设备	1	安全装置检查记录				
		2	接地、绝缘电阻测试记录				
		3	空载试运转记录				
		4	重载试运转记录				
4	电气、控制系统	1	接地电阻测试记录				
		2	绝缘电阻测试记录				
		3	安全装置检查记录				
		4	系统试运行记录				

工程名称		施工单位				
序号	工程类别	安全和功能检查项目	份数	核查意见	抽查结果	抽查人
5	管道及附属设备	1　压力管道试验记录				
		2　排水管渗漏试验记录				
		3　安全阀安装调试检验记录				
6	闸门及启闭机	1　闸门启闭试验记录				
		2　安全装置检查记录				
		3　空载与负载试运转记录				
7	消防、环保系统	1　压力管道试验记录				
		2　安全阀安装调试检验记录				
		3　系统调试记录				
8	航标安装	1　航标助航效能测试记录				
		2　雷达应答器使用效果综合测试记录				
		3　避雷接地电阻值测试记录				

核查结论：

项目负责人：　　　　年　　月　　日　　总监理工程师：　　　年 月 日

8.3.4　港口与航道工程交、竣工验收

港口工程项目验收工作应包括交工验收、竣工验收，验收的主要依据包括以下内容：

（1）法规和技术标准。

（2）项目审批、核准文件或者备案证明。

（3）项目初步设计、施工图设计、设计变更等批准文件。

（4）主要设备技术规格书或者说明书。

（5）合同文件。

港口工程项目交工验收工作应由项目单位组织。

包含较多单位工程的港口工程建设项目合同段，可对合同段内符合交工验收条件的一个或几个单位工程进行分批次交工验收。

一次设计、分期建成的港口工程建设项目，可对已建成具有独立使用功能并符合竣工验收条件的港口工程建设项目进行分期竣工验收。

项目单位以及勘察、设计、施工、监理、试验检测等单位提供的交工验收、竣工验收有关资料应完整、真实、准确、有效。

港口工程交工验收结论应为同意交工或不同意交工，竣工验收核查结论应为合格或不合格。

1. 交工验收

港口工程建设项目交工验收应由项目单位组织。

项目单位应组织勘察、设计、施工、监理、试验检测等单位，并邀请所在地港口行政管理部门等相关单位，通过集中讨论方式，对交工验收相关内容进行检查，形成交工验收结论。

经交工验收检查，认为合同已按约定执行、工程质量合格，交工验收结论应为同意交工；认为未按合同约定执行或工程质量不合格，交工验收结论为不同意交工；结论为不同意交工的，项目单位应组织相关单位对存在问题进行整改，整改合格后重新组织交工验收。

1）交工验收的条件

（1）交工验收所包含的各项内容应按合同约定建设完成，不得遗留有碍船舶航行和港口作业安全的隐患。

（2）施工单位应出具施工自检报告和施工总结报告，工程质量自检结论应为合格。

（3）监理单位应出具工程质量评估报告和监理总结报告，工程质量评估结论应为合格。

（4）设计单位应出具工程设计符合性评价意见和设计总结报告，工程建设内容和使用功能应满足设计要求。

（5）项目单位应组织交工验收工程质量检测，检测机构出具的检测报告结论应为合格。

（6）质量监督机构应出具交工验收工程质量核验意见，质量核验结论应为合格。

2）交工验收应检查施工单位自检报告，检查的主要内容

（1）施工内容、主要工程量及单位工程划分情况。

（2）施工和质量检验主要依据。

（3）原材料、半成品和工程实体质量检验情况。

（4）施工期沉降位移观测、监测情况。

（5）施工过程中出现的质量问题和事故，及其处理情况。

（6）单位工程、分部工程、分项工程质量检验情况。

（7）工程施工强制性标准执行情况。

（8）工程质量施工自检结论。

3）交工验收应检查施工单位施工总结报告，检查的主要内容

（1）施工依据。

（2）施工内容。

（3）现场项目部、主要施工人员配置情况。

（4）设计文件、设计变更执行情况。

（5）施工进度、工程质量和施工安全管理情况。

（6）文明施工和生态环境保护工作情况。

（7）廉政建设情况。

（8）存在问题及处理情况。

4）交工验收应检查施工资料，检查的主要内容

（1）测量控制点验收记录。

（2）疏浚测量报告。

（3）原材料出厂质量证明文件和进场验收记录。

（4）设备出厂质量证明文件和进场验收记录。

（5）原材料试验或检验报告。

（6）预制件、预拌混凝土质量合格证明文件。

（7）施工试验检验报告、施工期沉降位移观测资料。

（8）隐蔽工程验收记录。

（9）工程质量验收记录。

（10）主要结构施工及验收记录。

（11）设备安装、调试和试运转记录。

（12）工程质量事故及调查处理资料。

5）交工验收检查工程实体观感质量，检查的主要内容

（1）码头工程，包括码头面、迎水面、混凝土结构、钢结构、码头设施、接岸结构等。

（2）道路堆场工程，包括混凝土面层、铺砌面层、沥青混凝土面层、侧缘石、管沟、井、盖板等。

（3）设备安装工程，包括机械设备安装、钢结构焊接及防腐、电气设备安装、附属设备安装等。

（4）防波堤及护岸工程，包括防浪墙、胸墙、变形缝、护面、附属设施等。

2. 竣工验收

港口工程建设项目竣工验收应分为行业主管部门组织和企业组织。

竣工验收组织单位应成立竣工验收现场核查组，负责竣工验收具体工作。竣工验收现场核查组结论为合格的，应为通过竣工验收；竣工验收现场核查组结论为合格但提出整改要求的，项目单位应进行整改，将整改材料形成书面材料存档；竣工验收现场核查组结论为不合格的，项目单位应在整改后重新申请竣工验收。

竣工验收现场核查组应由验收组织单位、所在地港口行政管理部门、质量监督机构、项目单位人员和专家组成，并邀请海事管理机构等其他依法对项目负有监督管理职责的相关部门参加。竣工验收现场核查组应为 9 人及以上的单数，其中专家不少于 5 人。对于建设内容简单、投资规模较小的备案项目，竣工验收现场核查组人数可以为 7 人及以上的单数，其中专家不少于 4 人。竣工验收现场核查组组长应由负责竣工验收单位的人员担任。

1）竣工验收条件

（1）工程建设项目已按照批准的设计和合同约定建设完成，交工验收合格。建设项目留有尾留工程的，尾留工程不得影响建设项目的投产使用。

（2）主要工艺设备和设施通过调试应具备生产条件。

（3）环境保护设施、安全设施、职业病防护设施、消防设施等已按有关规定通过验收或者备案；航标设施和辅助设施已与港口工程同步建设，已可按期投入使用。

（4）竣工档案资料齐全，并已通过专项验收。

（5）竣工结算报告编制完成，需审计的已按国家有关规定完成审计。

（6）廉政建设合同已履行。

2）竣工验收应检查项目单位工作报告，检查的主要内容

（1）工程概况。

（2）招标及合同管理情况。

（3）工程建设情况。

（4）工艺设备及调试情况。

（5）环保、安全、职业病防护、消防和档案验收或者备案情况。

（6）交工验收和工程质量情况。

（7）工程施工强制性标准执行情况。

（8）竣工决算情况。

（9）廉政建设情况。

（10）存在的主要问题与建议。

3）竣工验收应检查施工单位工作报告，检查的主要内容

（1）施工范围和内容。

（2）合同履约情况。

（3）质量管理体系、质量控制和施工组织形式。

（4）主要施工工艺。

（5）施工管理措施。

（6）工程施工强制性标准执行情况。

（7）施工技术创新和关键技术的处理。

（8）施工期沉降位移观测情况。

（9）安全生产风险管理情况。

（10）施工中主要问题的处理情况。

（11）廉政建设合同执行情况。

（12）施工经验总结。

（13）存在的主要问题与建议。

第 9 章　施工成本管理

9.1　水运工程概算预算

9.1.1　沿海港口建设工程和内河航运建设工程概算和预算编制

1. 沿海港口建设工程概算和预算编制

1）概算编制及管理

（1）一般规定

① 工程概算是初步设计文件的重要组成部分，应由项目设计单位根据工程的构成和工程造价管理的有关规定及计价标准编制。

② 工程概算编制必须严格执行国家的政策法规和行业有关规定，根据工程所在地的建设条件、设计及施工方案，合理选用定额、费用标准和价格等各项编制要素，工程概算应完整、正确、客观、合理地计列建设项目总概算各部分费用项目及内容。

③ 总概算应控制在建设项目工程可行性研究阶段批准的投资总估算允许范围内。

④ 由多个单位共同承担建设项目概算编制工作时，应由总体设计单位负责协调确定工程概算的编制原则和依据、统一材料价格水平，汇编工程概算，并应对工程概算的编制质量负责；参与单位应对所承担范围内的工程概算负责。

⑤ 使用外币的建设项目，应根据本规定编制全部折算为人民币后的工程概算，需要时应同时编制人民币和外币概算。外币汇率应以概算编制时中国人民银行公布的汇率为准。

（2）概算编制

① 概算的编制依据主要包括下列内容：

a. 国家及省级人民政府发布的有关法律、法规、规范、规章、规程等；

b. 本规定和相关计价标准；

c. 项目可行性研究投资估算；

d. 初步设计文件的有关内容；

e. 生产厂家或供应商的设备价格；

f. 工程所在地的材料、构配件、零件、半成品或成品及各种设备器材的市场价格；有关部门发布的材料信息价格和相关规定等；

g. 有关合同协议和其他相关资料。

② 建设项目总概算应包括项目从筹建到竣工验收所需的全部建设费用。

③ 工程概算文件应由封面、扉页、目录、编制说明、概算表格及附件等组成。

④ 编制说明主要应包括项目概述、资金来源、概算编制范围、多方案概算对比分析情况、推荐及比选方案的项目总概算、编制原则和依据、费率指标指数、汇率和利率、有关说明及存在的主要问题等。

⑤ 概算表格分为主要表格和辅助表格，主要表格是概算文件的主要组成部分，辅助表格根据需要选择使用；初步设计有多个方案时，概算文件应包括各总体方案的总概算表、推荐方案的主要表格和辅助表格，以及各主要专业工程比选方案的主要表格和辅

助表格。概算表格主要包括下列内容：

a. 概算主要表格包括总概算表、建筑安装单位工程概算表、设备购置单位工程概算表、工程建设其他费用分项概算表、主要材料用量汇总表和人工材料单价表等；

b. 概算辅助表格包括单项工程概算汇总表、补充单位估价表、单位估价表、建筑安装单位工程施工取费明细表等。

（3）概算管理

① 工程建设的项目单位应认真执行项目工程概算。工程费用或工程建设其他费用中个别项目必须增加投资时，应在工程费用或工程建设其他费用范围内调剂解决；无法调剂时，应按相应程序使用预留费用解决。

② 在建设过程中，由于政策调整、不可预见因素、重大设计变更等原因导致原概算不能满足工程建设实际需要，必须突破总概算时，应按照国家有关规定和"《水运建设工程概算预算编制规定》JTS/T 106—2019 中的 4.3 节 调整概算编制及管理"的规定编制项目调整概算。

③ 项目单位应根据项目总概算，做好投资的使用和管理，加强对各项工程经济资料的收集和分析。

2）施工图预算编制及管理

（1）一般规定

① 施工图预算是施工图设计文件的组成部分。进行施工图设计时，应根据设计划分的单位工程编制预算，可根据需要编制建设项目总预算。

② 施工图预算可由承担设计任务的设计单位编制或委托有相应资质能力的造价咨询机构编制。

③ 预算编制应严格执行有关规定，根据施工图设计，客观考虑工程所在地的建设条件和施工组织设计或施工方案等，合理选用定额、确定费用标准和价格等各项编制要素，客观、准确地反映工程内容。

④ 按施工图预算承包的工程，预算应是确定工程造价、签订工程建设合同和办理工程结算的基础；实行施工招标的工程，预算可作为编制工程最高投标限价或标底的基础；在设计单位内部，预算应是考核施工图设计经济合理性的依据。

⑤ 施工图预算宜控制在初步设计概算相应范围之内；编制总预算时，应根据项目实际需要确定工程建设其他费用等项目，其相应费用应计列。

（2）预算编制

① 施工图预算的编制依据主要包括下列内容：

a. 国家及省级人民政府发布的有关法律、法规、规范、规章、规程等；

b. 本工程初步设计概算；

c. 施工图设计和施工组织设计或施工方案；

d. 工程所在地的自然、技术、经济条件等资料；

e. 本规定及有关专业工程定额和相关计价依据；

f. 工程所在地的材料、构配件、零件、半成品或成品及各种设备器材的市场价格；有关部门发布的材料信息价格和相关规定等；

g. 有关合同协议及其他有关资料。

② 施工图预算文件应由封面、扉页、目录、编制说明、预算表格及附件等组成。

③ 编制说明主要应包括项目概述、预算编制范围和内容、工程总预算、编制原则和依据、采用的定额及费率和计价标准、主要施工工艺及主要技术经济指标，存在的主要问题及其他必要的说明等。

④ 预算表格分为主要表格和辅助表格，主要表格是施工图预算文件的主要组成部分，辅助表格可根据需要使用；预算表格主要包括下列内容：

a. 主要表格包括工程总预算表、建筑安装单位工程预算表、设备购置单位工程预算表、建筑安装单位工程施工取费明细表、建筑安装单位工程施工取费汇总表、主要材料用量汇总表和人工材料单价表等；

b. 辅助表格包括单位估价表（或补充单位估价表）、工程船舶机械艘（台）班用量汇总表和工程船舶机械艘（台）班单价表等。

（3）预算管理

① 项目单位应根据设计要求，按相应技术标准对施工图预算文件进行审核。

② 当单位工程预算突破相应概算时，应分析原因，对不合理部分进行修改，对合理部分可在总概算范围内调剂解决。

3）总概算费用组成

沿海港口建设工程项目总概算应由工程费用、工程建设其他费用、预留费用、建设期利息和专项概算组成。各项费用组成见表 9.1-1。

表 9.1-1　建设项目总概算费用组成

建设项目总概算	第一部分 工程费用	建筑工程费	
		设备购置费	
		安装工程费	
	第二部分 工程建设 其他费用	建设用地、用海费	建设用地征用费
			建设用地、用海使用费
			其他
		建设管理费	项目单位开办费
			项目单位经费
			代建管理费
		前期工作费	可行性研究费
			研究试验费
			勘察观测费
			其他
		勘察设计费	勘察费
			设计费
			设计文件第三方技术咨询费
			其他
		监理费	
		研究试验费	

续表

建设项目总概算	第二部分工程建设其他费用	招标费	
		引进技术和设备材料其他费	
		生产准备费	联合试运转费
			人员培训及提前进厂费
			办公和生产生活家具购置费
		竣工验收前相关费	
		其他相关费用	
	第三部分预留费用	基本预备费	
		物价上涨费	
	建设期利息		
	专项概算		

4）工程费用

（1）概算、预算工程费用指建设期内直接用于工程建造、设备购置及安装所需的投资，以及为完成工程必须修建的临时工程等所需的费用。工程费用应由建筑工程费、设备购置费、安装工程费等组成，并应符合下列规定：

① 建筑工程费、安装工程费应由定额直接费、其他直接费、企业管理费、利润、规费、增值税和专项税费组成。

② 设备购置费应由设备原价、运杂费等费用组成。

（2）对于列入专项概算项目的工程费用，应按照相应规定计列。

5）建筑安装工程费

（1）沿海港口的水工建筑物工程、陆域建（构）筑物工程和航道整治工程（疏浚工程除外）以及相关配套或附属工程，陆域形成（吹填工程除外）及地基处理工程，设备购置、设备及大型金属结构制作安装工程等建筑安装工程费用的计算应符合本规则；上述各类工程均应编制单位工程概、预算。

（2）单位建筑安装工程费用由定额直接费、其他直接费、企业管理费、利润、规费、增值税和专项税费等组成，费用项目及计算应符合下列规定：

① 费用构成应符合表 9.1–2 规定。

表 9.1–2　建筑安装工程费费用项目组成

费用项目	费用项目组成	
建筑安装工程费用	定额直接费	人工费
		材料费
		施工船舶机械使用费
	其他直接费	安全文明施工费
		临时设施费
		冬季、雨期及夜间施工增加费

费用项目	费用项目组成		
建筑安装工程费用	其他直接费	材料二次倒运费	
		施工辅助费	
		施工队伍进退场费	
		外海工程拖船费	
	企业管理费		
	利润		
	规费	社会保险费	
		住房公积金	
		其他	
	增值税		
	专项税费		

② 费用计算应符合下列规定：

a. 定额直接费根据沿海港口工程定额等标准计算；沿海港口工程定额主要包括《沿海港口水工建筑工程定额》JTS/T 276—1—2019、《沿海港口工程船舶机械艘（台）班费用定额》JTS/T 276—2—2019 及《水运工程混凝土及砂浆材料用量定额》JTS/T 277—2019 等。

b. 其他直接费、企业管理费、利润、规费、增值税和专项税费等，根据本规则的相应规定计算。

c. 定额直接费、其他直接费、企业管理费、利润、规费均为不含增值税的费用。专项税费为包含增值税的费用。

（3）按定额计算沿海港口的水工建筑物工程、陆域建（构）筑物工程和航道整治工程（疏浚工程除外）以及相关配套或附属工程，陆域形成（吹填工程除外）及地基处理工程，设备购置、设备及大型金属结构制作安装工程等工程费用时，根据其主体工程的建设规模、条件、结构特征和施工的难易程度，其单位工程或分部分项工程施工取费的工程类别应满足表 9.1-3 的要求。

表 9.1-3　沿海港口工程分类表

序号	工程分类名称	工程分类标准	
		一类	二类
1	一般水工工程	码头吨级 ≥ 10000 吨级	码头吨级 < 10000 吨级
		对应码头类别的栈（引）桥	对应码头类别的栈（引）桥
		直立式防波堤、挡砂堤	斜坡式防波堤、挡砂堤
		海上孤立建（构）筑物	—
		—	引堤、海堤、护岸、围堰等
		取水构筑物	—

续表

序号	工程分类名称	工程分类标准	
		一类	二类
1	一般水工工程	水上软基加固	—
2	一般陆域工程	翻车机房、坑道、廊道、栈桥及筒仓	其他
		集装箱及 10000 吨级以上专用散货码头的堆场道路	其他货种的堆场道路
3	陆上软基加固工程	其他	堆载预压、排水固结加固（真空及联合堆载预压、排水板）、强夯加固、表层夯实碾压及振实加固
4	大型土石方工程	—	全部

注：1. 防波堤、引堤兼作码头时，按工程类别高的确定。
　　2. 单独进行 2000m² 以下陆上软基加固的工程，按一般陆域工程二类工程考虑。

2. 内河航运建设工程概算和预算编制

内河航运建设工程的概算编制及管理、施工图预算编制及管理和总概算费用组成与沿海港口建设工程相同，不再赘述。

1）工程费用

（1）概算、预算工程费用指建设期内直接用于工程建造、设备购置及安装所需的投资，以及为完成工程必须修建的临时工程等所需的费用。工程费用应由建筑工程费、设备购置费、安装工程费等组成，并应符合下列规定。

① 建筑工程费、安装工程费应由定额直接费、其他直接费、企业管理费、利润、规费、增值税和专项税费组成。

② 设备购置费应由设备原价、运杂费等费用组成。

（2）对于入海河流以潮汐影响为主（潮流界以下）河段的内河航运工程，其单位工程建筑安装工程费用计算可参照执行沿海港口工程定额和相应施工取费标准。

（3）对于列入专项概算项目的工程费用，应按照相应规定计列。

2）建筑安装工程费

（1）内河航运的水工建筑物工程、陆域建（构）筑物工程和航道整治工程（疏浚工程除外）以及相关配套或附属工程，陆域形成（吹填工程除外）及地基处理工程，设备购置、设备及大型金属结构制作安装工程等建筑安装工程费用的计算应符合本规则；上述各类工程均应编制单位工程概、预算。

（2）单位建筑安装工程费用由定额直接费、其他直接费、企业管理费、利润、规费、增值税和专项税费等组成，费用项目及计算应符合下列规定。

① 费用项目组成应符合表 9.1-4 规定。

表 9.1-4　建筑安装工程费费用项目组成

费用项目	费用项目组成	
建筑安装工程费用	定额直接费	人工费
		材料费

续表

费用项目	费用项目组成	
建筑安装工程费用	定额直接费	施工船舶机械使用费
	其他直接费	安全文明施工费
		临时设施费
		冬季、雨期及夜间施工增加费
		材料二次倒运费
		施工辅助费
		施工队伍进退场费
		外海工程拖船费
	企业管理费	
	利润	
	规费	社会保险费
		住房公积金
		其他
	增值税	
	专项税费	

② 费用计算应符合下列规定：

a. 定额直接费根据内河航运工程定额等标准计算；内河航运工程定额主要包括《内河航运水工建筑工程定额》JTS/T 275—1—2019、《内河航运设备安装工程定额》JTS/T 275—3—2019、《内河航运工程船舶机械艘（台）班费用定额》JTS/T 275—2—2019 及《水运工程混凝土及砂浆材料用量定额》JTS/T 277—2019 等。

b. 其他直接费、企业管理费、利润、规费、增值税和专项税费等，根据本规则的相应规定计算。

c. 定额直接费、其他直接费、企业管理费、利润、规费均为不含增值税的费用。专项税费为包含增值税的费用。

（3）按定额计算内河航运的水工建筑物工程、陆域建（构）筑物工程和航道整治工程（疏浚工程除外）以及相关配套或附属工程，陆域形成（吹填工程除外）及地基处理工程，设备购置、设备及大型金属结构制作安装工程等工程费用时，根据其主体工程的建设规模、条件、结构特征和施工的难易程度，其单位工程或分部分项工程施工取费的工程类别应满足表 9.1-5 的要求。

表 9.1-5　内河航运工程分类表

序号	工程分类名称	工程分类标准	
		一类	二类
1	一般水工工程	港口工程码头吨级≥1000 吨级的码头及栈（引）桥	港口工程码头吨级＜1000 吨级的码头及栈（引）桥

续表

序号	工程分类名称		工程分类标准	
			一类	二类
1	一般水工工程		通航建筑物和航运枢纽建（构）筑物、导助航及系靠船建筑物、混凝土结构水坝等	土石结构水坝
			水上孤立建（构）筑物	—
			—	引堤、护岸、防洪堤、防汛墙、围堰等
			取水构筑物	—
			水上软基加固	—
2	一般陆域工程		通航建筑物和航运枢纽建（构）筑物	—
			机房、厂房、廊道、坑道、栈桥、筒仓、桥涵	其他
			集装箱和 1000 吨级及以上散货码头的堆场道路	其他堆场道路
3	陆上软基加固工程		其他	堆载预压、排水固结加固（真空及联合堆载预压、排水板）、强夯加固、表层夯实碾压及振实加固
4	航道整治工程	整治水工	航道等级：Ⅰ～Ⅳ（Ⅴ）	航道等级：Ⅴ（Ⅵ）及以下
5		整治炸礁	工程量≥ 20000m³	工程量＜ 20000m³
6	大型土石方工程		—	全部
7	内河航运设备及大型金属结构制作安装工程	制作	通航建筑物和航运枢纽钢闸门、升船机等金属结构制作	其他
8		安装	港口工程集装箱、散货（装卸设备成系统）码头，液体危险品码头装卸机械设备安装	其他
			通航建筑物和航运枢纽钢闸（阀）门、启闭机、升船机金属结构安装，起重设备安装	

注：1. 当以航道等级作为判别标准时，山区航道的分类按括号内等级执行。

　　2. 单独进行 2000m² 以下陆上软基加固的工程，按一般陆域工程二类考虑。

9.1.2　沿海港口和内河航运水工建筑工程定额的应用

1. 沿海港口水工建筑工程定额的应用

（1）《沿海港口水工建筑工程定额》JTS/T 276—1—2019（以下简称本定额）主要包括土石方工程、基础工程、混凝土及钢筋混凝土构件预制安装工程、现浇混凝土及钢筋混凝土工程、钢结构制作及安装工程、其他工程共 6 章，适用于沿海港口水工建筑物和陆域构筑物工程及附属工程，以及沿海船厂水工建筑物工程及附属工程等水运工程初步设计概算和施工图预算的编制，也可用于其他造价文件的编制。

（2）本定额是以分项工程为单位并用人工、材料和船舶机械艘（台）班消耗量表示的工程定额，是计算定额直接费的依据，是《水运建设工程概算预算编制规定》JTS/T 116—2019 的配套定额，应与《水运建设工程概算预算编制规定》JTS/T 116—

2019、《沿海港口工程船舶机械艘（台）班费用定额》JTS/T 276—2—2019 和《水运工程混凝土及砂浆材料用量定额》JTS 2277—2019 配套使用。

（3）本定额按以下原则制定。

① 定额根据水运工程有关技术标准，按正常的施工条件、常规的工程结构、合理的施工工艺等要素选型制定。

② 定额人工和施工船舶机械消耗按 8h 工作制制定，并考虑了正常的潮汐等自然条件的影响，以及工序搭接、配合质量检查和其他必要的施工时间消耗。

③ 定额中材料消耗，包括工程本身直接使用的材料、成品、半成品和按规定摊销的施工用料，以及场内运输和操作消耗。

（4）定额的使用应符合以下规定：

① 编制单位工程施工图预算时，应根据各章节的相应规定直接使用本定额；编制概算时，可在套用本定额计算出定额直接费后乘以概算扩大系数，概算扩大系数的使用应符合下列规定：

a. 应根据工程的设计深度、结构及施工条件的复杂程度等因素合理确定扩大系数；

b. 对于码头、直立式防波堤、直立式护岸、海上孤立建（构）筑物、船坞、船台、滑道等工程，概算扩大系数按 1.02～1.05 确定；

c. 对于栈引桥、斜坡式引堤、斜坡式防波堤、斜坡式护岸、其他水工及陆域建（构）筑物等工程，概算扩大系数按 1.01～1.03 确定；

d. 大型土石方工程不计概算扩大系数。

② 定额的人工、材料消耗，以及船舶机械配备和消耗，除另有规定外，一般情况下不应调整。

③ 定额项目的"工程内容"以主要工序列示，次要工序虽未列出，但已包括在工程内容中，除定额另有说明外，一般情况下不应增减。

④ 定额中的基本运距及增运距应按定额规定执行，运距小于等于基本运距时不做调整。

⑤ 定额中工程材料、成品、半成品及混凝土构件水上增运距定额，除另有规定外，适用于 200km 以内的驳载运输，并应满足下列要求：

a. 运输距离 50km 以内的，按相应增运距定额计价；

b. 运输距离超过 50km 时，超出部分按增运距定额乘以 0.75 系数计算，全程按分段累加法计价；

c. 运输距离超过 200km 的，不适用增运距定额，应按水路运输有关标准计算相应运输费用。

⑥ 定额中工程材料、成品、半成品及混凝土构件陆上增运距定额，适用于 20km 以内的运输。运输距离超过 20km 的，不适用增运距定额，应按公路运输有关标准计算相应运输费用。

⑦ 对于外海工程，定额中的 294kW 拖轮，应调整为 441kW 拖轮。

⑧ 定额正表列示的混凝土及砂浆为复合材料，材料规格按综合选型确定，使用定额时，应按设计要求的混凝土及砂浆材料的规格品种计价。

⑨ 本定额正表中自航船舶按辅助施工状态确定燃油消耗，计算超运距费用时自航

船舶应按航行状态考虑燃油消耗量，自航驳按《沿海港口工程船舶机械艘（台）班费用定额》规定燃油消耗的 3.5 倍计，自航泥驳按《沿海港口工程船舶机械艘（台）班费用定额》规定燃油消耗的 1.5 倍计，相应调整自航船舶台班单价。

⑩ 对于定额项目与实际工程的施工工艺、工程内容不同的，应根据施工条件或施工组织设计编制分部分项工程调整或补充单位估价表计价。

（5）一个建设项目中的一般水工工程、陆域构筑物工程，其基价定额直接费小于 300 万元时，应计列小型工程增加费，小型工程增加费费率按定额直接费的 5% 计列。

（6）其他有关说明。

① 定额正表中带括号的材料，其括号表示该项材料在该定额项目中只计量不计价。

② 定额中注明"××以内"或"××以下"者，均包括"××"本身；凡注明"××以上"或"××以外"者，均不包括"××"本身。

③ 定额步距表述含义为：大于前项定额步距划分、小于等于本项定额步距划分。如：矩形梁预制、堆放，每根梁体积步距为 $3m^3$、$5m^3$、$10m^3$ 定额，各项步距分别指每根梁体积 $\leq 3m^3$；$3m^3 <$ 每根梁体积 $\leq 5m^3$；$5m^3 <$ 每根梁体积 $\leq 10m^3$。

2. 内河航运水工建筑工程定额的应用

（1）《内河航运水工建筑工程定额》JTS/T 275—1—2019（以下简称本定额）主要包括土石方工程、基础工程、混凝土及钢筋混凝土构件预制安装工程、现浇混凝土及钢筋混凝土工程、整治建筑工程、辅助工程、脚手架工程和其他工程共 8 章，适用于内河航运建设工程水工建筑物等工程初步设计概算和施工图预算的编制。也可用于其他阶段造价文件的编制。

（2）本定额是以分项工程为单位并用人工、材料和船舶机械艘（台）班消耗量表示的工程定额，是计算内河航运水工建筑工程定额直接费的依据；本定额应与《水运建设工程概算预算编制规定》JTS/T 116—2019、《内河航运工程船舶机械艘（台）班费用定额》JTS/T 275—2—2019 和《水运工程混凝土及砂浆材料用量定额》JTS/T 277—2019 配套使用。

（3）本定额是根据水运工程有关技术标准，按正常的施工条件、合理的施工工艺选型制定，一般情况下使用时不应调整；对于定额中列有多工艺的项目，使用时应根据施工条件设计或施工组织设计合理选用。

（4）本定额按 8h 工作制制定，并考虑了正常的洪、枯水期的影响。定额中还包括了场内的转移、工序搭接、自然因素影响、配合质量检查以及其他必要的施工消耗时间。除另有规定外，使用时一般不应调整。

（5）由于内河航运工程的工程条件复杂，工程结构多样，对于定额项目与实际工程的施工工艺、工程内容不同的，应根据施工条件或施工组织设计编制调整或补充单位估价表；对于定额项目缺项或步距断档的，可选用《沿海港口水工建筑工程定额》相应定额项目的消耗量，但工料机单价应与本定额采用相同标准。

（6）一个建设项目中的一般水工工程、陆域构筑物工程和整治建筑工程，如其基价定额直接费小于 300 万元时，应计列小型工程增加费，小型工程增加费费率按定额直接费的 5% 计列。

（7）定额的使用应符合以下规定。

① 编制施工图预算时，应根据各章节的相应规定直接使用本定额；编制概算时，可在套用本定额计算出定额直接费后乘以概算扩大系数，概算扩大系数的使用应符合下列规定：

　　a. 应根据工程的设计深度、结构及施工条件的复杂程度等因素合理确定扩大系数；

　　b. 一般水工及陆域构筑物工程，概算扩大系数为 2%～5%；

　　c. 堆场道路工程、整治建筑工程，概算扩大系数为 1%～3%；

　　d. 大型土石方工程不计概算扩大系数。

② 本定额的材料消耗，包括了工程本体直接使用的材料、成品或半成品及按规定摊销的施工用料，并包括了场内运输及操作等损耗；除另有规定外，使用时一般不应调整。

③ 本定额项目的"工程内容"，只列出主要工序，次要工序虽未列出，但已包括在工程内容内，除定额另有说明外，一般情况下不应增减。

④ 本定额中有关工程材料、成品、半成品及混凝土构件水上增运距定额，适用于200km 以内范围的驳载运输，并应符合以下规定：

　　a. 运输距离 50km 以内的，可直接按相应增运距定额计价。

　　b. 运输距离超过 50km 时，50km 以内部分按第（1）条计算，超出 50km 部分按增运距定额乘以 0.75 系数计算，全程按分段累加法计价。

　　运输距离超过 200km 的，不适用增运距定额，应按水路运输有关标准计算相应材料、成品、半成品及混凝土构件的运输费用。

⑤ 本定额中有关工程材料、成品、半成品及混凝土构件陆上增运距定额，适用于工程区域 20km 以内范围的运输。运输距离超过 20km 的，不适用增运距定额，应按公路运输有关标准计算相应材料、成品、半成品及混凝土构件的运输费用。

⑥ 本定额中有关工程材料、成品、半成品及混凝土构件等水上运输拖轮规格，适用于内河水域的运输，长江干线运输时，应调整为 294kW 规格。

⑦ 本定额中的整治建筑工程定额，适用于港区以外及航运枢纽、通航建筑物工程引航道以外的内河航道整治工程。

⑧ 定额正表列示的混凝土及砂浆为复合材料，材料规格系按综合选型确定，使用定额时，应按设计要求的混凝土及砂浆材料的规格品种计价。

⑨ 定额正表中带括号的材料，其括号表示该项材料在该定额项目中只计量不计价。

⑩ 定额中凡注明"×× 以内"或"×× 以下"者，均包括"××"本身；凡注明"×× 以上"或"×× 以外"者，均不包括"××"本身。

9.1.3　水运工程混凝土和砂浆材料用量定额的应用

（1）《水运工程混凝土和砂浆材料用量定额》JTS/T 277—2019（以下简称本定额）适用于水运建设工程，主要包括普通混凝土、高性能混凝土、其他混凝土、砂浆、其他、参考定额，是编制工程概算预算时确定混凝土及砂浆等材料用量和费用的依据。编制其他造价文件可参考使用。

（2）本定额是《水运建设工程概算预算编制规定》JTS/T 116—2019 的配套定额，应与《水运建设工程概算预算编制规定》JTS/T 116—2019、《沿海港口水工建筑工程定额》JTS/T 276—1—2019、《内河航运水工建设工程定额》JTS/T 275—1—2019、《内河航运设备安装工程定额》JTS/T 275—3—2019 配套使用。

（3）本定额主要依据《水运工程混凝土施工规范》JTS 202—2011、《水运工程混凝土质量控制标准》JTS 202—2—2011 和相关标准规范，以及《水运工程混凝土和砂浆配合比定额专项试验》成果进行编制。

（4）本定额中混凝土和砂浆等定额为 $1m^3$ 复合材料体积用量，定额已包括施工拌合场地范围内材料的倒运和操作损耗，以及砂、石筛洗损耗，并已综合考虑了自然条件下的含水因素，使用时不论砂和碎石的实际容重及含水率多少，一般不作调整。

（5）定额中水泥强度等级按经济合理的原则确定，并已综合考虑了不同水泥品种的用量变化情况，使用时一般不做调整。

（6）定额中混凝土稠度的确定原则如下。

① 普通干硬性混凝土定额配合比维勃稠度以 20s 为基准，设计维勃稠度每增减10s，胶凝材料用量相应减增 2%。

② 普通塑性混凝土定额坍落度基准值为 70mm，设计坍落度每增减 10mm，胶凝材料用量相应增减 2%。

③ 普通流动性混凝土定额坍落度基准值为 140mm，设计坍落度每增减 10mm，胶凝材料用量相应增减 2%。

④ 高性能混凝土定额坍落度取值范围为 120～200mm，设计坍落度超出取值范围时，每增减 20mm，胶凝材料用量相应增减 2%。

⑤ 水下普通混凝土定额坍落度取值范围为 180～220mm；水下不分散混凝土定额坍落度取值范围为 200～240mm，设计坍落度超出取值范围时，每增减 20mm，胶凝材料用量相应增减 1%。

⑥ 喷射混凝土定额坍落度取值范围为 80～120mm，设计坍落度超出取值范围时，每增减 20mm，胶凝材料用量相应增减 1.5%。

（7）定额中的细骨料以中（粗）砂为准，当采用细砂时，水泥用量和水增加 5%；当采用特细砂时，水泥用量和水增加 12%。

（8）定额中粉煤灰规格一般为Ⅱ级粉煤灰，定额使用时如需更换为Ⅰ级粉煤灰，水泥用量减少 5%；如需更换为Ⅲ级粉煤灰，水泥用量增加 5%。

（9）定额中矿粉规格为 S95 级，当采用 S105 级矿粉时，水泥用量减少 6%；当采用 S75 级矿粉时，水泥用量增加 8%。

（10）定额中混凝土减水率按 20%～25% 确定；减水率每增、减 5% 时，胶凝材料和水用量减、增 6%。

（11）本定额按强度等级要求编制（抗冻混凝土同时考虑抗冻等级要求），如定额中水胶比不能满足耐久性要求时，应根据水运工程相关规范对耐久性要求的水胶比最大允许值进行调整，并按以下公式调整掺合料用量和水泥用量，其他材料不作调整。材料用量以重量计。

① 塑性混凝土、流动性混凝土、水下混凝土、高性能混凝土胶凝材料用量按下式

计算：

$$胶凝材料用量＝（定额用水量／耐久性要求的水胶比最大允许值）×1.01 \quad （9.1–1）$$

② 普通塑性、流动性、水下混凝土、高性能混凝土掺合料用量按下式计算：

$$掺合料用量＝胶凝材料用量 × 掺合料掺入比（％） \quad （9.1–2）$$

③ 普通塑性、流动性、水下混凝土、高性能混凝土水泥用量按下式计算：

$$水泥用量＝胶凝材料用量－掺合料用量 \quad （9.1–3）$$

塑性混凝土、流动性混凝土和水下混凝土的粉煤灰参考掺入比为 15%，高性能混凝土的参考掺入比粉煤灰为 15%、矿粉为 25%。

（12）使用本定额时，一般应按设计要求的混凝土规格品种和强度等级套用。当设计要求的强度等级、抗冻等级等与本定额分档不一致时，应以设计指标中高值为准套用相应定额。

（13）大粒径混凝土、碾压混凝土定额主要适用于航运枢纽工程相应混凝土的费用计算。

（14）本定额中参考定额根据有限工程资料制定，供参考使用。

9.1.4　沿海港口水工建筑及装卸机械设备安装工程船舶机械艘（台）班费用定额的应用

（1）《沿海港口工程船舶机械艘（台）班费用定额》JTS/T 276—2—2019（以下简称本定额）是《水运建设工程概算预算编制规定》JTS/T 116—2019 配套定额，应与《水运建设工程概算预算编制规定》JTS/T 116—2019、《沿海港口水工建筑工程定额》JTS/T 276—1—2019 配套使用。

（2）本定额主要包括沿海港口工程船舶、工程船舶参考定额及工程机械共 3 章，是编制水运工程水工建筑及设备安装工程概算和施工图预算的依据；也可作为其他造价文件计算施工船舶及机械艘（台）班单价的依据。

（3）本定额按船舶机械（含潜水组）为施工单位资产并由本单位负责管理的方式制定。其他权属或管理方式的船舶机械艘（台）班费用（含潜水组）可按实际情况考虑。

（4）本定额船舶机械艘（台）班均按 8h 工作制制定，定额中综合考虑了辅助时间等因素，使用时不应调整。

（5）本定额费用项目系根据国家有关规定和水运工程建设的实际情况，参考《建设工程施工机械台班费用编制规则》（建标〔2015〕34 号）（增值税版）相关内容确定，工程船舶机械艘（台）班费用由一类费用、二类费用、车船税及其他费组成。包括以下内容：

① 一类费用指船舶机械艘（台）班费用定额中不可变动部分，包括下列内容：

a. 折旧费指工程船舶、机械在规定的使用期限内，陆续收回其原始价值所需的费用；

b. 船舶检修费指工程船舶使用到达规定的检修间隔期，应进行检修以恢复其正常功能所需的费用；

c. 机械检修费指工程机械使用到达规定的检修间隔期，应进行检修以恢复其正常功能所需的费用；

　　d.船舶小修费指工程船舶使用到达规定的小修间隔期,应进行小修以维护其正常功能所需的费用;

　　e.船舶航修费指工程船舶在使用过程中进行经常性保养维修所需的费用;

　　f.机械维护费指工程机械在规定的使用期限内,按规定的维护间隔进行各级维护和临时故障排除所需的费用;

　　g.船舶辅材费指工程船舶在使用中辅助材料的消耗、工具及替换设备的修理、低值易耗品的摊销,润滑油、液压油料、擦拭材料等消耗所需的费用;

　　h.机械安拆及辅助费中的安拆是指工程机械在现场进行安装与拆卸所需的人工、材料、机械和试运转费用,以及机械辅助设施的折旧、搭设、拆除等费用;辅助费指工程机械整体或分体自施工停放地点运至施工现场或由一施工现场运至另一施工现场的运输、装卸、辅助材料等费用。

　　② 二类费用指工程船舶机械艘(台)班费用中可变动部分,主要包括工程船舶定员、机械配员的人工费用,工程船舶机械动力费用及工程船舶定员的饮用水费用。人工费用应按定(配)员人数乘以定额人工单价计算,动力费用应按艘(台)班燃油或电力消耗数量乘以相应单价计算,船员用水费用应按艘班用水量乘以船用水单价计算,尚应符合下列规定:

　　a.定额人工单价应按《水运建设工程概算预算编制规定》JTS/T 116—2019 相应规定执行;

　　b.燃料、水、电等单价分为基价和市场价,基价按表9.1-6规定执行,市场价按工程所在地市场价计算。

表 9.1-6　燃料、水、电基价单价表

项目	柴油		汽油	水	电
	元 /kg			元 /t	元 /（kW·h）
	船用	机用		船用	
基价	3.73	3.60	3.90	8.30	0.90

　　③ 车船税及其他费指按国家车船税及车船检验的相关规定,专门用于车船税缴纳和车船检验等所需的费用,以及用于船舶生产、安全专业管理所需的费用;使用时一般不应调整。

　　(6)打桩船艘班费用已包括了正常情况下通用背板、替打等摊销费用。

　　(7)潜水组每组包括潜水人员一组、供气系统及潜水装备等。

　　(8)轻型井点设备每昼夜按一个台班计算。

　　(9)强夯机定额包括强夯机组成的履带式起重机及夯砣、脱钩器等配件的费用。

　　(10)本定额附表可用于塔式起重机基础及部分大型机械安拆一次的费用计算,供参考使用。

　　(11)本定额未包括的施工机械项目,可参照《建设工程施工机械台班费用编制规则》(建标〔2015〕34号)(增值税版)补充台班单价。

　　(12)工程船舶机械的停置艘(台)班费可参考以下方法计算:

　　① 工程船舶停置艘班费＝折旧费＋航修费＋ 1/2 辅助材料费＋车船税及其他费＋人工费＋ 10% 燃料费＋淡水费。

　　② 潜水组停置组日费＝使用组日费 ×80%。

　　③ 工程机械停置台班费＝折旧费＋人工费＋车船税及其他费。

　　（13）参考定额根据有限船舶机械资料制定，供参考使用。

　　（14）定额步距表述含义为：大于（或高于）前项定额规格能力、小于等于本项定额规格能力。如：拖轮主机功率分别为 294kW、441kW 定额，前者指主机功率 ≤ 294kW 拖轮；后者指 294kW ＜主机功率≤ 441kW 的拖轮。

9.1.5　内河航运工程船舶机械艘（台）班费用定额的应用

　　（1）《内河航运工程船舶机械艘（台）班费用定额》JTS/T 275—2—2019（以下简称本定额）是《内河航运水工建筑工程定额》JTS/T 275—1—2019 及《内河航运设备安装工程定额》JTS 275/T—3—2019 的配套定额，是编制内河航运水工建筑及设备安装工程概算及施工图预算的依据。也可作为其他阶段计算施工船舶及机械艘（台）班单价的依据。

　　（2）本定额按船舶机械（含潜水组）为施工单位资产并由本单位负责管理的方式制定。其他权属或管理方式的船机艘（台）班费用（含潜水组）可按实际情况计算。

　　（3）本定额共分为两章，第一章施工船舶，第二章施工机械。

　　（4）本定额每艘（台）班均按 8h 工作制制定，已综合考虑了辅助时间等因素，使用时不得调整。

　　（5）本定额费用项目是根据国家有关规定及内河航运建设工程的实际情况，参考《建设工程施工机械台班费用编制规则》（建标〔2015〕34 号）（增值税版）相关内容确定，工程船舶机械艘（台）班费用由一类费用、二类费用、车船税及其他费组成。由以下内容组成：

　　① 一类费用，系指船舶机械艘（台）班费用定额中不可变动部分，应符合以下规定：

　　a.折旧费指工程船舶、机械在规定的使用期限内，陆续收回其原始价值所需的费用；

　　b.船舶检修费指工程船舶使用到达规定的检修间隔期，应进行检修以恢复其正常功能所需的费用；

　　c.机械检修费指工程机械使用到达规定的检修间隔期，应进行检修以恢复其正常功能所需的费用；

　　d.船舶小修费指工程船舶使用到达规定的小修间隔期，应进行小修以维护其正常功能所需的费用；

　　e.船舶航修费指工程船舶在使用过程中经常性保养维修所需的费用；

　　f.机械维护费指工程机械在规定的使用期限内，按规定的维护间隔进行各级维护和临时故障排除所需的费用；

　　g.船舶辅助材料费指工程船舶在使用中辅助材料的消耗、工具及替换设备的修理、低值易耗品的摊销，润滑油、液压油料、擦拭材料等消耗所需的费用；

h. 船舶管理费指船舶专业管理单位用于船舶生产、安全等管理所需的费用；

i. 机械安拆及辅助费中的安拆是指工程机械在现场进行安装与拆卸所需的人工、材料、机械和试运转费用，以及机械辅助设施的折旧、搭设、拆除等费用；辅助费指工程机械整体或分体自施工停放地点运至施工现场或由一施工现场运至另一施工现场的运输、装卸、辅助材料等费用。

② 二类费用系指工程船舶机械艘（台）班费用中可变动部分，包括工程船舶、机械定员人工费用、工程船舶机械动力费用及工程船舶定员饮用水费用。人工费用应按定（配）员乘以定额人工单价计算；动力费用应按艘（台）班燃油或电力消耗数量乘以相应单价计算；船员用水费用应按艘班用水量乘以船用水单价计算。

a. 定额人工单价应按《水运建设工程概算预算编制规定》相应规定执行；

b. 燃料、水、电等单价分为基价和市场价，市场价单价应按实际市场价格进行调整；

c. 二类费用燃料、动力水等单价应按表 9.1-7 规定执行。

表 9.1-7　燃料、动力、水单价表

项目	柴油		汽油	水	电
	元 /kg			元 /t	元 /（kW·h）
	船用		机用	船用	
基价	3.73	3.60	3.90	8.30	0.90
市场价	按工程所在地市场价计入				

③ 车船税及其他费指按照国家车船税及车船检验的相关规定，专门用于车船税及检验等所需的费用。费用已按国家、有关省级人民政府的有关规定标准综合列入艘（台）班费用单价内，使用时一般不得调整。

（6）打桩船艘班费用已包括了正常情况下通用背板、替打等摊销费用。

（7）潜水组每组包括空压机设备一套，潜水人员一组，设有减压设备的潜水工作船一艘以及其他潜水装备等。

（8）轻型井点设备每昼夜按一个台班计算。

（9）强夯机定额包括强夯机组成的履带式起重机及夯砣、脱钩器等配件的费用。

（10）本定额附表可用于塔式起重机基础及部分大型机械安拆一次的费用计算，供参考使用。

（11）本定额未包括的施工机械项目，可参照《建设工程施工机械台班费用编制规则》（建标〔2015〕34 号）（增值税版）补充台班单价。

（12）施工船机的停置艘（台）班费可参考下式计算：

① 工程船舶停置艘班费 = 折旧费 + 航修费 + 1/2 辅助材料费 + 车船税及其他费 +

人工费 + 10% 燃料费 + 淡水费。　　　　　　　　　　（9.1-4）

② 潜水组停置组日费 = 使用组日费 ×80%。　　　　　　　　　　（9.1-5）

③ 工程机械停置台班费 = 基本折旧费 + 人工费 + 车船税及其他费。　　（9.1-6）

（13）定额步距表述含义为：大于（或高于）前项定额规格能力、小于等于本项定

额规格能力。如：拖轮主机功率分别为 20kW、45kW 定额，前者指主机功率≤ 20kW
拖轮；后者指 20kW ＜主机功率≤ 45kW 的。

9.1.6　疏浚工程概算和预算编制

疏浚工程的概算编制及管理、施工图预算编制及管理和总概算费用组成与沿海港
口建设工程相同，不再赘述。

1. 工程费用

（1）概算、预算工程费用指建设期内直接用于工程建造所需的投资，以及为完成
工程必须修建的临时工程等所需的费用。工程费用应由建筑工程费等组成，建筑工程费
应由定额直接费、其他直接费、企业管理费、利润、规费、增值税和专项税费组成。

（2）对于列入专项概算项目的工程费用，应按照相应规定计列。

2. 建筑工程费

（1）沿海港口、内河航运的疏浚与吹填工程费用的计算应符合本规则；上述各类
工程均应编制单位工程概、预算。

（2）疏浚与吹填单位建筑工程费用由定额直接费、其他直接费、企业管理费、利
润、规费、增值税和专项税费组成，费用项目及计算应符合下列规定：

① 费用项目组成应符合表 9.1–8 规定。

表 9.1–8　疏浚与吹填单位工程费用项目组成

费用项目	费用项目组成	
单位工程费用	定额直接费	挖泥、运泥、吹泥费
		开工展布、收工集合费
		施工队伍调遣费
		管架安拆费
	其他直接费	安全文明施工费
		卧冬费
		疏浚测量费
		施工浮标抛撤及使用费
	企业管理费	
	利润	
	规费	社会保险费
		住房公积金
		其他
	增值税	
	专项税费	

② 定额直接费、其他直接费、企业管理费、利润、规费均为不含增值税的费用。

③ 费用计算应符合下列规定：

a. 定额直接费根据《疏浚工程预算定额》JTS/T 278—1—2019 和《疏浚工程船舶

艘班费用定额》JTS/T 278—2—2019 计算。

b. 其他直接费、企业管理费、利润、规费、增值税及专项税费根据本规则的相应规定计算。

9.1.7　疏浚工程预算定额的应用

（1）《疏浚工程预算定额》JTS/T 278—1—2019（以下简称本定额）是《水运建设工程概算预算编制规定》JTS/T 116—2019 及《疏浚工程船舶艘班费用定额》JTS/T 278—2—2019 的配套定额，是编制航道、港池等疏浚与吹填工程概预算的依据。编制预算时按照本定额有关规定计算，编制概算时按预算加乘 1.02～1.05 的扩大系数。

（2）本定额包括各类挖泥船、吹泥船及配套辅助船舶的施工消耗量定额和船舶调遣等消耗量定额。

（3）本定额中的施工配套船舶是根据正常施工条件合理选型制定，除定额中另有规定外，编制概预算时不得调整。

（4）疏浚岩土分类和分级按照《疏浚与吹填工程设计规范》JTS 181—5—2012 有关规定。

（5）疏浚与吹填工程的工程量计算执行《疏浚与吹填工程设计规范》JTS 181—5—2012，并符合下列要求：

① 疏浚工程量应包括设计断面工程量、计算超宽工程量与计算超深工程量、根据自然条件与施工工期计入的施工期回淤工程量。不同类别土质应根据水深测图和地质剖面图分级计算。

② 吹填工程量应包括吹填区容积量、原地基沉降量、超填工程量和吹填土进入吹填区后的流失量，并换算成水下自然方。

（6）工况的确定：根据施工所在地（自取泥地点至卸泥地点的整个作业面）的条件和施工船舶的适应能力，按客观影响时间占施工期总时间的百分率和本定额各章说明中的规定确定工况级别。

客观影响时间应包括风、浪、雾、水流、冰凌与潮汐等自然因素以及施工干扰等其他客观因素对挖泥船施工的影响。

具体统计计算应执行《疏浚与吹填工程设计规范》JTS 181—5—2012 有关规定。

客观影响时间率按下式计算：

$$客观影响时间率 = \frac{施工期内的客观影响时间}{施工期总时间} \times 100\% \qquad (9.1-7)$$

工况划分为一级至七级，每级工况时间利用率相差 5% 为一档。挖泥船工况与时间利用率关系见表 9.1-9。

表 9.1-9　挖泥船工况与时间利用率关系表

耙吸挖泥船		绞吸挖泥船		抓斗、铲斗挖泥船		链斗挖泥船	
客观影响时间 S'（%）	时间利用率 S（%）	客观影响时间 S'（%）	时间利用率 S（%）	客观影响时间 S'（%）	时间利用率 S（%）	客观影响时间 S'（%）	时间利用率 S（%）
$S' \leqslant 10$	70	$S' \leqslant 5$	70	$S' \leqslant 10$	60	$S' \leqslant 7$	60

耙吸挖泥船		绞吸挖泥船		抓斗、铲斗挖泥船		链斗挖泥船	
客观影响时间 S'（%）	时间利用率 S（%）	客观影响时间 S'（%）	时间利用率 S（%）	客观影响时间 S'（%）	时间利用率 S（%）	客观影响时间 S'（%）	时间利用率 S（%）
$10<S'\leqslant15$	65	$5<S'\leqslant10$	65	$10<S'\leqslant15$	55	$7<S'\leqslant12$	55
$15<S'\leqslant20$	60	$10<S'\leqslant15$	60	$15<S'\leqslant20$	50	$12<S'\leqslant17$	50
$20<S'\leqslant25$	55	$15<S'\leqslant20$	55	$20<S'\leqslant28$	45	$17<S'\leqslant22$	45
$25<S'\leqslant30$	50	$20<S'\leqslant25$	50	$28<S'\leqslant35$	40	$22<S'\leqslant27$	40
$30<S'\leqslant35$	45	$25<S'\leqslant30$	45	$35<S'\leqslant40$	35	$27<S'\leqslant32$	35
$35<S'\leqslant40$	40	$30<S'\leqslant35$	40	$40<S'\leqslant45$	30	$32<S'\leqslant37$	30

（7）疏浚设备的选择应按照《疏浚与吹填工程设计规范》JTS 181—5—2012 的有关规定，根据工程规模、建设要求、现场水域条件、岩土的可挖性、管道输送适宜性、现场的自然与环境条件等影响因素，选择经济合理的疏浚方式及工程设备。

（8）运距是指运泥船由挖泥区中心（按疏浚土方量分布计算）至卸泥区中心的航程。

（9）挖泥船施工平均挖深：

挖泥船施工平均挖深应根据施工期的平均水位、设计底高程、计算超深值及平均泥层厚度等要素按下式计算：

$$平均挖深 = 平均水位 - 设计底高程 + 计算超深值 - \frac{平均泥层厚度}{2} \quad (9.1-8)$$

（10）定额正表中的基价均未包括排泥管线使用费。排泥管线费应先按排泥管线台班数乘以排泥管线长度计算出百米台班数，再乘以《疏浚工程船舶艘班费用定额》JTS/T 278—2—2019 中的排泥管线每百米台班费用定额计算。

（11）其他

① 自航耙吸挖泥船定额包括基本定额、超挖深定额、超运距定额、增转头定额、艏吹定额和艏喷定额等 6 部分，正表中的定额消耗量按 4 级工况确定。

② 绞吸挖泥船定额包括基本定额和超挖深定额两部分，正表中的定额消耗量按 4 级工况确定。另外，其为绞吸挖泥船标准岸管长度在额定长度内的定额消耗量，当标准岸管长度超过额定长度时，其定额消耗量增加数应按本定额规定确定；标准岸管长度按下式计算：

$$标准岸管长度 = 岸管长度 + 浮管长度 \times 1.67 + 水下管长度 \times 1.14 + 超排高 \times 50$$

$$(9.1-9)$$

③ 链斗挖泥船、抓斗挖泥船和铲斗挖泥船定额包括基本定额、超挖深定额和超运距定额 3 部分，正表中的定额消耗量按 4 级工况确定。

9.1.8　疏浚工程船舶艘班费用定额的应用

（1）《疏浚工程船舶艘（台）班费用定额》JTS/T 278—2—2019（以下简称本定额）是《水运建设工程概算预算编制规定》JTS/T 116—2019 及《疏浚工程预算定

额》JTS/T 278—1—2019的配套定额，是编制航道、港池等疏浚与吹填工程概预算的依据。

（2）本定额包括各类挖泥船、吹泥船及辅助船舶艘班费用定额和管线台班费用定额。

（3）本定额船舶艘班和排泥管线台班均按8h工作制制定，已综合考虑了辅助时间等因素，除本定额另有规定外，使用时不得调整。

①船舶使用艘班定额费用由船舶一类费用、二类费用组成。

A. 一类费用由折旧费、检修费、小修费、保修费、材料费及其他费组成。

a. 折旧费：指施工船舶在规定的使用期限内陆续收回其原值的费用。

b. 检修费：指施工船舶使用达到规定的检修间隔期必须进行检修所需的费用。

c. 小修费：指施工船舶使用达到规定的小修间隔期必须进行小修所需的费用。

d. 保修费：指施工船舶在使用过程中经常性维修保养所需的费用。

e. 材料费：指施工船舶在使用中辅助材料的消耗、工具及替换设备的修理更新、低值易耗品的摊销、淡水、润滑油、液压油料、擦拭材料等所需的费用。

f. 其他费：指船舶保险费等费用。

B. 二类费用由船员人工费和燃料费组成。

a. 船员人工费按144元/工日计算，编制概预算时不可调整。

$$船员人工费＝船员人工工日数 \times 人工费单价 \qquad (9.1\text{--}10)$$

b. 燃料费包括当地供油点的价格、运杂费（到船）和储存费。燃料价格不含增值税。轻柴油基价为4000元/t。

$$燃料费＝燃料消耗量 \times 燃料单价 \qquad (9.1\text{--}11)$$

②船舶停置艘班费

船舶停置艘班费按下式计算：

$$停置艘班费＝折旧费 \times 50\% ＋保修费＋材料费 \times 40\% ＋其他费 \times 50\% ＋$$
$$人工费＋燃料费 \times 10\% \qquad (9.1\text{--}12)$$

③排泥管线每百米台班费用定额由折旧费、维修费和安装拆除费组成。

a. 折旧费：指排泥管线在规定的使用期限内陆续收回其原值的费用。

b. 维修费：指排泥管线在使用过程中修理和维护所需的费用。

c. 安装拆除费：指排泥管线现场连接安装和拆除所需的费用。

（4）其他说明。

a. 船舶艘班费用定额和排泥管线台班费用定额均不含增值税。

b. 定额中挖泥船、接力泵船和吹泥船维修费用是按疏浚岩土1～5级确定的，当疏浚岩土超过5级时，小修费和保修费应按本定额规定进行调整。耙吸挖泥船的超运距定额和增转头定额除外。

c. 排泥管线维修费按疏浚岩土1～5级确定。当疏浚岩土为6～8级时，维修费应乘以1.1的系数进行调整；当疏浚岩土为9～13级时，维修费应乘以1.3的系数进行调整。

d. 挖泥船、吹泥船、接力泵船和施工拖轮的艘班燃料消耗量是按4级工况计算的，编制概预算时，燃料消耗应按设计确定的工况级别按本定额规定进行调整。其中1～3级工况依次增加油耗，5～7级工况依次减少油耗。

e. 绞吸挖泥船定额燃料消耗量是按水下泥泵联合一台舱内泥泵计算的。若 2500～4500m³/h 绞吸挖泥船需增开一台舱内泥泵进行长排距施工时，其艘班燃料消耗量应乘以 1.35 的系数进行调整；若 2500～4500m³/h 绞吸挖泥船排距标准岸管长度小于额定长度的 30%，需采用单泵（水下泵）施工时，其艘班燃料消耗量应乘以 0.65 的系数进行调整。

f. 接力泵船定额燃料消耗量是按开启两台泥泵计算的，若实际仅需一台泥泵施工时，其艘班燃料消耗量应乘以 0.6 的系数进行调整。

g. 耙吸挖泥船、自航链斗船、拖轮、自航泥驳及锚（机）艇在执行自航调遣期间，其艘班燃料消耗量按本定额规定计算。

9.2　工程计量

9.2.1　水运工程工程量清单编制

《水运工程工程量清单计价规范》JTS/T 271—2020 适用于港口工程、航道工程、修造船厂水工建筑物工程等水运工程的工程量清单编制和计价活动；实行工程量清单计价招标投标的水运工程，最高投标限价、标底和投标报价的编制、合同价款的确定与调整、工程价款的结算应执行该规范。

（1）工程量清单计价包括分部分项工程量清单费用、一般项目清单费用和计日工项目清单费用等全部费用。

① 工程量清单计价应采用综合单价，综合单价是指完成工程量清单中一个质量合格的规定计量单位项目所需的人工费、材料费、船舶机械使用费、施工取费及税金等全部费用的单价，并考虑风险因素。

② 一般项目是指招标人要求计列的、不以图纸计算工程量的费用项目，招标人不要求列示工程数量的措施项目和其他项目。一般项目清单中的安全文明施工费应按规定计价，不得作为竞争性费用。

③ 计日工项目是指完成招标人提出的合同范围以外的、不能以实物计量的零星工作所需的人工、材料、船舶机械项目。计日工项目清单费用应按招标文件规定编制。

④ 暂列金额是指招标人在工程量清单中暂定，用以尚未确定的工程材料、设备、服务的采购或可能发生的合同变更而预留的费用。

（2）工程量清单应作为招标文件的组成部分，应由具有编制招标文件能力的招标人，或受其委托具有相应资质资格的单位进行编制。

（3）投标报价应根据招标文件、现场施工条件及施工组织设计，按照投标人技术能力和管理水平进行编制；最高投标限价或标底的编制应根据招标文件、现场施工条件及合理的施工方法等编制。规费和税金应按规定计算，不得作为竞争性费用。

（4）工程量清单和工程量清单计价采用《水运工程工程量清单计价规范》JTS/T 271—2020 规定的统一格式。分部分项工程量清单计价表见表 9.2-1。

一般项目清单计价表见表 9.2-2。

计日工项目清单计价表见表 9.2-3。

表 9.2-1 分部分项工程量清单计价表

单位工程名称： 第 页 共 页

序号	项目编码	项目名称	计量单位	工程数量	金额（元）	
					综合单价	合价
1						
2						
3						
……						
合计						

表 9.2-2 一般项目清单计价表

工程名称： 第 页 共 页

序号	项目编码	项目名称	金额（元）
1			
2			
3			
……			
合计			

表 9.2-3 计日工项目清单计价表

工程名称： 第 页 共 页

序号	名称	规格（工种）	计量单位	数量	金额（元）	
					综合单价	合价
1	人工					
小计						
2	材料					
小计						
3	船机设备					
小计						
合计						

9.2.2 水运工程工程量清单计价

1. 计量单位
计量采用国家法定的计量单位。

2. 计量方法
采用《水运工程工程量清单计价规范》JTS 271—2020 规定或合同约定的工程量计

算规则以及相应的综合单价等。

3. 计量周期

一般情况下，单价子目已完成工程量按月计量，总价子目的计量周期按批准的支付分解报告确定。

4. 单价子目的计量

（1）已标价工程量清单中的单价子目工程量为估算工程量。结算工程量是承包人实际完成的，并按合同约定的计量方法进行计量的工程量。

（2）承包人对已完成的工程进行计量，向监理人提交进度付款申请单、已完成工程量报表和有关计量资料。

（3）监理人对承包人提交的工程量报表进行复核，以确定实际完成的工程量。对数量有异议的，可要求承包人按合同约定进行共同复核和抽样复测。承包人应协助监理人进行复核并按监理人要求提供补充计量资料。承包人未按监理人要求参加复核，监理人复核或修正的工程量视为承包人实际完成的工程量。

（4）监理人认为有必要时，可通知承包人共同进行联合测量、计量，承包人应遵照执行。

（5）承包人完成工程量清单中每个子目的工程量后，监理人应要求承包人派员共同对每个子目的历次计量报表进行汇总，以核实最终结算工程量。监理人可要求承包人提供补充计量资料，以确定最后一次进度付款的准确工程量。承包人未按监理人要求派员参加的，监理人最终核实的工程量视为承包人完成该子目的准确工程量。

（6）监理人应在收到承包人提交的工程量报表后的 7d 内进行复核，监理人未在合同约定时间内复核的，承包人提交的工程量报表中的工程量视为承包人实际完成的工程量，据此计算工程价款。

5. 总价子目的计量

（1）总价子目的计量和支付应以总价为基础，不因价格调整的因素而进行调整。承包人实际完成的工程量，是进行工程目标管理和进度支付控制的依据。

（2）承包人在合同约定的每个计量周期内，对已完成的工程进行计量，并向监理人提交进度付款申请单、合同条款约定的合同总价支付分解表所表示的阶段性或分项计量的支持性资料，以及所达到工程形象目标或分阶段需完成的工程量和有关计量资料。

（3）监理人对承包人提交的上述资料进行复核，以确定分阶段实际完成的工程量和工程形象目标。对其有异议的，可要求承包人按合同约定进行共同复核和抽样复测。

（4）除按照合同约定的变更外，总价子目的工程量是承包人用于结算的最终工程量。

6. 预付款

预付款用于承包人为合同工程施工购置材料、工程设备、施工设备、修建临时设施以及组织施工队伍进场等。预付款必须专用于合同工程。

（1）施工合同签订生效 28d 内或计划开工日期前，发包人向承包人支付不少于合同总价 10% 的工程预付款，具体额度按照合同约定。

（2）在发包人向承包人支付预付款 48h 前，承包人须向发包人提交等额的预付款保函；预付款保函应由在中华人民共和国境内注册的金融机构出具。预付款保函的担保金额可根据预付款扣回的金额相应递减。

（3）当工程进度款累计支付比例达到合同总价的 20% 时，开始扣回预付款，工程进度款累计支付至 80% 时扣清，中间每期扣回比例相同。

7. 工程量计算规则

《水运工程工程量清单计价规范》JTS/T 271—2020 对于工程量的计算有以下规定：

1）一般规定

工程量计算应根据招标文件和设计图纸、技术规范和工程质量标准以及有关部门批准的技术经济文件。除本规范另有规定外，施工过程中损耗或扩展而增加的工程量不得计算在工程量清单的工程数量中，所发生的费用可在综合单价中考虑。

施工水位应采用设计文件提供的数值。当设计文件未作明确规定时，在有潮港施工水位可采用工程所在地的平均潮位；在无潮港可采用工程所在地施工季节的历年平均水位；航道工程的施工水位根据工程现场自然条件、施工工艺和质量等要求，通过多年水文资料、工期要求和施工通航条件等综合分析确定。

水工工程与陆域工程界限的划分应根据工程部位、结构要求确定，并应以保证水工建筑物结构及各组成部分的完整性为原则。水工工程应以施工水位为界，划分水上工程和水下工程。

2）疏浚工程

挖泥工程量应按设计图纸计算净量。对于有自然回淤的施工区域，施工期间的自然回淤量应单独计算并计入工程量。疏浚岩土的分类分级应根据疏浚岩土的勘察报告和岩土试验报告确定，在同一施工区域出现不同疏浚岩土级别时，应分别计算工程量。

吹填工程量应按设计图纸净量，扣除吹填区围堰、子堰等的体积计算；原土体的沉降量应单独计算并计入工程量；吹填土体的流失、固结等可在综合单价中考虑。

3）土石方工程

土石方开挖及回填工程量应按设计图纸计算净量，回填工程原土体的沉降量应单独计算并计入工程量。按设计图纸计算填筑工程量时，不应扣除预埋件和面积小于和等于 $0.2m^2$ 的孔洞所占的体积。

平均高差超过 0.3m 的陆上土方工程，应按土方挖填以体积计算工程量。反之，应按场地平整以面积计算工程量。夹有孤石的土方开挖，大于 $0.7m^3$ 的孤石应按石方开挖计算。土方开挖工程量不应计算工作面开挖小排水沟、修坡、铲坡、清除草皮、工作面范围内的小路修筑、交通安全以及必需的其他辅助工作。

水下抛填工程应计入原土沉降增加的工程量。水下抛填水深应按施工水位与设计挖槽底高程之差扣除基床厚度之半确定。

基床夯实范围应按设计文件确定。当设计文件未规定时，可按建筑物底面各边尺寸加宽 1.0m 确定；分层抛石、夯实可按分层处的应力扩散线各边加宽 1.0m 确定。

基床整平范围是：粗平按建筑物底面尺寸各边加宽 1.0m 计，细平按建筑物底面尺寸各边加宽 0.5m 计，对于码头基床，粗、细平均包括全部前肩范围。

基床理坡工程量以面积计。

4）地基与基础工程

基础打入桩应根据不同的土质类别、桩的类别、断面形式、桩长，以根或体积计算混凝土桩工程量，以根或重量计算钢桩工程量。对于打入桩：斜度小于或等于 8∶1 的桩基按直桩计算，斜度大于 8∶1 的桩基按斜桩计算；同一节点上由一对不同方向的斜桩组成的桩基按叉桩计算；同一节点上由两对不同方向的斜桩组成的桩基按同节点双向叉桩计算；独立墩或独立承台结构体下的桩基或含三根或三根以上斜桩且不与其他桩基联系的其他结构体下的桩基按墩台式桩基计算。

设计文件要求试桩时，试桩工程量应单独计算。

5）混凝土工程

混凝土和钢筋混凝土的工程量应根据设计图纸以体积计算。不应扣除钢筋、铁件、螺栓孔、三角条、吊孔盒、马腿盒等所占体积和单孔面积小于或等于 $0.2m^2$ 的孔洞所占的体积。

预制梁、板、柱的接头和接缝现浇混凝土工程量应单独计算。

闸首混凝土工程量：以闸首地板与边墩的施工缝为界划分边墩与底板，分别计算工程量；带输水廊道的实体边墩以廊道顶高程以上 1.5m 为界，带输水廊道的空箱边墩以廊道顶高程为界，分别计算工程量；闸首的门槛、检修平台、消力槛等并入底板计算；边墩顶部的悬壁板、胸墙、挡浪墙、磨耗层、踏步梯等工程量单独计算。

水上现浇混凝土构件工程量，应区分不同形状按设计图纸以体积计算；水上现浇混凝土桩帽、帽梁、导梁工程量，不应扣除桩头嵌入部分的体积。

混凝土和钢筋混凝土预制构件的预制工程量和安装工程量，应按照设计图纸分别以体积和件计算。

预制混凝土空心方桩、大管桩和 PHC 桩的工程量应扣除中空体积。

6）钢筋工程

现浇、预制构件的钢筋工程量应按设计图纸以重量计。

混凝土预制构件钢筋工程量应按预应力和非预应力分别计算。

7）其他工程

土工织物、尼龙编织布和竹笆、荆笆的铺设工程量，应按设计图纸以覆盖面积计算；材料搭接工程量可在综合单价中考虑。

清理障碍物工程量，应按设计图示或实际测量结果按相应计量单位计算。

8. 工程量计算规则应用举例

现以《疏浚与吹填工程施工规范》JTS 207—2012 为例，介绍疏浚与吹填工程计量中工程量的计算方法。

1）一般规定

（1）疏浚与吹填工程的工程量宜采用体积计量，单位为立方米（m^3）；特殊情况下也可采用干土质量计量，单位为吨（t）。计量可采用测图计算地形变化量、计算舱载量或泵送量等方法。

（2）基建性疏浚工程应采用体积计量，并以实测地形变化量为准。

（3）一次性维护疏浚工程宜采用下方计量；回淤严重难以采用下方计量的宜采用计算舱载量或泵送量计量，也可以是干土质量。

（4）吹填工程宜以吹填区实测土方计量，吹填区沉降大、流失严重或吹填土难以沉淀等情况下可以实测取土区土方计量，也可以舱载原状土体积方或干土质量计量。

（5）计算土方量前后测图应采用同一图比。

（6）计算土方量的每一过程均应进行校核。

（7）用不同的方法或合同双方分别计算工程土方量时，应采用同一测图计算，两者的差值小于或等于两者中较大值的 2% 时，其土方量取两者的平均值。

（8）采用电子计算机计算工程土方量时，应采用双方认可的软件。

2）疏浚工程土方计量

（1）疏浚工程应分别计算实际施工工程量和计费工程量，计费工程量宜以浚前图、设计断面图和合同规定计算；实际施工工程量应以浚前图、浚后图计算；施工中的回淤量可按设计量或合同规定的方法计算。

（2）以测图进行工程土方计算时可采用断面面积法、平均水深法、网格法或不规则三角网法。在同一工程中，浚前和交工宜采用同一方法计算。采用测图计算以外的方法进行土方计量时，计量方法应在合同或相关协议中明确。

（3）疏浚工程采用实测下方进行土方计量时，应分别计算设计断面工程量、计算超深与计算超宽工程量、根据自然条件与施工工期计入的施工期回淤工程量。工程量计算断面示意图如图 9.2-1 所示；各类挖泥船计算超深、计算超宽值见表 9.2-4。

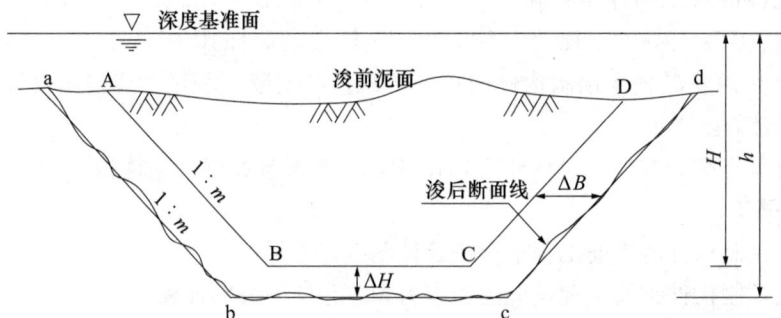

图 9.2-1　疏浚工程量计算断面示意图

ABCD—设计断面；abcd—工程量计算断面；ΔB—计算超宽，ΔH—计算超深；
$1:m$—设计坡比；H—设计深度；h—计算深度

表 9.2-4　各类挖泥船计算超深、计算超宽值（m）

船型	耙吸挖泥船舱容（m³）		绞吸挖泥船装机总功率（kW）		链斗挖泥船斗容（m³）		抓斗挖泥船斗容（m³）			铲斗挖泥船斗容（m³）	
	≥ 9000	< 9000	≥ 5000	< 5000	≥ 0.5	< 0.5	> 8	4～8	< 4	≥ 4	< 4
超深	0.55	0.50	0.40	0.30	0.35	0.30	0.60	0.50	0.40	0.40	0.30
超宽	6.0	5.0	4.0	3.0	4.0	3.0	4.0	4.0	3.0	3.0	2.0

注：1. 在斜流、泡漩水等不良流态地区施工时，挖槽的计算超宽值应增加 1～2m；挖块石的计算超深值可适当增加。

2. 对端部有纵向端坡的基槽和挖槽，其计算超长值可与计算超宽值相同，端坡的坡比可与横断面边坡坡比相同；用耙吸挖泥船、链斗挖泥船施工时，端坡的坡比可适当放缓。

3. 内河小型疏浚船舶施工时，其计算超深和计算超宽值可适当减小。

3）吹填工程土方计量

（1）吹填工程应分别计算吹填工程量和取土工程量；以吹填区测图进行吹填计量

时，还应分别计算地形变化量、施工期沉降量和超填量。

（2）以测图计算吹填和取土计划施工工程量可采用断面面积法、平均水深法、不规则三角形法或网格法等方法。

（3）交工时计算实际吹填工程量采用的测图比例、断面间距，方格位置及其大小均应与吹填前采用的相同。

9.2.3　工程价款变更的依据与方法

1. 变更依据

变更依据是发包人与承包人签订的工程承包合同，组成合同的各项文件（如下）应互相解释，互为说明，解释合同文件的优先顺序如下：

（1）合同履行中双方签署的书面文件；

（2）合同协议书；

（3）中标通知书；

（4）投标函及投标函附录；

（5）专用合同条款；

（6）通用合同条款；

（7）技术标准和要求；

（8）图纸；

（9）已标价工程量清单；

（10）其他合同文件。

2. 变更指示

（1）变更指示只能由监理人发出。

（2）变更指示应说明变更的目的、范围、变更内容以及变更的工程量及其进度和技术要求，并附有关图纸和文件。承包人收到变更指示后，应按变更指示进行变更工作。

3. 变更的估价原则

（1）已标价工程量清单中有适用于变更工作的子目的，采用该子目的单价。

（2）已标价工程量清单中无适用于变更工作的子目，但有类似子目的，可在合理范围内参照类似子目的单价，由监理人按合同约定商定或确定变更工作的单价。

（3）已标价工程量清单中无适用或类似子目的单价，可按照成本加利润的原则，由监理人按合同约定商定或确定变更工作的单价。

4. 变更估价

（1）承包人应在收到变更指示或变更意向书后的 14d 内，向监理人提交变更报价书，报价内容应根据合同约定变更的估价原则，详细开列变更工作的价格组成及其依据，并附必要的施工方法说明和有关图纸。

（2）变更工作影响工期的，承包人应提出调整工期的具体细节。监理人认为有必要时，可要求承包人提交要求提前或延长工期的施工进度计划及相应施工措施等详细资料。

（3）监理人收到承包人变更报价书后的 14d 内，根据合同约定的估价原则，按照合同约定商定或确定变更价格。

9.3 施工成本控制

项目成本控制要通过确定项目成本管理目标，制定项目成本管理措施，实施项目全过程成本管控，包括标前成本测算、成本策划、标后预算、成本管理目标确定、施工预算及目标分解、资金预算与资金策划、目标考核与奖罚等方面。

9.3.1 施工成本目标

为确定项目的施工成本目标，需进行以下各项工作：

1. 进行成本策划

项目实施单位（项目实施单位是指公司总部、子分公司等合同签约主体，是项目部的上一级单位）是成本策划编制主体。项目实施单位应组织人员深入现场开展调查，准确收集掌握外部环境及市场价格信息，成本策划应在项目所在地现场由项目实施单位组织开展，项目部配合。

成本策划是项目前期策划的重要组成部分，根据项目定位及标前成本测算、资源配置建议，从整体上对分包单元划分、分包商数量确定、分包模式选择、物资管理、船机设备资源管理、临时工程及征地拆迁方案、现场管理费等方面提出成本策略。充分考虑项目实施过程中可能遇到的风险，制定风险防控措施和应对措施。

项目部应按照下发的项目成本策划方案开展成本管控工作。项目实施单位应对项目成本策划执行效果开展后评价。

2. 编制标后预算

标后预算编制应遵循"客观公平、及时准确、科学合理、价税分离"原则。标后预算编制以项目投资估算、初步设计概算、施工图预算、标前成本测算、项目合同文件、项目成本策划方案、实施性施工组织设计、经核实确认后的工程数量、企业管理制度等为编制依据，以分包、租赁等指导单价，工程所在地的人工、材料、船机设备资源等市场行情及其他费用标准为编制基础。

标后预算经审核确定后，原则上不予调整。当出现对项目成本造成重大影响情况时，项目部可申请项目实施单位组织对原标后预算进行调整，调整情况的解释权归项目实施单位。

3. 确定成本管理目标

项目实施单位依据审核通过的标后预算，经过相关会议评审或者履行相应的审批程序后确定项目成本管理目标。

项目实施单位通过与项目部签订《项目目标责任书》的形式下达成本管理目标，作为对项目考核的依据，落实项目部管理团队的经济责任。

4. 编制施工预算及目标分解

项目实施单位下达《项目目标责任书》后，由项目部依据建设工程主合同、实施性施工组织设计、施工图纸等资料编制施工预算，作为项目实施过程中监控项目成本的依据。

项目部应根据施工预算，将成本管理目标纵向分解到分部分项工程或分包单元，横向分解到工程费用类别，测算出每个阶段、每个管理单元所发生的直接成本、间接成本与税金，作为专业及劳务分包、成本控制和核算分析的依据。

成本管理目标分解后，项目部应结合《项目目标责任书》规定的权责关系、考核及奖罚规定，按照"全面覆盖、权责对等、奖惩结合、风险共担"原则，将分解后的成本责任落实到部门、责任人员和作业单元，并与之绩效挂钩，原则上成本管理目标可随标后预算的调整做相应调整。

5. 编制资金预算与资金策划

项目部根据工程进度计划安排开展资金预算，按收支两条线管理，收入资金按照资金集中的要求统一管理，支出资金根据资金计划严格执行。

项目部应编制全生命周期资金收支策划，内容主要包括综合项目盈利水平、成本要素构成模式（包括分包、采购所占比重等）、业主支付周期和付款比例、下游付款周期和比例等。

9.3.2 施工成本控制措施

1. 项目部成本管理的主要职责

（1）执行上级单位有关成本管理的规章制度，落实相关管理要求。

（2）配合项目实施单位编制项目成本策划、全生命周期资金收支策划、标后预算等文件。

（3）分解项目实施单位编制的成本管理目标，编制项目施工预算，将成本管理目标分解到分部分项工程，落实各部门、各岗位成本管控职责。

（4）依据项目年度、季度、月度施工进度计划编制年度、季度、月度成本计划。

（5）应用上级单位制定的劳务分包控制价等费用标准，并根据现场实际调查的工料机市场行情，编制分包限价，有效控制项目成本。

（6）负责抓好项目生产组织、资源配置、设计方案、施工方案等优化管理，做好图纸会审、工程量复核等工作，统筹管理好进度、安全、环保、质量等影响项目成本的关键因素。

（7）开展项目全生命周期资金策划、月度资金平衡会和资金计划管理，确保项目全生命周期资金平衡和过程资金平衡。做好下游合同签订、计量、支付、最终结算管理，严格按照合同约定办理业务，严禁超计量结算、超合同约定付款比例付款。

（8）定期开展经济活动（成本）分析，进行项目成本核算与分析，查找成本偏差原因，及时制定纠偏措施并组织实施。

（9）按月编制项目成本月报，并报项目实施单位。

（10）应用成本管理信息系统及时填报基础数据，保证项目数据真实完整，对系统运行过程中发现的问题及时向上级单位反馈。

（11）执行上级单位制定的重大技术方案，落实重大变更索赔策划，做好沟通、协调，及时完成签认工作。

2. 项目部职能部门成本管理的主要职责

（1）计合部职责：

① 负责编制项目《成本预控方案》，制订项目目标成本作为项目成本控制依据。

② 负责组织项目成本分析，及时归集成本费用，编制、上报成本分析报告。

③ 负责工程进度统计、工程量计量结算、变更报价、索赔。

④ 负责分包工程成本管理工作、分包合同、分包计量、分包结算、填写对内对外结算表。

（2）工程部职责：

① 负责编制施工组织设计及专项施工方案，协助做好成本分析。

② 负责工程计划统计、工程量计算与签认，工程量清单及图纸复核、设计变更及资料呈报等成本相关工作。

③ 负责提供技术组织措施变化对成本的影响资料。

（3）物设部职责：

① 负责物资管理系统成本管理相关工作。

② 负责根据工程部的需求计划编制项目材料采购计划并组织实施，实行限额领料，控制材料消耗等。

③ 负责提供材料收、发、存料的统计资料。

④ 负责设备单机核算工作。

（4）质量部职责：

① 负责施工组织设计的优化和质量管理的具体实施，协助做好成本分析工作。

② 负责质量措施成本的统计资料。

（5）财务部职责：

① 负责财务系统的成本管理工作。

② 负责提供间接费成本统计资料。

③ 负责成本的归集、核算、评价并参与分析工作。

3. 成本预控

（1）成本预控是在标后预算基础上编制的，是成本分析、成本预警的基础。

（2）成本预控方案应包括项目人工、材料、船机、分包以及各类费用等全部内容。

（3）成本预控方案由预算人员编制，项目经理部组织审核并执行。

4. 成本归集、成本核算、成本分析

成本归集、成本核算、成本分析等工作要符合项目实施单位的各项财务管理制度及办法。成本归集由预算人员和财务人员共同组织完成，成本核算由财务人员、预算人员共同完成，成本分析应在成本核算的基础上进行。成本归集宜每日进行，成本核算和成本分析应每月进行。

项目部根据成本核算组织编制出项目成本分析报告后，要及时召开项目成本分析会。

成本分析会由项目经理召集项目部领导及预算、财务、工程、物资、设备等相关部门人员参加，分析内容应包括本期项目盈亏情况和对亏损项目和潜亏项目的具体分析，在分析出管控问题的基础上，制定下一阶段的成本控制改进措施并组织实施。

成本分析报告按照月、季、年度编制，报告的编制依据主要有：《标后预算》《项目成本预控方案》、工程量清单、分包合同、材料采购合同、工程结算资料、财务支付凭证及科目余额表以及其他相关资料。

5. 成本管控考核和奖励

成本管控考核方式以定量考评为主。成本管控考核内容包括成本管理制度的执行情况，成本数据、资料的真实性、完整性，成本管理指标完成情况等方面。

考评分为年度绩效考评和期末绩效考评两种。项目实施单位对达到《项目目标责任书》中约定兑现条件的项目部应及时进行考核兑现。对实现成本管理目标和目标利润进行期末奖励的项目，项目部要充分考虑全员对成本管理的贡献，根据贡献大小予以奖励，调动全员降成本的积极性。

第 10 章　施工安全管理

10.1　水上水下活动通航安全管理

水上水下作业和活动通航安全管理是为了维护水上交通秩序，保障船舶航行、停泊和作业安全，保护水域环境。

水上水下作业和活动通航安全管理应当遵循"安全第一、预防为主、方便群众、依法管理"的原则。

交通运输部主管全国水上水下作业和活动通航安全管理工作。

交通运输部海事局负责全国水上水下作业和活动通航安全监督管理工作。

交通运输部直属海事管理机构和其他承担水上交通安全管理职责的机构（以下统称海事管理机构），依照各自的职责权限，负责本辖区水上水下作业和活动通航安全监督管理工作。

10.1.1　水上水下活动通航安全管理的范围

公民、法人或者其他组织在中华人民共和国管辖水域从事水上水下作业和活动，适用本规定。

（1）在管辖海域内进行下列施工作业，应当经海事管理机构许可，并核定相应安全作业区：

① 勘探，港外采掘、爆破。

② 构筑、维修、拆除水上水下构筑物或者设施。

③ 航道建设、疏浚（航道养护疏浚除外）作业。

④ 打捞沉船沉物。

（2）在内河通航水域或者岸线上进行下列水上水下作业或者活动，应当经海事管理机构许可，并根据需要核定相应安全作业区：

① 勘探，港外采掘、爆破。

② 构筑、设置、维修、拆除水上水下构筑物或者设施。

③ 架设桥梁、索道。

④ 铺设、检修、拆除水上水下电缆或者管道。

⑤ 设置系船浮筒、浮趸、缆桩等设施。

⑥ 航道建设施工、码头前沿水域疏浚。

⑦ 举行大型群众性活动、体育比赛。

⑧ 打捞沉船沉物。

10.1.2　从事水上水下通航安全活动的申请

（1）在管辖水域内从事需经许可的水上水下作业或者活动，应当符合下列条件：

① 水上水下作业或者活动的单位、人员、船舶、海上设施或者内河浮动设施符合安全航行、停泊和作业的要求。

② 已制定水上水下作业或者活动方案。

③ 有符合水上交通安全和防治船舶污染水域环境要求的保障措施、应急预案和责任制度。

（2）在管辖水域内从事需经许可的水上水下作业或者活动，建设单位、主办单位或者施工单位应当向作业地或者活动地的海事管理机构提出申请并报送下列材料：

① 申请书。

② 申请人、经办人相关证明材料。

③ 作业或者活动方案，包括基本概况、进度安排、施工作业图纸、活动方式，可能影响的水域范围，参与的船舶、海上设施或者内河浮动设施及其人员等，法律、行政法规规定需经其他有关部门许可的，还应当包括与作业或者活动有关的许可信息。

④ 作业或者活动保障措施方案、应急预案和责任制度文本。

在港口进行可能危及港口安全的采掘、爆破等活动，建设单位、施工单位应当报经港口行政管理部门许可。港口行政管理部门应当将许可情况及时通报海事管理机构。

（3）建设单位、主办单位或者施工单位应当根据作业或者活动的范围、气象、海况和通航环境等因素，综合分析水上交通安全和船舶污染水域环境的风险，科学合理编制作业或者活动方案、保障措施方案和应急预案。

（4）水上水下作业或者活动水域涉及两个以上海事管理机构的，许可证的申请应当向其共同的上一级海事管理机构或者共同的上一级海事管理机构指定的海事管理机构提出。

（5）海事管理机构应当自受理申请之日起 15 个工作日内做出许可或者不予许可的决定。准予许可的，应当颁发水上水下作业或者活动许可证。

对通航安全可能构成重大影响的水上水下作业或者活动，海事管理机构应当在许可前组织专家进行技术评审。

（6）交通运输部颁发的《涉水工程施工通航安全保障方案编制与技术评审管理办法》中对于施工通航安全保障方案编制与评审的相关规定有：

① 施工通航安全保障方案由施工单位自行编制，海事管理机构不得指定施工通航安全保障方案编制单位。

施工通航安全保障方案应当包括：

a. 项目概况，包括项目批复情况、名称、地点、规模、建设单位、业主单位、施工单位等。

b. 施工内容，包括与通航（水上交通安全）有关的施工水域、工艺、进度，施工作业船舶、设施及其航线、停泊地点，施工作业人员配备，施工材料的水上运输方式等。

c. 通航环境，包括水域环境、水文气象等自然环境、港口环境、航道条件、船舶交通流特征、事故特点以及其他与水上交通安全有关的交通条件等。

d. 通航安全影响及风险分析，包括施工作业通航安全保障中存在的问题及相关碍航性分析、安全作业条件分析、划定的施工水域范围合理性分析、水上交通秩序影响分析等。

e.通航安全保障措施，包括安全管理制度、不同施工阶段的施工水域划定、交通组织、通信联络方式、航道航路调整、安全警示标志设置、必要的安全措施或者警戒船配备等方面的要求。

f.应急预案，包括针对施工中可能发生的突发性事件的应急组织机构、设备配备、响应措施等。

g.附图，包括工程水域航道示意图、施工水域占用示意图、施工水域周边设施关系图、航道布置及航标配布图等。

h.有关专家关于施工通航安全保障方案的论证意见。

② 编制施工通航安全保障方案，应当通过现场踏勘、调研等方式充分了解通航环境，并征求利益相关方的意见。征求意见情况应记录在施工通航安全保障方案中。

施工通航安全保障方案应当资料齐全、分析全面、技术可行、提出的措施具有针对性和可操作性。

施工单位应当对资料的真实性、合法性，以及施工通航安全保障方案的内容与结论负责。

③ 施工通航安全保障方案应当在申请水上水下活动许可时提交，海事管理机构需组织专家对施工通航安全保障方案进行技术评审的，应书面告知施工单位。

施工通航安全保障方案技术评审的主要依据包括：

a.通航安全技术规范、标准。

b.船舶控制理论、技术和航海习惯做法（经验）。

c.水上交通安全管理理论、技术。

d.水上交通安全管理法律、法规及相关规定。

e.有关部门的批复性文件、相关专题研究结论或意见等。

f.设计方案、施工内容及有关技术图纸、资料。

技术评审应当判断通航安全风险分析是否客观、全面，通航安全保障措施是否合理、有效，应急预案是否具有针对性、可操作性。

10.1.3 水上水下通航安全活动许可证的管理

许可证应当注明允许从事水上水下作业或者活动的单位名称、船名、设施名称、时间、水域、作业或者活动内容、有效期等事项。

许可证的有效期由海事管理机构根据作业或者活动的期限及水域环境的特点确定。许可证有效期届满不能结束水上水下作业或者活动的，建设单位、主办单位或者施工单位应当于许可证有效期届满5个工作日前向海事管理机构申请办理延续手续，提交延续申请书和相关说明材料，由海事管理机构在原许可证上签注延续期限后方能继续从事相应作业或者活动。许可证有效期最长不得超过3年。

许可证上注明的船舶、海上设施或者内河浮动设施在水上水下作业或者活动期间发生变更的，建设单位、主办单位或者施工单位应当及时向做出许可决定的海事管理机构申请办理变更手续，提交变更申请书和相关说明材料。在变更手续未办妥前，变更的船舶、海上设施或者内河浮动设施不得从事相应的水上水下作业或者活动。

许可证上注明的从事水上水下作业或者活动的单位、内容、水域发生变更的，建设单位、主办单位或者施工单位应当重新申请许可证。

有下列情形之一的，建设单位、主办单位或者施工单位应当及时向原发证的海事管理机构报告，并办理许可证注销手续：

（1）水上水下作业或者活动中止的。

（2）3 个月以上未开工的。

（3）提前完工的。

（4）因许可事项变更而重新办理了新的许可证的。

（5）因不可抗力导致许可的水上水下作业或者活动无法实施的。

10.1.4　对从事水上水下施工生产活动主体的规定

在管辖海域内从事体育、娱乐、演练、试航、科学观测等水上水下活动，应当编制活动方案、安全保障和应急方案，并遵守海上交通安全管理规定；可能影响海上交通安全的，应当提前 10 个工作日将活动涉及海域范围报告海事管理机构。

在内河通航水域进行气象观测、测量、地质调查、大面积清除水面垃圾和可能影响内河通航水域交通安全的其他作业的，应当在作业前将作业方案报海事管理机构备案。

从事维护性疏浚、清障等影响通航的航道养护活动，或者确需限制通航的养护作业的，应当提前向海事管理机构通报。

海事管理机构应当根据作业或者活动水域的范围、自然环境、交通状况等因素合理核定安全作业区的范围，并向社会公告。需要改变的，应当由海事管理机构重新核定公告。

水上水下作业或者活动已经海事管理机构核定安全作业区的，船舶、海上设施或者内河浮动设施应当在安全作业区内进行作业或者活动。无关船舶、海上设施或者内河浮动设施不得进入安全作业区。

建设单位、主办单位或者施工单位应当在安全作业区设置相关的安全警示标志、配备必要的安全设施或者警戒船。

从事按规定需要发布航行警告、航行通告的水上水下作业或者活动，应当在作业或者活动开始前办妥相关手续。

水上水下作业或者活动的建设单位、主办单位或者施工单位应当加强安全生产管理，落实安全生产主体责任。

建设单位应当根据国家有关法律、法规及规章要求，明确本单位和施工单位安全责任人，督促施工单位加强施工作业期间安全管理，落实水上交通安全的各项要求。

建设单位应当确保水上交通安全设施与主体工程同时设计、同时施工、同时投入生产和使用。

水上水下作业需要招标投标的，建设单位应当在招标投标前明确参与作业的船舶、海上设施或者内河浮动设施应当具备的安全标准和条件，在工程招标投标后督促施工单位落实施工过程中各项安全保障措施，将作业船舶、海上设施或者内河浮动设施及人员和为作业服务的船舶及其人员纳入水上交通安全管理体系，并与其签订安全生产管理协议。

主办单位、施工单位应当落实安全生产法律法规要求，完善安全生产条件，保障施工作业、活动及其周边水域交通安全。

建设单位、主办单位或者施工单位在水上水下作业或者活动过程中应当遵守以下规定：

（1）按照海事管理机构许可的作业或者活动内容、水域范围和使用核准的船舶、海上设施或者内河浮动设施进行作业或者活动，不得妨碍其他船舶的正常航行。

（2）及时向海事管理机构通报作业或者活动进度及计划，并保持作业或者活动水域良好的通航环境。

（3）使船舶、海上设施或者内河浮动设施保持在适于安全航行、停泊或者从事有关作业或者活动的状态。

（4）船舶、海上设施或者内河浮动设施应当按照有关规定在明显处昼夜显示规定的号灯号型。在现场作业或者活动的船舶或者警戒船上配备有效的通信设备，作业或者活动期间指派专人警戒，并在指定的频道上守听。

建设单位、主办单位或者施工单位应当及时清除水上水下作业或者活动过程中产生的碍航物，不得遗留任何有碍航行和作业安全的隐患。在碍航物未清除前，必须设置规定的标志、显示信号，并将碍航物的名称、形状、尺寸、位置和深度准确地报告海事管理机构。

建设单位应当在工程涉及通航安全的部分完工后或者工程竣工后，将工程有关通航安全的技术参数报海事管理机构备案。

10.1.5   对水上水下活动通航安全的监督

海事管理机构应当建立作业或者活动现场监督检查制度，依法检查建设单位、主办单位和施工单位所属船舶、海上设施或者内河浮动设施、人员水上通航安全作业条件、采取的通航安全保障措施、应急预案、责任制度落实情况。有关单位和人员应当予以配合。

10.1.6   对违反水上水下活动通航安全管理规定的处罚

（1）有下列情形之一的，海事管理机构应当责令建设单位、主办单位或者施工单位立即停止作业或者活动，并采取安全防范措施：

① 因恶劣自然条件严重影响作业或者活动及通航安全的。

② 作业或者活动水域内发生水上交通事故或者存在严重危害水上交通安全隐患，危及周围人命、财产安全的。

（2）有下列情形之一的，海事管理机构应当责令改正；拒不改正的，应当责令其停止作业或者活动：

① 建设单位、主办单位或者施工单位未落实安全生产主体责任的。

② 未按照规定设置相关的安全警示标志、配备必要的安全设施或者警戒船的。

③ 未经许可擅自更换或者增加作业或者活动船舶、海上设施或者内河浮动设施的。

④ 未按照规定采取通航安全保障措施进行水上水下作业或者活动的。

⑤ 雇用不符合安全标准的船舶、海上设施或者内河浮动设施进行水上水下作业或

者活动的。

（3）违反本规定，隐瞒有关情况或者提供虚假材料，以欺骗或者其他不正当手段取得许可证的，由海事管理机构撤销其水上水下作业或者活动许可，收回其许可证，处5000 元以上 3 万元以下的罚款。

（4）在管辖海域内有下列情形之一的，海事管理机构应当责令改正，对违法船舶、海上设施的所有人、经营人或者管理人处 3 万元以上 30 万元以下的罚款，对船长、责任船员处 3000 元以上 3 万元以下的罚款，或者暂扣船员适任证书 6 个月至 12 个月；情节严重的，吊销船长、责任船员的船员适任证书。

① 船舶、海上设施未取得许可证或者使用涂改、非法受让的许可证从事施工作业的。

② 未按照许可明确的作业方案、保障措施、应急预案和责任制度相关要求开展施工作业的。

③ 超出核定的安全作业区进行施工作业的。

从事可能影响海上交通安全的水上水下活动，未按规定提前报告海事管理机构的，由海事管理机构对违法船舶、海上设施的所有人、经营人或者管理人处 1 万元以上 3 万元以下的罚款，对船长、责任船员处 2000 元以上 2 万元以下的罚款。

（5）在内河通航水域或者岸线上进行水上水下作业或者活动，有下列情形之一的，海事管理机构应当责令立即停止作业或者活动，责令限期改正，处 5000 元以上 5 万元以下的罚款：

① 未取得许可证擅自进行水上水下作业或者活动的。

② 使用涂改或者非法受让的许可证进行水上水下作业或者活动的。

③ 未按照本规定报备水上水下作业的。

④ 擅自扩大作业或者活动水域范围的。

（6）有下列情形之一的，海事管理机构应当责令停止作业或者活动，可以处 2000元以下的罚款：

① 未按有关规定申请发布航行警告、航行通告即行实施水上水下作业或者活动的。

② 水上水下作业或者活动与航行警告、航行通告中公告的内容不符的。

（7）未按照本规定取得许可证，擅自构筑、设置的水上水下构筑物或者设施，船舶不得进行靠泊作业。影响通航环境的，应当责令构筑、设置者限期搬迁或者拆除，搬迁或者拆除的有关费用由构筑、设置者承担。

（8）违反本规定，建设单位、主办单位或者施工单位在管辖海域内未对有碍航行和作业安全的隐患采取设置标志、显示信号等措施的，海事管理机构应当责令改正，处2 万元以上 20 万元以下的罚款。

建设单位、主办单位或者施工单位在内河通航水域或者岸线水上水下作业或者活动，未按照规定采取设置标志、显示信号等措施的，海事管理机构应当责令改正，处5000 元以上 5 万元以下的罚款。

海事管理机构工作人员不按法定的条件进行海事行政许可或者不依法履行职责进行监督检查，有滥用职权、徇私舞弊、玩忽职守等行为的，由其所在机构或上级机构依法处理；构成犯罪的，由司法机关依法追究刑事责任。

10.2   海上航行警告和航行通告管理

10.2.1   海上航行警告和航行通告的管理

1. 海上航行警告和航行通告管理范围

在中华人民共和国沿海水域从事下列活动，必须事先向所涉及的海区的区域主管机关申请发布海上航行警告、航行通告：

（1）改变航道、航槽。

（2）划定、改动或者撤销禁航区、抛泥区、水产养殖区、测速区、水上娱乐区。

（3）设置或者撤除公用罗经标、消磁场。

（4）打捞沉船、沉物。

（5）铺设、撤除、检修电缆和管道。

（6）设置、撤除系船浮筒及其他建筑物。

（7）设置、撤除用于海上勘探开发的设施和其安全区。

（8）从事扫海、疏浚、爆破、打桩、拔桩、起重、钻探等作业。

（9）进行使船舶航行能力受到限制的超长、超高、笨重拖带作业。

（10）进行有碍海上航行安全的海洋地质调查、勘探和水文测量。

（11）进行其他影响海上航行和作业安全的活动。

军事单位划定、改动或者撤销军事禁航区、军事训练区，由国家主管机关或者区域主管机关发布海上航行警告、航行通告。

2. 海上航行警告和航行通告管理机构

中华人民共和国海事局（以下简称国家主管机关）主管全国海上航行警告和航行通告的统一发布工作。

沿海水域海事局（以下简称区域主管机关）主管本管辖区域内海上航行警告和航行通告的统一发布工作。

区域主管机关的管辖区域由国家主管机关确定。

在渔港水域内新建、改建、扩建各种设施或者进行其他施工作业，由渔政渔港监督管理机关根据本规定和国家其他有关规定发布海上航行通告。

军事单位涉及海上航行警告、航行通告事宜的管理办法，根据《中华人民共和国海上交通安全法》有关规定，另行制定。

3. 海上航行警告和航行通告发布方式

海上航行警告由国家主管机关或者其授权的机关以无线电报或者无线电话的形式发布。

海上航行通告由国家主管机关或者区域主管机关以书面形式或者通过报纸、广播、电视等新闻媒介发布。

中华人民共和国海事局互联网门户网站（以下简称中国海事局网站，网址：http://www.msa.gov.cn）是统一发布航行通告的官方网站。各级海事管理机构在以文件发布航行通告的同时，将航行通告通过中国海事局网站向社会发布。

各级海事管理机构可采取本单位网站发布、发送传真和邮寄、微信发布以及宣传栏张贴等方式发布本辖区的航行通告，以丰富和拓展航行通告发布渠道，优化发布方式。

各级海事管理机构要立即将改进航行通告发布方式要求告知辖区内的施工单位、航运企业、船舶等，确保各有关方面能够及时获取相关信息。

10.2.2　海上航行警告和航行通告申请的程序

（1）海上航行警告和航行通告申请的时间

应当在活动开始之日的 7d 前向该项活动所涉及的海区的区域主管机关递交发布海上航行警告、航行通告的书面申请。但是，有特殊情况，经区域主管机关认定，需要立即发布海上航行警告、航行通告的除外。

（2）海上航行警告和航行通告书面申请应当包括下列内容：

① 活动起止日期和每日活动时间。

② 活动内容和活动方式。

③ 参加活动的船舶、设施和单位的名称。

④ 活动区域。

⑤ 安全措施。

（3）进行使船舶航行能力受到限制的超长、超高、笨重拖带作业活动的，应当在启拖开始之日的 3d 前向起拖地所在海区的区域主管机关递交发布海上航行警告、航行通告的书面申请。

书面申请应当包括下列内容：

① 拖船、被拖船或者被拖物的名称。

② 起拖时间。

③ 起始位置、终到位置及主要转向点位置。

④ 拖带总长度。

⑤ 航速。

（4）海上航行警告、航行通告发布后，申请人必须在国家主管机关或者区域主管机关核准的时间和区域内进行活动；需要变更活动时间或者改换活动区域的，应当依照本规定，重新申请发布海上航行警告、航行通告。

10.2.3　对违反海上航行警告和航行通告管理规定的处罚

（1）违反海上航行警告和航行通告管理规定的，由国家主管机关或者区域主管机关责令其停止活动，并可以处 2000 元以下罚款。

（2）未依照本规定时间申请发布海上航行警告、航行通告的，国家主管机关或者区域主管机关可以给予警告，可以并处 800 元以下罚款。

（3）对违反本规定的责任人员，根据情节，国家主管机关或者区域主管机关可以给予警告、扣留职务证书或者吊销职务证书。

（4）违反本规定，造成海上交通事故的，除依法承担民事赔偿责任外，国家主管机关或者区域主管机关可以根据情节给予罚款、扣留职务证书或者吊销职务证书；构成犯罪的，依法追究刑事责任。

（5）当事人对罚款、扣留职务证书或者吊销职务证书的处罚决定不服的，可以自接到处罚决定通知之日起 15d 内向中华人民共和国海事部门申请复议，也可以直接向人民法院提起诉讼；期满不申请复议也不提起诉讼又不履行的，做出处罚决定的主管机关可以申请人民法院强制执行。

10.3　安全事故防范

10.3.1　构成港口与航道工程施工安全隐患的根本因素

港口与航道工程施工中的伤亡事故，是由于人的不安全行为和物的不安全状态两大因素作用的结果，换言之，人的不安全行为和物的不安全状态，就是潜在的事故隐患。伤亡事故预防，就是要做好安全生产风险评估，消除人和物的不安全因素，实现作业行为和作业条件安全化。

1）消除人的不安全行为，实现作业行为安全化的主要措施

（1）开展安全思想教育和安全规章制度教育，提高职工安全认识。

（2）进行安全知识岗位培训和安全技术交底，提高职工的安全技术素质，落实岗位安全责任制，安全生产三类人员和特种作业人员必须持证上岗。

（3）推行安全标准化操作和作业许可审批，严格按照安全操作规程和程序进行作业。

（4）搞好均衡生产，注意劳逸结合，使职工保持充沛的精力和良好的状态。

2）消除物的不安全状态，实现作业条件安全化的主要措施

（1）鼓励采用新工艺、新技术、新设备、新材料，保证安全措施费用足额使用，改善劳动条件；

（2）加强安全技术的研究，采用安全防护装置，隔离危险部位；

（3）采用符合标准的安全防护用具、机械设备和机具配件；

（4）建立事故隐患排查治理机制，开展安全检查，及时发现和整改安全隐患；

（5）创建"平安工地"，定期对施工项目进行安全评价，持续改进安全绩效。

10.3.2　港口与航道工程施工安全事故防范的特点和措施

港口与航道工程施工中，由于建筑产品的外形与内容复杂、变化大，施工环境条件恶劣（水上水下工程施工、起重打桩施工、工程船舶调遣拖航、工程季节性施工等），应根据不同的工程、工艺和危险源的识别、评价，认真编制施工组织设计、安全专项施工方案，采取有针对性的预防方法和手段，防止安全生产事故的发生。

1. 港口与航道工程施工安全风险评估

为加强港口与航道工程施工安全管理，提高施工现场风险防控有效性，应及时开展施工安全风险评估，针对施工过程潜在的风险进行辨识、分析、估测，并提出控制措施建议。施工安全风险评估工作包括：前期准备、现场调查、总体风险评估、专项风险评估、风险评估报告编制和风险评估报告评审六个步骤。

1）港口与航道工程施工安全风险评估范围

（1）港口工程

① 沿海码头工程：集装箱、件杂货、多用途等，大于或等于 10 万吨级；散货、原

油，大于或等于 20 万吨级；液体化工，大于或等于 2 万吨级。

② 内河码头工程：长江中下游及三峡库区大于或等于 5000 吨级；其他大于或等于 2000 吨级。

③ 防波堤或护岸工程：最大水深大于或等于 6m；长度大于或等于 1000m。

④ 台风频发区港口工程：近 5 年，年平均正面遭受台风（红色预警）1 次及以上或受台风影响（橙色预警）2 次及以上。

⑤ 新港区港口工程。

⑥ 离岸距离大于或等于 1000m 的港口工程。

⑦ 海洋岛礁港口工程。

⑧ 潮差大于或等于 4m 的河口地区港口工程；年水位差大于或等于 10m 的山区河流港口工程；年水位差大于或等于 4m 的平原河流港口工程。

⑨ 需要破堤（二级及以上的防洪堤或海堤）施工的港口工程。

⑩ 采用新理论、新材料、新技术、新工艺和新设备的港口工程。

⑪ 在化工区内建设的港口工程。

（2）航道工程

① 整治建筑物工程：新建护岸总长度大于或等于 3km；或新建护滩（底）总面积大于或等于 10 万 m^2；或新建堤坝总长度大于或等于 2km。

② 疏浚与吹填工程：内河疏浚与吹填工程量大于或等于 100 万 m^3；沿海疏浚与吹填工程量大于或等于 500 万 m^3；远海疏浚与吹填作业。

③ 清礁工程。

④ 助航设施工程：新建及调整助航设施数量大于或等于 100 个；或新建岸标位于陡峭岸壁、远海孤岛等恶劣施工环境。

⑤ 涉及涉水生态环境敏感区段的航道工程。

⑥ 施工区域年平均正面遭受台风（红色预警）1 次及以上或受台风影响（橙色预警）2 次及以上；或占用主航道；或桥区、渡口、码头周边水域、防波堤围堰等复杂的施工环境施工；或存在其他边通航边施工等复杂情况的。

⑦ 航道工程施工可能影响桥梁、隧道、码头等建（构）筑物结构安全的。

⑧ 首次采用新结构、新材料、新技术、新工艺和新设备的航道工程。

⑨ 其他有必要开展总体风险评估的航道工程。

2）港口与航道工程施工安全风险评估阶段与风险等级划分

（1）评估阶段划分

施工安全风险评估分为总体风险评估和专项风险评估两个阶段。总体风险评估宜在项目施工招标前完成。专项风险评估包括施工前专项风险评估、施工过程专项风险评估和风险控制预期效果评价等环节，贯穿整个施工过程。

总体风险评估是以工程项目或具有独立使用功能的主体结构、作业单元为评估对象，根据工程特点、施工环境、地质条件、气象水文、资料完整性等，评估其施工的整体风险，确定风险等级并提出控制措施建议。作业单元是指具有特定功能、目的地作业场所或区域。总体风险评估结论可为建设单位的项目组织实施、安全管理力量投入、资源配置和施工单位选择等方面决策提供支持，可作为施工单位编制施工组织设计和开展专项风险评估的依据。

专项风险评估是以作业活动或施工区段为评估对象，根据其施工技术复杂程度、施工工艺成熟度、施工组织便利性、施工环境条件匹配性以及类似工程事故案例等，进行风险辨识与风险分析、风险估测，确定风险等级，提出相应的风险控制措施建议。施工区段是指工程施工中地质条件相近、可能发生同类事故的纵向段落。专项风险评估结论应作为施工单位完善施工组织设计、编制完善专项施工方案的依据。

（2）风险等级划分

总体风险评估和专项风险评估等级均分为四级：低风险（Ⅰ级）、一般风险（Ⅱ级）、较大风险（Ⅲ级）、重大风险（Ⅳ级）。

3）港口与航道工程施工安全风险的评估方法和风险控制措施

（1）评估方法

施工安全风险评估方法应根据工程的特点和实际进行选择。总体风险评估宜采用专家调查法和指标体系法等方法；专项风险评估可综合采用安全检查表法、作业条件危险性评价法（LEC 法）、专家调查法、指标体系法、风险矩阵法等方法，必要时宜采用两种以上方法比对验证风险评估结果，当采用的不同方法得出的评估结果出现较大差异时，应分析导致较大差异的原因，确定合理的评估结果。

（2）风险控制措施

应根据总体风险评估结果和专项风险评估结果与接受准则分别提出相应的风险控制措施。对于重大作业活动，还应根据专项风险评估结果与接受准则，针对不同的风险等级提出分级控制措施，确定层级责任和责任人，实施现场管理和监控预警。接受准则分为：可忽略、可接受、不期望和不可接受。

2. 港口与航道工程项目生产安全事故应急预案编制

针对港口与航道工程项目可能发生的生产安全事故，为最大限度减少事故损害应预先制定应急预案。

1）应急预案体系

应急预案体系一般由项目综合应急预案、合同段施工专项应急预案与现场处置方案组成。

（1）项目综合应急预案是建设单位为应对项目可能发生的各种生产安全事故而制定的总体工作方案。

（2）合同段施工专项应急预案是施工单位为应对单位工程、分部分项工程施工中某一种或者多种类型的生产安全事故而制定的专项应对方案，重点规范应急组织机构以及应急救援处置程序和措施。

（3）现场处置方案是施工单位根据不同生产安全事故类型，针对具体部位、作业环节和设施设备等制定的应急处置措施，重点分析风险事件，规范应急工作职责、处置措施和注意事项，应突出班组自救互救与先期处置的特点。

对危险性较大的分部分项工程与《公路水运工程施工安全风险评估指南 第 1 部分：总体要求》JT/T 1375.1—2022 确定的风险等级较大及以上作业活动，应组织编制合同段施工专项应急预案与现场处置方案；对风险等级较小及以下作业活动的合同段，可只编制现场处置方案。

在合同段施工专项应急预案或现场处置方案的基础上，施工单位宜针对工作岗位特点编制应急处置卡。

项目综合应急预案、合同段施工专项应急预案与现场处置方案之间应相互衔接，项目综合应急预案还应与本单位的上级部门、项目属地负有安全生产监督管理职责的交通运输管理部门和应急管理部门等相关单位的应急预案相衔接，合同段施工专项应急预案应与本企业的应急预案相衔接。不同应急预案衔接内容主要包括：

① 应急救援领导组织机构和工作机构的协同机制、执行程序等。

② 应急预案内部和外部信息报告（程序、方式、时限）、信息共享及信息研判机制等。

③ 应急救援队伍、应急救援物资装备等调度机制。

2）应急预案编制步骤

（1）编制工作小组成立

① 应急预案编制应成立编制工作小组，编制工作小组应由项目或合同段主要负责人牵头，生产负责人、安全负责人和技术负责人参与，由安全、工程技术、船机、物资、财务、计划合同等相关人员组成。

② 项目综合应急预案编制工作小组可邀请施工、监理等参建单位代表参加，合同段施工专项应急预案和现场处置方案编制工作小组可邀请现场经验丰富的班组代表参加。编制工作小组还可邀请外部相关专家参加。

（2）资料收集

编制工作小组应安排专人负责资料的收集，资料应包含但不限于以下方面的内容：

① 相关的法律法规、部门规章、地方规章、标准规范。

② 上级单位及其他相关单位的应急预案等。

③ 项目所在地医院、交通、公安、消防、通信、高危行业企业与人员密集场所、乡镇街道、应急管理等单位联络方式等信息。

④ 项目区域气象、水文、地质等自然环境和管线、交通、建（构）筑物等周边环境信息。

⑤ 施工安全风险评估报告，施工组织设计等项目资料及自有机械设备等应急资源信息。

⑥ 本单位历史事故、相邻或相似工程施工事故及国内外类似项目典型事故案例。

（3）风险评估

水运工程项目应按《公路水运工程施工安全风险评估指南　第 1 部分：总体要求》JT/T 1375.1—2022 的要求开展施工安全风险评估，包括但不限于以下内容：

① 辨识施工作业活动中存在的致险因素，预测可能发生的风险事件；风险事件分析应明确风险事件名称、易发部位（场所、环节等）等内容。

② 分析各种风险事件发生的可能性与后果严重程度。

③ 估测相应的风险等级。

④ 制定相应的预控措施。

（4）应急资源调查

① 根据风险预控措施明确项目或合同段应急资源配置需求，开展专（兼）职应急

救援队伍、应急物资与装备等应急资源的内部调查，并对周边可借助的医院、消防、专业应急救援队伍等社会应急资源分布情况、联系方式等进行外部调查，明确可调用的应急资源数量、种类、功能与存储方式等信息。

② 应急资源调查宜按照《生产经营单位生产安全事故应急预案编制导则》GB/T 29639—2020 附录 B 的要求，结合实际编制应急资源调查报告，编制项目或合同段应急资源清单和应急资源分布图，并根据应急资源变化情况进行动态更新。

（5）应急预案编制

① 应急预案编制应以应急处置为核心，体现自救互救和先期处置的特点，做到职责明确、程序规范、措施科学，尽可能简明化、图表化、流程化。

② 项目综合应急预案的内容应包括总则、风险事件描述、应急组织机构、预警信息、事故报告、应急响应、善后处置、应急保障、应急预案管理与附件。

③ 合同段施工专项应急预案的内容应包括适用范围、风险事件描述、应急组织机构、处置程序、处置措施与应急预案管理。

④ 现场处置方案的内容应包括风险事件描述、应急工作职责、处置措施与注意事项。

⑤ 编制工作小组应按《生产安全事故应急演练基本规范》AQ/T 9007—2019 的要求，对应急预案组织开展桌面演练验证，并根据验证情况修改完善。

（6）应急预案评审

① 应急预案编制单位应根据工程实际情况，组织开展应急预案评审。评审可邀请工程技术、安全生产、应急管理等有关专家参加。

② 应急预案评审时应考虑应急预案基本要素的完整性、组织体系的科学性、应急预案间的衔接性、响应程序的可操作性、主要事故风险分析的合理性、应急资源配置的全面性、应急措施的针对性、应急预案管理要求符合性等内容。

③ 应急预案评审的目的、依据、形式、内容、程序等除应符合《生产经营单位生产安全事故应急预案评估指南》AQ/T 9011—2019 的要求外，还应符合《生产经营单位生产安全事故应急预案编制导则》GB/T 29639—2020 中 4.8 的相关要求。

（7）应急预案发布

应急预案评审通过后，应由编制单位主要负责人签发实施，以正式文件向项目或合同段全体人员公开发布。

3）合同段施工专项应急预案

合同段施工专项应急预案的内容包含：

（1）适用范围

说明合同段施工专项应急预案的适用范围。

（2）风险事件描述

根据施工安全专项风险评估结论，分析合同段施工专项应急预案适用的风险事件，包括名称、可能发生的工程部位或作业环节、影响程度与范围等。

（3）应急组织机构

① 明确合同段应急组织机构的构成、各职能部门与工程区段参加人员与职责要求，可用结构图的形式表示。

② 应急组织机构可结合合同段实际设置相应的应急工作组，工作组主要工作内容可以包含但不限于以下方面：

a.综合协调组主要负责与外部救援力量、地方政府相关部门等协调救援及事故调查处理、事故信息的收集、报告，以及提供工程抢险通信、物资、人员等资源保障等工作。

b.技术支持组主要负责工程抢险技术方案支持等工作。

c.工程抢险组主要负责事故现场人员搜救及工程本身抢险等工作。

d.善后处置组主要负责事故伤亡人员医疗救护、被困及伤亡人员医疗救护、善后处理和家属接待安置等工作。

（4）处置程序

① 明确事故信息报告的程序、方式、时限及内容等。

② 明确应急响应分级、响应启动、响应终止等程序要求，并明确与项目综合应急预案应急响应相衔接的要求。

（5）处置措施

① 应针对合同段可能发生的风险事件，制定相应的处置措施，明确处置原则和具体要求。

② 应急处置措施应包含但不局限于以下要求：

a.坍塌处置措施应结合基槽基坑、码头上部、防波堤或护岸等施工部位，或者模板、脚手架、支架等作业环节制定，明确结构监测、防护加固、人员搜救、应急通信保障等要求。

b.高处坠落处置措施应结合码头上部结构、沉箱预制等施工部位或者作业环节制定，明确现场临边防护、人员抢救等要求。

c.起重伤害处置措施应结合施工升降机、塔式起重机和门式起重机、起重船等不同起重机械类型制定，明确机械关停、作业停止、人员抢救、安全转移等要求。

d.淹溺处置措施应结合施工水域掩护条件、水深、风浪、水流及其变化、搜救资源等情况制定，明确人员营救、水上救援交通组织等要求。

e.防台防汛处置措施应结合台风预警、潮汐水位变化、防台拖带能力、航道通航和锚地选择、人员驻地防护等情况制定，明确监测预警、作业停止、设施设备稳固、船舶避风、人员撤离、驻地防洪等要求。

f.其他风险事件处置措施应根据发生部位或作业环节、施工环境特点制定。

③ 明确与处置措施相匹配的应急物资装配名称、型号及性能、数量、存放地点及保管人员等，并要求动态更新管理。物资装备保障应满足相关规定的要求。

（6）应急预案管理

① 应急预案的培训

明确对项目相关人员开展应急预案培训的计划、内容、方式，并满足以下要求：

a.应急预案培训应纳入项目安全生产培训工作计划。

b.应侧重现场前期处置措施、自救互救基本知识、应急物资使用等。

c.应结合项目实际，明确专题培训、全员培训、案例研讨等培训方式及培训时间等要求，如涉及沿线附近社会公众，应明确做好宣传和公示告知等工作。

② 应急演练

明确应急预案演练目的与形式、演练组织机构构成与职责、演练方案制定、演练内容与实施、演练频次、演练记录、演练评估总结等要求，应急演练的计划、准备、实施、评估总结和持续改进等应符合《生产安全事故应急演练基本规范》AQ/T 9007—2019 的相关要求。

③ 应急预案修订

明确应急预案修订原则、修订条件、修订周期、动态更新与管理要求，其中，修订条件应包含但不限于以下要求：

a. 依据的有关法律、法规、规章、标准及相衔接应急预案中的有关规定发生重大变化的。

b. 应急组织机构及其职责调整发生重大变化的。

c. 施工安全风险发生重大变化的。

d. 重要工程应急资源发生重大变化的。

e. 在应急演练和事故应急救援中发现问题需要修订的。

f. 其他认为应当修订的情况。

④ 应急预案备案

按规定明确应急预案的报备部门。

4）现场处置方案

现场处置方案的内容包含：

（1）风险事件描述

① 根据施工工艺、作业环节与岗位特点等实际情况，分析合同段现场处置方案适用的风险事件。

② 风险事件描述应包含但不局限于以下内容：

a. 类型名称。

b. 发生的具体工程部位或作业环节、设施设备名称。

c. 可能的危害程度及其影响范围。

d. 发生前可能出现的应力、变形指标异常等征兆信息。

e. 可能引发的次生、衍生事故。

（2）应急工作职责

结合工程部位或作业环节班组管理人员与作业人员职责，明确现场应急处置的工作分工和职责要求。

（3）处置措施

① 根据工程岗位分工和涉及的施工工艺、物资设备等，明确现场应急处置措施确定的原则和自救互救的基本要求。

② 现场应急处置措施要求应包含但不局限于以下内容：

a. 应急处置程序。明确事故上报要求、现场管控要求、防止事故扩大要求等内容。

b. 现场处置措施。简述作业人员避险方式及撤离时机、人员搜救、医疗救治、设施加固、现场监测与防护、防止事故扩大等处置措施。

c. 外部救援处置措施。明确外部救援的要求，所需的应急队伍、物资与装备，以及与外部救援到达现场前的准备工作方案与到达后的配合工作方案。

d. 应急物资装备配置。明确应急物资装备储备类型、数量、性能、存放位置、运输及使用条件、更新及补充时限、管理责任人及其联系方式等要求；明确项目内应急物资装备的调用机制，并根据项目周边社会物资配置情况，提出项目应急物资装备组成、维护更新等管理要求。

（4）注意事项

简述现场应急处置过程中现场安全防护、抢险救援设施设备使用、救援人员防护装备使用等方面应采取的自救互救、避免事故扩大等相关要求。

（5）应急处置卡

宜根据合同段现场应急处置岗位分工编制作业岗位应急处置卡，应包含但不限于以下内容：

a. 工程部位或作业环节。

b. 作业岗位名称。

c. 不同风险事件的应急处置措施。

d. 应急电话。

3. 港口航道施工企业项目负责人施工现场带班生产制度

施工现场的安全生产管理是防范安全生产事故发生的重要工作。为进一步加强公路水运工程施工现场安全生产管理，落实企业安全生产责任，交通运输部制定了《公路水运工程施工企业项目负责人施工现场带班生产制度（暂行）》。

1）上述制度所称的公路水运工程施工企业项目负责人，是指公路水运工程施工合同段的项目经理、项目副经理、项目总工程师。施工企业设立安全总监岗位的，同时包括安全总监。

对于有专业（或劳务）分包的合同段，同时包括分包项目的施工管理负责人、技术负责人和安全负责人。对于施工总承包的项目，同时包括项目分段（分部或工区）的施工管理负责人、技术负责人和安全负责人。

项目负责人施工现场带班生产，是指项目负责人在施工现场，组织协调和指导工程项目的安全生产活动，第一时间负责组织现场突发事件应急处置。

2）工程施工期间，项目负责人必须在施工现场轮流带班生产。项目负责人原则上不得同时承担2个及以上施工合同段安全生产管理工作，确需兼任的，应当征得项目建设单位的书面同意。

项目经理是工程施工合同段安全生产管理的第一责任人，对落实带班生产制度负全面领导责任。

3）工程施工合同段项目部，应根据项目施工特点，建立项目负责人施工现场轮流带班生产制度，明确工作内容、职责权限、人员安排和考核奖惩等要求，制订月度带班生产计划，并严格实施。

对于有专业（或劳务）分包的合同段，分包单位应制订月度带班生产计划，并报承包单位项目经理部备案。

对于施工总承包的项目，项目分段（分部或工区）实施单位应制订月度带班生产计划，并报施工总承包项目部备案。

4）施工企业项目负责人施工现场带班生产制度和月度带班生产计划应报项目监理单位审查确认并报建设单位备案。

项目负责人因其他事务不能带班生产时，项目经理应指定其他项目负责人承担其带班工作，并提前向项目监理单位报备。

5）工程施工期间，每日带班生产的项目负责人姓名及其联系方式、监督电话等，应当在项目部驻地立牌公告。

6）项目负责人带班生产方式主要有：

（1）现场巡视检查：对当日本合同段内施工作业区进行巡视检查，了解掌握施工现场安全生产状况，重点检查危险性较大的分部分项工程、事故多发易发的施工环节或部位。

（2）蹲点带班生产：巡视检查后，项目负责人根据施工现场安全生产状况，选择当日事故多发易发的施工环节或部位，或危险性较大的分部分项工程，或本合同段首件工程等作业区蹲点带班生产。

7）项目负责人带班生产时，应履行以下职责：

（1）检查本合同段安全生产条件落实情况。

① 专职安全员施工现场履责情况；作业人员个人防护和施工现场临边防护的规范性。

② 特种作业人员持证上岗情况；起重机械和整体提升式脚手架、滑模爬模、架桥机等设备检验验收与安全运行情况。

③ 承重支架或满堂脚手架、施工挂篮运行情况。

④ 安全技术交底与班前会落实情况。

（2）检查施工组织设计或专项施工方案中安全措施的落实情况。

（3）加强对重点部位、关键环节的施工指导，及时制止"三违"行为。

（4）及时发现、报告并组织消除事故隐患和险情。

（5）填写带班生产工作日志并签字归档备查。

8）公路水运工程施工企业应建立本企业项目负责人施工现场带班生产的责任考核制度，每半年至少组织1次对所承揽工程项目部的定期检查考核，检查考核结果应报项目监理和建设单位。

9）项目负责人现场轮流带班生产制度执行情况纳入对施工企业的信用评价范围。项目监理单位应定期或不定期地对施工企业项目负责人施工现场带班生产制度和月度带班生产计划的落实情况进行专项检查，每季度对各施工合同段项目负责人施工现场带班生产工作进行考核评价，并将评价结果报建设单位。项目建设单位应建立施工合同段项目负责人施工现场带班生产工作的考核奖惩制度，纳入合同履约管理，每半年至少组织1次全面的考核。

10）各级交通运输主管部门及其安全监督机构应加强对施工企业项目负责人施工现场带班生产制度落实情况的督查。对未执行带班生产制度的项目负责人，作为个人不良信用予以记录，不予办理其安全生产考核合格证书的延期考核。对未执行带班生产制度或执行不力的施工企业，应责令纠正，并通报批评，同时作为企业不良信用予以记录；发生质量安全事故的，依法从重进行行政处罚，追究相关责任人的法律责任。

11）对公路水运工程施工企业项目负责人未实施施工现场带班生产或者存在弄虚作假行为的，任何单位和个人均有权向项目建设单位、县级以上地方人民政府交通运输主管部门及其安全监督机构举报。

4. 水运工程平安工地建设

为加强公路水运工程平安工地建设，引导和激励从业单位加强安全生产工作，落实安全生产责任，提升安全管理水平，根据《中华人民共和国安全生产法》《建设工程安全生产管理条例》《公路水运工程安全生产监督管理办法》等法律法规和规章，交通运输部要求公路水运基础设施的新建、改建、扩建工程在施工期间开展平安工地建设活动。

平安工地是指项目从业单位以落实安全生产主体责任为核心，施工过程以风险防控无死角、事故隐患零容忍、安全防护全方位为目标，推进施工现场安全文明与施工作业规范有序的有机统一，是不断深化平安交通发展的重要载体。

平安工地建设管理主要包括工程开工前的安全生产条件审核，施工过程中的平安工地建设、考核评价等。

公路水运工程建设项目应当保障安全生产条件，落实安全生产责任，建立项目安全生产管理体系，实现安全管理程序化、现场防护标准化、风险管控科学化、隐患治理常态化、应急救援规范化，并持续改进。

从业单位应当贯彻执行安全生产法律法规和标准规范，以施工现场和施工班组为重点，加强施工场地布设、现场安全防护、施工方法与工艺、应急处置措施、施工安全管理活动记录等方面的安全生产标准化建设。

施工作业区应当根据施工安全风险辨识、评估结果，确定不同风险等级的管理要求，合理布设。在风险较高的区域应当设置安全警戒和风险告知牌，做好风险提示或采取隔离措施。施工过程中，应当建立风险动态监控机制，按要求进行监测、评估、预警，及时掌握风险的状态和变化趋势。重大风险应当及时登记备案，制定专项管控和应急措施，并严格落实。重大事故隐患整改应当制定专项方案，确保责任、措施、资金、时限、预案到位。要依法建立项目应急救援组织或者指定工程现场兼职的、具有一定专业能力的应急救援人员，定期开展专业培训。

项目开工后到交工验收前，施工单位应当按照要求，每月至少开展一次平安工地建设情况自查自纠，及时改进安全管理中的薄弱环节；每季度至少开展一次自我评价，对扣分较多的指标及反复出现的突出问题，应当采取针对性措施加以完善。施工单位自我评价报告应报监理单位。

10.3.3　通用作业的安全防护要求

1. 一般规定

各作业工种、施工船舶、机械和电气设备等，应制订安全操作规程，作业人员应严格执行，不得违章指挥、违章作业。

施工船舶必须具有相应的有效证书，船员必须持有与其岗位相适应的适任证书。

施工船舶或大型机械设备应满足最低安全配员和定人、定机的要求。

施工船舶、机械设备应有良好的技术状态，安全保护装置、检测仪表和报警装置等应齐全、有效。

进入施工现场人员必须戴好安全帽。作业时，必须正确佩戴和使用劳动保护用品、用具。

施工现场的安全防护设施、标志、警示牌等，不得擅自拆除或移动。确需拆移的，应经过施工负责人同意。

陆上作业时，遇有能见度不良无法看清场地、雷雨或风力大于等于6级的天气，应停止打桩、振冲、强夯、打设排水板、深层拌合、地连墙施工和泵车输送混凝土等作业。当风力大于等于8级时，应对设备采取防风固定措施。

水上作业时，遇有超过船舶作业性能的工况条件或能见度不良无法看清场地的天气，应停止作业。水上作业的工况条件虽未超过施工船舶的作业性能，但难以保障作业人员的安全时，亦应停止作业。

进入下列水上场所，必须正确穿戴救生衣：

（1）在无护栏或1.0m以下低舷墙的船甲板上。

（2）在工作船、舢板、木筏、浮筒、排泥管线上。

（3）在各类施工船舶的舷外或临水高架上。

（4）乘坐交通工作船和上下施工船舶时。

（5）在未成型的码头、栈桥、墩台、平台或构筑物上。

（6）在已成型的码头、栈桥、墩台、平台或构筑物边缘2.0m范围内。

（7）在其他水上构筑物或临水作业的危险区域。

遇下列情况之一时，严禁起重吊装作业：

（1）超载或被吊物重量不明。

（2）无指挥或指挥信号不明。

（3）起重设备安全装置不符合要求。

（4）吊索系挂和附件捆绑不牢或不符合安全规定。

（5）被吊物上站人或吊臂及被吊物下站人。

（6）被吊物捆绑处的棱角无衬垫，边缘锋利的物件无防护措施。

（7）被吊物埋在地下或位于水下情况不明。

（8）夜间工作场地无照明设施或能见度不良，无法看清场地和被吊物。

（9）越钩或斜拉。

（10）陆上风力大于等于6级，水上工况条件超过船舶作业性能。

2. 起重吊装作业

起重吊装作业应明确作业人员分工，专人指挥，统一指挥信号。

起重吊装所使用的钢丝绳和索具，必须有具备生产资质的制造厂商提供出厂合格证和材质证明。

起重绳索必须进行受力计算，索具、滑车等必须根据计算结果合理选配。吊装前必须对其进行检查。

起重船、起重机起吊构件时，驻位应得当。起吊异形构件应根据构件的重量、重心和吊点位置计算、配置起重绳索，并进行试吊。

当被吊物的重量达到起重设备额定起重能力的90%及以上时，应进行试吊。

起重吊装作业时，指挥和操作人员不得站在建筑物或构件边缘、死角等危险部位。

一台起重设备的两个主吊钩起吊同一重物时，两钩升降应协调，且每个钩的吊重不得大于其额定负荷。

两台起重设备的两个主吊钩起吊同一重物时，必须制定专项起吊方案。起吊前必须根据重心位置等合理布置吊点。吊运过程中，必须统一指挥，两台起重设备的动作必须协调。各起重设备的实际起重量，严禁超过其额定起重能力的 80%，且钩绳必须处于垂直状态。

陆用起重机在船舶上作业时，必须制定专项方案，对起重机的吊重、作业半径做出规定，并附具船舶稳性和结构强度计算结果。起重机、吊臂及吊钩必须设置封固装置。

水下吊装构件应符合下列规定：

（1）构件入水后，应服从潜水人员的指挥。指挥信号不明，不得移船或动钩。

（2）构件的升降、回转速度应缓慢，不得砸、碰水下构件或船舶锚缆。

（3）水下构件吊装完毕，应待潜水员解开吊具、避至安全水域、发出指令后方可起升吊钩或移船。

起重吊装作业时，起重机吊臂、吊具、辅具、钢丝绳和重物等与架空输电线路的安全距离，应符合表 10.3-1 的限值。

表 10.3-1　起重机吊臂等与架空输电线路的安全距离

电压（kV）	1 以下	1~15	20~40	60~110	220
沿垂直方向（m）	1.5	3.0	4.0	5.0	6.0
沿水平方向（m）	1.0	1.5	2.0	4.0	6.0

陆用或船用机械设备所使用钢丝绳的安全系数，应符合设备规格书或说明书的规定。

起重、吊装用钢丝绳的安全系数应根据被吊物的重量和起吊方法经计算后选用，且不宜小于表 10.3-2 的限值。

表 10.3-2　钢丝绳安全系数

用途	安全系数	用途	安全系数
缆风绳	3.5	吊重物	5.0~6.0
绑扎封固	4.0	捆绑吊索	7.0~8.0
卷扬机	6.0	载人升降设备	14.0

采用绳卡固接钢丝绳时，与钢丝绳相匹配的绳卡数量、间距应符合表 10.3-3 的规定。绳卡的滑鞍应设在钢丝绳受力的一侧，U 形螺栓应在钢丝绳的尾端且不得正反交错使用，最后一个绳卡距绳头的长度不得小于 140mm。

采用编结方式连接钢丝绳端部时，编结部分的长度不得小于钢丝绳直径的 20 倍，且不应小于 300mm。

表10.3-3　与绳径匹配的绳卡的数量和间距

钢丝绳直径（mm）	10 以下	10～20	21～27	28～36	37～40
最少绳卡数（个）	3	4	5	6	7
绳卡间距（mm）	80	140	160	220	240

起重吊装前，应检查钢丝绳及其连接部位，当钢丝绳在一个节距内断丝数量达到或超过表10.3-4限值时，应予报废。当钢丝绳表面锈蚀或磨损使钢丝绳直径减小时，应将表10.3-4报废标准按表10.3-5折减，并按折减后的断丝数报废。

表10.3-4　钢丝绳报废标准

采用的安全系数	钢丝绳规格					
	6×19＋1		6×37＋1		6×61＋1	
	交互捻	同向捻	交互捻	同向捻	交互捻	同向捻
6 以下	12	6	22	11	36	18
6～7	14	7	26	13	38	19
7 以上	16	8	30	15	40	20

表10.3-5　钢丝绳表面锈蚀或磨损时报废标准的折减系数

钢丝绳表面锈蚀或磨损量（％）	10	15	20	25	30～40	大于40
折减系数（％）	85	75	70	60	50	报废

吊装绳扣的扣头部位出现断丝时，应切弃断丝部分重新插扣。

钢丝绳的断丝数量少于报废标准，但断丝聚集小于6倍绳径的长度范围内或集中于任一股里，亦应予以报废。

3. 潜水作业

潜水作业应执行国家和行业主管部门有关潜水员管理规定。

从事潜水作业的人员必须持有潜水员资格证书。

潜水最大安全潜水深度和减压方案应符合《产业潜水最大安全深度》GB/T 12552—1990、《空气潜水减压技术要求》GB/T 12521—2008、《甲板减压舱》GB/T 16560—2011的有关规定。

潜水员使用水下电气设备、装备、装具和水下设施时，应符合《潜水员水下用电安全规程》GB 16636—2008的有关规定。

潜水员作业现场应备有急救箱及相应的急救器具。水深超过30m应备有减压舱等设备。

当施工水域的水温在5℃以下，流速大于1.0m/s或具有噬人海生物、障碍物或污染物等时，在无安全防御措施情况下潜水员不得进行潜水作业。

通风式重装潜水作业组应由指挥员、潜水员、电话员，收放供气管线人员和空压机操作人员组成。远离基地外出作业应具备两组潜水员同时作业的能力。

潜水员下水作业前，应熟悉现场的水文、气象、水质和地质等情况，掌握作业方法和技术要求，了解施工船舶的锚缆布设及移动范围等情况，并制定安全处置方案。

潜水作业时，潜水作业船应按规定显示号灯、号型。

通风式重装潜水作业应设专人控制信号绳潜水电话和供气管线。

潜水作业应执行潜水员作业时间和替换周期的规定。

通风式重装潜水员下水应使用专用潜水爬梯。挂设爬梯的悬臂杠应满足强度和刚度要求，并与潜水船、爬梯连接牢固。

水下整平作业需补抛块石时，应待潜水员离开抛石区后方可发出抛石指令。

为潜水员递送工具、材料和物品应使用绳索进行递送，不得直接向水下进行抛掷。

潜水员水下安装应符合下列规定：

（1）构件基本就位和稳定后，潜水员方可靠近待安装构件。

（2）潜水员不得站在两构件间操作，供气管也不得置于构件缝中。流速较大时，潜水员应在逆流方向操作。

（3）构件安装应使用专用工具调整构件的安装位置。潜水员不得将身体的任何部位置于两构件之间。

潜水员在沉井或大直径护筒内作业应符合下列规定：

（1）作业前应清除沉井或护筒内障碍物和内壁外露的钢筋、扒钉和铁丝等尖锐物。

（2）沉井和大直径护筒内侧水位应高于外侧水位。

（3）潜水员不得在沉井刃脚下或护筒底口以下作业。

4. 软基处理

软基处理的施工场地应进行平整，3.0m 范围内的高差不宜大于 20.0cm，地基承载力较差地段应采取防止施工设备沉陷或倾覆的措施。

软基处理施工前，应对施工机械、桩锤及附属设施进行检查、维修和保养，确保施工设备处于良好状态。

陆上两台砂桩或排水板打设机械间的安全距离应大于 2.5 倍机身高度，当无法达到 2.5 倍机身高度要求时，必须采取有效的防倾倒措施。

排水板打设机在斜坡上行走时，斜坡坡度不得大于设备的许用倾角。打设机不得在斜坡上回转。

打设排水板过程中应随时注意套管的下沉情况，当发现下沉速度突然减缓、套管发生过量弯曲等现象时，应立即停止沉管。

打设机械不得停放在潮汐、河水可能侵袭或雨季易于积水的地方。

振沉砂桩或碎石桩等的桩管遇有软土层时，应控制桩管下沉速度。遇有障碍物时，应停止沉管。

起吊灌料斗应缓慢，不得碰撞桩管或打设架。

向桩管内灌砂或碎石时，灌料斗的下方不得站人。操作灌料斗控制绳的人员也应站在安全部位。

启动振动锤或振冲器前应发出警示信号，作业人员应撤至安全区域。

振冲的初始阶段应控制下沉速度。发现地面异常塌陷应及时拔出振冲器，并移开起重机。

深层拌合处理机就位后应将机架摆放平整、稳定，并采取止动措施。处理机移位应关闭电源，并由专人看护和移动电缆线。

深层拌合施工时，桩架出现摇晃、偏斜等异常现象，应立即停止作业。

强夯机架组装应按《建筑机械使用安全技术规程》JGJ 33—2012 的有关规定设置起重机辅助门架。

强夯施工应设置警戒区。警戒区的警戒范围应通过试夯确定，但不得小于起重机吊臂长度的 1.5 倍。夯击时，作业人员应撤至安全区域或采取其他可靠安全防护措施。

修理夯锤或清理夯锤通气孔应将夯锤平放于专用支墩上，不得在吊起的夯锤下方作业。

履带式起重机起吊夯锤或负载行走时，总起重量不得超过允许起重量的 70%，夯锤应处于起重机的正前方，夯锤离地面的高度不宜大于 0.5m。

在强夯过程中发生黏性土吸锤时，夯锤不得直接强行起吊。

施工人员在各类打设机架上作业时，应符合《建筑施工高处作业安全技术规范》JGJ 80—2016 的有关规定。

振动锤的电缆线，宜采用悬吊方式。易磨损的部位应采用耐磨绝缘材料进行包扎防护，并定期检查。

5. 沉排、铺排及充砂袋作业

运输船舶靠泊铺排船应事先与铺排船取得联系，待铺排船放松靠泊侧锚缆后方可靠泊。

铺排船上的起重设备吊装及展开排布应有专人指挥。卷排时，排布上、滚筒和制动器周围不得站人。

吊运混凝土联锁块排体应使用专用吊架，排体与吊架应连接牢固。吊放排体过程中应使用控制绳等措施控制其摆动，吊起的排体降至距甲板面 1m 左右时，施工人员方可对排体进行定位。

升降铺排船滑板或溜放排体时，滑板和排体上不得站人。

充砂袋充灌前，灌砂口、输砂管接头及高压水管接头应连接牢固。冲灌时，高压水枪不得射向人员或电气设备。

充砂袋或砂枕沉放前，应检查沉放架的制动装置。电气设备应设专人操控。

水上抛放充砂袋或砂枕时，船上的活动物件应固定，作业人员不得站在船舶舷边。

充砂泵或高压水泵的吸头应采用支架、滑车和绳索吊设。升降吸头不得直接提拽泵体电缆。

6. 拆除工程

建筑物拆除必须进行专项拆除方案设计。

建筑物拆除应符合《建筑拆除工程安全技术规范》JGJ 147—2016 的有关规定。

拆除现场的作业区域应设置醒目的安全警示标志，并采取安全警戒措施。非作业人员不得进入拆除区。

建筑物拆除应采用自上而下、逐层分段、先水上后水下的拆除方法。

拆除建筑物的栏杆、护桩、面板等构件应与结构物整体拆除相协调。承重梁、桁架、桩等应待其所承载的全部构件拆除后，再进行拆除。

只进行部分拆除的建筑物应先将保留部分进行加固，再进行切割式分离拆除。

建筑物拆除施工严禁采取上下立体交叉作业的施工方法。水平作业的各工位间距必须保持足够的安全距离。

拆除施工必须检测被拆除建筑物的位移变化，当发现建筑物有不稳定趋势时，必须停止拆除作业。

水上建筑物拆除应搭设水上工作平台或使用浮动设施进行拆除作业。作业人员不得站在有危险的被拆除构件上作业。

拆除梁、板或悬臂构件应事先采取有效的防止构件自行下落的措施。

机械或人工截断基桩应将被截段系牢吊稳后方可进行截断作业。

拆除的构件或建筑物垃圾应及时清理，运至指定地点，不得高空抛下或倾入施工水域。

雾、雨、雪天或风力大于等于 6 级的天气，应停止露天拆除作业。

当日拆除施工结束后，所有人员、船机设备及施工机具应撤至拆除物可能自行倒塌影响范围以外。

水上、水下建筑物的爆破拆除应符合《爆破安全规程》GB 6722—2014 和《水运工程爆破技术规范》JTS 204—2023 的有关规定。

爆破拆除前进行的预拆除施工不得拆除影响结构稳定的构件。

10.3.4　施工作业安全生产的要求

1. 沉桩施工安全生产的要求

1）一般规定

桩基施工前应对施工现场进行踏勘，并制定对邻近建筑物、架空线路、管线、岸坡、围堰等的检测方案。

陆上施工场地应平整、无障碍物。地基承载能力应满足打桩机、起重机等的作业要求。水上施工前应进行水深测量，并清除水下障碍物。

作业前应对沉桩设备、安全装置进行检查，并使其处于良好状态。吊桩绳扣、滑车、索具等应计算后选用。

沉桩作业区应设置明显的安全警示标志，非作业人员和非作业船舶不得进入沉桩作业水域。

施工人员在桩架上作业应符合高处作业安全的有关规定。

吊桩时桩锤应置于桩架底部，捆桩绳扣应采取防滑措施，不得斜拉或越钩吊桩。

吊桩入抱桩器或套戴替打时，操作人员必须使用工具，严禁身体任何部位进入替打下方或置于桩与滑道之间。

作业人员必须沿爬梯或乘坐电梯笼上下桩架。

沉桩过程中，桩架的电梯上不得有人。作业人员应撤至安全区域，并监视沉桩情况。

在沉桩过程中，柴油锤的油门绳、液压锤或振动锤的控制器应设专人操控。

打桩过程中，作业人员严禁手拉、脚蹬运行中的滑轮、钢丝绳等。

打桩作业停止后，桩锤或替打应落地或封固在桩架底部，吊钩应封固。

陆域沉桩后，低于地面的桩孔或不高于地面 0.8m 的管桩应设置安全护栏或盖板，并应设置安全警示标志。

2）陆上锤击、振动、水冲沉桩作业

轨道式打桩机的轨道铺设应平顺，两轨应采用道尺固定，枕木摆放应均匀，轨端应设置车挡。轨道不得直接压在已打完的桩顶上。

桩的吊点数量、位置应根据设计要求或经计算确定。起吊混凝土桩时，捆绑位置的偏差不得大于 200mm。

打桩机应在允许的吊重和跨距范围内吊桩，桩的两端应设控制绳。

吊桩入背板或套戴替打时，指挥人员应密切注视架上操作人员的站位和桩、锤移动等情况，指挥信号、手势应准确。

捶击沉桩过程中，指挥人员应随时观察桩、锤、替打的运行状态，发现问题应立即停锤。

斜桩定位时打桩机应缓慢变幅，变幅不得超过极限。

电动振动锤使用前应测定电动机的绝缘值，且不得小于 0.5MΩ，并应对电缆芯线进行通电试验。电缆绝缘层应完好无损。

振动沉桩应进行夹持力和减振效果的试验，满足要求后方可振动沉桩。

电动振动锤的电缆线应采取有效防止磨损、碰撞的保护措施。

振动系统中的螺栓均应进行封固。

沉桩或拔桩时，电动振动锤的电流不得超过额定值。

水冲沉桩前，应检查射水管接头绑扎、连接是否牢固。试射水时，射水头应固定牢固，施工人员应避开管路接头和水流喷射方向。

水冲沉桩应根据不同土质合理控制射水嘴的入泥深度，射水嘴一次入泥不得过深。

3）水上锤击、振动、水冲沉桩作业

水上打桩船和运桩船驻位应按照船舶驻位图抛设锚缆，并应设置浮鼓，锚缆不得互绞。

船舶在陆域设置的地锚的抗拉力应满足使用要求。地锚和缆绳通过的区域应设立明显的安全警示标志，必要时应有专人看守。

打桩架上的作业人员应在电梯笼内或作业平台上操作。电梯笼升降应在回至水平原位并插牢固定销后进行。

打桩船作业时应随时观察锚缆附近的情况，注意其他作业船舶和人员的动态。移船时锚缆不得绊桩。如桩顶被水淹没，应设置高出水面的安全警示标志。

立桩时，打桩船应离开运桩驳船一定距离，并应缓慢、均匀地升降吊钩。

在可能溜桩的地质条件下打桩作业应认真分析地质资料，并采取预防溜桩的措施。

封闭式桩尖的钢管桩沉桩应采取防止钢管桩上浮的措施。在沙性土中施打开口或半封闭桩尖的钢管桩应采取防止管涌的措施。

水上悬吊桩锤沉桩应设固定桩位的导桩架和工作平台。导桩架和工作平台应牢固可靠，并在工作平台的外侧设置安全栏杆。

沉桩后应及时进行夹桩。

2. 构件起吊、出运和安装作业的安全生产要求

1）一般规定

构件的起吊、出运和安装应符合起重吊装作业安全的有关规定。

起吊混凝土构件时，混凝土强度应满足设计要求，设计无要求时应符合相关规范的规定。

被吊构件需空中翻转时，构件应保持平稳，吊高不宜过大，不得快速翻转。

大型构件吊装应采用控制绳控制构件摆动，施工人员不得直接推拉构件。

2）预制构件起吊、出运作业

构件装驳前应制定装驳方案。

大型或长细比大的构件吊运应根据构件外形尺寸和重量等使用专用吊具。

起吊混凝土预制构件时，吊绳与水平夹角不得小于45°。作业人员应避开构件的外伸钢筋。

大型构件吊离地面200～500mm 时，应暂停起升，检查起重设备和制动装置、吊索受力状态和构件平衡状等。

大型构件起吊应使用慢车起落，不得突然刹车。

大型构件起吊后，船舶、机械设备操作人员不得离开工作岗位，构件在悬吊状态下不得长时间停滞。

拖车装运大型构件前，应检查牵引车和挂车的连接机构、制动软管等是否安全可靠。

构件装车、装驳应按布置图将构件放在指定位置，并应根据构件种类、工况条件等对构件进行封固。驳船甲板上应留有通道和必要的船员工作场地。

起重船在吊重状态下移船时，各绞缆机应协调配合，缆绳收放速度应均匀。发现异常，应立即停车。

沉箱移运下水或装半潜驳前，应对通水阀门操纵系统进行检查，并应对沉箱、通水阀门进行渗漏水检查。

3）构件安装

大型或复杂的构件安装应编制专项施工方案，并进行典型施工。

安装前应根据构件的种类、形状和重量选配适宜的起重机设备、绳扣及吊装索具。构件上的杂物应清理干净。

构件起吊后，起重设备在旋转、变幅、移船和升降吊钩时应缓慢、平稳，吊安的构件或起重船的锚缆不得随意碰撞或兜曳其他构件、设施等。

构件安装应使用控制绳控制构件的摇摆，待构件稳定且基本就位后，安装人员方可靠近。

受风浪影响的梁、板、靠船构件等安装后，应立即采取加固措施，避免坠落。

吊安消浪块体的自动脱钩应安全、可靠。起吊时应待钩绳受力、块体尚未离地、挂钩人员退至安全位置后方可起升。

用自动脱钩起吊的块体在吊安过程中严禁碰撞任何物体。

刚安的扭王字块、扭工字块、四角锥等异形块体上不得站人。需调整块体位置时应采用可靠的安全防护措施。

吊安大型构件时，吊索受力应均匀，吊架、卡钩不得偏斜。

大型构件安装宜使用起重船上的绞缆机钢丝绳控制其摆动。

吊安大型水下混凝土构件的吊具宜采用锻造件。采用焊接件应对焊口进行探伤和材质检验。

套箱或箱梁的临时支撑点应进行受力计算，支撑点的布置应合理、稳定、牢固。套箱或箱梁安装后临时封固未完成前不得降钩或移船。

在大圆筒上部系挂吊索具应在其内外设置操作平台和上下人的爬梯。

吊装扶壁的绳扣应根据扶壁的外型尺寸和重心位置合理配置，扶壁起吊后不得发生偏斜。

扶壁安装后应及时采取回填等防止扶壁倾覆的措施。

用起重船助浮安装沉箱应待吊装绳扣受力后，方可向舱格内灌水。起重船吊重不得超过其额定负荷的 80%。

沉箱安装后，顶部应设置高潮位时不被水淹没的安全警示标志。

沉箱安装宜在风力不大于 6 级，波高不大于 0.8m，流速不大于 1.0m/s 的工况条件下作业。

10.3.5　施工用电安全生产的要求

1. 一般要求

施工现场的临时用电应符合《施工现场临时用电安全技术规范》JGJ 46—2005 的相关规定。

施工岸电通往水上的线路，应用绝缘物架设，导线长度应留有余量，不得挤压或拉拽电缆线。

水上和潮湿地带的电缆线，必须绝缘良好并具有防水功能。电缆线的接头必须进行防水处理。

水上施工使用岸电时，其配电线路和电气设备应符合三相五线制的规定，并应设置专用配电箱。

开关箱中漏电保护器的额定漏电动作电流不应大于 30mA，额定漏电动作时间不应大于 0.1s；用于潮湿或有腐蚀介质场所的漏电保护器应采用防溅型产品，其额定漏电动作电流不应大于 15mA，额定漏电动作时间不应大于 0.1s。总配电箱中漏电保护器的额定漏电动作电流应大于 30mA，额定漏电动作时间应大于 0.1s，但其额定漏电动作电流与额定漏电动作时间的乘积不应大于 30mA·s。

船舶进出的航行通道、抛锚区和锚缆摆动区严禁架设或布设临时电缆线。

临时安放在施工船舶上的发电机组应单独设置供电系统，不得随意与施工船舶的供电系统并网连接。

施工电气设备必须绝缘良好。遇有临时停电、停工或移动电气设备时，必须及时关闭电源。

电工必须经过按国家现行标准考核合格后，持证上岗工作；其他用电人员必须通过相关安全教育培训和技术交底，考核合格后方可上岗工作。

安装、巡检、维修或拆除临时用电设备和线路，必须由持证电工完成，并应有人监护。电工等级应同工程的难易程度和技术复杂性相适应。

2. 临时用电组织设计

（1）施工现场临时用电设备在 5 台及以上或设备总容量在 50kW 及以上者，应编制临时用电施工组织设计。

（2）施工现场临时用电施工组织设计应包括下列内容：

① 现场勘测。

② 确定电源进线、变电所或配电室、配电装置、用电设备位置及线路走向。

③ 进行负荷计算。

④ 选择变压器或发电设备。

⑤ 设计配电系统。

a. 设计配电线路，选择导线或电缆。

b. 设计配电装置，选择电器。

c. 设计接地装置。

d. 绘制临时用电工程图纸，主要包括临时用电工程总平面图、配电装置布置图、配电系统接线图、接地装置设计图。

⑥ 设计防雷装置。

⑦ 确定防护措施。

⑧ 制定安全用电措施和电气防火措施。

（3）临时用电图纸应单独绘制，临时用电工程应按图施工。

（4）临时用电施工组织设计及变更时，必须履行"编制、审核、批准"程序，由电气工程技术人员组织编制，经相关部门审核及具有法人资格企业的技术负责人批准后实施。

（5）施工现场临时用电设备在 5 台以下或设备总容量在 50kW 以下者，应制定安全用电和电气防火措施。

10.3.6　大型施工船舶作业安全生产的要求

1. 一般规定

船舶航行应遵守《国际海上避碰规则》和《中华人民共和国内河避碰规则》等有关规定。

施工船舶必须在核定航区或作业水域内施工。

施工船舶应按规定配备有效的通信、消防、救生、堵漏设备，制定各项安全技术措施及应急预案，并定期进行演练。

施工船舶的梯口、应急场所等应设有醒目的安全警示标志或标识。楼梯、走廊、通道必须保持畅通。

作业、航行或停泊时，施工船舶应按规定显示号灯或号型。

施工船舶的各种设备、设施、安全装置及工索具等应定期进行检查、维护、保养或更换。

船舶甲板、通道和作业场所应根据需要设置防滑装置。在大风浪中航行或冰冻天气作业时，甲板、通道和作业场所应增设临时安全护绳。

上下船舶应安设跳板，张挂安全网。使用软梯上下船舶应设专人监护，并备有带安全绳的救生圈。

施工船舶应根据施工水域的水底土质、水深、水流、风向等，选择合适的锚型、锚重和锚缆。

抛锚应在专人指挥下进行，并根据风向、潮流、水底土质等确定抛出锚缆长度和位置，并应避开水下电缆、管道、构筑物和禁止抛锚区。

抛锚过程中，施工船舶的锚机操作者应视锚艇和本船移动的速度以及锚缆的松紧程度松放锚缆，不得突然刹车。

施工船舶不得在未成型的码头、墩台或其他构筑物上系挂缆绳。

在内河施工时，施工船舶位于或跨越航道的锚缆应采用链式沉缆。

在流速较大的河段作业时，施工船舶的纵轴线应与水流方向基本一致，不宜横流驻位；必须横流驻位时，应编制专项施工方案。

施工船舶穿越桥孔或过江架空管、线前，必须预先了解其净空高度、宽度、水深、流速等情况。

在狭窄水道或往来船舶较多的水域施工时，通信频道应有专人值守，并及时沟通避让方式。

解、系缆作业应符合下列规定：

（1）解、系缆人员应按照指挥人员的命令进行作业，不得擅自操作。

（2）作业人员不得骑跨缆绳或站在缆绳圈内，向缆桩上带缆时不得用手握在缆绳圈端部。

（3）绞缆时，绞缆机应根据缆绳的受力状态适时调整运转速度。危险部位有人时，应立即停机。

（4）抛撒缆前应观察周围情况，并提示现场人员。

（5）移船绞缆应观察锚缆的情况，不得强行收紧缆绳，且不得兜曳其他物件。

（6）陆地带缆必须检查地锚的牢固性。缆绳通过的地段，必须悬挂安全警示标志，必要时设专人看护。

（7）施工船舶靠泊后，系缆长度应根据水位变化及时调节。

舷外作业应符合下列规定：

（1）船上应悬挂慢车信号，作业现场应设置安全警示标志。

（2）作业现场应有监护人员，并备有救生设备。

（3）船舶在航行中或摇摆较大时，不得进行舷外作业。

（4）舷外应设置安全可靠的脚手架或吊篮。

使用船电气作业应符合下列规定：

（1）船舶电气检修应切断电源，并在启动箱或配电板处悬挂"禁止合闸"警示牌。

（2）配电板或电闸箱附近应备放扑救电气火灾的灭火器材。

（3）带电作业必须有专人监护，并采取可靠的防护、应急措施。

（4）船上人员不得随意改动电路或增设电器；禁止使用超过设计容量的电器。

（5）船舶上使用的移动灯具的电压不得大于 50V，电路应设有过载和短路保护。

（6）岸电和船电系统为中性点接地的三相交流系统时，船舶接岸电必须将岸电接地线与船体接地设施进行可靠连接。

（7）蓄电池工作间应通风良好，不得存放杂物，并应设置安全警示标志。

进入施工船舶的封闭处所作业应符合下列规定：

（1）施工船舶均应制订进入封闭处所作业的安全规定。

（2）施工船舶应配备必要的通风器材、防毒面具、急救医疗器材、氧气呼吸装置等应急防护设备或设施。

（3）作业人员进入封闭处所前，封闭处所应进行通风，并测定空气质量。

（4）作业人员进入封闭处所进行作业时，封闭处所外应有监护人员，并确保联系畅通。

（5）在封闭处所内动火作业前，动火受到影响的舱室必须进行测氧、清舱、测爆。通风时，严禁输氧换气。作业时，必须将气瓶或电焊机放置在封闭处所外。

（6）封闭处所内存在接触性有毒物质时，作业人员应穿戴相应的防护用品。

收放船舶舷梯应符合下列规定：

（1）收放舷梯应控制舷梯的升降速度，舷梯上严禁站人。

（2）舷梯、桥梯的踏步应设置防滑装置。

（3）舷梯、桥梯下应张挂安全网。

救生艇上的设备和物资应完好有效。救生艇应按规定进行应急操作演练。

施工船舶不得搭乘或留宿非作业人员。

2. 耙吸挖泥船作业

作业时，驾驶人员应保持正规的瞭望，加强与过往的船舶联系，谨慎操作，安全会让。

下放泥耙后，泥耙的吊索应保持垂直状态，不得松弛。波浪补偿器跳动较大、耙头工作异常应立即起耙检查，并测出船位，准确记录。

疏浚过程中不得急剧大角度转向。遇有横向强风、流压时，船舶航向应与风向、流向保持适当角度。

清除耙头杂物应携带通信工具并设专人监护。作业人员应正确站位，并使用专用工具清除。

进入抛泥区应控制船速，逐步开启泥门。浅水区抛泥应留有适宜的富裕水深。

吹填作业应保持船舶平衡状态。靠泊码头吹填应根据潮水涨落及时调整船舶与码头间的缆绳长度。

遇有不良工况船身摇晃较大时，吹填作业应立即停止，并拆除管线接口。

泥浆浓度伽马监测仪必须由专人负责使用管理。检查或维修必须有具备资质的厂家和专业人员进行。

3. 绞吸挖泥船作业

定位钢桩应在船舶抛锚定位后沉放。双钢桩沉放状态下，船舶不得横向移动。

沉放或起升定位钢桩时，人员不得在液压顶升装置和定位钢桩附近通过或停留。

疏浚作业前，排泥管线的出泥管口应经检查确认稳固、正常，并应设置安全警示标志。必要时应设置围挡。

启动泥泵前，排泥管线附近的所有船舶和人员应撤离。

检查排泥管线应携带通信工具并设专人监护。主机应预先减速或停车。

清除绞刀或吸泥口障碍物应关闭绞刀动力源开关，锁定桥架保险销，排净回路水。作业人员应携带通信工具，并设专人监护。

短距离移舶时不得调整定位钢桩。长距离移泊或调遣应按船舶技术说明书对定位桩进行处置或将定位钢桩放倒封固。

水上排泥管线每间隔50m应设置一个昼夜显示的警示标志。固定浮管的锚应设置锚标。

泥浆浓度伽马监测仪必须由专人负责使用管理。检查或维修必须有具备资质的厂家和专业人员进行。

受风、浪影响停工时，船舶必须下锚停泊，严禁沉放定位钢桩。

4. 抓斗挖泥船作业

抓泥作业前，抓斗机操纵人员应预先发出警示信号，人员不得进入其作业半径范围内。

移动抓斗时，抓斗不得碰撞泥舶或缆绳。装驳时，泥驳应根据干舷高度的变化及时调整系缆。

抓斗下落时不得突然刹车。开挖强风化岩时，应控制抓斗下放速度，不得强行合斗。

抓斗机应在允许负荷量的范围内进行操作，不得超载。抓到不明物体应立即停止作业并探明情况。

抓斗的索链缠绕抓斗时应立即停止作业，排除故障。作业人员不得攀爬或站在处于悬吊状态的抓斗上作业。

检修吊臂或其他属具应将吊臂放于支架上，并停车、断电、悬挂"禁止启动"安全警示标志。

检修、调换抓斗应将抓斗放于专用斗架上或将抓斗支撑牢固。拆装抓斗时，较重斗件应使用吊机或滑车组。

5. 起重船作业

作业前，作业人员应熟悉吊装方案，明确联系方式和指挥信号。

根据吊装要求，起重船应指导驳船选择锚位和系缆位置。

吊装前，吊钩升降、吊臂仰俯、刹车性能应良好。安全装置应正常有效。

吊装结束后，起重船应退离安装位置，并对起重吊钩进行封钩。

6. 打桩船作业

吊桩、立桩、仰俯桩架和桩定位应服从打桩指挥人员的指挥。

打桩架上的活动物件应放稳、系牢。架上的工作平台应设有安全护栏和防滑装置。

电梯笼必须设有防坠落安全装置。笼内必须装设升降控制开关。

桩锤检修或加油时，严禁启动吊锤卷扬机。

穿越桩群的前缆应选择合适位置；绞缆应缓慢操作，施工船舶或作业人员不得进入缆绳两侧10.0m范围内。

桩架底部两侧悬臂跳板的强度和刚度应满足作业要求。跳板的移动和封固装置应灵活、牢固、有效。

7. 半潜驳作业

装载前应确定下潜装载、航行、下潜卸载各作业阶段可能出现的工况条件下装载物和船舶的安全性。当无资料和类似条件下施工的实例时，应进行验算。

半潜驳应根据水文气象条件抛锚驻位。下潜水域应满足下潜深度要求。

半潜驳下潜前，与下潜有关的设备和控制系统应检查并处于完好状态。甲板面上不得留有任何施工机具及材料，并应关闭水密装置。

下潜或起浮应统一指挥，密切配合，协调一致。

下潜时的风力、波高和流速等不得超过该船的作业性能技术指标。

下潜至起浮物即将处于漂浮状态时应控制好起浮物的控制缆绳。

起浮物移出半潜驳应根据风浪、水流及起浮物的牵引方式，缓慢放松控制缆绳，不得撞击半潜驳。

在起浮或下潜过程中，甲板面即将露出或浸入水面时，半潜驳的纵、横倾角必须控制在允许范围内。

半潜驳的浮力储备舱必须保持水密，严禁放置任何物品。

10.3.7　大型施工船舶的防台风

1. 港口与航道工程的大型施工船舶

大型施工船舶是指重船、打桩船、挖泥船、半潜驳、浮船坞、炸礁船等。这些船舶船型大，且大多为非自航船，在其施工作业时需采用四～八组锚缆定位。当大风来临需要撤离时首先要收起锚缆，再由大型拖轮拖带到防台避风处，这一系列的作业往往需要数个小时乃至更长的时间，因此，大型施工船舶的防风撤离要在大风到达前进行。

2. 大型施工船舶防季风

大型施工船舶的防季风是指船舶防御 6 级以上的季风。

每年进入强风季节前，要对施工船舶的发动机、舵、锚缆、通信、水密等设备、设施进行检查，检查堵漏、排水和救生设备，对查出的隐患应立即整改，本船无法解决的，应及时上报本单位主管部门，请求协助解决。

施工船舶应每天按时收听气象预报，及时获取强风信息，提早做好停工防御准备。

在季风吹袭期间，要加强气象、海况瞭望，及时采取应对措施。航行的施工船舶要注意风、流压的影响，防止碰撞或搁浅事故；碇泊的施工船舶要防止锚缆绷断伤人、钢桩断裂、泥斗出轨等事故。风浪过大时，施工船舶视各自抗风浪能力进行停工避风。

3. 大型施工船舶防台

大型施工船舶的防台是指船舶防御 6 级以上的热带气旋。

在北半球，热带气旋是发生在热带海洋洋面上急速反时针旋转、暖中心结构的气性漩涡，中心气压低，风力大，按其风力大小可分为：

（1）热带低压：中心风力 6～7 级（风速 10.8～17.1m/s）。

（2）热带风暴：中心风力 8～9 级（风速 17.2～24.4m/s）。

（3）强热带风暴：中心风力 10～11 级（风速 24.5～32.6m/s）。

（4）台风：中心风力 12～13 级（风速 32.7～41.4m/s）。

（5）强台风：中心风力 14～15 级（风速 41.5～50.9m/s）。

（6）超强台风：中心风力 16 级或以上（风速 51m/s 以上）。

台风季节来临前，水上防台单位应对所属（包括租赁）船舶的防台设备和属具等作一次全面检查。

水上防台单位应当听从当地海事局的统一指挥，成立防台组织，制定水上防台应急预案，并报当地海事局。

水上防台单位应适时组织开展防台演练，确保相关船长、船员及岸基管理人员等能熟悉预案内容并正确执行。

水上防台单位应在台风季节及时收集气象台（站）的台风预报信息，按照本规定自觉做好相应的防台工作。

涉及大型船舶施工的项目部要根据现场情况选择可靠的避风锚地和停靠地点，制定船舶防台安全技术措施，绘制工程船舶锚泊图。

工程船舶防台锚地的选择应考虑下列因素：

（1）水深满足船舶航行和停泊的要求。

（2）在施工作业区内或靠近施工作业区的水域。

（3）水域有消除或减弱浪涌的天然或人工屏障。

（4）水域面积满足船舶的回旋距离要求，且周围无障碍物。

（5）水域流速平缓，底质为泥或泥沙。

（6）便于通信联系和应急抢险救助。

1）防台工作的四个阶段

下列用语的含义："台风"系指风力 8 级（平均风速 17.2m/s）以上热带气旋，包括热带风暴、强热带风暴、台风、强台风和超强台风。

根据台风的生成、演变和移动情况，有关海区的水上防台工作分为四个阶段，在满足下列各款所列条件时由当地海事局决定和发布相应等级的水上防台警报：

Ⅳ级防台——防台戒备阶段：当台风中心在 72h 内可能进入防台界线以内水域，或在未来 72h 内台风将逐渐靠近防台界线。

Ⅲ级防台——防台准备阶段：当台风中心在 48h 内可能进入防台界线以内水域，或在未来 48h 内防台界线以内水域平均风力达 8 级或以上。

Ⅱ级防台——防台实施阶段：当台风中心在 24h 内进入防台界线以内水域，或在未来 24h 内防台界线以内水域平均风力达 10 级或以上。

Ⅰ级防台——抗击台风阶段：当台风中心在未来 12h 内进入防台界线以内水域，或在未来 12h 内防台界线以内水域平均风力达 12 级或以上。

2）各防台阶段的工作要求

（1）水上防台单位在Ⅳ级防台——防台戒备阶段应做好下列工作：

① 关注台风动向，做好防台准备。

② 各船舶应对防台设备和属具进行一次一般性检查。

③ 无动力船舶应落实防台拖轮，提前做好防台准备。

④ 船舶代理单位和码头单位应及时将防台信息告知相关船舶。

（2）水上防台单位在Ⅲ级防台——防台准备阶段应做好下列工作：

①　实行 24h 值班，密切关注台风动向，随时掌握台风动态，做好记录，通过其高频无线电话（以下简称 VHF）、手机、固定电话等有效通信方式保持与当地海事局的通信联系。

②　各船舶应以不低于船舶最低安全配员证书的要求立即召回船员，对船舶防台设备和属具做一次全面检查、测试，做好各项防台准备工作，检查、测试结果应记录在航海日志或其他工作台账上。同时将本船舶船名、船上人数、总吨、净吨、功率、联系方式以及装载危险货物种类、数量和燃油存量等情况用 VHF 或通过船舶代理、涉水工程的业主单位、施工单位报告当地海事局。

③　船舶不得进行检修锅炉或拆卸主机、舵机、锚机等重要设备，已拆卸的应尽快装配复原，恢复正常功能。

④　水上水下施工作业船舶（含辅助船舶，以下同）应做好撤离施工现场的准备工作，检查锚泊设备。

⑤　无动力船舶应确定安全拖带方案，并报告当地海事局，同时联系拖带拖轮就位待命，确保随时撤离，在台风影响较大且确定性较明确的情况下应提前撤离。

⑥　各码头调度部门应准确掌握作业船舶动态，合理安排船舶装卸作业，确保船舶可随时离泊出港避台，原则上不再安排船舶进港和靠泊装卸作业。

⑦　防台期间需引航作业的船舶，应向引航部门提出申请，引航部门应根据助泊拖轮避风计划，合理制订引航计划并报告主管机关。

（3）水上防台单位在Ⅱ级防台——防台实施阶段应做好下列工作：

①　做好台风可能在本地区登陆的各项应急工作。

②　各码头单位应立即通知码头装卸作业船舶停止作业并合理安排有序离泊，首先保证载运危险品船舶和需拖轮助泊的船舶离港。

③　各涉水工程的业主单位、施工单位应立即通知水上水下施工作业船舶停止作业并合理安排有序撤离，应保证尚未撤离的无动力船舶首先离港。

④　引航部门应严格按引航计划开展防台期间的船舶引航工作，助泊拖轮应尽可能协助相关船舶完成离泊作业后再安排自身离港避风。

⑤　船舶代理单位应协助所代理的在港船舶做好防台工作，及时办理船舶离港签证、查验等相关手续，并通知所代理的拟进港船舶暂缓进港。

⑥　客运船舶、渡运船舶、观光旅游船舶应根据风力变化情况适时停渡停航，不得冒险航行。

⑦　所有船舶应离港避风，确因特殊原因无法撤离的船舶，必须远离大桥、码头、海塘、堤坝等水上构筑物锚泊或冲滩，并采取一切有效手段进行防台；同时船舶要制订具体防台方案和安全应急措施，并向主管机关报告。

（4）水上防台单位在Ⅰ级防台——抗击台风阶段应做好下列工作：

①　因特殊原因在港抗台船舶应保持 VHF 及电话等通信畅通，确保与当地海事局随时保持联系，发生险情必须立即报告。

②　锚泊抗台船舶应加强巡视检查，加固锚链，备妥主机，采取一切有效手段防止船舶发生走锚、丢锚等险情。

③　冲滩抗台船舶应进一步加强船位固定措施，并视情况撤离船上所有人员。

④ 如遇紧急情况需弃船时，船舶首先应确保人员安全撤离，在弃船前应尽量采取措施，防止弃船后船舶出现漂移，碰撞其他船舶和水上构筑物。

⑤ 发生船舶险情时，在确保自身安全前提下，附近船舶应服从主管机关的调遣，按照本船的抗风浪能力参与救助抢险。

（5）当地海事局宣布防台警报解除后，水上防台单位应做好下列工作：

① 即检查本单位损失情况，特别注意检查船舶的航行操纵设备、锚泊、系泊设备及其他重要属具的受损情况。

② 返港船舶应听从当地海事局指挥，有序进港，不得抢越航道。

③ 发现航标漂失、移位或灯光熄灭以及沉船、沉物、漂流物时应立即报告当地海事局。

④ 及时总结防台经验教训，进一步完善防台措施，做好相关善后工作。

在防台工作各阶段，辖区所有船舶应通过 VHF、手机等有效通信手段保持与当地海事局通信联系，VHF 应保持不间断守听，AIS 设备应保持有效开启。各船舶如遇险情或得到其他船舶的遇险信息，应立即报告，遇险船舶要做好自救工作，附近其他船舶要在确保自身安全的同时，做好抢险救助工作。

10.4   施工安全监督及事故处理

10.4.1   港口与航道工程施工安全生产的监督管理

公路水运工程安全生产工作应当以人民为中心，坚持安全第一、预防为主、综合治理的方针，强化和落实从业单位的主体责任，建立从业单位负责、职工参与、政府监管、行业自律和社会监督的机制。

从业单位，是指从事公路、水运工程建设、勘察、设计、施工、监理、试验检测、安全服务等工作的单位。

交通运输部负责全国公路水运工程安全生产的监督管理工作。

长江航务管理局承担长江干线航道工程安全生产的监督管理工作。

县级以上地方人民政府交通运输主管部门按照规定的职责负责本行政区域内的公路水运工程安全生产监督管理工作。

交通运输主管部门应当建立公路水运工程从业单位和从业人员安全生产违法违规行为信息库，实行安全生产失信黑名单制度，并按规定将有关信用信息及时纳入交通运输和相关统一信用信息共享平台，依法向社会公开。

有关行业协会依照法律、法规、规章和协会章程，为从业单位提供有关安全生产信息、培训等服务，发挥行业自律作用，促进从业单位加强安全生产管理。

10.4.2   港口与航道工程施工安全事故等级划分

港口与航道工程施工具有流动性大、劳动强度大、施工生产受环境及气候的影响、建筑产品的外形与内容复杂、变化大等特点。水上水下工程施工、工程船舶施工、船舶消防安全等都给施工作业带来了不安全因素。因此，为了对安全事故及时处理，了解和掌握港口与航道工程施工安全事故的等级划分是十分必要的。

1. 港口与航道工程生产安全事故的等级划分

根据《生产安全事故报告和调查处理条例》（国务院令第 493 号）规定，将生产经营活动中发生的人身伤亡或直接经济损失的生产安全事故分为：

（1）特别重大事故，是指造成 30 人以上死亡，或者 100 人以上重伤（包括急性工业中毒，下同），或者 1 亿元以上直接经济损失的事故。

（2）重大事故，是指造成 10 人以上 30 人以下死亡，或者 50 人以上 100 人以下重伤，或者 5000 万元以上 1 亿元以下直接经济损失的事故。

（3）较大事故，是指造成 3 人以上 10 人以下死亡，或者 10 人以上 50 人以下重伤，或者 1000 万元以上 5000 万元以下直接经济损失的事故。

（4）一般事故，是指造成 3 人以下死亡，或者 10 人以下重伤，或者 1000 万元以下直接经济损失的事故。

事故等级划分中所称的"以上"包括本数，所称的"以下"不包括本数。

2. 港口与航道工程水上交通事故的等级划分

根据《水上交通事故统计办法》（交通运输部令 2014 年第 15 号）规定，水上交通事故，是指船舶在航行、停泊、作业过程中发生的造成人员伤亡、财产损失、水域环境污染损害的意外事件。

（1）水上交通事故按照下列分类进行统计：

① 碰撞事故。

② 搁浅事故。

③ 触礁事故。

④ 触碰事故。

⑤ 浪损事故。

⑥ 火灾、爆炸事故。

⑦ 风灾事故。

⑧ 自沉事故。

⑨ 操作性污染事故。

⑩ 其他引起人员伤亡、直接经济损失或者水域环境污染的水上交通事故。

（2）水上交通事故引起人员伤亡、直接经济损失的事故，按照人员伤亡、直接经济损失分为以下等级：

① 特别重大事故，指造成 30 人以上死亡（含失踪）的，或者 100 人以上重伤的，或者 1 亿元以上直接经济损失的事故。

② 重大事故，指造成 10 人以上 30 人以下死亡（含失踪）的，或者 50 人以上 100 人以下重伤的，或者 5000 万元以上 1 亿元以下直接经济损失的事故。

③ 较大事故，指造成 3 人以上 10 人以下死亡（含失踪）的，或者 10 人以上 50 人以下重伤的，或者 1000 万元以上 5000 万元以下直接经济损失的事故。

④ 一般事故，指造成 1 人以上 3 人以下死亡（含失踪）的，或者 1 人以上 10 人以下重伤的，或者 1000 万元以下直接经济损失的事故。

（3）水上交通事故引起水域环境污染的事故，按照船舶溢油数量、直接经济损失分为以下等级：

① 特别重大事故，指船舶溢油 1000t 以上致水域环境污染的，或者在海上造成 2 亿元以上、在内河造成 1 亿元以上直接经济损失的事故。

② 重大事故，指船舶溢油 500t 以上 1000t 以下致水域环境污染的，或者在海上造成 1 亿元以上 2 亿元以下、在内河造成 5000 万元以上 1 亿元以下直接经济损失的事故。

③ 较大事故，指船舶溢油 100t 以上 500t 以下致水域环境污染的，或者在海上造成 5000 万元以上 1 亿元以下、在内河造成 1000 万元以上 5000 万元以下直接经济损失的事故。

④ 一般事故，指船舶溢油 100t 以下致水域环境污染的，或者在海上造成 5000 万元以下、在内河造成 1000 万元以下直接经济损失的事故。

（4）统计水上交通事故，应当符合以下基本计算方法：

① 重伤人数参照国家有关人体伤害鉴定标准确定。

② 死亡（含失踪）人数按事故发生后 7d 内的死亡（含失踪）人数进行统计。

③ 船舶溢油数量按实际流入水体的数量进行统计。

④ 除原油、成品油以外的其他污染危害性物质泄漏按直接经济损失划分事故等级。

⑤ 船舶沉没或者全损按发生沉没或者全损的船舶价值进行统计。

⑥ 直接经济损失按水上交通事故对船舶和其他财产造成的直接损失进行统计，包括船舶救助费、打捞费、清污费、污染造成的财产损失、货损、修理费、检（查勘）验费等；船舶全损时，直接经济损失还应包括船舶价值。

⑦ 一件事故造成的人员死亡（含失踪）、重伤、水域环境污染和直接经济损失如同时符合 2 个以上等级划分标准的，按最高事故等级进行统计。

（5）两艘以上船舶之间发生撞击造成损害的，按碰撞事故统计，计算方法如下：

① 事故件数统计为一件。

② 伤亡人数、沉船艘数、船舶溢油数量、直接经济损失按发生伤亡、沉船、溢油及受损失的船舶方进行统计。

③ 事故等级按照所有当事船舶的人员伤亡、船舶溢油数量或者直接经济损失确定。

船舶发生碰撞事故，一方当事船舶逃逸，事故等级暂按另一方船舶的人员伤亡、船舶溢油数量或者直接经济损失确定。查获逃逸船舶，事故等级及统计要素有变化的，事故统计数据应当予以更正。

（6）船舶搁置在浅滩上，造成停航或者损害的，按搁浅事故统计。

船舶发生事故后为减少损失主动抢滩的，事故种类按照搁浅前的事故种类，损失按最终造成的损失进行统计。

（7）船舶触碰礁石，或者搁置在礁石上，造成损害的，按触礁事故统计。触礁事故等级的计算方法参照搁浅事故等级的计算方法。

（8）船舶触碰岸壁、码头、航标、桥墩、浮动设施、钻井平台等水上水下建筑物或者沉船、沉物、木桩、鱼栅等碍航物并造成损害，按触碰事故统计。船舶本身和岸壁、码头、航标、桥墩、钻井平台、浮动设施、鱼栅等水上水下建筑物的人员伤亡和损失，均应当列入触碰事故的伤亡和直接经济损失。

（9）船舶因其他船舶兴波冲击造成损害，按浪损事故统计，其事故等级的计算方法参照船舶碰撞事故等级的计算方法。

（10）船舶因自然或者人为因素致使船舶失火或者爆炸造成损害，按火灾、爆炸事故统计。

（11）船舶遭受较强风暴袭击造成损失，按风灾事故统计，一艘船舶计为一件事故。

（12）船舶因超载、积载或者装载不当、操作不当、船体进水等原因或者不明原因造成船舶沉没、倾覆、全损，按自沉事故统计，但其他事故造成的船舶沉没除外。

（13）船舶因发生碰撞、搁浅、触礁、触碰、浪损、火灾、爆炸、风灾及自沉事故造成水域环境污染的，按照造成水域环境污染的事故种类统计。

船舶造成的前款规定情形之外的水域环境污染，按照操作性污染事故统计。

（14）影响适航性能的机件或者重要属具的损坏或者灭失，以及在船人员工伤、意外落水等事故，按照"其他引起人员伤亡、直接经济损失、水域环境污染的水上交通事故"统计。

（15）船舶因外来原因使舱内进水、失去浮力，导致货舱或者驳船的甲板、机动船最高一层连续甲板浸没 1/2 以上，按沉没统计。

船舶因外来原因造成严重损害，推定为船舶全损的，按沉船统计。

10m 以下的船舶发生沉没或者推定全损，不计入沉船或者全损艘数和吨位。

（16）船舶附属艇、筏发生的水上交通事故按其所属船舶事故统计。

（17）船舶因发生交通事故需要在国外进行修理的，实际修船费用按照中国人民银行公布的同期人民币与外汇比价折合人民币计算。

10.4.3　港口与航道工程施工安全事故处理程序

1. 生产安全事故处理程序

事故报告应当及时、准确、完整，任何单位和个人对事故不得迟报、漏报、谎报或者瞒报。事故调查处理应当坚持实事求是、尊重科学的原则，及时、准确地查清事故经过、事故原因和事故损失，查明事故性质，认定事故责任，总结事故教训，提出整改措施，并对事故责任者依法追究责任。

事故发生地有关地方人民政府应当支持、配合上级人民政府或者有关部门的事故调查处理工作，并提供必要的便利条件。参加事故调查处理的部门和单位应当互相配合，提高事故调查处理工作的效率。工会依法参加事故调查处理，有权向有关部门提出处理意见。

1）事故报告

事故发生后，事故现场有关人员应当立即向本单位负责人报告；单位负责人接到报告后，应当于 1h 内向事故发生地县级以上人民政府安全生产监督管理部门和负有安全生产监督管理职责的有关部门报告。

情况紧急时，事故现场有关人员可以直接向事故发生地县级以上人民政府安全生产监督管理部门和负有安全生产监督管理职责的有关部门报告。

安全生产监督管理部门和负有安全生产监督管理职责的有关部门逐级上报事故情

况，每级上报的时间不得超过 2h。

安全生产监督管理部门和负有安全生产监督管理职责的有关部门接到事故报告后，应当依照下列规定上报事故情况，并通知公安机关、劳动保障行政部门、工会和人民检察院：

（1）特别重大事故、重大事故逐级上报至国务院安全生产监督管理部门和负有安全生产监督管理职责的有关部门。

（2）较大事故逐级上报至省、自治区、直辖市人民政府安全生产监督管理部门和负有安全生产监督管理职责的有关部门。

（3）一般事故上报至设区的市级人民政府安全生产监督管理部门和负有安全生产监督管理职责的有关部门。

报告事故应当包括下列内容：

（1）事故发生单位概况。

（2）事故发生的时间、地点以及事故现场情况。

（3）事故的简要经过。

（4）事故已经造成或者可能造成的伤亡人数（包括下落不明的人数）和初步估计的直接经济损失。

（5）已经采取的措施。

（6）其他应当报告的情况。

事故报告后出现新情况的，应当及时补报。

自事故发生之日起 30 日内，事故造成的伤亡人数发生变化的，应当及时补报。道路交通事故、火灾事故自发生之日起 7 日内，事故造成的伤亡人数发生变化的，应当及时补报。

事故发生单位负责人接到事故报告后，应当立即启动事故相应应急预案，或者采取有效措施，组织抢救，防止事故扩大，减少人员伤亡和财产损失。

事故发生后，有关单位和人员应当妥善保护事故现场以及相关证据，任何单位和个人不得破坏事故现场、毁灭相关证据。

因抢救人员、防止事故扩大以及疏通交通等原因，需要移动事故现场物件的，应当做出标志，绘制现场简图并做出书面记录，妥善保存现场重要痕迹、物证。

2）事故调查

特别重大事故由国务院或者国务院授权有关部门组织事故调查组进行调查。

重大事故、较大事故、一般事故分别由事故发生地省级人民政府、设区的市级人民政府、县级人民政府负责调查。省级人民政府、设区的市级人民政府、县级人民政府可以直接组织事故调查组进行调查，也可以授权或者委托有关部门组织事故调查组进行调查。

未造成人员伤亡的一般事故，县级人民政府也可以委托事故发生单位组织事故调查组进行调查。

上级人民政府认为必要时，可以调查由下级人民政府负责调查的事故。

自事故发生之日起 30 日内（道路交通事故、火灾事故自发生之日起 7 日内），因事故伤亡人数变化导致事故等级发生变化，依照本条例规定应当由上级人民政府负责调查的，上级人民政府可以另行组织事故调查组进行调查。

事故调查组的组成应当遵循精简、效能的原则。

根据事故的具体情况，事故调查组由有关人民政府、安全生产监督管理部门、负有安全生产监督管理职责的有关部门、监察机关、公安机关以及工会派人组成，并应当邀请人民检察院派人参加。

事故调查组可以聘请有关专家参与调查。

事故调查组履行下列职责：

（1）查明事故发生的经过、原因、人员伤亡情况及直接经济损失。

（2）认定事故的性质和事故责任。

（3）提出对事故责任者的处理建议。

（4）总结事故教训，提出防范和整改措施。

（5）提交事故调查报告。

事故调查组有权向有关单位和个人了解与事故有关的情况，并要求其提供相关文件、资料，有关单位和个人不得拒绝。

事故发生单位的负责人和有关人员在事故调查期间不得擅离职守，并应当随时接受事故调查组的询问，如实提供有关情况。

事故调查中发现涉嫌犯罪的，事故调查组应当及时将有关材料或者其复印件移交司法机关处理。

事故调查中需要进行技术鉴定的，事故调查组应当委托具有国家规定资质的单位进行技术鉴定。必要时，事故调查组可以直接组织专家进行技术鉴定。技术鉴定所需时间不计入事故调查期限。

事故调查报告应当包括下列内容：

（1）事故发生单位概况。

（2）事故发生经过和事故救援情况。

（3）事故造成的人员伤亡和直接经济损失。

（4）事故发生的原因和事故性质。

（5）事故责任的认定以及对事故责任者的处理建议。

（6）事故防范和整改措施。

事故调查报告应当附具有关证据材料。事故调查组成员应当在事故调查报告上签名。

3）事故处理

重大事故、较大事故、一般事故，负责事故调查的人民政府应当自收到事故调查报告之日起 15 日内做出批复；特别重大事故，30 日内做出批复，特殊情况下，批复时间可以适当延长，但延长的时间最长不超过 30 日。

有关机关应当按照人民政府的批复，依照法律、行政法规规定的权限和程序，对事故发生单位和有关人员进行行政处罚，对负有事故责任的国家工作人员进行处分。

事故发生单位应当按照负责事故调查的人民政府的批复，对本单位负有事故责任的人员进行处理。

负有事故责任的人员涉嫌犯罪的，依法追究刑事责任。

事故发生单位应当认真吸取事故教训，落实防范和整改措施，防止事故再次发生。防范和整改措施的落实情况应当接受工会和职工的监督。

安全生产监督管理部门和负有安全生产监督管理职责的有关部门应当对事故发生单位落实防范和整改措施的情况进行监督检查。

4）法律责任

事故发生单位主要负责人有下列行为之一的，处上一年年收入40%～80%的罚款；属于国家工作人员的，并依法给予处分；构成犯罪的，依法追究刑事责任：

（1）不立即组织事故抢救的。

（2）迟报或者漏报事故的。

（3）在事故调查处理期间擅离职守的。

事故发生单位及其有关人员有下列行为之一的，对事故发生单位处100万元以上500万元以下的罚款；对主要负责人、直接负责的主管人员和其他直接责任人员处上一年年收入60%～100%的罚款；属于国家工作人员的，并依法给予处分；构成违反治安管理行为的，由公安机关依法给予治安管理处罚；构成犯罪的，依法追究刑事责任：

（1）谎报或者瞒报事故的。

（2）伪造或者故意破坏事故现场的。

（3）转移、隐匿资金、财产，或者销毁有关证据、资料的。

（4）拒绝接受调查或者拒绝提供有关情况和资料的。

（5）在事故调查中作伪证或者指使他人作伪证的。

（6）事故发生后逃匿的。

事故发生单位主要负责人未依法履行安全生产管理职责，导致事故发生的，依照下列规定处以罚款；属于国家工作人员的，并依法给予处分；构成犯罪的，依法追究刑事责任：

（1）发生一般事故的，处上一年年收入30%的罚款。

（2）发生较大事故的，处上一年年收入40%的罚款。

（3）发生重大事故的，处上一年年收入60%的罚款。

（4）发生特别重大事故的，处上一年年收入80%的罚款。

事故发生单位对事故发生负有责任的，由有关部门依法暂扣或者吊销其有关证照；对事故发生单位负有事故责任的有关人员，依法暂停或者撤销其与安全生产有关的执业资格、岗位证书；事故发生单位主要负责人受到刑事处罚或者撤职处分的，自刑罚执行完毕或者受处分之日起，5年内不得担任任何生产经营单位的主要负责人。

2. 海上交通事故处理程序

船舶发生海上交通事故是指碰撞或浪损、触礁或搁浅、火灾或爆炸、沉没和其他引起财产损失和人身伤亡的海上交通事故。

特别重大海上交通事故由国务院或者国务院授权的部门组织事故调查组进行调查，海事管理机构应当参与或者配合开展调查工作。其他海上交通事故由海事管理机构组织事故调查组进行调查，有关部门予以配合。国务院认为有必要的，可以直接组织或者授权有关部门组织事故调查组进行调查。

海事管理机构进行事故调查，事故涉及执行军事运输任务的，应当会同有关军事机关进行调查；涉及渔业船舶的，渔业渔政主管部门、海警机构应当参与调查。

调查海上交通事故，应当全面、客观、公正、及时，依法查明事故事实和原因，认定事故责任。

1）事故报告

（1）船舶、设施发生海上交通事故，必须立即用甚高频电话、无线电报或其他有效手段向就近港口的海事局报告。报告的内容应当包括：船舶或设施的名称、呼号、国籍、起讫港，船舶或设施的所有人或经营人名称，事故发生的时间、地点、海况以及船舶、设施的损害程度、救助要求等。

（2）船舶、设施发生海上交通事故，除应立即提出上述扼要报告外，还必须按下列规定向海事局提交《海上交通事故报告书》和必要的文书资料：

① 船舶、设施在港区水域内发生海上交通事故，必须在事故发生后 24h 内向当地海事局提交。

② 船舶、设施在港区水域以外的沿海水域发生海上交通事故，船舶必须在到达中华人民共和国的第一个港口后 48h 内向海事局提交；设施必须在事故发生后 48h 内用电报向就近港口的海事局报告《海上交通事故报告书》要求的内容。

③ 引航员在引领船舶的过程中发生海上交通事故，应当在返港后 24h 内向当地海事局提交《海上交通事故报告书》。

上述①、②项因特殊情况不能按规定时间提交《海上交通事故报告书》的，在征得海事局同意后可予以适当延迟。

（3）《海上交通事故报告书》应当如实写明下列情况：

① 船舶、设施概况和主要性能数据。

② 船舶、设施所有人或经营人的名称、地址。

③ 事故发生时间和地点。

④ 事故发生的时的气象和海况。

⑤ 事故发生的详细经过（碰撞事故应附相对运动示意图）。

⑥ 损害情况（附船舶、设施受损部位简图。难以在规定时间内查清的，应于检验后补报）。

⑦ 船舶、设施沉没的，其沉没概位。

⑧ 与事故有关的其他情况。

（4）海上交通事故报告必须真实，不得隐瞒或捏造。

2）事故调查

在港区水域内发生的海上交通事故，由港区地的海事局进行调查。在港区水域外发生的海上交通事故，由就近港口的海事局或船舶到达的中华人民共和国的第一个港口的海事局进行调查。必要时，由中华人民共和国海事局指定的海事局进行调查。海事局认为必要时，可以通知有关机关和社会组织参加事故调查。海事局在接到事故报告后，应及时进行调查。调查应客观、全面，不受事故当事人提供材料的限制。根据调查工作的需要，海事局有权：

（1）讯问有关人员。

（2）要求被调查人员提供书面材料和证明。

（3）要求有关当事人提供航海日志、轮机日志、车钟记录、报务日志、航向记录、海图、船舶资料、航行设备仪器的性能以及其他必要的原始文书资料。

（4）检查船舶、设施及有关设备的证书、人员证书和核实事故发生前船舶适航状态、设施的技术状态。

（5）检查船舶、设施及其货物的损害情况和人员伤亡情况。

（6）勘查事故现场，搜集有关物证。

3）事故处理

海事局根据对海上交通事故的调查，做出《海上交通事故调查报告书》，查明事故发生的原因，判明当事人的责任；构成重大事故的，通报当地检察机关。对海上交通事故的发生负有责任的人员，海事局可以根据其责任的性质和程度依法给予下列处罚：

（1）中国籍船员、引航员或设施上的工作人员，给予警告、罚款或扣留职务证书。

（2）外国籍船员或设施上的工作人员，可以给予警告、罚款或将其过失通报其所属国家的主管机关。

对海上交通事故的发生负有责任的人员及船舶、设施的所有人或经营人，需要追究其行政责任的，由海事局提交其主管机关或行政监察机关处理；构成犯罪的，由司法机关依法追究刑事责任。另外，根据海上交通事故发生的原因，海事局可责令有关船舶、设施的所有人、经营人限期加强对所属船舶、设施的安全管理。对拒不加强管理或在限期内达不到安全要求的，海事局有权责令其停航、改航、停止作业，并可采取其他必要的强制性处置措施。

4）法律责任

有下列行为之一的，海事局可视情节对有关当事人（自然人）处以警告或者 200 元以下罚款；对船舶所有人、经营人处以警告或者 5000 元以下罚款：

（1）未按规定的时间向海事局报告事故或提交《海上交通事故报告书》或《中华人民共和国海上交通事故调查处理条例》第三十二条要求的判决书、裁决书、调解书的副本的。

（2）未按港务监督要求驶往指定地点，或在未出现危及船舶安全的情况下未经港务监督同意擅自驶离指定的地点的。

（3）事故报告或《海上交通事故报告书》的内容不符合规定要求或不真实，影响调查工作进行或给有关部门造成损失的。

（4）违反《中华人民共和国海上交通事故调查处理条例》第九条规定，影响事故调查的。

（5）拒绝接受调查或无理阻挠、干扰港务监督进行调查的。

（6）在受调查时故意隐瞒事实或提供虚假的证明的。

上述第（5）、（6）项行为构成犯罪的，由司法机关依法追究刑事责任。

对玩忽职守、滥用职权、营私舞弊、索贿受贿的海事局监督人员，由行政监察机关或其所在单位给予行政处分；构成犯罪的，由司法机关追究刑事责任。

第11章　绿色建造及施工现场环境管理

11.1　绿色建造管理

11.1.1　绿色建造基本要求

1. 绿色建造统一规定

（1）绿色建造应统筹考虑工程质量、安全、效率、环保、生态等要素，实现工程策划、设计、施工、交付全过程一体化，提高建造水平和工程品质。

（2）绿色建造应全面体现绿色要求，有效降低建造全过程对资源的消耗和对生态环境的影响，减少碳排放，整体提升建造活动绿色化水平。

（3）绿色建造宜采用系统化集成设计、精益化生产施工，加强新技术推广应用，整体提升建造方式工业化水平。

（4）绿色建造宜结合实际需求，有效采用BIM、物联网、大数据、云计算、移动通信、区块链、人工智能、机器人等相关技术，整体提升建造手段信息化水平。

（5）绿色建造宜采用工程总承包、全过程工程咨询等组织管理方式，促进设计、生产、施工深度协同，整体提升建造管理集约化水平。

（6）绿色建造宜加强设计、生产、施工、运营全产业链上下游企业间的沟通合作，强化专业分工和社会协作，优化资源配置，构建绿色建造产业链，整体提升建造过程产业化水平。

2. 港口工程绿色设计

（1）港口工程绿色设计应遵循综合协调原则，统筹资源、能源、环境生态等绿色要素与功能、效率、服务质量、寿命、投入产出等基本要素要求。

（2）港口工程绿色设计应融入港口工程现行设计体系，宜进行绿色设计策划，主要内容包括绿色需求分析、绿色目标和绿色策略制定、绿色设计方案选择、预期效果等。

（3）港口工程绿色设计的技术方案和技术措施应适合工程内、外部环境和自身条件，其技术内容应涵盖港口工程绿色要素。

（4）港口工程绿色设计宜采用新技术、新材料、新设备、新工艺，统筹应用节能、降耗、减排、治污等技术。

3. 内河航道绿色建设

（1）航道工程建设应贯彻生态环境保护的有关要求，采取绿色建设的技术和措施。

（2）航道工程设计阶段宜根据环境影响评价的要求对工程区生态结构实施区域开展补充性生态环境调查，并提出工程河段绿色建设要求。

（3）航道工程平面布置应统筹考虑航道整治效果和生物栖息地保护。

（4）航道工程宜保持河流纵向连通、水岸横向交换和垂向透水。

（5）航道工程绿色建设应优先选用本土植物。

（6）航道工程施工宜选用环保设备和工艺。

（7）水上施工工期安排应减少对鱼类产卵和洄游的影响。

11.1.2　绿色施工管理内容

　　绿色施工是指在保证质量、安全等基本要求的前提下，通过科学管理和技术进步，最大限度地节约资源，减少对环境负面影响，实现节能、节材、节水、节地和环境保护（"四节一环保"）的工程施工活动。

　　绿色施工管理应包括节地与土地资源保护管理、节能与能源利用管理、节水与水资源利用管理、节材与材料资源利用管理、环境保护管理、作业环境与职业健康管理。

11.2　施工现场环境管理

11.2.1　生态与环境保护施工管理

1. 总体要求

　　（1）港口与航道工程施工应贯彻生态与环境保护的有关要求，采取绿色建造的技术和措施。

　　（2）港口与航道工程施工现场应根据合同要求和现场条件制定生态与环境保护计划。

　　（3）开工前应做好珍稀水生动物误伤的应急预案。

　　（4）港口与航道工程施工组织设计编制应符合下列规定。

　　① 工程开工前应根据下列因素编制施工组织设计：

　　a. 施工现场的环境因素和生态现状。

　　b. 项目影响区的生物生境整体性和连通性。

　　c. 施工作业对周边生态环境的影响。

　　② 结合项目环境影响评价文件及批复文件要求，施工组织设计应合理制定施工期和停工期。

　　（5）施工过程中应对生态环境进行跟踪监测，根据环境保护要求可动态调整施工措施，并应符合下列规定。

　　① 重点关注施工中挖、填方引起的生态影响。

　　② 重点对生物和生态环境影响较大的施工作业进行过程控制。

　　（6）施工期应加强生态环境保护的宣传和管理力度，在珍稀水生生物集中分布的区域应设置宣传牌和船只禁鸣标识牌。

　　（7）应建立定期检查制度，实行专人负责制，对生态与环境保护措施执行情况和效果跟踪检查，发现问题，及时改进。

2. 生态与环境保护措施

　　生态与环境保护措施应根据工程生态与环境影响和保护目标要求确定，施工现场应根据工程特点和生态与环境条件制定保护措施。

　　1）生态保护措施

　　（1）施工中宜减少对耕植土和地表原生植被的占用面积，对占用区域内的耕植土应剥离后妥善保存并回用，可回栽的原生植物宜回栽至设计绿化区域。

　　（2）施工中应避免在湿地保护区布置施工营地、料场等临时工程。

　　（3）施工后应在占用地表原生植被的区域采取有利于植被恢复生长的措施。

（4）施工前应根据生态环境保护要求对施工区及其邻近水域进行驱鱼作业。

（5）陆域施工不应随意砍伐工程附近区域的树木或破坏植被、宜控制临时占地面积，并及时修复。

2）水污染控制措施

（1）施工区和生活区应保持整洁卫生，油污、生活垃圾应集中管理并按规定处理，雨水和生活污水应按规定排放。

（2）施工中宜采取临时拦污措施，减少工程施工对周边水生动植物的影响。

（3）水上结构回填或吹填前应采取必要的保护措施。

（4）施工船舶应设置油污水处理装置，并按有关规定进行油污水和生活垃圾的收存处理。

（5）疏浚与吹填施工时，排泥管线应布设合理，接卡紧密，泥门密封完好，抛泥到位，输运泥途中无泄漏。

（6）疏浚施工应根据船舶、水流条件和环境影响等安排施工顺序。

（7）在海产养殖场、娱乐场地、取水口等环境敏感地区附近疏浚与吹填施工时，可采取下列措施：

① 船底溢流或不溢流施工，采用半封闭绞刀、封闭防漏抓斗等施工方法和挖掘机具。

② 优化吹填管口位置、高程，在管口设置消能装置，合理选择排水口位置、形式和高程，延长余水排放流程等。

③ 疏浚区、取土区和吹填排水口外设置防污屏。

④ 提高泥浆浓度，减少余水排放量。

⑤ 按要求进行水体浑浊度检测，根据检测数据改进优化防扩散措施。

（8）疏浚污染土应符合下列规定：

① 提高挖泥精度，严格控制超挖。

② 优选避免泥土扩散的施工船舶和挖泥机具。

3）噪声控制措施

（1）选用噪声小的设备和施工方法。

（2）为固定的噪声源安装隔音设施。

（3）调整施工时间，避开噪声敏感时段。

4）施工现场扬尘控制措施

（1）施工现场临时道路的路面及其他临时场地的地面硬化处理。

（2）施工现场水泥和其他易飞扬的细颗粒散体材料应尽量安排库内存放，露天存放时要严密遮盖，运输和卸运时防止遗洒飞扬，以减少扬尘。

（3）施工现场配备专用洒水设备并指定专人负责，在易产生扬尘的季节，施工场地采取洒水降尘。

11.2.2 港口与航道工程现场文明施工

1. 港口与航道工程现场文明施工的基本要求

现场文明施工是项目管理的一个重要部分。现场文明施工能使场容美观整洁、道路畅通，材料收置有序，施工有条不紊，安全、消防、安保均能得到有效的保障，并且使得与项目有关的相关方都能达到满意。

港口与航道工程现场文明施工的基本要求：

（1）施工单位应按有关文明施工的要求组织施工，并做好环境保护工作。

（2）施工现场的办公区、生活区和作业区的设置应符合文明和卫生的要求。

（3）施工现场应在明显的位置设置"五牌一图"。

（4）施工现场的原材料、半成品、成品、预制构件等的堆放和机械、设备的摆放应整齐、稳固、规范、标识清楚，不得侵占场内道路或影响安全。工程垃圾和废弃物应进行分类堆放，并及时清运处理。

（5）施工现场办公室、宿舍、淋浴间、食堂、饮水设施、休息场所等应符合卫生和环保有关规定，并应及时对生活污水和垃圾进行处理。

2. 在施工生产中全面落实现场文明施工的要求

现场文明施工主要包括：综合管理、施工场地处理、材料管理、公示标牌设置、现场办公与住宿场所建设、现场防火、生活设施管理等。

1）综合管理

（1）生活区内应设置供作业人员学习和娱乐的场所。

（2）施工现场应建立治安保卫制度，责任分解落实到人。

（3）施工现场应制定治安防范措施。

2）施工场地处理

（1）施工现场的主要道路及材料加工区地面应进行硬化处理。

（2）施工现场道路应畅通，路面应平整坚实。

（3）施工现场应有防止扬尘措施。

（4）施工现场应有防止泥浆、污水、废水污染环境的措施。

3）材料管理

（1）建筑材料、构件、料具应按总平面布局进行码放。

（2）材料应码放整齐，并应标明名称、规格等。

（3）施工现场材料码放应采取防火、防锈蚀、防雨等措施。

（4）易燃易爆物品应分类储存在专用库房内，并应制定防火措施。

4）公示标牌设置

（1）应设置公示标牌，主要内容应包括：工程概况牌、消防保卫牌、安全生产牌、文明施工牌、管理人员名单及监督电话牌、施工现场总平面图。

（2）标牌应规范、整齐、统一。

（3）施工现场应有安全标语。

（4）应有宣传栏、读报栏、黑板报。

5）现场办公与住宿场所建设

（1）施工作业、材料存放区与办公、生活区划分清晰，并应采取相应的隔离措施。

（2）伙房、库房不得兼做宿舍。

（3）宿舍、办公用房的防火等级应符合规范要求。

（4）冬季宿舍内应有供暖和防一氧化碳中毒措施。

（5）夏季宿舍内应有防暑降温和防蚊蝇措施。

（6）生活用品应摆放整齐，环境卫生应良好。

6）现场防火

（1）施工现场应建立消防安全管理措施，制定消防措施。

（2）施工现场临时用房和作业场所的防火设计应符合规范要求。

（3）施工现场灭火器材应保证可靠有效，布局配置应符合规范要求。

（4）明火作业应履行动火审批手续，配备动火监护人员。

7）生活设施管理

（1）应建立卫生责任制度并落实到人。

（2）食堂与厕所、垃圾站、有毒有害场所等污染源的距离应符合规范要求。

（3）食堂必须有卫生许可证，炊事人员必须持有身体健康证上岗。

（4）食堂使用的燃气罐应单独设置存放间，存放间应通风良好，并严禁存放其他物品。

（5）食堂的卫生环境应良好，且应配备必要的排风、冷藏、消毒、防鼠、防蚊蝇等设施。

（6）厕所内的设施数量和布局应符合规范要求。

（7）厕所必须符合卫生要求。

（8）必须保证现场人员卫生饮水。

（9）应设置淋浴室，且能满足现场人员需求。

（10）生活垃圾应装入密闭式容器内，并应及时清理。

一、全国一级建造师执业资格考试说明

为了帮助广大应考人员了解和熟悉一级建造师执业资格考试内容和要求，现对考试有关问题说明如下：

（一）考试目的

建造师是以专业技术为依托、以工程项目管理为主的懂管理、懂技术、懂经济、懂法规，综合素质较高的专业人才。一级建造师既要具备一定的理论水平，也要有一定的实践经验和组织管理能力。一级建造师执业资格考试是为了检验工程总承包及施工管理岗位人员的知识和能力是否达到以上要求。

（二）考试性质

建造师执业资格考试属于《国家职业资格目录》中的准入类考试。通过全国统一考试，成绩合格者，由人力资源和社会保障部颁发统一印制人力资源和社会保障部、住房和城乡建设部共同用印的《中华人民共和国一级建造师执业资格证书》，经注册后，可以建造师的名义担任建设工程总承包或施工管理的项目经理，可从事其他施工活动的管理，也可从事法律、行政法规或国务院建设行政主管部门规定的其他业务。

（三）考试组织与考试时间

一级建造师执业资格考试实行统一大纲、统一命题、统一组织的考试制度，由人力资源和社会保障部、住房和城乡建设部共同组织实施，原则上每年举行一次考试。

全国一级建造师执业资格考试时间一般设定在每年9月，考试时间分为4个半天，以纸笔作答方式进行。详细安排如下表所示：

序号	科目名称	考试时长	
1	建设工程经济	2小时	9:00−11:00
2	建设工程法规及相关知识	3小时	14:00−17:00
3	建设工程项目管理	3小时	9:00−12:00
4	专业工程管理与实务	4小时	14:00−18:00

二、考试题型、评分标准与合格条件

（一）各科目考试题型

一级建造师执业资格考试分综合考试和专业考试。综合考试包括《建设工程经济》《建设工程项目管理》《建设工程法规及相关知识》三个统考科目。专业考试为《专业工程管理与实务》，该科目分建筑工程、公路工程、铁路工程、民航机场工程、港口与航道工程、水利水电工程、矿业工程、机电工程、市政公用工程、通信与广电工程 10 个专业，考生在报名时根据工作需要和自身条件选择一个专业进行考试。

各科目的考试题型与分值如下表所示：

序号	科目名称	考试题型	满分
1	建设工程经济	单项选择题 60 道　共计 60 分 多项选择题 20 道　共计 40 分	100
2	建设工程法规及相关知识	单项选择题 70 道　共计 70 分 多项选择题 30 道　共计 60 分	130
3	建设工程项目管理	单项选择题 70 道　共计 70 分 多项选择题 30 道　共计 60 分	130
4	专业工程管理与实务	单项选择题 20 道　共计 20 分 多项选择题 10 道　共计 20 分 实务操作与案例分析题 5 道 共计 120 分	160

（二）评分规则

（1）单项选择题：每题 1 分。每题的备选项中，只有 1 个最符合题意，选择正确则得分。

（2）多项选择题：每题 2 分。每题的备选项中，有 2 个或 2 个以上符合题意，至少有 1 个错项。在选项中，如果有错选，则本题不得分；如果少选，所选的每个选项得 0.5 分。

（3）案例题：每题 20~30 分。每题通常有 4~5 个提问，每个提问中会涉及几个需回答的子项，总分会分摊到每个需回答的子项中。

（三）合格标准

一般情况下，每科目达到该科目总分值的 60% 即可通过该科目考试。考试成绩实行周期为 2 年的滚动管理，参加 4 个科目考试的人员必须在连续 2 个考试年度内通过 4 个应试科目，方能获得《中华人民共和国一级建造师执业资格证书》。

三、全国一级建造师执业资格报考条件

凡遵守国家法律、法规，具备下列条件之一者，可以申请参加一级建造师执业资格考试：

（一）取得工程类或工程经济类专业大学专科学历，从事建设工程项目施工管理工作满 4 年。

（二）取得工学门类、管理科学与工程类专业大学本科学历，从事建设工程项目施工管理工作满 3 年。

（三）取得工学门类、管理科学与工程类专业硕士学位，从事建设工程项目施工管理工作满 2 年。

（四）取得工学门类、管理科学与工程类专业博士学位，从事建设工程项目施工管理工作满 1 年。

哪些专业可以报考？

大专学历：工程类或工程经济类共有 18 类 45 个专业，而这些专业也各自有不同的叫法，范围其实比想象的要广，详细内容可以在"建工社微课程"公众号上查看《备考指导附件——专业对照表》或咨询"建工社微课程"公众号上的客服或老师。

本科学历及以上：在 2021 年及以前，本科学历及以上也只有工程类或工程经济类专业可以报考，但自 2022 年 2 月 21 日人力资源和社会保障部发布《关于降低或取消部分准入类职业资格考试工作年限要求有关事项的通知》之后，即 2022 年一级建造师职业资格考试开始，本科及以上学历的可报考专业扩大为"工学门类、管理科学与工程类"。

对于不了解自己是否符合报考条件和对考试有疑问的考生，可以扫描下方二维码关注公众号，点击弹出的"1V1 咨询通道"与审核老师进行单独咨询。

人工 1V1 通道
[报考条件审核]
[考试信息咨询]
[课程免费兑换]
[在线解答疑问]

四、历年考试情况分析

自 2004 年举行第一次全国一级建造师执业资格考试以来，全国一级建造师考试共进行了 10 余次。全国一级建造师实行全国统一大纲、统一考试用书。

一级建造师考试大纲一般 4~6 年修订一次，**2024 年大纲已全新改版并于 2024 年 1 月 1 日起执行**。新大纲编码启用了新体系，更加清晰实用；内容上各科目均充实了工程项目目标管理理论方法；增加了无障碍环境建设、抗震管理相关法律法规；充分体现了建筑业向绿色化、信息化、数字化、智能化的发展趋势。在后续备考中，考生应重点对 2024 版大纲进行分析学习，以便能够更快、更好地把握应试方向。

2024 版考试用书严格按照 2024 版考试大纲进行编写，保证考试用书与考试大纲完全一致；严格按照新颁布或新修订的法律法规、标准规范相关的内容进行编写，保证考试用书内容的权威、可靠；2024 版考试用书重新构建知识体系，大幅调整内容，更加贴合实际工程的内在逻辑，建议读者以新出版的 2024 年版考试用书为准。

五、往年各科目重难点分布及学习方法

（一）《建设工程法规及相关知识》科目往年章节重难点分布

《建设工程法规及相关知识》作为一级建造师必考公共科目，分析近三年考察内容，各章节分值及重难点分布如下表：

章	近三年考察平均分值	学习难度	考试重要性
第一章　建设工程基本法律知识	27	★★★★★	★★★★★
第二章　施工许可法律制度	9	★	★
第三章　建设工程发承包法律制度	13	★★	★★
第四章　建设工程合同和劳动合同法律制度	19	★★★★★	★★★★★

（续表）

章	近三年考察平均分值	学习难度	考试重要性
第五章 建设工程施工环境保护、节约能源和文物保护法律制度	8	★	★
第六章 建设工程安全生产法律制度	20	★★★	★★★★★
第七章 建设工程质量法律制度	18	★★★	★★★★★
第八章 解决建设工程纠纷法律制度	16	★★★★★	★★★★

【注意】由于 2024 年考试大纲变化较大，以上《建设工程法规及相关知识》科目往年章节重难点分布表仅供参考。与 2024 年最新大纲相对应的科目章节重难点分布情况，可通过**扫描教材封面二维码**兑换建工社官方增值服务包，并**查看《2024 版科目重难点手册》**获得。

（二）《建设工程项目管理》科目往年章节重难点分布

《建设工程项目管理》作为一级建造师考试必考公共科目，分析近三年考察内容，各章节分值及重难点分布如下表：

章	近三年考察平均分值	学习难度	考试重要性
第一章 建设工程项目的组织与管理	23	★★	★★★
第二章 建设工程项目成本管理	18	★★	★★
第三章 建设工程项目进度控制	19	★★	★★★
第四章 建设工程项目质量控制	25	★★	★★
第五章 建设工程职业健康安全与环境管理	17	★★	★★
第六章 建设工程合同与合同管理	25	★★★	★★★
第七章 建设工程项目信息管理	3	★★	★

【注意】由于 2024 年考试大纲变化较大，以上《建设工程项目管理》科目往年章节重难点分布表仅供参考。与 2024 年最新大纲相对应的科目章节重难点分布情况，可通过**扫描教材封面二维码**兑换建工社官方增值服务包，并**查看《2024 版科目重难点手册》**获得。

（三）《建设工程经济》科目往年章节重难点分布

《建设工程经济》作为一级建造师必考公共科目，分析近三年考察内容，各章节分值及重难点分布如下表：

章	近三年考察平均分值	学习难度	考试重要性
第一章 工程经济	24	★★★★★	★★
第二章 工程财务	27	★★★★	★★
第三章 建设工程估价	49	★★★	★★★★★

【注意】 由于 2024 年考试大纲变化较大，以上《建设工程经济》科目往年章节重难点分布表仅供参考。与 2024 年最新大纲相对应的科目章节重难点分布情况，可通过扫描教材封面二维码兑换建工社官方增值服务包，并**查看《2024版科目重难点手册》**获得。

（四）《专业工程管理与实务》科目章节重难点分布

由于《专业工程管理与实务》分为建筑工程、公路工程、铁路工程、民航机场工程、港口与航道工程、水利水电工程、矿业工程、机电工程、市政公用工程、通信与广电工程 10 个专业，每个专业的重难点分布情况与学习建议皆不相同，因此，在此无法一一列举。

大家可以通过兑换《考试用书》封面上的增值服务包，或者扫描下方二维码联系客服老师获取各专业工程管理与实务科目的《科目重难点与学习规划手册》。

注意

第一步：微信关注公众号

第二步：刮开教材封面兑换码

第三步：免费兑换【导学课】、【精讲课】、【科目重难点与学习规划手册】

六、样题、练习方式与答题技巧

练题效果取决于质量而不是数量。

观察一级建造师考试历年考试的方式，已不是过去以背为主、强调死记硬背的时代。法规科目近些年来越来越细节化，出题老师尤其喜欢在关键字词上下功夫，本来这道题考查的知识点我会，但是没有注意到有些主体的变化和关键词的变动而导致选错，最终没能通过考试。考后再翻书时，发现考点就是基础知识，如此的简单，虽然自己会，但没有注意到关键字词的变化。

因此，大家一定要在认真学习同时，多利用各类试题进行训练。训练过程中需着重注意每个选项的表述，把握细节字词的变化及陷阱，顺利通过考试。

【样题】

一、单项选择题（每题 1 分。每题的备选项中，只有 1 个最符合题意）

1. 关于建设用地使用权流转的说法，正确的是（　　）。

A. 建设用地使用权的流转方式不包括出资、赠与或者抵押

B. 建设用地使用权流转时，当事人应当采取书面式订立合同

C. 流转后的使用期限不能由当事人约定

D. 建设用地使用权流转时，附着于该土地上的构筑物不随之处分

【答案】B

【解析】A 选项错误。建设用地使用权人有权将建设用地使用权转让、互换、出资、赠与或者抵押。B 选项正确。当事人应当采取书面形式订立相应的合同。C 选项错误。使用期限由当事人约定，但不得超过建设用地使用权的剩余期限。D 选项错误。附着于该土地上的建筑物、构筑物及其附属设施一并处分。另有规定的除外。

2. 在建设项目实施过程中发生索赔项目或者承包商有索赔机会时，承包商首先应提交的文件是（　　）。

A. 索赔意向通知

B. 索赔初步意见

C. 索赔报告

D. 索赔款项计算

【答案】A

【解析】索赔意向通知在工程实施过程中发生索赔事件以后，或者承包人发现索赔机会，首先要提出索赔意向，即在合同规定时间内将索赔意向用书面形式及时通知发包人或者工程师，向对方表明索赔愿望、要求或者声明保留索赔权利，这是索赔工作程序的第一步。

3. 关于资金时间价值的说法，正确的是（　　）。

A. 资金周转速度的加快，对提升资金的时间价值有利

B. 资金的时间价值与资金的使用时间长短无关

C. 资金的时间价值与资金的数量无关

D. 资金总额一定，前期投入越多，资金的正效益越大

【答案】A

【解析】影响资金时间价值的因素很多，其中主要有以下几点：（1）资金的使用时间。资金使用时间越长，则资金的时间价值越大；使用时间越短，则资金的时间价值越小。（2）资金数量的多少。资金数量越多，资金的时间价值就越多。（3）资金投入和回收的特点。在总资金一定的情况下，前期投入的资金越多，资金的负效益越大；反之，后期投入的资金越多，资金的负效益越小。而在资金回收额一定的情况下，离现在越近的时间回收的资金越多，资金的时间价值就越多；反之，离现在越远的时间回收的资金越多，资金的时间价值就越少。（4）资金周转的速度。资金周转越快，资金的时间价值越多。

二、多项选择题（每题 2 分。每题的备选项中，有 2 个或 2 个以上符合题意，至少有 1 个错项。错选，本题不得分；少选，所选的每个选项得 0.5 分）

1. 关于合同解除的说法，正确的有（　　）。

A. 以持续履行的债务为内容的不定期合同，当事人可以随时解除合同，但是应当在合理期限之前通知对方

B. 当事人一方迟延履行主要债务，对方可以解除合同

C. 对方对解除合同有异议的，主张解除的当事人无权请求人民法院或者仲裁机构确认解除行为的效力

D. 当事人一方依法主张解除合同，应通知对方的合同自通知到达对方时解除

E. 当事人方未通知对方，直接以提起诉讼方式主张解除合同并被人民法院

确认的, 合同自起诉状副本送达对方时解除

【答案】ADE

【解析】B错误, 当事人一方迟延履行主要债务, 经催告后在合理期限内仍未履行, 另一方有权解除合同。C错误, 《民法典》规定, 对方对解除合同有异议的, 任何一方当事人均可以请求人民法院或者仲裁机构确认解除行为的效力。

2. 项目管理机构进行成本控制的依据有 (   )。

A. 质量检查记录

B. 合同文件

C. 成本计划

D. 进度报告

E. 工程变更资料

【答案】BCDE

【解析】项目管理机构实施成本控制的依据包括: 合同文件; 成本计划; 进度报告; 工程变更与索赔资料; 各种资源的市场信息。

3. 下列技术方案经济效果评价指标中, 属于盈利能力分析的动态指标的有 (   )。

A. 资本金净利润率

B. 财务内部收益率

C. 财务净现值

D. 速动比率

E. 利息备付率

【答案】BC

【解析】盈利能力分析动态指标包括财务净现值和财务内部收益率。

三、实务操作和案例分析题 (每题20~30分。(一) (二) (三) 题, 每题20分, (四) (五) 题, 每题30分。每题通常有4~5个提问, 每个提问中会涉及几个需回答的子项, 总分会分摊到每个需回答的子项中)

【案例背景】

某安装公司承包一商务楼 (地上20层, 地下2层, 地上1~5层为商场) 的变配电安装工程。工程主要设备: 三相干式电力变压器 (10/0.4kV)、配电柜 (开关柜) 设备由业主采购, 已运抵施工现场。其他设备、材料由安装公司采购。因1~5层的商场要提前开业, 变配电工程需配合送电。

安装公司项目部进场后，依据合同、施工图纸及施工总进度计划，编制了变配电工程的施工方案、施工进度计划（见图4-1），报建设单位审批时被否定，要求优化进度计划，缩短工期，并承诺赶工费由建设单位承担。

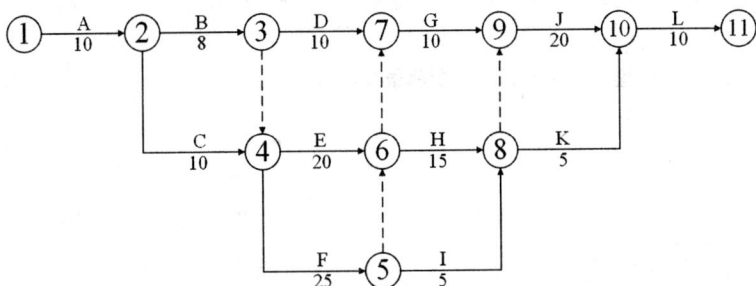

图 4-1 施工进度计划

项目部依据公司及项目所在地的资源情况，优化施工资源配置，列出进度计划可压缩时间及费用增加表（见表4-1）。

表 4-1 进度计划可压缩时间及费用增加表

代号	工作内容	持续时间（天）	可压缩时间（天）	压缩单位时间增加费用（万元／天）
A	施工准备	10	—	—
B	基础框架安装	8	3	0.5
C	接地干线安装	10	4	0.5
D	桥架安装	10	3	1
E	变压器安装	20	4	1.5
F	开关柜配电柜安装	25	6	1.5
G	电缆敷设	10	4	2
H	母线安装	15	5	1
I	二次线路敷设	5	—	—
J	试验调整	20	5	1
K	计量仪表安装	5	—	—
L	检查验收	10	4	1

项目部施工准备充分，落实资源配置，依据施工方案要求向作业人员进行技术交底，明确变压器、配电柜等主要分项工程的施工程序，明确各工序之间的逻辑关系、技术要求、操作要点和质量标准；变压器施工中的某工序示意图（见图4-2）。

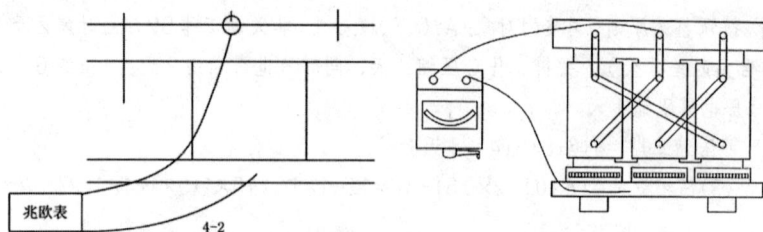

图 4-2 某工序示意图

变配电工程完工后，供电部门检查合格送电，经过验电、校相无误。分别合高、低压开关，空载运行24h，无异常，办理验收手续，交建设单位使用；同时整理技术资料，准备在商务楼竣工验收时归档。

【问题】

1.项目部编制的施工进度计划（图4-1）的工期为多少天？最多可压缩工期多少天？需增加多少费用？

2.作业人员优化配置的依据是什么？项目部应根据哪些内容的变化对劳动力进行动态管理？

3.项目部的施工准备包括哪几个方面的准备？应落实哪些资源配置？

4.图4-2是变压器施工程序中的哪个工序？图中的兆欧表电压等级应选择多少伏？各工序之间的逻辑关系主要有哪几个？

5.变压器装置空载运行时间是否满足验收要求？项目部整理的技术资料应包含哪些内容？

【参考答案】

1. 项目部编制的施工进度计划（图4-1）的工期为多少天？最多可压缩工期多少天？需增加多少费用？

（1）工期为90天。

关键线路：A→C→F→H→J→L。工期=10+10+25+15+20+10=90天。

（2）可压缩工期24天。

按调整的原则，调整的对象：A、C、F、H、J、L。非关键工作B（自由时差2天），E（自由时差5天）。关键工作C压缩4天，同时B也需压缩2天；F压缩6天，同时E也需压缩1天。

可压缩工期=4+6+5+5+4=24天。

（3）压缩费用=（4×0.5+2×0.5）+（6×1.5+1×1.5）+5×1+5×1+4×1=27.5万元。

2. 作业人员优化配置的依据是什么？项目部应根据哪些内容的变化对劳动力进行动态管理？

（1）劳动力的种类及数量；项目的进度计划；项目的劳动力资源供应环境。

（2）根据生产任务和施工条件的变化进行动态控制。

3. 项目部的施工准备包括哪几个方面的准备？应落实哪些资源配置？

（1）技术准备，现场准备，资金准备。

（2）应落实劳动力、物资资源配置。

4. 图4-2是变压器施工程序中的哪个工序？图中的兆欧表电压等级应选择多少伏？各工序之间的逻辑关系主要有哪几个？

（1）变压器绕组连同套管的绝缘电阻测量。

（2）高压绕组连同套管的绝缘电阻采用2500V兆欧表，如果测低压绕组用500V的兆欧表。

（3）工序之间的逻辑关系有顺序、平行、交叉。

5. 变配电装置空载运行时间是否满足验收要求？项目部整理的技术资料应包含哪些内容？

（1）满足要求。

（2）技术资料包括：施工图纸、施工记录、产品合格证说明书、试验报告单。

七、合理的学习方法

由于 2024 年将会使用新版《一级建造师执业资格考试大纲》，教材章节、考试内容、学习侧重点都与往年有所不同。2024 年有规划、有节奏地学习会更有利于快速掌握，消化吸收。我们通过深度研究，发现将建造师分为 4 个阶段进行分层次学习会更加高效。

三轮复习，四个阶段

阶段一：夯实基础阶段（即日起 至 2024 年 4 月 30 日）

学习方式：第一遍对教材进行精读，记忆式学习，若遇上难点可以跳过，留待后续学习。

考试常见的习题中，有五成以上都是可以用记忆完成学习的，基础强弱及知识点掌握程度直接影响应对考试时的难易程度。因此第一个阶段，首先建议复习《考试用书》，同时结合《复习题集》进行章节训练。

由于学习时间不一定连续，可以各章节分开学习。建议考生先结合精讲视频课程把考试用书各章节过一遍，对该章节考试用书上涉及的知识点进行基础学习。不要尝试去记住考试用书上的原话，一来太浪费时间和脑力，再者这句话会不会考查也是无法确定的，死记硬背是效率最低的方式。

在复习考试用书时，建议配合建工社的【精讲课程】和【基础直播课】学习，能够帮助大家系统梳理知识框架，挑出重要知识点，学习效果将会事半功倍。

推荐课程：【精讲课程】和【基础直播课】。

【精讲课程】：将陆续上线，正版教材可免费兑换，购视频课程系列亦可赠送。兑换方式：关注"建工社微课程"公众号，点击【我的服务】-【兑换增值服务】，输入正版教材封面上的条形码进行兑换。

【基础直播课】：正在开课，全程 70 小时，内容包括 55 小时教材精析解读视频 +15 小时习题课。

阶段二：难点突破阶段（5 月 1 日 ~6 月 15 日）

学习方式：第二遍对教材进行重难点突破，着重学习第一轮学习过程中未能理解的部分，同时使用真题等各类试题进行训练，检验实战能力。

考试常见的习题中，有三成的题目需要考生对题目提供的信息进行理解，

题目的答案需要通过理解、计算、判断等各种方式得出。此阶段我们以题代点，着重练习。在做题时，一定要开卷。每道题所考核的知识点一定会在考试用书上有所对应（案例题至少有一问来自考试用书所在章节的知识点），在解题的过程中一定要搞清楚该题考的是书上哪一个知识点。因为有第一阶段打基础，对照着考试用书，就能迅速做好标记。凡是有标记的地方，也就证明这句话是关键考查点。随着做题速度的加快，针对部分知识点还可以怎么出题，你也会有一定的体会。

同时，一定要注意练习真题，真题的意义非常重大，当年的考点往往在之前的5年真题内都会多次体现。而且历年真题的命题水平要比其他模拟试题高，在此阶段，可通过【五年真题课程】及【专题专练课程】与【案例专项突破课程】进行学习，举一反三，一举多得。

推荐课程：【五年真题课程】、【专题专练课程】、【案例专项突破课程】。

【五年真题课程】：已上线，通过五年真题解析，带你了解考试，剖析考点。

【专题专练课程】：2024年5月上线，课程旨在6小时内对公共科目进行重难点突破。通过复盘数千道习题精选而出的经典，以题带点，非常适用于公共课《经济》《管理》与《法规》的重难点学习。

【案例专项突破课】：2024年5月上线，6小时案例突破，突破攻克实务案例难点。用于考试拦路虎《实务》科目的案例题型训练讲解。

阶段三：冲刺提升阶段（6月16日~8月20日）

学习方式：第三遍对教材进行冲刺学习，将所有知识点再过一遍强化记忆，已经学会的部分就跳过，重点在于查漏补缺，为考试做准备。

任何知识点都应该展现在考题上才算真正掌握。很多考生做模拟试卷或历年真题时，直接翻到后面的"答案及解析"部分，每道题看起来都是如此的浅显易懂，但一合上书就头脑一片空白。这种情况下到考场，肯定是无从下笔，因为没有理清楚分析的思路，也就不会有成熟的答题方法。因此，在冲刺阶段可以全盘回顾知识点，仔细研究解题思路、答题方式、知识点考核标准，并对未理解的知识点进行强化学习，大家可以选择多做几套试卷，并通过【高频知识点透析】、【冲刺课程】与【金题解析直播课】进行冲刺学习。

推荐课程：【高频知识点透析】、【冲刺课程】、【金题解析直播课】。

【高频知识点透析】：2024年6月下旬上线，通过分析近10年真题，找出每年大概率考察的高频考点，精准高效。

【冲刺课程】：预计2024年7月下旬上线，6小时冲刺重难点，归纳总结，快速拔高。

【金题解析直播课】：预计 2024 年 7 月起，以月考模式进行直播，4 次月考共计 10 小时，习题精讲，强化冲刺。

阶段四：临考强化阶段（8 月 20 日~9 月考试前）

学习方式：将老师总结的重难点再看一遍，记忆一下，并且做几套模拟题培养一下题感，找一下考场状态，准备应对考试。

离考试不过一周时间，此时再去进行基础学习已无大用。对考试方向的把握、考试技巧的掌握、针对性专项提升与准备才是最重要的。建议大家根据之前的学习，找出自己的弱项，有针对性地查漏补缺。重点看考试用书上相应章节和自己标识的知识点。当然，考前一周，我们还会有两次课程，帮助大家把全书标识的重要知识点过一遍，并传授大家相应的答题技巧，这样一来大家通过考试肯定更有信心。

推荐课程：【考前集中直播课】、【考前摸底课】、【突破点睛课程】。

【考前集中直播课】：考前一周开课，精细化梳理考点，强化突击。每科目一天，进行 6 小时集中复习，学练测立体结合，临考加油站，就在这里。

【考前摸底课】：配合考前小灶卷进行考前摸底测试，三张试卷，三套精华，三次摸底，考前突击。

【突破点睛课程】：考前一周开课，仅 2 小时，总结教材重要考点，传授解题思路，考前一周为大家进行一次助力，帮助大家更高效的提升。

结语

至此，相信大家也应该对考试有了一定了解。《荀子·劝学》中有云："吾尝终日而思矣，不如须臾之所学也；吾尝跂而望矣，不如登高之博见也。登高而招，臂非加长也，而见者远；顺风而呼，声非加疾也，而闻者彰。假舆马者，非利足也，而致千里；假舟楫者，非能水也，而绝江河。君子生非异也，善假于物也。"

听视频课程学习远比埋头自学速度更快，效果更好。大家一定要记得兑换正版《考试用书》封面上的增值服务包，听配套赠送的【导学课程】、【精讲课程】进行学习。

另外，再次推荐大家关注"建工社微课程"公众号，我们还在公众号上准备了多份题库、资料、模拟卷供大家使用，并每月开设免费直播课，帮助大家更快地进行学习，备考事半功倍。

[建工社微课程]
建工社官方
建造师知识服务平台

如果对考试还有疑问，也欢迎大家随时在公众号左下角小键盘打字提问，或致电 4008188688 进行咨询。

希望 2024 年，大家都能在建工社多位课程讲师的带领下轻松学习，顺利通过考试。